l'ancrage européen 1789-1850

III

18～19世紀
ヨーロッパの時代

博物館・美術館の世界史

LE MUSÉE, UNE HISTOIRE MONDIALE

クシシトフ・ポミアン
水嶋英治＝監訳

東京堂出版

[口絵1／図7]シャルル・ペルシエ『ルーヴルの彫刻美術館』1809年（Государственный Эрмитаж [The State Hermitage Museum], Saint-Petersburg, Russia）

［口絵2／図13］バンジャマン・ジックス『ナポレオンとマリー・ルイーズ・ドートリッシュの結婚式の行列がルーヴルのグランド・ギャラリーを通過する様子、1810年4月2日』、1810-1811年（Musée du Louvre, Département des arts graphiques, Paris）

(右上)［**口絵3／図36**］ジャン＝リュバン・ヴォーゼル『13世紀の部屋』(Musée du Louvre, Département des arts graphiques, Paris)
(右下)［**口絵4／図38**］ジャン＝リュバン・ヴォーゼル『フランス記念物博物館の様子：15世紀の部屋』(Musée du Louvre, Département des arts graphiques, Paris)
(左)［**口絵5／図46**］フランシスコ・デ・ゴヤ・イ・ルシエンテス『1808年5月3日』1814年、油彩(Museo del Prado, Madrid)
ひとりのスペイン人が、民衆のひとりが、制服を着た処刑人であるフランス人たちに対峙する。顔のない集団に対峙するひとりの人間。それはまた闇に射し込まれた一筋の光でもある。ゴヤの傑作は、啓蒙の担い手を自称するフランスの占領者たちが、実際には粗暴で異質でエリート主義的で無宗教な力を象徴していることを暴露している

[口絵6／図58]アーチボルド・アーチャー『エルギン卿コレクションの仮展示室』1819年(British Museum, London)
[口絵7／図59]アーチボルド・アーチャーの絵の解説(Ian Jenkins "*Archaeologists and Aesthetes in the Sculpture Galleries of the British Museum 1800-1939*", fig.9, p.37より。本書巻末の21章の原注46を参照のこと)

[口絵8／図64] ジョセフ・マロード・ウィリアム・ターナー『テメレール号の最後の航海』1839年、油彩（National Gallery, London）
トラファルガー海戦で活躍した3本マストの帆船が、蒸気船に曳航されて夕暮れ時に解体場へ向かう——これは産業革命の隠喩であり、それは汚らしさや醜悪さにもかかわらず未来を見据えるものであるが、同時に消えゆく古き世界の美しさを名残惜しく感じさせている。ターナーの傑作は、進歩が有する二面性を痛烈に表現している

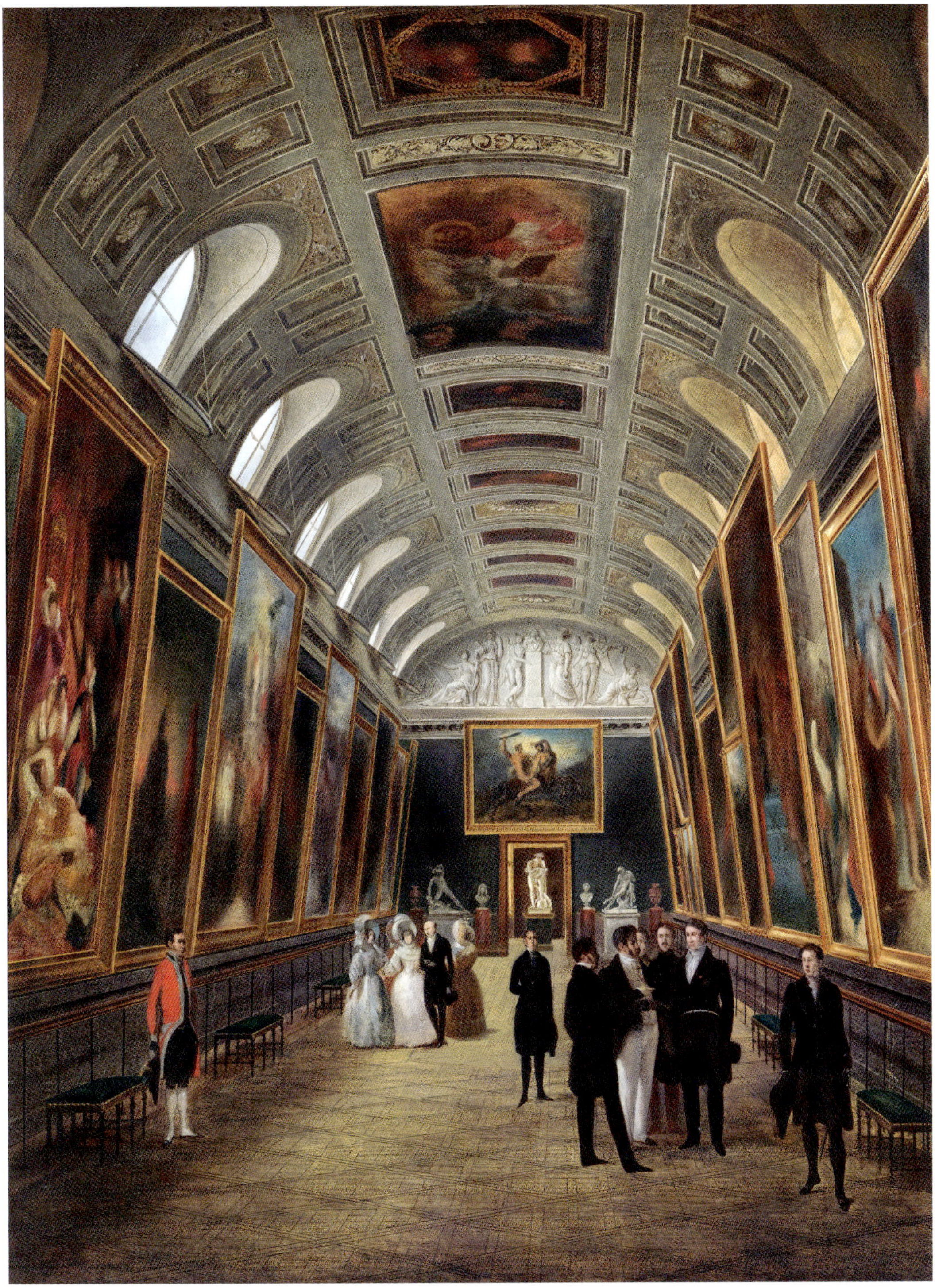

(右)［口絵9／図68］チャールズ・ジェームズ・リチャードソン『絵画作品の部屋』1830年頃(Sir John Soane's Museum, London)
(左)［口絵10／図70］オーギュスト・ルー『ルイ＝フィリップ、マリー・アメリー、宮廷人たちがリュクサンブール美術館を訪問』1838年(Sénat, palais du Luxembourg, Paris)

[口絵11／図76a-b]アレクサンドル・ブロンニャール、デジレ・リオクルー『セーヴル王立陶磁器工房の陶磁器美術館の体系的記述』1845年、パリ、第2巻、図版IIIおよびXIX（Bibliothèque de l'INHA, Paris）

[口絵12／図83]ウジェーヌ・ドラクロワ『地獄のダンテとウェルギリウス』または『ダンテの小舟』1822年、油彩(Musée du Louvre, Paris)
アングルの絵から3年後の1822年のサロンで、フランス国家はドラクロワによるダンテの物語〔『神曲』〕の場面を描いた作品を取得した。これほどまでに彼の趣向を明らかにした作品はあとにも先にもない。この作品はリュクサンブール美術館で展示されたあと、ルーヴルに入ることになる

[口絵13／図91] ヴァルハラ神殿の内部の様子（Walhalla, Donaustauf, Bayern）

［口絵14／図102］エドゥアルド・ゲルトナー『エジプト神殿の中庭、新博物館（ノイエ・ムゼウム）、ベルリン』1850年（The Morgan Library & Museum, New York）
レプシウスの作品であるこのエジプト神殿の中庭は、第二次世界大戦中に破壊されるまでは新博物館の主要な見どころだった。再建はされていない

［口絵15／図104］カスパー・ダーヴィト・フリードリヒ『海辺の修道士』1808-1810年、油彩画、プロイセン王フリードリヒ・ヴィルヘルム3世が購入（Alte Nationalgalerie, Berlin）
大地、海、空、そして雲に覆われた淡い太陽に向かい合う修道士。書物によって啓示された神への信者が、自然の要素によって啓示された神に向き合う。自然の無限性に対峙する個人の存在はほとんど無に等しい。汎神論的あるいはスピノザ的な絵画である

［口絵16／図107］オットー・エーヴェル『宝石の部屋、緑の丸天井、ドレスデン』1940年（Institut für Denkmalpflege, Dresden）

[**口絵17／図110**]クリステン・コーブケ『ドセリンゲンの眺め』1838年、油彩画(Statens Museum for Kunst, Copenhagen)
到着か出発か？　判断することはできない。夕日に照らされたデンマークの風景と国旗が描かれたこの作品は、コーブケとデンマーク絵画の「黄金時代」を象徴する絵画である

解説

日本語版刊行に寄せて——鹿島 茂（フランス文学者、作家）

パリを訪れるたびに痛感するのは、博物館や美術館に象徴される「文化」に投入されている税金の巨大さである。「よくこれだけの金を惜し気もなく『文化』につぎ込めるな。日本じゃ絶対にこうはいかないよな」と慨嘆することしきりである。

しかし、少し考えてみればすぐにわかるように、「文化」に投入された金は決して無駄金ではない。むしろ投資といったほうがいい。なぜなら、「文化」に「正しく」投入された公的投資はその数倍ものインバウンド効果を伴い、フランスの国庫や民間に巨大な還元をもたらすからである。

それればかりではない。博物館・美術館が潤沢な資金を正しく管理し、正しく美術品や資料を展示し、それを正しく鑑賞する人を育てることができるなら、資金は未来の芸術家たちによる再創造となって還ってくるのだ。つまり、文化は再生産され、回り回って富を生みだすのだ。この真理を認識している文化立国、それがフランスなのだ。

ではいったい、いつから、またいかにしてフランスは「文化で生きる」という戦略を考え出したのか？

これが本書が後半で設定した問題意識であるが、しからば、その問題意識が急浮上したのはいつのことか？

「一七八九年一一月二日、立憲国民議会が教会財産の国有化を決議したのがすべての始まりだった」

革命で権力を掌握したはいいが、国庫に金がまったくないことに気づいた革命政権は、国有化した教会財産を担保にしてアッシニャと呼ばれる公債を発行し、とりあえずの財源にしようとした。だが、この措置により、教会から没収したさまざまな美術品や歴史資料の中から何を選びだし、どこに保管し、どのように分類し、どのように展示・公開するかという問題が生じたため、多くの学者や有識者が集められ、議論につぐ議論が重ねられた結果、内務大臣だったジャン＝マリー・ロラン・ド・ラ・プラティエールは一七九二年九月一九日に政令《デクレ》を発し、ルーヴル宮の水辺のギャラリーに美術館を設置することを宣言した。その声明に触れられている美術館の条件が、以後、フランスのみならず世界中の博物館・美術館の運命を決定づけたのである。その骨子を私なりに要約すると次のようになる。

①ルーヴルは国有財産となった美術品を展示・発展させるものでなければならない。

②展示品は外国人を引きつけ、彼らの注意を引くものでなけ

ればならない。

③展示品は国民の美術への「美的感覚」を養い、愛好家を育て、芸術家にとっての学びの場として機能しなければならない。

④右に挙げた美術館の機能は、国民の誰にでも開かれていなければならず、誰もが自由に画架《イーゼル》を設置し、好きな絵画や彫像を模写することができなければならない。

⑤ルーヴルとその所蔵品は国有であり、それゆえ、それを享受する権利を持たない個人は存在しない。

⑥フランスは、創造的才能を進化させる源であり、かつ美の発祥地であったギリシャの栄光を受け継ぎ、これをすべての時代とすべての国民に広げる義務を負う。

⑦以上の条件を充たしたあかつきには、国立美術館たるルーヴルは最も美しい叡知の源となり、世界中から賞賛を受けるようになるだろう。

「ふーむ」と唸らざるを得ない。われわれが今日に見るような「文化再生産装置」としての博物館・美術館という位置づけ・定義づけは、いまから二三〇年以上も前のこの日に既に決定されていたのである。ルーヴルもオルセーもヴェルサイユ宮殿も、さらにはジャルダン・デ・プラント（王立植物園）もアール・ゼ・メティエも、すべてこの日に内務大臣ロランが宣言した規定に基づいていたのである。

このうち説明を要するのが、④の「誰もが自由に画架《イーゼル》を設置し、好きな絵画や彫像を模写することができなければならない」だろう。二〇世紀の前半まではこれがフランスの美術館の義務であったのだが、その義務の観念はどこからもたらされたのか？

それは、ローマやフィレンツェなどの王侯貴族のプライベート美術館からである。ルネサンス期の傑作を多く収蔵しているこれらのプライベート美術館では、「文化の再生産」の必要から、つまりダ・ヴィンチ、ミケランジェロ、ラファエロなどの後継者を育てる必要から、画家や彫刻家たちにこれらの巨匠たちの作品の模写を許すほかなかった。空気遠近法の技法の習得には模写が一番適していたからである。

こうした模写の伝統がローマやフィレンツェにあることに目をつけたのがルイ一四世の財務長官コルベールである。ヴェルサイユ宮殿の造営も担当していたコルベールは、壁面や天井を飾るための画家を育てる王立美術彫刻アカデミーの強化に乗り出すとともに、最優秀の卒業生にローマ賞を与え、イタリアへの研修旅行を奨励し、ローマやフィレンツェのプライベート美術館での模写を勧めた。そこでは国籍を問わず、傑作の模写が許されていたからなのである。

ならば、とルイ一四世は考えたにちがいない。ギリシャ・ローマ文化の後継者だったイタリアに代わってフランスがヨーロッパの文化的覇権を握ったいまとなっては、かつてイタリアから受けた恩を、まだ文化を享受していない他の国民にリレーしてやらなければならない。

かくて、ポミアンが本書の第一巻で強調したように、「ルイ一四世以降のフランスでは、王室の絵画や古代美術品のコレクションが、王の好みのあらわれとしてでなく、王の人格から分離されつつある安定した機関として存在した」のだ。換言すれば、ロランが宣言したような大革命のあとに確立した一般的公開性は、ルイ一四世の時代にその萌芽を見ることができるのだ。

ルイ一四世の時代になかったのは⑤の「ルーヴルとその所蔵品は国有であり、それゆえ、それを享受する権利を持たない個人は存在しない」という原則であるが、逆にいえば、この最も重要な原則を獲得するためにはフランス革命は避けられなかったと考えることもできる。

やはりフランス革命があったからこそ、ルーヴルをはじめとするフランスの博物館・美術館は成立したのであり、こうしてフランスで確立した博物館・美術館システムはやがて世界中に広がることになる。

だが、その伝播の先、たとえば日本では、起源にフランス革命があったことは忘れられているのである。皮肉といわざるをえないが、こんなことを気づかせてくれるのも本書の効用のひとつである。

Contents

日本語版刊行に寄せて――解説 鹿島茂 1

第Ⅳ部 フランスの時代 一七八九～一八一五年 17

12 革命型博物館・美術館のモデル、「フランス美術館」の誕生 21
革命前夜の博物館・美術館構想 21／革命、論客カトルメールの登場、聖像破壊と保護の攻防 22
議会の動き――モニュメント保護に向けて 23
内務大臣ロランの革新的ビジョン――民主的な施設としての博物館・美術館 24
ルーヴル宮の革命型博物館・美術館 25／美術館委員会と画商ルブランの対立 26
巨匠ダヴィッドの主張 27／ルーヴルの管理体制 27／公開方針 28／当初の運営状況 29
革命期の展示内容 30

13 ルーヴルとヴェルサイユ――「解放された」傑作の美術館と「国の栄光のモニュメント」 33
ルーヴルの作品取得政策 33／コレクションの全世界的《ユニヴァーサル》な広がり 34／古代美術品の公開 35
ナポレオンのイタリア遠征と名画・名作の「解放」 37／正当化される「征服者の権利」 40
軍隊と芸術の結びつき 41／「中央美術館」としてのルーヴル 42

フランス絵画所蔵をめぐる議論――ルーヴルvsヴェルサイユ　42
存命中の芸術家の作品を収めたヴェルサイユ　44／ルーヴルにおける展示原則の議論　44

14

ナポレオン美術館――戦争に生まれ、戦争に死んだ「モニュメントの中のモニュメント」　53

ルーヴルの館長ドゥノン　53／美術館の陣容　54／「ナポレオン美術館」への改称　54
変わり続ける美術館　56／名品・名画の到来と公開　63／歴史的価値と美的価値　67
絶え間なく続いた絵画作品の移動　67／古代美術の拡充　68
展示方法の模索――国ごとの流派、ジャンル、美的観点、歴史　68／素描《デッサン》展の開催　71
美術品取得・保護をめぐる法的・倫理的問題　72／銃剣で支えられたドゥノンのルーヴルの正当性　73
ナポレオンの敗北と接収作品の返還　74／ドゥノンの抵抗　76
ナポレオン美術館の伝説化と博物館・美術館の新たな時代　77

15

国立自然史博物館――自然史キャビネットから生命・地球科学の実験室へ　79

革命期の新博物館　79／アカデミー廃止、学士院創設など研究機関の再編　79
新しい管理指針――学芸員《コンセルヴァトゥール》・保存官のマニュアルの先駆け　80
自然史博物館設立に向けて――議会への請願書　81／博物館の陣容、開館日、展示構成など　84
展示と教育という二面性　85／コレクションの形成　89／公開展示の状況――識者の訪問記　90
コレクションの位置づけの変化――実験室と現場における研究の時代へ　92
鉱物、生物の研究における新たな分類――比較解剖学によるキュヴィエの刷新　94
自然史博物館の新たな方向性　97

16
有用な学問——工芸院、解剖学キャビネット、砲兵博物館 101
平等主義者の司祭グレゴワールが主導した革命期の博物館創設 101
グレゴワールの哲学と編成案——フランスの物理的・道徳的な繁栄のために 101／民主的な構想 103
実現までの道のり——名称の変更、機械や職員の引き継ぎ 104／展示場、そして教育機関として 105
コレクションの増加 105／解剖学キャビネット創設に向けて 107
パリ衛生学校のキャビネットから医学部博物館へ 112／砲兵博物館 113

17
フランス記念物《モニュメント》博物館——歴史、芸術、国家 115
革命の産物としての博物館——保管所管理官ルノワールによる開設 115
中世を中心とするフランス彫刻の集積 117／世紀別の展観 118
「美しきルネサンス時代」へのルノワールの憧れ 119／絵画としてのステンドグラスのコレクション 123
エリゼ宮庭園のモニュメント 123／「歴史的で時系列に沿った」展示 125／フランス史の博物館 130
断絶と継続——ルノワールの博物館の二面性 132／宗教政策の転換と解体圧力 134
ドゥノンによる散逸の回避 135／消滅・伝説化とコンセプトの継承 136

18
フランスの博物館・美術館政策——フランスとヨーロッパ 141
パリと「地方《プロヴァンス》」 141／地方での博物館・美術館設立の動き 141／国有財産の行き先をめぐる対立 143
ナポレオンによる一五都市への絵画の分配令 144
被征服地における博物館・美術館設立動向——ブリュッセル 146／——ジュネーヴとマインツ 146
——オランダ 147／——イタリア—ボローニャ、ヴェネツィア、ミラノ、パルマ 148／——スペイン 149

19
革命と帝国の遺産——
美術品の再分配と博物館・美術館の新たな位置づけ 153

フランス革命とナポレオン帝国の衝撃　153／史上最大の文化財の再分配　153
美術品の大量移動――フランスにおける流出入、イタリア・スペインからイギリスへの移動　154
革命型博物館・美術館の誕生――宮廷の機関から民主的な機関へ　156
市民の権利としての博物館・美術館とその量的拡大、多様化　157
美術館をめぐる知的「議論」――カトルメールの論陣　158
カトルメールの描く美術館像と現実への批判　161
美術館における展示の功罪と作品の「本来の場所」　163／美術館と創造の不調和という論点　164
「不完全な批評家」ではなく「情熱的な愛好家」を求めるカトルメール　166
古代作品の修復についての二説　167
カトルメールの主張に対する歴史の裁定　168

第Ⅴ部　ヨーロッパ各国の博物館・美術館　一八一五～五〇年　171

20　スペイン――プラド美術館、王立から国立の美術館へ　175

ナポレオン戦争の混乱と博物館・美術館の構想　175／王室の美術館として開設されたプラド美術館　175
王室の美術館から国の美術館へ　177／プラド以外の美術館構想　178／「国立美術館」創設に向けての施策　179
フランスの美術評論家ヴィアルドによる美術館・博物館分析　179
もうひとつの「国立美術館」とそのほかの美術館の状況　181
プラド美術館――増大する収蔵品、国・流派別の展示　182／名画展示室と「特別室」――裸体画問題　186
「スペイン国家の栄光」――プラドの名声、スペイン絵画の威光　187
愛好家のコレクション的な性格　189／寸法や色合いによる「無秩序な」展示、ヴィアルドの困惑　189

スペイン絵画へのヴィアルドの「熱狂的賛辞」 190／フランスとの類似性 192

21 イギリス 193

植民地主義化・工業化・資本主義化するイギリス、幅広い社会基盤に基づく新たな美術品の収集へ 193
自然史への関心 193／中世への関心とゴシックの流行 195／古代美術への「嗜好」 196
ディレッタンティ協会の結成 197／古代美術品の公的コレクションの必要性 197

1 大英博物館の変容 198

自然史博物館から古代美術館への一歩――「ハミルトンの壺」の取得 198
ロゼッタ・ストーンの到来と古代美術への注目 203
タウンリー・コレクションの取得――古代ギリシャ・ローマ美術の展示室公開へ 204
学問・芸術への寄与と公衆の好奇心への対応 207／「ポートランドの壺」の大英博物館入り 212
「エルギン・マーブル」ロンドンへ――エルギン伯爵の「壮挙」 212／論争の四つのテーマ 213
エルギン・マーブルに対する目利きたちの評価 214／略奪者か、救済者か――バイロンvsカトルメール 215
大英博物館による購入 218／ギリシャからの持ち出しの法的な疑義と現代にいたる返還問題 218
エルギン・マーブルがもたらした「美的感覚」の革命 220／大理石彫刻の修復をめぐるふたつの立場 220
ヴィンケルマンが称賛した美のモデルの失墜 222

2 ナショナル・ギャラリー――美術館となった個人コレクション 223

王室コレクションの再構築 223／絵画の流入と中流階級の収集家グループの形成 224
ロイヤル・アカデミー（王立美術院）設立 226／限定的だった一八世紀イギリスの美術品鑑賞機会 226
公衆の名作鑑賞機会となったオークション 227／ナショナル・ギャラリー設立の機運 228
イギリス美術振興協会の設立 229／収集家、目利きらによるロビー活動とその結実 230
ナショナル・ギャラリーの開館とコレクションの拡充 232／さまざまな批判――作品の洗浄問題 235

ラスキンによる批判　235／ヴィアルドによる批判　238

3　大英博物館——古代美術と自然史　239

さらなる収蔵品の増大、展示スペースの拡張　239
シャンポリオンによるヒエログリフ解読がもたらした新局面　240
メソポタミア古代美術の登場——ルーヴルと競う大英博物館　243
ローリンソンによる楔形文字の解読　245／展示における美的原則と歴史的原則の選択　248
自然史部門の分離問題　249

4　ロンドンとその他の地域、美術館、学術系博物館　250

ハンテリアン博物館の創設　250／民間主導の展開——マダム・タッソーのギャラリーなど　251
東インド会社のインド博物館　252
自然科学の重心の移動——鉱物学から地質学へ、植物学から動物学へ　255
サー・ジョン・ソーン美術館——国に受け継がれた個人コレクション　256／大学付属美術館　259
さまざまな博物館　260／自然史への広範な関心と地元愛好家による取り組み　261
自然史から考古学・中世へ向かうエリートの関心　264

22　フランス　265

王政復古下の博物館・美術館　265

1　ルーヴル——歴史的観点の導入　267

王立美術館館長フォルバンによる古代美術の充実と英仏間の獲得競争　267／古代ギリシャの壺　268
『ミロのヴィーナス』のルーヴル入り　268／シャンポリオンによるヒエログリフ解読の衝撃　269
ルーヴル・シャルル一〇世美術館——エジプト・オリエント古代美術部門の独立　269
中世コレクションの形成　270／シャルル一〇世美術館に導入された年代順の展示　272

歴史的アプローチの登場――審美的アプローチとの対立　272
メソポタミア美術の発見とルーヴルの「アッシリア美術館」の開設　276
フォルバンが進めた歴史的視点の導入　277

2
分類の問題――陶磁器と民族誌学　280

初の装飾・応用・工業美術館　280
教育施設としての博物館・美術館――ラベルの活用と地理・年代に基づいた分類　282
ルーヴルの海洋博物館　283／収集家ド・フェリュサック男爵による民族誌学博物館の構想　284
地理学者ジョマールの民族誌学博物館創設に向けての主張　285
医師・自然史研究者《ナチュラリスト》シーボルトとの議論を経たジョルマールの理論上の展開　290
議論が続く民族誌学の位置づけ　292

3
国家史――ヴェルサイユとクリュニー　293

国家と歴史の結びつき　293／フランス史の再定義――歴史の新たな記述方法　294
「国の過去を目の当たりにできる博物館・美術館」の創設へ　295
ヴェルサイユが担う新たな国家的役割　296／中世への情熱　302
高まる中世の博物館・美術館創設の願望　304
物理学者・国会議員アラゴによる「クリュニーの美術館」の開設推進　305

4
絵画――歴史の勝利　308

リュクサンブール王立美術館の誕生――フランスの「生きた美術」のための美術館　308
ルーヴルにおける展示――「花壇」、流派別、そして年代主義　310／新館長ジャンロンの革新性　311
中世学者ゲラールの批判と先見的アイデア　312
超越的な美の礼拝の場としての美術館像とルーヴルへの問題提起　313
ゲラールの功績と美術館のその後の「見直し」　317

23 ドイツ　319

一九世紀ドイツの博物館・美術館　319

1 都市の収集家たち、ブルジョワの美術館
――フランクフルト、ケルン、ライプツィヒ、ボワスレー・コレクション　321

フランクフルトの収集家シュテーデルが遺した美術研究所（美術館）　321／シュテーデルの遺言書の背景　322
ブルジョワによって設立された初の美術館　324
フランス革命の間接的な影響――破壊と表裏一体の創造　324
哲学者ヘーゲルがケルンで出合ったコレクション　326／地元の名士リュヴァースベルクのコレクション　327
自然史研究者ヴァルラフのコレクション　327
「祖国の過去の遺物を救う」ためのコレクション――コッレール、ボワスレー兄弟との相似と相違　331
ライプツィヒに花開いた芸術文化　332
美術館創設に向けての動き――ライプツィヒのブルジョワたち　334
愛好家と芸術家からなる芸術協会《クンストフェライン》主導の美術館設立　335
オランダとドイツの作品を中心とするブルジョワの美術館――価格、宗教　336
「古ドイツ美術」――ボワスレー兄弟、ベルトラムによる収集　336／ボワスレー・コレクションの評価　339
ケルン大聖堂建設への貢献　340

2 ミュンヘン――ロマン主義と古典主義　341

ドイツにおける芸術の首都　341／バイエルン王国の美術品収集の状況　342
最初の職業的な館長のひとり、画家マンリッヒの功績――バイエルン選帝侯のコレクションの管理者として　343
王太子ルートヴィヒの博物館・美術館構想　344／ローマにおける作品収集　346／ギリシャにおける作品収集　346
古代彫刻の美術館グリプトテーク――クレンツェ設計の「ギリシャ様式」建築　347
ヴァルハラ神殿――外観はギリシャ神殿、中身はドイツの歴史博物館　348

ヴァルハラ神殿とグリプトテークの類似性　351／ルートヴィヒの二面性　353
絵画館（ピナコテーク）創設へ　354／建物の構造——ヴィアルドの評価　356
宮殿モデルからの脱却と個々の作品を際立たせるための展示　358／美術館建築の歴史における転換点　358
「あらゆる時代の作品」の地理と歴史に基づく展示　359／展示の諸相　360

3

ベルリン——古典主義対ロマン主義　362

プロイセンとバイエルンのライバル関係　362／プロイセン国王の絵画ギャラリーとクンストカンマー　363
アカデミーの美術教授ヒルトによる博物館構想　363／芸術家の育成と大衆の楽しみのための施設　364
美術と自然史の分離・統合議論　365／博物館・美術館に対するフンボルトの考え　367
略奪された文化財の返還問題　368／建築家シンケル設計の博物館　369
美術史家ヴァーゲンの招聘と新たな展示方法　370
美学的アプローチと年代順に対するこだわりの対立——大衆向けか専門家向けか　380
フンボルトの考察　381／妥協点としての三つの部門——南方派・北方派・「歴史的価値しかない作品」　383
ヴィアルドの評価——建物の外観、展示室　384／コレクション構成について——歴史に重点　384
理解が及ばなかった「第三部門」　386／フンボルトとヴァーゲンの共同作業の独創性　388

4

芸術、歴史、自然——ベルリンからドレスデン、ニュルンベルク、マインツを経てミュンヘンへ　389

ベルリン——クンストカンマーから博物館へ　389／大学のための博物館創設——フンボルトの尽力　390
難航するアンリのクンストカンマー再編計画　391／「エジプト博物館」の創設　392
「愛国的古代美術館」から「先史時代と古代史の博物館」へ　392／一九世紀後半のクンストカンマー　394
博物館の複合体　394／ミュンヘンのノイエ・ピナコテーク（新絵画館）創設——同時代芸術の美術館　395
ドレスデン——「無惨な状態」の美術館への提言　397／建築家ゼンパーの設計による新美術館の設立　398
統合的・特権的アプローチとしての歴史重視　403／ドイツ各地における歴史関連協会の発足　405
古代美術品の保存、研究、展示を目的とした施設の増加　405
ニュルンベルクの「古きドイツ」の博物館　407／マインツの歴史・古文書研究愛国友の会　407

ゲルマン博物館とローマ・ゲルマン中央博物館の設立　408
一九世紀ドイツにおける自然への関心　412／大学の博物館　413
自然史博物館設立に向けての土壌――イニシアチブは名士たちの協会から学術協会へ　414

24

デンマークの革新――考古学、歴史学、民族誌学　417
識者によるオランダの博物館訪問記　417／国難を経て展開されたデンマークの文化的革新　418
クンストカンマーからの展開　419／デンマークの諸博物館・美術館の開設　419
考古学者トムセンの革新的分類法――三時代区分法　423／デンマーク絵画の発展にも寄与　425
ローゼンボー城における歴代デンマーク王コレクションの歴史展示　426
実業家ヤコブソンが再建した歴史博物館としてのフレデリクスボー城　427／デンマークの博物館の展開　428

あとがき　新しい体制へ――新しい内容、新しい空間　431

監訳者あとがき　**水嶋英治**　435
図版出典　445
参考文献　467
原注　508
博物館・美術館の関連地名・施設名索引　511
人名索引　517
既刊・続刊の概要　518

凡例

一、本書はクシシトフ・ポミアン著*Le musée, une histoire mondiale II. L'ancrage européen*, 1789-1850, Edition Gallimard, 2021の全訳である。

一、本書に登場する人名、博物館・美術館名および建造物名（教会、修道院、宮殿）などは可能な限り日本語に訳した。

一、地名は日本語で通用している発音を用いた。

一、文献標題と芸術作品名は『　』で示し、原著の強調・イタリック部分および訳語の強調（著者が特別な意味合いで用いていることを示す）は「　」で括った。

一、［　］は原書の著者による。

一、訳注は本文中に〔　〕で括るか、〔※番号〕をつけて欄外に示した。原注は本文に（　）で括って番号を付し巻末にまとめた。

一、本文中、「・」で示した小見出しは、本書の理解をより助けるために日本語版において編集部で入れたものである。

一、本書のテーマに関わる主要な用語については、基本的にフランス語の発音に基づくルビを振ったが、英語での表記が普及・定着しているものについては英語音のルビを付した。

一、原著で紹介されている参考文献は巻末に掲載した。

一、人名や美術史上の専門用語の表記については下記の文献を参照した。

『現代哲学事典』（山崎正一・市川浩編、講談社現代新書、一九七〇）、『現代科学思想事典』（伊東俊太郎編、講談社現代新書、一九七一）、『科学史技術史事典』（伊東俊太郎ほか編、弘文堂、一九八三）、『オックスフォード西洋美術事典』（佐々木英也監修、講談社、一九八九）、『コレクション――趣味と好奇心の歴史人類学』（クシシトフ・ポミアン著、吉田城・吉田典子共訳、平凡社、一九九二）、『建築大事典（第二版）』（彰国社編、彰国社、一九九三）、『美術の歴史――絵画 彫刻 建築 新装版』（H・W・ジャンソン著、村田潔・西田秀穂監修、美術出版社、一九九五）、『世界シンボル大事典』（ジャン・シュヴァリエ、アラン・ゲールブラン著、金光仁三郎共訳、大修館書店、一九九六）、『岩波 哲学・思想事典』（廣松渉ほか編、岩波書店、一九九八）、『図説 世界シンボル事典』（H・ビーダーマン著、藤代幸一監訳、八坂書房、二〇〇〇）、『増補 ヨーロッパとは何か――分裂と統合一五〇〇年』（クシシトフ・ポミアン著、松村剛訳、平凡社、二〇〇二）、『イタリア・ルネサンス事典』（J・R・ヘイル編、中森義宗監訳、東信堂、二〇〇三）、『岩波 西洋美術用語辞典』（益田朋幸・喜多崎親編著、岩波書店、二〇〇五）、『建築論全史――古代から現代までの建築論事典（I、II）』（ハンノ・ヴァルター・クルフト著、竺覚暁訳、中央公論美術出版、二〇〇九）、『修道院文化史事典』（P・ディンツェルバッハー、J・L・ホッグ編、朝倉文市監訳、八坂書房、二〇一四）、『西洋美術の歴史（全八巻）』（小佐野重利・小池寿子・三浦篤編、中央公論新社、二〇一六～一七）、『西洋美術史 美術出版ライブラリー 歴史編』（秋山聰・田中正之監修、美術出版社、二〇二一）、『博物館学・美術館学・文化遺産学 基礎概念事典』（フランソワ・メレス、アンドレ・デバレ編、水嶋英治訳、東京堂出版、二〇二二）。

一、その他、訳出にあたっては、以下を適宜参照した。

Félix Gaffiot, *Dictionnaire Latin Français*, Hachette, 1934.
P.G.W.Glare ed., *Oxford Latin Dictionary*, Oxford University Press, 2012.
Alain Rey, *Dictionnaire Historique de la Langue Française*, Le Robert, 2022.
Paul Robert, Petit Le Robert *Dictionnaire Universel de Noms Propres*, Le Robert, 1994.
P. Charron, J-M. Guillouët, *Dictionnaire d'Histoire de l'art du Moyen Âge Occidental*, Robert Laffont, 2009.
Michel Balard et al., *Dictionnaire de la France médiévale*, Hachette, 2003.
Jean Favier, *Dictionnaire de la France médiévale*, Fayard, 1993.
J.R.Forbes, *Dictionnaire d'Architecture et de Construction*, Edition TEC & DOC, 2003.
M.Cornu, J.Fromageau, C.Wallaert, *Dictionnaire Comparé du Droit du Patrimoine Culturel*, CNRS Editions, 2012.

原文(フランス語)のひとつの単語に対して、和訳はなるべく一語を当てるように努めたが、いくつかの単語については時代や使われる場所などによって異なるふたつ以上の意味を有する。そのため、訳出にあたってはおよそ以下のような方針とした(アルファベット順に掲げる)。そのほか以下に掲げたもの以外にも、同様の方針で訳出・ルビを付した単語がある。

■Cabinet

「陳列棚」「陳列室」「陳列館(博物館)」「(キャビネットという空間に収蔵された)コレクション」など多くの意味を有する。

そのため本書においては「キャビネット」という表記に統一した。

■Conservateur

現在においては「学芸員」という訳語があてられることが多い単語だが、本書においては時代や場所(国・施設等)によってさまざまな職務を兼ね備えたため、ひとつの訳語に確定することができない。一律に「学芸員」という訳語をあててしまっては正しい理解を妨げかねないことから、
適宜「保存官」「学芸員」「責任者」などの訳語をあて、
「コンセルヴァトゥール」とルビを付すことで、この専門職が持ちうるさまざまな職務を表すよう努めた。

■École

訳語としては絵画の「流派」であるが、国別の流派についてはより自然な訳語と考えられる「絵画」をあてた。

たとえば「フランス絵画」「イタリア絵画」などである。

■Gout

「好み」「嗜好」「趣味」「美的感覚」「関心」「審美眼」など意味・ニュアンスは多岐にわたる。訳者がそれぞれの文脈でふさわしいと思われる訳語をあてた。

■Louvre

「ルーヴル宮」「ルーヴル宮に設置された美術館」「(現在の)ルーヴル美術館」を指すため、適宜言葉を補うか、文脈から理解できるものは
「ルーヴル」のままとした。なお「現在のルーヴル美術館」の前身として、ルーヴル宮に置かれた美術館、フランス美術館、中央美術館、ナポレオン美術館、国立美術館、王立美術館などさまざまな表記が出てくる。読者の理解を助けるために必要に応じて訳注で〔ルーヴル〕と入れた。
なお、「ルーヴル宮」としたのは、建物・場としての意味が強い箇所である。

■Monument

「記念物」「記念碑」「遺物」「(絵画を含む)文化財」など多くの意味で用いられている。

そのため本書においては「モニュメント」とするか、あるいは訳語に対して「モニュメント」とルビを付した。

■Muséum ╲ Musée ╲ Museo

本書において「博物館」または「美術館」の用語選択は館の設立趣旨や取り扱う資料によって適宜訳出したが、
日本名が一般的に普及している場合は、それを優先した。またどちらかに限定されない場合は「博物館・美術館」と併記するか、
あるいは「博物館」とした。なお各章において、テーマとなっているものが特定の「博物館」(たとえば大英博物館)ないし「美術館」(たとえばプラド美術館)を指す場合は、文中に出てくるMuséum ╲ Musée ╲ Museoの表記はそれぞれ「博物館」または「美術館」にそろえている。

第IV部

フランスの時代

一七八九～一八一五年

La période française – 1789-1815

フランス革命は――フランス、そしてヨーロッパの――博物館・美術館の歴史に新たな時代をもたらした。その効果ははじめから計画されたものではなかったし、それを予告するものは何もなかった。革命と帝政の軍隊が大陸の広い地域で何年にもわたって行ってきた施策によって、前例のない博物館・美術館創設方法が導入された。革命は博物館や美術館にかつてないほど重要性を与え、その結果、博物館・美術館の数は増え、幅も広がっていった。そうしてもたらされた衝撃・推進力は、一九世紀半ばまで消えることはなかった。(1)

一七八九年一一月二日、立憲国民議会が教会財産の国有化を決議したのがすべての始まりだった。公的債務の返済のために売却される予定だった教会財産は、差し当たり県や地方行政に引き渡されることになった。一七九〇年七月の時点で既に、この一時的な保管によって美術品や歴史的資料など教会施設が保有していたコレクションに散逸や破壊の危険が及ぶとの懸念が出ていた。同年一〇月四日、地方出身の穏健な学者フランソワ・マリー・プソッド・ド・メゾン＝ルージュは、立憲国民議会でそのような危険性について警告した。彼は演説において「国家遺産」という言葉を持ち込み、「廃された教会や修道院からの収奪品によって素晴らしい博物館を築きうる」という展望を開陳した。九日後、タレーラン〔革命期から復古王政時代まで数度外相を務めたフランスの政治家〕の提案に基づいて議決された政令《デクレ》〔共和国大統領または首相による執行的決定〕によって、県会とパリ市は「国有財産となった教会や修道院のモニュメントのリストを作成し、あらゆる手段を使ってそれらの保存に努める」ことを命じられた。そして同年一一月八日にはモニュメント委員会が設立され、「わが国の歴史において初めて、専門家からなる委員会が政治当局から、フランスの芸術的資産の目録を作成するか、あるいは少なくともその準備をして、それらの落ち着き先を検討することを正式に任された」のだった。(2)

一七九〇年一二月、委員会は、全文をそのまま紹介しなくてはならないほど多くを物語る題名の文書を発表した。

「写本、〔中世の〕証書、印璽《いんじ》、印刷された書籍、古代および中世のモニュメント、彫像、絵画、素描、美術、機械工芸、自然史、古代と現代のさまざまな民族の風俗習慣に関連する品々《オブジェ》、教会施設の動産に由来し、国有財産の一部となったものに関する通達」

この題名において、まず保存されるべきすべての品々《オブジェ》が、歴史、すなわちフランス史、美術、機械工芸、自然史、そしてまだ民族誌学と呼ばれていなかった分野の五つの項目に分けられていることに注目しておこう。これは当時の個人コレクションが対象としていた分野の主な構成を示しているが、美術品だけ、あるいは自然物や異国風の珍奇物だけしか集めていない博物館には当てはまらない。自然史や機械工芸の博物館が登場するのは革命後のことであり、民族誌学の博物館が登場するのは一九世紀初頭になってからだった。

　また、歴史に関しては、古代だけでなく中世も視野に入れていることに注目しておこう。これは自明のことではなかった。ベルナール・ド・モンフォーコン〔ベネディクト会僧侶、ギリシャの古文書学と考古学の研究の先駆者〕の[3]例を見れば十分であろうが、中世の遺物は、教会史や国史を研究する古代史・中世史家にとって興味深いものだった。特に、イギリス、そしてそれよりも少ないがフランスやイタリアでも収集家の注目を集めた。[4]しかし、中世の芸術作品は、芸術史の全体像の中でその位置を見出したばかりで、一七八〇年代からローマでこのテーマの著作に取り組んでいたセルー・ダジャンクール〔※1〕の著作が世に出るのは、ずっとあとのことである。[5]ゴシック建築は専門家から賞賛を得ていたが、[6]中世の芸術は博物館や美術館では扱われていなかった。しかし、その状況は長くは続かなかった。

　フランスの芸術的資産を目録化するという計画は、フランス全体とは言わず教会施設の資産だけに絞ったとしても、明らかに夢の夢だった。しかし、広い意味での公教育に役立つものはすべて保存したいという意志は、一七九二年の聖像破壊《イコノクラスム》の危機のあと、各県会所在地に教会や修道院など宗教施設から奪った品物《オブジェ》を保管する倉庫の設立という成果を生んだ。そこには亡命者の財産も加わっていった。パリでは、一七九〇年からプティ＝オーギュスタン修道院の回廊がこの目的のために使われた。一七九三年にはネール〔パリ六区〕の保管所[7]が設立された。〔※2〕これらの保管所は、場所や状況によって異なる多様な保護を保証し、その後、その多くが博物館や美術館になったり、既存の博物館の充実に寄与したりした。一七九〇年一二月二日には既にモニュメント委員会の委員のひとりが、教会に属していた「芸術と学術のモニュメント」を集めるために、使われなくなった宗教施設を利用して各県ごとに博物館・美術館を設置するという考えを表明している。[8]

　だが、その実現にいたるまでには、長い年月が流れた。一七九〇年の秋に下された決定や計画から、いくつかの保管所が博物館へと姿を変えるまで、政治的激変に見舞われ、国家遺産とみなされた美術品に対する場当たり的な措置が繰り返された数年が経過した。まず第一に、王室のコレクションを見てみよう。

〔※1〕フランスの美術史家、収集家。主著書に『*Histoire de l'art par les monuments, depuis sa décadence au IV siècle jusqu'à son renouvellement au XVI siècle*（モニュメントよる美術史——四世紀の没落から一六世紀の刷新まで）』（全六巻、一八一一—二三年）。

〔※2〕フランス革命によって没収された教会の宝物や貴族の美術品を収集し、ルーヴルに移送するまでの一時的な場所として機能した。ダ・ヴィンチの『モナ・リザ』やラファエロの『聖母子と聖ヨハネ』などの名画も保管された。一七九六年の火災によって一部が焼失、一八〇二年に閉鎖された。

12 革命型博物館・美術館のモデル、「フランス美術館〔※1〕」の誕生

・革命前夜の博物館・美術館構想

革命前夜、パリには博物館や美術館なるものはひとつしかなかった。王立植物園の自然史キャビネットである。リュクサンブール宮は、人々の記憶にも残っていたように、一七七九年にプロヴァンス伯爵（のちのルイ一八世）の住居に充てられるまで、国王所有の絵画を展示する場所として使われていた。これは、王室の絵画と彫刻のコレクションを、その収蔵にふさわしい唯一の宮殿であると一般的に考えられていたルーヴル宮に移すまでの、暫定的な措置だった。この発想はジャン・ロレンツォ・ベルニーニ〔バロック時代を代表するイタリアの彫刻家。建築・内部装飾も手掛けた〕が既に提唱していたものである。「博物館・美術館《ミュゼ》」という言葉こそ使われていなかったが、エティエンヌ・ラ・フォン・ド・サン・ティエンヌ〔一八世紀フランスの美術評論家〕の著作にも見られた。一七五〇年代以降、宮殿の歴代監督官がその実現に努めたが、財源の欠乏をはじめとするさまざまな障害に阻まれた。一七七四年、ルイ一六世の即位に伴って王室建造物局総監に任命されたダンジヴィレ伯爵は、これらの計画に再び取り組み、王の支援のもと、王室のコレクションを公開する美術館をルーヴル宮に設置するための作業にすぐに着手した[1]。

解決すべき問題は複雑だった。まず、グランド・ギャラリーから陸軍省が所管していたフランス国内の要塞都市や港湾の立体模型のコレクションを撤去する必要があった。陸軍省の抵抗にもかかわらず、ダンジヴィレは一七七六年から一七七七年にかけて、これらの作品を士官学校《エコール・ミリテール》に移送させることに成功した。だが多くの問題が未解決だった。グランド・ギャラリーをひとつの空間として残すのか、それとも小さな空間に区切るのか、どのような照明を採用するのか、水平照明なのか天頂照明なのか？　美的効果も経費も異なり、それぞれに支持者がいた。絵画に修復と額装を施し、展示方法、すなわち、大小の絵画作品の配置方法やグランド・ギャラリーでの展示順も決めなければならなかった。さらに、王室コレクションの欠落部分を補完す

〔※1〕その後、中央美術館、ナポレオン美術館など名称の変遷を経て、ルーヴル美術館と呼ばれるようになった。

るために、美術品の一貫した取得方針も設定することになる。議論と理想的な解決策の模索は、ときに作業の進行を遅らせた。また、財政的な制約も明らかになった。数多くの協議を経て、ダンジヴィレはグランド・ギャラリーをひとつの大空間として残し、天頂照明を採用することを選択した。この方針を正当化する報告書は、一七八七年四月二九日に国王に提出され、一七八八年三月三一日に国王の承認を得た。エドゥアール・ポミエ〔フランスの美術史家。一九二五－二〇一八年〕は、この日を「ルーヴル美術館の歴史の真の始まり」[2]と呼んだ。しかし、美術館はまだ存在していなかった。

・革命、論客カトルメールの登場、聖像破壊と保護の攻防

一七九〇年になって、この問題は再び取り上げられる。このテーマを世に問うたのは、博物館・美術館の歴史に深い足跡を残した人物であり、少し詳しく紹介しておく必要がある。このカトルメール・ド・カンシーとして知られるアントワーヌ・クリソストーム・カトルメールは、革命が始まったとき、既に学業を終え、二度の長期にわたるイタリア滞在により、ローマの芸術家や古代美術研究者と親交を深め（彼はイタリアの彫刻家アントニオ・カノーヴァと生涯にわたって親しかった）、エジプトとギリシャの建築に関する論文で碑文美術アカデミーから賞を受け、『建築辞典（*Dictionnaire d'architecture*）』の第一巻を出版していた。これらの経歴はカトルメールの支えとなっていた。彼は革命集会に参加し、劇場、祭典、パンテオン、芸術問題などについて、王党派と自由主義派の思想を擁護した。[3]ルーヴルに関心を持ったのも驚くにあたらない。彼は、ルーヴルに、自然史、物理学、機械〔メカニズム〕、王立図書館、絵画、素描《デッサン》、メダル、古代遺物のキャビネットからなる「万国学院《リセ・ユニヴェルセル》」を設置し、グランド・ギャラリーをフランス絵画だけを収めた「国立博物館」にすることを提案した。カトルメールは、ルーヴルが国家のものではなく王のものであることを十分理解しており、「フランスがこれまでに建てた中で最も大きく、最も堅固で、最も壮麗な」この建物を、学術、文学、芸術の神殿とすることに王が同意するのを期待していた。[4]

一七九一年五月一八日の『パリ・クロニクル』紙で改めて取り上げられたカトルメールの考えは、一七九一年五月二六日に立憲国民議会に提出されたベルトラン・バレールの報告書に直接影響を与え、同日可決された政令《デクレ》によって具体化された。その第一条では、「ルーヴル宮とチュイルリー宮を合わせて国の宮殿とし、王の邸宅、学問と芸術のすべてのモニュメントの集積地、および公教育の主要な施設に充てる」[5]と規定されていた（ルーヴル美術館の起点には、後述するように、のちに正当な根拠もなく美術館嫌悪症の典型に仕立てあげられた人物〔カトルメール〕がいたことにも注目しておきたい）。そして、バレールの報告を受けてルー

ヴル宮への美術館の設置が法律の条文に含まれたことも指摘しておこう。あとは、それを実践するだけだった。しかし、一年以上、何も起きなかった。立法府も行政も、緊急に対処すべきことがほかにあったのである……。

最初の亡命禁止法（一七九二年四月八日）、皇帝への宣戦布告（四月二三日）、王が議会の保護を求めざるを得なくなり王権の「停止」につながった八月一〇日事件、共和国の宣言（九月二一日）、王の裁判と処刑（一七九三年一月二一日）、これらの出来事はすべてのちの美術館の構想に直接影響を与えるものだった。国有財産には、亡命者が残し、早くも一七九二年八月に売却が始まったもの、次いで八月一一日に国有化された国王の所有物が加えられた。その後の聖像破壊《イコノクラスム》の波は、恐怖政治《テロル》の時期（一七九三年九月から一七九四年七月）に最高潮に達した。[6] そしてついに、「もはや制御する力を持たない聖像破壊の原則と、押しつける手段（人的にも科学的にも財政的にも）を持たない保護政策の原則をほぼ同時に打ち出す」[7] という革命政府の政策の矛盾が公然と明らかになった。

・議会の動き——モニュメント保護に向けて

一七九二年八月一四日、立法議会は、王政の象徴と、より一般的には「高慢、偏見、専制のために建てられた」、したがってもはや「フランス国民の目に触れるところに置いておくわけにはいかないであろう」モニュメントの破壊を正当化する前文を含む政令《デクレ》を可決した。この政令は、「芸術に必要不可欠な関わりを持つもの」を災難から救おうと試みているが、その矛盾のために、政令の解釈が破壊を支持する者と芸術作品を守る者との力関係に左右される事態を招いた。議会はこの事実を認識していた。ゆえに八月二二日にこの問題について議論が再開され、ピエール＝ジョゼフ・カンボン〔フランスの政治家・革命家。財務に携わる〕は、王室に捧げられたモニュメントを美術館、つまりモニュメントがただ芸術作品として見える中立的な場所に置くことを、最終的な考えとして提案した。

九月一五日と一六日、議会は「実に恥ずべきであり、それに劣らず恐ろしい略奪行為」を懸念した内務大臣の発議により、破壊についての議論を再開した。この議論の中で、議員のひとりアンリ・ルブールは「名作を集めて帝国の主要都市に分配する。それぞれの都市に博物館や美術館が設置され、国家の栄光と輝きを形成する美しい記念物が収蔵されることになる」という考えに立ち返った。

ルブール議員はまた、九月一六日にふたつの政令《デクレ》を採決させた。そのふたつ目の政令では、「帝国全体に散らばる傑作を美術と公教育のために保存することが重要である」と明言している。そのためモニュメント委員会を強化し、「教会や国有施設、亡命者の居宅にある絵画、彫刻、そのほかの美術に関連するモニュメントを調査・保存し、その品々《オブジェ》を、パリの博物館・美術館と地方に設立されるであろう博物館や美術館との間で分かち合うために収集する資金を援助する権限を内務大臣に与える」(8)ことを提案した。その三日後、議会は別の政令を可決し「各地に散在している絵画やその他美術に関するモニュメントをこの美術館〔ルーヴル〕に集めることが重要であることを考慮し」、モニュメント委員会に対して、ヴェルサイユ宮殿の公園にある彫像を除いて「かつて王宮として知られていた建物やそのほかの国の建造物に収蔵されている絵画および美術に関するモニュメントを遅滞なくルーヴルの収蔵庫に移送する」ように命じた。(9)この政令により、ルーヴル宮における美術館の開館準備は最終段階に入った。

続く一〇月一日、臨時行政会議はこの準備を成功裏に進めるため、六人の委員から成る美術館委員会を任命した。その後、政治的な混乱が続いたものの、事態は迅速に進行した。

・内務大臣ロランの革新的ビジョン
――民主的な施設としての博物館・美術館

一七九二年八月一〇日から一七九三年一月二三日まで内務大臣を務めたジャン＝マリー・ロラン・ド・ラ・プラティエールは、ヨーロッパを広く旅行し、イタリアの主要な美術館に精通しており、パリに百科全書的な博物館・美術館を設立するという構想にも馴染みがあった。(10)そのため、彼がモニュメントの保護に関する議会での議論を引き起こしたのも、九月一九日の政令を直ちに実行し、彼が重視していた将来の美術館の整備に関する議論を始めたのも、驚くにはあたらない。

ルーヴルの回廊《ギャラリー》に美術館を設けることが問題である。この件は布告されており、内務大臣である私がその許可と監督を担当することになった。私は国民に対してその説明をする義務がある。これが法の精神であり、条文もそのように書かれている。私の考えでは、この美術館は国が所有する素描《デッサン》、絵画、彫刻、そのほかの芸術モニュメントという大きな財産を発展させるものでなければならない。それは外国人を引きつけ、彼らの関心を確かなものとするものでなければならず、美術への美的感覚を養い、愛好家を再び育て、芸術家の学びの場としての役割を果たさなければならない。それは誰にでも開かれていなければならず、誰もが自由に画架《イーゼル》を設置し、好きな絵画や彫像をデッサンし、描き、つくることができなければならない。このモニュメントは国のものであり、それを楽しむ権利を持たない個人は存在しない。ギリシャはこの種のモニュメントによってあらゆる国の頂点に輝いた。繊細な「美的感覚」が創造的な才能をあらゆる形で変化を遂げさせていたのである。フ

ランスはその栄光を、あらゆる時代、あらゆる国の国民に広げなければならない。国立美術館〔ルーヴル〕は最高の知識の源となり、世界中から賞賛を受けることだろう。(11)

外国人のルーヴル訪問を促進するという考えは、当時としてはそれほど斬新なものではなかった。同様に月並みな考えではあるが、新たに愛好者を教育すること、および芸術家が傑作に触れて上達するのを許すことで、芸術の再生、再活性化に貢献しなくてはならなかった。そして、誰もが過去の作品を鑑賞するだけでなく、芸術の実践に取り組むこともできるよう、誰にでも開かれた場所でなければならなかった。それゆえ、この美術館は新たな関心を呼び起こし、それが伝播すれば、フランスは、ギリシャの再来たる芸術国家となるだろう。ロランが真に革新者だったのは、博物館・美術館の開放を力説したからであり、その「国家・国民的」な性質を、各個人が保障された、博物館や美術館を楽しむ権利と同化したからだった。実際、博物館や美術館を本質的に民主的な施設とする考えを、これほど力強く表明した人物はロラン以前には誰ひとりいなかったと思われる。その考えはゆっくりと、長い時間をかけ、しかも不完全な方法で実現されたにすぎない。しかし、この考えは、フランス革命期、その後、そして今日にいたるまで、フランスで、さらには世界で、博物館・美術館の変容に大きな影響を及ぼすことになった。

・ルーヴル宮の革命型博物館・美術館

ロランの後任である内務大臣ドミニク・ジョゼフ・ガラの着任時には、既に約三〇〇点の絵画がルーヴルに運ばれていた一方、将来の美術館に関する実際的および概念的な大きな問題が解決されておらず、そうした問題はガラに引き継がれた。そのため、彼は美術館委員会に作業を加速させ、特に絵画の展示の問題について立場を明らかにするよう促した。それに対する反応はのちほど改めて取り上げる。とりあえずは、委員会が美術館の開館を、一七九三年八月一〇日の王政崩壊一周年を記念する式典のプログラムに含めることを提案したといえば十分であろう。

この提案はガラによってすばやく取り上げられ、七月四日に議会に提出された。それを受けて、議会は七月二七日に政令で承認した。委員会は予定通りにとり行うという偉業を成し遂げた。

ルーヴル宮の美術館は一七九三年八月一〇日に開館し、九月末に閉館。再び、一一月八日になって再開館した。(12)その後も何度か全面的または部分的な閉鎖が行われた。王室コレクションを国家国民に引き渡し、記念事業を執り行う必要から「ポチョムキン開館」〔見せかけだけの開館の意〕が命ぜられたそのやり方によって、

ルーヴルは、その誕生において、収奪、政策断行主義、熱狂の産物という、革命型博物館・美術館の典型となった。〔※1〕

・美術館委員会と画商ルブランの対立

そのとき、美術館の運営をはじめとするあらゆる問題は未解決のままだった。一七九三年一月には、ロランが任命した委員会がルブランによって激しく批判された。一八世紀末のパリでおそらく最も有名な画商であり、多くの販売カタログや美術史に関する著作を残し、作品を箔づけするために設けた画廊の所有者だったジャン・バティスト・ピエール・ルブラン（ル・ブランとも呼ばれる）は、パリや世界の大画廊主《ギャラリスト》の原型であった。旧体制《アンシャン・レジーム》下では、アルトワ伯爵〔ルイ一六世の次男、のちのシャルル一〇世〕の絵画の管理人であり、王妃の肖像画家として成功した妻エリザベート・ヴィジェ・ルブランの助力を得て、華やかな生活を送っていた。一七八九年以降、彼は「亡命者〔エリザベート・ヴィジェ・〕ルブランの夫」となったが、それでも創設されつつあった美術館の管理者の地位を狙うのを妨げるものはなかった。(13)

彼の美術館委員会に対する攻撃は、〔ルブラン〕自ら点検した欠点を理由に、任務遂行に足る資質がないとみなした五人の芸術家とひとりの識者によって委員会が構成されていたことに向けられていた。さらに深刻なのは、彼らが自分のような目利き《コネスール》ではなく、芸術家であるという理由だった。

私なりに要約すると、芸術家は常に自分の芸術に没頭し、さまざまなヨーロッパの主要なコレクションを訪れたり、さまざまな画家の手法を日々刻々と研究したりすることができていない。そのため、美術館〔ルーヴル〕の形成に効果的に貢献することができないのだ。キャビネット〔ここではコレクションとほぼ同義〕をつくるには、多くのものを見て、多くのものを比較して、経験の成果を実践に活かすことが必要である。さらに、目利き《コネスール》だけで美術館をつくるべきである。なぜなら、先ほど示したように、目利きは芸術家に欠けている実践的な知識をもれなく身につけているからであり、また、どんな状態にあろうと絵画の価値の有無を判断でき、美術館に属すべき品々《オブジェ》を、堂々たる統一感を構築しつつ、外国人の好奇心を満足させるものを提供できるように配置することができ、各流派について欠けているかもしれない巨匠を指摘し、複製品を真作として受け入れず、そして、起用する画家・修復家の功績を評価することができるからである。(14)

ここに見られるのは美術館の模範的学芸員・保存官《コンセルヴァトゥール》の像であり、その時代を考えれば驚くべきものである。だが、ルブランが自らを目利きと考え、それがパリの商人たちの間で既に十分確立していた伝統に沿っていたという理由で、〔ルブランが〕そこに自身の姿を見ていたとしても、ロランにとっては、ルブランは

「画商のルブラン」[15]にすぎず、ルブランがどうしても手に入れたいと思っていた美術館の管理運営幹部《コンセルヴァトワール》の地位を「ルブランが手にしてしまえば、彼が大きな仕事に打って出るチャンスになりかねないだけであり、ルブランが請け負うと申し出た旅行にしたところで、われわれの博物館や美術館に益するより、ルブランの店と財布を豊かにしかねないもの」だった。エドゥアール・ポミエが指摘しているように、この点に関してロランは「公共事業としての美術館の概念を一挙に確立し、この事業への参加と芸術分野での商業活動の間に根本的な不和を生み出した」のである。この認識は、現在までフランスで有効である。[16]

・巨匠ダヴィッドの主張

ルブランは、最も影響力のある画家だったジャック＝ルイ・ダヴィッド〔フランスの新古典主義を代表する画家〕を筆頭とする仲間たちからも、まず第一に商人として認識されていたようである。ジャコバン派の代議士であり、ロベスピエールに近かったダヴィッドは、国家の芸術的資産の目録を迅速に作成する必要性を強調し、ルーヴル宮に中核となる美術館を、各県に美術館を設立することを提唱した。彼にとって、これらは学校の生徒や芸術家への美術教育の展開の一部だった。[17]この点において、彼とロランとの間には見解の相違があり、ふたりの政治的立ち位置は、ジロンダン〔ジロンド党員〕の死によってのみ終わる、公然と争い対立するふたつの陣営に分かれていた。ダヴィッドは当然ながら、ロランが任命した美術館委員会には批判的で、この点でルブランとは盟友関係にあった。しかし、ダヴィッドが美術館委員会の廃止に関するふたつの報告書を議会に提出し、そこでルブランの考えをいくつか取り入れ、ふたつ目の報告書である共和暦二年ニヴォーズ二七日（一七九四年一月一六日）付の報告書は、その趣旨に沿った政令《デクレ》として結実したものの、ルーヴルのそれ以後の管理を担当する保存局《コンセルヴァトワール》については、絵画、彫刻、建築、古代美術の四部門に分かれ、一〇人の芸術家で構成されるその保存局にルブランを加える提案がなされないよう十分な注意を払った。[18]

・ルーヴルの管理体制

この保存局は、「指揮のために」立法院によって任命され、その監督下に置かれつつ、「管理運営のために」内務大臣に属していたが、実際にはダヴィッドが創設したものだった。とは

〔※1〕ポミアンは公共博物館を次の四つのタイプに分類している。一、「伝統的タイプ」宝物・モニュメント・芸術作品などからなる教会や王侯貴族などのコレクションが公開されるようになったもの。二、「恩恵者的タイプ」コレクションの創設者が国、町、教育・宗教施設などにコレクションを寄贈して設けられたもの。三、「革命的タイプ」革命、革命的変動ののちに政令によってつくられ、国家が元の所有者たちから没取した作品を集めたもの。四、「商業的タイプ」ひとつの組織が購入などによってコレクションを形成し、公開するもの。なお本書においては、「的」に代えて「型」を用いた。本書19章も参照のこと。

いえ、ロベスピエールがテルミドールのクーデターで失脚し、同様にダヴィッドも政治的に失脚した一七九四年七月二七日（テルミドール二年目）以降も、この機関は存続した。恐怖政治《テロル》期に特に危険な立場にあったメンバーふたりは解任されたが、ジェルミナール三年一〇日（一七九五年三月三〇日）まで活動は続いた。その後、改組と縮小が行われ、内務省の公教育総局の監督下に置かれた五人のメンバーで構成されることになった。そのうち三人は新規に加わった人物だった。[19]

無風状態が続いたあと、一七九七年一月二二日、内務大臣は保存局に代わり五人の芸術家、管理者、副官、秘書、専門学芸員（専門学芸員の職はルブランに与えられ、彼はようやく公的だが従属的で諮問的な地位を得た）から構成される、ルーヴルの管理運営機関《アドミニストラシオン》を設けた。一八〇二年一一月二二日、ドミニク・ヴィヴァン・ドゥノン[20]が総監督に任命されるまでルーヴルはこの新体制により運営された。ドゥノンについては後述するが、彼の就任によって、一七九七年に既にその役割が縮小されていた芸術家たちが、このひとりの目利き《コネスール》〔ドゥノン〕を利する形で、美術館の運営から外されたことに注目しておこう。そのドゥノンは作家、製図家、彫金家として、一〇年前にルブランが打ち出した要件を満たしていたものの、美術市場のプロではなかった。

・公開方針

美術館委員会は、記録的な速さで五三七点の絵画と一二四点の彫刻および芸術作品《オブジェ》をルーヴルに運び、サロン・カレとグランド・ギャラリーの最初の三つの区画《トラヴェ》と、さらにはその下の一般公開されていない部屋に並べるという力業《ちからわざ》を成し遂げた。ダヴィッドが、委員会を愛国心の欠如、無能、怠慢を批判しようとも、美術館は現実のものとなり、各デカード〔フランス革命時代のカレンダー、特にフランス共和暦のこと。一週間を一〇日とした〕の最後の三日間に訪れる一般大衆に不満を抱かせないように、季節によって時間を変えつつ、公開は続けなくてはならなかった。それ以外の時間は、美術館は芸術家と外国人のみに開放され、外国人の入館にはパスポートが必要だった。単なる一般の訪問者にも、絵画を模写するために美術館を訪れる芸術家にも、監視と教育が必要だった。そのため、保存局は、「美術館で活動する市民はあらゆる遊び、歌、ふざけた振る舞いを控えるように」説かなくてはならなかった。「学びの場は闘技場や劇場ではなく、沈黙と瞑想の聖域なのである」[21]

絵画に触ったり、こすったりする者には、「作品に触れないように」と呼びかけるポスターを五〇〇部印刷して注意を促し、暖を取るために絵画をストーブに近づけて破損させる者や、口論したり、警備員を侮辱したりする者、外国人や立憲国民議会の議員であることを理由に閉館日に無理やり入館しようとする者に対しても対処しなければならなかった。学生の乱暴も抑え

るために、警察規則を印刷して掲示する必要もあった。(22)

これでもすべてではなかった。素描《デッサン》展の開催から一〇日後の一七九七年八月二五日、内務大臣は、行政当局が作成したルーヴルで学ぶ芸術家のための規則に、「絵画、彫刻、建築の芸術の師と教師」に対する通知を添付した。それは、「美術館〔ルーヴル〕に収蔵されたものや研究のために展示されるものが何らかの損傷を受けないように、美術館には厳しい規律が確立されるべきである」というものだった。規則は、「美術館では秩序と礼儀と沈黙をも守られなければならない」と主張し、騒ぎや無秩序を起こした者は一時的にもしくは永久に排除すると規定した。(23)

ジャン・ガラール〔フランスの哲学者、美術史家。一九三七年―〕がルーヴルの観客に関する研究で引用したドイツ人の証言によれば、「土曜日と日曜日には誰でも入場する。大勢の人々が訪れて展示室が汚れてしまうため、月曜日は掃除に当てなくてはならない」状況だった。また、あるイギリス人旅行者は、「この施設は、社会の最も教養のない階層を崇高な芸術作品に親しませ、それによって心が豊かになり、知識が広がるように見事に設計されている」と述べていた。つまり、開館日のルーヴルでは、上流社会の人々にとってそうした場所では見慣れていなかった社会的階層の人に出会うことがあったのである。(24)さらに、一八二五年、王政復古の時代に、あるロシア人旅行者は日記に次のように書いている。

「今日、日曜日、ルーヴルはすべての人々に開放されているので、展示室はあらゆる階層の人々でいっぱいだった。私は、コレッジョの絵の前で、農民やぼろを着た貧しい日雇い労働者を見た」(25)

この話はできすぎだろうか？　私たちの知見が及ぶ限り、この観察は十分ありそうなことのようである。

・当初の運営状況

美術館には、所蔵している作品のためのスペースが十分にはなく、それにもかかわらず作品の数は増え続けている。そのため、一七九四年一月に業務を開始した保存局《コンセルヴァトワール》の最初の仕事は、特権的な芸術家たちのアトリエやほかの機関が占有していたスペースを美術館に割り当てることだった。美術館の要求に応えるためには、新しい入口の設置やグランド・ギャラリーの床の寄木張り、天窓からの照明という大工事を行わなければならなかったが、そのためには資金が必要だった。これにはお役所的な戦いも同様に発生したが、ここでは詳述しない。(26)

しかし、グランド・ギャラリーは一七九六年四月から一七九九年四月まで三年間閉鎖されたままだった。アポロン・ギャラリーは一七九七年八月まで開かれず、一階に古代彫刻が収容されたのは一七九八年になってからであり、ルーヴルから学士院《アンスティテュ》〔※1〕が退去したのは一八〇五年だった。ダヴィッドを含む芸術家たちがアトリエを明け渡さなくてはならなくなるまでにはさらに一年かかったことに注意すべきだろう(27)［図1］。要するに、最初の一〇年間は四つの異なるグループ〔※2〕によって運営され、その大部分がしばしば閉鎖される、可変的な空間を持つ美術館だったのである。

それはまた、内容が変化する美術館でもあった。もちろんこのことは、ある収集方針を実践するだけでなく、好みや好奇心の変化に適応する美術館であれば、どのような美術館にも当てはまることである。初期のルーヴルの場合、実際に一八一五年までは、このような内容の変化は非常に広範なものだった。ルーヴル全体の輪郭《プロフィール》そのものが定まっておらず、一〇年間の試行錯誤を経て初めて安定したものになるのである。ルーヴルに自然史、物理学、機械工学関係のキャビネット、国立図書館、メダル、古代美術品、絵画、彫刻、そして国の偉人たちの霊廟《パンテオン》を集めるというカトルメール・ド・カンシーの提案した構想(28)は、すぐに断念された。

・革命期の展示内容

一七九三年八月一〇日に開館したときのように、この美術館は主に絵画コレクションを展示し、彫刻や作品《オブジェ》は装飾のために用いられた。また、貴重なひとそろいの素描《デッサン》も同様に所有していたが、カルトン〔紙葉を持ち運び、保管するための厚紙のホルダー、ファイル〕に挟み込まれたままであり、これがダヴィッドの激怒を買ったため、急遽、美術館保存局は取り急ぎ一部を公開した。そうして、一七九四年以降、ルーヴル宮の美術館は絵画と素描のための美術館となったのである。

とはいえ、展示するに足る作品が満たすべき基準を設けなければならなかった。それが「凡庸《ぼんよう》」であってはならないことはいうまでもない。しかし、美術館の開館一年目の恐怖政治《テロル》の下では、旧体制《アンシャン・レジーム》の象徴や紋章に対して畏れも抱かない革命期の人々の目に受け入れられるものでなければならなかった。「愛国心」に駆り立てられ、ダヴィッドに導かれた保存局《コンセルヴァトワール》は、「封建的な痕跡」を持つ絵画や、「狂信を助長する」可能性のある絵画、つまり、君主主義的、宗教的な感情を表現する絵画をコレクションから排除しようとした。保存局のあるメンバーは、風俗画全体を取り除くことを提案するほどの熱烈さを示したが、彼の意見は受け入れられなかった。保存局は、ガスパール・ド・クライエル〔フランドルの画家〕の『砂漠の聖ジェローム』〔の展示〕を拒否し、「寓意《アレゴリー》が他よりも重要である」という理由から、メデ

〔※1〕一七九五年に設立された国立科学アカデミーのこと。ルーヴル宮の一部を占有していたが、一八〇五年にナポレオンによって別の場所に移された。

〔※2〕一八九三年八月開館時の美術館委員会、一八九四年一月からの保存局、一八九七年一月からの管理運営機関、一九〇二年一一月からのドゥノン館長率いる美術館総局。

[図1]ジャック＝ルイ・ダヴィッド『自画像』1794年、油彩(Musée du Louvre, Paris)
テルミドール〔9日のクーデター〕のあと、短期間の投獄中に描かれたこの自画像は、画家としてのアイデンティティを再確認し、政治からの引退を示唆している

イシス・ギャラリーのルーベンスの作品を二点だけ展示することを決めた。この決定は、共和暦二年テルミドール九日〔一七九四年七月二七日に起きたクーデター。「テルミドールの反動」とも呼ばれる〕から六日後、ダヴィッドが逮捕〔拘留〕された日に下されたが、容易には受け入れられなかった。保存局は、公教育委員会に対して、「これらの美しい絵画に満ちている、芸術家への大きな教育的な力だけを考えるため、ルーベンスの絵画が大衆に思い起こさせるかもしれない封建制の不快な人々の姿に目をつぶる必要がある」と提案した。しかし、確信からか予防措置としてかは不明だが、「さらに、ルーベンスのすべての絵画から、最も熟練した修復家によってできるだけ損傷を与えずに封建制の痕跡を消去するように」と提案することを付け加えた。政治的基準（「封建制の不快な人々の姿」）と美的基準（「美しい絵画」）の相容れなさに明らかに不安を覚えた保存局は、両者に配慮しようとした。その対立から勝利を得たのは、美的基準だった。

革命的な視線を刺激するようなものを美術館から排除しようとする努力は、もはや共和暦二年テルミドール九日以後に生まれた状況にはそぐわないものだった。しかし美術館の輪郭《プロフィール》は定まっていない。特に四つの問題が残されていた。美術館の範囲――国家遺産の一部である作品に限定するのか、それとも逆に当時の考え方に従った「普遍的《ユニヴァーサル》」遺産、すなわちヨーロッパの遺産に開放するのか。古代美術の位置づけ――前の問題との関連性を見てみよう。フランス絵画やフランス彫刻を重視するのか。展示――美的基準のみを尊重するのか、それとも歴史的要素を含めるのか？　この四つである。

13 ルーヴルとヴェルサイユ――「解放された」傑作の美術館と「国の栄光のモニュメント」

・ルーヴルの作品取得政策

ルーヴル宮の美術館は、誕生して一〇年の間に、何度も名を変えた。開館時は「フランス美術館」もしくは「国立美術館」[1]、一七九四年から一七九六年には二番目の呼称の「国立美術館」だけが使われ、一七九七年に「中央美術館」[2]となった。この名称の変遷、とりわけ最後の変化が美術館の概念そのものの変貌を語っている。一七九四年八月以降、美術館は徐々に、革命軍に「解放された」傑作をすべて集めて陳列する場所と考えられるようになった。革命軍の活用は、美術館の管理運営者《アドミニストラトゥール》ではなく共和国の最高決定機関によって行われた芸術作品の取得政策の主要な手段となった。

共和暦二年フリュクティドール一四日（一七九四年八月三一日）に国民公会に提出された報告で、のちほど言及することになるグレゴワール神父こと、アンリ・グレゴワールが再びとり上げ、最終的な結論まで突き詰めた見解がある。それは数カ月前から、芸術と政治の世界で流布、熟成しており、フランスを自由の国、古代ギリシャの正統な後継者、そして人類がかつて生み出した傑作すべてのあらかじめ決められた受け取り手に仕立て上げていた。このような国だけが自由な人間によって評価、賞賛されるという使命を傑作にまっとうさせることができる。この教義は恐怖政治《テロル》の時代に生まれ、征服された地域の名品・名宝の略奪を、解放と送還の行為として提示するものだったが、グレゴワールはこれを繰り返し主張し、定着させた。

「われわれには、暴君と戦う芸術の保護者をもって任じる資格が、ローマ人以上にある。まさにわれわれの勝ち誇る軍隊が侵攻する国々において、われわれはモニュメントを集めている。［中略］クライエル、ヴァン・ダイク、そしてルーベンスの作品がパリに運ばれているところであり、フランドルの作品が私たちの博物館・美術館を飾るために大挙して押し寄せる」

このように、革命は、たとえ異国の地においてさえも芸術を保護し、それが聖像破壊《イコノクラスム》と残虐行為の敵だということを最もよく示している。というのも、芸術の祖国は自由の祖国であり、自由がなければ、芸術はそこを離れることになるからだ。

「戦争に勝って私たちの軍隊がイタリアに入れば、『ベルヴェデーレのアポロン〔※1〕』と『ファルネーゼのヘラクレス〔※2〕』の奪取が、最も輝かしい獲得物となる。かつてローマを飾ったのはギリシャであるからといって、共和制ギリシャ諸国の傑作が奴隷の国〔イタリア〕を飾るべきだろうか？　フランス共和国がそういった傑作の終《つい》の棲家となるべきであろう(3)」

　教義には実践がつきものである。はやくも一七九四年七月一八日には、フランス軍はベルギーにおいて、フランスの美術館に送るためにフランドル絵画の「大規模収奪」を始めている。一七九四年九月二〇日には、画家のジャン＝リュック・バルビエが、北方軍の中尉として、ベルギーで獲得した芸術作品の最初のグループを国民公会に捧げるために現地に到着していた。そのときのバルビエの演説で、「国立」という呼び名が加えられた美術館〔ルーヴル〕に、あえてそう述べたにせよ、傑作がはるか昔から〔そこにあることを〕運命づけられた場所という役割を与えた。

> **ルーベンスやヴァン・ダイクその他のフランドル絵画の創設者たちが筆をふるって私たちに残した不滅の作品群はもはや異国の地にはない。人民の代理を務める者たちの手で注意深く集められ、聖なる自由と平等の祖国、すなわちフランス共和国にある。**
>
> **　今後外国人が学びにくるのはその国立美術館である。感受性の鋭い人は、過去何世紀にもわたる作品の前で涙を流すだろう。天才のきらめきを食い入るように見た芸術家は、専制政治の鎖から解き放たれたその雄々しい筆で、もしかしたら凌駕できるかもしれない手本をここで見出すだろう(4)。**

・コレクションの全世界的《ユニヴァーサル》な広がり

〔この演説では〕すべてが簡潔に語られている。「国立美術館」は世界的《ユニヴァーサル》な広がりを手に入れた。過去のヨーロッパの芸術の保管場所になり、ひいては、将来の進歩のための中心的な場所となった。だが絵画、とりわけサイズの大きな絵画は、言うよりはるかに取り扱いが困難だった。国立美術館保存局《コンセルヴァトワール》が、ベルギーから運び込まれたルーベンスの三作品を「美術館の〔グランド・〕ギャラリー、南側の大きな区画〔梁間〕のひとつに設置する」と決定したのは、ようやく一七九五年六月二〇日になってからである(5)。

　この決定で始まったルーヴルの絵画コレクションの変貌によって、ルーヴルは急速に「この種のものではヨーロッパで最も立派な施設(6)」となった。ベルギーおよびオランダからの絵画が展示されたのち、一七九八年はじめにイタリア北部のロンバルディア地方、同年終わりにヴェネツィアとローマ、一八〇〇年三月にフィレンツェとトリノから持ち込まれた絵画が展示され、これにパルマとボローニャ(7)からの絵画、さらにブランズウィック、カッセルほか、ドイツのいくつもの王侯コレクション(8)が加わった。ルーベンスの『キリスト降架』とラファエロの『キリストの変容』が同時に展示された、この名画コレクションは、スコットランドの考古学者で歴史家のジョン・ピンカートンら[9]何人かの来館者に感銘を与えた。一八〇〇年以降、古代〔ギリシャ・ローマ〕彫刻の最も有名な傑作群によってこのコレクションは補完された。

・古代美術品の公開

共和暦三年プレリアル二〇日（一七九五年六月八日）の国民公会の政令《デクレ》を受けて、ルーヴルで古代美術品の問題が初めて生じた。政令では国立図書館〔一三六七年シャルル五世創設の王室文庫の革命後の呼称〕のメダルのキャビネットのコレクションを整然と分類し公開することが命じられていた。国立図書館のメダルのキャビネットはその当時、そしてしばらくの期間、名称を公式に変更することはないまま国立古代美術博物館と称されていた。[10]オランダから送られてきたダマスキン装飾〔金属表面に模様を施した装飾。ダマスカスで発展〕の甲冑は、美術臨時委員会によって、この国立古代美術博物館の帰属となった。甲冑を自分たちのコレクションに入れることを望んでいた〔ルーヴルの〕保存局《コンセルヴァトワール》は、美術館〔ルーヴル〕と古代美術博物館の関係に新たな定義を与えることを求め、公教育委員会《コミテ》に訴えた。保存局の考えでは、このふたつの機関《エタブリッスマン》はひとつになるべきだった。国立美術館たるものは「実際、あらゆる民族に由来する、あらゆる分野の美術の傑作だけでなく、ありきたりの美術品の十分なコレクションも必要で、それらは適切な順序で並べれば、芸術がさまざまな時代に、また、多かれ少なかれ文化の土壌があればどこでも経験してきた「進歩」や退廃、没落を、時代を追って雄弁に物語るであろう[11]」。

保存局《コンセルヴァトワール》が、美的な価値が欠けていても過去の証としての意味がある「ありきたりの美術品」の中に傑作を埋没させることによって、この美術館に対し、芸術的というより歴史的で民族誌学的な性質を与える心づもりであることは明らかだった。それゆえに、古代美術の博物館を美術館に統合することを正当化するための論証が公教育委員会に提出された。

> **イタリアでは、ギリシャの古代美術と芸術に属するあらゆる分野の品々《オブジェ》が博物館や美術館に集められている。これらの素晴らしいコレクションが外国人を引きつけるとした**

〔※1〕古代ギリシャの彫刻家レオカレスの青銅像をローマ時代に複製した大理石像。実際にナポレオンのイタリア遠征ののち一八一五年までナポレオン美術館と改名されていたルーヴルで展示されたが、返還され、現在はヴァチカン美術館内ピオ＝クレメンティーノ美術館に展示されている。呼称は一五世紀の終わりに発見された当初、庭園の見晴らし台（ベルヴェデーレ）に設置されたことによる。

〔※2〕古代ギリシャの彫刻家リッシッポスの青銅像をローマ時代に複製した大理石像。ナポレオンはこれも望んだがイタリアが手放さなかった。現在はナポリの国立考古学博物館が所蔵している。

> ら、そこでは天性の才能を持つ者が気を散らすことなく学ぶことができ、芸術の連鎖が途切れることなく存在し、そして比較の対象となる多くの品々に囲まれて判断力と美的感覚が形成され育まれるからである。これらの完璧なコレクションは、真に有益で名高い流派を生み、ラファエロ、ミケランジェロ、カラッチ、ジュリオ・ロマーノらの作品の豊かな源泉となった。彼らがつくり出した傑作は、このコレクションのお蔭で生まれたのである。(12)

ここではイタリアの博物館・美術館が果たした模範的な役割がさらに確認できる。そして博物館や美術館の創設を正当化するために持ち出されたコレクションの質と美術の制作水準の間の、当時確立されていた関係も確認できる。

最後に強調しておきたいのは、既に見てきたように、博物館・美術館を、さまざまな時代に芸術が経験した「[進歩と]退廃と堕落を物語る雄弁な年代順の歴史にしようという願望」と切り離せない、芸術の連続的な「連鎖」というものがあると力説されていることである。

ここではっきり見えてくるのは、美的原則の厳格な尊重と両立させるのが難しい、歴史的原則へのこだわりである。それをヴァザーリ〔※1〕から受け継がれ、芸術は頂点に達したのち容赦なく退廃に陥るものだと考えていたヴィンケルマン〔※2〕によって更新された物の見方に基づいて構想されたこの歴史的原則は、新古典主義の美学、アカデミックな教育の基盤、そして徐々にではあるがしばしば博物館・美術館の絵画の展示の基盤となった。このことには改めて触れることにしよう。

国立美術館保存局はルーヴルにあるアポロンのギャラリーに古代美術博物館を設置することを提案したものの、ルーヴルには古代美術博物館が所有する品々《オブジェ》を陳列し、考古学の教育を行うにはスペースが不十分だったため、古代美術博物館のルーヴルへの招致は実現しなかった。(13)

五年後の共和暦九年ブリュメール一八日（一八〇〇年一一月八日）、中央美術館〔ルーヴル〕の管理運営機関《アドミニストラシオン》がようやく古代美術ギャラリーを開設することになる。(14) ピオ＝クレメンティーノ美術館にあった七六点の彫像、胸像、その他の古代美術品がそこに展示され、一二点のエトルリアの壺、および『ラオコーン像』、『ベルヴェデーレのアポロン』、『アンティノウス』、『ナイル神の像』、『テヴェレ〔河の〕神の像』、『トルソー』、『ミューズたちの像』(15)が、『とげを抜く少年《スピナーリオ》』と『カピトリーノのヴィーナス』(16)などローマのカピトリーノ美術館から持ち去られた作品とともに含まれていた。フランス王フランソワ一世とまでは言わないにしても、コルベール〔ルイ一四世時代のフランス財務総監〕にまでさかのぼる、イタリアにあるすべての美しいものをフランスで所有するという昔ながらの夢は、革命初期の数年間に再び現れ、現実のものとなっていた。

・ナポレオンのイタリア遠征と名画・名作の「解放」

一七九六年四月、フランス共和国軍がナポレオン将軍の指揮下でイタリア遠征に出発したとき、作戦の目標は主に戦略的で財政的なものであった(17)。しかしその遠征を利用して国立美術館〔ルーヴル〕を絵画や古代の美術品で充実させるという考えは、若い将軍には馴染み深いものだった。それはナポレオンに指示を与えた総裁政府の面々にとっても、それ以上ではないにしても、同じくらい馴染み深いと言ってよかった。共和国のフランス人による名画の解放と本国の美術館への送還という「常軌を逸した熱狂的な」（エドゥアール・ポミエ）教義は、人々の心に根づいていた(18)。

一七九六年五月一日、ナポレオンはジェノヴァのフランス公使にミラノ、パルマ、ピアツェンツァ、モデナ、ボローニャにある絵画、彫刻、珍奇物のキャビネットに関して問い合わせている。一方、そのことを知らずに総裁政府は、六日後に一通の書簡をナポレオンに送っている。よく引用されるものであるが、ここで確認しておく必要がある［図2］［図3］。

同志たる将軍、総裁政府執行部は、貴殿が美術の栄光を自らの指揮下にある軍の栄光と結びつけてお考えだと確信しています。イタリアはその富と名声の大部分を芸術に負っていますが、イタリアの天下がフランスに移り、自由の治世を強化し、より輝かせるときがやってきました。国立美術館〔ルーヴル〕にはあらゆる芸術のうちで最も有名なモニュメントを収めなければならず、今回の、そして今後のイタリア遠征軍による征服によって獲得が期待されるモニュメントで美術館を充実させることをおろそかにしてはなりません。この栄光ある〔軍事〕遠征により、フランス共和国が敵国に平和を与えられるようになることで、その内部で行われた破壊行為による損傷に修復を施し、軍事的勝利による戦利品の輝きに、恩恵と慰撫を与える芸術の魅力を加えなければならないのです(19)。

オランダ、ベルギー、ラインラント〔ドイツ西部、ライン川流域地方〕の芸術作品と自然物をフランスの博物館や美術館に送った北部方面軍と同様、ナポレオンの軍隊は美術館〔ルーヴル〕にとってイタリア絵

〔※1〕ジョルジョ・ヴァザーリはイタリアの画家、建築家。一五五〇年に出版された『美術家列伝』（『画家・彫刻家・建築家列伝』）の著者。

〔※2〕ヨハン・ヨアーヒム・ヴィンケルマンは一八世紀ドイツの美術史家。古代ギリシャ芸術への回帰を唱えたほか、作品の記述に基づく様式史の方法を見出し、美術史学や美学の研究に大きな功績を残した。主著に『古代美術史』、『ギリシア芸術模倣論』などがある。

[図2] アブラハム・ジラルデ『フランスにおける学問と芸術のモニュメントの凱旋入場』1793-1803年頃(Musée Carnavalet – Histoire de Paris, Paris)

[図3] アントワーヌ・ベランジェ『ナポレオン美術館〔ルーヴル〕に向けて運ばれる作品のパリ入り』、エトルリアの壺、1810-1813年頃(Cité de la céramique, Sèvres)
この図版と前の図版〔図2〕ほど、フランス統領政府と帝国政府が所有者から力ずくで奪った作品をパリに運ぶことが正当であると確信していることを示すものはない。これらの凱旋は、たとえ作り話であろうと、作品の到着を永遠に記憶に残すことを意図している。『メディチ家のヴィーナス』と『ラオコーン』は異なる日にルーヴル美術館に到着しており、どちらも凱旋パレードで運び込まれたわけではないのだ

画と古代美術品の獲得政策の主要な手段であった。もちろんほかの施設、特にパリのリシュリュー通りにある国立図書館、および国立自然史博物館のことも忘れてはいなかった。一七九六年五月九日に調印されたパルマ公との条約以降、ナポレオンが敗戦国に強いた条約には、一定数の美術作品、写本、あるいは自然物を征服者であるフランス軍に、状況に応じて引き渡すことを強いる条項が含まれていた。この政策の仕上げとして、一七九七年二月一九日の〔ローマ教皇ピウス六世との〕トレンティーノ条約によって、ピオ＝クレメンティーノ美術館が有していた古代芸術に関する優位に終止符が打たれ、先に見たように、すべての傑作がパリに送られることとなった。「ローマはもはやローマにはない」〔※1〕

・正当化される「征服者の権利」

輸送にあたっては、危険についての適切な推定・評価が必要で、多大な費用も発生するため、フランスに送るべき作品《オブジェ》の選定、梱包および輸送に関する決定は、委員会の責任下に置かれた。その委員会は一七九六年五月一六日に総裁政府により任命された四人の学者とふたりの芸術家によって構成され、五日後にイタリアに向けて出発した[20]。総裁政府、ナポレオン、委員たちは、自分たちには明らかに正当な権利があると確信していた。征服者の権利は、古代ローマの前例によって正当化されており、とりわけ自由の国であり、芸術と学問の故郷であることを運命づけられたフランスが持つべき権利だった。特に、ローマおよび教皇庁の住人への優越感はこの確信を強固なものにするばかりで[21]、その確信はピエール＝ルイ・ロドレール〔政治家。革命期および第一共和政にて活躍した〕の批判によって打撃を受けることはなかったし、特に、それよりずっと高水準で立論された、カトルメール・ド・カンシーの『イタリアの貴重な美術品の移動、イタリアの諸流派の分割、およびイタリアのコレクションやギャラリー、博物館・美術館等からの強奪が、諸芸術と諸学問に招き得る損害についての書簡集（*Lettres sur le préjudice qu'occasionneraient aux arts et aux sciences le déplacement des monuments de l'art de l'Italie, le démembrement de ses écoles et la spoliation de ses collections, galeries, musées, etc.*）』によっても打撃を受けることはなかった。その書簡集は、同年六月から、なかば秘密裏に回覧され、一七九六年七月の後半に小冊子として刊行された[22]。

カトルメールが提起した問題は、博物館や美術館に関するいかなる考察にとっても非常に重要なので、それについては別個に扱うことにする。ここではただひとつ、カトルメールが自らの主義主張に五〇人ほどの芸術家の賛同を得、この芸術家たちが共和暦四年テルミドール二九日（一七九六年八月一六日）の総裁政府に宛てた請願書で、ローマから貴重な品物を一点でも持ち去る前に、芸術家と識者による委員会を組織・任命して

「(その委員会に) この件に関する総合的な報告を担わせる」ことを要求したことに注目しておきたい。その署名者の中には、ダヴィッド、ペルシエとフォンテーヌ――のちにナポレオン美術館〔ルーヴル〕の建築家となるふたり――、そしてのちに館長となるドミニク・ヴィヴァン・ドゥノン(23)といった、フランス美術界の大物がそろっていた。

しかし総裁政府は、新たな委員会をいささかも必要としていなかった。総裁政府の考えは固まっていた。総裁政府は自らの政策を支持する三七人の芸術家の請願書をつくらせ、カトルメールの立論に応えて、共和暦六年フロレアル七日(一七九八年四月二六日)に一本の省令《アレテ》を出した。それによって「イタリアで収集された傑作は、われわれの征服の最も貴重な成果であり、フランス共和国の権勢の永遠の証人である」ことを確認したのちに、総裁政府は「イタリアで収集された諸学問と芸術の貴重な品々《オブジェ》を盛大かつ荘厳にパリに迎え入れる」と決定した(24)。

・軍隊と芸術の結びつき

イタリアから最初の絵画群が到着したのは共和暦五年ブリュメール一八日(一七九六年一一月八日)で、ごく控え目に行われた。第二便は共和暦五年テルミドール一三日(一七九七年七月三一日)に続き、そのときもやはり、仰々しいものではなかった(25)。ボナパルト〔ナポレオン〕将軍に恩義を感じた美術館〔ルーヴル〕は、ナポレオンに次のような書簡を送った。

「閣下に率いられた共和国軍のおかげで貴重な品々がもたらされ、美術館は豊かになりましたが、それらの品々の保管のために私どもが払っている配慮をご自身で確かめていただきたく、いくばくかの時間を美術館でお過ごし下さいますようお招き申し上げます(26)」

しかしその訪問は、美術館側が予期していなかった形、すなわち、将軍に敬意を表してグランド・ギャラリーで宴会を行うという形で実現した。異議を申し立てようとしたが如何ともしがたく、宴会は共和暦六年フリメール三〇日(一七九七年一二月二〇日)に行われ、再オープンが長期にわたって遅れるほどの影響をグランド・ギャラリーにもたらした(27)。それでも美術館のグラン・サロン〔・カレ〕で「ロンバルディアで収集された」絵画の展覧会を企画することに成功し、その展覧会をイタリア遠征軍に献呈した。このことは、扉にしかるべき銘文の入った戦勝記念碑やその機会に発行された案内書によって示されていた。

軍隊と芸術の結びつきは、共和暦六年テルミドール九日(一

〔※1〕一七世紀の劇作家ピエール・コルネイユの戯曲『セルトリウス(Sertorius)』の有名な台詞。「私のいるすべての場所にローマがある」と続く。

七九七年七月二七日）の祭典において、壮大に再確認された。このとき、先述の総裁政府省令《アレテ》の名において、ローマの古代美術品が華々しくパリに入ったのである。この祭典はロベスピエールの失脚と恐怖政治《テロル》の終焉、ひいては自由を祝うものだったが、共和暦六年におけるそれは、共和軍による征服を祝うのと同時に、政治的美徳の規範と諸芸術の傑作を後世に残した模範的な時代、すなわち古代を祝うものでもあった。

盛大さと荘厳さを与えられたのが絵画ではなく、ローマの古代美術品、何より先んじてピオ＝クレメンティーノ美術館の古代美術品だったのは、古代美術品が持つ華々しさゆえではなかった。実際、儀式の間、絵画は箱にしまわれたままで、民衆は「自由」の祭壇の足元に置かれたブルータスの胸像、異国情緒溢れる植物、檻に入った動物、そしてまた、台車に載せられた『サン・マルコ〔寺院〕の馬』〔※1〕くらいしか見るものがなかったのだ。[29] だから、「イタリアで収集された」絵画を同じように見せて回ることを妨げるものは何もなかった。ただし絵画には古代美術品に匹敵するような象徴的な役割がなかったことを別にすれば、である。

・「中央美術館」としてのルーヴル

そのようなわけで、ルーヴルが、イタリア、オランダ、そしてフランスの、つまり当時芸術の祖国とみなされていたあらゆる国の古代ギリシャとローマなどの古代彫刻・絵画、そして当時の近代彫刻・絵画の傑作を集めたヨーロッパの美術館になったのは、そうした傑作が到着したときだった。

思い出しておこう。スペイン絵画は無視されているかナポリ派に属していたし、ドイツ絵画はオランダ絵画に含まれていた。したがって一七九七年以降、ルーヴルは世界的な名作美術館となった。ルーヴルの収蔵品はもはや一《いち》国立美術館のものではなく、ルーヴルの新しい名前〔中央美術館〕はまさしくその性格の変化を銘記するものだった。

・フランス絵画所蔵をめぐる議論
――ルーヴルvsヴェルサイユ

八月一〇日に「共和国美術館」の開館を命じた一七九三年七月二七日の政令《デクレ》は、ルーヴルに移管できる美術品の国家寄託の対象から「ヴェルサイユ宮殿とその庭園、ふたつのトリアノン」[30] を除外したため、国立美術館〔ルーヴル〕に寄贈される絵画、特にフランスの絵画の選択が制限された。そしてこのことにより、ルーヴルと、同様に美術館へと改造されていたヴェルサイユ宮殿の関係が問題になった。ヴェルサイユ宮殿のコレクションを自由に引き出すことができなくなり、保存局《コンセルヴァトワール》は、ふたつの施設の間で「同じだけ有利な交換」[31] を行うことでルーヴルのコレクションを補うことを計画した。しかし、一七九七年初頭に、内務大臣ピエール・ベネゼックがヴェルサイユ宮殿のグラン・ザパルトマン〔続き部屋で構成された大きな区画〕にフランスの作品に特化した美術館を設置することを決定する。この決定の文面は、それがルーヴルが全世界的《ユニヴァーサル》な美術館となったことを認識した結果だったことを示している。

　ヴェルサイユ宮殿の美術館の特色は、第一に、「自国の評価を自分たちの目にも外国人の目にも高める」という役割があったことである。

「［略］ヴェルサイユの美術館は完全に国家・国民的な性質のものとなり、記念碑《モニュメント》的なものとなるだろう」「ヴェルサイユに設置しなければならないのは、国民の栄光に対する記念碑《モニュメント》である」(32)

　つまり、ヴェルサイユの美術館は、普遍的な芸術に対するフランスの貢献の規模と独自性を明らかにするため、フランス芸術の特徴を明確に示す必要があり、また、外国の名画・名品をパリで展示するために「収集する」というフランスの〔思い上がり的な〕主張にさらなる根拠を与える必要があった。そして、それを成すには、フランスの貢献の質だけでなく、その数量も強調することが必要だった。

中央美術館〔ルーヴル〕では、あらゆる種類、あらゆる流派の最も美しい作品を見せる必要があると思われる。したがって、比較対象のため、研究のため、そしてわが国の栄光のためにフランス絵画の名品群はそこになければならないが、その選択は量より質で行う必要があろう。〔中央美術館に〕精選されたフランス絵画を充てることになっても、ヴェルサイユの美術館が豊富な収集品を得て「フランス絵画の大コレクション」を持つことが妨げられてはならず［中略］中央美術館〔ルーヴル〕とフランス絵画専門の美術館〔ヴェルサイユの美術館〕は、それぞれのやり方で連携し可能な限り立派な施設でなければならない。［中略］どちらも芸術一般の進歩、およびフランス絵画の奨励に役立つように、さらにはいずれも独自の性格を持ち、一方を鑑賞し研究することが、他方を避け［?］、あるいは他方の研究を不要にしないように、両美術館の利害を両立させることは可能であろう。(33)

　したがって、ルーヴルはフランス絵画のエリートを対象にし、ヴェルサイユはフランス絵画の全体像を見せるべきものとされた。(34) 内務大臣ベネゼックの見解に従えば、ルーヴルでは美的基

〔※1〕サン・マルコの馬とは、ヴェネツィアのサン・マルコ寺院にある四頭の青銅製の馬像（クアドリガ）のこと。これらの馬像は古代ローマ時代につくられたもので、ビザンツ帝国、ヴェネツィア共和国、ナポレオン帝国などの支配下にあった時期にさまざまな場所に移された経緯がある。本書第Ⅰ巻1章74頁、3章127-128頁参照。

準が支配的で、ヴェルサイユでは歴史的基準が優先されたのは驚くにはあたらない。大臣は、中央美術館〔ルーヴル〕を「あらゆる分野における可能な限り最高の作品の集まり」とすること、「美術史〔の理解〕に寄与するような作品」の保護に配慮しつつ、ふたつの美術館を区別するために自ら指名した審査委員会への回答の中で「審査委員会は、この美術館〔ルーヴル〕に凡庸なものは不要であるという第一の原則を年代的配慮を優先して捨てることはないと考える」と主張した。そして、大いなる慧眼をもって「一旦、年代順に作品を一式そろえる義務を負ったら、思いとどまるべき作品や力のない作品、収容する空間に対して多すぎる絵画を呼び込み、フランス絵画専門の美術館〔ヴェルサイユ〕を本質的に損なう可能性がある。フランス美術の歴史を欠落なく構成し得るのは、フランス絵画専門の特別美術館なのである」とも主張した。[35]

・存命中の芸術家の作品を収めたヴェルサイユ

美術館における絵画の選択とその展示の問題については、のちほど触れることにしよう。その前に、ふたつの美術館のきわめて重要な違いをひとつ挙げておこう。それはヴェルサイユの美術館には「フランス絵画を刷新した」存命中の芸術家〔の作品〕が存在していることである。実際、内務大臣ベネゼックによれば「〔授けるべき〕栄光と〔煽るべき画家間の〕対抗意識のためには、これらの画家たちの作品が展覧会で公開されている間だけ賞賛され研究される」のでは不十分だった。したがって、審査委員会がその栄誉に値すると判断した彼らの作品は、そのために用意された〔ヴェルサイユの〕美術館の一画に置き、没後、改めて判断が下されたのちに「中央美術館〔ルーヴル〕で傑作の中に」入れられるべきであった。[36] ルーヴルにおいて過去の作品で代表される他国の絵画とは異なり、フランス絵画は唯一、現在と未来を併せ持つ流派だった。そして、その巨匠たちが、美術館に場所を与えられ、没後には最上位の美術館に移される展望を持つことができるという、前例のない方法で報われうる、唯一の流派だった。私たちは、一八一八年にリュクサンブール宮に開館した現存作家の美術館について考える出発点にいる。

・ルーヴルにおける展示原則の議論

管理、空間、収蔵品、さらには性格までもが変化する中で、ルーヴルに開設される美術館における絵画の選択と、その展示方法に関する問題は、まだ決定的な解決策を見出せないままだった。開館前からルブランが提起したこのふたつの問題は、すぐにルブランと内務大臣のロラン、そしてダヴィッドと美術館委員会との対立の焦点のひとつとなった。

「美術館はどうあるべきか?」。この修辞的《レトリック》な問いに対して、ルブランは次のように答えている。

「この美術館は、大部分は古代美術に属する、あらゆる素材の絵画、素描、彫像、胸像、壺、柱や記念碑などの円柱状のものなど、芸術と自然が生み出した最も貴重なものの完璧な集合体であるべきである。彫刻の施された石、メダル、七宝、瑪瑙《めのう》の壺と杯、翡翠などもあろう。すべての絵画は流派に基づいて並べられ、その配置によって、諸芸術の揺籃期、成長期、完成期、最後の衰退期という諸時期を指し示すものでなければならない」

ルブランが列挙したもののうち、絵画だけは秩序立てて並べることになっている。秩序は空間的かつ時間的なもので、空間的には「流派」への帰属によって定められ、時間的には流派の歩みにおいてその絵画が占める位置によって決められる。流派の歩みは、ヴァザーリの意見に従えば、個人の歩みに対応している。揺籃期から青年期を経て成人し、最後の衰退に向かう。ここでのルブランは明らかにクリスティアン・フォン・メッヘル［※1］が一七八四年にウィーンのベルヴェデーレ宮殿のギャラリーで用いた考えから着想を得ている(37)。

ロランは美術館委員会に宛てた書簡の中で、ルブランの考えを否定している。

「私の見解では、威厳ある考えを形成するためにあらゆるジャンルの美を探求するほうが、無益な批評につながるだけの不毛な比較で自分を楽しませるよりも、はるかによい。また、美術館は研究だけの場所ではない。それは最も煌びやかな色彩が散りばめられた花壇である。また、野次馬的な好事家を楽しませるのをやめることなく、美術愛好家の関心を引かなくてはならない。それはすべての人々の利益であり、すべての人々が楽しむ権利がある。すべての人々に対してこの楽しみを最大にできるのは、あなた方である(38)」

ここで、展示基準の選択が、対象とする観客の定義につながることに気づく。そして、歴史的基準を優先することはエリート主義的であり、美術館に目利き《コネスール》だけを引きつける可能性があることが認識され、あるいは論争のために示されている。一方、美的アプローチは、それをすべての人々に開放したいという願望に駆られてのことなのである。

ロランの後任となった内務大臣ドミニク・ジョセフ・ガラは、展示の基準に関する問題を引き継いだ。ロランの方針に従い、委員会は新大臣に「絵画の配置方式として、流派や時代順ではなく、諸流派を混ぜる方式」を採用したと伝えた(39)。

一方、ルブランは、臨時芸術委員会のメンバーで、のちにルーヴルの保存局《コンセルヴァトワール》にも加わる画家・修復家のジャン＝ミシェル・ピコーの支援を得て、この問題に立ち戻った。そのため、

［※1］クリスティアン・フォン・メッヘルはスイスの版画家、出版者、美術商。展示に年代別・流派別のシステムを初めて用いたキュレーターのひとりとして知られる。

ガラは再びこの問題を委員会に提起せざるを得なくなった。「諸流派、時系列的段階的な歴史、ジャンル、様式、好奇心や一瞥するだけの関心に応える単純な絵画的多様性といった体系《システム》からどの体系を選ぶべきか、検討しなければならない[40]」

この列挙されている中で注目すべきは、ルブランが組み合わせたふたつのアプローチを切り離し、ヴァザーリの「時系列的段階的な歴史観」を放棄したことである。しかし委員会は、「われわれが採用したのは、無限に変化する花壇のような配置である」と、開館時のグランド・ギャラリーの配置に固執した［図4］［図5］。

ダヴィッドが委員会に対して二度目の告発を行った際、彼は展示の問題についてほんの少ししか触れていない。しかし、最初の報告書のひとつで、保存局《コンセルヴァトワール》は当時の状況を表現するのに十分厳しい言葉を持っていなかった。「私たちがギャラリーに入ったとき、ギャラリーは雑然としており、ギャラリーというよりむしろ家具屋のようであり、あらゆる種類のものが山と並べられていて目を疲れさせ、注視に値する比類ないものから注意をそらすものであった」とした。問題が「小さな絵画の蟻塚」やプッサンの作品とテーマを風刺的に描いた作品の混在に関するものであっても、批判の矛先はやはり展示の原則に向けられていた。この報告書は、「名画を、公衆の教育に最も適した方法で分類する」必要性を主張し、「ギャラリーは、芸術の進歩と、それを代わる代わる育んできた人々すべてが芸術の進歩にもたらした完成度について、途切れることのない一連の流れ、つまり「人類の精神の正史」といえる流れを見せることになるだろう[41]」と予言するものだった。

『哲学旬報（*La Décade philosophique*）』〔第一共和政から第一帝政の時代に発行〕共和暦三年プリュヴィオーズ一〇日（一七九五年一月二九日）号に掲載された〔ルーヴルの〕美術館訪問についての長文の報告は、保存局以上にグランド・ギャラリーの展示について批判的なものだった。筆者は、両側の窓から差し込む光が絵画にとってあまり好ましくないことを指摘し、絵画を展示するギャラリーに天頂照明を設置することが果たして理想的な解決策であるかどうか自問している。

しかし筆者がこだわったのは、ギャラリーの半分を占める絵画の配置だった。「三つの主要な区分が守られている。第一はすべてのイタリア絵画、第二はフランドルとオランダ絵画、第三はフランス絵画である」として、それぞれの流派がいくつかの時代を経て、巨匠がそれぞれ異なる方法で描いていたことを指摘する。つまり次のようなことだ。

学識ある人、哲学者、真の芸術家は、絵画は流派の傾向・趣味が異なる時代に従って、また巨匠たちの作品は様式に従って、それぞれ配置されているのを見たいことだろ

［図4］ユベール・ロベール『グランド・ギャラリーの改装計画』1798年頃（Musée du Louvre, Paris）
ルーヴル宮の美術館と特に関係の深い画家がいるとすれば、それはユベール・ロベール（［図18］参照）である。彼は1795年から亡くなるまでの間、ルーヴルの保存管理責任者を務め、ルーヴルを描き、計画し、空想した

［図5］ユベール・ロベール『ルーヴルの四季の間』1802-1803年頃（Musée du Louvre, Paris）

[図6]コンスタン・ブルジョワ・デュ・カステレ
『ルーヴルのグランド・ギャラリーの様子』
18世紀末から19世紀初頭
（Musée du Louvre, Département des arts graphiques, Paris）

う。イタリア絵画では、チマブーエやジョットの乾いた、慎みのあるゴシック趣味から、グイドの優美さ、ミケランジェロのエネルギー、ティツィアーノの色彩へと、フランドル絵画では、ジャン・ド・ブリュージュの冷たく硬いスタイルからルーベンスの驚嘆すべき構想へと、芸術が次第に高まっていくのを観るのは、どんなに楽しいことだろう。優れた様式に到達するまでの巨匠たちの試行錯誤のあとをたどるのも、これほど興味深く有益なことはない。しかし、絵画の展示担当者は、このような自然で有益な順序を採用する代わりに、同じ流派の絵画をすべて無差別に混ぜてしまったのである。同じ巨匠の作品が互いに近くにあるわけでもなく、その手を離れた年代順に並んでいるわけでもない。ラファエロの最初の、非常に未完成な様式の絵画を、彼の優れた様式、つまり三番目の様式の絵画を見て称賛したずっとあとに見つけることになる。このような奇妙な配置になった動機は何だったのだろうか？(42)

　保存局が応えようとしたのは、自らも共有していたこのような要求だった。プレリアル四年（一七九六年五―六月）に掲載された告知文の注意書きには、次のように記されていた。

「グランド・ギャラリーには、集められた絵画が流派ごとに、また連続して収められる。ギャラリーに入って左右の最初の区画《トラヴェ》は、まずフランス絵画が埋め尽くし、次にフランドル絵画が同じように続き、イタリア絵画が最後を締めくくることになるだろう」(43)

　この文章に出てくる「連続して」の意味は、明らかに「時間の順序に従って」という意味である。このように、保存局は歴史的な基準を非常に重視していたことが、既に引用した他の文書から窺える。しかし美的基準の優先を擁護する大臣から警告を受けた美術館当局《アドミニストラシオン》は、大臣と同じ立場を採った［図6］。

　結局、共和暦一八年ジェルミナール一七日（一七九九年四月七日）に公開されたグランド・ギャラリーの絵画の展示は、ふたつの展示基準の間の妥協の産物だったようである。フランス絵画はわずか一三六点で、残りはヴェルサイユ宮殿にあった。フランドル、オランダ、ドイツを代表する絵画が四九五点だった。〔二年前の〕一七九七年に展示の準備は整っていたが、ナポレオンを称える宴会のためにグランド・ギャラリーを空けなければならなかった。ローマ、ヴェネツィア、ペルージャから絵画が到着したあと、後世、完全なものとみなされているそのイタリア美術のコレクションから作品が選ばれ、分類されて、ギャラリーの残りの半分を埋める予定だった。(44)

　この計画が一部実現を見るには、共和暦九年メシドール二五日（一八〇一年七月一四日）にロンバルディアとボローニャからの絵画が展示されるまで待たねばならなかった。

このとき発表された告知書には、「画家、特に歴史画家は、第一部（フランス、フランドル、オランダ、ドイツ絵画）と同様に、その誕生年代順に並べられ、各巨匠の絵画は可能な限り個別にまとめられている。この方法は、流派間、巨匠間、各巨匠の作品間の比較を容易にするという利点がある」と展示基準が説明されていた。一八一〇年までグランド・ギャラリーはこのような状態にあった。[45]

14 ナポレオン美術館——戦争に生まれ、戦争に死んだ「モニュメントの中のモニュメント」

・ルーヴルの館長ドゥノン

フランス共和暦一一年ブリュメール二八日（一八〇二年一一月一九日）、第一統領ナポレオン・ボナパルトから、中央美術館〔ルーヴル〕に新設された館長職を拝命したドミニク・ヴィヴァン・ドゥノンは、既に数々のキャリアを積んでいた(1)。ルイ一五世のヴェルサイユ宮廷では宮廷人、サンクトペテルブルク、ストックホルム、スイス、そしてナポリでは七年におよび外交官の職にあった。ヴェネツィアでは金利生活者として、版画制作を行ったり、美術品を収集したり、恋をしたり、カフェやサロンに頻繁に通ったりしていた。恐怖政治《テロル》や統領政府下のパリでは、彼は芸術家だった。エジプト遠征に参加したドゥノンは、『ナポレオン・ボナパルト将軍遠征中の上下エジプトの旅（*Voyage dans la Basse et la Haute Égypte, pendant les campagnes du général Bonaparte*）』（一八〇二年）の著者としても成功を収めていた。この作品はすぐにいくつもの言語に翻訳され、ヨーロッパで名声を得ていた(2)。

ルーヴル宮の美術館、フランス記念物《モニュメント》博物館、ヴェルサイユ宮のフランス美術の美術館（le Musée spécial de l'école française de Versailles）、政府宮殿ギャラリー（les Galeries des Palais du Gouvernement）、パリ造幣局、銅版画・石版画・モザイクのアトリエなどを統括するのに、これ以上の経歴は望めないだろう。その証拠に中央美術館を組織し、同じ共和暦一一年ブリュメール二八日に署名された省令《アレテ》では、館長の権限をそのように定めていた(3)。

ドゥノンは、宮廷人、外交官、社交界の人士《ロム・デュ・モンド》としての資質に加え、行政の経験、北から南にいたるヨーロッパの知識、芸術や芸術家、古代美術、古代美術研究者、収集家なども近しい関係にあった。さらには、その身体は覇気に溢れ——それはこの戦時期には大きなメリットでもあった——、魅惑的で、人を楽しませる話術にたけており、人並外れた仕事をこなした。こうしたことからも、ドゥノンが偉大な美術館館長の原型《プロトタイプ》になった理由がわかる。個人の名声や多岐にわたる公的権限は美術館にとっても有益で、優れた学者であっても公的なコレクションの単なる管理人にすぎなかったイタリアの先人たちとは異なり、フランス王室の王室建造物局総監、特にダンジヴィレ伯爵の能力に匹敵するもので、ドゥノンはあらゆる観点から、彼の後継者ということができる。

・美術館の陣容

そうはいっても、ドゥノンが引き継いだこの美術館が、彼の就任以前に精彩を欠いていたわけではない。就任した時点で、既に言及したように主要な作品はそろっていた。「美術館〔革命当初の〕」はほどなく「中央美術館」となり、ドゥノン着任の一〇年前からフランスで最も重要な文化施設のひとつとみなされ、内部組織も安定していた。絵画、古代美術、素描《デッサン》が三大部門を構成し、加えて採算のとれる部門が開設された。その銅版画とレプリカのアトリエは、美術館が所蔵する作品を広めるばかりではなく、常に厳しい予算の中で、侮ることのできない収入源になっていた。

事務方は一七九七年からアタナス・ラヴァレが担当していた。彼の美術館への献身は際立っていたらしく、ドゥノンは彼を側に置いていた。中央美術館の元管理者《アドミニストゥラトゥール》であるレオン・デュフゥルニーは、ドゥノン着任と同時に絵画部門の責任者《コンセルヴァトゥール》になった。一七九九年にローマからやってきた古代部門の責任者、エンニオ・キリノ・ヴィスコンティは、自身が以前館長を務めていたカピトリーノ美術館、そしてピオ＝クレメンティーノ美術館と生きたつながりを持っていた。一七九七年に任命されたルイ・モレル・ダルルーは、素描と銅版画の両部門担当だった。[4]

一八〇〇年以来、中央美術館の全世界的《ユニヴァーサル》な特徴は、コレクション構成そのものにあり、フランス、オランダ、ラインラント、バイエルン、イタリアなど古今の名作が集まっていた。美術館は、絵画、素描、古代芸術などの展覧会を開き、一〇冊ほどの解説書を発行し、うち何冊かは再版された。新聞雑誌、パンフレット、書籍などに取り上げられたことにより、多くの人々が足を運んだ。美術館はフランス人に限らず広く知られていた。

・「ナポレオン美術館」への改称

ドゥノンはこの美術館を、言うなれば別の次元へと押し上げた。[5] 彼は、中央美術館にヨーロッパの威光を付与したのだ。[6] アミアンの和約（一八〇二年三月二七日）〔ナポレオン戦争中、英仏間で結ばれた講和条約〕がもたらした一時的な休戦によってイギリス人が美術館を訪れたとすれば、帝政の宣言（一八〇四年五月一八日）に続くヨーロッパの再編は、大勢の外国人をパリ、すなわちルーヴルに引き寄せ、入場者が殺到するという成功をドゥノンにもたらした。

そして、彼が天才的なのは、この美術館をナポレオンのプロパガンダの最も効果的な道具のひとつにしたことだ。ここはまさにナポレオン崇拝の神殿となり、ドゥノン自身が一種の大祭司になった。ドゥノンは従来の武器と芸術の結びつきをさらに強調し、美術館をナポレオン伝説の一部にした。栄光の頂点に共に上り詰めた両者は、没落のあとも、政治だけでなく芸術分野でも、とりわけ美術館において長く記憶を残した。

　ドゥノンが館長として最初に取り組んだのは、美術館名を改めることだった。そのために彼は、紆余曲折を経て届いた『メディチ家のヴィーナス』[7]について、第一統領〔ナポレオン〕に次のような手紙をしたためた。

『メディチ家のヴィーナス』は無事到着しましたが、きれいな状態にするには二週間ほどかかるでしょう。彫像コレクションの新展示室を公開するのに、閣下の到着をお待ちすることにいたしました。これ以上の戦勝記念物《モニュメント》はありません！　すべて閣下のご尽力の賜物です、将軍殿、貴方こそヴィーナスをお披露目なさるべきです。

**　入口の上には刻銘されるのを待っているフリーズ〔西洋建築の梁部における帯状の部分で、浮彫で飾られることが多い〕がありますが、私は「ナポレオン美術館」こそふさわしい命名と存じます。教皇ガンガネリ〔教皇クレメンス一四世〕がただ集めただけの美術館には、クレメンティーノ美術館と名がつけられました。閣下が形づくり、勝ち取り、与えた、この美術館です。これほど偉大な善行、国家にとっての偉大なる名誉に、閣下の名前が刻まれるのは当然のことでしょう。閣下にお知らせもせずフリーズを設置したくないのですが、既にブロンズの文字を鋳造させました。閣下がお留守の間に、統領たちがそれらの文字を並べる許可を出してくれることを願っています。**[8]

　共和暦一一年テルミドール三日（一八〇三年七月二二日）、統領たちは許可を出し、この日からドゥノンはナポレオン美術館の館長の名で手紙を書くようになった。ところがその数日後の手紙では、「ヴィーナス」の美しさを絶賛したあと、「永遠のモニュメントの中のモニュメント」と呼ぶべき彫刻美術館〔ルーヴル〕〔口絵1／図7〕の創設は自分ひとりの功績である、とナポレオンに主張し、昔の肩書を残している。

　ナポレオンは夫人を伴い、八月一五日午前六時に開場式を行った。[9]これが皮切りとなり、以降この美術館では、戴冠したてのナポレオンが軍の代表に謁見したり、オーストリアのマリー＝ルイーズと宗教的な結婚式をあげたりするなど、ナポレオン治世の重要な儀式が執り行われた。[10]

　ドゥノンは、美術館と堂々たる君主とのつながりを示すため、どんな機会も逃さなかった。一八〇五年には、美術館入口の門の上にナポレオンの巨大なブロンズ胸像を設置した。一八〇九年には、「皇帝陛下に捧げられた特別室」が設けられた。一八一一年、ルーヴルにカノーヴァ作の『平和をもたらすマルス』としてのナポレオン像が到着したが、その裸体と筋肉質な姿がモデルとされた当人の不満を招いたため、すぐ撤去された。[11]

美術館が企画する催し物のほとんどで、ナポレオンとその軍隊と政治への賛美が貫かれていた。そうした方針で、「サロン〔官展〕」[12]ばかりでなく、ナポレオンがイギリス侵略を目論んでいた一八〇三年の「バイユーのタペストリー」展[13]や、一八〇七年のナポレオン軍のイエナの戦い一周年を記念する展覧会[14]などが開催された。ナポレオン美術館は、まさにその名にふさわしいものになった〔図8〕〔図9〕〔図10〕〔図11〕〔図12〕。

・変わり続ける美術館

〔ナポレオン〕美術館はドゥノンの在任期間のほとんどを通じて工事が行われており、そのあいだ収蔵品も絶えず変化していたが、世界で最も美しい美術館という評価にふさわしかった[15]。

一八〇四年一二月、ドゥノン就任から間もなくルーヴルの新しい建築家に任命されたピエール・フランソワ・レオナール・フォンテーヌは、共同制作者シャルル・ペルシエの助けを借り、一八〇五年にグランド・ギャラリーの改修に取りかかった。ドゥノンは、ダンジヴィレ伯爵時代の専門家が望み、前任の建築家ジャン＝アルマン・レーモンが部分的に設置した天窓を、ギャラリーの全長に取り入れたいと考えていた。しかし、作業は遅々として進まなかった。一八〇八年四月、ドゥノンはそのことについて大元帥〔デュロック〕に書簡をしたため、同年八月には皇帝に訴えた。

「グランド・ギャラリーはやっとのことで、ただの物置きではなくなります。フォンテーヌ氏が、ギャラリー全体を連続する天窓で解放するために、この一年間を費やしてくれればよかったのに、と本当に思います。陛下、真に芸術を愛する人々、そして全ヨーロッパは、既に態度を決めています。試練のあとに、もはや問題はありません[16]」

フォンテーヌはこれとは反対の見解を示し、日記にこう記している。

「ギャラリーは九つの部屋に分けて、上部にアーチのある個々の柱で装飾するのがよいだろう。各部屋の照明は、丸天井と十字の窓からの自然光で交互に照らす予定だ〔中略〕しかし詳細は、ドゥノン氏にさえ知らせるつもりはない[17]」

この対立では、フォンテーヌに軍配が上がった。

グランド・ギャラリーは一八〇五年から一八一〇年まで、部分的あるいは全面的に閉鎖されたままだった。内装工事がまだ続いてはいたが、常時公開されるようになったのはこの時期のことだ〔口絵2／図13〕〔図14〕。フォンテーヌが一八〇九年に新しい階段をつくらせたことで美術館の機能に支障が出ており、所蔵品の数も著しく増えたので、古代部門のスペースを拡張しようとしていた。階段は一八一二年に落成したが、ヴィスコンティとドゥノンが構想した古代部門拡大は予算の関係で遅れ、ようやく完成したのは一八一五年だった。こうしたことは、利用

[図8]アントニオ・カノーヴァ『平和をもたらすマルスとしてのナポレオン』1802-06年(Apsley House, London, Great Britain)
ナポレオンが拒むのも理解できよう。この巨像とそのモデルとなった人物を対比すると、後者が滑稽に見えただろう。カノーヴァがイギリス政府の資金で買い取り、ウェリントン公(ワーテルローの戦いの勝者のひとり)に贈呈したこの像は、今も公爵の古い屋敷に置かれている

[図9] バンジャマン・ジックス『松明を掲げて皇帝と皇后が訪問する。ルーヴルのラオコーンの間』19世紀初頭（Musée du Louvre, Département des arts graphiques, Paris）

[図10] シャルル・ペルシエ『ルーヴルのメルポメネの間の眺め』1817年頃（Musée du Louvre, Département des arts graphiques, Paris）

[図11]ピエール・フランソワ・レオナール・フォンテーヌ『ベルヴェデーレのアポロンがあるルーヴルの古代の間』19世紀、個人蔵

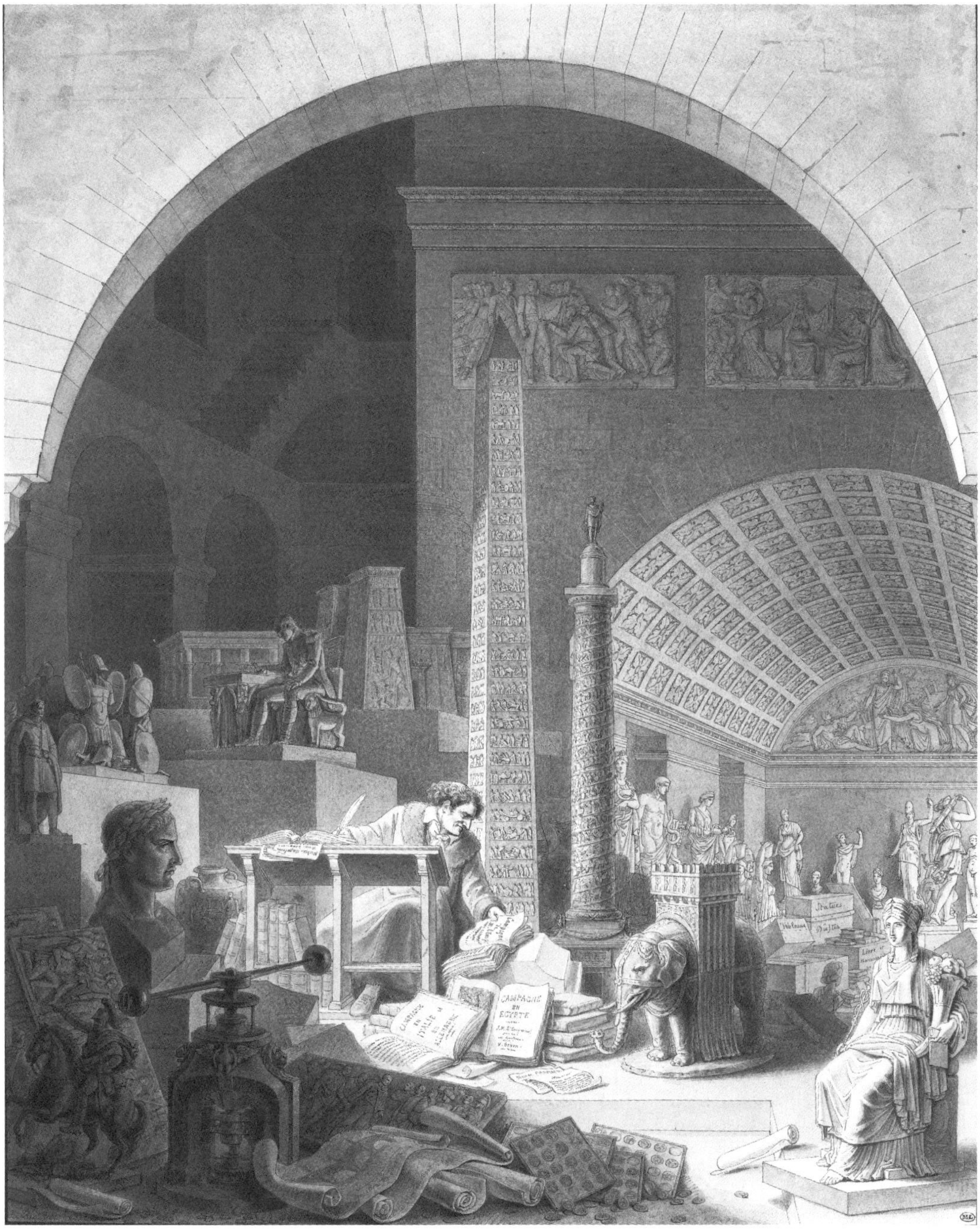

[図12]バンジャマン・ジックス『ヴィヴァン・ドゥノンがルーヴルのディアナの間で働く様子』1811年以前(Musée du Louvre, Paris)
空想的なディアナの間におけるドゥノンの肖像は、彼の軍人としての功績——エジプト、イタリア、ドイツ遠征への参加——と古代美術への愛着を彷彿とさせる

[図14]ルイ・シャルル・オーギュスト・クーデール『建築家ペルシエとフォンテーヌの案内でルーヴル宮の美術館の階段を視察するナポレオン』1833年(Musée du Louvre, Paris)

できる面積が変化し続ける「常に変化する美術館」であることを示すのに十分だろう。[18] コレクションも同様に、不変ではなかった。

・名品・名画の到来と公開

ドゥノンの館長時代には、ひっきりなしに新たな所蔵品が入ってきた。[19]『メディチ家のヴィーナス』[20]に続き、『ヴェッレトリのパラス』(一八〇三年)、『ナイル神の像』、ピオ＝クレメンティーノ美術館の『テヴェレ神の像』がコレクションに加わった。小休止を経て、ドイツから何百ものケースの古代美術品が届き、その中には、かつてフリードリヒ二世がポリニャック・コレクションとともに購入した、ベルリンの『リュコメーデスの娘たち』や『オスレ遊びをする女』、サンスーシ〔ドイツ・ポツダムにあるロココ建築の宮殿〕の『祈る人』やカッセル〔ドイツのほぼ中心部〕の『アポロン』などの名品が含まれており、こうした作品の歴史はヨーロッパのコレクションの歴史の縮図ともいえた。[21] これらはすべて、一八〇七年に開催されたナポレオン軍を記念した展覧会で公開された。

しかし、このときルーヴルの古代美術コレクションの最も重要で、かつ最も恒久的な充実を成し得たのは、略奪でなく購入によってだった。カミッロ・ボルゲーゼ公が、妻のポーリーヌ・ボナパルト〔ナポレオンの妹〕の浪費が一因となって経済的に困窮したため、ナポレオンはヴィスコンティとドゥノンに相談した上で、ボルゲーゼ公の古代美術品を八〇〇万フランで買い取ったのだ。[22] こうして一八〇八年から一八一三年二月にかけて、三五〇箱のボルゲーゼ公の古代美術品がルーヴルに運び込まれた。しかし、これらの宝物すべてを展示するには、一八一四年の夏を待たねばならなかった［図15］［図16］［図17］。その一年後には、美術館の「解体」が始まった。

その間も、古代美術品を上回る大量の絵画がルーヴルに運び込まれた。そこには異なるふたつの大きな潮流が見てとれる。ドゥノンは一八〇六年から一八〇七年にかけて、ナポレオン軍のあとを追うようにドイツをめぐった。[23] ベルリン、ポツダム、ザルツダルム、カッセル、シュヴェリン、グダニスク（ダンツィヒ）で接収した絵画は数百点にのぼり、その中にはコレッジョの『レダ』やジョルジョーネの『自画像』といった名高い傑作を含むイタリア絵画が多数あった。メムリンクの『最後の審判』をはじめとする多数のフランドル絵画、オランダ絵画、そしてとりわけ大量のドイツのプリミティフ絵画[※1]は、セルー・ダジャンクール[※2]に触発されたパリの愛好家・収集家のグループとドゥノンが共鳴する新たな魅力であった。[24] 一八一一年、ドゥノ

〔※1〕主に一四—一五世紀の、ルネサンス様式確立以前の西洋芸術を指す。まずイタリア絵画において再発見・再評価が行なわれ、その後フランドル、ドイツ絵画でも注目された。いまだ完成されない初期段階を意味する primitif から。

[図15] バンジャマン・ジックス『カッセル美術館からの彫刻の移送、中央にドミニク・ヴィヴァン・ドゥノン』1806年
（Musée du Louvre, Département des arts graphiques, Paris）

[図16] バンジャマン・ジックス『国立美術館〔ルーヴル〕での外国人の訪問』18世紀末—19世紀初頭
(Musée du Louvre, Département des arts graphiques, Paris)

[図17]『ルーヴルのカリアティードの間』19世紀、写真(École nationale supérieure des beaux-arts, Paris)

ンがイタリア王国で収集したのは、またしてもプリミティフの絵画だった。七つの県で修道院が廃止されたことで、「（ナポレオン美術館の）見事なコレクションを、美術史の観点から欠けている作品で補うためには絶対に必要な、イタリアのプリミティフの画家の作品群[25]」を選び取ることができた。

・歴史的価値と美的価値

ここで少し横道にそれるが、注目すべきこととして次のことに触れておきたい。上に述べたようなプリミティフのコレクションの拡充は、「美術史的な面」から見た補充以上に重要な意味を持っていた。ドゥノンが「この学術的で歴史的な作品群こそが、真の意味で美術館を美術館たらしめる[26]」と考え、それはなにかのついでに言ったことであっても、ドゥノンとルーヴルの先人たちの間にある連続性を示し、彼のアプローチを理解させる。

ドゥノンの「プリミティフ」に対する態度は——彼は一八〇五年に訪れたミュンヘンではドイツのプリミティフ絵画と〔それらを奪うことなく〕苦渋の思いで別れたり、一八一一年のイタリアではルーヴルのために確保したりしている——歴史的な資料としての関心から、美的価値に対する称賛を込めた評価へと変わりつつあることを明らかに示している。「甘美な」「魅惑的な」「最高の美」「非常に美しい」「素晴らしい」などといった賛美が、ルーヴルのために入手した作品のリストに書き連ねられているが、同時に「このプリミティフの画家の真作」（ここではジョットを指す）、「美術史上、興味深い」、「非常にまれな作品」、「相当に古い、作者不詳の作品」などといったメモも付記されている[27]。

このようにドゥノンは、その選択の正当性を示すために、二種類の基準を、ときには一緒に、ときには別々に用いている。作品に歴史的価値があれば既に十分だが、美的価値も強調できればなおよかった。そうすることで、ドゥノンは「プリミティフ」だけではなく、さらに広く「ゴシック」の作品に対する見方まで変化させたことを表明しているのだが、これは中世の遺物を美的観点から取り上げる先駆けとなった。

・絶え間なく続いた絵画作品の移動

美術館にやってくる作品もあれば、去ってゆく作品もあり、中でも絵画作品は動きが多かった。一七九七年以降、コレクションをルーヴルとヴェルサイユに分割するため、一七九八年六月までに四九七〇点以上の絵画、三五点以上のタペストリー、

〔※2〕セルー・ダジャンクールはフランスの美術史家。大著『モニュメントによる美術史』で古代末期からルネサンスまで、建築、絵画、彫刻を紹介、多くの芸術家、歴史家に影響を与えた。

一五〇点以上の彫刻などを精査しなければならなかった。合計五七八点の絵画と七八点の彫刻がルーヴルからヴェルサイユに移され、一四一点の絵画と約三〇点の彫刻が逆にヴェルサイユからルーヴルに移された[28]。両者の交流は途切れることがなく、ドゥノンは皇帝に次のように説明した。

「ナポレオン美術館とヴェルサイユ美術館の間では、絵画その他美術品の輸送と配置が、そして陛下の宮殿への家具調度品の輸送も休みなく続いております[29]」

これを読めば、ルーヴルから作品が運び出された別の理由もわかる。ナポレオン自身、側近、大臣、元帥たちがみな、執務室や自宅を飾る美術品を欲しがったのだ。ドゥノンはこれに抵抗し、美術館には作品が必要で、もう引き渡せるものはなにもない、と主張したが、たいていの場合ドゥノンは命令に従う以外なかった。

一八〇二年の政教条約《コンコルダート》以降は、美術品が教会に向けても送られるようになった。そして、後述するように、多くの美術品が地方の美術館へ移された[30]。それに加え、工事や式典に伴う館内の作品移動があったことを考えると、作品が絶え間なく行ったり来たりすることがこの美術館の日常だったことがわかる。

・古代美術の拡充

共和暦九年ブリュメール一八日（一八〇〇年一一月九日）（ナポレオンが前年総裁政府を打倒したクーデターの日）には、古代美術部門がオープンし、一一三点のモニュメントが展示されたことを思い出してみよう[31]。

一八一五年には、古代美術品は全部で一〇室を占め、その数は約四倍にもなった。美術品が届くと、当時の慣例に従って修復を施したあとで収蔵庫から出され、展示室に場所ができると少しずつお披露目された。美術館内部の図版から判断すると、古代美術品は明確な順序もなく配置され、ほとんどが壁に沿って並んでいるため、ディアナの間にある『祈禱像《きとう》』のような例外を除き、正面からしか見ることができなかった[32]。単調にならないように、形の多様性、そして何よりも白大理石と多色使いの作品のコントラストが活かされた。すべての彫像が平等に扱われ、例外的に動線上の軸の両端に『ラオコーン』と『ベルヴェデーレのアポロン』を配置することで、見学者の視線を引いた[33]［図18］［図19］。

・展示方法の模索——国ごとの流派、ジャンル、美的観点、歴史

同じ頃、展示される絵画の数も大幅に増加した。共和暦七年ジェルミナール一八日（一七九九年四月七日）には、フランス絵画一三六点、フランドル、オランダ、ドイツ絵画四九五点がグランド・ギャラリーに展示されていた。これらは最初の三つの区画を埋め尽くしていた。

[図18] ユベール・ロベール『ルーヴルのラオコーンの間』1800年頃
(Павловский дворец [Grand Palais], Pavlovsk, Russia)

[図19]コンスタン・ブルジョワ・デュ・カステレ『ルーヴルのアポロンのギャラリーでの素描《デッサン》展』1802-15年頃
（Musée du Louvre, Département des arts graphiques, Paris）

一八一一年には、グランド・ギャラリーは九つのセクションに分けられ、最初のセクションはフランス絵画、次の四つのセクションはフランドル、オランダ、ドイツ、最後の四つのセクションはイタリアとなっていた。全体で一一七六点あるうち、フランス絵画が一〇七点、フランドル、オランダ、ドイツの絵画が計六〇六点、イタリア絵画が四六三点であった。一七九九年、一八一一年の両年ともにフランス絵画の数が少ないのは、ルーヴルの美術館がフランス絵画の「選りすぐり」だけを展示し、「その他多数（の作品）」はヴェルサイユ宮殿に保管されていたからだ。

　展示作品の大半は宗教的な主題を中心とする歴史画〔歴史、神話、宗教を題材にした作品〕だったが、ヘラルト・ドウ（二〇点）、アドリアーン・ファン・オスターデ（一四点）、ダフィット・テニールス（一四点）などに代表される小ジャンル〔風俗画など〕も軽視されてはいなかった。ワウウェルマン（三三点）はレンブラントと同格だった。ルーベンス（五四点）が最も多く、カラッチ（四〇点）をはじめとする、ラファエロ（二五点）、ティツィアーノ（二四点）、グイド・レーニ（二三点）、アルバーニ（二〇点）といったイタリア〔の画家の作品〕がそれに続いた。フランス絵画では、プッサン（二四点）が突出しており、ル・シュウール（八点）、ブルドン（七点）、ル・ブラン（七点）、クロード・ジュレ〔クロード・ロラン〕（六点）らが続いた。ジョゼフ・ヴェルネ（七点）が描いた「港の風景」は大衆にとても人気があったが、それを除くと一八世紀の作品は欠落していた。[34]

　総じて驚くべきことは何もないが、ここで問題にしているのは、「プッサン派」と「ルーベンス派」、「大ジャンル〔物語性の高い壮大な作品。歴史画〕」とささやかな主題の作品〔風俗画など〕、「目利き」の好みと「ただ物見高い人たち」の好み、といった、少し前まではっきりしていた明確な違いが薄れてきた、ということだろう。[35]

　そうした区別は歴史状況の中で中和され、われわれが見てきたように、総統政府時代の総裁たちとドゥノンは双方、大いに歴史を引き合いに出した。これは、既に見てきたように、ドゥノンのみならず、統領政府が支持していた「歴史」の旗印のもとで進められた。しかし、こうした歴史を尊重する態度は限られたものだった。それぞれの「派」の中で画家たちは年代順に並んでおらず、絵画もそれぞれ区別されて画家ごとに年代順に並んでいるわけでもなかった。むしろ作品のサイズ、テーマ、色彩などの組み合わせで、鑑賞する人の気に入るようなグループをつくることが目的だった。[36]

　のちほど述べるが、ルーヴルの絵画部門の展示方法に歴史が反映されるようになったのは、一八四八年のことだ。[37]

・素描《デッサン》展の開催

画家のジャック＝ルイ・ダヴィッドによる、ルーヴルの委員会に対する攻撃の中でも、画家や来場者が素描《デッサン》を見られないことへの非難は重要な位置を占めていた。そのため、一七九六年七月、ルーヴルの所蔵品の管理部門《コンセルヴァトワール》は、アポロンのギャラリーに巨匠たちの素描画を展示する準備を始めた[38]。しかし、作業を迅速に進めるよう命令が下《くだ》ったのは、一七九七年一月になってからのことだった。所蔵品管理部門の将来は閉じられ、間もなく新しく定められた管理部門によって、共和暦五年テルミドール二八日（一七九七年八月一五日）の展覧会が開催された[39]。

以後、共和暦一〇年（一八〇二年）、一八〇七年、一八一一年、一八一四年に、新たな素描展が開催された。それに並行して、モレル・ダルルーが、コレクションに見合った、当時唯一の素描の立派な目録を完成させた。当初から非常に充実したコレクションだったが、革命期の押収品やドゥノンの任期中に加わった作品によってさらに充実したものになった[40]。

＊＊＊

・美術品取得・保護をめぐる法的・倫理的問題

「モニュメントの中のモニュメント」「この世で最も美しい美術館」――。

ナポレオン美術館は大仰な賛辞を浴びたが、それは張子の虎でしかなかった。なぜなら美術館が所蔵し展示していた作品の権利が誰にあるか確定できないばかりでなく、その権利は存在しなかったからだ。一八世紀の国際法は、事実上、合法とみなされていた戦争行為の数から、民間のもの、特に芸術品の破壊を除外していた。

「何らかの原因である国を荒らすにせよ、人類の栄誉である建造物は守らなければならず、そうした建造物によって敵がより強力になることはあり得ない。寺院、墓、公共建造物、すべてはその美ゆえに尊重されるべきだ。破壊により何が得られるというのか？　そんなことをすれば、自ら人々の敵と公言し、心の陽気さ、芸術的モニュメント、趣味のありようなどを、放念することにしかなるまい[41]」

同じように考えたなら、全人類のものであるはずの美術品の略奪は戦争法の違反とみなされるべきである。

一八世紀の戦争では、三十年戦争のときのような大量の美術品の移動は起こらなかったようだ。よって、イタリアから芸術的モニュメントを奪う計画について、カトルメール・ド・カンシーがミランダ将軍に宛てた手紙の中で参照したのは、法律の文面ならびに三十年戦争の前例である。

いま芸術がおかれている危機的な状況において、貴殿は、私が前例に従い行動するべきだと仰います。［略］ドレスデンならびにその素晴らしいギャラリー〔美術館〕を二度に

わたって支配したプロイセン王フリードリヒ二世がギャラリーにある絵画を見るだけで満足したこと、ベルリンを〔一時的に〕支配したロシアやオーストリアから間もなく同様の寛大なお返し〔略奪せずに見ただけだったことを指す〕を受けたことを思い起こすべきでしょう。文明の発達したヨーロッパでは、芸術や学問は戦争による権利や勝利とは無関係です。地域またはもっと広い範囲での人民教育は、崇高で侵すべからざるものです。それはたとえるなら戦争時にキャプテン・クックを乗せていた軍艦のようなものです。(42)

カトルメールが反対した革命期の教義・方針では、一方では正当と考えられる美術品の没収と、他方では単なる略奪とを厳しく区別した。総裁政府はナポレオンに、イタリアにおける学術・美術品調査委員会のメンバーに「本当に美しく価値あるものだけを選び取るよう忠言なさるべきです。審美眼もなく、選択眼もなく、ただやみくもに取り上げるなら、それは無知であるばかりでなく蛮行でさえありましょう」と強く進言した。つまり、趣味や選択に基づいて持ち去るなら完全に正当化されるということだ。しかし、それはフランスが自由の国であり、学術・芸術作品が「長い間本来の目的から外れていた」国々から回収し、あるべきところに配置することで、その美しさや有用性が保たれるからこそ正当化されるのである。(43)

・銃剣で支えられたドゥノンのルーヴルの正当性

こうした考え方は、いかにそれが妄想的なものであっても、総裁政府や統領政府の治世では認められ、支持を得ていた。帝政においては、その非常識さは一目瞭然となり、破棄された。「芸術的征服」を正当化するため、本国では非公開コレクションの中に隠されていた作品をフランスでは誰にでも見られるようになったと主張することも、場合によっては正しいといえるかも知れない。しかし、昔から公開されているギャラリーに収められている作品に対して、この理屈は通らない。ドゥノンが皇帝にザクセンをイタリアと同じように扱うよう説得する書簡を送ったことからもわかるように、残ったのは強者の権利のみだった。

ドゥノンは、「絵画では彫刻の『メディチ家のヴィーナス』と同等の評価を得ている」コレッジョの『夜』について、「この絵はその名声により唯一、戦利品となるにふさわしい作品だ」と述べている。数週間後には、ラファエロと、美術館のコレクションには欠けていたホルバインについて、次のように衝撃的な主張をした。

二〇〇〇点ものコレクションのうち、主要作が二〇〇点、金・ダイヤモンド・真珠も多数含むこのコレクションの中で、陛下にお願いするのは四点か六点を要求することで、

戦利品として奪うようお願いしているのでは決してありません。繰り返しますが、残りのヨーロッパを征服しても、いまザクセンが与えてくれているようなチャンスに再び出合うことはないでしょう。陛下、これは私の熱意からではなく、私の義務感から申し上げるのです。[44]

　この際、ナポレオンはドゥノンの助言を聞き入れなかった。彼はザクセンを必要としていて、ドレスデンのギャラリーからたとえ一点でも作品を持ち去れば、悪い影響があるとわかっていたからだ。とはいえ、ナポレオンはその取り巻きと同様、自らの軍の力でヨーロッパ全土の美術品を自由に移動させ、ルーヴルのコレクションの欠落を他国の君主たちのコレクションで埋める権利が与えられているという信念が揺らいでいたわけではない。また彼は、ドイツの地図を再編成して約三〇〇の領邦国家を四〇以下まで減らしたり、神聖ローマ帝国を解体したりするといった、さらに大胆な行為が許されているとも考えていた。

　これらふたつの方策は、プロイセンをはじめとする一部のドイツ国家の利益にかなっていたので、ナポレオン失脚後も存続した。美術品に関しては、返還しなければならなかった。ドゥノンのルーヴルの正当性は、いわば銃剣によってのみ支えられていたのだ。しかし銃剣でルーヴルを永遠に守ることは不可能だった［図20］。

・ナポレオンの敗北と接収作品の返還

　美術品の返還は一八一四年から始まったが、当初は規模も小さく大部分の作品が残され、王立美術館となったルーヴルが、二〇年間の「芸術の征服」の結果として古代から近代までの傑作を集めた唯一無二の場所であり続けるという希望が残っていた。しかし、ワーテルローの戦いがこうした幻想を打ち砕いた。プロイセンを筆頭とするドイツ諸国は、自分たちの財産を是が非でも取り戻そうとし、スペイン、オーストリア帝国〔ヴェネト、ロンバルディア、トスカーナの各州を含む〕、イタリアの諸公国、教皇領などと連携した。こうした国々はイギリスから支援を受けていたが、パリに軍隊を配置していなかった教皇領は特にそうだった。

　ドゥノンによれば、「エルギン卿〔イギリスの外交官、駐オスマン帝国大使。詳しくは21章参照〕がアテネの神殿から剥奪した浅浮き彫り《ロー・レリーフ》を購入したばかりだったので、イギリスは王立美術館〔ルーヴル〕の所蔵品が散逸し、そのおこぼれに与《あずか》れるよう望んでいるらしい[45]」。

　イギリスがパルテノン神殿の大理石彫刻を購入するのはこのあとのことだが、ドゥノンの言い分は完全に間違ってはいない。大理石彫刻の散逸と収集というふたつの出来事を結びつける人

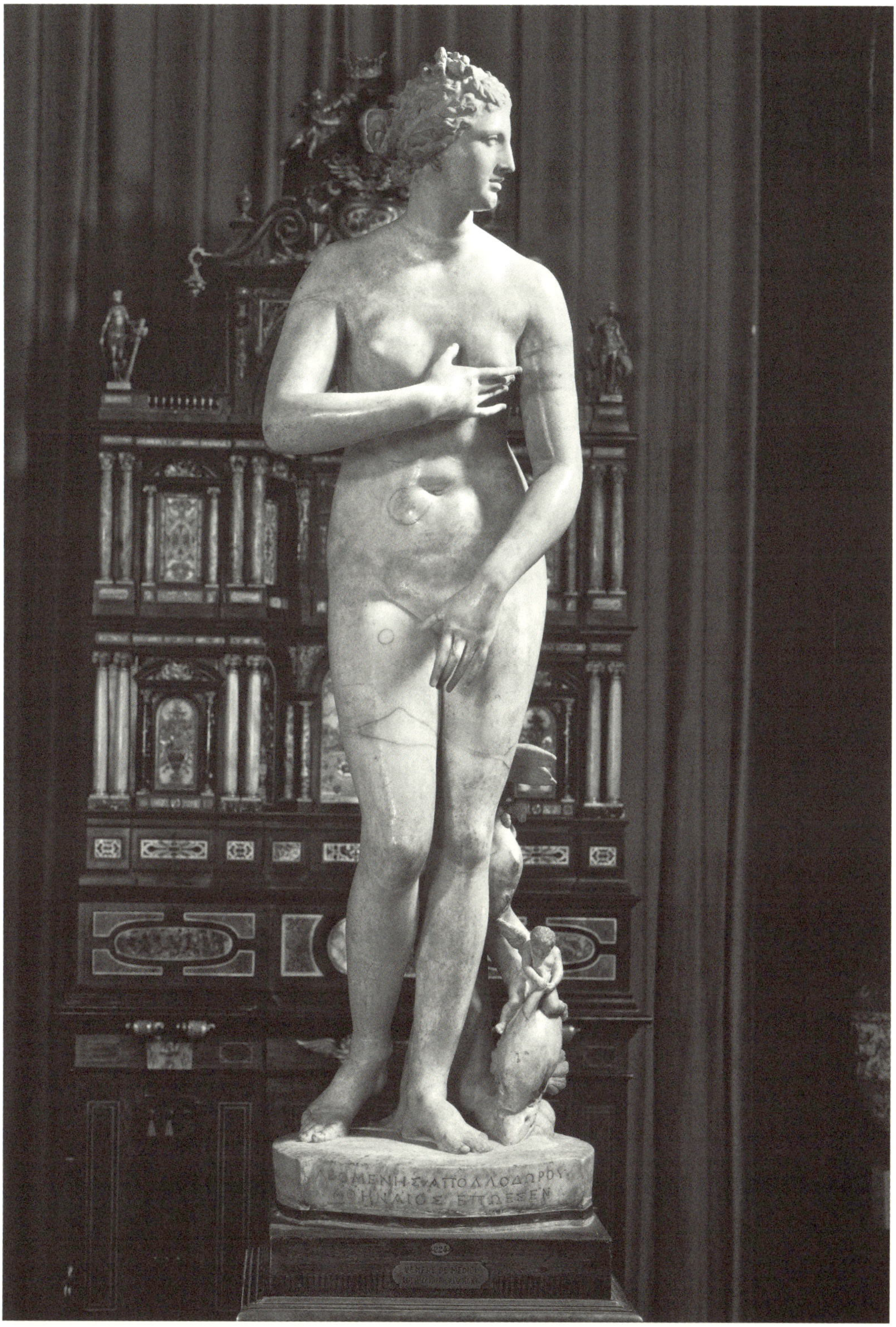

[図20]『メディチ家のヴィーナス』紀元前1世紀(Galerie des Offices, Florence, Italie)

物がいるとすれば、それはウィリアム・リチャード・ハミルトン〔イギリスの外交官、考古学者〕だけだった。ハミルトンは、エルギン卿のコンスタンティノープル駐在大使時代の私設秘書であり、教皇の所有だった美術品を〔フランスから〕返還する過程において、カノーヴァとともに深く関わっていた[46]。しかしイギリスにとって、武力で奪った美術品の返還は原理原則の問題だった。フランス人にとってこれらの芸術作品は、フランス軍の戦利品だった以上[47]、「ヨーロッパはフランスの力を超えている」こと、そしてたとえ「ヨーロッパの列強に対して一時的で部分的にすぎない成功を収めたとしても〔略〕罰は必ず下される[48]」ことを明示するために、フランスから作品を奪い返す必要があった。

・ドゥノンの抵抗

一八一五年七月七日、ドゥノンは『王立美術館における同盟国パリ入城以来の出来事（*Précis de ce qui c'est passé au Musée royal depuis l'entrée des alliés à Paris*）』の執筆を開始し、同年一〇月三日、国王宛ての辞表と同時にそれを完成させた[49]。運命の三カ月間を記録したこの日録の始まりは、美術館の解体を神話的なレベルにまで引き上げている。

> **かつてない状況の中で、ある巨大なモニュメント〔ナポレオン美術館。すなわちルーヴル〕が築かれ、その状況に劣らないとてつもない状況〔ナポレオンの敗北〕により、そのモニュメントは倒されてしまった。この戦勝記念モニュメントをつくり上げるにはヨーロッパの征服が必要だったが、その破壊にはヨーロッパの結集が必要となった。戦争の傷跡は時が癒し、散り散りになった国々は再びまとまる。しかしこれほどのコレクション、幾世紀にもわたる人間精神の努力の競演、常に才能が才能を裁いていた火の法廷、すべての美質が擦れあって生まれる、絶え間ない光は消えてしまい、もう戻ってはこない。**
>
> **美術館の解体は歴史的な出来事だ。この美術館が完全に民衆のものであったことを思えば、その解体にいたる過程の、正確で詳細な記録を彼らに提供することが最も重要で痛みを伴う任務のひとつだと私は考える。**

ここで用いられた「戦勝記念モニュメント」という言葉に注目すると、美術館と戦争での勝利の関係、さらに広く見れば、ドゥノンの言葉とウェリントン公爵〔ワーテルローの戦いの勝者のひとり〕の手紙の間に奇妙にも共鳴するものがある。しかし、例外的な状況においてのみ生まれる特別なこの「流星」〔ナポレオン美術館のこと〕を救おうとするドゥノンは、もし公爵がナポレオンの伝説を打ち破るために美術館を解体しようとするなら、その破壊により取り返しのつかないことになると強調した。作品を単に対比させる以上のことをしていたのは、彼が指揮したルーヴルだけだったからだ。

ルーヴルだけが、誰もが認める最高傑作や必ず参照される作品を適切な間隔で配置し、よく来る予備知識のある来場者が一目で感嘆し、芸術のすべてとその内にある序列をつかみ取ることができるように作品を配置していた。

ドゥノンが直面した美術品の返還要求の中で、対応に差があったこともこれで説明がつく。もちろん彼は、すべての要求を跳ね返そうとした。時間稼ぎの策を練り、できる限り抵抗した。特にローマ教皇に属する作品の返還については「完全な美術館の崩壊」、「最も致命的な最後の失敗であり、その瞬間から、美術館の称号と価値を失うことになる」と言った。

ドゥノンが自らの使命を終えたと思ったのは、これらの作品が撤去されたときだ[50]。ローマ教皇の古代美術品、たとえば『ラオコーン』や『ベルヴェデーレのアポロン』、さらにラファエロの『キリストの変容』などが、ドゥノンの目から見て、必ず参照されるべき作品、芸術の序列における永遠の頂点であったことを思えば理解できる。これらの作品がなくなれば、すべてが崩壊するしかなくなってしまうと考えていたのだ。

ドゥノンは、美術館に集められた作品のうち少なくとも一部は条約によって敗戦国が勝者に支払う賠償金の代わりとして、最も合法的な方法でそこにあるのだと固く信じていた。トレンティーノ条約がそのよい例で、ドゥノンはローマ教皇の作品返還の合法性に異議を唱えるにあたり、第二五条「本条約のすべての条項、条約および条件は、例外なく教皇ピウス六世とその後継者に対し永久に義務づけられる[51]」を援用した。

・ナポレオン美術館の伝説化と博物館・美術館の新たな時代

しかし、こうした法的な主張だけでなく、彼の美術館は他のどの美術館にもない芸術への貢献をしているという確信があった。第一に、それは大衆のものであり、その結果、大衆の要求水準、ひいては芸術そのものの水準を高めることになったからだ。

「外国人やフランス人が享受する自由《リベラシオン》〔寛大さ（リベラリテ）〕は、いつのときも首都を審美の中心にする。美術館は、一般の人々があらゆるジャンルの傑作に親しむことで、現代の芸術家が凡庸な作品を生み出すのを許さず、芸術の流派の衰退を防ぐのにも役に立つ。この美術館がなくなれば、その衰退はすぐにも感じられるようになることだろう[52]」

なぜ「フランスの流派」ではなく「〔特定の国のものではない〕流派」なのかというと、それは後者がいまや、文明化した人類の芸術を代表しているからである。「しかし、あなたの美術館はティツィアーノやラファエロのような芸術家を出していない」とハミルトンがドゥノンとの会話で反論したのを、ドゥノンは記録していた。ハミルトンの反論に対するドゥノンの答えは次のようなものだった。

「そのような人々が啓蒙の世紀に天から降ってくることもあるだろうが、フランス以外では孤立した芸術家がいるばかりなのに対し、フランスには優れた流派が存在している。それだけで十分だろう」

　同じ会話の中で、ハミルトンがドゥノンの美術館の合法性を疑問視したのに対し、ドゥノンは激昂してハミルトンの「イギリスの博物館・美術館」を批判して言った。

「愚かな思い上がりから、早くもフランスの美術館と比較しようとなさる。〔イギリスの博物館・美術館は〕アテネのモニュメントの剝奪によってできたのではないだろうか？　その剝奪は公人によって庇護され、国有化によって承認されたのではないか？」

　それからドゥノンは「最も神聖な条約」を引き合いに出し、次のように締めくくった。

私はこの美術館をつくったことに、いささかのうぬぼれもない。しかし、私は立ち回りがうまい男だ。もしも私がおのれの自尊心を満足させることしか考えないのであれば、あなたがルーヴルという巨像を破壊する手助けをするかもしれないが、その巨像は想像の中でさらに巨大化するであろう。それでもあなたが破壊をやめないというのなら、私は巨像に従う影のように、あなたを追いつづけるだろう。

私は美物館の目録を刊行し、その破壊があなたがた政府の仕業であることを証明して、あなたがたを苦しめることになる。人々は私の注釈を読み、そこにあなたが記した記録を見つけ、あなたの名前は芸術の歴史に未来永劫刻まれることになるだろう。[53]

　この言葉とともに、ナポレオン美術館は永久に伝説の中に入る。目録は実際に出版されるが、ドゥノンではなく、イギリス人の手によるもので、彼らはそこにワーテルローという記念すべき戦場について記することも怠らなかった。[54] ナポレオン美術館の影は、パリはもとより、ロンドン、ベルリン、ニューヨークの博物館や美術館の創設者や館長の想像に取りつくだろう。ハミルトンとドゥノンの会話は、博物館・美術館史の新たな時代の到来を告げるものだ。無論、新たな時代はもう始まってはいたが、本当の意味で始まったのは一八一五年以降だった。それは国家間の文化的対立の時代で、博物館や美術館が対立の手段にも争点にもなる時代である。

15 国立自然史博物館——自然史キャビネットから生命・地球科学の実験室へ

・革命期の新博物館

一七九三年六月から一七九四年一二月にかけて、恐怖政治《テロル》の間に一時中断されたものの、国民公会はルーヴルとは別に、パリに三つの新しい博物館や美術館を創設した。それらは、既にあるキャビネットが形を変えたものだった。三つの施設は名称と性格を変え、またそうした変更を終えていなくても、この設立を機に一般公開された。三館に共通していたのは、教育機関に属し、実用的な目的を持っていたことである。つまり「農業、商業、芸術の発展」[1]、「国民産業の完成」[2]、「病院、特に軍事・海軍病院に勤務する保健士[※1]の養成」[3]を目的としていた。これらの施設とは、国立自然史博物館、工芸院、パリ衛生学校の解剖学キャビネットである。少し遅れて軍当局の所管で創設された砲兵博物館も、上記の三つの博物館と起源は同様である。砲兵博物館は教育機関には属さないが、軍事用語とそれが何を指すのかを知り、有言実行を学び、知識と技能を身につけ、戦争技術にそれらが応用されることを意図していた。

・アカデミー廃止、学士院創設など研究機関の再編

国民公会はそのほかに三つの科学研究機関を創設している。それらには、共通の起源とそれに基づく親和性があり、革命下に再編されたフランスの科学研究機関の一部をなしていた。この再編には、否定的な側面として、医学部、外科学アカデミー、そしてなんとか壊滅を免れようとしていた科学アカデミーを含むすべてのアカデミーの廃止があるが、その一方で肯定的な側面としては、公共工事学校（École centrale des travaux publics、のちの理工科学校）、師範学校（École normale、のちの高等師範学校）、衛生学校（École de santé）、経度局[※2]、学士院の創設があった。[4] この歴史において決定的な役割を果たしたのは、国民公会の教育委員会の三人のメンバーであった。ひとり目は医師で化学者で

〔※1〕保健士とは、一八〇三—九二年に認可されていた、医学博士の学位を持たない特別免許の医師。

〔※2〕経度局（Bureau des longitudes）は、海上での経度決定の精度を高め、イギリスから海上支配を取り戻すことを目的として一七九五年に設立された。

あり、王立植物園の重要人物であり、革命的な集会の一員でもあったアントワーヌ・フランソワ・フルクロワである。彼は、衛生学校の誕生につながった医学教育の改革にも関わった。(5) ふたり目は、ジョゼフ・ラカナルで、哲学と修辞学の教師として出発したが、王立植物園を博物館に変える法令の報告者となり、この法令は国民公会で可決され、さらにいくつかの学校と学士院の設立につながった。(6) 三人目のアンリ・グレゴワールについては、工芸院について述べるときに詳しく述べることにしよう。彼は、アカデミーの廃止や経度局の設立などの法令を提出した。

・新しい管理指針
——学芸員・保存官《コンセルヴァトゥール》のマニュアルの先駆け

最初の政令《デクレ》では、その第二条で「廃止されたアカデミーや協会に付属する植物園やそのほかの庭園、キャビネット、博物館、図書館、そのほかの科学や芸術のモニュメントは、公教育の組織に関する法令(7)によって処分されるまで、管理当局の監督下に置く」と定めていた。したがって、新しい博物館や美術館は、旧体制から引き継いだコレクションに加えて、かつてアカデミーの所有であったものも収集することができたのである。しかし、それぞれの分野に属する多くの収蔵品は、所在が不明だったり、本来関係のない場所に放置されたりしていた。そこで、まずは国有化されたコレクションの保管場所を特定し、目録を作成し、どこでも同じ基準に従って管理できるようにする必要があった。

この基準は、美術臨時委員会（Commission temporaire des arts）が提案し、国民公教育委員会によって採択された「芸術、科学、教育に利用される全物品の共和国全土における所在の確認および保存方法に関する指示書(※1)によって定められた。この指示書は、著名な医師フェリックス・ヴィック・ダジールが執筆したもので、四年前に出版されたものとは大きく異なり、八つ切り判で七〇頁というボリュームで、より詳細で正確な内容になっていた。物品に添えるラベル・キャプションの例や、目録の作成方法、体系的なカタログの作成方法なども含まれていた。さらに、さまざまな種類の物品の保存方法や梱包方法、運搬方法などにも多くの頁を割いていた。そして何よりも、一五の部門のうち、三分の一しか美術や文学に割り当てられていなかった美術臨時委員会の全体的な方針に沿って、ヴィック・ダジールの指示書は、自然史、物理学、化学、解剖学、機械学のコレクションに重点を置いていた。ここには、目録作成を担当する委員だけでなく、将来的に自然や芸術の博物館の学芸員・保存官《コンセルヴァトゥール》となる人たちのための本格的なマニュアルがあったのである。(8)

＊　＊　＊

・自然史博物館設立に向けて――議会への請願書

国立自然史博物館は、一七八八年にビュフォンが亡くなって[9]以降、改革計画が宙に浮いていたかつての王立植物園［図21］の大規模な改修の結果として生まれた。二年後の一七九〇年八月二〇日には、「王立植物園と自然史キャビネットの職員」が立憲国民議会への請願書で、「施設の内部組織に関する幾つかの覚書」を提出する許可を求めた。これについてはあとで改めて触れることにする。同時に、このテーマは公の場に持ち込まれた[10]。当時提出された計画書の中で、ここで取り上げるのはオーギュスト・ブルソネのものである。彼はルイ・ドバントン〔植物学者。ビュフォンの『博物誌』に執筆〕と親交があり、ドバントンが科学アカデミーの準会員に選ばれるのを助け、アルフォール獣医学校の農村経済学の講座をドバントンに譲った植物学者である[11]。彼は、「王立植物園、獣医学校、農業協会〔のちの農業アカデミー〕、そしてコレージュ・ロワイヤル〔王立教授団〕に設置された自然史、化学、解剖学の三つの講座を一箇所に集め、結びつける」ことを提案した[12]。この枠組みの中で、彼は自然史キャビネットの性格と内容を変えることを意図していた。

> **〔自然史〕キャビネット――このキャビネットは主にドバントンの手によってつくられ、複数の部屋が増設されたばかりである。自然史の標本は非常に数が多いが、既存の部屋と新設された一部屋か二部屋に容易に収めることができる。一階の部屋と二階の部屋の一部は特定の用途に割り当てられよう。一階の部屋には、農業器具の大型模型や、国内外のさまざまな地域で使われている鋤《すき》や犂《からすき》などの実物が展示される。二階の部屋には、アルフォールのキャビネット〔※2〕から移された解剖学にまつわる展示品のほか、農村経済における多様な作業と、さまざまな時代や国で、そのような作業から生み出される生産物を紹介する小型模型が置かれる。フランスで初めてつくられたこのようなコレクションは、やがて最も美しくて有益なモニュメントのひとつとなるだろう[13]。**

この計画は、後述するように、三つの異なる博物館、すなわち、国立自然史博物館（自然史）、工芸院（「農村経済向上のための道具」）、解剖学キャビネット（解剖学の標本）のコレクションをひとつの屋根の下に集めるものであった。これは、これら三つの博物館コレクションが非常に密接に関連しており、ひとつ

〔※1〕この指示書の原題は次の通りである。*Instruction sur la manière d'inventorier et de conserver, dans toute l'étendue de la République, tous les objets qui peuvent servir aux arts, aux sciences, et à l'enseignement.*

〔※2〕一七六六年、パリ南東部のアルフォールに獣医学校とともに設立された自然史キャビネット。解剖学的なコレクションが多数。現在のフラゴナール博物館（Musée Fragonard d'Alfort）。

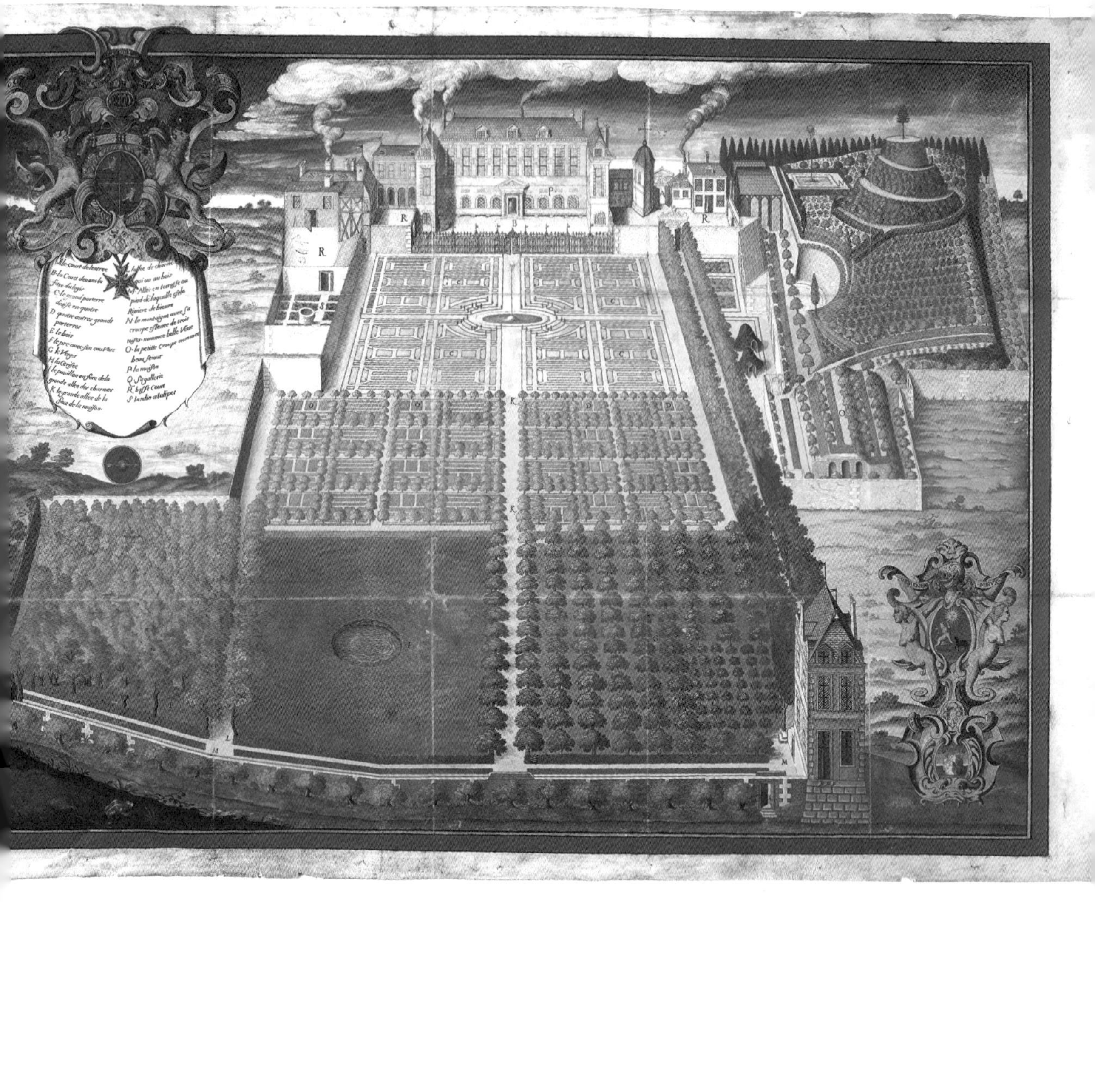

［**図21**］フレデリック・スカルベルジュ『薬用植物栽培のための王立植物園、パリ』1636年（Muséum national d'histoire naturelle, Bibliothèque centrale, Paris）

の機関にまとめることが提案されたことを示している。

三つの博物館を結びつけるもの、それは自然とのつながりである。すなわち手つかずの自然、人の手の入った自然、私たちを取り巻く自然界、そして肉体的存在としての人間という自然である。それゆえ、ここでの呼称すべての対象を「自然史」という見出しの下に包含し、それを最大限に拡張することは十分に可能であった。しかし、事態は異なるものになった。とはいえ、工芸院や解剖学キャビネットの国立自然史博物館との結びつきが切れることは決してなかった。両者にとって、博物館は模範であり続けた。

一七九〇年八月二〇日に立憲国民議会に提出された「王立植物園と自然史キャビネットの職員」による請願書では、この施設が公教育や知識の育成、「科学と芸術、特に農業、医学、海軍建築や土木建築」、貿易、さらにはフランスの普遍的な影響力のために有用であることが強調された。

王立植物園で開催される講座には、すべてのフランス人が参加できるだけでなく、聴講者は外国人もかなりの割合を占めている。ペルー人、ブラジル人、アングロサクソン系アメリカ人、そしてアジア人など、自然史の研究に引きつけられ、フランスに長期滞在している人たちも珍しくない。そして、王立植物園の設立は、最も高貴で、しばしば最も有利な政治的手段のひとつによって、国家の優勢と栄光を増大させているのではないだろうか？[14]

当時の空想における自然の位置づけと、「卓越した感性の学問」である自然史に対する信念を、これほど鮮明に示した文書はほかにない[15]。その信念とは、自然史は精神を再生させるにとどまらず、フランス国民、ひいては人類全体の幸福、健康、教育、権力にとって決定的な重要性を有するというものだ。

確かに、この請願書の書き手たちは自分たちの職業上の利益を擁護していた。しかし、彼らが表明した信念は良識的な見解であり、議論の余地もないことだった。その言葉は国会議員の心に直接届き、国会議員は請願書で示されたその「賢明な見解」を即座に政令の形で採択し、「このような有益な施設の組織を決定するための規則案[16]」ができるまでの間、決定を一カ月延期した。工芸院と解剖学キャビネットの創設の背景にも、やはり同様の信念があったことを付け加えておこう。

この規則の起草につながる作業は八月二三日に始まった。まず解決しなくてはならなかったのは、王立植物園の法的地位に関する問題だった。この植物園は国王の所有物なのか、それとも国民のものなのか。王立植物園園芸係、植物学者、立憲国民議会副議長、規則起草の中心人物であるアンドレ・トワンは、この問題に対する答えを以下の四点で締めくくっている。

一 王立植物園を国立施設と宣言する。
二 「フランス博物館《ムゼウム・フランセ》」と命名する。
三 その目的は、三つの生物界〔動物・植物・鉱物〕の最も完全な自然物コレクションを集めることである。
四 植物園、自然史キャビネット、動物園《メナジュリー》、図書館から構成される。

「フランス博物館《ムゼウム・フランセ》」という名称は採用されなかった。この名称はのちにルーヴル宮の美術館の名称として短期間使用された。その代わりに、トワンの同僚たちは、彼のもうひとつの発案である「自然史博物館（Musæum d'histoire naturelle）」を選んだ。(17)一七九〇年九月九日に規則の草案が整い、立憲国民議会に対する二度目の請願書とともに、滞りなく印刷された。

・博物館の陣容、開館日、展示構成など

一七九三年六月一〇日まで実施されなかったこの計画の詳細を見ていくとしよう。この日、ラカナルは、しばしば描写される状況の中で、(18)「自然史博物館の名称の下での王立植物園および自然史キャビネットの組織に関する」政令《デクレ》を国民公会で採決させた。この政令は、三年前に提案されたものの大部分を取り入れており、新しい名称、責任者《アンタンダン》のポストの廃止、従来の三講座から一二講座への変更、自然史博物館に所属する全員に同じ権利と同じ「教授」の称号を与えること、彼らの採用を現教授陣による指名選考《コープタシオン》とすること、博物館の運営と教育責任は教授会議に委ねること、などが定められていた。(19)

一七四二年に王立植物園に入職し、ずっと年下の同僚であるフルクロワやトワンたちに終身館長として認められていたドバントンのほか、そのチームには、一七九〇年に「昆虫と虫」の講座の教授となった植物学者のジュヴァリエ・ド・ラマルクとジャン＝バティスト・ド・モネや、一七九三年三月に採用され脊椎動物の講座の教授となったエティエンヌ・ジョフロワ・サン＝ティレールがいた。また、ジョルジュ・キュヴィエは、動物解剖学教授の代理として一七九五年に博物館に加わったばかりだったが、すぐに博物館で最も注目を集めるひとりとなった。互いの研究を頻繁に引用し合う三人は、「博物館を研究と交流の拠点とする」学者集団の中心的存在だった。(20)

一七九三年六月一〇日の政令に続き、同年九月二一日、国民公会の公教育委員会は、教授陣によって提出された博物館規則を承認したが、その規則では、われわれには重要な意味を持たないいくつかの変更点が導入されていた。(21)この長く詳細な文書のうち、さしあたってわれわれの関心を引くのは、第三章の「公教育のための博物館内の施設、すなわち、自然史ギャラリー、植物園、解剖学・化学実験室、図書館」、特にギャラリーに関する条項である。

ギャラリーは「一一月一日から四月一日までは毎週火曜日と木曜日の三時から日没まで、四月一日から九月一日までは四時から七時まで一般に公開される。守衛官は、教授のひとりと同様に輪番でこれらの公開日に出勤する」（第七条）と定められている。週に五日、午前一一時から午後二時まで、ギャラリーは「国内外の自然史の研究者《ナチュラリスト》の個別の研究のために」確保され、訪問者は「教授のひとりが署名した許可証」を持参しなければならない（第六条）。

ここには、ルーヴルで模写をする画家のようなその分野の専門家と、好奇心を満たすために訪れた見学者という、当時一般的だったふたつのカテゴリーの区別がある。博物館のギャラリーは、当時のほかの博物館と同様、主に前者を対象としていた【図22】【図23】【図24】。

ほかの条文では、ギャラリーは「自然界の三つの界（動物・植物・鉱物）に属する品々《オブジェ》を秩序立てて展示する」（第一条）と定められており、キャプションの内容も決められていた。「一般記載事項」は、自然界の主要な分類「界・類・目・属」を示す。各展示物の下にある「特定記載事項」には、「目録に対応する番号、フランス語とラテン語の一般名と固有名、寄贈者の氏名、必要に応じて国や地域の名称の表示」（第二条）が記される。各教授は、「自分が教える科学に関連する展示物を、自身が演示《デモンストレーション》に用いた順序に従ってギャラリーに配置する」（第三条）という責務を負う。鍵はすべて、守衛官に預けられる（第四条）。守衛官は、教授たちに対し「運搬によって劣化する恐れのないものに限り、個別の作業に必要な複製品を」（第五条）[22]渡さなければならない。このように、博物館の教授たちは、自然史の博物館として模範となるべき網羅的な規則を作成した。この規則がどの程度守られたかは、まだわかっていない。

・展示と教育という二面性

文学者であり、自然史の普及者であり、劇作家でもあったジャン・バティスト・ピュジュルが出版した案内書は、この種の褒めて推奨する本がたいていそうであるように、展示空間や展示物の物理的な条件（大きさや重さなど）を扱うことによって、博物館をありのままに伝えている。たとえば、植物界の部屋に入った訪問者は、「天井に吊るされた収蔵物《オブジェ》のヘビやワニ、カメなどの爬虫類」に驚かされるが、「それらはこの部屋の本来の目的とは無関係で、同じ分類の動物と一緒に二階の大展示室に収める場所がなかったためにここに置かれたのである」。同様に、鉱物の展示においても、「分類法に示された通りの順序を守ることは不可能である。というのは標本の大きさが不均等で、展示場所がそれらの配置に適していないのだ。よって大きな塊はたいてい戸棚の一番下に、研究用の貴重な結晶の小さなサンプルは目につくところに置かれ、特に注目に値しない

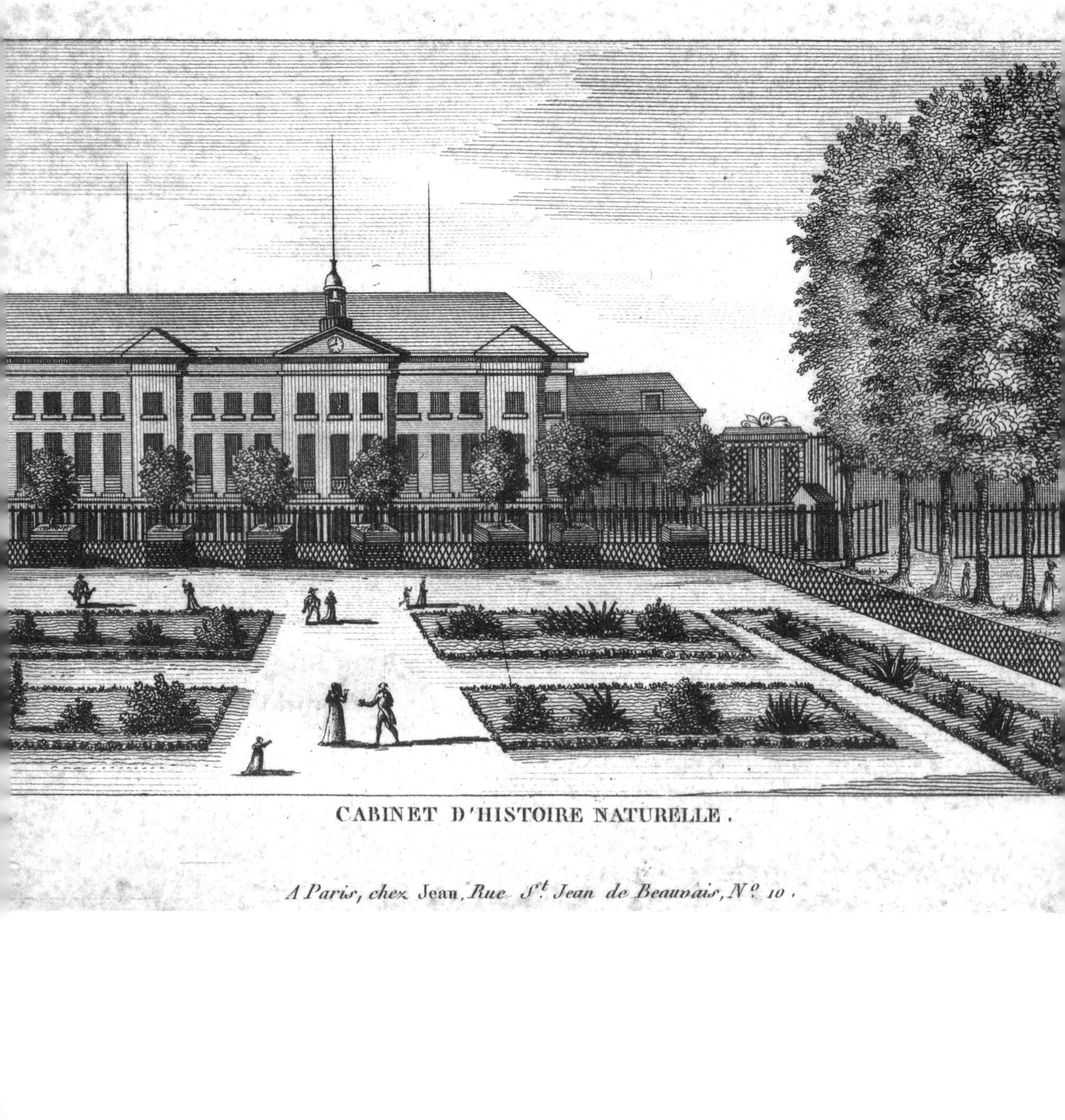

[図22]『自然史キャビネット』パリ、サン・ジャン・ド・ボーヴェ通り10番地、シェ・ジャン刊、1805年頃（Muséum national d'histoire naturelle, Bibliothèque centrale, Paris）

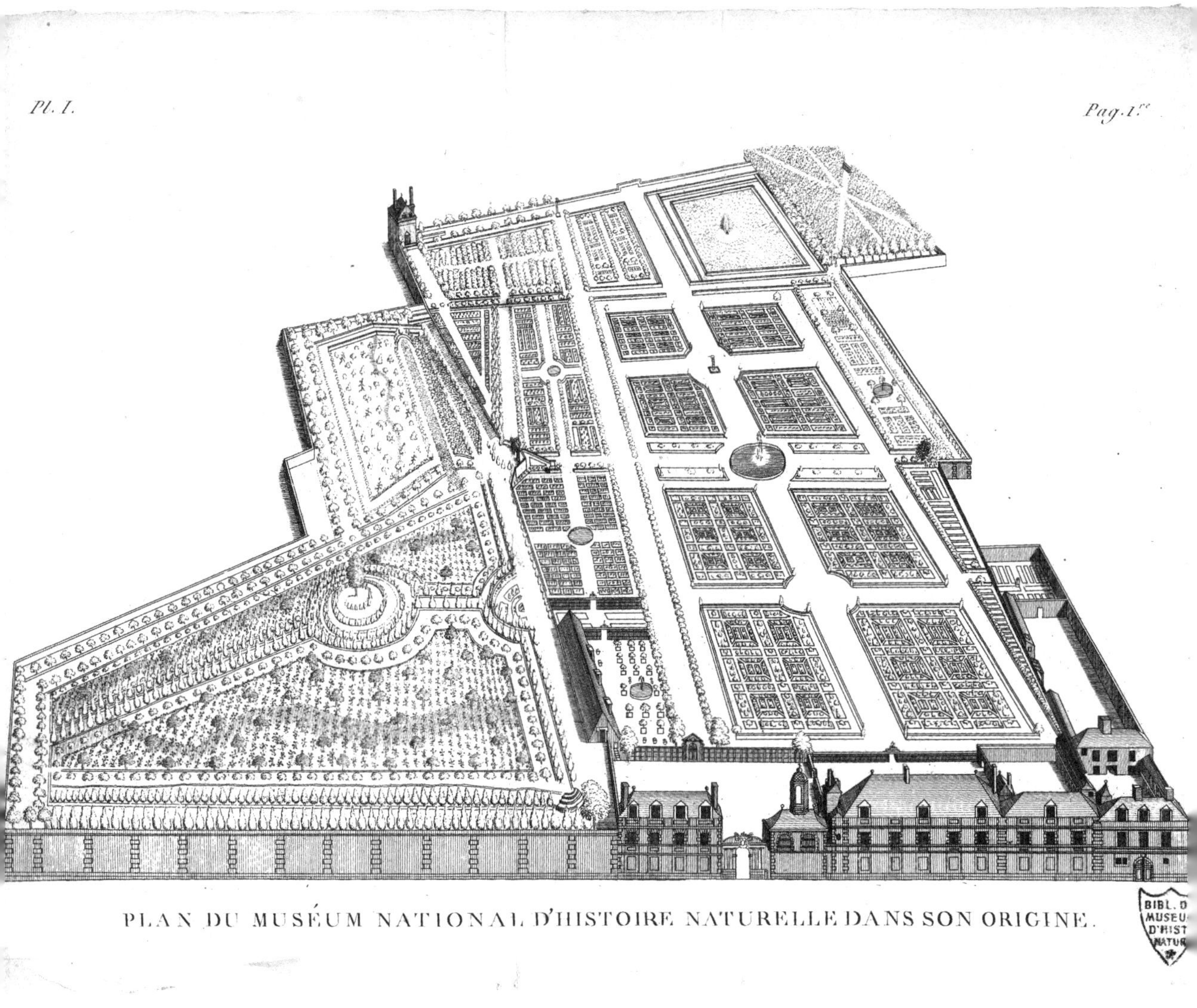

[図23]『当初の国立自然史博物館〔王立植物園・自然史キャビネット〕の図』1641年(Muséum national d'histoire naturelle, Bibliothèque centrale, Paris)

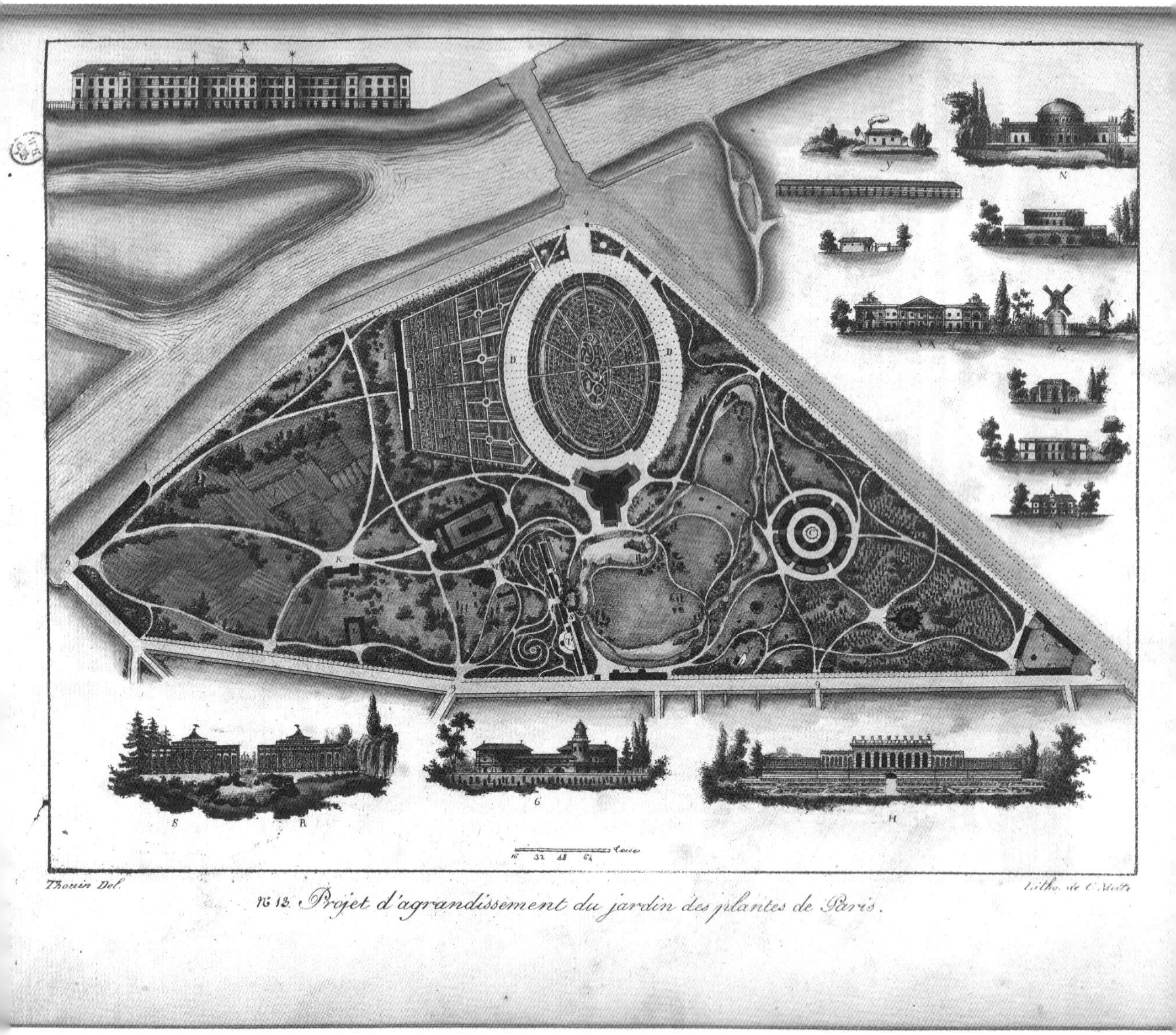

[図24]『パリ王立植物園の拡張計画』1820年（Bibliothèque nationale de France, Réserve des livres rares, Paris）

収蔵物《オブジェ》はほとんどの場合、上の棚に追いやられた」[23]。このような制約を加味した上で、各カテゴリーの対象物の特性に応じて、秩序だった配列がコレクションに適用されていたようである。このことについては、のちほど詳しく触れることにしよう。

新しい名称である「自然史博物館（Muséum d'histoire naturelle）」は、「コレクションを展示する公共の場」という、当時のフランス語で「muséum」〔博物館〕という言葉が持っていた意味と、のちに「リセ」と呼ばれるようになる教育機関[24]という二重の意味で用いている。これによって、実際には、展示と教育、すなわち教えるために展示するというこの機関の二面性を強調していたのである。

この新しい名称は、王立植物園と自然史キャビネットの区分を消し去るもので、その区分は生きた植物を研究する植物学と、鉱物や動物の遺骸など無生物を扱う自然史との分離に相当するものだった。この考え方は一七九〇年、将来の博物館に動物園《メナジュリー》を併設するという要望が表明されていたときに既に検討されていた。一七九三年に教授たちが作成した規則の草案ではこの構想が採用され、年末には動物園が創設される[25]。動物園にはヴェルサイユの王立動物園の動物たち、というよりむしろ現地のジャコバン派による虐殺を免れた動物たちが移されることになる[26]。こうして、国立自然史博物館において動物学と比較解剖学が発展するための条件が整った[27]。

・コレクションの形成

ルーヴル宮の美術館や他の美術館と同様に、国立自然史博物館も「芸術と学問の征服」の政策の恩恵を受けている。一七九四年から一七九五年にかけて、植物学者トワンは共和国委員としてラインラントとオランダを訪れ、とりわけ、オランダ総督ウィレム五世[28]のコレクションの梱包と輸送を担当した。一七世紀初頭に歴史をさかのぼるそのコレクションは、一七五六年、ウィレム四世の未亡人が、自然史愛好家だったアーノウト・フォスマールのキャビネットを購入してそこに収め、フォスマールを彼女の動物園とコレクションの管理者に任命した。動物園は、オラニエ王朝の別荘であったヘットロー宮殿の「小さな森（Het kleine Loo）」と「大きな森（Het groote Loo）」の中にあり、キャビネットはハーグの総督宮殿の向かいにあった[29]。

一七九五年にこのキャビネットがパリに移されたことを、『百科事典（*Magasin Encyclopédique*）』誌は歓迎している。

「総督邸のキャビネットの大部分のコレクションがオランダから到着した。一五〇の荷箱が自然史博物館に運ばれ、さらに多くが届く予定だ。動物学に関する展示物はすべて荷箱から取り出され、円形劇場に展示されている。そこでは、［略］学識深く、疲れ知らずのジョフロワ教授のおかげで間もなく世に知られることとなる新種の哺乳類の数々を見ることができる［略］。また、両生類、四足類［引用ママ］、蛇などを封じ込めた標本瓶も多数見られる。賢人ラセペード〔博物学者。ビュフォンの弟子で『博物誌』の執筆者のひとり。元老院の議員も務めた〕は、自身の著作に補足する素材をそこで見つけることだろう……」

キュヴィエもまた、哺乳類に関する回想録の資料をそこで見つけることになる。数カ月後、総督邸の動物園から輸送が特に困難だった二頭のゾウを含む研究・見世物用の動物の一団が到着し、解剖学の資料としてキュヴィエに提供されたのだ[30]。

国立自然史博物館のためのコレクション獲得は、イタリアでも同じ手法で行われた。ここでもまた、アンドレ・トワンは「戦利品」[31]の梱包と輸送を担当したが、博物館に加えられた最も重要なコレクションのひとつには関与することはなかった。一七九六年一一月のヴェローナ降伏後〔ナポレオン戦争のイタリア戦線での勝利を指す〕、約一二〇〇点の魚類の化石を含むヴェローナ市最大の古生物学のコレクションは、その所有者であるジョヴァンニ・バッティスタ・ガッツォーラ伯爵によるうわべだけの交渉の末にフランスに引き渡された[32]。それは、フランス軍に抵抗したヴェローナが支払うことを余儀なくされた賠償金の一部としてだった。一八一五年、ガッツォーラ伯爵は、その間に同じ種類の新しいコレクションを創設し、かつては奪われたもの[33]はパリの自然史博物館に寄贈した。このことは、同館が当時の自然史研究におけるヨーロッパの主要拠点となり、威信を獲得していたことを示している。

ジョフロワ・サン゠ティレールがエジプト遠征からミイラ化した動物を持ち帰った一方で、インド洋やアメリカ大陸への学術航海の終わりには、鉱物、動植物の標本――その多くは未知のものであった――が大量に到着し、その結果、二〇年で博物館が所有する品々の数は二倍となった[34]。並外れた豊かさと質のコレクションは、この分野において国立自然史博物館をルーヴルに勝るとも劣らないものにした。人気の研究者を含む学者たちにその価値を見出されたコレクションは、自然史博物館のヨーロッパにおける輝かしい名声の裏づけに貢献した。学者たちはコレクションを研究し、自然史について旺盛な好奇心を持つ幅広い層の一般市民に向けて、研究成果を講座や出版物で発表した。

・公開展示の状況――識者の訪問記

その目的は、これらのコレクションを保存し娯楽目的の来館者と研究目的の来館者の両方に向けて展示することであった。

前者の訪問を想像できるように、ベルリンのフランス改革派教会の伝道師でクンストカンマーの館長のジャン・アンリについて見てみよう。彼は一八一四年、八年前にドゥノンが押収した美術品や珍品をプロイセンに返還させる手配をするためにパリに到着した。

動物園《メナジュリー》を訪れ、しばし熊のマルティンを見て楽しむ。掘り下げ式の放飼場のマルティンは木に登らされ、そのご褒美にケーキをもらっていた。ライオンやハイエナなども見た。散歩。庭に隣接するレストランのバルコニーでおいしい夕食。木の下でコーヒー。六時。猛獣たちとの夕食に間に合わず、そこから猿を見学。七時に徒歩で出発。

その一カ月後。

ルーカス教授とその息子が案内してくれた自然史のキャビネットを見て回ったが、私たちの大きな琥珀も、木にはめ込まれた鹿の頭も見つからなかった。シュゼット〔著者の妻〕が合流したのは雨の降る三時だった。彼女と鳥類や四足獣のコレクションを見学し、庭園の外のレストランのバルコニーでまたおいしい夕食をとった——しかし、猛獣たちの夕食はまた見損なった。熊のマルティンとの再会を大いに喜び、そのうえマルグリットにも。そしてレバノン杉を鑑賞。見晴台に登り、パリ、セーヌ川、ヴァンセンヌなどを眺む(35)。

熊のマルティンや他の動物たちとの競争では、自然史のキャビネットは明らかに勝ち目がなかった。

ヴィルヘルム・フォン・フンボルト〔ドイツの言語学者、政治家。外交官として「ウィーン会議」にも参加〕とジャン・アンリの知的水準を比較することはできない。フンボルト自身は自然史の研究者《ナチュラリスト》ではなく、思想家であり、人間観察者であった。彼はパリに到着してすぐに、ルーヴルに行く前に、王立植物園——彼は「博物館（Muséum）」という言葉を使わなかった——に足を運んだ。ここに彼が一七九七年一二月二八日に訪れたときのメモがある［図25］。

王立植物園。——キュヴィエ、ジョフロワ、ドバントン。——広大な施設。ジュシュー〔植物学者〕が新芽の状態で持ち帰った杉。神々しい木で、既に非常に背が高く、何よりも枝が大きく広がっている。枝は四方に、大きく間隔の開いた層状に、水平に伸びて、それが宙に浮いているような独特の印象与えている。——シェーンブルン宮殿にいるものより背の高い白熊。大いなる遊び心。友好的である。飼育係が近づいていく。白熊は両目に白内障がある。——雌ライオン、崇高な動物。美しい目、知的な顔立ち、立派で力強い尾、誇らしげで演劇的な歩き方、それでいて完全に猫を彷彿とさせるふるまい。——黒冠鶴《グルス・パボニア》、非常に美しい鳥である。ヒクイドリ、七面鳥によく似ているが、脚はダチョウのようである。——ガラガラヘビ、冬眠中らしいが死んでいるかのように横たわっている。——骸骨、サイ、巨大

な骨、軟骨はほぼない。大量のカバの頭部、恐るべき脂肪の塊と小さな脳を備えた巨大なマッコウクジラの頭部、クジラの下顎、野生水牛《バビルーサ》の頭蓋骨。(36)

フンボルトにとって、国立自然史博物館を体現するのはまず科学者たちであり、次に樹木や動物であり、最後に動物学的な遺物を挙げている。彼のメモは、自分が見たものの印象を伝えるためのものであった。彼の記憶に刻まれたのは心を動かされた展示品の一つひとつであり、コレクションの概要や配置ではなかった。彼ほどの水準の来館者でさえ、国立自然史博物館の学者たちが重視していた「秩序だった配列」の問題については考えなかったようである。それは、それぞれのものが定位置にあり、邪魔になるものや混乱を感じさせるものさえなかったからであろう。しかし、自然史の研究者《ナチュラリスト》ではない来館者にとっては、それは単に関係のないことだったのかも知れない。

・コレクションの位置づけの変化
——実験室と現場における研究の時代へ

動物や珍品などを見て驚嘆するためにやってきた一般の人々は、国立自然史博物館の教授たちの関心の中心ではなかった。彼らが第一に関心を向けたのは、同業者や講義を受ける人々、つまりアマチュアであれ専門家であれ自然史を愛し、博物館を訪れて研究し、対象物を調べ、収蔵品の秩序だった配列を説明した一般記載事項や特定記載事項を読む人々である。彼らは、自然史博物館で行われている研究を知り、当時の自然史の二大作業である記述と分類を学ぶために博物館を訪れるのだ。(37)一八世紀末から一九世紀初頭にかけて、記述すべき内容と分類の基準において、両者は大変革を遂げた。この変革は、鉱物や岩石、化石、栽培植物や植物の標本、生きた動物、動物や人間の解剖標本など、博物館のコレクションに含まれる自然物の主要な部門の扱いにも、それぞれ異なる速度や方法で影響を及ぼしていた。

ここでは、コレクションの位置づけに与えた影響、より正確に言えば、一方では実験室が、他方では（屋外の）現場が、典型的な研究実践の場となっていた施設におけるコレクションの位置づけに与えた影響という、非常に限定された観点からのみ取り上げよう。

一七九三年九月二一日付の規則第二章第二条は次のように定めている。

「教授は、それぞれの分野で、博物館のコレクションに収められた資料を授業や演示《デモンストレーション》に使ってもよい。ただし、移動できるのは複製だけであり、これらの資料が紛失したり損傷したりしないように、会議で予防策を講じる」(38)

資料《オブジェ》は、授業や生徒の前で行う演示に限って使われることに

[図25]ジャン＝バティスト・イレール『王立植物園の杉』1794年（Bibliothèque nationale de France, Département estampes et photographie, Paris）

なった。そして、複製の「完全性」を保つために、物品に触れたり変形させたりすることは避けることとされた。コレクションに属するものを、その外見を変えたり破壊したりする可能性のある研究に使うことについては、何も言及されていない。コレクションに属するものの「完全性」を保つという要求は、時とともに研究の場においてこそますます困難になっていたのである。

・鉱物、生物の研究における新たな分類
――比較解剖学によるキュヴィエの刷新

鉱物の研究において、一七七〇年代からふたつの方向性が確立された。ひとつは、観察できる外見的な特徴を検査するのに忠実であり続け、もうひとつは化学的な成分分析を主張するものだった。そして、その後の一〇年間で結晶学が加わった。ふたつの方向性の成果は必ずしも一致せず、ときには外部的な特徴から得られる知見と相反することもあった[39]。そのため、鉱物の記述と分類は、目視による検査だけに依存することはできなくなり、その役割は低下した。

これに伴って、国立自然史博物館では鉱物に割り当てられたふたつの展示室で鉱物の再分類が行われた。一七八四年頃にドバントンによって導入された、鉱物の「見た目の明確な特徴、あるいは容易に識別できる特徴」[40]に基づく分類は、一八〇〇年に鉱物学の教授となった結晶学の創始者ルネ＝ジュスト・アユイによる分類に取って代わられた。この分類は、「鉱物質を識別する」ために「物理的、幾何学的、化学的な特徴」[41]に依拠していた。長期的に見れば、自然史博物館に限らず、鉱物学は地質学の補助的な役割を果たすようになり、コレクションの役割も変化する。キャビネットは展示の場として残ったが、研究は実験室や、ますます現場で行われるようになった。

一七九〇年代の終わりまで、生物を記述する目的は、その生物が見せるあらゆる特徴の中から、「存在の連鎖」[※1]の中で明確に位置づけることができる特徴を見つけ出すことだった。そのような外見的な特徴に基づいて、生物はより高次の種と単位に分類された。貝殻はその形によって、植物は「結実する部分」によって分類された。このような方法にとって、コレクションは生物を互いに比較し、最も類似しているものをまとめることができる貴重な道具だった。標本の数が増えるにつれて、自然界の表現における見かけ上の不連続性が消えていくと期待された。そうすれば、知覚できないような変遷が、各種とその隣接する種とを結びつける連鎖に到達するだろうと考えられた。

ラマルクはこう語っている。

自然物を集めるほど、コレクションが充実するほど、ほとんどすべての隙間が埋め尽くされ、境界線がなくなって

いくのがわかる［略］。繰り返すが、私たちのコレクションが充実すればするほど、すべてがより一層繊細なニュアンスを帯び、顕著な違いはなくなり、そして、多くの場合、自然は私たちが区別をするための微細で稚拙ともいえる特徴しか手がかりを残さないことの証を見つけるのである。(42)

こうして実践された生物の研究は、それぞれの生物にいずれ正当な位置を与え、種をあるがままの自然の序列に対応する順に並べることを可能にするコレクションの維持と発展と不可分であった。しかしそうすることで、視覚を実験に、所感を測定に、そして外見的特徴の目視を機器による検査に置き換えた、ガリレオ以後の物理学やラヴォアジエが革命を起こした化学とは、認識論的に根本的な違いを維持することになった。

そこでラマルクより二五歳若いキュヴィエが登場する。それまで医学の特権だった解剖学を生物の研究に活用した彼は、動物園《メナジュリー》の動物の死体や、動物標本を瓶から取り出して解剖した。彼が比較したのは、目に見えるままの動物ではなく、メスで摘出した臓器だった。(43) コレクションの完全性を保つことは彼の優先事項ではなかった。

比較解剖学は、生物に投げかけられる疑問そのものを改め、したがって、その生物に関する記述の内容も変えてしまう。外見的特徴ではなく、内部組織、すなわち循環、呼吸、消化など生命活動をつかさどる器官系を問うのである。そして、「内部組織を解剖学的に調べることによってのみ、動物学上の主要なグループの構成と境界を確実に決定することができる」として、内部組織のみを根拠として動物を分類することを論理的に提案したのである。

キュヴィエが一七九五年に採用したこの立場は、一八〇〇年頃、自然史博物館の動物学教授全員が原則的に共有していた。(44) しかし、ギャラリー〔展示〕が担当教授の意見よりも後れをとることもあった。ラマルクは軟体動物の分類を「動物に関する考察に従って」導入していたが、「ほとんどすべての巻貝学の書物では、殻を形成する切片と殻の数によって分類されており」、彼の「分類法がいかに正確で自然なものであっても、殻の数を基準とする(45)自然史博物館の貝殻の配置にその方法を取り入れることができなかった」のである［図26］。

確かにキュヴィエ自身は、解剖学的な情報が欠けている場合は、外形的特徴に頼ることになると考えていた。「多くの腹足類は殻で覆われている。それらを裸の〔殻を持たない〕ものと近縁な属に分類できれば望ましいが、そのための必要な知識が十分にないので別々に扱わざるを得ず、主に殻の形に基づいて分類する

［※1］存在するすべてのものを、最も低いものから最も高いものへと連続的に位置づける考え方。「自然の階段」ともいわれる。

[図26]『国立自然史博物館の大陳列室 』1803年（Bibliothèque nationale de France, Département sciences et techniques, Paris）

ことになるだろう。殻の形は、その美しさと保存のしやすさから、古くからコレクションに収められてきたため、よく知られているのである」[46]。ところが、これは取り消し得る譲歩であった。外形的特徴の目視検査の役割を減らすことで、解剖学的検査に独占性を与えることは、コレクションの地位も変えてしまう。コレクションは、解剖されて破壊されることを前提とした材料として研究者に供給される限りにおいてのみ、研究者の関心を引くものとなった。コレクションを一般に公開しながらも、遠い未来のために保存する義務を負う博物館は、コレクションをただの手段としか見なさない研究機関とは相容れないだろう。鉱物学と同じように、動物学もキャビネットから実験室へと移行しつつあった。

キュヴィエが化石の研究を刷新できたのは、比較解剖学のおかげである。彼はその当時の動物を解剖することで確立した原理、特に器官の相関関係を化石に適用した。この原理は、器官間の依存関係を確立するもので、ある器官を知ることによって、他の器官の形態をほぼ確実に予測することができるというものだった。その結果、彼は動物の骨格全体だけでなく、より推測的ではあるが、筋肉や皮膚までも、手に入った身体の一部から復元することができた。やがて古生物学と呼ばれるようになった絶滅動物の研究は、地球と生命の歴史に重大な影響を与えるふたつの主張にキュヴィエを導いた。それは、遠い過去に生きた動物種の絶滅と、その原因となった地球表面の激変である[47]。その地質学や生物学にとっての意義について、ここで述べる必要はない。強調すべきは、キュヴィエのあとでは、自然史の博物館はもはや同じものではなくなったということだけである［図27］。

・自然史博物館の新たな方向性

貢献したのはキュヴィエだけではなかった。各分野の他の人々も同様の転換を遂げ、まずコレクションと研究の関係に影響を与えた。コレクションはもはや、展示し鑑賞されるオブジェであると同時に、研究や教育の道具であることが両立しなくなった。いまやその役割は、研究に資料を提供することにあり、化学分析や解剖にかけられ、最終的には破壊されてしまうものとなったのである。しかし、自然史の研究者《ナチュラリスト》がコレクションの守護者でなくなり、彼らの主な仕事がコレクションを記述し分類することであったとしても、自身の研究とその結果を一般大衆に理解してもらうためには、やはりコレクションが必要だった。そしてそれは、自然史の研究者《ナチュラリスト》が何か違うものを、何か違ったやり方で展示しなければならないということである。これはキュヴィエにとって、活力を失っていた国立自然史博物館の比較解剖学ギャラリーを再活性化し、新しい原則に基づいて整理する絶好の機会であった。

[図27]オーガスタス・チャールズ・ピュージン
『王立植物園の博物館』19世紀
(Bibliothèque nationale de France, Département estampes et photographie, Paris)

すなわち、標本は「生理学的視点から、言い換えれば、主にそれらが由来する動物の種類ではなく、それらが構造を明らかにする器官の種類に従って」配列されたのである[48]。別の言い方をすれば、鉱物、植物、動物の三つの界に分けられ、明確な境界線によって区切られていたのが、これが今や全体的な分類の枠組みとなっている。鉱物は化学組成や結晶系によって分類され、また化石や可能であれば骨格は、地球表面の激変によって刻まれた時代の順序に従って再構成され、生物は比較解剖学によって確立された関連性に従って分類される。たとえば宝石を展示する場合、人間中心主義や美的観点との妥協は避けられない。

また、博物館においては、展示スペースの不足や、現状維持に陥りがちなことを常に考慮しておかねばならない。博物館での展示の変更は往々にして困難であり、ほとんどの場合においてひどく費用がかかる。いずれにせよ、パリで最初に具現化された一九世紀の自然史博物館が、根本的にそれ以前の博物館と異なっていたのは明らかな事実である。年月が経つにつれて、この違いはより顕著になっていったのである。

16 有用な学問
——工芸院、解剖学キャビネット、砲兵博物館

・平等主義者の司祭グレゴワールが主導した革命期の博物館創設

エドゥアール・ポミエの研究をたどっていくと、革命の重要な人物であるアンリ・グレゴワールに出会うことになる。彼は当時、自由の国フランスをすべての芸術の故郷と位置づけ、「芸術の征服」政策を正当化する見解を掲げたひとりだった(1)。グレゴワールは博物館・美術館の歴史において、ひとかたならぬ有益な足跡を残している。公教育委員会の委員長として活躍した彼は、国民公会に破壊行為《ヴァンダリズム》に関する報告書を提出し、それが遺産保護対策の出発点となった。その反響はフェリックス・ヴィック・ダジールの指示書〔本書15章参照〕に見ることができる。また書誌学に関する報告書では、いわば「人間の心の工房《アトリエ》」として、「精選された」図書館や博物館・美術館を組織すべきであると提唱した(2)。別の報告書では植物園と自然史博物館の保全について論じている。

共和暦三年ヴァンデミエール八日（一七九四年九月二九日）の報告書で、グレゴワールは工芸院〔のちのフランス国立工芸院〕の設立を提案する。この詳細についてはのちほど触れることにするが、共和暦六年フロレアル一七日（一七九八年五月六日）には、工芸院の運営に再び介入し、サン＝マルタン＝デ＝シャン小修道院の跡地を工芸院に割り当てるように五百人会〔※1〕に働きかける(3)。これらの功績から、グレゴワールは、現在の「科学と技術」の博物館として知られる施設の創始者のうちで、傑出した地位を占めている。

・グレゴワールの哲学と編成案
——フランスの物理的・道徳的な繁栄のために

農業と工業に対するグレゴワールの関心は、ロレーヌ地方エンベルメニルの教区司祭であった時期に芽生え、隣接するアルザス地方のプロテスタントの牧師たち、特にジャン＝フレデリック・オベリンとの交流を通じて深まっていった。オベリンは

〔※1〕フランス革命後期の一七九五年八月二二日から一七九九年一一月九日まで存在したフランスの立法府の下院を指す。

牧師、収集家、教育における物の役割を主張する教育学者であり、自身の教区における農業の改善と工芸《メティエ》の発展を推し進めた人物である。[4] グレゴワールはこれを国家経済の規模で思考し、工芸院に関する報告書で新たな発明を称賛し、それが労働者から職を奪う恐れがあるとする見解に異議を唱えた。彼は、機械技術[※1]と自由学芸[※2]を切り離すことに反対し、「自由な国では、あらゆる技芸《アール》が自由に束縛されることなく」、また「いかなる技芸も立法者の配慮から漏れるべきではない」と主張した。また、機械や模型の保存について、それらは国家の財産であり、国家のために活用されるべきであると国民公会の議員たちに訴えた。

> 議員諸氏は、あらゆる学問が有用な目的に向かって進展し、その発見のすべてがフランス共和国の物理的・道徳的繁栄に結びつくことを望んでおられるだろう。そして、全国民が何らかの技芸を実践し、生計を立てることを望んでおられるだろう。われわれはその意向を汲み、工芸院の設立によって膨大な機械コレクションを公共の一施設に集め、早急に活用することを提案する。工芸院は、美の感性と技芸の精髄を磨くすべての者を導き、その仕事を啓発し奨励するものである。

グレゴワールはここで、本章で問題となる博物館や美術館の創設の背景にある哲学を明らかにしている。学問を「有用な目的」に向けて進展させ、フランス共和国の「物理的・道徳的な繁栄」に役立てることである。それゆえ工芸院設立の計画は、輸入、すなわち外国への依存を削減し、「怠惰の産物である放縦とすべての悪徳を撲滅する」ことに役立つ、という論拠によって正当化されている。

しかし、それは最初の議論、つまり、ルソーに言及しながら報告書の中で長々と展開される、工業製品の自給自足に関する議論である。これに続き、将来の工芸院の編成案が次のように提示される。

> 〔工芸院には〕部分的に円形劇場の形を取りうる広大な建物が選ばれよう［中略］。衣食住を目的とする技芸の道具と模型をそこに集約させる。農業はすべての頂点を占めるものである。つまり、それに次ぐ位置を占めるのは、農業と密接に関わる産業であり、とりわけ最先端の製粉機の模型が置かれるだろう。さほど進歩のない分野だが、小麦をパンにするのは健康に大きな影響を与える技術である。あらゆる種類の建設や製造に用いる器具や道具は、七つに分類される。これは、技芸や科学の品々《オブジェ》の目録作成法の指示書において、美術臨時委員会が提案した区分とほぼ同等のものである。

続くは、繰糸《そうし》機、梳綿《りゅうめん》機、紡績機、あらゆる布幅の生地を製造するための織機［中略］に、染織、截石《さいせき》、木工といった技術であり、それぞれに場所が与えられる。

無用な機械の集積は避ける。［中略］すべての分野で最高のものだけが、この保管所に展示される。

機械類は、可能な限り以下を付加する。

一　国内外の工場の製品の標本を用意、必ず比較できるようにする。

二　各機械の図面。製図学校では、機械技術に関するものを特に描くこと。

三　発明者の思考を留めるような説明文。用語解説や、必要に応じ、当該テーマを扱ったさまざまな著作物の言及を添える［略］。

「手本・模型《モデル》のかたわらで行う教育」という考え方と、それを担う「実演者」が必要であるという主張は胸に留めおきつつ、本題の極めて重要な点を見ていきたいと思う。

工芸院の敷地には、あらゆる新たな発明に結びつく展示室が設けられる。この方法は、ルーヴルで行われている絵画や彫刻の展示とまったく同じで、才能を育むのに最適であると思われる。次々と訪れる市民は優れた模型《モデル》から知識を獲得し、職人や芸術家は的確な観察によってこれを解き明かす。そのようにして最終的には、国民が職人技芸審査局の判断に評価を下す審判者となるのだ［略］[5]**。**

・民主的な構想

グレゴワールは、自然史博物館と同様に二面的な施設の計画を提案した。オブジェの収集と保存、そして、それらを活用し技芸の実践を促進するための教育を統合した施設である。ただし、後者の側面についてはわずかに言及されているにすぎない。

このように構想された施設は、二重の意味で民主的であった。展示されるものは、貴族や富裕層ではなく庶民にとって馴染み深いものであり、庶民こそが、芸術家（「職人」と読むべきであろう）の作品の評価者として昇格した公衆をなしているのである。グレゴワールは、要するに、ルーヴルと同じように年に一度サロン〔官展〕を開催し、そのサロンにおいて新たな発明品を展示する、未来に開かれた施設を構想していた。それらの発明

〔※1〕実践的な科学分野を指し、自然を模倣する技術的な応用を含む。建築、航海、農業、狩猟、医学、劇場など、手作業に関連する技術や職業を指す。

〔※2〕文法、論理学、修辞学、算術、音楽、幾何学、天文学の七つの学問のこと。

品が目新しさを失ったあとは常設コレクションに加えられるのである。

グレゴワールの提案に沿って策定された工芸院の創設に関する政令《デクレ》は、共和暦三年ヴァンデミエール一九日（一七九四年一〇月一〇日）の国民公会で可決された。その最初の二カ条は次のように規定されている。

（一）パリに工芸院（Conservatoire des Arts et Métiers）という名称で、農業・技術委員会の監督のもと、あらゆる種類の技術や工芸《メティエ》に関する機械、模型、道具、図面、記述や書籍の保管所を設置する。発明され改良された器具や機械の原本は、工芸院に預けられる。

（二）技術や工芸に役立つ道具や機械の構造と使い方について説明すること。[6]

・実現までの道のり
――名称の変更、機械と職員の引き継ぎ

しかし、政令〔の成立〕から実現までの道のりは容易なものではなかった。自然史博物館の場合と同様に、既に存在していた施設、すなわち技術者であり自動機械の製作者ジャック・ド・ヴォカンソンの研究室であった「王室機械キャビネット」を改造し、名称を変更するという問題だった。ヴォカンソンの発明品は国費で製作されたものであり、彼の死後、住居兼仕事場として使っていたモルターニュ館とともに国に買い取られ、商務局の所有物となっていた。一七八三年八月八日、館は「主に職人や工場が使用する機械模型の公的保管所」となり、一般の専門職の人々を対象に開放された。[7]

工芸院はまた、ルーヴルに保管されていた科学アカデミーの機械コレクションやフィリップ平等《エガリテ》公から押収した機械仕掛けのオブジェ、そのほかの場所にあったさまざまな機械類も引き継いだ。[8]

さらに工芸院は、熟練した技術者も引き継いだ。王室機械キャビネットの学芸員《コンセルヴァトゥール》で、ヴォカンソンとも協働した数学者のアレクサンドル＝テオフィル・ヴァンデルモンドである。彼は科学アカデミーの会員であり、革命運動にも関わり、ジャコバン派などのいくつかの政治結社に属し、度量衡委員会、美術臨時委員会、職人技芸審査局の一員でもあった。一七九五年に一度は消滅した高等師範学校では、フランスで初めて設けられた政治経済講座の人気教授でもあった。[9] 工芸院の創設を指揮したこの多才な人物のあとを継いだのは、科学アカデミーのもうひとりのメンバー、物理学者で電気の専門家であり、学術行政においても活躍したジャン＝バティスト・ル・ロワであった。[10]

しかし、一七九五年五月に学芸員《コンセルヴァトゥール》に任命されたのは、ガスパール・モンジュの元教え子で、傑出した機械技師のクロード

＝ピエール・モラールである。一七八六年からアレクサンドル＝テオフィル・ヴァンデルモンド[11]の共同研究者であった彼は、一八〇〇年には工芸院院長に就任し、その後一七年間在任。美術臨時委員会の委員として、放置された機械や模型の保全と修復に尽力した。さらに、彼は工芸院の設立を定める政令《デクレ》を採択させ、のちには工芸院を運営するために必要な施設を手に入れるべく尽力した［図28］。彼こそ、工芸院設立の真の立役者であった[12]。

・展示場、そして教育機関として

工芸院の人員は、当初、五人のメンバーと六人の職員で構成されており、ここまで見た通り、複数の異なる保管所を管理する必要があった。そのうちのふたつを訪れたドイツ人旅行者の記述からは、それらが「整理されておらず、手入れが行き届いていない」状態で、一般の立ち入りは認められていなかったことがわかる[13]。グレゴワールによる働きかけののち、五百人会がサン＝マルタン＝デ＝シャンの小修道院跡を工芸院に割り当てたのは、ようやく一七九八年のことであった。改装工事を経て移転できたのは、一八〇〇年である。時の内務大臣で、自身が化学者であることを忘れないジャン＝アントワーヌ・シャプタルのおかげで、一八〇二年に一般公開される。

しかし、工芸院が自然史博物館と同じくコレクション（工芸院の場合は技術分野の品々《オブジェ》で構成されるコレクション）を展示する場所であり、同時に教育機関となるにはまだいくつかの障害を克服しなければならなかった。工芸院には、一八一四年に閉鎖された紡績学校と、算術、代数学、図法幾何学、実験物理学などを教える製図学校があり、製図学校は一八七四年まで存続した。一八一九年には、工芸院の転機となる初めての講座が開かれる。産業経済学講座、「技芸に応用される力学」講座、「芸術に応用される化学」講座[14]である。工芸院は研究の中心地でありながら、発明家と資本家の仲介役の役割を果たし、高等教育機関としても機能したのだ。

・コレクションの増加

同時に、一八〇六年と一八一〇年に開催された展覧会のあと、政府からフランスの工業製品を寄託されたことや、個人からの寄贈によってコレクションは増加していく。

一八一八年、最初のカタログの作成時には、数千点の機械、模型、図面が分類され、収蔵されていた。一般展示室は、木曜日と日曜日の午前一〇時から午後四時までは一般に、それ以外の正午から午後四時までは学者や芸術家、外国人を対象に開放されていたが、一方、特別展示室は、院長の書面による許可がなければ見学することができなかった[15]。一般展示室の入口には、一〇五点の農具が展示されていた。来訪者が「産業の殿堂」で

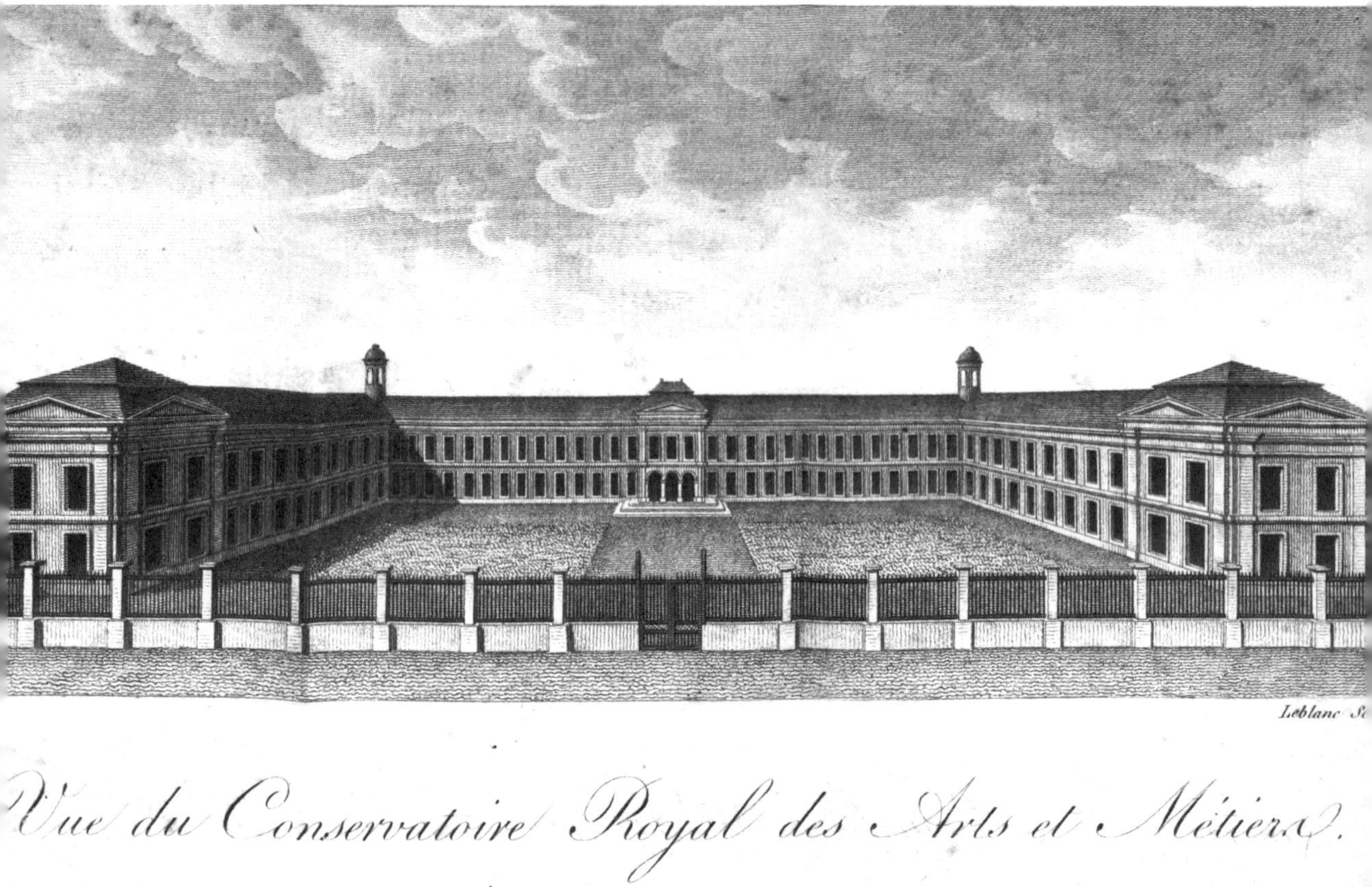

[図28]『工芸院の景観』パリ、1818年
(Bibliothèque de l'INHA /coll. Jacques Doucet, Paris)

ある工芸院に到着するなり目にしたのは、「牛たちをつないで曳くためのさまざまな軛《くびき》」、それに続いて、無輪犂《むりんすき》、有輪犂《ゆうりんすき》、馬鍬《まぐわ》、粉粉機、圧搾機、ポンプ、荷車などであった〔図29〕〔図30〕〔図31〕。

続く農業の展示室は、模型を中心に五〇〇点以上の道具で満たされ、大展示室には五五〇点、標本展示室には五六五点が収められた。特別展示室には、技術的にはるかに洗練された品々《オブジェ》が収蔵された。一八一八年のカタログを読むと、一般展示室と特別展示室とに分けたことで、一方の展示室には、土地を耕しその生産物を加工するための道具が、他方の展示室には、印刷や、金属・石材・木材の加工に使われる道具、度量衡器、精密な科学機器が割り当てられ、膨大な物理学のキャビネットをさらに加えたように思われる。つまり、農業が大衆に開かれているのに対し、科学と工業は専門家だけのものであるという印象だ。一八一九年の条例により最初の講座が設けられると、工芸院は「科学的知識を商業と工業に応用する高等教育機関」へと変わり始める(16)。だが、産業革命以前の状況にこだわりつづける博物館としての工芸院は、一九世紀後半になるまで変わり始めることはなかった。

＊　＊　＊

・解剖学キャビネット創設に向けて

フランスには、解剖学を除き、あらゆる科学分野の発展に必要なものは概ねそろっている。

しかし、解剖学に関するふたつのキャビネットのうちシャラントンにあるひとつは、パリから極めて遠く、扱っているのは主に獣医解剖学である。もうひとつ、王立植物園にあるキャビネットは、単なる好奇心を刺激するような珍奇物が展示されているばかりであり、解剖学については自然史全般に関連するものに限られる。

外科学校や医学校にいくばくかの解剖学の資料はあるが、実用には不十分であり、その不十分さは、これらの資料を忍耐強く整えた人々の努力が、称賛に値するとはいえ不十分であったことを示すのみである。

また、フランスにはオノレ・フラゴナールが手がけた、好奇心をそそるいくつかの小さなキャビネットが存在するが、これらは所有者にしか利益をもたらさない。本分野はまだ進展の途中であり、才能を開花させるための適切な環境が整っていないといえる。

王立植物園の解剖学的コレクションに対する否定的な評価を含むこの抜粋は、医学者オーギュスト・ブルソネの小冊子に触

［図29］デマレ『パリ王立工芸院1階のグランド・ギャラリーの様子（部分）』版画、1843年

［図30］『将軍モラン（1856-85年）によってサン＝マルタン＝デ＝シャン教会に設置された動力機械』（Musée des Arts et Métiers-Cnam, Paris）

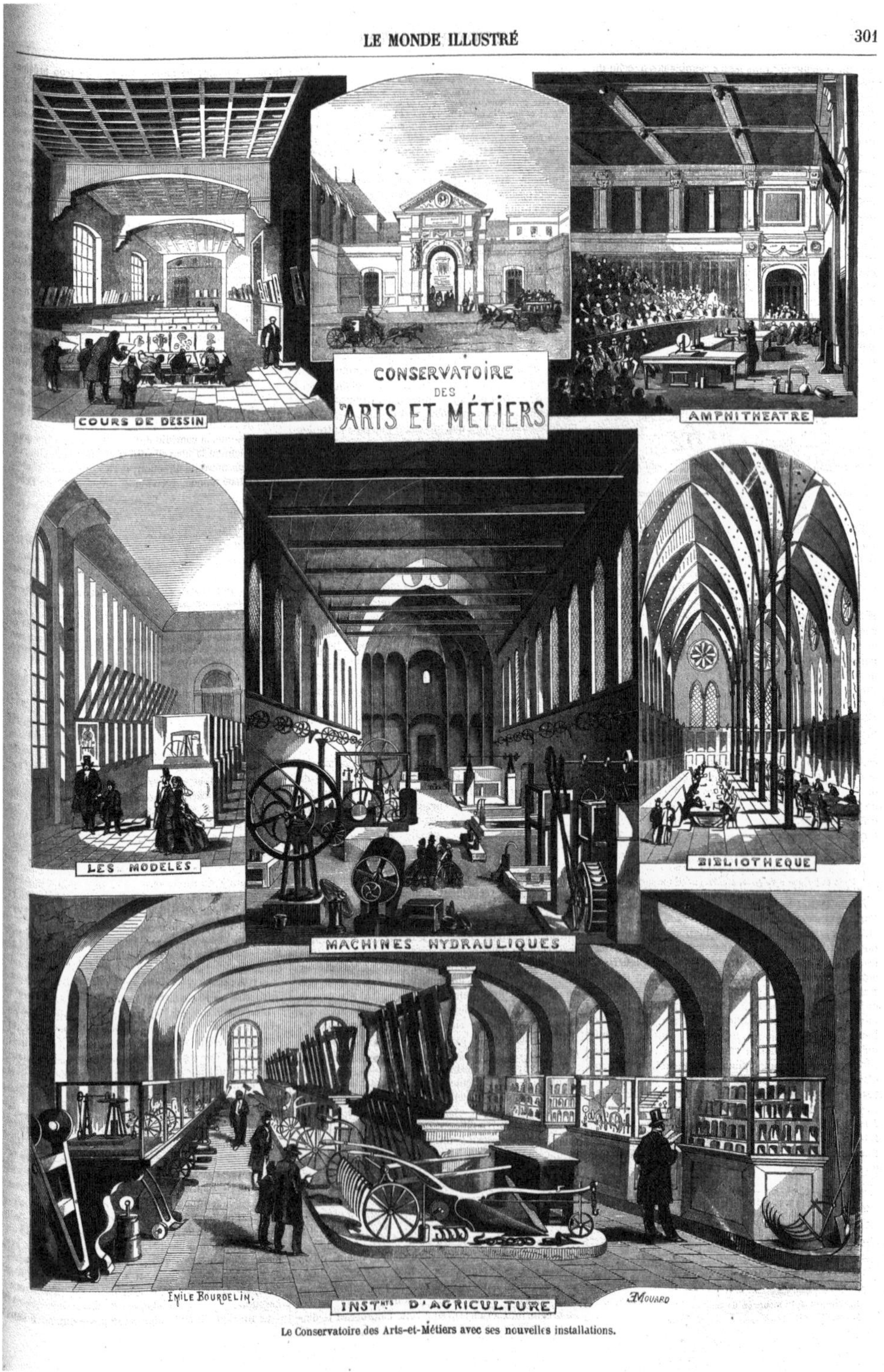

[図31]エミール・ブルドラン、ウジェーヌ・ムアール『新しい設備を備えた工芸院』1863年（Bibliothèque nationale de France, Département philosophie, histoire, sciences de l'homme, Paris）

発されたであろうと思われる、一七九二年七月に立法議会で訴えられた請願書からの引用である。そして、これは続く段落で述べることの布石となっている。

われわれに欠けている機関、それがない限り医学と外科学が変わらず停滞してしまう機関、すなわち、国立の解剖学キャビネットの設立を国民議会に提案するためにわれわれは来たのである。

この請願書をしたためたオノレ・フラゴナールは、かの有名な画家の従兄弟であり、彼自身も解剖学者として名を馳せていた。「シャラントンの近郊アルフォール〔獣医学校〕のキャビネットと、パリのさまざまなキャビネットにある貴重な標本の製作者」であるフラゴナールは、自身と協力者に相応の報酬が支払われることを条件に、「国立解剖学キャビネット」の運営を引き受けることを申し出た。交換条件は、「約二万リーヴルと推定される一五〇〇点の（解剖学）標本を無償で提供」(17)することだった。フラゴナールはこの提案の根拠として、数百万ポンドが費やされたとされるロンドンのハンテリアン博物館〔外科医ジョン・ハンターが収集した医学標本が展示されている。21章参照〕の例を挙げた。(18)

フラゴナールの申し出に対して〔国民議会からの〕回答はないままだった。しかし、解剖学的コレクション、医療資材や手術器具のコレクション、医学に関連する自然史のコレクションの問題は、一七九四年に再び注目を集めることになる。解散した医学部と外科学アカデミーを保健士養成のための学校に置き換えることが議会（国民公会）によって決定されたときのことである。学校が提供する教育が、旧体制下で行われていた教育との決別を意味するのか、逆にその継続を意味するのか、あるいは国外で行われていた教育と比べて独創的なものであったのかについては、私たちはいかなる見解も示すことはできない。(19)幸いなことに、今このことに立ち入る必要はない。ただ、衛生学校設置令の第六条には、次のように記されていたことだけを指摘すれば十分である。

「各学校には図書館、解剖学キャビネット、外科用器具一式、薬学博物誌のコレクションを設置する。学生が確実に成果を上げられるよう、実技演習のための部屋と実験室を設けるものとする。公教育委員会は、これらのコレクションに必要な資料がさまざまな国立保管所《コンセルヴァトゥール》から収集されるよう取り計らう。各校には校長と学芸員が置かれ、パリ校には司書も配置される」(20)

〔※1〕一七九五年一〇月（共和暦四年ブリュメール三日）に衛生学校は（特別）医学校となり、一八〇八年の大学組織再編で再び医学部となった。

・パリ衛生学校のキャビネットから医学部博物館へ

パリ衛生学校〔※1〕のコレクションは、旧医学部と旧外科学アカデミー、科学アカデミー《アカデミー・デ・シアンス》、多大な貢献をしたアルフォールの獣医学校、パリのさまざまな病院――特に市民病院《オテル・デュー》――から引き継いだものや、亡命者や宗教団体から没収したキャビネット、そして個人からの寄贈品によるものだった(21)。これらは解剖学標本、ならびに医療資材の製造に用いられる動物由来、植物由来、鉱物由来の品々《オブジェ》、外科用器具、人体の器官ごとの蠟製の模型、同じく蠟製の人体解剖全身模型で構成されていた。コレクションはすべて陳列棚に保管され、教員が授業で必要とする場合にのみ取り出される。ただし例外もあり、「大型の蠟製の模型や、輸送による劣化が明らかなすべての資料は、決してキャビネットから取り出されることはないだろう(22)」。

コレクション担当の学芸員《コンセルヴァトゥール》の役職は、ジャン・バティスト・ジャック・ティアイユに委ねられた。彼は、「キャビネットに収められた品々《オブジェ》を用いた演示（説明）と、それらを保存する技術に特化した」授業を担当した(23)。外科医であったティアイユは、著書『包帯と器具の研究（*Traité des Bandages et Appareils*）』の中扉に「医学校教授、コレクション学芸員(24)」と自らを紹介している。その地位を受け継いだ息子のオーギュスタンとともに作成したコレクションの最初のカタログは、彼の死後かなり経過してから刊行された。本カタログでは医療資材のみが取り上げられている(25)。序文では、二度にわたりコレクションが「医学部博物館」と称されている（viiとxvi頁）。以来「医学部」の呼称が取り消されることはなかった。コレクションは将来の「保健士」を養成するため優先的に役立てられるべきものであり、「衛生学校」から元の「医学部」に戻る一八〇八年〔※1〕、「保健士」は再び「医師」になるが、それでも五曜日〔共和暦で毎月五日、一五日、二五日〕の午前一〇時から午後二時まで一般に公開された(26)。来訪者は見学時間に余裕がなかったが、工芸院がそれ以上に余裕があったともいえない。そして、ルーヴルについて、日曜日しか来訪者が入館できなかったことを覚えておいて欲しい。

一九世紀におけるこの医学部博物館の歴史については、本書で紹介するべくもないが、以下についてのみ述べておきたい。一八三七年のガイドブックには、「好奇心をそそる壮大な人体解剖学キャビネット」とあり、休館期間を除く月曜日、水曜日、金曜日の午前一〇時から午後二時まで開館していたと紹介されている(27)。一八三五年、医学部には、高名な外科医ギヨーム・デュピュイトランの遺贈による病理解剖学のコレクションであるデュピュイトラン博物館が加わり、一八四七年には、マチュー・ジョゼフ・オルフィラ学部長の主導で設けられた比較解剖学のコレクションが加わり充実する。学部長のオルフィラは、その三年前にロンドンを訪れた際、この種のコレクションではロンドンのハンテリアン博物館が優れていると指摘していた(28)。

ハンテリアン博物館の影響力は大きく、ある意味で革新的であり、フランス人が意識せざるを得ないものだった。しかし、同様に豊富な医学コレクションを所蔵していたフィレンツェのラ・スペコラやウィーンのヨーゼフィヌムにフランス人が言及することはなかったようである。(29)

＊　＊　＊

・砲兵博物館

砲兵博物館もまた、原点を旧体制《アンシャン・レジーム》にさかのぼる。ルイ・ド・クレヴァン・デュミエール〔ユミエール元帥〕の一八世紀の模型コレクションが基になっているとされるが、博物館の存在自体については、エドム・レニエの発案によるものであった。レニエは公安委員会(30)によって携帯火器の生産責任者に任命された、拳銃に関心の高い技術者であり発明家である。革命時の徴発の際、レニエは「自身にとって面白みがあり使い道のない武器とその部品を、まるで古いカタログのようにひとつの建物に集めるという、好適で無理のない構想を抱き」、サン＝トマ＝ダカン修道院〔パリ七区〕にそれらすべてが運び込まれた。(31)共和暦三年テルミドール九日（一七九五年七月二七日）の省令《アレテ》により設立された中央砲兵委員会は、この保管所を監督下に置く。共和暦六年フリメール五日（一七九七年一一月二七日）、砲兵長官は「共和国のいくつもの保管所に散在する古代の甲冑や兵器や武器、そのほか、軍事技術に関する遺産を収集する」任務を負った。

一七九八年四月、ルーヴルの管理部門はこの決定に従い、「砲兵倉庫と記録保管所の番人」「エドム・レニエ」に、シャンティイ〔パリの近郊〕の保管所から搬出した一二箱と一四七点、および「国立コレクション」には無用な、オランダ総督のキャビネットである槍七条、兜一刎《はね》(32)を委ねた。ほかのコレクションも同じようにして委託がなされた。一八〇七年まで、ドゥノンの書簡では、この施設は「砲兵倉庫」と呼ばれていたが、この年に「砲兵博物館」と改名、一八一五年には「素晴らしい施設」と評される。(33)この期間、砲兵博物館は一般に公開されていなかったと見られ、外国人旅行者による言及はない。コレクションに関する最初の「概説書」が出版されたのはようやく一八二五年のことであり、一九世紀前半に一三回も再版された。つまり砲兵博物館が、博物館や美術館が備える特徴をほぼすべて獲得したのがこの時期であろう。ほぼ、というのは、一般市民がこの博物館に入ることができたのは特別な要請、とりわけ士官からの要望があった場合に限られたからだ。一八二五年の概説書に

〔※1〕一八〇八年は、ナポレオンが「帝国大学」の組織に関する政令《デクレ》を制定した年。たナポレオン帝政下のフランスの公教育体制。「帝国大学」とは教育機関そのものを指すのではなく、教育行政・教員組織のこと。フランスの近代的な教育制度の出発点となった。

は博物館の見取り図が掲載されているが、見学の条件については触れられていない。説明がかなり詳細な旅行案内書『ピトレスク案内（*le Guide pittoresque*）』においてもやはり、他のすべての博物館・美術館は開館日や開館時間が記されているのに対し、砲兵博物館についてはそれがない。[34]

一九世紀初頭、王政復古の時代、砲兵博物館は、五つの展示室のうちのひとつを古代の甲冑に割り当てていた。一五〇〇年以前、一五〇〇年から一五八九年まで、一五八九年から一七一五年までに亡くなった騎士の鎧が三つの区画に分けて展示されており、陳列棚には多くの遺品も収められていた。四五三年に死んだアッティラのものとされる非常に古い兜、コーランの一節が刻まれ「七三〇年にシャルル・マルテル〔フランク王国の統治者〕に殺されたアビラメのもの」とされる兜、「一三世紀半ば頃にエジプトのスルタンから聖王ルイに贈られたひとつ」とされるムーア様式の兜、アンリ四世の剣、ラヴァイヤックの短剣、大コンデ公の胸甲、ヴェネツィアからルイ一四世に贈られた甲冑などである。この博物館はまた、未開の地のものや東洋のもの、武器の模型、兵器、砲兵に使われる諸器械のコレクションも展示していた。[35] 一九世紀になると、砲兵博物館はさらに充実し、一八七一年に廃兵院《アンヴァリッド》に移される。一九〇五年には、のちに紹介する軍事博物館を構成するふたつの要素のひとつとなった。

17 フランス記念物《モニュメント》博物館——歴史、芸術、国家

・革命の産物としての博物館——保管所管理官ルノワールによる開設

ルーヴルの美術館、自然史博物館、工芸院、解剖学キャビネット、砲兵博物館は、いずれもその原点を旧体制《アンシャン・レジーム》にさかのぼる。革命期は、王政が主導していた取り組みを完遂、あるいは既に国家の所有となっていたコレクションに大きな変革をもたらした。フランス記念物《モニュメント》博物館の独創性は、それが純粋な革命の産物であったという事実にある。教会の財産が国有化されたのを受けて生まれたこの博物館は、かつての教会の所有物を他の目的で用いたり、売却したりするためにまとめた一時的な保管所であった[1]。

高名な画家であり、パリ市の専門家として廃止された宗教団体の絵画や銀器の鑑定に携わっていたガブリエル＝フランソワ・ドワイアン[2]は、一七九一年六月六日、プティ＝オーギュスタン修道院にある保管所の管理を弟子のひとりに任せてもらうよう話を取りつけた。自身に絵の才能が乏しいことを早くに悟っていた弟子、アレクサンドル・ルノワールである。そのルノワールが多大なる野心を注いだのは、管理を任された施設を博物館に変貌させ、それと同時に自分自身をも売り込むことだった[3]［図32］。

修道院に解体して寄託されていたモニュメントは再び組み上げられ、一七九三年六月には既に常設展示の一部のように配置されていた[4]。ルノワールは、一七九三年八月一〇日、王政廃止の一周年を記念してルーヴル宮にフランス美術館〔現ルーヴル美術館〕が正式に開館したその日に、自身の保管所を一般に公開する許可を得た。注目すべき偶然の一致である。この成功に乗じ、同年一二月二八日には、管理するモニュメントに関する解説書を出版、一七九五年九月には二冊目の解説書を出版した[5]。ルノワールはそれ以前にも著書『美術館に関する論考（*Essai sur Muséum de peinture*）』を発表しており、本書で流派ごとの分類に代わる、年代順を厳密に尊重した分類を行うことを提案していた[6]。また、保管所の他の管理者同様、破壊行為《バンダリズム》への対策の一環として、自身の肩書を学芸員《コンセルヴァトゥール》に変更した（一七九四年一一月二七日）。一七九五年一〇月二一日、共和暦四年ヴァンデミエール二九日、ルノワールは公教育委員会にフランス記念物《モニュメント》博物館の計画を提出し、同委員会の会期中に計画書が受理される[7]。この保管所か

[図32] 作者不詳『アレクサンドル・ルノワールがサン＝ドニ修道院のモニュメントを守る様子』18世紀（Musée du Louvre, collection Rothschild, Paris）
ルノワール自身がこの匿名の作品の作者であった可能性を排除することはできない。自分自身ほど自身の役に立つことはなく、王家の墓を襲撃する破壊者たちから墓を守る勇敢な守護者としての伝説は、ルノワールの評判とキャリアに大きく貢献した

ら博物館への発展はパリでは比類がなく、ルノワールの個性と切り離せないことは明らかだ。

共和暦六年ヴァンデミエール二九日以降、正式な博物館として定期的に一般公開することが許可される。博物館が存在した二〇年間、入館条件に大きな変更はなかったようだ。この期間の中間点である共和国一〇年（一八〇一―〇二）に出版された『フランス記念物《モニュメント》博物館収蔵彫刻作品の歴史的・年代的記述 (*Description historique et chronologique des monumens de sculpture réunis au Musée des Monumens français*)』の第六版で、ルノワールは次のように述べている。

「フランス記念物《モニュメント》博物館は、三曜日〔毎月三日、一三日、二三日〕と六曜日〔毎月六日、一六日、二六日〕の午前一〇時から午後二時まで、一〇曜日〔毎月一〇日、二〇日、三〇日〕の午前一〇時から午後四時まで一般公開されている」(8)

同第八版によれば、一般の見学者は、木曜日の午前一〇時から午後二時まで、日曜日の夏季は午前一〇時から午後四時まで、冬季は午後三時まで入場できた(9)。

記念物《モニュメント》博物館が存在した最後の年、一八一六年には、夏季の木曜日と日曜日は一〇時から四時まで、冬季は一〇時から三時まで、それ以外の時間は、芸術家や大勢の外国人来訪者のために開館していた(10)。外国人が残した博物館訪問の証言からは、彼らがヨーロッパ全土とはいわないまでも、北ヨーロッパからの訪問者だったことを証し立てている。旅行者の訪問記、ルノワールの出版物、あるいは定期刊行物に後押しされ、フランス記念物《モニュメント》博物館の影響力は非常に広範囲に及んだ。この点については、のちに納得いただく機会があるだろう。

・中世を中心とするフランス彫刻の集積

ルノワールの博物館〔フランス記念物博物館〕は、その例外的な来歴にふさわしく、一般的な博物館・美術館の概念からは大きく逸脱した内容であった。それには、後述するように、ルノワール自身が全面的に支持していた美的基準も含まれる。この博物館が例外的だったのは、フランスにおいてのみのことではない。墓石、横臥《おうが》像〔墓石の上にある像〕、彫像、胸像、ステンドグラス、柱、柱頭、建築部材など、中世のものが多くを占めるフランス彫刻を主に展示していたのだ。

その理由は、ルーヴルの管理部門が次々に採った方策にある。フランス彫刻のうち、特に王、王妃、聖母、聖人をかたどったものはルノワールに委ね(11)、プティ＝オーギュスタンの保管所にあった絵画や一六、一七世紀の外国美術品、そして当初、たまたま入手した古代の美術品を次々と受け戻していった(12)。

ルノワールはといえば、必要があらばいかなることでもする人物であり、取り壊されるはずだった教会や民間の建物から、必ずしも公言できないさまざまな手段で大量の品々を手に入れる方法を知っていた。本人が盛んに広めた伝説によれば、ジャコバン派による破壊の暴挙から彼が命がけでサン＝ドニ大聖堂の横臥像を守ったという〔図32参照〕。ルノワールはさらに、博物館の展示物を引き立てる術《すべ》を心得ていた。

・世紀別の展観

しかし、彼はそれらの展示物に時代を超越した美の模範を認めていたわけではなかった。彼の嗜好は、少なくとも初期の頃は新古典主義的[13]であり、その断固とした態度が時とともに弱まっていったように思われる。彼は中世の遺物の美的価値を否定し、「フランソワ一世がフランスに芸術を創造する以前、私たちの流派は恐るべき野蛮さに陥っていた[14]」と述べている。ルノワールは、中世の野蛮さと無知を示すための展示を企画したのである。

一三世紀の遺跡の展示はまさにそれを感じさせるものだった。低いアーチ天井の部屋には、クロヴィス〔メロヴィング朝フランク王国の初代国王〕からフィリップ三世〔カペー朝第一〇代国王〕まで、フランスの王と王妃を象徴するモニュメントが灯りのもとに浮かび上がっていた。

「この場を照らす薄暗い光は、変わらず当時のまやかしものである。つまり魔術であり、この薄暗い光によって、人びとは迷信に恐れをなす無力な状態に陥り続けていた。その証に、私たちの時代に近づくにつれ、公共のモニュメントにおける光が力強さを増すのを私は観察してきた。まるで太陽の光を見るのは、教養のある人間にしか似合わないとでもいうようだ[15]」

同様に、一四世紀の部屋は、ステンドグラス、金箔、「神秘的な色彩」のおかげで、その当時の「異国の様相」を「印象的な手法で」明らかにし、「真にアジアらしい特徴」を感じさせるものだった。第一統領〔ナポレオン〕がこの展示室を訪れ、「ルノワール、君は私をシリアへ連れて行ってくれた[16]」と叫んだのが事実ならば、その使命は達成されたといえるだろう。ルノワールの想像する中世は、絵のように美しいが遠く、異国的で、闇に包まれており、それを優越感をもって眺めるしかない現在からは切り離されたものだった。しかし訪問者の反応は、後述するように、彼の意図とは正反対の場合もあった。

ルーヴルと同様、この博物館もまた常に工事中であった。一七九八年、メートル法導入の準備のためにパリに招かれたデンマークの天文学者トーマス・ブッゲが博物館を訪れたとき、公開できる状態にあったのは一三世紀、一六世紀、一七世紀の三つの展示室のみで、他の展示室の整備はそれぞれ異なる完成段階にあった[17]。その当時、入口にはリシュリュー城から運び込まれた「バッカス像」や「メレアグロス像[18]」といった古代ギリシャの美術品、四つ〔?〕の「ケルト」の祭壇[19]があった。しかし、古代の美術品が取り上げられると、ルノワールはそれと異なる入口の展示室の整備を希望した〔図33〕〔図34〕。

この部屋には、あらゆる世紀のモニュメントが年代順に配置される。芸術家や愛好家は、ゴート族における芸術の黎明期、ルイ一二世時代の芸術の進歩、フランソワ一世時代の芸術の完成、そして、かの有名なニコラ・プッサンを筆頭にした素描《デッサン》を重んじる芸術が注目を集めた、ルイ一四世時代における芸術の退廃の起源を一望することができるだろう。最後に、現代のモニュメントについては、ジョゼフ＝マリー・ヴィアンの公開講座によって、私たちは地方で再興した古代の様式を一歩一歩たどることができるだろう。[20]

そして、その通り完成に至る。ジョン・ピンカートンが訪れた一八〇二年から一八〇五年にかけては、「古い修道院の大きく天井の高い広間や食堂、教会は、［中略］大聖堂を飾っていたに違いない数多くのモニュメントで満たされていた」。ピンカートンは一七一一年に発見された祭壇を含むいくつかの展示物について言及し、次のように書き留めている。

「審美眼を備えた読者は、これらの配置が混乱し、しばしば気まぐれでさえあり、大いに改善されるべきであることを見過ごさないだろう」

彼は特に入口の展示室での年代順の無視や、一三世紀の展示室でのモニュメントの年代の誤りを批判した。ルノワールの配置が彼のお眼鏡にかなうのは、一四世紀の展示室以降である。[21] 一八〇六年、のちほど取り上げる訪問者は、この博物館に何の難点も見出していなかった。しかし、この人物が古代美術研究者でも歴史家でもなかったのは事実である。

・「美しきルネサンス時代」へのルノワールの憧れ

博物館の入口の展示室やここに挙げた各展示室の説明は、中世に重点を置くことや、中世に特権的な地位を与えることにルノワールの意図が微塵もなかったことの証となる。彼が憧れていたのは「美しきルネサンス時代[22]」である。そして、とりわけ入念に整えられたと思われるのが一六世紀と一七世紀の部屋であった。ここでは王たちが忘れられておらず、一七九八年には既に、フランソワ一世のモニュメント、アンリ三世、ルイ一四世、ルイ一五世の胸像などが展示されていた。しかし、何よりも注目を集めたのは、あらゆる分野におけるフランスの名士たちの肖像が刻まれた品々である［図35］。

そのようなわけで一七世紀の部屋には、リシュリュー枢機卿の堂々たる霊廟、コルベールとルヴォワのモニュメント、そして、シュリー公爵〔政治家〕、リシュリュー、マザラン、コルベール、テュレンヌ〔軍人〕、グラン・コンデ〔コンデ公ルイ二世〕、ペーレスク〔天文学者〕、レジス、キノー〔劇作家〕、ラ・フォンテーヌ、モリエール、コルネイユ、ラシーヌ、ミニャール〔画家〕、プッサン、ル・シ

[図33]
ユベール・ロベール『フランス記念物《モニュメント》博物館の一室の様子』1801年改装前
(Musée du Louvre, Paris)

[図34] ジャン＝リュバン・ヴォーゼル
『フランス記念物《モニュメント》博物館の入口の展示室の様子』1815年
（Musée du Louvre, Département des arts graphiques, Paris）

[図35]レオン・マチュー・コシュローの周辺の画家『フランス記念物《モニュメント》博物館の17世紀の部屋の様子』(Musée des Beaux-Arts, Reims)

ユウール〔画家〕、ル・ノートル〔造園家〕、マンサール〔建築家〕、サラザン〔彫刻家〕、ピュジェ〔彫刻家〕の胸像が展示されていた。一八世紀の部屋では、摂政オルレアン公フィリップ二世、ド・サックス元帥、ダルジャンソン、モンテスキュー、その他にも、フォントネル〔思想家〕、エルヴェシウス〔哲学者〕、ピロン〔劇作家〕、ヴォルテール、ジャン＝ジャック・ルソー、ビュフォン、ディドロ、グルック〔作曲家〕、レイナル〔歴史家〕、バイイ〔科学者〕、ヴォカンソンの胸像と、円形浮彫装飾《メダイオン》が展示されていた[23]。

・絵画としてのステンドグラスのコレクション

ルノワールが収集したオブジェのうち、絵画の例としてステンドグラスに異例の言及がなされている。それは各展示室で確認できる。一三世紀の展示室に据えられた、最古のステンドグラスに対するルノワールの評価は手厳しく容赦がない。

「この粗末な絵は、ガラスの絵画の起源を私たちに余すところなく示している。色彩は力強いが美意識もなく配され、主題の順序は奇妙で、あまりにも絵がひどい。しかしながら衣装は正確であり、色彩が鮮やかで美しい」

一四世紀のステンドグラスの扱いはこれよりも寛容である。一五世紀のものについては「既に芸術の大きな向上を示しており、絵はより的確で表現が真に迫り、深く感じられる」と評している。一五世紀以降、「美」が語られるようになり、フランソワ一世の時代には「ガラスの画家たちは、ミケランジェロやラファエロの筆にふさわしい傑作を残してくれた[24]」**〔口絵3／図36〕〔図37〕〔口絵4／図38〕**とある。

ルノワールの絵画の歴史に対する見解は、博物館を訪れる誰からも賛同されたわけではない。ジョン・ピンカートンは、いくつかのステンドグラスがデューラーの作とされていることに異議を唱え[25]、フリードリヒ・シュレーゲルは、「古さだけでなく、その質においても注目すべき」として、フランス記念物《モニュメント》博物館のステンドグラスについて長い論考を捧げている[26]。プリミティフ絵画を好む人々にとって、ルノワールの博物館は満足のいくものであったといえるだろう。

・エリゼ宮庭園のモニュメント

これらの展示室を補完しているのがエリゼ宮の庭園だ〔※1〕。アベラールとエロイーズの墓は最もよく知られ〔※2〕、最も多くの人が訪れる記念碑《モニュメント》だったが、その歴史的な不正確さは、知識のある訪問者にとっては明らかであった[27]。

ここにはまた、デュ・ゲクラン〔百年戦争のフランス軍司令官〕の慰霊碑と

〔※1〕一八一六年にプティ＝オーギュスタン修道院は取り壊され、その跡地にはエリゼ宮の庭園が拡張された。エリゼ宮の庭園がかつての同修道院の敷地を含んでおり、ルノワールの博物館の展示品と一体となっていたことを示している。

[**図37**] 作者不詳『13世紀の部屋でのアレクサンドル・ルノワール、ナポレオン、ジョゼフィーヌ』19世紀（Musée du Louvre, Département des arts graphiques, Paris）

「デカルト、モリエール、ラ・フォンテーヌ、テュレンヌ、ボワロー〔詩人、文芸批評家〕、マビヨン〔修道士、古文書学や古書学の創始者〕、モンフォコンら偉人の遺骨を納めた石棺も展示されていた。先に進むと、デカルトの継承者ジャック・ロオーの心臓が入った壺を納めた柱もあった。(28) モニュメントの植物をかたどった装飾は、美徳の教え、自然の永続性と対照的な歴史のはかなさを伝えるものである。モニュメントの植物を心に深く感じることで時系列は曖昧になり、それと同時に、時間と死に対する憂鬱《メランコリック》な情緒がもたらされた。(29)

こうして、芸術鑑賞と偉人崇拝、芸術作品と遺物、博物館と墓地(30)の境界線が曖昧になっていく［図39］［図40］［図41］。

・「歴史的で時系列に沿った」展示

ルノワールの目には、フランス派の中世の作品には美的価値などなく、ただそれらが過去、つまりフランスの過去のものであることにおいてのみ関心があった。プティ＝オーギュスタン修道院の保管所の成り立ちについて詳しく述べたあと、彼はのちのフランス記念物《モニュメント》博物館の誕生について紹介している。

あらゆる世紀にわたるあれほどに膨大な時代のモニュメントが、歴史的で時系列に沿った唯一無二の博物館を創設する構想を私に芽生えさせた。個々の展示室ではフランスの彫刻の各時代を見られるようにし、展示室には特徴を、つまりそれぞれの展示室が表す世紀の正確な様相を与え、フランスの歴史やフランスの芸術の歴史と何の関係もない絵画や彫像は、他の施設に送り返すのである。(31)

ルノワールはこの抜粋の末尾で、実際には彼が全力で反対したこの施策を自身の手柄にしているが、「歴史的で時系列に沿った」博物館はまさに本人による案だった。彼はそれを手元にある素材を活用して舞台装置に変える術を心得ており、美術史やフランス史の思想を伝えるため、当時の書物や常套句《じょうとうく》からの引用を駆使し、来訪者たちにその根拠をわかりやすく伝えたのである。

ルノワールは時系列を尊重することの重要性を強調してやまず、モニュメントを世紀ごとに区分した。それぞれの世紀に特有のものと思われる目立った特徴によって——たとえば一四世紀は「アジア」［図42］——また政治、戦争、科学、文学、芸術の特徴を示した偉人によって時代を区分した。これらの舞台装

〔※2〕一二世紀のフランスで有名な哲学者・神学者であったピエール・アベラールと、彼の教え子であったエロイーズは二〇歳以上年の年齢差があったが、熱烈な恋に落ちて密かに結婚した。しかしエロイーズの叔父フュルベールはこの関係を許せずアベラールを襲って去勢させたという悲劇的な恋物語。

[図39] ジャン＝リュバン・ヴォーゼル『フランス記念物《モニュメント》博物館の庭園の景観』日付不明（Musée du Louvre, Département des arts graphiques, Paris）

[図40]クリストファー・ヴィルヘルム・エッカースベルグ『エリゼ宮の庭にあるモリエールの石棺』(Statens Museum for Kunst, Copenhague)
「デンマーク絵画の父」は多くの同胞と同様にルノワールの博物館を訪れた。それは彼らの記憶に刻まれている

[図41]アレクサンドル・ルノワール『フランス記念物《モニュメント》博物館の庭園の景観』日付不明(Musée du Louvre, Département des arts graphiques, Paris)

[図42]シャルル・マリー・ブトン『フランス記念物《モニュメント》博物館の14世紀の彫刻の部屋』1810年頃(Musée Carnavalet – Histoire de Paris, Paris)

置は、ヴァザーリやヴィンケルマンの循環的ビジョンと、美術史における進歩の思想を統合したものだった。また、美術史をフランスの偉人の歴史と同一視されたフランス史と結びつけ、その結果を見える形にし、熱狂的、醜聞的、まれに無関心といった来場者の感情を呼び起こす雰囲気をつくり出した。

・フランス史の博物館

したがって、それは国家の歴史に関わることである。ルノワールは一七九三年には既に、彼が管理を委ねられた「一時保管所」を「国家の」[32]と称しており、一八一六年、自分の博物館を「真の国家的施設」[33]と表現し、再びこの形容詞を用いている。フランス記念物《モニュメント》博物館は、国家の歴史を来館者の目前に繰り広げる役割を担った歴史博物館であった。この性格は、傑出した考古学者であるルグラン・ドーシーによって暗黙のうちに認められている。一七九八年、彼は『国民墓地に関する覚書（*Mémoire sur les sépultures nationales*）』の中で、ローマ征服以前のガリアのモニュメント、支石墓《ドルメン》や直立柱状石《メンヒル》を博物館コレクションとして加えること、もしも輸送費が高すぎる場合は、可能な限り忠実な複製を建造することを提案した［図**43**］。「その時初めて、『フランス記念物《モニュメント》博物館』と名乗る資格が得られるのである。なぜなら、そうすることによってコレクションが初めて完全になり、最古の時代にまでさかのぼることによって、いかなる種も欠けることがなくなるからである。ヨーロッパでこれほどユニークで、刺激的で、斬新な演出を披露してくれる博物館が他にあるだろうか[34]」

ルノワールの博物館が外国人来訪者[35]に顕示したこの国家的な性格は、若き日に来館した人々の記憶の中でさらに強く強調されていく。この点については再び取り上げることにしたい。

フランス記念物《モニュメント》博物館に展示されている歴史がフランスの国史であるということは、フランス人だけがそれに興味を持つことを決して意味しない。革命以来、フランスの歴史は、エドモンド・バーク〔イギリスの政治家〕のような保守派にとっても、ジョゼフ・ド・メーストル〔フランスの思想家、サルデーニャ王国の外交官〕のような反動派にとっても、そして何よりもまず、あらゆる立場の革命家にとって普遍的《ユニヴァーサル》な意義を持つようになったのである。それはヨーロッパの将来を左右するものであり、また全世界に関わるものであり、たとえ間接的であっても、それに関わるすべてのことがフランスだけに留まらない意味を持つ。

特に、革命期のフランスが手本を示す国家崇拝――「ナショナリズム」という言葉は一七九八年にさかのぼる――、ルノワールの博物館にその神殿のひとつを見出すことができる国家崇拝は、外国人来訪者の胸の内にさまざまな思いを芽生えさせた。「私はこの数日間、たいへん見事で類を見ない博物館であるフランス記念物《モニュメント》博物館を夢中になって見学した。その存続に献身

［図43］ジャン＝バティスト・レヴィル『ダゴベルト1世王の墓』日付不明、版画（Musée Carnavalet – Histoire de Paris, Paris）

するルノワールの名声を不朽のものにする博物館である」と、バーデン大公に仕える貴族、カール・クリスティアン・フォン・ベルクエイムは書き記している。彼は、モニュメントの勇敢な保護者であるルノワールの伝説を繰り返し語り、その文献から引用した博物館の紹介を述べ絶賛している。

「国の栄光と偉大さにこれほどふさわしいモニュメントを有する民族はほかにいないのではないか。もし私がフランス人であったなら、息子たちにはこの聖域でのみ自国の歴史を学ばせるであろう。聖域を一歩進むごとに科学と芸術の進歩が目に飛び込み、祖国を栄光に導いた偉人たちのモニュメントが、彼らの美徳を思い出させ、その子孫たちに必ずやそれを教え込む」

フランス語で本を出版したベルクエイムのフランスびいきが政治的なものだったのは間違いない。一八〇六年七月一日のライン同盟規約の調印後、彼はナポレオンの恩恵によってバーデン大公となった主人の付き添いでパリに滞在していた。しかし、ルノワールの博物館に対する彼の熱狂には、嘘偽りがないようにも思える。コレクションを「称賛に値する」と評することにも、博物館が間もなく消滅し、展示されているモニュメントがもとの場所に戻されるという噂が広まったあとに「科学と芸術を保護する政府が、歴史、芸術、国の栄光にとってこれほど貴重な施設の破壊を許容することは微塵もないように[36]」と希望を表明することにも、彼にはいかなる義務もなかったからだ。

このように、ベルクエイムはルノワールの博物館を、いまだ「文明」とは呼べないものの、進化と、同時にフランスの偉大さとを視覚化したものとして認識していた。これは、他の外国人来訪者にも見られる見解だったが、これまで見てきたように、それが唯一の見解の可能性ではない。

・断絶と継続——ルノワールの博物館の二面性

フランスの歴史に普遍的な意義を与えたのは、ルノワールではなく、革命そのものであることはいうまでもない。ルノワールの功績は、過去の遺物が歴史的価値を持ち得るのは、知識の手段としてではなく、それらが備えた喚起力によって、その過去を空想により追体験することができる、そう漠然と理解していたことである。

さらに、それまで議論されることのなかった品々《オブジェ》で博物館を創設できると、公教育委員会を説き伏せたのも彼の功績であった。博物館に展示されることでそれらの地位が変わるのである。好古家や学識豊かな人々の好奇心のために蓄えられるのではなく、すべての人々の関心に値するものとなるのだ。また、激化する聖像破壊運動《イコノスクラム》を背景に、ゴシック的な波瀾万丈の物語という装飾を欠くことなく伝説の英雄を生き生きと描き出すことができたことも、彼の功績であった。そして、ついには、イデオロギー的に曖昧な博物館をつくり上げた。それは一方では称賛を、他方ではその存在自体を問題視するような原理的な批判を招いたのである。

　というのも、この革命的な博物館のコレクションは革命の恩恵を受けたものであり、旧体制《アンシャン・レジーム》のフランスの遺産、つまり王と王政下の英雄たちのフランスの遺産で構成されていた。これについてルノワールは著作の中で、当初は共和主義、次いで帝政の精神で、そして最後には王党派としてそれらを論評していた。転用された修道院の中には、宗教団体から直接持ち込まれた品々《オブジェ》や典礼品が展示されており、見方によっては、脱キリスト教化の勝利の証ともいえるし、また別の見方によってはフランスのキリスト教の過去のモニュメントともいえるものであった。コレクションは、フランスの歴史や美術に関連する品々に限られていた。しかし、これらのものは、国家的なものでありながら、中世への回帰へとますます傾いていたヨーロッパの美的感覚にも応えるものであった。

　イギリスでは一七二〇年代から「ゴシック」が流行し、一八世紀後半の数十年にはドイツなど諸地域、またイタリアでも同様の流行があったことは、これまで見たとおりである。要するに、ルノワールの博物館は、その展示物《オブジェ》がもとの場所から移され、往々にして脱神聖化されたことを物語る革命期の断絶に由来しているが、それにもかかわらず、連続性と伝統の中心地であり、数世紀にわたる深遠なキリスト教の過去に現在をつなぎとめる場として認められており、また実際にそうだった。キリスト教の過去は、見るべき価値のあるものとして、崇拝に包まれこの場所に捧げられていた。

　後者の見解を示しているのは、とりわけ二〇代以前あるいは二〇代前後にフランス記念物《モニュメント》博物館を訪れ、その思い出を懐かしく熱狂的に胸に抱いている人々である。一八一六年、博物館が閉館した時、ジュール・ミシュレ〔歴史家、代表作は『フランス革命史』〕は一八歳、オーギュスタン・ティエリー〔歴史家、『メロヴィング王朝史話』〕は二一歳、フランソワ・アラゴ〔科学者。晩年は政治家としても活動〕は三〇歳だった。アラゴについては、もう少しあとで引用する機会があるだろう。ここではミシュレの言葉をひとつ抜粋すれば、それだけで十分である。

「革命の力強い呼び声とともに、礼拝堂から姿を現した歴史に名高き死者たちが、一団をなしてこのヨサファトの谷〔※1〕にやってきた。彼らは到着してまだ間もなく、台座はなく、配置はしばしば適切でないが、無秩序ではなかった。むしろ彼らの間には、初めての、納得に足る秩序が敷かれていた。それは真の秩序、唯一の真実、つまり時代の秩序であった。国家の存続が再現されるのだ」

〔※1〕エルサレム旧市街の東に位置し、神殿の丘とオリーブ山を隔てる谷。古代の切石作りの墓所が最も集中している。ヨシャファト王がイスラエルの敵を倒したと考えられる場所で、歴史的、宗教的に重要な場所とされている。

ミシュレは誰よりも見事にルノワールの博物館の二面性を明確に説明している。すなわち、断絶と継続、俗化と神聖、国民公会の成果と「国民芸術の聖域」である。(37)

ところが、分別ある大人の来館者については賛否が分かれた。ルグラン・ドーシーのような古代美術研究者はルノワールを支持した。カトルメールやドゥノンのような芸術愛好家はルノワールに敵対的だったが、ドゥノンの感情は、職務に対する中立性によって和らげられていた。こうした美意識というより感性の対立に、場合によっては一致したり交差したりしながら、王政や宗教、伝統全般に対する考え方の違いが重なり、教会から博物館へ墓を移動することの賛否には、それが顕著に現れた。脱キリスト教を支持する共和主義者の古代美術研究者は、ルノワールの弁明者となる理由が十分にあったし、キリスト教とはいわないまでも、伝統を重んじる君主主義者の芸術愛好家は、ルノワールの敵にしかなり得なかった。

・宗教政策の転換と解体圧力

統領政府が宗教政策の転換に着手するやいなや、批判の声が聞こえてきた。カトルメールが、セーヌ県議会への報告で口火を切ったと見られる。彼に触発された彫刻家ルイ＝ピエール・ドゥセーヌは、信者の代弁者として、第一統領〔ナポレオン・ボナパルト〕宛ての公開書簡の中で、芸術作品、特に葬祭彫刻を展示する役割を果たすのは教会だけであると主張した。(38) 明らかに攻撃されたルノワールの博物館だけでなく、聖職者の旧財産をもとに設立されたほかの博物館にも同様に解体が提案されたのだ。

公開書簡の形式では、訴えが聞き入れられる可能性は皆無であった。しかし、ルノワールの博物館は、墓（たとえ空《から》であっても）を世俗的な空間へ移すなど言語道断であると思う人々の感情を傷つけていた。前述した天文学者トーマス・ブッゲは、プティ＝オーギュスタン修道院に多くの問いを投げかけている。

「果たして現在の世代が、親族や友人の思い出を永続させるために先祖が建てた記念碑《モニュメント》を破壊する権利があるのだろうか。［中略］存命の芸術家は、彼らの師匠の貴重な作品が浮ついた群集の気まぐれにさらされているのを見たらどう思うだろうか。装飾を剝ぎ取られ、剝き出しの壁が穴だらけになり、記念碑が置かれていた床が土と瓦礫で覆われ吹きさらしになったパリの教会のひとつに足を踏み入れたとき、彼らは一体何を感じるだろうか(39)」

一八〇六年、カトルメール・ド・カンシーは再びルノワールの博物館を攻撃した。博物館全般ではなく、後述するように、フランス記念物《モニュメント》博物館と同じく革命下の手段で設立された博物館に対し徹底的に反対したのである。カトルメールは君主主義者であったが、もちろん恩赦でフランスに戻った人間が、そんなことを認めることはない。しかし、彼の文書の背景をなしていたのは、もはやその肖像が崇拝の対象ではなくなった王の姿を冒瀆することへの拒否である。文書には、墓の問題に関しドゥセーヌが提示した議論のいくつかが取り上げられていた。[40] ドゥノンもこれに応戦したが、行政文書の慣例により表現は和らげられている。

ルノワールが博物館に収集したモニュメントには、中世的なものと葬祭的なもの、宗教的なものと君主的なものが混在していた。これが彼の博物館の成功の主な要因であったが、のちにはそれが避けられない敗北を招くことになる。政教条約《コンコルダート》（一八〇一年七月一六日）が調印されるやいなや、パリの小教区はモニュメントの返還を求めはじめた。同様の要望が遺族、医学アカデミーやコレージュ・ド・ジュイイ〔※1〕などの機関からも提出された。[41] ドゥノンは時として、これらの要求に応えることもあった。彼は、ノジャン＝ル＝ロトルー〔フランス北部のウール・エ・ロワール県にある自治体〕からシュリー公夫妻の彫像を奪おうとしたルノワールを非難し、内務大臣に対しこう表明した。

「ついに、偉人たちの遺灰と墓を尊重し、孝心や人類の恩人に対する公衆の感謝の念により奉献された彫像を一カ所に集めるためにしばしば不愉快で〔判読不能〕な衝撃を伴い行われた、フランスの都市の教会や寺院からの奪取をやめるときが来たのである」

・ドゥノンによる散逸の回避

しかし、パリ大司教座の名義参事会員から要請があったフランソワ・ジラルドンの『十字架からの降下』について、ドゥノンは内務大臣に「この施設（フランス記念物博物館《モニュメント》）は〔作品の〕分散によって徐々に解体されていくおそれがある。要請のあったモニュメントはその重要性からして、博物館に保存されるべきである」[42] と指摘した。この博物館に愛着のないドゥノンは、ルノワールに苛立ち、時には礼儀を教えてやりたいと感じていた。しかし、アカデミー・フランセーズ会員の胸像を学士院の第二類〔※2〕に返還することに反対した際、大臣に言ったように、「もしわれわれが返還を止めなければ、芸術の進歩に役立ち、ひとつにまとめることで国家の繁栄に利益をもたらす文化財《オブジェ》を散逸させることになり、貴重な施設を破壊することになる」[43] という意識がドゥノンにはあった。

ドゥノンが返還の件で懸念していたのは、フランス記念物博物館《モニュメント》の運命というよりも、彼が「博物館」を複数で語っていることが示すように、他の博物館や美術館に及ぶ危険性であり、

〔※1〕フランスのセーヌ・エ・マルヌ県にあるジュイイの町にあるカトリックの私立教育機関。一六三八年開校したが、二〇一二年閉校した。
〔※2〕一七九五年以降、フランス学士院を構成する組織として三つの類が設けられた。一八〇三年、四つの類に改変（第二類はフランス語とフランス文学）。

とりわけルーヴルにその脅威が降りかかることであった。ルノワールの博物館が「多方面にわたって貴重であり、外国人が大いに関心を持って訪れる」博物館であることを認めつつも[44]、そのことがドゥノンにとっては問題となった。ドゥノンは、自身が責任を負う展示品《オブジェ》の総合目録《カタログレゾネ》について帝室総監に尋ねたとき、こう質問した。

「陛下はプティ＝オーギュスタン修道院の施設をいかなる部類に属するものになさりたいのでしょうか。その際、どのように区分なさるおつもりですか。純粋に芸術的なもの、あるいは偉人に捧げられた墓碑、もしくは遺族に返還すべきもの、それとも、パリの珍奇物のひとつとして全体を保存されるのでしょうか」[45]

ルノワールの博物館は果たして美術館なのか。それには疑いがあったが、ドゥノンは、偉人崇敬の寺院のようなもの、返還されるべき品々《オブジェ》の倉庫、あるいは珍奇物としてみなす心構えはあった。

そのため、一八一一年にナポレオンが歴代皇帝の墓を置きたいと考えていたサン＝ドニの大聖堂《バジリカ》[※1]を訪れたあと[46]、躊躇《ためら》うことなく、そこにフランス記念物《モニュメント》博物館の大部分を移設することを提案した。

聖域を囲む礼拝堂は、現在、記念物《モニュメント》博物館で鑑賞されている名家や著名人の大量の墓を配置するのに適しています。陛下、私はフランスの栄光と、フランスが輩出した偉大なる人々のために、世紀ごとの彫刻芸術の様相を示すこの一連の作品が散逸しないことが必要だと考えております。それらを家族に返還することは破壊につながることに疑いはなく、パリの教会に寄贈することは、その設置に伴う費用の負担という不都合が生じます。さらに、あらゆる方面で称賛される人々の一連の肖像作品が散逸してしまうのを見るのは、耐え難いものがあります。われわれは心してこれらをひと所に集めておかねばなりません。デカルト、コルネイユ、ラシーヌ、モリエールなど、最も偉大な人々の神々しい姿は、ニュートンの遺灰が王族の亡骸と同じ場所に安置されているウェストミンスター寺院の墓地に似ているのではないでしょうか。

・消滅・伝説化とコンセプトの継承

「称賛」という言葉、そして、美術史とフランス史の双方への関心からルノワールが構成した、さまざまな世紀の彫刻群の全体を保存する必要性が主張されていることに注目してほしい。ドゥノンはフランス記念物《モニュメント》博物館の取り壊しを提案しながら、無意識のうちに博物館の創設者に敬意を表していたのだ。しかしそれがドゥノンの心の妨げになることはなく、数カ月後には、もともとサン＝ドニにあったものをすべてもとに戻し、残りをサント＝ジュヌヴィエーヴ教会に移すことをしきりに勧めた。

この点について政府の意向が明確でなかったため、ドゥノンは内務大臣に質問状を送付する。「最後の王朝時代にフランスを統治した政治家の霊廟」（リシュリュー、マザランなど）、高名な人物の霊廟（コルネイユ、デカルト、モリエールなど）、アベラールとエロイーズの墓のような「来歴が興味深い、あるいはフランス人の記憶に刻まれる墓」など、フランス記念物《モニュメント》博物館に展示されている品々の分類についての質問状である［図44］。

また、ドゥノンは次のことも知りたかった。

「これらのモニュメントがサント＝ジュヌヴィエーヴ教会とサン＝ドニ教会に置かれたあと、博物館として維持するのか、それとも単なる倉庫になるのか、そして、この移送のあとに残る貴重な彫刻をルーヴルに送り、一五世紀の展示室を設けるべきではないのか。学芸員《コンセルヴァトゥール》がいくつかの墓に取りつけた、それらの付属物ではない柱や、他の彫刻に取りつけた、それとは関係ない人物像はどうするのか。歴史と真実に反するこの混在《アマルガム》を保存するのか。乙女《ピュセール》〔ジャンヌ・ダルク〕の肖像画など、ルノワールが修復した肖像画も保管すべきなのか。また、博物館にあった世俗的な記念碑や、この施設に保管されることになる多数のステンドグラスはどうするのか」

要するに、ドゥノンは、彼自身が述べたように、フランス記念物《モニュメント》博物館の「解体」を想定しているが、それが彼を過度に悲しませることでないのは明白であり、単に「混乱」を避けたいだけだった。[47]

一八一一年、ルノワールの博物館は消滅したのも同然になり、当時のナポレオンには別の気掛かりがあった。ドゥノンはといえば、この「当時のモニュメントが既に豊富にある［中略］中世の博物館」により好意的な感情を示し、そればかりか、ソワソン〔エーヌ県の市〕の旧ノートルダム修道院から「フランスの歴史に関連し、この博物館にふさわしい」四基の墓を購入するというルノワールの要求すら支持した。[48]

とはいえ、フランス記念碑博物館に残された時間はもうわずかである。王政復古は、この分野に関する帝国の計画を完了させた。一八一六年四月二四日のルイ一八世の勅令には、「サン＝ドニ王立教会を飾っていた古い墓、彫像、あらゆる種類のモニュメントで、持ち去られてからプティ＝オーギュスタンの保管所に預けられていたものは、王立教会に返還される［略］」[49]と規定されている。同年一〇月一八日、博物館の建物は王立美術学校〔現在のパリ国立高等美術学校〕に譲渡され、名称は変わったが現在も同じ場所にある。移転に数年を要したが、フランス記念物《モニュメント》博物館はもはや存在しないものとなった。革命から生まれたこの博物

〔※1〕サン＝ドニ大聖堂は歴代フランス王の墓所として知られる。

［図44］ジャン＝リュバン・ヴォーゼル『プティ＝オーギュスタン修道院の庭園。エロイーズとアベラールの墓』1815年（Bibliothèque nationale de France, Département estampes et photographie, Paris）
何もないところからつくられたエロイーズとアベラールの墓は、ルノワールの天才的な感性によってその時代の情緒を捉え、表現するためのモニュメントとなった。1817年以降は、ペール＝ラシェーズ墓地に保存されている

館は、革命を生き延びることはできなかったのだ。そしてドゥノンのルーヴルとともに、ルノワールの博物館は伝説となったのである。

ふたつの伝説は一九世紀を通じて語り継がれた。ロンドンのナショナル・ギャラリー、マドリードのプラド美術館、ベルリンの旧博物館《アルテス・ムゼウム》と博物館島、サンクトペテルブルクのエルミタージュ美術館、ニューヨークのメトロポリタン美術館など——百科全書的な博物館・美術館はすべて、ドゥノンのルーヴルに肩を並べよう、あるいはドゥノン自身を凌駕しようという館長の野心によって動かされていた。フランス記念物《モニュメント》博物館は消滅したが、フランスでは、古代ローマの共同浴場跡とクリュニー館からなるパリの国立中世美術館（一八四四年）、サン＝ジェルマン＝アン＝レーの国立古代美術博物館（国立考古学博物館となる）（一八六七年）、パリのトロカデロ宮殿内の比較彫刻美術館（フランス記念物《モニュメント》博物館となる）（一八八二年）へと、三つの博物館に生まれ変わった。

諸外国でも、ルノワールの事例は生前から模倣されていた。ポーランドでは、彼と文通をしていたイザベラ・チャルトリスカ王女が、彼の博物館に触発されてプワヴィ〔ポーランド東部〕に自分の博物館をつくった（一八〇一年）。デンマークでは、フランス記念物《モニュメント》博物館を手本に北欧古物博物館（Museum for Nordiske Oldsager、一八〇七年）が創設され、これがデンマーク国立博物館となった。ドイツでは、ズルピーツとメルヒオールのボワスレー兄弟がプティ＝オーギュスタン修道院を訪れ、フリードリヒ・シュレーゲルの話を聞いたあと、ドイツのエリート層の好みを変えることになる古いドイツ絵画のコレクションを構想した。これについては、追って説明しよう。

本章で強調しておきたいことは、一八一六年に消滅したアレクサンドル・ルノワールの博物館が、人々の記憶と博物館の歴史に長く生き続けるということである。

18 フランスの博物館・美術館政策 ——フランスとヨーロッパ

・パリと「地方《プロヴァンス》」

パリ、とりわけルーヴルについてすこぶる多くの頁を割いてきたように思われるかもしれない。しかしながら、ルーヴルやフランス記念物《モニュメント》博物館のみならず、パリのあらゆる博物館や美術館が国境を越えて名声を得ていたことに鑑みれば妥当なことである。一七九〇年から一八一五年の間にパリを訪れた多くの旅行者が、これらの施設に言及している。彼らが出版した紀行(1)文や口伝えした旅の体験談などには、私たちが知るべくもないものもあるが、外国の新聞にはパリの博物館や美術館の論評が掲載されていたし、主にフランス語を話す公衆は、カタログのおかげでパリのこれらの施設について知ることできた。カタログはたいてい他の言語(2)でも入手可能であり、自ら足を運べない人々によって読まれていたのである。

こうしてパリの博物館や美術館はいわば手本となり、一九世紀前半、そしてそれ以降も、さまざまな国で模倣されることになった。とはいえ、パリ以外の地方《プロヴァンス》の動向が重要でなかったのかといえばそのようなことはない。この「地方《プロヴァンス》」という言葉を帝国における属州の意味で捉えるならば、なおのことである。帝国とは、ナポレオン・ボナパルトが皇帝に即位する（一八〇四年）以前から語られてきたその支配地のことであり、一八〇五年にはイタリア王国が同君連合として帰属することになる帝国〔フランス帝国〕のことである。博物館や美術館について語るとき、「地方《プロヴァンス》」という言葉はこのような意味合いで使わなければならないことがおわかりいただけるだろう。

・地方での博物館・美術館設立の動き

革命以前、フランスのいくつかの都市には、既に古代美術や近代美術の博物館や美術館が設立されていたことを思い出していただきたい。それらは、それ以上に多数あった無償の製図学校と同様、地方議会、自治体、アカデミー、さらには宗教団体による地方の取り組みから生まれたものだった。こういった取り組みは革命の間に廃止されたが、参画していたメンバーの大半は、それらに代わる組織で活動に携わり続け、町に博物館や美術館がない場合はそれらを設立し、既にある場合はそれらを充実させることに意欲を燃やした。まず国有化された聖職者の財産を集める保管所がすべての県都につくられ、やがて亡命者の財産も集められ、その流れはさらに強まっていった。[3]

パリにはその熱い願いを代弁する者たちがいた。前述〔本書12章〕のアンリ・ルブールを思い出してもらえるといいだろう。彼は「傑作を集めて帝国の主要都市に分配する」ことで、それぞれの都市に「博物館」をつくることを提言した。ルブールの構想は、美術品をすべてパリに集めることを是とする国の文化政策担当者たちの信条に反するものだった。一七九二年九月一九日の政令《デクレ》にはこの信条が反映されている。繰り返し述べるが、モニュメント委員会は、ヴェルサイユ宮殿の庭園にある彫像を除き、「かつて王宮として知られていた建物やその他の国立の建造物に現存する絵画やその他の美術に関するモニュメントを遅滞なくルーヴルの保管所に移送する」ことを命じた。この政令《デクレ》の立案者たちが、パリだけに適用することを意図していたのか、それともフランス全土に適用することを意図していたのかは定かではないが、第三条では、「行政機関および自治体」にモニュメント委員会を支援するよう求めており、適用範囲はフランス全土に及んでいる。[4]重要な点は、このあとすぐ見るように、地方《プロヴァンス》ではそのような意味で読まれていたということである。地方を犠牲にしてもパリを普遍的な芸術の都として確立しようとする中央集権的な傾向は、地方分権的な連邦主義を主張したジロンド派に対してジャコバン派が勝利したことにより、革命期においてその正当性を獲得した。文学者であり、国立美術館保存局の一員であったカジミール・ヴァロンは、共和暦二年プレリアール七日（一七九四年五月二六日）に公教育委員会への報告書の中で、次のように述べている。

「あらゆる芸術がひとつの劇場に集約されるべきなのは、いまや認めざるを得ないだろう。[5]芸術の統一が、われわれの打ち立てた政策原理を揺るぎないものにするのだ」

しかし、この意見に地方《プロヴァンス》は同調しなかった。ムルト県〔フランス北東部〕は、一七九三年五月一六日の省令《アレテ》で、「一七九二年九月一九日の政令《デクレ》が施行されれば、憲章、印刷された書物、彫像、絵画、素描《デッサン》を県下で保有する利点が県民から奪われることを考慮し、また、このような権利の剝奪によって、すべてのフランス国民が権利を有するはずの芸術に関する発見と知識を得る幸福の源泉から、県民が遠ざけられることを考慮し」、国有財産を県下で保存するため、目録を作成することを決定した。これぞ、同年一二月二〇日に初めて言及され、共和暦八年ブリュメール四日（一七九九年一〇月二六日）に一般公開されることになるナンシー博物館の誕生の一幕である。[6]

フランスのほかの都市、県都での博物館や美術館の創設も、いくつかの細部を除いては、同じモデルを踏襲している。一七九二年一二月に準備が始まったトゥールーズでは、一七九三年一二月一九日のオート・ガロンヌ県知事令により「共和国南部の臨時博物館」が創設され、一七九五年八月二七日に一般公開された。オーシュ〔フランス南西部〕では、ジェール県議会が共和暦二年フリメール二六日（一七九二年一二月一六日）に、県が「公共建築物」の中に「臨時博物館」を設置することを決定した。[7] トゥールとオルレアンは、それぞれ一七九四年五月と一七九七年一一月に博物館を開設した。[8]

例を挙げればきりがないが、これらは、一七八〇年代にフランスで控えめに始まった博物館や美術館設立の動きが、革命の時期に大きく加速されたことを示している。一八〇〇年頃には、パリとヴェルサイユのものを除けば二〇館程度であったが、[9] 革命の一〇年間でその数は四倍にもなった。

だがそれらは「博物館《ミュゼ》」という名の非常に質素な建物と、それに劣らない質素なコレクションを指しているか、あるいは地方当局の意向を反映した収蔵庫のようなものにすぎなかった。[10] とはいえ、学問や芸術の知識がもたらす「幸福に浴する権利」を行使する手段を市民に提供したいと望むあらゆる都市においては、そうした意向こそ、博物館は今や欠かせない施設であるという考えが市町村のエリートに理解されていた証であった。

・国有財産の行き先をめぐる対立

売却を目的としない国有財産、特にあらゆる種類の書籍や美術品に関するパリと県の対立は、テルミドール以降、結局のところ県の勝利に終わる。書籍や美術品は県に留められ、その地方の図書館や博物館・美術館へ供給されることになったのである。とはいえ不安定な勝利であった。国有財産の最終的な行き先については中央政府のみが決定する権限を持っていたからである。地方自治体はこの件に関して暫定的な決定を下すことしかできず、パリでの確認を要した。しかし、中央政府はいかなる表明も避けた。

征服地から奪取した作品の流入は、中央政府と県の対立をさらに激化させ、県は正当な理由を持って自分たちの取り分を要求した。アンジェとル・マンというふたつの町にいたっては、一七九八年、人脈を利用して、イタリア軍から送られた芸術作品から絵画を選び取り、自分たちのものにした。

この問題はこれで終わりではなく、一七九五年には早くも『哲学旬報（*La Décade philosophique*）』誌に掲載された、内務省の美術室長であるアモリー・デュヴァルの記事が示すように、行政もそのことを認識していた。[11] 年月が経つにつれ、問題は深刻化する一方だった。一七九八年四月、ジュネーヴはフランスの属領となり、レマン湖県の県都となった。併合の中心的人物のひとりであるフランスの弁理公使、フェリックス・デポルトは、〔ジュネーヴ当局から巧みに併合の要請を引き出した〕このいわゆる自発的な「併合」の恩恵を示すため、内務大臣フランソワ・ド・ヌフシャトーに対し、ジユネーヴの博物館に「ロンバルディア、イタリア〔誤記あり〕、ヴェネツィア、フィレンツェ、フランス、フランドル、オランダの諸流派からの絵画四〇点」を送るよう要請した。コレッジョ二点、カラッチ二点、グイド・レーニ二点、グエルチーノ二点、ラファエロ二点、ヴェロネーゼ二点、ティツィアーノ二点、そしてプッサン三点を含むこれらの絵画を、ジュネーヴの芸術愛好家たちが数年にわたり構想してきた博物館に収めようというのだ。[12]

　大臣からデポルトの書簡を転送された中央美術館〔ルーヴル〕は、この機会に次のような質問をデポルトに提出した。

「(メーヌ・エ・ロワール県に対して既に行われたように)政府は、某県に某点の絵画を寄贈するという命令を出す以前に、適性を検討した上で博物館を設置するコミューンを決定することが不可欠であろう。それは、この種の国富が有効に活用されないコミューンに無造作に散在させられることをなくし、有名な芸術家を輩出するためにその糧《かて》を待ち望む他のコミューンが不利益を被ることがないように、あるいは、商業に恵まれないながら、長年にわたり学問と芸術に資力を投じてきた他のコミューンが不利益を被ることがないようにするためである」

　そして、「トゥールーズ、ディジョン、ルーアン、マルセイユ、アントワープ〔アントウエルペン〕には、博物館や美術館の萌芽が既にあり、不足を補うのは容易だ。また、それらの施設がパリの中央美術館に欠けている展示物を充実させることもできるだろう」[13]と述べた。つまり、ルーヴルもまた地方都市へ絵画を移送するための通則の必要を感じていたということであり、そればかりか書簡の最後の一文には下心も見え隠れしていた。

・ナポレオンによる一五都市への絵画の分配令

　共和暦九年フリュクティドール一四日(一八〇一年九月一日)、第一統領ナポレオン・ボナパルトによって署名された統領政府の省令《アレテ》により、「リヨン、ボルドー、ストラスブール、ブリュッセル、マルセイユ、ルーアン、ナント、ディジョン、トゥールーズ、ジュネーヴ、カーン、リール、マインツ、レンヌ、ナンシーの各都市に配布するための一五点の絵画コレクションを作成する」(第一条)ための委員会が設立された。これらの絵画は、「ルーヴルおよびヴェルサイユ宮殿から」選ばれることになっていた(第二条)。内務大臣は、これらの絵画の目録を作成し、上記の都市に搬送する責任を負っていた(第三条)。絵画自体については、「各コミューンが自己の費用でその受け入れにかなうギャラリーの設置したあとにのみ」送られることになっていた(第四条)。

　シャプタル令と呼ばれるこの決定は、内務大臣ジャン＝アントワーヌ・シャプタルの報告書から作成されたものであり、「記念碑的《モニュメント》な絵画作品をフランス各地に無造作に散在させることはできない。これらのコレクションが芸術にとって有益なものであるためには、既に獲得された知識によってそれらに価値を与えることができ、人口が多く、学徒の育成に成功が望める土壌がある場所に収められなくてはならない」という原則に基づくものであった。シャプタルは当初、四つの都市に絵画を提供することを提案し、その後ひとつを追加した。議論の末、その数を一五に増やし、最終リストを作成したのはナポレオン・ボナパルトだった。

しかし、よく言われることとは異なり、フリュクティドール一四日の決定が一五の地方《プロヴァンス》の博物館や美術館を創設したわけではなかった。九つのケースでは、既存の博物館に公式の認定を与えたにすぎない。その他のケースでは、実際の開館は数年後になされ、ひとつの都市では搬送がなされないままだった。[14] それでも決定は重要であった。九つの博物館により、既に設立されていた、あるいは創設過程にあった他のすべての博物館が暗黙のうちに法の認可を得られることになったのである。六つの都市が、一挙に博物館・美術館設立の承認を受けた。経済活動と政治的役割の両面で重要な都市であるレンヌ、ルーアン、ストラスブール、ナントの四都市がそれに含まれていた。この決定は、中央から地方への美術品送付の方策を打ち出したものであり、これは今日もなお根強く残っている。[15]

共和暦九年フリュクティドール一四日の省令《アレテ》で絵画コレクションを受け取る権利が与えられた都市――ブリュッセル、ジュネーヴ、マインツ――は征服された地域にあった。南ネーデルラントあるいはオーストリア領ネーデルラントと呼ばれた地域の歴史的な首都であったブリュッセルは、ディル県の県都となり、ジュネーヴと同様、中央当局に絵画の送付を要請した都市のひとつだった。[16] ジュネーヴの数カ月前の一七九七年一〇月にフランスに併合され、モン・トネール県の県都となったマインツがなぜ選ばれたのかは不可解だが、ナポレオン体制における軍事的重要性からかもしれない。[17]

ブリュッセル、ジュネーヴ、マインツの三都市がリストに含まれることは、先述した「地方《プロヴァンス》」という言葉に与えられた意味が理にかなっていることの表れである。さらに重要なことは、最初は共和政、次に帝政となったフランス行政府の博物館政策の、ヨーロッパ的側面を取り上げることに自然につながる。フランスの行為を、被征服国の美術品をパリに運ぶための略奪行為とだけ単純化して捉えるのは不当であろう。一八〇一年以降、フランス政府は帝国内の都市（主にフランス領）に設立された博物館や美術館に、これらの美術品を再分配したのである。イタリア王国や北ネーデルラントでも博物館・美術館の設立を奨励し、スペインでもそれを行おうとしていたことは、あとで述べることにする。まずはブリュッセルから……。

・被征服地における博物館・美術館設立動向
——ブリュッセル

南ネーデルラントを併合したあと（一七九五年）、フランスがその地域の聖職者の財産を国有化したことは、イエズス会の解散（一七七三年）に続いてオーストリア当局が開始した世俗化政策をより大規模に繰り返したにすぎなかった。当時既に、イエズス会が所有していた美術品の行方についての問題が提起されており、ブリュッセルに絵画のギャラリーを、そしてリエージュ公国には「博物館」を設立するという構想が出されていたが、これらの計画は実現しなかった。しかし、このイエズス会由来の作品の中には、ウィーンのベルヴェデーレ宮殿内のギャラリーを充実させるために同地に送られたものや、将来ルーヴルに収蔵される予定の王室コレクションの穴を埋めるため、ダンジヴィレ〔王室建造物局総監〕の代理人によって競売で購入されたものもあった。

一七七〇年代には既にベルギーの芸術界には、博物館創設を求める声が存在していた。したがって、一七九六年にブリュッセルに設置された国有財産保管所にある美術品や科学にまつわる品々《オブジェ》が、これらをもって博物館にすることを宣言して収集されたことは、驚くにはあたらないことだった。同時期にアントウェルペン（アントワープ）、ブルッヘ（ブリュージュ）、リエージュ、ナミュール、ヘント（ゲント）、モンスにつくられた、中央学校〔フランス革命期に設立された高等教育機関〕と密接に関連した保管所もまた、博物館になることを意図していた。フランスの地方《プロヴァンス》の博物館や美術館と同様に、名目上の存在でしかなかったのである。

ブリュッセルでは、一七九七年五月に開かれた臨時芸術審査会が「私たちが設立を提案する博物館」について言及している。ギヨーム・ジャック・ジョゼフ・ボシャールは、パリに長く住み、ダンジヴィレのためにイエズス会の作品購入の仲介を務めた画家であるが、一七九八年に県当局から博物館の保存官《コンセルヴァトゥール》に任命され、パリの中央政府に対して収蔵品の要請に取りかかった。フリュクティドール一四日の決定はボシャールの期待に沿うものであり、最初の博物館設立地には、候補に上がっていたアントウェルペンではなくブリュッセルが選ばれた。この博物館が公式に認可されるのは一八一〇年のことである。[18]

——ジュネーヴとマインツ

ジュネーヴでは、一七五一年に創設された製図学校に直結する教育的な「博物館・美術館」の運営は、一七八六年から一七八七年にかけて、職人を学問に近づけ、貧困をなくそうとする学者たちの慈善団体である芸術協会に委託されていた。[19]一七九八年、博物館に収める作品として、手始めに、あらゆる流派から四〇点の絵画がパリの中央政府に要請された。しかしそのあとの検討により、特に「中程度の大きさで、構図と色彩に力強さよりも快さのある絵画、年齢や性別もさまざまな美しい肖像画、風景画、そして多種多様な動物や花々の絵はもちろんのこと、できれば特にオランダ絵画」が求められた(20)。

これに対して、ルーヴルは二四点の絵画を提案したが、要求に応えたとは言い難く、コレクションが送られることはなかった。その後フリュクティドール一四日の省令《アレテ》に基づき、新たなリストが作成されたが、四五点の絵画作品の大半はイタリアの宗教画であり、風景画や花の絵は含まれず、オランダ絵画もほとんどなかった。

些細なことで事態は長引いた。共和暦一一年ジェルミナール九日（一八〇三年三月三〇日）、県知事からジュネーヴ市長に対し、ジュネーヴ市が「博物館・美術館の充実を図るために政府から絵画を委託される」都市のひとつであることが知らされた。一週間後、市長は県知事に返信し、「せっかくのことながら、風景画や花の絵がいっさい含まれておらず、わが市のすべての芸術家、学校長らが遺憾の意を示している」と述べ、提案された作品の一部を差し替えるよう願い出た。県知事はこの要求を支持したが、効果はなかった。

最初に送り出された二一点の絵画は一八〇五年三月一六日にジュネーヴに到着した。一四点は市庁舎に、七点はカトリック教会に送られ、一八七〇年までそこに飾られた。第二便については修復のためのスペースと資金がないことを理由に(21)ジュネーヴが受け取りを拒否した。結局、美術館がジュネーヴに開館するのは、個人の寄付を得たあとの一八二六年七月三一日になってからのことであった(22)。

一方、マインツでは、送られてきた四四点の絵のうち八点の受け取りを市の委員会が拒否した。残りは一八〇三年に到着したが、この場合も他の場合と同様、省令《アレテ》の第四条は厳密には守られてはいなかった。この絵画作品が市立図書館の敷地内に設置されたのは、一八一四年のことだった。一八一二年、ロエール県〔※1〕の県知事とエクス＝ラ＝シャペル〔現在のアーヘン〕市当局が、県と県都の歴史に関する「珍しくて面白いもの」を展示する博物館を設立する計画を立てたが、パリに拒否された(23)。

——オランダ

当時、帝国政府にはもっと差し迫った問題があり、財政支出を惜しんでいたのは事実である。そのため、併合地に博物館や美術館を開設し充実させるという政策は、一五年余りかけて続けられていたものであったが、当時の博物館は人権宣言、県、県知事、リセ〔高等学校〕、民法典、メートル法とともに、革命期・帝政期のフランスが輸出した一制度であったように思われる。

〔※1〕第一帝政下に存在したロエール県は、現在のドイツのルール地方と一部が重なる。県都はエクス＝ラ＝シャペル、現在のアーヘン。

博物館や美術館は帝国の地方《プロヴァンス》だけでなく、衛星国家にもつくられた。バタヴィア共和国〔※1〕においても同様であり、一七九八年にはハーグに国立美術館〔※2〕が設立され、総督だったウィレム五世が有していた諸宮殿に散らばる絵画が集められた。忘れてはならないが、彼の私的ギャラリーのコレクションはパリに移送されていた。[24]

オランダ王国時代、ルイ・ボナパルト王〔ナポレオンの弟〕は一八〇八年四月二一日の命令で、首都となったアムステルダムに王立美術館を設立することを決めた。ハーグから持ち込まれた絵画に加え、レプリカ、メダル、宝石のコレクションなど膨大な収蔵品が、王宮となった市庁舎に展示されたのである。一八〇九年にはオランダ語による最初のカタログが発行され、四五九点の絵画が掲載された。オランダ王国がフランス帝国に併合されたあと（一八一〇年）、この施設は「オランダ美術館《ホランダ・ムゼーウム》（*Hollandsche Museum*）」という名称を維持したが、補助金を受けられなくなり、新たに課せられた税金と引き換えにアムステルダム市に管理が引き継がれることになった。

一八一五年、独立を回復したばかりのオランダでは、博物館の名称を「ランド国立絵画・メダル博物館（*Lands Museum van schilderijen en penningen*）」に、その数カ月後には「ライクス国立絵画・メダル博物館（*Rijks Museum van Schilderijen en peningen*）」に改めた。[25]それ以来、ライクスムゼーウム（*Rijksmuseum*）〔現在のアムステルダム国立美術館〕と呼ばれるようになった。

――イタリア――ボローニャ、ヴェネツィア、ミラノ、パルマ

一八〇五年にイタリア王国となったイタリア共和国（一八〇二年）では、美術館の設立は、かつての美術教育制度を再編成する政策の一部をなすものであった。マリア・テレジア時代の改革者たちがかつてイエズス会の所有物であったブレラ宮殿に設立したミラノ美術アカデミー〔※3〕（一七七六年）と、芸術家協会であり絵画・彫刻・建築の教育機関でもあるボローニャのクレメンティーナ・アカデミー[26]（一七一〇年）は、一八〇三年九月一日に新しい規約を受け取った。その条項一〇／四では「アカデミーには第四条に示された流派のほかに、裸体派、彫像のための部屋、絵画館《ピナコテカ》、図書館がある」と規定されている。また第一三条と第一四条では、「彫像の部屋には、主要な古代の彫像の石膏模型と並んで最も優れた胸像、浅浮彫り、動物、偶像、家具、装飾品など、製作と研究に欠かせないあらゆる種類の石膏模型が保管されている」、「絵画館《ピナコテカ》は主に絵画を練習する人の使用を目的としている」と明記している。ヴェネツィアがイタリア王国に編入されたあと（一八〇五年）、一八〇七年二月一二日の政令《デクレ》によって同じ規約が適用され、それに伴ってヴェネツィア美術アカデミーも再編成された。[27]

ミラノの絵画館《ピナコテカ》とボローニャ、ヴェネツィアの絵画館《ピナコテカ》ではコンセプトが異なった。一八〇九年八月一五日に開館した前者は王国の首都にあり、イタリア絵画の歴史を概観することを目的とした国立美術館のような位置づけにあった。そのため、旧美術アカデミーの絵画コレクションは、世俗化した教会施設からの押収品や、ヴェネツィアをはじめとするさまざまな都市からの絵画によって充実したものとなった[28]。フランスと同じように、修道院の作品を首都と県に分配してギャラリーをつくろうという話もあったが、これは遅すぎた決定で、実行には移されなかったようである[29]。

一八〇八年に開館したボローニャの絵画館《ピナコテカ》は、あくまで地元の流派を紹介するためのものだった。ボローニャ絵画の最高傑作は一七九六年にパリに運ばれていたため、収蔵されていなかったのだ。ルーヴルに置かれたそれらの作品が戻ってくるのは、一八一五年のことである[30]。一八〇八年七月四日、アカデミーが正式に発足した当時、ヴェネツィアでは、絵画の数も質も不十分で、ヴェネツィア絵画に特化した大規模なギャラリーを形成するにはいたっていなかった。

長い手続きを経て一八一二年、王室の所有となっていた膨大な絵画コレクションがアカデミーに引き渡された。しかし、受け入れ先となる旧修道院が改修工事の最中であったため、アカデミーには展示する場所がなかった。それゆえ、ギャラリーが開かれたのは、一八一七年八月一〇日、オーストリアの支配下になってからのことである[31]。

イタリア王国における博物館や美術館の展開の締めくくりに、パルマで原点となる絵画ギャラリーが形成されたことも付け加えておかなくてはならない。パルマ・エ・ピアチェンツァ公国はフランスに併合されてタロ県となり、接収と教会財産の世俗化により名画が奪われていた。パルマの絵画ギャラリーは、一八一六年四月二六日、ナポレオンの妻で一八一四年からパルマ女公となるマリー＝ルイーズ・ドートリッシュ（マリア・ルイーザ・ダウストリア）によって一般公開された[32]。

――スペイン

スペインでは、一八〇八年五月五日、ナポレオンがブルボン家の王カルロス四世を退位させ、それから一年も経たないうちに兄のジョゼフ・ボナパルトをスペイン王に即位させた。カルロス四世の王位譲渡は、折しも、独立戦争の端緒となる一八〇八年五月二日と三日の反フランスの反乱が巻き起こるさなかの

〔※1〕バタヴィア共和国は、フランス革命の影響を受け成立したオランダ統一国家。一八〇六年、ナポレオンは共和国を解体し、弟ルイを王にしてオランダ王国を建設。
〔※2〕Nationale Konst-Galerij（国立美術館）。
〔※3〕ミラノ美術アカデミー（L'Académie des beaux-arts de Milan）は、現在のブレラ美術アカデミー（Accademia di Belle Arti di Brera）。

ことであり、ゴヤはこの反乱が血まみれで鎮圧されるさまを描いている。

この時、ドミニク・ヴィヴァン・ドゥノンは「(ルーヴルの)コレクションに絶対的に不足しているスペイン絵画二〇点を追加」[33]するためにスペイン中を奔走していた。その三日前、ナポレオンは自ら兄に宛てて、「パリの美術館に不足している約五〇点の名画」を「没収した家屋や制圧した修道院から」押収して自分に献上するようにと手紙を出していた。ナポレオンは、いつになるかは明確にせず、それらと交換に別の作品を与えることを約束し、このことをドゥノンに相談するよう兄に提案した。[34]しかし、諸々の事情や、ジョゼフと側近らによる先延ばしによって、一八一三年になってからようやく作品が出荷された。二八四点の絵画と一〇八点の美術品《オブジェ》である。それらはその後、ルーヴルから返還された。[35]

戦争の惨禍とフランスによるスペイン占領の不安定さは、一八〇九年五月二〇日にジョゼフが修道院を廃止しその財産を王室に譲渡させることを妨げず、それまで修道院にあった一五〇〇点ほどの絵画はマドリードに集められた。[36]こうして美術館の建設は、王室のコレクションではなく、国有財産から構想することが可能となった。一八〇九年一二月二〇日の政令《デクレ》では、このような美術館の創設を望む声が法律の文言で表現されている。

美術のために、これまで愛好家の目に触れることなく、修道院の回廊という禁域に隠されていた多くの絵画を展示し、最も完璧な先人たちの模範的作品を第一の手本として、また才能を引き出す指針として役立てられることを望む。近隣諸国にはほとんど知られざるスペインの名だたる画家たちの功績を輝かせ、そうすることによってベラスケス、リベラ、ムリーリョ、リバルタ、ナバレーテ、ファン・サン・ビセンテ〔誤記あり〕の名がそれにふさわしい栄光を手にすることを切望する。

〔中略〕われわれは、次のように定め、布告する。

第一条　マドリードに美術館を設立し、そこに諸派のコレクションを収蔵する。この目的のために、すべての公共施設、さらにはわれわれの宮殿から、われわれが設立を布告する総体〔美術館〕を完成せしむるのに必要な絵画を持ち出すものとする。

第二条　スペイン流派の誉れ高き画家を概観するコレクションを形成し、われわれの崇高な兄弟であるフランス皇帝に献上するとともに、ナポレオン美術館の一室に据え置かれんことを望む。スペインの芸術家の栄光のモニュメントとして、本コレクションは両国の最も誠実な結合の証となるだろう。[37]

上記は、ピエール・ジェアル〔研究者。主な専門は一八―一九世紀のスペインの市民社会、スペイン絵画〕による仏訳の条文からの引用である。彼はその解説において、まさに、ナポレオンとドゥノンの圧力によって略奪が合法化されてしまった第二条の皮肉を強調している。しかし、彼はまた、スペイン絵画の最も輝かしい代表者の名前を、国境を越えて知らしめることによってスペイン絵画を振興するという、この政令《デクレ》前文と同第二条に示された意図を強調し、これはスペインの芸術遺産を保護するための一連の措置の一部であると述べている。

また、フランスと違ってスペイン王室コレクションは国有化されていないことに言及している。このことは、のちにプラド美術館の法的地位を定義しなければならなくなった際に問題となる。プラド美術館が開館したのは、ジョゼフ・ボナパルトがフランスに逃走して六年後の一八一九年であった。この政令《デクレ》は死文化されたままだったが、これもナポレオン政権がこの美術館を重要視していたことの証左であろう。

19 革命と帝国の遺産——美術品の再分配と博物館・美術館の新たな位置づけ

くられた博物館・美術館が、革命の衝撃から遅れて生まれたものであることは、すぐにわかるはずである。

・史上最大の文化財の再分配

その衝撃は、芸術的、科学的、歴史的な富、すなわち時代錯誤ながらも便利な用語を用いてひと言でいえば、文化的な富の所有者の社会的アイデンティティを変容させることによって始まった。フランスを皮切りにベルギー、ラインラント、北イタリアおよび中央イタリア、スペインへと広がり、教会施設の世俗化によって、教会の財産は国家の直接管理下で国有財産となった。国は、不要な土地と建物、それに家具調度品の一部を個人に売却した。

しかし、大半の書籍、あらゆる種類の美術品、自然史コレクション、歴史的モニュメントは保管し、フランスとその併合国において一般公開された。その性質上、それらはすべての人のものである、という新しい考え方に従ったものだった。図書館や博物館・美術館での文化財の公開は、あらゆる文献や自然物

・フランス革命とナポレオン帝国の衝撃

一七八九年七月一四日から、ナポレオンが退位しセントヘレナに追放された一八一五年六月二二日までの二六年間は、短くも際立って個性的な時代だった。そのため、われわれは先人に倣い、この時代をそれ以前、それ以後と切り離して考える必要があるだろう。すべてのヨーロッパ諸国で戦争が起こり、いくつかの国では、伝統的な社会階層の一時的な消滅、所有権制度の激変、国境の引き直しが行われたこの時代は、博物館や美術館を含むさまざまな分野における一連の制度改革によって特徴づけられた時代でもあった。

この時代が引き起こした破壊と、それらが残した永続的な貢献について、ここで論証を試みるが、一八一五年以前に明らかになったその影響に限定して話を進めよう。とはいえ、博物館・美術館の歴史において、この点で例外的というわけではないのだが、フランス革命とその延長線上にあったナポレオンによる衝撃がこのあとも広がり続けたことは、果たして強調しておく必要があるだろうか。一八一五年から一八五〇年の間につ

を対象としていたが、美術品に関しては、宗教や廃された「封建制度の象徴」を敵視した革命当局の「好み」に合ったものだけが選ばれた。これは、ヴィンケルマンの芸術観の影響によって生まれた中世の遺物に対する当局の無理解を、ただ助長することになった。その保存は、例外を除き、公的支援をほとんど受けない民間の取り組みによるものだった。

このようにして所有者が変わった教会由来の品々《オブジェ》に、フランス本国では王政および亡命貴族の財産、併合された国々では旧支配者の財産も加わった。一六世紀に宗教改革によってプロテスタント化した国々では、〔大規模な〕財産の再分配が発生したが、結局、フランス革命に伴う収用の影響を受けた国は、あらゆる点でこれに匹敵する、史上最大の財産の再分配を経験した。そしてそれだけでなく、それぞれの領土で位置づけの変化を伴うあらゆる種類の文化財の、やはり最大の再分配を経験した。私的なものであった文化財が法的な意味で公的なものとなり、特に保管場所への立ち入りという意味では、以前は厳しく制限されていた書籍や美術品が一般に開放されたのである。

王政復古後に、元の所有者に返還された美術品や歴史的モニュメントはごく少数であり、特に教会施設の場合、革命時の文化財の再分配は概ねそのまま存続した。このことは、その存在を革命の再分配に負い、ここで触れてきた博物館・美術館の状況を見れば納得できるであろう。

関係各国におけるこうした国内の変化は、美術品を国外に流出させる動きと並行して起こったが、そうした美術品は遠方に送られたまま、二度と戻らないこともあった。フランス軍に侵略された国々からフランスが公然と略奪した作品の多くは返還されたとしても、すべてが返還されたわけでは到底ない。それはいくつかの展覧会を見ればさらに明らかである。

また、フランス軍に押収された作品がその後フランスを離れ、元の所有者が取り戻せなかった事例もある。最も知られているのは、ナポレオンが〔皇后だった〕ジョゼフィーヌに贈ったヘッセン＝カッセル方伯家の絵画が、元皇后〔ジョゼフィーヌ〕の遺産整理のために〔ロシアの〕アレクサンドル一世に売却され、エルミタージュにとどまった事例である。[1] フランス兵士や将校による略奪も数えきれないほどあり、特にスペイン独立戦争（一八〇八～一二年）の四年間は顕著で、中でもセビリアの略奪は際立っていた。スール元帥〔ジャン・アンドシュジュノー、ナポレオン戦争で活躍〕は膨大なスペイン絵画のコレクションを形成したが、それは彼の死後、売却によって散逸した。[2]

・美術品の大量移動——フランスにおける流出入、イタリア・スペインからイギリスへの移動

しかしこのテーマは、語り尽くすにははるかにいたらない。革命と戦争は、個人と商人との間の合法的な取引を引き起こし、

あるいは単に可能にし、イタリアやスペインから主にイギリスへと絵画を中心とした美術品が大量に移動した。

フランスでも、規模はそれほどではなかったが、軍隊が既に美術館に作品を数多く供給しており、一方、パリの美術品市場も商人や兵士によって美術品が提供されていた。(3) しかしフランスは、それにもかかわらず、この流入の前に最大の個人コレクションであるオルレアン・ギャラリー〔オルレアン公のコレクション〕を失っていた。オルレアン公ルイ＝フィリップ（のちのフィリップ平等《エガリテ》公）は、悲惨な財政状況のために、彫刻の施された石を一七八七年に手放さなければならず、それはロシアのエカチェリーナ二世(4)によって一括して買い取られたのだった。オルレアン公は、一七九〇年には、革命の騒乱に乗じて、〔フランスの〕王とは言わないまでもせめて摂政にならんとする夢を抱き始め、〔必要資金調達のためにコレクションの〕売却の交渉を開始した。とはいえ、イタリア、フランス、スペインの絵画を売るには一七九二年まで待たなければならず、これらの絵画はパリからロンドンに密輸され、数年後にロンドンで散逸した。オランダ、フランドル、ドイツの絵画も年末までに加わった。(5) オルレアン・ギャラリーのイタリア絵画の流入は、イギリスの芸術家や美術愛好家に強い影響を与え、また同国のナショナル・ギャラリー創設へつながる議論にも強い影響を及ぼしたことに注目しておこう。(6) この件は改めて触れる。

また、ジャック・ネッケル〔ルイ一六世下フランスの財務総監〕の不運な後任として財務総監（財務相）を務めていたシャルル＝アレクサンドル・ド・カロンヌがイギリスへの亡命を余儀なくされた際に、そのコレクションも同様の道をたどったことをつけ加えておこう。(7)

本当の意味での大事業は、フランス以外の場所で行われていた。商人たちは戦争に乗じ、フランスの侵攻で混乱を極めた国々、最初はイタリア、のちにはスペインに絶好の機会を見出した。スコットランドの有力美術商ウィリアム・ブキャナンの回想録や書簡から、これらの事業とその舞台裏、困難な状況を垣間見ることができる。こうした困難がコレクターに躊躇をもたらすことはなく、むしろ所蔵品は豊富に供給されたようである。ブキャナンが記しているように、「フランス革命は、すべての宮殿の扉を開き、当時イタリアではまだ神聖だった家族財産の障壁と保護を打ち倒す大きな足掛かりとなり、ローマやフィレンツェの貴族のコレクションと同様に、ジェノヴァの貴族のコレクションを散逸させた」のである。ヴェネツィアも似たような状況だったから、こうした側に加わってもおかしくはなかった。(8)

なお、これらの豊かなコレクションを活用するためには、現地に代理人を置き、代理人に送金して、必要な資金調達ができるようにしなくてはならず、絵画を手に入れたらイギリスに送り、買い手がつかなければイタリアに送り返すことも必要だった。[9]

　これは決して自明なことではなかった。多くのイタリア諸国は、以前から、しかるべき権限を持つ当局からの書面による許可を得ずに古代の遺物や古い絵画を輸出することを禁じる法令を発していたが、全般的な混乱の中で、輸送品を検査する税関職員と同様、その当局も、平和な時期よりもさらに容易に腐敗した。ナポレオン政権の到来により、これらの禁止措置は更新され、輸出の厳格な管理が行われるようになった。同様に、教皇領においても一八〇一年と一八〇二年に新たな勅令が施行され、検査が強化された。[10]最終的に、一八〇六年の大陸封鎖〔イギリスの経済力を弱体化させるために実施した経済戦略〕により、イギリスの商人たちはイタリアでの活動を停止せざるを得なくなった。

　スペインは新たな黄金郷《エル・ドラド》となった。絵画の輸出を禁じ、違反した場合には没収とその価値の二倍に相当する罰金を科すという一七六一年の政令《デクレ》は、一八〇一年に更新され、さらに一八一〇年にはスペイン王ジョゼフ・ボナパルト〔ナポレオンの兄〕によって更新された。しかし、その時は既に手遅れだった！　フランスの使節がマドリードから自国の大臣に宛てた書簡には、次のように記されている。

「反乱以来、イギリス人は多数の絵画を購入し、持ち去った。一八〇九年一二月にフランス軍がマドリードに進駐したあと、多くの絵画がフランスに送られた。アンダルシアの特任官僚たちからの報告により、修道院の廃止に乗じて独占を企てる者がいることを知った王は、ピレネー山脈〔を越えて国外〕に向かう輸送に少なくとも何らかの障害を設けたかったであろうと言われている」[11]

　実際、フランスの商人はイギリスと競争していた。ブキャナンは、画商のジャン・バティスト・ピエール・ルブラン自身が一八〇七年から一八〇八年にかけてスペインを訪れた[12]のに続いて、「ルブラン」の代理人たちが絵画を探してスペイン中を回っていたこと[13]を記している。しかし、スペインの広大な領土の多くはナポレオン政権の支配が及ばず、イギリス人ははるかに有利な立場にあった。このようにして、両者はそれぞれの国に大量の作品を持ち込んで、ピレネー山脈を越えてスペイン絵画を広めることに貢献した。

・革命型博物館・美術館の誕生
――宮廷の機関から民主的な機関へ

行政、あらゆる形態の略奪、商人たちの取引が入り混じって作用した結果、一七九〇年から一八一五年にかけて、いくつかの国の内部で、そしてヨーロッパ全域で、宗教改革と諸国内外の宗教戦争以降では最大の美術品の再分配が行われた。それはこれまで見てきた通りだが、さらに、一九世紀の大半における美術市場の流れも方向づけられた。この時期は、制度的な革新の時期でもあり、それは博物館の世界にも強く表れていた。これまでも示してきたように、美術館は啓蒙主義の発明品ではない。フランス革命によってもたらされたわけではないことはなおさらである。しかし、革命が博物館の地位、数、性格、地理的な分布に大きな変化を与えたことは事実であろう。この点では、他の多くの場合と同様、ナポレオン帝国は革命の延長線上にあったにすぎない。

革命は、第一に、既存の伝統型、恩恵者型、商業型モデルに加え[14]て、新たな博物館の形成モデルをもたらした〔本書12章27頁欄外訳注参照〕。この革命型モデルは、新たな権力が制定した法律に基づき、国家のために品々《オブジェ》を接収して、それによって博物館や美術館を創設する、というものであった。

国家はその正当性を、とりわけこれらの品々を公衆に公開することによって獲得した。後述するようにこの革命型モデルは、一九世紀のスペイン、ソヴィエト連邦へと移行する二〇世紀の旧ツァーリ帝国〔ロシア〕、そして東ドイツからベトナムにいたるまでの広範な地域、さらにアフリカやキューバにおいても現れた。

革命型モデルにより形成されたとはいえないまでも、少なくともこのモデルを大規模に適用した結果生まれた博物館が今日まで存続していることは、そのことだけでフランス革命の長期にわたる影響を示しているといえよう。このような博物館・美術館の創設方法は、最終的には美術館および芸術自体の地位を変えることになる。この制度は、宮廷の機関から民主的な機関、〔すなわち〕大衆に開放されるだけでなく、その展示の詳細において、多数の、しばしば十分に教育を受けていない大衆の来館に影響される機関へと移行する道を開いた。美術館はこの道をほぼ二世紀にわたって歩んできた。その民主化はまずプロテスタントの国々、イギリスとプロイセンで始まり、第一次世界大戦前にはアメリカ合衆国で勝利を収め、フランス、イタリア、スペインにもたらされたのはその五〇年後だった。

・市民の権利としての博物館・美術館とその量的拡大、多様化

政策の対象および道具として創設された美術館は、同時に最高権力者の義務のリストにその充実を記し、数世紀来そうだったような単なる道徳的義務ではなく、必ずしも法制化されているわけではなくとも実質的に法的義務となった。つまり、革命型の手法は、最高権力者が実質的に所有していたか、または法に従ってその所有物となり得た芸術作品に触れる権利を市民に与えたのである。博物館が事前に定められた日時に開館し、大衆が作品から最大限の喜びと有益な成果を得られるように展示を行うということは、この権利を規則と展示公開という表現に置き換えたにすぎない。

博物館・美術館が新たな地位を得たことは、これらに前例のない重要性を与えた。このことは、ナポレオンのルーヴルへの関心、共和暦九年フリュクティドール一四日の法律〔省令。14頁参照〕、それとともに博物館・美術館の数が増加して四半世紀の間にフランス国内、併合国、衛星国において約四〇館を数えた事実がはっきり示している。約四〇館という数字は、革命前夜のイタリア国外に存在した博物館や美術館の数を超えないまでも同等の規模だった。繰り返しになるが、この勢いは一八一五年に尽きたわけではない。一九世紀前半につくられたすべての博物館・美術館は、多かれ少なかれ、革命の動乱にその起源を持っている。その高揚、躍動は多様化とともにあった。

一八世紀末までの博物館は、自然史博物館と美術館のふたつに大別され、後者はさらに古代美術館と絵画ギャラリーに分けられた。革命は、ルーヴルによって、既に存在していた全世界的《ユニヴァーサル》な美術館に完成された傑出した形を与え、パリ国立自然史博物館によって自然史の博物館を完成させた。そして美術史に関連する市民史の博物館（フランス記念物《モニュメント》博物館）、軍事史博物館（砲兵博物館）、技術博物館（工芸院）を誕生させたのである。量的拡大とテーマの多様化というふたつの傾向は、一九世紀から二〇世紀を通じて続いた。工芸院が美術品や過去の遺物ではなく機械や道具、日用品を導入したことによって始まった、博物館の内容・展示物の民主化も、同様の歩みを示した。

・美術館をめぐる知的「議論」——カトルメールの論陣

ともかく、ルーヴルを豊かにするために外国、特にイタリアから略奪する政策と直結して、この美術館が原理的な批判の対象となり、既にほのめかしはしたが改めて詳細に取り上げなければならない根本的な知的議論の対象となったのも、この革命の時期であった。「議論」という言葉は言いすぎであろう。カトルメール・ド・カンシーがイタリアの略奪に対して行った攻撃は、論理構成の力やレトリックの面で議論というほどの反応を引き出すことはなかった。

先に見てきたように、総裁政府の擁護者たちは、革命期フランスによる芸術作品の解放という教義にだけ言及していた。帝政期になると、この〔芸術作品の解放という〕教義で剥奪政策を正当化することはできなくなり、勝利者が戦利品を展示する権利と、さらにふたつの主要な論拠が用いられるようになった。ひとつ目はそれまで宗教施設や王侯のコレクションに閉じ込められていた作品が一般に公開されるという論。ふたつ目は、完成された手本を前にして、その完璧さゆえにその手本に近づきたいという欲求を駆り立てられる現在進行形の芸術にとって、そして、いわば目の前に並べられて初めて理解が可能となる美術史にとって、かけがえのない有益な効果をもたらす、という論である。これらの主張は、ドゥノンがルーヴルのために行った弁論を思い起こさせる。カトルメールが激しく反論したのはこうした主張に対してであった。

しかし、だからといってカトルメールは博物館・美術館の不倶戴天の敵であったのだろうか。ルネ・シュナイダー〔美術史家。一八六七—一九三八年〕は、今日までで唯一カトルメールに捧げられた著作である自身の論文で、このことに疑いの余地はないと述べている。〔カトルメールの〕『芸術作品の行き先に関する道徳的考察（*Considérations morales sur la destination des ouvrages de l'art*）』が出版されたのは一八一五年だったが、その見解は既に一八〇六年に提示されていた。この著作は、「概してすべての博物館・美術館を非難する美学の原理を力強く宣言」しており、「思想史上、博物館嫌悪症の最も完璧な表現」[15]として残っている。フランシス・ハスケル〔イギリスの美術史家、専門は社会美術史。一九二八—二〇〇〇年〕[16]やエドゥアール・ポミエ〔フランスの美術史家。専門は一八世紀の芸術の理論と制度。一九二五—二〇一八年〕を筆頭とする最近の著者は、この判断を緩和しつつも、カトルメールは博物館・美術館それ自体を否定したとしている。[17] しかし、カトルメールの立場はもっと複雑であるように思われる。『ミランダへの手紙（*Lettres à Miranda*）』（一七九六年）の中で〔次のように述べている〕。

あらゆる種類の知識・教養を集めたコレクションが形成されるのは、積み上げていく楽しみのためなのだろうか。学問の天才が、各国で公共の学校にするべくあちこちに開いている書物や機械や博物学の保管所は、虚栄心や貪欲さの子供じみた誇示にすぎないのだろうか。なぜこのように二流の寄せ集めの、孤立した散在する富を、可能な限り中心的な保管所に統合するために、これほどまでに注意を払うのか。それは、一緒になったこれらすべてのものが互いを照らし、説明し合うからではないか？　そうすることによって、学徒は移動することなく、さまざまな研究・学習手段を見つけ、自分が学んでいる学問の発散する光線を、あたかもひとつの焦点に集中させたように把握することができるのではないだろうか？　パリの自然史博物館を解体して、フランスの各都市がこの国のコレクションを分有できるようにする計画をどう思うか。[18]

ここで、カトルメールは「ローマ古代博物館」の元のままの完全な状態を擁護している。この表現については、また改めて触れることにしよう。カトルメールは、ローマ古代博物館、図書館、工芸院、自然史博物館を同列に論じる。複数の展示物《オブジェ》を一緒に並べることは、単独では理解しがたい各展示物《オブジェ》についての理解を導き出し、知識の獲得を容易にし、あるいは可能にすると示唆している。このようなコレクションを「解体」するという考えは、カトルメールにとっては馬鹿げているように思われた。ここでのアプローチは純粋に戦術的なものであって、

〔並べて見せることの利点という〕二次的な点で相手に譲歩することにより〔博物館・美術館の嫌悪・拒絶という〕本質を守ろうとしているのであろうか？　それをはっきり示すものは何もない。『ミランダへの手紙』全体は、むしろその逆を証明している。カトルメールはさまざまな形で「人は、関係性と比較によってしか判断しないこと」[19]を繰り返している。決して置き換えられない比類ない方法でこれを可能にするからこそ、「ローマ古代博物館」はその元の状態を保たなければならないのである。そして、イタリアからその遺産を奪い取ることなく「古代の宝物」を人々に知ってもらうことが可能であることを示すために、カトルメールはナポリ王国、スペイン、フランスでの発掘調査を提唱し、最後を修辞的な質問で締めくくった。

「ニームのこの美しい円形競技場を修復して、このローマ植民地の古代のすべての富の保管場所にしてはどうか。イタリアのそれに匹敵する古代博物館を、なぜそこに設置しないのであろうか？[20]」

　そして、『ミランダへの手紙』に記述されていたのは、この博物館の計画だけではなかった。カトルメールは、芸術家はローマに行かずにはいられないという信念を正当化するために、イタリア以外で最も豊かだと考えていたイギリスの古代美術のコレクションに言及した。これらのコレクションは個人の城に散在しているため、「ヨーロッパにとっても、イギリスの芸術そのものにとっても」役に立たない。「芸術家や学者は、郵便局の椅子で勉強する〔郵便馬車で方々をめぐる、の意と思われる〕時間も手段もないのだから、その恩恵に与《あずか》ることはできない」。そして、「いつの日か幸いにもコレクションが一堂に会し、これらのコレクションが活用され、学問の世界に戻ってくることを期待しよう」と願いを記した。確かにここでは「博物館・美術館」という言葉は使われていない。しかし、個々のコレクションがある場所に一堂に会するとは、博物館・美術館以外の何ものでもないだろう。ラファエロの絵画はヨーロッパの大都市に散在し、ローマには「一点か二点」しか残っておらず、芸術家たちは彼の作品を研究することができないが、そのラファエロの絵画に関してカトルメールは再び修辞的な質問の形で次のように述べている。

「逆に、これらの都市が、それぞれが持つ唯一の絵画をローマに送り返し、同地ですべての学徒に共有されるギャラリーに置けば、このギャラリーは自身では持たなかった19点のラファエロ作品を学徒たちに見てもらえることになる。そのことに、気づかない者がいるだろうか[21]」

　ここに引用した言葉は、すべての点から見て、カトルメールが固く守ってきた立場を表していると思われる。前述した著作『道徳的考察』では、美術館批判から「学徒の指導のための古典コレクション」を除外し、一定の条件を満たしさえすれば、その有用性に異議を唱えることはないとして、こと細かに説明している。

古典的な美術作品コレクションのあらゆる有用性に異議を唱えるつもりはない。現状で、芸術家がその助けを奪われることが決してなきように。私が反対しているのは、これらのコレクションの道徳的な乱用、その過剰、そしてそれらを利用する際の原則の誤認である。教育に必要な作品にギャラリーを開放し、そこで学徒ら一般市民が美的感覚《グー》を形成することができるようにすべきである。そして、キャビネットを古典的な芸術作品のために充てること。しかし、芸術作品すべてをキャビネットのためだけの物《オブジェ》にしてはならない。

もうひとつ解説しておくに値する言い回しがある。その前に、最初の結論を出しておこう。いや、カトルメールは博物館そのものの敵ではなかった。彼は、自然史博物館や機械博物館に反対していない。彼は、今では遺跡博物館と呼ばれる古代博物館創設に賛成していた。そして、博物館・美術館を学徒や一般人の「美的感覚」形成に欠かせないものとしていた。明確な教育的使命がありさえすれば、美術館を受け入れていたのである。

さらにもう一歩踏み込んでいうならば、カトルメールは美術館そのものの敵ではない。そうでなければ、彼の略奪批判の大部分は根拠を失ってしまうだろう。その批判は、重みの異なるふたつの主張に基づいている。芸術と学問はヨーロッパ全体のものであることを根拠とする、国の如何によらない、一国による独占主義の否定と、文明が到達した水準と相容れない征服権の拒否であるが、これらの主張は、そこに目を向けていないと非難されるのを避けるために言及したにすぎない、とカトルメールは語っている。実際には、芸術の国有化の拒否と、世論の大半が分かち合っているフランスのもっともらしい救世主思想《メシアニズム》に対抗するヨーロッパ的な視点が、『ミランダへの手紙』の端から端まで浸透しているように見受けられる。[23] イタリアを「一種の総合博物館、芸術研究に適したあらゆる品々《オブジェ》のすべてがそろった申し分のない保管所」と位置づける考えがカトルメールの論証の要となっており、博物館・美術館をはっきり肯定的に捉えていることは揺るぎない。カトルメールが、教皇庁の建設した「豪華なギャラリー」や「現教皇がその名を永遠に残すことになる新しい美術館（ピオ゠クレメンティーノ美術館）に収めた莫大な征服物」[25]について語る時も同様である。だが、カトルメールが語る博物館・美術館とは一体、どのようなものなのだろうか？

・カトルメールの描く美術館像と現実への批判

カトルメールによれば、それはまず、その土地土地の自然・

文化的環境に残された作品から構成された博物館・美術館なのだ。作品の持つ意味は、作品固有の性質だけでなく、作品相互の関係、さらには作品に隣接する建物や、より一般的には周囲の景観との関係によって決まるという。都市景観だけでなく、地形、植物相、空、そしてそれらに付随する表象、「記憶、その土地の伝統、今でも存在する風習、その国でなければできない対比や関係づけ」である。[26]それは次のような印象的な表現によって端的に語られる。

「国そのものがローマ博物館の一部なのである。一部だって？私は何を言っているのか。国そのものが博物館なのである」[27]

古代美術品もそうであり、絵画もそうだ。

「すべての流派の典型的作品をあるひとつの倉庫に集めれば、それぞれの国で各流派が生み出す効果をいつかつくり出せる、と想像するのは愚かである」[28]

そのため、カトルメールは、作品を分散させること、本来の場所から移動させることに反対した。その後、ウスターシュ・ル・シュウール〔フランス古典主義の画家〕やシャルル・ル・ブラン〔画家。ルイ一四世下で活躍〕を例に、一七世紀のフランス作品に対しても同じ態度をとることになる。[29]

しかし、「ローマ博物館」の正統性は、収蔵作品とその歴史的文脈との調和にのみ由来するものではない。カトルメールが指摘するように、教皇庁が文芸復興以来行ってきた仕事の集大成であることも、その正統性を示している。[30]つまり、数世紀にわたるゆっくりとした堆積の産物なのである。本書で用いる用語でいえば、カトルメールが特徴づける「ローマ博物館」は、伝統型美術館と呼ばれるべきものであり、この点で、イタリアから強制的に持ち出された作品で短期間に〔展示室の壁面を〕埋め尽くすことが提案されている美術館とは根本的に対照的である。人為的展示とは対照的な伝統へのこだわり、つくりものとは対照的な自然な成熟へのこだわり、理性とは対照的な歴史へのこだわりは、『ミランダへの手紙』をエドモンド・バーク〔一八世紀イギリスの政治思想家、哲学者、政治家〕の『フランス革命についての省察（*Réflexions sur la révolution de France*）』に近づけ、「真に反革命的」な政治的拡がり・射程を与えている。[31]

カトルメールはルーヴルについて言及してはいない。彼の手紙には「ルーヴル」という言葉自体が出てこない。しかし、ローマへの旅を「模範的な芸術作品を大量に蓄えることで[32]」代用しようとする虚勢を非難するとき、カトルメールが標的としているのは、ルーヴルだった。ルーヴルは戦利品、特にイタリアでの戦勝の戦利品によって豊かになり、革命型博物館・美術館の原型として、また革命そのものの比喩的表現《メタファー》として、二重に攻撃されたのである。

「権力の恣意的な決定によってつくられ、自身の歴史の文脈から切り離された作品を集めた特殊な施設としての『美術館』を非難する」[33]ことで、カトルメールは自らを反ドゥノン、反ルノワールと位置づけ、自身の理論によって彼らの行いからいかなる正統性をも奪っているのである。

・美術館における展示の功罪と作品の「本来の場所」

　さて、仮にルーヴルが表立って批判できないものであったとしても、フランス記念物《モニュメント》博物館はそうではなかった。一八〇〇年の時点で、カトルメールは「かつて神殿を飾っていた、人々の敬虔《けいけん》さの証《あかし》となる崇敬の対象がすべて打ち壊された全世界的《ユニバーサル》な接収、本来の場所でその都市の富のひとつを形成していた多くの芸術作品が雑然と置かれている無用の倉庫」に対して攻撃を開始した。

「私が言いたいのは、このいわゆる保管庫《コンセルヴァトワール》についてで、そこには毎日、神殿のすべての残骸が積み上げられている。プティ＝オーギュスタン通りのこの収蔵庫は、芸術作品の真の墓場であり、研究にとって価値のない多くの品々《オブジェ》［中略］、今やそれらに命を与えた思想とは無関係に、あらゆるコレクションの中で最も下品とまでは言わないまでも、最も滑稽な体をなすであろう」[34]

　ルーヴルの最後の時は、それから一五年後にやってくる。『ミランダへの手紙』は、カノーヴァによって再版され、ワーテルローの戦いのあとにパリに集まった各国の代表者に、当然ながらカトルメールの同意を得て配布され、作品の元の所有国への返還を支持する論拠となった。カトルメール自身この書に立ち返り、それを利用して「ヨーロッパ全体が長く否認してきた野蛮な剝奪権」を批判し、また、ボナパルト〔ナポレオン〕によるローマへの仕打ちと、エルギン卿によるパルテノン大理石像の撤去との間の原理上の違いを立証した。後者は、〔カトルメールの考えでは〕オスマン帝国政府から許可を得て行われたもので、消滅の危機にあった遺跡の正真正銘の救済だった[35]。カトルメールによれば、これらの大理石像を手に入れた大英博物館は、『ラオコーン』や『ベルヴェデーレのアポロン』を受け取ったルーヴルとはあらゆる点で異なる状況に置かれていたのである。

　つまり、カトルメールが外国やパリの神殿の略奪で潤った革命型の博物館・美術館の存在権を否定したとしても、彼はすべての博物館や美術館の清算を要求したわけではないのである。ただ彼は、博物館・美術館の増加と保有作品数の増加による悪影響を世間に納得させたいだけなのだった。その意図は、ミランダ将軍への最後の手紙に表れている。イタリアからフランスへモニュメントを輸送するプロジェクトについて、想定される審議で取り上げるべきテーマを提案する中で、カトルメールは「絵画を収集することや各派作品を一式取りそろえることの利点は進展を見せるだろう。しかし、この種の比較だけから生まれる研究は、あらゆる好みを中和し、ジャンルの混合、雑多な作法、雑種的・折衷的な、特徴のない様式を生み出す傾向があることを示すだろう[36]」と書いている。

絵画のコレクションの利点は否定しない。しかし、美術館で作品を鑑賞すると、異なる流派が混在し、その結果、それぞれの固有性が無意味なまでにそぎ落とされてしまう。そのため、「美的感覚」が鈍り、無表情な芸術のように見えてしまい、コレクションの利点は相殺される。カトルメールはここで、彼が執筆した当時のルーヴルにおける絵画の展示方法を標的としているようだ。そこでは画家の混在が見られ、流派さえも混在していた。この美術館を一様に否定すべき機関として捉えることなく、カトルメールはその有害な影響を示した。美術館の熱狂的な擁護者に対抗するには、それで十分だった。

美術館の両義的な性質に関するこの検証は、カトルメールに博物館・美術館の影響力と潜在的な危険についての考察を深めるように導いたようだ。彼は一八〇六年に美術アカデミーの美術クラスでその初期の成果を発表し、一八一五年に「著作に適した状況が整った」として、書籍の形で決定版を出版した。その書籍が先に述べた『芸術作品の行き先に関する道徳的考察』である[37]。

・美術館と創造の不調和という論点

これは博物館・美術館についての論考ではない。王政復古の黎明期に、カトルメールはルイ一八世政府に芸術政策、彼の言葉を借りれば、芸術の「優れた管理・奨励システム」の計画を提案した。その内容は「公共的で重要な場所に設置・収蔵され得る」作品にのみ芸術家を起用し、その設置・収蔵先にふさわしい記念碑や作品を置くことによって大衆の判断や意見を形成し、「設置・収蔵先を与えられた作品において、それらがわれわれの魂に与える印象を左右する道徳的で、場所に根差した、あるいは付随的な考察を尊重することによって[38]」大衆の「美的感覚」を啓蒙する、というものだった。そこには三つの側面がある。注文、発注された作品の使用、そして遺産の管理である。

そのような計画を強く推進する必要があるとしたら、それは、芸術政策を生むような競合的計画を事前に無効にしなくては実践できないであろうからである。実際、「ヨーロッパではしばらくの間、奇妙なシステム〔中略〕が蔓延していた。芸術を繁栄させる秘訣は、『コレクション』、『キャビネット（陳列室）』、『博物館・美術館』と呼ばれる作品の集積がもたらす力にあるにちがいないと考えられてきた。すべての国が同じように作品の集積に努めた。莫大な費用を投じて収集・集積された傑作や模範作品は、すべて模範作品の到着・集積に先立って生まれたものであり、美術館が傑作を生み出すために創設されて以来、美術館を埋め尽くすような傑作はもはや生み出されていないことに、まだ誰も気づいていないのは不思議である[39]」〔図45〕。

[図45] ジャン＝オーギュスト＝ドミニク・アングル『アンジェリカを救うルッジェーロ』1819年、油彩
(Musée du Louvre, Paris)
アングルは、女性の身体を解剖学的な詳細さにおいて不正確に描いたとの非難を受けてはいるが、女性の身体を描く最も偉大な画家のひとりである。ルドヴィーゴ・アリオスト〔イタリア・ルネサンス期の詩人〕の詩に触発されて生み出されたこの作品は、1819年のサロンに展示され、その後ルイ18世に購入されてリュクサンブール美術館のコレクションに入り、最終的にルーヴルに収蔵された

これはただの偶然なのか、それとも美術館が増えることと、芸術そのもの、少なくとも優れた芸術が消えていくことの間には両立を不可能とする原理があるのだろうか。カトルメールの著作は全体にわたって、このふたつの現象が必然的に結びついていることをはっきりと示している。博物館・美術館は、実は、芸術作品を無用の長物に変えてしまうのである。作品を研究対象に変え、新たな作品の生産に役立てようと目論みつつ、博物館や美術館は、「芸術、芸術家、そしてその作品が、決してそれを利用しない社会のために無限に回転する、(それが長く続くとすれば)本当に奇妙な悪循環」に自らを閉じ込めているのである。さらに、美術館は公衆の注意を作品の社会的な目的からその内在する性質へと向ける。これによって、人々は「コンクールで審査するかのように」作品を評価する習慣に慣れてしまい、「芸術家間での順位づけに注力する。絵と絵、色に対する色を比較し、美しさと欠点を算定することにのみ関心を持つようになる。大衆が「抽象的な完璧さ」にのみ満足し、「欠点を許容しないように促し、誤りとされるものを弁明して、時には正当化する理由を無視させ、場所や状況、そこに付随する好意的配慮が賞賛のまなざしをもたらしたかもしれないことを考慮することはない」よう誘導する、悪循環が存在する。

その結果、コレクションは「選りすぐりの傑作」のみを選び出し、これらの傑作の誕生が多数の凡庸な作品に依存しているという認識を観客から失わせてしまう。さらに、必然的帰結として「古いものに対する一種の迷信」と「新しいものへの新しさゆえの」軽蔑が生じる。このような状況の中で、「芸術家は作品をつくらなくなり、新たな傑作への期待は次第に薄れていく」のである。(40)

・「不完全な批評家」ではなく「情熱的な愛好家」を求めるカトルメール

しかし、告発はまだ終わっていない。カトルメールは、コレクションや美術館の乱用と、生産性のない推論能力の産物で『美的感覚』と感情の破壊原理」でもある批評精神の独占的な支配とを関連づけるが、その一節で、彼の告発は頂点に達する。この〔批評家精神の〕支配は、「不完全な批評家」の増殖に明らかで、この「感情の働きを知力でしか評価しないことに慣れた不完全な批評家たちは、弁明する大胆さを授ける代わりに間違いを恐れさせて、芸術家に落胆をもたらしている」。そして、彼の計画のすべての基礎となる命題《テーゼ》を述べる。

「結局のところ、芸術家には熟練した審判よりも情熱的な愛好家が必要である。芸術家が対象とすべき公衆は、理性で考える公衆ではなく、感じる公衆なのである」(41)

同書の第二部では、感情が「芸術の生命力」として果たす生産的な役割を強調し、この主張を正当化している。その作用は確かに神秘的であるが、この感情の能力は、それが大衆にどれだけ訴求するのかという度合に応じてのみ、芸術家において力を持つことは明らかである。だからこそ「芸術家を支援するすべての方法の中で、彼らの作品への愛を育むことが最も有用であろう」とされる。

　では、観客を感動させ、想像力を刺激し、目の前にある作品を生き生きと感じられるよう導き、記憶に深く刻み込み、ほかの作品を見たいという欲求を引き起こすためには、何をすべきだろうか？　その答えを述べる前に、カトルメールは受容の美学を基礎づける原則を提示しているが、まず、受容の美学に結実する以前に彼が育んだ美学について、次のように述べている。

> **芸術における真の相関関係は、見る対象とそれを見る者の間に実際に存在する。対象をどのように考えるか、すなわち観客が支配される感情によって、対象から受ける効果や、その作用を体験する質が変わる。同じように、対象がどのように見られるかは、われわれが考える以上に、観客がそれを楽しむ能力を定め、感動する能力を増減させる。ここには、原因と結果の相互作用が実際に存在するのである。**[42]

芸術作品との出会いが観客の心に「情熱的な愛好家」への不可逆的な変化をもたらすためには、その作品が的確な基準に従って展示される必要がある。「芸術のモニュメントは、その本来の設置・展示場所において、多寡に差はあれ、何らかの考えや特別な感情と対応していないものはない。絵画は、彫像や建造物と同様に、その創作にいたった動機に依存するはっきりした使命を持っている」。したがって、これらの作品はすべて、その使命を裏切ることなく、またその本来の目的から逸脱することなく、見る者の視線に提示されなければならない。さらに、それらは「感情の作用を高める」ための「道徳的な付帯物」に囲まれているべきである。つまり、これらの作品は、作品を生み出し出現させた信仰や崇拝に囲まれ、作品がそのためにつくられた場所にとどまるべきである。言い換えれば、作品はそれぞれ「その土地の風俗、習慣、国の歴史、土地の伝統にある基礎」をそれぞれが保持しなくてはならないのである。[43]

・古代作品の修復についての二説

　このことは現代作品にも古代作品にも当てはまる。しかし、古代作品には特有の問題が存在する。その魅力は、腕の確かさだけでなく、古びた佇まいにもある。そのため、「これらの損傷した遺物に偽りの完全性を与え、古代作品から古代の痕跡を消し去り、偽りの若々しさを与えることは、その価値と美しさを部分的に奪い、批評精神の攻撃からそれらを守っていた不可侵性を損なうことになる」とされている。カトルメールは、美術館、特にルーヴルで行われている古代のモニュメントの修復に対して断固とした非難を行ったが、これは彼の基本的な立場から論理的に導かれたものである。しかし、彼は三年後にその立場を放棄した。

彼はカノーヴァに宛てて次のように書いた。

古代の彫像を修復することは一般的に批判されている。確かに、かつてローマではそれが大いに乱用された。しかし、もしすべてのモニュメント的な彫刻が、芸術家たちが細部まで研究するために好んで見るような破損した状態のままにされていたならば、古代美術品が過去半世紀にわたって公衆の「美的感覚」に影響を与えるようなことは決してなかっただろうと私は確信している。修復がオリジナルの作品を一切損なわず、一切の誤認を招かず、偽りのものを付け加えて主題や構成一切を歪めない限り、再び全体像を鑑賞できるようにすることを拒否する理由があろうか。(45)作品はしばしばその完全な全体像から価値の大部分が得られるものであり、時間という偶然によって奪われたものを補うことで初めて万人の目を真に喜ばせることができるのだ。

カトルメールによれば、作品がその完全な効果を発揮し、芸術家たちの情熱を刺激し、傑作の制作を可能にするような観客を育成するためには、作品の理解に際して満たすべき条件がある。それを考えれば、カトルメールがコレクションや美術館を批判するのは理解できる。なぜなら、そこに展示されている作品は、本来の目的を奪われてしまうか、あるいはさらに悪いことに、「キャビネットのための物《オブジェ》」であることが唯一の目的となってしまうからだ。作品はその文脈から、そしてそれに価値を与える物理的および精神的なすべての環境から引き離されてしまう。美しい作品を「その目的にふさわしい場所で単独で見られた際に生まれる完全で穏やかで完結した感覚」に代わって、ただ数多く並べられることによって「打ちひしがれた、ばらばらの、支離滅裂な印象」(46)を生み出すのである。そして、一度修復されると、「古びた佇まい」がもたらしていた魅力を失ってしまうことになる。

・カトルメールの主張に対する歴史の裁定

コレクション、美術館と芸術創造との間の両立不可能な不調和は、全面的なものである。前者が後者を殺すのだ。カトルメールが指摘するように、一七九〇年以降、モニュメントを分解し、「コンセルヴァトワール」と呼ばれる収蔵庫にその破片を集める行為が始まったときから、つまり「二五年前」から傑作が消えたとしても驚くにはあたらない。これは、フランスの流派だけがヨーロッパで生き残っているとしてルーヴルを称賛するドゥノンの評価とは対照的である。カトルメールにとってルーヴルは、「まがいものの瓦礫の集積所」であり、「秩序と配置」が虚しく賞賛される「残骸のアトリエ」の典型である。[47] しかし、既に見たようにカトルメールは博物館全般の閉鎖、あるいは美術館の閉鎖を提案するまでにはいたらなかった。ただそれらをあるべき位置に戻すことを望んでいたのである。

　カトルメールは、作品を保護し、学徒や公衆に触れる機会を提供するために、博物館・美術館が不可欠であることを理解していた。また、その利点が弊害を相殺するように〔博物館・美術館を〕変えることが可能であることもわかっていた。彼の著書に暗に描かれた理想の美術館のイメージに一致させたなら、美術館は現在進行形の芸術と調和し、さらにはその機能を発揮させただろう。国家間の威信争いの中で方々から持ち寄られたますます多くの作品で満たされた国家的虚栄心の神殿〔博物館・美術館〕は、ひとりの芸術家やひとつの流派に捧げられ、その芸術家や流派の精神を反映することができる小規模な施設に場を譲るべきである。それは、理性ではなく、訪問者の感情や想像力に訴え、納得ではなく感動を与えることを目的とし、学者ではなく芸術家や最も強い意味での美術愛好家を対象とする施設である。可能な限り、作品はもともと意図されていた場所に残され、元来その一部であった全体の中に統合され、集められることで帯びる熱気に囲まれるべきである。カトルメールは、特に前衛芸術家やその盟友である美術評論家たちに多くの追随者を得た。フランスでは特に、彼のあとに何度「芸術の墓場」としての美術館という決まり文句が振りかざされたことだろう。美術館が生きた芸術との関係が断たれていると何度も指摘され、公衆の関心が薄れることによる美術館の「死」が間近に迫っていると、何度も嬉々として宣言された。

　しかし、これらの声は無駄に終わった。美術館はいずれの危機も乗り越え、そのたびに以前よりも豊かになり、数も増え、来館者数も増加した。歴史はドゥノンとルノワールに勝利を与えたのである。

第V部

ヨーロッパ各国の博物館・美術館

一八一五〜五〇年

Musées et nations – 1815-1850

一八一五年にカトルメール・ド・カンシーによって出版された書物は、出版当時、影響力のある読者を得た。しかし、彼の批評は、フランスやその他の国の芸術遺産に対する政策を少しも変えることはなかった。フランスの統領政府および帝政下で、フランスの地方《プロヴァンス》や併合された国々につくられた博物館や美術館は、ナポレオンの失脚とともにフランスの影響圏から離れたが、解体されたものはひとつもなかったようである。それどころか、いくつかの進行中のプロジェクトは新たな政権によって最後まで遂行された。一例を挙げるならば、一八一七年八月三〇日に開館したヴェネツィアのアカデミーのギャラリーである。[1]平和が戻ると、戦争によって影響を受けたすべての国々で施設の数が増加しはじめ、まだ博物館や美術館を持たない諸国の首都のために大規模美術館や、考古学、美術、歴史の境界に位置する博物館や美術館の計画が立案され、大体のところその後の二〇年間で完成した。

これらのほとんどは、ルーヴルやフランス記念物《モニュメント》博物館をはじめとするパリの事例を模したもので、ときには遅かれ早かれそれらを凌駕する希望を秘めていた。国立博物館という概念そのものは、法的なものではないとしても、実質的に見て、純粋にフランス革命の産物である。この概念はフランスにおける復古王政の時代にも生き延び、さらに国境を越えて他国でも採用されるようになった。一八五一年のロンドン万国博覧会が博物館・美術館の歴史に転機をもたらすまで、一七八九年に始まった時代の流れは続いていた。その間に政治状況は完全に変化し、新設された博物館や美術館の地理的分布は、スペインからスカンジナヴィア、イギリスからボヘミア、ハンガリー、ポーランドにまで及んだ。一八世紀まではイタリアのものであり、一八一五年まではレオポルド・フォン・ランケ[※1]の言うところのローマ・ゲルマンのものだった博物館や美術館――特に美術、考古学、歴史の博物館――はこのときから、国民国家から成るヨーロッパへと変貌しつつあったラテン・ヨーロッパ全域に拡がったのである。

〔※1〕歴史学者。厳密な史料批判と史実の客観的歴史叙述を主張し、近代歴史学の父といわれる。『ローマ・ゲルマン諸民族の歴史』（一八二四）ほか。

20 スペイン――プラド美術館、王立から国立の美術館へ

・ナポレオン戦争の混乱と博物館・美術館の構想

帝政期と王政復古期の間には一定の連続性があり、それは皮肉にも予想外の場所で最も顕著に現れる。フランスによる占領は、スペインに忌むべき記憶しか残さなかった。ナポレオン軍の残虐行為、破壊行為そして略奪のあとではそうならざるを得なかっただろう。それをゴヤが『戦争の惨禍』（一八一〇―二三年）や『一八〇八年五月三日』（一八一四年、プラド美術館）［口絵5／図46］で長く後世に伝えた。したがって、侵略者が美術館建設を目論んだことによって危うくされたスペイン自身の美術館構想がすぐには復活しないだろうと思われたのは、当然だった。ところが独立戦争が終わると、美術館の問題は再び取り上げられた。[1] マドリードにはまだ美術館がなかったが、一七四四年に設立されたサン＝フェルナンド王立美術アカデミーのコレクションは、一七九四年から授賞展の時期に年に一度、約二週間だけ一般公開されていた。それ以前は、三年に一度しか公開されていなかった。[2]

アカデミーは美術コレクションの管理の経験を持ち、フランス人が去ったあと、元の所有者に返還されるはずだった絵画を保護下に置き、美術館を創設する野心を示していた。一八一四年七月四日、アカデミーは新国王フェルナンド七世の命によりブエナビスタ宮殿の使用を許されたが、それは、一八一五年一月発行のあるマドリードのガイドブックが発表しているように、「フェルナンド博物館」という名の博物館を開設するためだった。しかし、ピエール・ジェアル〔研究者。主な専門は一八―一九世紀のスペインの市民社会、スペイン絵画〕が著書で明らかにしたさまざまな理由により、この計画は実現しなかった。[3] 一八一六年にブエナビスタ宮殿はおそらくパリの砲兵博物館を模して一八〇三年に設立された王立軍事博物館に提供され、一八二七年には王立軍事砲兵博物館と改名された。[4] 美術館の設立は先送りされたのである。

・王室の美術館として開設されたプラド美術館

カスティーリャ地方評議会から出されたフェルナンド博物館計画に対する批判は、法的議論（所有者への作品返還義務）と合わせ、王室所有ではないブエナビスタ宮殿の改装費用の問題お

よびアカデミーのコレクションに優れた絵画がないことを指摘していた。評議会は、結論として、一七八五年から一八〇八年にかけてプラドの遊歩道に建設されていたある建築物に博物館を設け、そこに自然史のキャビネットを収容することが望ましいとした。その建物の設計者、ファン・デ・ビジャヌエバ〔第1巻四三三頁参照〕は「全自然物博物館」と名づけることを提案した。[5]評議会はまた、そこに展示される絵画は、王室所蔵の作品でなければならないとした。かくも権威ある施設に展示されるにふさわしい傑作を所蔵するのは王室コレクションだけだったのだ。これらの結論は国王によって承認された。一八一八年、工事資金は王室費から充当されるとともに、王室の現金資産よって補塡もされた。同時に、王室の諸宮殿から選別された作品の移送と修復作業が開始された。[6]

かくしてプラド美術館の誕生時、それは国家のものでも国民のものでもなく、ピエール・ジェアルが強調するように、王家の管理下にあり、一八三四年の君主の死までその所有物であった。そしてこのことにより、三人の相続人が相続権を主張する段になって、王の芸術品コレクションの散逸防止が問題となるのだった。プラド美術館が王室の世襲財産に組み込まれるのは一八六五年になってからで、その四年後に王制が廃止されたあと、国家の所有物となった。[7]

開館当初のプラド美術館は、革命期のルーヴル宮の美術館というよりも、もしダンジヴィレが彼の計画を完遂できたとした場合のルーヴルの美術館に似ていた。ただし、フランスではルイ一四世の時代から王の芸術コレクションは王位・王権に属するものだった、という点が異なっている。プラド美術館は、単なる宮廷従属機関であり、一八一九年一一月一九日に、悪天候のために実際の開扉が二日延期されたこともあって、何らのお祭り騒ぎもなしに開館したが、[8]マドリードの新聞はプラド美術館にあまり注意を払わなかったものの観客は集まり、美術館の管理者が開館期間を数日延長する許可を首席執事《マジョルドーム・マホール》に求めたほどだった。[9]工事中の建物では、地上一階の三部屋だけが、美術館の既に保有する大量の作品の中から選ばれたスペイン絵画三一一点を収容する準備ができていた。この機に合わせてカタログが出版され、それらの作品を列挙した。二年後の新版では、カタログは五一二点の絵画をリストアップし、そのうち三一七点はスペインのもので、残りはイタリアのものであった。[10]

ふたつのカタログには、目立たないが重要なもうひとつの違いがあった。最初のカタログは王立印刷所《インプレンタ・レアル》から出版され、二番目のカタログは国立印刷所《インプレンタ・ナシオナル》から出版された。[11]一八二一年、実際にスペインは短い自由主義の時期を迎えたが、二年後にはフランスの介入によって終わった。かかる情勢下、「国のもの（national）」は「王室のもの（royal）」に対立する語として再び現れた。プラド美術館の地位はこれらの出来事によって影響を受けなかったが、一八二二年には議会《コルテス》で議論となった。[12] おそらくこのことは、一八二三年に美術館の扉に「王立美術館。それは王の所有物である」(REAL MUSEO. ES PROPIEDAD DEL REY) という看板が掲げられたこと、とりわけ、一八二四年のカタログの序文で「王立美術館の絵画はすべてわれわれの主君である王の所有物」[13] であることが強調されたことを説明するものだろう。

・王室の美術館から国の美術館へ

プラド美術館の地位に関するいわば内輪の議論が続いた。一八二六年には初めて「公共施設」と呼ばれた。[14] しかし、「王立(royal)と国立(national)の間の境界が少しずつ定められ」、プラド美術館の地位の問題が再び問われるようになったのは、ようやく一八三〇年代後半になってからだった。その後、「国立美術館(Museo Nacional)」という表現が現れたが、これはプラドではなく、のちに再び取り上げる別の施設〔後述のトリニテ美術館(Musée de la Trinité、トリニダード美術館)〕に適用された。[15] 三〇年後、「王室(royal)」か「国(national)」かをめぐる争いは「国(national)」の勝利で決着がつき、プラドは公式文書で「国立美術館(musée national)」と呼ばれるようになった。[16] しかし、一八七二年版以降のカタログでは「プラド美術館」と呼ばれているが、一時期は――たとえば一八八九年、一九〇三年、一九〇七年は――「国立絵画彫刻美術館」という名称が使われており、それが公式の名前であったようである。[17]

プラド美術館の制度史は、王の決定により王室のコレクションが一般公開されたことから始まる伝統型博物館・美術館としての特に興味深い事例を提供している。この決定は、王の側近によって提案され、啓蒙派エリートの願いを叶えるものではあったが、王が何らの義務を負っていない以上、それは王の自由意志の行使であった。ところが、あらゆる意味で王立美術館であったプラド美術館は、当初から事実上国家の財産だと考えられてもいたのである。これら少数派の声はすぐに封じられ、国有化が進められたのは、ようやくフェルナンド七世の死後になってからで、それはスペインの公共生活全体に影響を与えた政治的、制度的変化の中、三〇年以上にわたって執拗に、少しずつ進められた。当初これは国有化そのものを目的としたものではなかった。その真の推進者は、亡き王の遺言を履行する責任を負った官吏であり、王の芸術コレクションを散逸の危険から保護するいかなる法律もないという事実に即し、その永続性を担保するために、〔個人としての王から〕王室さらには国家にでさえ、それを譲渡することを思いついたのだ。

この件に関しては、彼らの意見が一致することはなく――当時の文献から彼らの論争を知ることができる[18]――そして何も進展しなかった。一八四五年一一月、イサベル二世(一八三三―六八年、スペイン女王)に提出された法律案は、王室に帰属する不動産および動産を定義し、その不可侵性および不可分性を確立した。そこに挙げられた主だったものは、不動産としては美術館、動産としては特に絵画、彫像、そして人工物・自然物を問わずあらゆる種類の宝物だった。だが新しい妥協案が出て署名は延期された。その推進者は、一八六五年五月一二日の法律でようやく目的を達成した。この法律は、二〇年前にさかのぼる計画の本質を受け継ぐものだった[19]。その四年後、王室の財産は国家に移った。

かくして、一八六八年九月に軍人の反乱がイサベル二世を亡命に追い込んだことを革命とみなさないのであれば、プラド美術館は革命なくして革命型美術館になったのである。実際にプラド美術館は、啓蒙時代に生まれてからフランス革命によって急進的な形に発展したさまざまな着想への長期にわたる取り組みの賜物なのであった。

・プラド以外の美術館構想

プラド美術館は、その法的地位といい、展示する名画の数といい、やはり長い間別格であった。しかし、一九世紀前半にスペインで開館した美術館はプラドだけではなかった。

サン＝フェルナンド・アカデミーは美術館を奪われた失望を補うために、国王から大量の寄託絵画を受け取り、コレクションを再編成し、一八一七年に一カ月以上にわたって展示した。この時発行されたカタログは、あたかも一般公開に備えていたかのように、絵画を部屋ごとに分類している。

フランス占領時代のバレンシアとバルセロナでは美術館の設立が試みられたが、成功しなかった。バレンシアのサン＝カルロス・アカデミーとバルセロナの美術学校は、宗教団体から差し押さえられた作品の保管庫として機能した。差し押さえた作品の返還の際には、いくつかの絵画を保持すべく、代わりにレプリカを提供することを含めて宗教団体と交渉した。これらのコレクションはまだ美術館ではなかったとしても、一般公開という考えは管理運営機関《アドミニストラシオン》にとって決して無縁なものではなかった[20]。

自由主義復活の短期間に、既に廃止が決定されていた修道院の芸術財産の問題が再提起された。しかし、当時採択された法令が適用される気配ははじめからなかった。絶対王政の復活により廃止されたこれらの法令は、フェルナンド七世の死後、自由主義者が再び政権に戻ると、より広範囲で復活した。これにより、以下が次々と廃止された。異端審問（一八三四年）、イエズス会（一八三五年）、ほぼすべての男子修道院と修道士の修道院（一八三六年三月八日）、そして多くの女子修道院（一八三七年）。これらの財産は「国有」となり、国家の負債の返済に充てるために売却された。ただし、「学問および芸術に関わる機関が管理する古文書、絵画、書籍、およびその他の資料［略］

は地方図書館、博物館や美術館、アカデミー、およびその他の公共教育施設に割り振られる」という例外があった。

　こうしてスペインは、フランス革命がたどった道を、彼らなりのやり方で進みはじめたのだが、スペインにとってフランス革命は、美術品国有化の成功例であるとともに、革命による暴力の嵐、芸術品の破壊行為《ヴァンダリズム》でもあり、これだけは是が非でも回避したいという彼らの思いに照らすと、この革命は反面教師でもあった。[21]

・「国立美術館」創設に向けての施策

　さて次に、作品を保護し、目録を作成し、保管体制を整備するために解決を要する行政上の問題について、そして内戦下にある国家において政府の決定を実行に移す際にぶつかる困難について簡単に触れることとしよう。

　一八三四年から採用された施策は徐々に成果を挙げた。サン＝フェルナンド・アカデミーは、マドリード県および他の県で当施策に関わる作業を担当したが、その結果、「国立美術館」を設立するに足る多数の絵画の存在が判明した。「国立美術館」という表現が現れたのはまさにこのとき、一八三六年二月だった。アカデミーは、これをもとに、スペイン絵画の全貌を紹介する「中央美術館」の創設を目指したが、実務的困難と地方の抵抗により、この計画は頓挫した。

　一八三八年七月二四日、トリニテ修道院に開設された新しい美術館は、プラド美術館の競争相手にはなり得ず、数カ月後には閉館した。その後一八四二年五月二日に内務省直轄として再開されるまで工事が続けられた。そのコレクションのレベルや施設の狭さを批判され、さらには一八五九年に最も名高い絵画の一部が撤去されたことで貧弱化し観客の不満を呼んだ「トリニダード美術館〔トリニテ美術館〕」は、プラドが「国立美術館」になった時でも〔「国立美術館」という〕その名前ゆえに維持し得たわずかな存在理由を失い、一八七〇年一一月二五日の政令《デクレ》により消滅した。プラドが絵画の一部を引き取り、残りはさまざまな行政機関と施設に預けられた。[22]

・フランスの美術評論家ヴィアルドによる美術館・博物館分析

　ここで一旦、補足説明が必要であろう。一九世紀前半のヨーロッパ、特にスペインの美術館を扱う際には、美術評論家ルイ・ヴィアルドの名前にしばしば出会う。彼は有名な歌手である妻、ポーリーヌ・ガルシアに同行し、ヨーロッパの主要国、ロシアを含む多くの国を訪れた。[23]ヴィアルドはそれら諸都市について記事や書籍の中で記述しているが、それらが再版されたことを見ると、大衆読者の人気を博したことが見て取れる。法律家としての教育を受けたヴィアルドは、一八二〇年代半ばからパリの最も権威ある雑誌の協力者となり、スペイン語とロシア語の翻訳者、パリ文学界の名士、そして何よりも美術評論家として、非常に早くからスペインの魅力に取りつかれた。一八二三年から一八二四年にかけて、自由主義政府の三年間ののちにフェルナンド七世の絶対権力を回復するために派遣されたフランスの遠征軍とともに初めてスペインを訪れた。

一八三四年、スペインへの二度目の旅行のあと、ヴィアルドは「マドリードの美術館〔プラド美術館〕」についての記事を発表し、その後すぐに一冊の本に収められた(24)。一八四二年にはイタリアの美術館に関する著作が続き、一年後にはスペイン、イギリス、ベルギーの美術館についての本が出版され、その第一部は、一八五二年に増補改訂されスペインだけに焦点を当てた一冊になった。ヴィアルドの『ヨーロッパの博物館・美術館（*Les Musées d'Europe*）』は五巻本で、それぞれがイタリア、スペイン、ドイツ、そしてイギリスおよびベルギーとオランダとロシア、そして最後にパリに限定されたフランスを扱っている(25)。私たちは多くの機会でそれを参照することがあるだろう。

長年にわたる視覚的な経験と豊富な読書から得た知識を持つヴィアルドは、他の人とは異なった美術館の訪問者だった。美術館というテーマを取り上げる多くの著者とは異なり、彼は展示されている作品だけでなく、それらを収容する美術館にも興味を持っていた。その建築と内部の配置、絵画の保存状態、展示方法、照明、キャプション、カタログやそれに代わる小冊子、最後には来館者数、そしてときには一般観客の様子にいたるまで、その関心は多岐にわたっていた。その意味で、ヴィアルドは単なる美術評論家以上の存在だった。原則論を改めて持ち出すのではなく、訪れた施設の実際の運営について論理的な判断を試みる、最初の博物館分析者のひとりであった。彼の著作は、特に美術館と考古学の博物館を、一九世紀最初の博物館訪問者の視点から再現しようとする者にとって、かけがえのない情報源である。

『スペインの博物館・美術館』でヴィアルドは、既に出版されていたテキストを改訂し、焦点をマドリードの美術館とグラナダのアルハンブラに限定している。

マドリードでは、王立図書館の貨幣とメダルのキャビネットを取り上げ、そこでの混乱を指摘した上で、武器庫《アルメリア》の中世の武器と防具に言及し、自然史博物館とその鉱物学キャビネット（そこでは最大の自然金の標本を見ることができる）と動物学コレクション（そこには唯一の完全なメガテリウム（大懶獣《だいらんじゅう》）〔アリクイなど貧歯目に属する絶滅哺乳類〕の骨格がある）にやや多くのスペースを割いている(26)。これらすべての博物館は、既にそうみなされていたように、過去からの遺産である。

上記三館のうち最も古い王室武器庫《アルメリア・レアル》は、カール五世〔一五〇〇—五八〕とフェリペ二世〔一五二七—九八年〕の時代にさかのぼる。一八世紀に大幅に増強された武器庫は、フランスの占領中に甚大な損害を受け、一八四〇年代に再編された。また一八四九年にはカタログが出版された(27)。

貨幣とメダルの博物館は、古代のキャビネットとともに、一八世紀初頭から王立図書館の一部であった。これについては、主任司書が一八三五年に就任したとき、貨幣とメダルの数は不明で、極めて雑然とした混乱状態にあったと述べているが、これはヴィアルドの発言を裏づけるものである(28)。

自然史のキャビネットのはじまりについては既に述べており、一八一五年にそれは王立自然科学博物館という名称に変わり、植物園といくつかの研究所が結合され、パリの自然史博物館と同様の教育研究機関となったことを付け加えれば十分であろう(29)。

・もうひとつの「国立美術館」とそのほかの美術館の状況

ヴィアルドは、「ムゼオ・デル・レイ（Museo del Rey）」つまりプラド美術館、そして「国立美術館（Museo Nacional）」つまりトリニテ修道院〔の美術館〕、さらに二〇点の絵画作品を持つアカデミーの小さな美術館について詳細に記述している。

トリニテ美術館に対する彼の評価は非常に批判的である。確かに彼は、トリニテ修道院の非宗教化された場所で絵画を集める意図を称賛しているが、カタログの欠如と、廃止された修道院から引き取られた作品の質の低さを指摘している。彼によれば、ほとんどの作品はわざわざ見に来るに値しない。唯一見る価値があるとされるのは、カルリスタ戦争〔フェルナンド七世の没後、王位継承をめぐって起こった内戦〕に参加し、財産を取り上げられ、一八三七年に権利を剝奪された、スペインとポルトガルの王子であるセバスティアン・デ・ブルボンから没収された絵画である（これらの絵画は一八五九年に撤去された）。フランドル地方のプリミティフ絵画はぞんざいに扱われ、そろえて展示されるべきだった四連祭壇画は分散されている。ヴィアルドは当時、フランスにおけるスペイン絵画の最も優れた専門家のひとりだったが、次のように述べている。

「そこには真贋が疑わしいどころではない大量の絵画があり、それらを巨匠の作品と誤って帰属させることは、巨匠に名誉を与えるどころか侮辱を与えるものだ。さらにはまた、原作、模倣、複製品からなる、より膨大な作品群があり、それらはすべて名もなく価値もなく、あまりにも絶望的なほどの貧弱さと、あまりにも完璧な価値のなさゆえに、公共コレクションとして収集されるに値しないことは明白である。美術館は転売業者のブティックではなく、ただでもらったとしても、それすら高い買い物である(30)」

もしトリニテ美術館がマドリード県および隣接する県で没収された絵画のみを展示することを強いられていたとすれば、それは特に、芸術的な伝統を持ち、豊かな絵画遺産を持つ諸都市が、宗教団体から没収した作品を展示したり、学校あるいは美術学校に既に存在していて、自分たちのためだけに使われている展示室を公開したりすることによって、自分たちの美術館を設立する準備に余念がなかったからであった。

　バルセロナでは、一八三九年に公布された規則で、廃止された修道院からの作品でより充実した美術学校のコレクションが「美術館」と呼ばれた。規定では、この美術館の「目的とするところは、学生がそこに刺激と勉学の動機づけを見出すべく芸術作品を保有することである」とした上で、「月末最終日には、夜間授業の時間帯には、学校の教室見学を望む者に対して一般公開される。ただし、保護者に同伴されていない低年齢児童の入場はできない」と定めている。これは、一般的に公衆の入場を制限していた当時の慣習に照らして理解すべきものであろう。

　同じ一八三九年に、グラナダ（八月一一日）とバレンシア（一〇月五日）で美術館が開館し、一八四二年五月八日にはセビリアにも美術館が開館している。なお、一八五〇年以前からも、他の十数の都市で美術館が設立されたようである。[31]

・プラド美術館
——増大する収蔵品、国・流派別の展示

　プラド美術館では、一九世紀を通じて展示される絵画の数が増加し続けていた。一八二一年には五一二点、一八二八年には七五五点、そして一五年後には一九四九点となり、これは美術館の歴史を通して最も急速な増加であった。さらに三五年後には二五二五点に達した。これらのうち、トリニテ修道院から来たものは一七八点だけで、他の作品はさまざまな王室の邸宅から移された。

　一八六五年からは、とりわけ一八八〇年以降増大したプラド美術館への寄贈品および遺贈品が増加しはじめ、特にスペイン絵画コレクションが補完された。コレクションの大部分が展示され、一九世紀半ばからは、約二〇〇〇点の絵画が一般公開された。[32]しかし、彫刻のレベルはそれほど高くなく、訪問者の中にはそのことを指摘する者もいた。[33]

　絵画の数が増えるにつれて、美術館が占めるスペースも変化し、拡大し続けた。初期の三つの展示室に加えて、一八二八年には大展示室が追加され、その後、一階の展示室、ロトンダ〔ドーム状・または多角形の天井を持つ部屋や建物〕、エントランスホール、そして最終的に一八五四年には後陣《アプシス》〔建物や部屋から半円・多角形に張り出した空間。教会建築に多い〕の展示室が追加され、一九世紀末には拡張工事が再開された。[34]そのため、プラド美術館はしばしば部分的にしか開館されず、長期間閉鎖されることもあった。開館しているときでも、模写家《コピイスト》や旅行者、地方や外国からの来館者に対しては、マドリードの住民向けとは異なる形で開放されていた［**図47**］［**図48**］。前者のふたつのカテゴ

[図47]フェルナンド・ブランビラ『マドリード王立美術館〔プラド美術館〕の景観』1833年頃、レオン＝オーギュスト・アスリノーによるリトグラフ、彩色版画(Musée du Prado, Madrid)

［図48］フェルナンド・ブランビラ『サン・ヘロニモ側から見た王立美術館の入口』1833年頃（Ministerio de Hacienda – Colección, Madrid）

リーの来館者は、通常、五月から一〇月までの平日は八時から午後二時まで、一一月から四月までは一〇時から午後三時まで入場が許可されていた。ただし、雨が降っていないことが条件であった。一方、マドリードの住民は、週に二日だけ同じ時間に入場が許可されていた。一八三八年一一月からは、模写家《コピイスト》を邪魔しないように、日曜日と祝日だけが入場可能となった[35]。

　プラド美術館の第一の目的は、他の当時の美術館と同様に、芸術家が過去の最高の絵画の例を研究し学ぶことを可能にすることであった。第二の目的は、スペイン絵画の栄光を国外に広めることであった。大衆の芸術教育は二の次だった。美術館の内装、作品のキャプションの欠如――これは芸術家の名前と作品タイトルを示した単純な小冊子版カタログを参照するための番号で置き換えられていた――、作品の展示方法など、すべてが通《つう》の観客を想定していた[36]。

　絵画は、一部が天窓採光で、当時の慣習に従い二段またはそれ以上の段に、額縁が触れ合うように掛けられていた。そして、展示壁《シメーズ》から離れて置かれたバリアが観客を隔てていた[37]。オペラグラスを使わないと見えないほど高い位置にあるものもあった。展示室内の配置は、おおよそ流派別の原則に従っていた。大展示室はイタリア絵画、隣の展示室にはドイツ絵画とフランス絵画が集められ、一階は主にフランドル絵画とオランダ絵画だった。ロトンダとエントランス広間の周囲にある最初の部屋にはスペイン絵画が収められていたが、それらはのちに他のいくつかの部屋にも展示されることになった。

　この点について、ハビエル・ポルトゥス[※1]は、国別の流派に従って行われた絵画の展示方法が、さまざまな画家、さまざまな時代の作品を、純粋に美学的な基準に基づいて混在させていた王宮での展示とは一線を画していたことを指摘している。ポルトゥスは、その誕生からスペイン絵画の特殊性とその素晴らしさを顕揚する役目を負っていたプラド美術館の、「国粋主義的な性格」を指摘している。この点では、他の同時代の美術館や、その頃には同様のアプローチを採用しつつあった当時の芸術史学と何ら変わりはなかった、と言う[38]。筆者には「国粋主義的な性格」という表現は多少言いすぎと感じられる。しかし、大規模な国立美術館の創設は、文化の一種の国有化と不可分のものである。これは、特に芸術家の国籍を重視することから見て取れることであり、その結果、ヨーロッパの「芸術地図」上で特権的な地位を確保することで国家の栄光の証とする、国別の流派の境界設定が重視されるのである。

〔※1〕一九九三年よりプラド美術館学芸員として勤務。現在は一六～一八世紀のスペイン絵画部門の責任者。

・名画展示室と「特別室」――裸体画問題

プラド美術館の特徴としては、国別の流派に従った絵画展示のほかに、王室のための休憩室と並んで「特別室」なるものがあったことだ。そこには、一八二七年から三八年の間、風紀を乱すとされた裸体画が閉じ込められ、特別な許可なしには見ることができなかった[39]。

一八五四年以後には、イサベル王妃〔イサベル二世〕の名を冠した名画展示室もあった。そこに掲げられたおよそ一六〇点の絵画の四分の一は、ベラスケスを筆頭とする（一二点）スペイン派のものであり、ベラスケスの作品数は、外国の画家としては最多のティツィアーノの点数と同じだった。世紀末に改装されベラスケス限定となるのは、この部屋である[40]。名画展示室の開設は、絵画の展示方法を、一方では歴史的原則ならびに国家的観点から見た基準に合致させ、他方ではそれらを考慮しない美的原則に合致させるという、これらふたつを両立させる試みである。展示室内に如実に感じられたこの居心地の悪さも、ベラスケス作品展示室の開設によって解消されることになる。それは、スペイン絵画の傑作であると同時に世界絵画の集大成でもあるという、この画家の作品の持つ稀有の素晴らしさによって可能となった両立だった。

プラドにおける「特別室」の存在が物語っているのは、既に触れたように、鑑賞者がある考えを捨てずにいたことだ。それによれば、裸体画は、目に入る身体が、絵画とその絵画的特質をいわば消し去ってしまうので、そうした表現は目に余る慎みの欠如を露呈するものだ、というのだった[41]。したがって、裸体画は背徳的であり、見る者を堕落させかねない悪い影響を及ぼす可能性がある、と。

一六世紀以来、宗教文学全体がこのテーマを扱ってきたが、スペインでは啓蒙主義によって従来の禁忌が緩和されたとしても、異端裁判所は彼らの判断ではキリスト教倫理に反するものとして、これらの画像を執拗に追及することをやめなかった[42]。聖像破壊運動《イコノクラスム》は遠い昔の話ではなく、官能的内容の絵画が破り捨てられたり、裸体が侮蔑的と受け取られて古代彫刻が棄損されたりした例が知られている。ほかの例を探すまでもなく、ナポリ王で、一七五九年にはスペイン王となったカルロス三世は、開明派の君主であったにもかかわらず、一七六二年には、裸体画を含んでいた自身のコレクションの絵画の廃棄を命じた。幸いにも、彼の助言者たちはこれらの絵画を鍵で閉じ込めるだけでよいと王を説得することに成功した。一部は宮殿の一室に、大部分は宮廷画家のアトリエに置かれ、芸術家や愛好家たちが見られるようになった。これが「特別室」の遠い起源である[43]。

裸体が嫌悪されるのは、スペインやカトリックの国だけではない。一九世紀初頭のロンドンに思いを馳せてみよう。一八二二年、後述するジュリアス・アンガースタイン〔ロシア出身の金融家・美術商、21章〕

参照〕のコレクションの紹介文の中で、イギリスの偉大な文芸評論家であり画家としての教育も受けていたウィリアム・ハズリットはこう言っている。

「『悪徳は、その下品さをなくすことで、その悪の半分がなくなる』という古い諺は、まず絵画に当てはまるようだ。ゆえに、ただの裸でしかない裸体図は、まともな居宅に飾るのには相応しくない。ティツィアーノのニンフやコレッジョのイオのような作品を見て、私たちは裸体ではなく、その優美さ、美しさ、自然さに思いを馳せるのである」

ブレナム宮殿〔イギリス・オックスフォード郊外〕のティツィアーノの部屋が万人に公開されていないことに驚きを示すハズリットは、「『神々の愛』という画題以外、何も恐れることはない」と、首尾一貫している。しかし、そのハズリットも、自分の判断基準を曲げなかったとしても、ゴヤの『裸のマハ』（一七九七—九八年、プラド美術館）には衝撃を受けただろう。さもなければ、「一枚の絵画がそのジャンルにおいて秀でたものである場合、われわれはその主題をほとんど気にしない」ことを引き合いに、『裸のマハ』をも赦したかもしれないが。(44)

裸体を描いた絵画に対するこれらの反応が私たちにとって興味あるとすれば、それは、現実の光景に向けて開かれた窓として理解された絵画から、それ自体を鑑賞の対象とする絵画、純粋に絵画的なものだけへの関心、といったものへの変遷がいかにゆっくりしたものであったかを示しているからだ——これはハズリット自身のそれまでの記述の揺れからも読み取れる——、そしてこれは一度で決まりといった類《たぐい》のものではなく、絵画（そして芸術作品全般）のカテゴリーごとに繰り返し検討しなおさねばならないものだった。

最後に、こうした反応が示すものは、個人コレクションや、より高いレベルにおいて博物館や美術館が果たすべき役割である。それは、鑑賞主体の視線を絵画の質へと方向転換させること、そして、絵画にとって外的な現実を考慮せずに自由に対峙し得る自立したオブジェとしての絵画の確立することである。しかし、この方向転換は、特に裸体画に関しては決して最終的なものではない。それを証明するのは、あるときは性的な側面を、あるときは苦痛や醜さ、老い、生理機能などを強調する近年の作品に対する憤慨の反応である。横道にそれたので、再びプラドに戻ろう。

・「スペイン国家の栄光」
——プラドの名声、スペイン絵画の威光

法的地位の変化、作品数の増加、建物内外の工事、絵画や彫刻の配置転換や再分類などのほかに、一九世紀のプラド美術館の歴史は、スペインおよび世界におけるプラドの名声の歴史でもあった。

お祭り騒ぎもなしに開館し、七年後には君主の寛大さの一例として賞賛されたこの建物は、一八四〇年代半ばには「スペイン国家の栄光」と評され、ハビエル・ポルトゥスの言葉を借りれば、スペイン国民の「国家の誇りと団結心の主要な蓄積のひとつ」となることになる。[45] 一八三八年から一八四八年にかけてルーヴル宮の美術館で公開されたルイ・フィリップのスペイン・ギャラリーの収蔵品[46]や、比較的容易に鑑賞できたと思われるスール元帥〔ナポレオン戦争で活躍。19章参照〕のコレクションなど[47]の種々のコレクションよって、黄金時代のスペイン絵画の威光は世界の芸術界で高まったが、プラド自体も、ゴヤが流行しエル・グレコが知られるずっと前に、まずベラスケスを中心とした独自のスペイン画家のグループによって大きな貢献をしたのである。

さらに、一五世紀から一八世紀にかけてのヨーロッパ絵画の傑作が集積されたプラドは、時を置かずして外国人観光客を魅了し、識者をして「世界で最も美しい美術館」と言わしめた。一九世紀の最後の数十年間には、多数の芸術家が彼らを範として集まった。これら芸術家は、レオン・ボナのような伝統的な画家や、マネのような革新的な画家などで、彼らは皆プラド美術館を訪れたことが契機となって自分たちが変化したことを作品の中で示している。[48]

ここはヴィアルドの面影躍如といったところで、彼がスペイン絵画、特にプラド美術館の顕彰のために先駆的な役割を果たしたことを思い起こさせる。もちろん、彼が最初ではなかった。フランスではテイラー男爵〔劇作家、芸術家。広く旅行し多くの作品を持ち帰った〕とプロスペル・メリメ[49]〔作家、歴史家、考古学者〕のほか、三人のイギリス人とひとりのアメリカ人が先行していた。しかし、ヴィアルドの著作は、エリート言語としてのフランス語のステイタスのおかげで、一九世紀後半まで国際的に流布していたのである。

ところで彼は、一八三四年の最初の論文で、早くもエジプトやギリシャのモレアに派遣した学術探検隊と同様の学術調査団をスペインに派遣することを提案するとともにルーヴルとプラドの間で絵画の交換を推奨し、さらには、貴族の破滅と修道院の困窮の結果として「いわゆる、掘り出し物がある」と指摘している。そして、マドリードの美術館〔プラド美術館〕の訪問を呼びかけ、その説明の最後に絵画愛好家の訪問先の総合的な評定で説明を締めくくった。

「マドリードの美術館がもたらす豊かさと多様性をすべて提供できるイタリアのギャラリーはないし、おそらくイタリア全土でもないだろう」

そこでは、ローマやヴェネツィアの画家からアントウェルペン（アントワープ）やパリの画家にいたるまで、建物を出ることなく見て回ることができ、さらに、そこにしかない、スペインの偉大な画家たちの作品[50]がふんだんに見られるのだ。あとになって彼は、「マドリードの美術館は世界で最も豊かな美術館だ[51]」と簡潔に言うようになる。

・愛好家のコレクション的な性格

彼の熱意が、このプラド美術館に対する彼の冷徹な、あるいは批判的な眼を曇らせることはなかった。

一八三四年、彼は模写家《コピイスト》の不足と、それ以上に来場者の不足を指摘した[52]。その後、この指摘は見られなくなったが、美術館への考察はより深まった。そしてヴィアルドは、プラドを「厳密な意味での美術館ではない」とし、「フィレンツェのピッティ美術館のように〔略〕、最終的には愛好家のキャビネットにすぎない。ただ、それはふたつのタイプの王によって形成された、愛好家のキャビネットなのだ」と言っている。そして自分の考えを明らかにすべく、「美術史とまでは言わないまでも、ひとつの流派の歴史を構成する時系列を追った一連のモニュメントがない」ことを指摘している。

また彼は次の事実を指摘している。

「美術史を構成するさまざまな流派は、その歴史における絶頂期において見ても、完全でも均衡したものでもない。それぞれが占める位置を決めるのは、流派の重要性でもなく、誇るべき巨匠たちの重要性でもない。それは王族やその取次画商の個人的趣味であり、贈り物や自己購入といった機会任せの偶然なのである。こうした次第で、たとえば、ヴェネツィア派ではティツィアーノの絵が四〇点あるのに、ボローニャ派ではドミニキーノの下描《エスキース》すら一枚もない。こうして単純に比較しただけでも、マドリードの美術館の収蔵品構成のおおよそを理解することができ、私たちは、読者にあらかじめよく知ってもらうべく、それが広大なキャビネットにすぎないことを、繰り返し言うことができる[53]」

ヴィアルドはここで、たとえ王のものであれ個人コレクションと美術館の違いを明確にしようとしている。ヴィアルドはこれを試みた数少ない著者のひとりであるが、その違いの原因を、正当にも、作品選択基準の違いに置き、前者の個人コレクションでは所有者の好みと偶然によって決まるとし、後者の美術館の場合は、地理と年代の尊重を要求し、流派と作品のそれぞれの重要性を定義するところの、美術史の要請に従うものである、としている。美術館では、鑑賞者間で形成される価値評価の探求、「合理的な秩序、絵画史そのものが示す秩序」の探求が、個人的嗜好に取って代わるのである[54]。

・寸法や色合いによる「無秩序な」展示、ヴィアルドの困惑

作品の選択だけでなく、展示方法も重要である。

「ムゼオ・デル・レイ〔プラド美術館〕の円形柱廊に入ると、訪問者の前に右、左、正面の三つのギャラリーが広がっていて、両側の

ギャラリーはスペイン絵画に捧げられている［略］。一方、他の部屋を合わせたよりも広く、アーチ形天井からの自然採光が素晴らしい三つ目のギャラリーには、すべてのイタリア絵画が収められているが、まったく疑いもなく、それらは何らの秩序も何らの配置上の気遣いもなく、恐ろしい混乱の中に散らばっている」

したがって、「マドリードの美術館の二〇〇〇の額を［略］、私たちがすべての美術品コレクションに採用されることを願っているところの、単純で自然で体系的な順序で整理する必要がある」(55)［図49］。

しかし、イタリア絵画のギャラリーが「壁にフレームを並べるだけでいいと言わんばかりに時代も国の区別もしていないとしても、これらの額には少なくとも番号が振られており、三カ国語（スペイン語、イタリア語、フランス語）の小冊子を手に、美術館の古代とプリミティフ絵画の部を何とかひとりで見学することができる。それが、フランドル派とオランダ派が展示されている下の部屋に入った途端、すべての助けが消え失せる［略］。訪問者は、一度無秩序の極みにある部屋（これは知的無秩序の意味で、である。上の部屋と同様に手入れが行き届いているのだから）に足を踏み入れると、自分のひらめきと知識に頼るほかなかった」(56)。

ヴィアルドには、確かにそのどちらも欠けてはいなかった。そして彼は、一八四二年には八年ぶり三度目のプラド美術館再訪を果たした。それは当時として誰にでも許されたことではなかった。彼はそのときの困惑を隠していない。それは、美術館の稀有の豊かさを賛美する気持ちと同時に、絵画がおそらくその寸法や色合いによって並べられただけで、展示室を律する基本的な考えが見当たらないことの間で引き裂かれた一訪問者の困惑であった。それはまた、美術史の規則を既によくわきまえた見学者にとって、「花園を眺める心持ち」などではなく、今ある手段で何とか混乱を収拾せねばならないという気持ちだった。

・スペイン絵画へのヴィアルドの「熱狂的賛辞」

ヴィアルドのプラド美術館訪問の締めくくりは、スペイン絵画であった。彼の本の中でイタリア絵画と比べると、五七頁に対して四五頁とやや少なめだが、語り口は違う。それらは、彼自身の言葉を借りれば「熱狂的な賛辞」であり、それは特にベラスケスとムリーリョに対するもので、スペイン絵画の発見が彼にとって「啓示」であったことを物語っている。

しかし彼は、「マドリードの美術館は、収蔵品の膨大さにもかかわらず、芸術作品の集積でしかなく、そこにある時系列的モニュメントの連続の中に、美術史そのものを求めてはならない」と指摘している。これは、他国の絵画と同様に、スペイン

[図49] フェルナンド・ブランビラ『王立美術館のロトンダの景観』1833年(Museo de Historia, Madrid)

絵画にもいえることである。ヴィアルドは、不釣り合いや不在、誰もがすぐ気づくエル・グレコなどの画家が欠落していることを指摘している。

一方で、彼は、プラド美術館にはベラスケスのほぼ全作品がそろっていることを強調し、絵画の頂点に位置づけられるその主要な傑作を一つひとつ解説している。彼によれば、これほどの高みにあるのは、〔ベラスケス以外には〕ムリーリョだけであった。結局のところ、スペイン絵画を語ることを通して、少々大胆すぎるかもしれないが、「美術品の単なるコレクションとして見た場合、マドリードの美術館は世界で最も充実している」という主張の正当性を彼が証明したことをわれわれは認めることができるだろう[57]。

＊　＊　＊

・フランスとの類似性

フランスとスペインの間には驚くほどの類似性が見られる。どちらの国でも王室コレクションの国有化が行われた。どちらの国でも、宗教施設から没収されて国有財産となった美術品をもとに、地方で博物館や美術館が開設された。最後に、どちらの国でも、国の行政組織と中央政府とが、世論の一部しか代表していない啓蒙派の支援を受けて、主導的な役割を果たした。これらの類似性は、スペイン人がフランスの例を意識的に模倣した結果ではないように思われる。多くのスペイン人はフランスの実情を熟知していたからだ。これらの類似性は、強大で裕福な教会と結びついた絶対君主制の終焉からくる当然の帰結を表している。これは一九一七年の革命後のロシアでも再び見られることだ。

スペインとフランスの違いは、それでもなお顕著であった。スペインでは、王室コレクションの国有化は首都の大博物館創設の出発点ではなく、世論による名目的な王室博物館取得の帰結であり、それが、あとになって、法律言語に落とし込まれて実際の法的地位の変化へとつながっていくのである。地方の自主的取り組み、特にその自立性は、フランスよりも大きな役割を果たしているように見える。これは、一八三〇年代から四〇年代のスペインにおける中央政府の脆弱さと無関係ではない。中央政府は、一貫した博物館政策を立案し、実行することができなかった。いずれにしても、一九世紀初頭のヨーロッパにおいて、フランスに次いでスペインは唯一、博物館ネットワークを構築した国であった。また、スペインは、旧体制《アンシャン・レジーム》時代のフランスとの類似性をこれほどまでに保持していた唯一の国でもあったのだ。

21 イギリス

・植民地主義化・工業化・資本主義化するイギリス、幅広い社会基盤に基づく新たな美術品の収集へ

一九世紀前半のスペインを離れ、同時代のイギリスに降り立った者は、単なる空間移動以上のものを行うことになる。時代をも移動したのだから。一〇〇年以上にわたって衰退を続け、危険なまでの激しい力で自分から過去を引き剝がそうとしている国を離れ、一〇〇年以上にわたって安定して拡大を続け、毅然と未来を見据える大国へ移ったのである。徐々に縮小する帝国を離れて好戦的な植民地主義へ、農業が経済の中心である国を離れて工業が急速に台頭する国へ向かい、衰退の一途をたどっていた土地中心の旧来の富から、資本主義的な投資の力学への追随へと移行したのである。

スペインでは一五世紀から一八世紀にかけて、主に王室、貴族階級、宗教団体によって美術品が収集され蓄積された。イギリスでも、一七世紀初頭から国王と一握りの有力者たちによって同じような傾向がみられたが、最初の革命〔ピューリタン革命〕とその余波によって、五〇年以上にわたって美術品の収集は中断されていた。そして〔スペインよりも〕はるかに幅広い社会的基盤と、異なる文化的環境において再開されることとなる。

・自然史への関心

イギリスの「啓蒙思想」において自然史が重要視されたことは、既に述べた。一七世紀半ばから多くの収集家が動員され、王立協会の博物館、アシュモレアン博物館、大英博物館などにより、自然史が制度化された。イタリアやフランスとは異なり、イギリスでは自然史が流行しており、古代文明や絵画作品よりも優先されていた。それでも古代文明や絵画は、もはや少数のまばらに存在する個人だけを引きつけるにとどまらず、一八世紀の最初の数十年の間に貴族と地方のジェントリー階級〔イギリスにおける下級地主層〕の間でより広く普及していった。

自然史もまた、一八世紀および一九世紀を通して、イギリス社会のさまざまな階層で熱烈な関心を呼び起こした。[1] ハンス・スローン卿の死後、自然史の世界における中心人物の役割は空席となっていたが、一七七〇年代になるとジョセフ（のちのジョセフ卿）・バンクスがその地位を引き継いだ。[2] ジョセフは裕福な地主で、若い頃から植物学と旅行に情熱を注いでおり、一七

七一年にジェームズ・クックの第一回航海から帰国したあとに広く認知されるようになった。この航海でバンクスは主たる自然史研究者《ナチュラリスト》、そして主たる資金提供者のひとりとして活躍したのだ。三年間の航海中、バンクスは膨大な数の自然物と民族誌学的な物品を収集し、ロンドンの自宅に展示した。そしてコレクションの管理をリンネの弟子であるスウェーデン人の植物学者ダニエル・ソランダーに託した。ソランダーはバンクスの航海仲間のひとりであり、のちにふたりは友人となっていた。このふたりはそれぞれが大英博物館の歴史に寄与している。バンクスは大英博物館の理事会の一員となり、ソランダーは自然物・人工物の珍奇物の保存官《コンセルヴァトゥール》となった[3]。

一七六〇年に即位した国王ジョージ三世に紹介されたバンクスは、王の側近となり、さまざまな活動に従事したが、とりわけキュー宮殿の庭園〔キュー・ガーデン〕の実質的な管理を担わされ、この庭園をイギリス国内で最も豊かな鑑賞用の植物園にした。植物学に精通した庭師を雇い、主に国王やバンクス自身が資金を提供して探検隊を派遣し、バンクスがつくった科学的な活動計画によって、世界中から植物を集めたのだ。一七七〇年から一八二〇年の間に、キュー〔・ガーデン〕を経由しておよそ七〇〇〇種の新しい植物がイギリスにもたらされた[4]。

バンクスは、ポートランド公爵夫人マーガレット・キャベンディッシュ＝ベンティンクの邸宅であり、公爵夫人が持つイギリス最大規模の美術品、古代美術品、自然物のコレクションが保管されていたブルストロード・ホールにも訪問者として姿を見せている[5]。公爵夫人は植物学に情熱を注ぎ、国内のあらゆる自然史の研究者たちと文通して植物についてやりとりをし、自身の貝類のコレクションの目録をソランダーにつくらせた。公爵夫人のコレクションはその全体が、公爵夫人の専属聖職者《チャプレン》であり主任植物学者でもあったジョン・ライトフット牧師によって専門的に管理されていた。公爵夫人の没後、牧師はコレクションをオークションにかけるためのカタログを作成した[6]。

ライトフットという人物の存在は、植物学者、昆虫学者、鳥類学者などからなるイギリスの動植物相を研究する牧師兼自然史研究者たちの密接なネットワークを思い起こさせる。この牧師らは、当時増えつつあった、自然そのものに興味を持つだけでなく所有地の生産高の向上や利用可能な資源の発見にも関心を持つ「紳士農夫」たちと協力関係にあった。これについては後述する。

一七七八年から一八二〇年に亡くなるまで王立協会の会長を務めたバンクスは、国外遠征を奨励していたのと同様に、これらの〔動植物の〕研究を強く奨励し、イギリスの科学を、実用と帝国というふたつの旗印の下に位置づけた。これはのちにわかるように、博物館や美術館にも影響を及ぼすこととなる。

・中世への関心とゴシックの流行

次に、チャールズ一世〔スチュワート朝イギリス国王。在位一六二五—四九年〕、バッキンガム公〔ジョージ・ヴィラーズ、一五九二—一六二八年〕、アランデル伯爵(7)〔トーマス・ハワード、一五八五—一六四六年〕の時代に遺された美術品や古代美術のコレクションに目を向けてみよう。実際、これらのコレクションを考慮に入れなければ、一八世紀後半の数十年間、特に一八一五年以降のイギリスの博物館・美術館の歴史は何も理解できない恐れがある。

まず、一六五〇年代から一七三〇年代にかけて、大陸諸国よりもはるかに早く、イギリスで中世研究が盛んになったことを思い出してみよう——一六五五年には『イギリスの修道院（*Monasticon Anglicanum*）』の第一巻が出版されている。宗教改革、特に内戦による断絶を乗り越え、イギリス史の連続性を再確立しようとするこの中世への回帰は、主にイギリス国教会と田舎の「紳士《ジェントルマン》」たちによって推進された(8)。この田舎紳士たちは医師や聖職者とともに、一五五〇年頃に生まれ短期間で消滅した古物研究学院をモデルとして、一七〇七年に考古協会を設立した。彼らが創設したこの新しい協会は、最初は中世の研究に焦点を当てていたが、すぐにその方向性を変え、考古学的な研究に主眼を置くようになった(9)。一七二〇年代以降、「中世の研究は『不適切』であるだけでなく、文化の堕落につながる時間の浪費として積極的に禁じられなければならなかった(10)」と言われていたのである。

だからといって、中世への関心はそこまで失われなかった。学術的なものから芸術的なものへと、その性質が変わっただけなのだ。一七二〇年代からは中世への関心は写本から「ゴシック」とされる品々《オブジェ》、そしてゴシック建築へと移っていった。一七五〇年代には、「ゴシック」は本当の流行になった。「数年前、すべてがゴシックだった。家もベッドも本棚も寝椅子も、すべて古い大聖堂の一部分を真似たものだった(11)」

これが書かれたのは一七五三年で、ゴシックの流行が始まったばかりの頃だ。ホレス・ウォルポールは、首相の息子にして偉大なる収集家であり、自身も政治家だったが、何より作家、美術史家、熱心な収集家として古代美術界およびロンドンやパリのサロンで知られていた。ウォルポールは一七四九年にストロベリーヒル〔ロンドンの西部〕に「城」の建設を始め、その独創性が注目されるように気を配った。一七六四年には小説『オトラント城（*Castle of Otranto*）』を発表(12)、「ゴシック」小説の流行を仕掛けたのもウォルポールである。一八世紀後半になると、多くの公園に「ゴシック」風の遺構が増えたほか、ゴシック様式の建物が建設されるようになり、「ゴシック」小説も熱狂的な読者を獲得した。

エドマンド・バーク〔イギリスの政治思想家、哲学者〕は一七五七年に出版された著書で、美学に美と崇高の相補性を導入し、情念の理論の観点から美と崇高を定義している。単純化して言えば、前者

〔美〕はアンティーク、後者〔崇高〕は「ゴシック」[13]に当たる。しかし、中世的なもの、夜景画《ノクターン》的なもの、崇高なものの流行が、古代的、光り輝くもの、美しいものへの憧れと両立すると考えられてはいても、このふたつの間には社会的な序列があった。前者〔中世趣味〕は個人の私生活の範囲に限定され、後者〔古代的な美の賞賛〕は公共の空間において完全に勝利していた。ひとつは娯楽的なもの、もうひとつは研究を促すもの。ひとつは軽薄なもので、もうひとつは真剣なものだ。これが変化するのは一九世紀の最初の数十年間のことだ。中世趣味が博物館や美術館の内容に影響を与えるようになるのは、さらにあとのことである。

・古代美術への「嗜好」

古代の美術品は、長い期間にわたりイギリスに新たなものが入ってこなかったにもかかわらず、英国人の間でその魅力が失われることはなかった。一七世紀初頭に形成された三つの重要なコレクションのうち、無傷で残っていたのはウィルトン・ハウス〔ウィルトシャー州ソールスベリー〕のペンブローク家のコレクションだけだった。国王が所有していた古代の美術品は、絵画とともに国外に売却されたか、火災で消失した。アランデル伯爵のコレクションは予期せぬ出来事の数々を経て部分的に散逸したが、最終的にその大部分がアシュモレアン博物館に収蔵された[14]。新たな古代美術品の取得が増え出したのは、一八世紀初頭になってからのことである。

トーマス・コーク（のちの初代レスター伯爵）については既に取り上げたが、彼はイタリア滞在中に、ディアナ像〔ローマ神話の月の女神〕をローマから輸出しようとして当局と問題になった。それでもコークは大旅行《グランド・ツアー》（一七一二―一八年）の間に、膨大な数の古代彫刻を集めることに成功し、一七四五―五四年には在ローマの代理人と組んで、コレクションをさらに増やした[15]。

一七一四年、バーリントン伯爵[※1]はイタリアに魅せられ、何度も訪れてパラディオを研究し、古代の彫像コレクションを形成して[16]チズウィックの別荘の庭に展示した。バーリントン伯爵の旅は、イニゴ・ジョーンズ〔一七世紀イギリスの建築家。第Ⅰ巻439頁参照〕によってイギリス建築に導入されたパラディオ主義の歴史において重要な出来事となった。自身も著名な建築家であったバーリントンが、パラディオ主義に新たな輝きを与え、古代美術への「嗜好」をかきたてることに貢献したのであった。

しかし、このような「嗜好」――それに伴う古代史への関心――は、もっと深いところに根ざしている。実際、古代の美術品で飾られたパラディオ様式のカントリーハウスは、当時のイギリスとアウグストゥス時代のローマ、イギリスのジェントリー〔下級地主層〕と古代ローマのパトリキ[17]〔世襲貴族階級〕が同一視されていたことの表れだと考えないわけにはいかない。

このように、ここでの古代趣味は、旧体制《アンシャン・レジーム》末期のフランスで、数十年の間、共和主義的美徳の高揚と結びつけられていたそれとはまったく異なる意味を持っているのである。

・ディレッタンティ協会の結成

しかしいずれの場合も、古代美術品のコレクションが増加し、古代人の芸術や生活に関わるあらゆるものへの関心が高まることとなった一七三〇年代はじめ、グランド・ツアーを経験したことのある数人の紳士《ジェントルマン》たちが、「ディレッタンティ協会」〔ディレッタント＝芸術愛好家〕という名の団体を設立することを決めた。定例集会が始まったのは一七三六年はじめだが、実のところ一七三二年一二月には集会が開かれていたようだ。当初、彼らに古代の知識を広めるという志はなく、大量の酒を飲んで夜を過ごす酔っ払い集団として見られていただけだった。

しかし、時が経つにつれて、物事は成熟していく。一八世紀半ば頃、ディレッタンティは学術研究の助成に乗り出し、手はじめにジェームズ・スチュアートとニコラス・レヴェットというふたりの建築家が遺跡について記述するために行ったアテネ遠征を支援した。一七五一年から一七五五年まで続いたこの遠征の成果である『古代アテネ（*Antiquities of Athens*）』（第一巻一七六二年）は、新古典主義の歴史において最も重要な書物のひとつとされている。[18] その後、ディレッタンティはレヴァント〔地中海東部沿岸地方〕への遠征に資金を提供し、この成果として『イオニア古代史（*Ionian Antiquities*）』（第一巻一七六九年）が出版された。彼らはこのほかにも数多くの研究を支援した。

一八世紀後半の数十年間には、何人ものディレッタンティのメンバーが自ら研究を行うようになっていた。ディレッタンティ協会後援の下、チャールズ・タウンリーとリチャード・ペイン・ナイトというふたりの偉大な古代美術収集家兼鑑定家《コネスール》が、イギリス国内に所蔵されている最も優れた古代彫刻の選評を出版した。最初の巻は一八〇九年に出版され、その作業には一〇年を要した。[19]

・古代美術品の公的コレクションの必要性

ディレッタンティは、イギリスにおける古代美術の流行を興し、それを維持する上で重要ではあったが、総勢数十人程度の集団である彼らは、古代と古代美術を愛する、より庶民的な人々の界隈で目立つ存在だったにすぎない。その庶民的な人々の中には、『古代史（*Ancient History*）』の読者[20]が含まれており、こういった人々の存在はのちにギボンの傑作の成功を確かなものにした。彼らの大部分はイタリアやギリシャから古代美術品

〔※1〕イタリアの建築家。古代ローマの建築を研究、その復古様式をつくり上げる。古典建築についての主著『建築四書』は大きな影響を与え、その作風に倣おうとするパラディオ主義がヨーロッパに広がった。

を持ち込む資金や、自分たちでグランド・ツアーに発つ資金がなかったため、図鑑を読んだり、偉大な収集家の家を訪問したりするしかなかったのだが、この訪問はそう簡単なことではなかった。古代美術品のコレクションは、各地のカントリーハウスに分散しており、中には幹線道路からは遠く離れた邸宅もあった。芸術家や学者がイギリスにあるコレクションを利用できないのは、「郵便局の椅子で学ぶ〔郵便馬車に乗って方々をめぐる、の意か〕時間も資金もない[21]」からだ、というカトルメールの辛辣な指摘が思い起こされる。しかも、ただ移動するだけではすまない。邸宅内に入れてもらわねばならないのだ。場所のみならずタイミングによって拝観条件が異なるため、あらゆる期待に反して扉が閉ざされたままということもあった。

ロンドンといえども、古代美術品は愛好家全員が見られるものではなかった。美術品の鑑賞をしやすくするための取り組みがあったことがそれを証明している。一七五八年五月、イタリアから帰国した三代目リッチモンド公チャールズ・レノックスは、自宅の庭で古代の絵画、彫像、レプリカのコレクションを公開し、大成功を収めたようである。その三年後、この例に触発されたのか、ディレッタンティはレプリカを収集してコレクションにすることを決めた。この計画は実現しなかったが、古代美術品の公的コレクションの必要性がますます高まっていたことがわかる[22]。

1 大英博物館の変容

・自然史博物館から古代美術館への一歩
——「ハミルトンの壺」の取得

大英博物館は、創設以降半世紀にわたり、写本、印刷物、自然物・人工物の珍奇物の三部門に分けられ、維持されてきた。ここで私たちが関心を寄せる唯一の部門である自然物・人工物の珍奇物部門には、ハンス・スローン卿から受け継いだ多くの古代美術品があり、のちにエジプトの品々も加えられた。しかし、当時の大英博物館には特に目を引くようなものはなかった。とりわけ、巨大な彫像はまったくなかった。古代文明の愛好家ならば博物館を去るとき、深い失望を覚えたであろうし、この失望は一七六〇年代の終わりに公然と表明される[23]。

しかし、モンタギューハウス[※1]から遠く離れた場所では変化が起ころうとしていた〔**図50**〕〔**図51**〕〔**図52**〕。一七六四年、ウィリアム（のちのウィリアム卿）・ハミルトンがイギリス国王の特使に任命され、ナポリの宮廷に送られた。これによってハミルト

〔※1〕モンタギューハウスは、ロンドンのブルームズベリー地区にある邸宅。一七五九年より大英博物館として使うために購入され、一般公開される。

[図50]ジェームズ・サイモン『モンタギューハウスの北側展望』1715年頃(London Metropolitan Archives, London)

[図51]C. D. レイング『モンタギューハウスの大英博物館、ラッセル・ストリート側のファサード』1849年
(The Wellcome Library, London)

[図52]ロバート・スマーク『大英博物館
正面ファサード』1853年頃
(The Wellcome Library, London)

ンは自然物、それから古代の美術品の収集という自らの情熱に身を委ねることができ、〔第1巻280-281頁参照〕ヴェスビオ山への小旅行中には鉱物を収集し、一七六七年に大英博物館に寄贈した。ハミルトンはナポリに到着するやいなや、古代美術品、特に人物像が描かれた壺を探し求めた。これによりハミルトンは、壺を彫像と同じレベルに置くという、一八世紀後半の数十年間に広がりつつあった動きの中で名を残し、彼自身もそれに大きく貢献した。[24]

イタリアの墓地で発見され、それゆえエトルリアのものとみなされていた人物像が描かれた壺は、一五世紀には古代美術品コレクションに時折登場していた。しかし、長い間、彫刻、碑文、彫刻を施された石、「遺物《アンストルメンタ》」、貨幣などに比べると、あまり関心を持たれることがなかった。しかし芸術が人類のさまざまな能力を表すものの中で最も高レベルなものとして押し上げられたことで、これらの壺の地位は次第に高まっていく。一八世紀半ば頃、人々は自分自身の好みによって、壺をその形や絵柄で選んで収集するようになった。同時に、これらの壺はエトルリアのものではなく、ギリシャのものであるという考え方が強くなっていく。ヴィンケルマンは『古代の芸術史（*Histoire de l'art chez les Anciens*）』（一七六四年）の中で、この説を採用している。そして、ハミルトンが自分のコレクションを公開するために頼ったヴィンケルマンの知人であり、のちに交友を深めたダンカルヴィル男爵もヴィンケルマンと意見をともにした。[25]

この動きには、間違いなく宣伝目的があった。古代の美術品の価値を高め、最高の価格で売ることだ。[26] ハミルトンは貴族の出ではあったが、自身も父親も嫡男ではなく、裕福ではなかったし、これは名声を得るための行動でもあった。ヴェスビオ火山での鉱物収集は、ハミルトンに王立協会の門戸を開き、壺のコレクションにより、彼はディレッタンティの一員にもなった。『エトルリア、ギリシャ、ローマの古代美術。イギリス国王のナポリ宮廷への特使、ウィリアム・ハミルトン閣下のコレクション（*Collection of Etruscan, Greek and Roman Antiquities from the Cabinet of the Hon. William Hamilton, His Brittanick Majesty's Envoy Extraordinary to Court of Naples*）』の最初の巻は一七六八年に出版されたが、一七六六年の日付が記されている。その後、一七七〇年と一七七六年にさらに三巻が出版された。フランシス・ハスケル〔イギリスの美術史家、一九二八―二〇〇〇年〕に言わせれば、これは一八世紀のみならず、すべての時代において最も優れた著作のひとつである。この本では壺はほとんど取り上げられておらず、ハミルトンのコレクション以外の古代美術品も含まれている。この著作にハミルトンは六〇〇〇ポンドを費やし、期待通りの効果を得た。[27]

一七七二年、ハミルトンは壺のコレクションを売却するためにイギリスに帰国した。売却を打診した相手には大英博物館の理事《トラスティ》たちもいた。そのような購入に好都合な雰囲気《クリマ》があったことは、これまで見てきた通りである。したがって大英博物館の理事たちは、購入のために初めて議会に助成金を求めることになった。議会の委員会は、ハミルトンの壺の市場価値を調査したあと、「公共利用のために」取得費用として八四一〇ポンドの助成を認めた。大英博物館に収蔵された壺の数は確定しがたいが、少なくとも三四七点、おそらく七〇〇点以上あるだろう。これに、テラコッタやガラス製の作品、小さなブロンズ像、象牙、宝石、貨幣、そしていくつかの大理石彫刻などの古代美術品も加えられた。これらすべては、モンタギューハウスの一二番目の部屋に展示されることになる。古代美術品の愛好家が訪れても、もう失望する理由はないだろう。[28]

一七七二年のハミルトン・コレクションの購入が先例となり、その後五〇年以上にわたって大英博物館はその様相を変え、古代美術を前面に押し出した収集方針が打ち出されることとなる。同館の自然史コレクションについては、後述する。ここでは、その方針の結果、一八八三年にいたって、自然史のコレクションは他の収蔵品から切り離されてサウス・ケンジントンに移されたことを述べておけば十分であろう。自然史のコレクションについてはまたのちほど取り上げよう。しかし、これらのコレクションを大英博物館のどこに置くべきかという問題は、一八三六年の時点で既に、のちに主任司書兼館長となるアントニオ・パニッツィにより提起されていた。下院の委員会に提出した報告書の中で、コレクションを別の場所に移すことを提案しているのだ。

一八四七年三月、イギリス科学振興協会が首相に宛てた覚書には、大英博物館の自然史部門に関する懸念と、理事《トラスティ》による部門管理能力に対する疑問が表明されている。[29] 当時もなお驚くほど豊富な自然史コレクションを有する大英博物館だったが、実際には、このときからおよそ四半世紀前に古代美術の博物館となっていたのである。この変容は主にどのような段階を踏んだのだろうか?

・ロゼッタ・ストーンの到来と古代美術への注目

ハミルトンの壺に続く古代美術品の収蔵は、長い間行われなかった。大英博物館に再び古代美術のコレクションを充実させる機会が訪れたのは、一八〇二年になってからのことだ。このとき、意図せずに寄贈者となったのがナポレオンである。エジプト遠征の際、大量の古代美術品がフランスへと運ぶためにアレクサンドリアに集められていた。しかし、フランス軍が同地におけるイギリス軍との戦闘で敗れたことにより、これらの品は一八〇一年にイギリス軍の手に渡り、ロンドンに送られたあと、一年後に国王ジョージ三世から大英博物館に寄贈されたのだ。この中には、傑作は含まれていなかったが、それでもいくつもの大きな彫像と、当時はアレクサンドロス大王のものと信じられていた石棺もあった。また、ヒエログリフ、民衆文字《デモティック》、ギリシャ語の三つの文字が刻まれたロゼッタ・ストーンもあった。これを発見したフランス人将校はすぐにその重要性を認識していた。ロゼッタ・ストーンはカイロ研究所に移され、いくつかの複製がつくられて、ヨーロッパの学者たちに送られた(30)。アレクサンドリアがイギリスに占領された時、ロゼッタ・ストーンは他の戦利品とは別に考古協会に送られ、その後、大英博物館に移された。

考古協会は必要なことを行った。一八〇三年の夏には、碑文は写され、彫られ、印刷されて公開され、レプリカがいくつもの大学に配布された。ロゼッタ・ストーンが発見され、ヨーロッパの学者たちの調査・研究に提供されたのは、エジプトマニアが一大旋風を巻き起こしている時であった。「あらゆる時代、あらゆるジャンルで、常に遍在し続けた」エジプトマニアは、一八世紀のフランスとイギリスに多くの信奉者がいたといわれている。エジプト遠征によって喚起された関心、一八〇二年に出版されたドミニク・ヴィヴァン・ドゥノンの著作の成功、帝政下で広がった古代エジプトにインスピレーションを求めたファッションなどがヨーロッパ中に伝播したことなどが要因となり、エジプト研究は再び活性化された(31)。とはいえロゼッタ・ストーンと一八二一年にフィラエ〔エジプト南部アスワン近郊〕で発見されたオベリスクのおかげでジャン＝フランソワ・シャンポリオン〔エジプト学者〕がヒエログリフを解読するのは、それから約二〇年後のことである。

一八〇二年、大英博物館は、古代エジプトの美術品を大量に所蔵する最初の博物館となった。展示スペースがなかったため、モンタギューハウスの庭園で、作品を風雨から十分に保護できない仮設の小屋に展示されたのだが、フランス軍から勝ち取った古代エジプトの美術品は「国の栄光のトロフィー」でもあっただけに、このような状況は怒りを呼び起こした。大英博物館の理事会が一八〇四年に議会に対して古代エジプトの美術品の展示室建設に必要な助成金を請願したのは、主にこの主張が理由だ。そして理事会の要求は認められた(32)。しかし、古代エジプトの美術品に加え、大英博物館が購入したばかりの膨大なギリシャ・ローマの古代美術品のコレクションを緊急に収容する必要が出てきた時、新しい展示室はまだ建設中であった。

・タウンリー・コレクションの取得
——古代ギリシャ・ローマ美術の展示室公開へ

既に少し触れたが、ディレッタンティ協会の会員であったチャールズ・タウンリーは、母親がアランデル伯爵の子孫であった。タウンリーは一七六五年から一七七二年までローマに滞在し、青銅器、貨幣、彫刻の施された石、テラコッタ、壺、大理石彫刻などの素晴らしいコレクションを築き上げ、イギリスに帰国してからも購入を続けてコレクションを増やした。

一七八一年から一七八三年の間にヨハン・ゾファニーによって描かれた絵画（現在はバーンリーにあるタウンリー・ホール美術館所蔵）では、タウンリーがウェストミンスターの自宅の図書室で、ダンカルヴィル男爵とほかふたりの鑑定家と一緒に、彼のコレクションの中でも特に見事な古代美術品に囲まれている様子が描かれている。実際にはこれらの美術品はほかの部屋に展示されていた。この絵画が描写するのは収集家という人であり、この収集家が情熱を注ぐ対象を強調すると同時に、その対象を他者と共有している事実も強調しているのである。

この絵画では、美術コレクションが学者たちの議論の対象であり、社交の中心にもなっていたことが表されている。そして実際、タウンリーは自らが所有する古代美術の品々を気軽に披露することで知られていた。自宅に鑑賞のための順路を設け、美術品の価値を高めるように展示され、訪問者が快適に鑑賞できるようにしていたのだ。その順路はレリーフ、石棺、骨壺が展示された玄関ホールから始まり、食事の間——有名な「円盤投げ《ディスコボロス》」〔※1〕やヴィーナスなど、コレクションの傑作が並ぶ——で盛り上がりは頂点に達する〔図53〕。鑑賞順路は二階に続いた。二階には図書室があり、来館者は手書きのカタログを閲覧することができた。カタログには地形に従って展示品が列挙されており、それぞれの品《オブジェ》が発見された場所や、展示されている部屋が記されていた(33)。

一七九一年から大英博物館の理事《トラスティ》となっていたタウンリーは、自分のコレクションを大英博物館に遺贈し、専用の展示室で展示することを計画していた。しかし、晩年になって、ランカシャー州のバーンリー近郊に持つ家に彫刻ギャラリーをつくるという構想を抱く。そのため、死の直前に遺言変更証書《コーディシル》をつくり、コレクションを展示するための建物を建設することを条件に弟に遺す、それが叶わなければ同じ条件でコレクションはおじに渡すものとする、このおじも条件を満たせない場合は大英博物館に譲渡する、とした。一八〇五年、タウンリーが没し、遺族との示談により、大英博物館は実際の価値を大きく下回る二万ポンドでコレクションを購入することができた。そのため、もともと古代エジプトの美術品だけのために予定されていた増築計画は変更を余儀なくされた。タウンリーの大理石彫刻、それから同時にハミルトンの壺、古代貨幣、そのほかのギリシャ・ローマ時代の品々《オブジェ》を収容するためだ。こうして一八〇八年には、一般市民が「タウンリー・ギャラリー」と名づけた一三の部屋からなる一連の展示室が開設された。その一年前に自然史部門

〔※1〕「円盤投げ（ディスコボロス）」は紀元後二世紀に大理石でつくられた「ローマン・コピー」（レプリカ）。オリジナルは紀元前四五五年、古代ギリシャの彫刻家ミュロン作のブロンズ像。

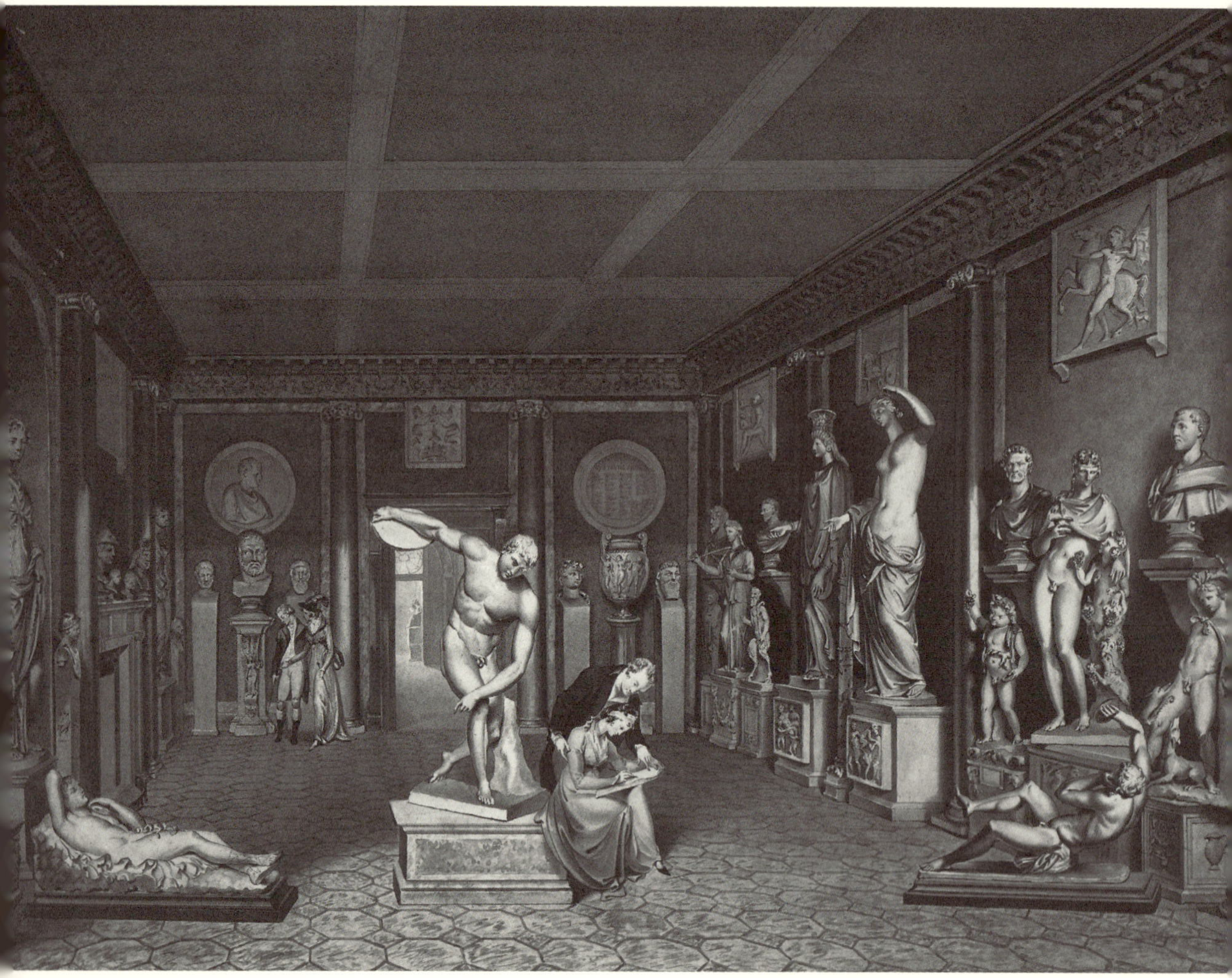

［図53］W. チェンバース『ウェストミンスターの食事の間にあるチャールズ・タウンリーのコレクション』1794年頃（British Museum, London）

が「自然史と近代珍奇物」部門、それから「古代と貨幣部門」に分割されたことによって、このギャラリーは、古代美術博物館として正式に認められた(34)［図54］。

ハミルトンの壺の購入は、古代美術品の大規模な購入政策の実施にはつながらなかったが、タウンリー・コレクションの収蔵は、大英博物館がその後二〇年にわたって大きく変わるきっかけとなった。

新ギャラリーの開館と同じ年に出版された『大英博物館内容概説（*Synopsis of the Contents of the British Museum*）』において、古代美術品が重要な位置を占めていることにその兆候が見られる。自然物の展示には、上階の第八展示室から第一二展示室が使われていた。一方で古代美術品は、タウンリー・ギャラリーの一〇区分を埋め尽くしていたのだ。第一一区は貨幣とメダル、第一二区はハミルトン・コレクション、第一三区は素描《デッサン》と版画が展示されていた。『大英博物館内容概説』では、古代美術品に五三頁が割かれているが、自然物《ナチュラリア》に割かれたのは三二ページだけだ。

・学問・芸術への寄与と公衆の好奇心への対応

『大英博物館内容概説』は別の意味でも興味深い。大英博物館の理事《トラスティ》の視点が見てとれる。図書室が大英博物館の真に重要な部分を構成しており、その図書室には、既に非常に豊富であった写本のコレクションがある。つまり理事たちが配慮していた公衆とは、読者や研究者たちである。それ以外の人たちは、コレクションを眺めたいだけの人たち（「人気のある博物館の利用法だが、ほとんど役に立たない」）で、彼らは月曜日から木曜日まで、午前一〇時から午後四時まで、一五人ずつ八グループに分かれて入館することができた。金曜日は芸術家だけが入館でき、土曜日と日曜日は休館であった。

「この建物は複数の間に分かれており、無制限に訪問者を受け入れるには多くの警備員が必要なため、ヨーロッパ大陸にある同種の施設と同様に、警備上の理由から一般公開することができない。しかし、この施設が第一の目的のとおりに学問や芸術に実際に寄与できるように、それから気晴らしを求めて絶えずやってくる公衆の好奇心を満たすために、実現可能なことはすべて行われた(35)」

学問と芸術は好奇心と娯楽、学者と芸術家は公衆と対立する。これが、理事たちが満足させなければならない二種類の人々について抱いている考えであり、理事にとって、後者は明らかに前者に劣るように思われた［図55］［図56］［図57］。

[図54] ジョージ・シャーフ『大英博物館のタウンリー・ギャラリー』1827年(British Museum, London)

［図55］ベンジャミン・スライ『大英博物館：来訪者のいるエジプトの部屋』、1844年（The Wellcome Library, London）

[図56]『休日の訪問者で賑わう大英博物館の動物学ギャラリー』1845年（The Wellcome Library, London）

[図57]『大英博物館、来訪者のいる
エジプトの部屋』1847年
(The Wellcome Library, London)

・「ポートランドの壺」の大英博物館入り

古代のテラコッタに関する記述は一八一〇年に始まった。その二年後には古代の大理石彫刻についての書籍の出版が始まり、それは半世紀にわたって続く。(36) しかし新しい収蔵品が、センセーショナルとまでは言わないまでも、その壮大な性質によって、大英博物館の展示内容、そしておそらくそれ以上にそのイメージを一変させる。一八一〇年六月、「ポートランドの壺」と呼ばれる、カメオとして扱われたローマ時代の大型のガラスの壺が永久寄託された。紀元一世紀頃という定かではない年代のものだ。ローマのバルベリーニ家からウィリアム・ハミルトンに渡り、ハミルトンが一七八五年に前述のポートランド公爵夫人に売却、彼女の死後、息子の三代目ポートランド公爵が受け継ぎ、彼が大英博物館に寄託したものである。

「ポートランドの壺」は、すぐに大英博物館を象徴する作品のひとつとなり、永久寄託の扱いであったが、一九四五年になって購入された。(37) 一八一五年の秋には、その三年前にギリシャのバッサイ（フィガリア）でドイツとイギリスのグループが発見し、一八一四年五月に摂政公（のちのジョージ四世）が一万五〇〇〇ポンドで購入した大理石彫刻の数々が大英博物館に納められた。(38)

しかし、エルギン卿が所有するギリシャ時代の素晴らしい大理石彫刻の数々、エルギン・マーブルの収蔵について、既に交渉が進んでいた。大英博物館におけるエルギン・マーブルの存在は今日でも波紋を呼んでおり、ここでその歴史を思い起こす必要がある。

・「エルギン・マーブル」ロンドンへ――エルギン伯爵の「壮挙」

第七代エルギン伯爵トーマス・ブルースのドラマチックな伝記の中心となるのは、大使としてコンスタンティノープルに赴任したこと（一七九九―一八〇三年）である。ギリシャ美術の知識を広めることでイギリス国民の審美眼を向上させようと、エルギンは当初からこの機会を利用した。ギリシャはまださらに二〇年間、トルコの支配下にあることを思い出しておこう。自らの目的を果たそうと、エルギンは芸術家たちを雇って同行させ、アテネのさまざまなモニュメントの描画とレプリカ製作を行わせた。

しかし、一八〇一年七月六日、エルギン卿に与えられた勅令《ファーマン》により、彼らの任務内容は一変する。この文書は、エルギンに仕える芸術家たちに碑文や人物、図柄が彫られた石を持ち帰ることを許可する曖昧な一節があり、大使館付きの牧師であり、アテネの調査団の責任者でもあるフィリップ・ハントは、アクロポリスに散乱した碑文や彫刻を拾って収集するだけでなく、パルテノンの列柱回廊《ペリスタイル》に残っていたメトープ〔ドリス式建築のフリーズの小間壁〕、を切り取る権限も与えるものだと解釈した。この解釈は、賄賂と引き換えに地元当局に受け入れられ、エルギンは大量の大理石彫刻を手に入れることができた。当時は、フランスとイギリスの戦争状態がほぼ常態化していたため、さまざまな紆余曲折を経て、一八〇二年八月に第一便が、一八〇四年一月に五〇あるケースのうち大部分が、そして一八一二年五月に残りが目的地〔イギリス〕に到着した。(39)

一八〇七年六月、エルギン卿が大理石彫刻のコレクションの展示のためにロンドンにつくらせた倉庫に収納された。許可証を持つ者しか入場することはできなかったが、伯爵は許可証を大盤振る舞いし、そのため、芸術家や美術愛好家が足繁く訪れる流行りの場所となった。素描許可証の取得はより困難だったが、それでも何人もの芸術家がその恩恵に浴したようだ。一八一一年七月にエルギン卿の倉庫が閉鎖されるまで、ロンドンには古代ギリシャ美術の個人博物館があったのである。

「大理石彫刻は、展示室に入る訪問客の目に、左右対称に、絵画のような構図に映るように配置されていた。コレクションを体系的に整理しようとは、一切考えられていなかった。彫刻、碑文、建築物の断片が独自の判断で詰め込まれていた。中央には女神像《カリアティード》が屹立し、他のすべての大理石彫刻は、女神像の周りにその大きさに応じて配置されていた。ヘルメスの胸像は碑文が刻まれた柱の上に不安定に置かれており、部屋の反対側に設置されたエレクティオン〔アテネ・アクロポリスの丘にあるイオニア様式の神殿跡〕の柱の一部分の上に置かれた馬の頭と対になっていた。全体的な印象は、当時の旅行記で広く普及していた古典的な遺跡のイメージを彷彿とさせるものだった」(40)

・論争の四つのテーマ

まもなく大理石の彫刻そのものも、エルギン卿自身も、美的、倫理的、政治的、法的な激しい論争の中心に置かれることとなった。法的論争は今日にいたるまで終結からは程遠く、それに伴い倫理的論争および政治的論争が現在も続いている。

論争のテーマは、次の四つの問いで表現される。エルギン卿の大理石彫刻は、フェイディアス〔紀元前五世紀頃の古代ギリシャの彫刻家〕が活動していた時代の代表的な傑作であるのか、それともハドリアヌス帝の時代〔一～二世紀頃〕につくられたものなのか。後者の場合、これらの大理石彫刻は博物館に展示されている美の規範として知られている作品や個人のコレクションよりも劣っていることを意味するかもしれない。本来、建物の一部を成していたこれらの作品を引き剥がしたエルギン卿は、確実に消失の危機に瀕していた遺跡を保存し、人々に知られるようにした救世主だったのか、それともその反対に、ギリシャを次々に襲った侵略者たち、遺跡が持つ超越的な美を理解できない者たちによって行われた破壊作業を完遂した野蛮人なのか？　エルギン卿はトルコ人やギリシャ人にとって一切の重要性を持たない作品を国外に移しただけなのか、その反対に、ギリシャ人から彼らの遺跡の重要な要素と、ギリシャがその文化を世界に誇れる主要な理由のひとつを略奪したのか？　最後に、エルギン卿は自分に与えられた許可の範囲内で行動したのか、それとも、オスマン帝国の法を犯し、大使としての特権を乱用したのか？　それであれば彼の企てには違法性の印が押され、慈善家の仮面を被った卑劣な犯罪者が露わになるのだろうか？

この論争にまつわるさまざまな問いのうち、決定的といえる解答を得られたのは最初の問いだけである。大理石彫刻が展示されるやいなや、これについて相容れないふたつの態度が示された。芸術家たちはこれらの大理石彫刻を手放しで称賛した。彼らにとって、これは古代ギリシャ美術の頂点を表しており、「最も英雄的な芸術様式と［中略］実生活におけるすべての本質的な細部」を組み合わせることができた時代を代表するものであった。これはパルテノン神殿の大理石彫刻の光景を一生の思い出とした歴史画家ベンジャミン・ロバート・ヘイドンの言葉である。これらの傑作と比較すると、古代美術の最も有名な作品、たとえば「ベルヴェデーレのアポロン」は、突如として無味乾燥なものになってしまう。そのように感じたのは、当時全盛期を迎えていた彫刻家でありイラストレーターのジョン・フラックスマンや、ロイヤル・アカデミー・オブ・アーツ（王立美術院）の会長である画家ベンジャミン・ウェスト、そしてヨハン・フュースリといった、有名な芸術の権威たちであった。

・エルギン・マーブルに対する目利き《コネスール》たちの評価

ディレッタンティの面々は目利きとしての評判を武器に、パルテノン神殿の大理石彫刻をめぐって、芸術家たちとはあらゆる点で逆の立場をとった。もし、タウンリーが生きていたら、また違ったかも知れない。彼はエルギンに好意的だったのだ。しかしタウンリーの没後、ペイン・ナイトがディレッタンティ協会を単独で支配していた。そしてペイン・ナイトは、問題の大理石彫刻を見る前から、文献を読むうちに——しかし彼は誤解したのだが——それがハドリアヌス帝の時代のものであり、既にイギリスや他国にあった作品よりもずっと価値が劣るものだという確信を得ていた。のちに彼は自分の年代測定は間違いだったと認めたものの、芸術的評価についての意見は変えなかった。

ウィリアム・セント・クレア〔イギリスの歴史学者、一九三七—二〇二一年〕は、ナイトがこのようにエルギン・マーブルを評価したのは、イタリアから古代彫刻を輸入してきたイギリスの収集家たちの審美眼を擁護する目的があったと正しい指摘をしている。[41] 実際、ハズリット〔文芸評論家。20章参照〕が一八一六年という早い時期に認識していたように、ジョシュア・レノルズ卿がその講話（一七六九—九〇年）

の中で体系化した学問的教義とエルギン・マーブルを対比すれば、これらが相容れないことがわかる。[42]

その後、芸術家たちがエルギン・マーブルのまばゆいばかりの芸術的優位性を宣言し、このコレクションが当初から比較対象にされていた大英博物館のタウンリー・コレクションを完全に凌駕したことで、これは確信に変わる。エルギン・マーブルは古代ローマの彫刻よりもはるかに――それがギリシャ彫刻のレプリカであろうとオリジナルであろうと――イギリスで芽を出し、のちにヨーロッパの他の地域にも広がっていった新しいロマン派的な感性に非常によく適合していたのである。[43]

エルギン・マーブルの年代推定と芸術的価値について、コレクションを見た外国の鑑定家たちの反応は、イギリスの芸術家たちの反応に似通っていて、ディレッタンティたちの意見と厳しく対立した。外国の鑑定家たちの中にはこの大理石彫刻をフェイディアスのものに関連づけるどころか、フェイディアスのものだとする者もいた。エンニオ・キリノ・ヴィスコンティ〔イタリアの考古学者、美術史家。ローマ・カピトリーノ美術館館長を経てルーヴル宮の美術館の古代部門で責任者を務めた。14章参照〕がエルギン卿の要請で一八一四年一〇月にロンドンに来ていたのは事実だ。また、エルギン卿の大使時代の一等書記官ウィリアム・ハミルトンがパリでヴァチカンの古代美術品と絵画の返還問題の解決を手助けしたことに、カノーヴァが感謝していたのも事実である。カトルメールでさえ、友人のカノーヴァに頼まれ、エルギン・マーブルをめぐる論争に介入していたのだから、疑いは免れない。鑑定家として評価の高いバイエルン公ルートヴィヒだけは、エルギン・マーブルを賞賛することに一切の関心を見せていなかった。しかし自国のために購入したかったと発言したという事実から、ルートヴィヒのエルギン・マーブルに対する評価の高さが窺える。

これらの人々がエルギン・マーブルを見て示した熱意は正直なものだったと考えるのが妥当だろう。彼らの賞賛は新古典主義の重要な転換期にあって、その影響が認識されていることを示しているが、この影響はそれを明らかにできる古代の美術品が不足していたために、まだ顕在化していなかったのだと考えられる。そして最終的に、この熱狂がエルギン・マーブルに有利なほうへと天秤を傾けたようだ。一八一五年一一月、カノーヴァがロンドンを訪れたあと、ディレッタンティの長、ペイン・ナイトは引き延ばし戦術を仕かけていたが、エルギン・マーブルとそこに美の模範を見出す審美眼の勝利にもはや疑いの余地はなかった。[44]

・略奪者か、救済者か
――バイロンvsカトルメール

しかしこの勝利は、バイロンが『チャイルド・ハロルドの巡礼（*Pèlerinage de Childe-Harold*）』（一八一二年）の中で荒々しい詩節《スタンザー》を使い、エルギンを「聖域の略奪者」、トルコ人、ゴート人、時が尊重したものに対して何の慈悲も持たない「愚かな略奪者」と評して破壊したエルギンの評判には何の波及効果も与えなかった。

カトルメール・ド・カンシーのカノーヴァへの手紙（一八一八年）は、こうした非難に対抗するために書かれた部分もあるようだ。最初の一文から、「エルギン伯爵の情熱的で良識のある熱意によって、ヨーロッパがこれらの彫刻を楽しみ、保存する恩恵を受ける」とあり、さらには「エルギン閣下が注意深く集めた残骸」とある。そして、二通目の手紙では、「ここで疑うことは何もない」と強調した上で、「私たちが触れるのはペリクレスやプラトンが見た大理石彫刻であり、おそらくアゴラクリトスやアルカメネス〔いずれも古代ギリシャの彫刻家〕がノミで彫った大理石彫刻、おそらくフェイディアスが修正《レタッチ》したであろう大理石彫刻なのだ」。カトルメールは、自分の感情の赴くに任せ、こう叫んでいる。

これほど多くの芸術の宝物が、時の荒波、戦禍、トルコの蛮行から、どのように、どのような幸運によって逃れられたのだろうか。なぜ、このような幸福が、最も誇らしい時代の遺跡《モニュメント》のひとつに訪れたのだろうか。この貴重な遺物をしっかり保存し、墓場と化した祖国から運び出し、ヨーロッパに輸送し、再び芸術家や芸術活動のための教訓や美の模範として役立たせることができたのは、何という幸福な運命であろうか。目を疑うばかりである。[45]

この一節にエルギンの名前は出てこない。しかし、カトルメールの見地からすれば、大理石彫刻を墓場から持ち出してイギリスに持ち帰り、芸術に奉仕するために再び命を与えたのがエルギン卿であったことは明らかである。一八三六年のカトルメールの再版本の序文が示すように、バイロンの〔エルギンに向けた〕非難に対するこの断固とした反応は、一部の読者に混乱をもたらしたに違いない。カトルメールによると、彼らは「アテネから彫刻を持ち去ることを支持する動きの中で、カノーヴァ、とりわけ私がそれまで展開してきた動機と原則にいくつかの矛盾を見つけたのだ」。これはもちろん、一七九六年の『ミランダへの手紙』の内容を指している。そこでカトルメールは自らの立場を明確にするため、「物質的には似ているが〔中略〕最も重要な観点においてはまったく異なる」ローマのケースとアテネのケースにおける、「最も明白な違い」を立証するために、再びこの問題に取り組んだ。

カトルメールはまず、オスマン帝国の政府から与えられた「許可」に頼ることから始めた。そして「アテネの遺跡と、古代および近代ローマの遺跡や美術品との間には大きな違いがある」と主張した。

「後者は、ヨーロッパ各地からの旅行者の流入が絶えないため、保護の対象となっている。前者は、日々老朽化していた」

カトルメールはまた、パルテノン神殿の彫刻があまりにも視界から遠く離れた場所にあり、研究の対象として役立てたり、真の価値を評価したりすることができないことを引き合いに出す。そして最後に、「アテネのアクロポリスは老朽化の一途をたどっており、この世界からアクロポリスの彫刻が失われ、完全に消滅する危険にさらされていたことは、あまりにもよく証明されている」と述べている。

こうしてエルギンの救済行動とボナパルトの破壊行為を対比させ、原則的な博物館批判を再開する代わりに、大英博物館におけるエルギン・マーブルの展示を称賛した。

「私はこの美しい配置とそれを導いた英知に感嘆せずにはいられなかった。あらゆる研究と調査にこれほど適したものはないだろう」

カトルメールは著作の最後の文章で、この大英博物館の古代美術のコレクションを「学問と芸術史」にとって欠かせないすべての博物館の筆頭に位置づけている。「ギリシャの最も美しい時代の、オリジナルの彫刻作品が最も多く収蔵されている」[46]からだ、と［口絵6／図58］［口絵7／図59］。

しかし、バイロンはカトルメールがある時期に告発したようなナポレオンと総裁政府が犯したのと同様の罪についてエルギン卿を告発しただけではない。バイロンの主張によれば、エルギンはギリシャの弱さと隷属状態を利用して「血を流している土地の惨めな残骸」を持ち帰り、ギリシャの民を侮辱し、抑圧したのだ。バイロンはエルギン・マーブルをめぐる議論に、古代ギリシャの遺物と近代ギリシャとのつながり、より一般的な言い方をすれば、古い過去と近代国家とのつながりというテーマを導入したのだ。

このテーマは一七九六年以降のカトルメールの考えにはまったく存在しないものだった。イタリアでは、一五世紀末にはローマ時代の遺跡を保護する措置がとられ、一八世紀初頭からは、外国人による古代美術品の輸出に憤慨した有力者たちが状況を改善しようと努めていた。当時のギリシャでは、このようなことはなかった。そこでバイロンは、古代美術品を奪われたギリシャ人の代弁者となったのである。彼の判断は当然ながら、ギリシャがアテネを首都とし、アクロポリスを象徴的な中心地として独立した（一八三〇年）あと、ギリシャの世論を刺激した。その後、エルギン・マーブルは、ギリシャとイギリスの間で断続的に起こった政治的係争の争点のひとつとなったが、イオニア諸島、キプロスの独立という他の問題が未解決である限りは、小さな問題であった。

・大英博物館による購入

当初、エルギンは自分のコレクションを売るつもりはなかった。しかし、自身の経済状況が厳しく、選択の余地がなかったのだ。そのため一八一〇年になると、大英博物館に売却するための手続きに取りかかったが、これは失敗に終わる。

ナポレオンが決定的に失脚し、エルギン・マーブルを見た外国の芸術の権威たちの熱狂的な反応を得てから、ついに一八一六年二月、下院により特別委員会が設置された。この委員会はエルギン・マーブルが抱えるすべての問題を調査し、国による購入の妥当性について意見を述べ、市場価値の評価額を提案する任務を負った。同委員会はヒアリングを実施し、ペイン・ナイトをはじめ、さまざまな専門家から意見を聞いた。ディレッタンティの会長であるナイトは自分自身に忠実で、エルギン・マーブルの価値を下げようと努めた。これを受けて、発言の機会を与えられなかった歴史画家のヘイドンは激しい論調の記事を書き、ナイトを批判したほか、より一般的なこととして、芸術や美的判断に関して専門家の意見よりも愛好家の意見が優先されることを問題視した。

一八一六年四月に公表された委員会の報告書は、エルギン卿に向けられていたすべての疑いを晴らすもので、三万五〇〇〇ポンドで国にエルギン・マーブルを購入することを強く勧めている。この金額は、エルギン卿の出費の半分にしかならなかったが、エルギン卿はこの条件を受け入れるほかなかった。一八一六年六月七日、下院は必要な法案を可決し、八月にはエルギン・マーブルが大英博物館に運搬された。そしてフィガリアの大理石彫刻やそのほかの代表的なギリシャ彫刻と一緒に保管するための仮設の建物が建てられ、一八三一年に大英博物館の新館に移されるまで、そこに保管された[47]［図60］。

・ギリシャからの持ち出しの法的な疑義と現代にいたる返還問題

国によるエルギン・マーブルの購入の成功は危ういものだった。委員会は、パルテノン神殿からの撤去が合法であったことを認めなければならず、そのために、許可の根拠となる勅令《ファーマン》の内容を検討し、さらには撤去作業が行われた状況も調査した。それでも委員会の結論は、すべての人を納得させるにはまったく不十分であった。法案の採決に先立つ審議中、エルギン・マーブルを国外に持ち出したことの適法性に異論を唱える声もちらほら聞かれた。ある議員は持ち去られた場所に返還されるまで、イギリスが管理責任者となってエルギン・マーブルを預かる形にしようとすら提案した。

この案は、ギリシャの独立後に再び浮上する。まずギリシャの政治家たちがエルギン・マーブルの返還を求め、次に、法律家たち、特にギリシャ人の法学者たちがそのあとに続いた。そ

[図60]トーマス・アベル・プライヤー『大英博物館の旧エルギンの間の景観』1833-57年の間(British Museum, London)

れからずっとあとのこと、一九八三年一〇月、有名女優で当時ギリシャの文化大臣だったメリナ・メルクーリが感動的なスピーチをしたあと、ギリシャ大使が前述の案をイギリス政府に正式に要請したが、一九八四年にイギリス政府はこれを拒否した。それから四〇年経った今も、状況は何も変わっていない。[48]

・エルギン・マーブルがもたらした「美的感覚」の革命

エルギン・マーブルにこれほど多くの頁を割いたのは、これが芸術作品の母国への返還をめぐる議論の中心であり続けているからであり、これからもこの議論は激化するであろう。ヨーロッパの博物館や美術館におけるこの問題の重要性は強調するまでもない。[49]

また、イギリスだけでなくヨーロッパの他の地域においても、エルギン・マーブルがまさに芸術的な「美的感覚」の革命ともいえるべきものに貢献したという歴史的な理由もある。この革命はギリシャ文化の再発見に伴うギリシャびいき《フィルヘレニズム》の感情と切り離して考えることはできない[50]」。エルギン・マーブルがヨーロッパにおけるこの革命に貢献した数ある要素のうちのひとつであったとすれば、これは何より、既に進行していたこの革命を明らかにするものであった。この革命は感性と嗜好の枠組み全体が揺るがされたこと、ある作品は美しくて崇高、ある作品は甘ったるくて低俗だ、というように、視線を導くあらゆる前提が揺るがされたことで起きたものだ。美的な判断基準がひっくり返されただけでなく、より広範には、人々が自分自身や他者、自然、超越について考える際の暗黙の前提がひっくり返されたのだ。このことである種の文章や映像、音響作品を適切なものとして見られ、結果として受け入れられる——人々の期待に無意識に応え、彼らの感情や内なる信念と調和するのだ——他方でこれらの新しい要件を満たさない他の作品は拒絶される。

・大理石彫刻の修復をめぐるふたつの立場

この進行中の革命を理解するには、まずエルギンに大理石彫刻の修復を依頼されたカノーヴァが「ノミで触るのは冒瀆にあたる」と断り、そして仕方なく彼の代わりに修復を依頼されたフラックスマンも同じ反応を示したことを思い起こそう。[51]そして一七五五年生まれのフランス人〔カトルメール〕と一七七八年生まれのイギリス人〔ハズリット〕が、エルギン・マーブルの修復というテーマについて数年違いで表明しているが、このふたつの立場を比較してみよう。

先に見たように、カトルメールは「ロンドンでこれらの作品を時間と破壊の影響を受けた状態のままにしたのは、非常に賢明なことだった」という意見を持っていたとしても、エルギン・マーブルの「もとの状態」を思い描くことを好む。

「もしすべてのモニュメント的な彫刻が、芸術家たちが細部まで研究するために好んで見るような破損した状態のままにされていたならば、古代美術品が過去半世紀にわたって公衆の『美的感覚』に影響を与えるようなことは決してなかっただろう」という〔カトルメールの〕言葉を思い起こそう。それからこれだ。

「修復がオリジナルの作品を一切損なわず、一切の誤認を招かず、偽りのものを付け加えて主題や構成一切を歪めない限り、再び全体像を鑑賞できるようにすることを拒否する理由があろうか。作品はしばしばその完全な全体像から価値の大部分が得られるものであり、時間という偶然によって奪われたものを補うことで初めて万人の目を真に喜ばせることができるのだ」

カトルメールはまた、エギナ島の神殿のペディメント[※1]の修復にも満足している。彼によれば、それはパルテノンの彫像の修復よりも確かにリスクが少ないものだった[52]。

それではふたり目の証人、ウィリアム・ハズリットの声に耳を傾けてみよう。

滅びゆく手から生まれた不滅の作品とは、自然に対する一種の侮辱であり、ほとんど矛盾している。この恩知らずな子どもたちは、作者を嘲笑しているのだ。古代の崇高な思想は、進歩や時間の経過の痕跡なしに明確に表現することはできない。今も良いものは決して古いものに見えない。古くなっていないように見える想像力にとって、古いものなど何もない。遺跡はどんな近代的な建物よりも、完全に保存されている最古の建物よりも、偉大であり、畏敬を抱かせるものである。遺跡は、時間という視野を伝えてくれる。だからエルギン・マーブルは、その劣化した不完全な状態で最も素晴らしいのであり、私たちをパルテノン神殿や古代ギリシャへと誘《いざな》ってくれるのだ。テセウスはテセウスの年齢だが、ベルヴェデーレのアポロンはエレガントな現代の「紳士」である。この彫刻を見ても、置かれている部屋の装飾のひとつにしか見えない[53]。

一八一八年、カトルメールにとって古代の彫像の修復は、技術的・倫理的な問題を引き起こした。技術的な問題とは、修復に伴うリスクのことである。倫理的な問題とは、修復が非常にしばしば種々雑多な断片を組み合わせて偽物をつくることにつながるということだ。しかし、修復作業が誠実なものであり、作品の価値や美しさ、不可侵性に影響を与えない限り、それを控える必要はなく、むしろ進めるべき正当な理由さえあるのだ。

一八二二年、ハズリットにとって、修復は存在論的な問題、たとえこの言葉がここでは重く感じられたとしても、そう呼ぶ

〔※1〕古代ギリシャ・ローマ建築で、建造物の正面上部に設けられる山形の部分を指す建築用語。

べき問題を提起するものだった。ハズリットに言わせれば、芸術作品はその作者と同じように時の経過に委ねられているのであり、芸術作品が与える印象は、古代の作品の場合、作品が持つ時間の痕跡に左右される。カトルメールはまだ、時代を超えた美のモデルが重視される世界に生きているのであり、ハズリットは歴史性が支配する世界に生きているのだ。カトルメールにとって、エルギン・マーブルとエギナ島の大理石彫刻は、古代が残した美しい造形のレパートリーに追加された作品にすぎない。ハズリットにとっては、同時代の多くの人々と同様、作品のヒエラルキーをひっくり返し、それまで頂点にあったものを押し下げる存在だった。

・ヴィンケルマンが称賛した美のモデルの失墜

エルギン・マーブルは、古典趣味がロマン派に打ち負かされたさまざまな戦いのうちのひとつを提供し、古代美術へのアプローチに関して、ディレッタンティ[54]が決定的に敗北したということ、ルネサンス以降神聖化され、ヴィンケルマンが称賛したような美のモデル、たとえばベルヴェデーレのアポロン、ラオコーン、その他イタリアで発掘された彫刻の権威が失墜したということを示した。これらの作品が占めていた位置は、ギリシャ本土で発見された古代ギリシャの作品、〔イタリアの彫刻よりも〕数世紀も古く、そこまで理想化されておらず、より簡素な作品に取って代わられた。まずパルテノン神殿の大理石彫刻、そして一八一一年に発見され、その一年後にバイエルンのルートヴィヒが購入したエギナ島の大理石彫刻に取って代わられたのである。

しかしこの影響は、一八三〇年にミュンヘンのグリプトテーク〔古代彫刻美術館。本書23章参照〕が開館するまで感じられることはなかった。[55]建築においてもこうした姿勢は、新パラディオ主義を捨ててギリシャ的なモデルを採用する流れ、装飾を減らしてドーリア式を優先する流れへとつながっていった。[56]

ここでエルギン・マーブルを重要視するのには、別の理由もある。具体的にはふたつの理由があり、それは大英博物館の歴史に関連するものだ。

エルギン・マーブルが大英博物館に収蔵されたことで、博物館はそのイメージと性質を変えた。理事《トラスティ》たちや市民にとっては何より大きな古代美術の博物館となり、これは一八二五年、ペイン・ナイトが遺したブロンズ像、貨幣、彫刻の施された石、そのほかの古代美術品の豊富なコレクションが収蔵されたことによりさらに強調されることとなった。[57]

一八二一年に設計され、一八二三年から一八五二年にかけて建設された大英博物館の外観も、この博物館を芸術の殿堂、ギリシャで頂点に達した芸術が集まる殿堂たらしめていた。このギリシャ神殿風の新たな建物は、建築家ロバート・スマーク卿が中心となって推進したギリシャ復興様式を代表するものである[58]［図52］。結論として、エルギン・マーブルの収蔵は、大英博物館の歴史における転換点となり、この日以降、大英博物館は元の名称を保ちながらも、一七五九年に開館した博物館とは異なる施設となったのである。

2 ナショナル・ギャラリー
——美術館となった個人コレクション

・王室コレクションの再構築

ヨーロッパの多くの国では「王室」や「王族」のコレクションが何らかの形で核となって「国立」の絵画ギャラリー[59]がつくられた。一方イギリスではそれとは違い、国立のギャラリーは王室コレクションに対し、何も負うものはない。

一六四二年から五八年のピューリタン革命は王政、それからスチュアート家とその周辺に見られるカトリック回帰の傾向に結びつけられる芸術を敵視した。これによりチューダー朝時代を起源とする王室コレクションは大きな損失を被った。チャールズ一世が所有していた絵画やその他の美術品が売り払われてしまったのだ。マンテーニャの『カエサルの凱旋』やラファエロの「使徒行伝」のためのタペストリーの下絵《カルトン》〔壁掛け絵画のための七つの大規模なデザイン〕など、わずかな作品のみが難を逃れ、国務会議の管理下に置かれた[60]。

チャールズ二世は一六六〇年に王位に就くやいなや、父親のコレクションを取り戻そうと試みたが、ごくまれな例外を除き、ほとんど不可能であった。一六八九年の名誉革命を経てイングランド王となったウィリアム三世は、当時非常に少なくなっていた王室コレクションを相続し、クリストファー・レンがそのために建設したハンプトンコートのギャラリーでラファエロの下絵《カルトン》[61]を一般公開した。

　その後の王たちのもとで、所蔵品は徐々に増えていき、一七六二年にはジョージ三世が、駐ヴェネツィア共和国イギリス領事を務めたジョセフ・スミスが現地で集めた素晴らしい美術品をすべて購入した。二万ポンドを費やしたこの大規模な美術品購入により、一挙に約五〇〇〇点の絵画が王室のコレクションに加わった。このうち三五〇点はイタリアの絵画で、その多くが一八世紀のヴェネツィアのもので、フランドルとオランダの作品も一五〇点あった。さらには過去の巨匠たちの素描《デッサン》や、版画、貴重本、小さな習作模型《ボッツェット》、彫刻が施された石などもあった。国王は新たに購入した作品を展覧会で一般公開するつもりだったが、実現しなかった。それでもスミス・コレクションの購入は、芸術の保護者、イギリスにおける芸術復興の立役者として国王を称えるための宣伝に使われた[62]。ジョセフ・スミスから購入した絵画の多くは、王妃が住むバッキンガム宮殿の装飾に使われ、ラファエロの下絵《カルトン》もそこに運ばれた。どの作品も一般人が目にすることが非常に困難であったため、ラファエロについては、下院でジョン・ウィルクスが抗議する事態となった。ウィルクスは、実際には誤りだったのだが、これらの美術品が公金で購入されたとはっきり言いきり、この抗議を正当化した[63]。

　一八一一年から摂政皇太子となり、美術愛好家として知られていたジョージ四世が一八二〇年に国王に即位すると、王室コレクションは再び強化されることとなり、大いにその数を増やすことになった。特筆すべきは一八一四年にトーマス・ベアリング卿[64]のコレクションからオランダ絵画を購入したことだ。このコレクションは、一八二六年と一八二七年の二度の大展覧会で一般に公開され、その一部はバッキンガム宮殿に建設された専用ギャラリーでも展示された。これらの絵画はハンプトンコートやウィンザー城に収められ、一八四〇年代には金曜日を除く平日に毎日鑑賞できるようになった[65]。

・絵画の流入と中流階級の収集家グループの形成

　一七六二年の取引〔スミスコレクション購入のこと〕は、一八世紀におけるイギリスのエリート層の「美的感覚」の変化を表す一例である。この変化はイアン・ペアーズ〔現代イギリスの美術史家、小説家〕の素晴らしい著書のタイトルを借りて表現すれば「絵画の発見」[※1]により起きたものであり、これが一七六八年のロイヤル・アカデミー〔王立美術院〕設立へとつながるのだ。

　一七世紀末から、イギリス絵画がヨーロッパの美術界に登場したことを意味するロイヤル・アカデミー設立までの間に、絵画の鑑賞を偶像崇拝とみなす清教徒主義《ピューリタニズム》特有の偶像嫌悪症《イコノフォビア》は弱まり、教皇絶対主義の宣伝《プロパガンダ》をひそかに伝播するものだ、というカトリック諸国の作品に対する不信感も薄れていった。一六九五年に絵画の輸入禁止令が解除されると、イギリス市場はヨーロッパ諸国の作品に開放され、一七二二年にはフランスの諸商品にかかる関税も他国のものと同額に引き下げられた。

同じく一七二二年、イギリス政府は絵画の輸入を制限するよりも、よいものであれば国内に持ち込むことを奨励すべきであると公式に決定した。絵画は購入価格ではなく、その大きさによって課税されることが決められた。戦争や不安定な経済情勢による混乱はあったものの、イギリスに輸入される絵画や版画の数は時とともに明らかに増加する傾向にあった。一七二二年から一七七四年の間に、合計で約三万一〇〇〇点の絵画が輸入されたが、そのうち一七六五年から一七七四年の一〇年間だけで、一万点以上が輸入された。これはそれまでの二〇年間での総数よりも多い数字である。大半がイタリアから、残りはフランスとネーデルランド連邦共和国〔※2〕からほぼ同数が輸入された。一七二五年から一七七四年の間には約五〇万点の版画が輸入されたが、そのほとんどは一七三〇年代以降に輸入されたフランスのものだ。七年戦争中ですら、オランダやドイツを「経由して」輸入された[66]。

こうした大量の絵画や版画の流入に伴い、美術品市場が組織化された。美術品を求めて国外に出向き、イギリスで高く売れそうな作品に自己の、または顧客の資本を投じるプロの画商の出現が、その最初の表れである。オークションは頻繁に、そして定期的に行われ、毎年平均五回から一〇回ほど開催されるようになった。この時期を通して価格が上昇したのは、一般的な値上がり傾向だけでなく、飛び抜けた財力を持つ一部の人々のほかに、平均的な資産を持つ大勢の収集家から成るグループがイギリス国内に形成されたことが特別な理由として挙げられる。彼らが市場に参加するようになったことで、富裕層の個人ギャラリー向けに購入される高価な名作を含む、多数の作品を輸入することが可能になった[67]。

イギリスは作品を輸入するだけでなく、芸術家たちを喜んで迎え入れた。特にヴェネツィアの芸術家である。一七二二年以前はセバスティアーノ・リッチとマルコ・リッチ、ジョヴァンニ・アントニオ・ペレグリーニ、アントニオ・ベルッチが、一七三〇年から一七三九年の間にはヤコポ・アミゴーニが、一七四二年から一七七一年の間にはフランチェスコ・ツッカレリが、一七四六年から一七五五年の間にはカナレットことジョヴァンニ・アントニオ・カナルがイギリスで活動した。ヨハン・フュ

〔※1〕イアン・ピーリングの著作は『*The Discovery of Painting: The Growth of Interest in the Arts in England, 1680-1768*（絵画の発見：一六八〇—一七六八年のイングランドにおける芸術への関心の高まり）』。

〔※2〕オランダ独立戦争の結果、ネーデルランド州北部の七州が独立してできた。一七九五年にフランス軍の侵入を受けて崩壊。

ースリは、一七七八年にロンドンに永住することを決めた。[68]

・ロイヤル・アカデミー（王立美術院）設立

同時に、芸術家を専門職として認めさせようとする取り組みが持続的に行われた。それと並行して行われたのが、美術教育の整備、存命の芸術家の展覧会の開催、著名な芸術家たちから成る協会の設立である。この協会の使命は芸術家の地位を守ることと、新たな芸術家の育成だった。こうしてイギリスは、一六世紀にイタリアが切り拓き、一七世紀にフランスが形にした道をたどり、イギリスもまたこれらの国と同様の対立を経験する。開かれた組織にすべきと主張する人々と、評価の高い芸術家の中から少数のメンバーを厳選すべきと主張する人々との対立だ。[69]

勝利を収めたのは、後者である。一七六八年、パリのモデルを手本に、ロイヤル・アカデミー（王立美術院）が設立された。会長のジョシュア・レノルズ卿は、アカデミーを「芸術の偉大な模範的作品が保存される場所」となることを望み、こう説明した。

「これら〔の模範となる芸術作品〕は才能ある芸術家たちが研究すべきものであり、これらがなければ、どんなに強力な知性も生産性のないままであったか、あるいは迷走していたことであろう。本物の〔美の〕模範を研究することによって、過去何世紀にもわたって蓄積された経験から生まれた、卓越という概念を一気に獲得することができる。そして遅々としていて、多くの妨げがあった中、成し遂げられた先人たちの発展が、われわれに最短で、最も容易な道のりを教えてくれる」[70]

・限定的だった一八世紀イギリスの美術品鑑賞機会

レノルズ卿はアカデミーの管轄下に教育目的の博物館をつくることを想定していたようだ。しかし、アカデミーはレプリカや素描《デッサン》、版画のコレクションを収集していたが、過去の巨匠の作品を入手することはできなかった。学徒がそういった作品を見るには、国外に行くか、ほかの場所を頼るしかなかった。一七四〇年代以降、ロンドンでさまざまな協会が主催した存命の芸術家の展覧会は、次第に盛況になっていった。一七六一年の芸術奨励協会（Society for the Encourgement of Arts）の展覧会には二万人以上が訪れ、六〇〇〇冊のカタログが売れた。[71]

しかし直近のイギリスの作品はチケットを買うだけで見ることができたものの、過去の名匠の作品については、それを見たいと願う市民は非常に多かったはずだが、状況がまったく異なっていた。ジョン・ウィルクスはラファエロの下絵《カルトン》の譲渡を政治的に利用することが有益だとは考えなかったのだろうか？

確かに個人のコレクションはあった。個人所有のコレクションは一七世紀の画家の作品が多く、そのほとんどがイタリア・

バロック時代のマイナーな画家たちで、そこに一七三〇年代からロンドンやパリで人気が高まったフランドル人とオランダ人画家の作品が加えられていた。しかし、作品を見ることは決して容易ではなかった。すべてのコレクションがロンドンにあるわけではない。たいていの場合入場料が必要で、訪問者を案内する使用人たちは多額のチップを要求した[72]。つまるところ、裕福な一部の人々しか見ることは叶わなかったのだ。おまけに入場できるかどうかは予測不可能だった。この点において、ハズリットが一八二〇年代初頭に記述したときから、一八世紀後半になっても状況は大きく異なるものではなかったと考えるのが自然だ。

> **以前はあらゆる侵入から厳重に守られていたフォントヒル修道院は現在、誰でも訪れることができる。しかし、以前は誰にでも開かれていたウィルトン・ハウスとロングフォード・キャッスルは、現在では正式に入館を申請した人と一部の特権階級の人々以外には閉ざされている。後者のケースにおける最上級の厳格さの理由は何であろうか。高貴な人々は、芸術への「関心」が一般的になるにつれて制限を設け、人々の好奇心を失望させたいと思っているのだろうか？　美しい絵画や希少な彫刻に寄せられる賞賛がその価値を減じるとでも思っているのだろうか。それともこの賞賛によって、喜びを共有するのと同じように、作品の所有権も分かち合わねばならないように感じるのだろうか？　もしくは、こういった新たな規則の形式的なことはさておき、「彼らの」家や「彼らの」家具を芸術品として鑑賞する方法も知らずに、不躾な好奇心でやってくる人が年間を通じて三人程度いるのが迷惑だというのだろうか？　邸宅の内部を案内する使用人に支払う謝礼はこの狭量で無礼なシステムを正当化できるのだろうか？　一般市民は使用人に対して報酬を支払う用意がある。このような場所へ徒歩で巡礼する人も、小型の郵便馬車でやってくる人や制服を着た使用人を連れて馬に乗ってくる人——これが所定の作法であり、流行しているようだ！——と同様に報酬を支払うだろう。原因が何であれ、残念なことだ[73]。**

・公衆の名作鑑賞機会となったオークション

過去の巨匠たちの作品はオークション会場にも展示された[74]。入場チケットを買うだけでよかったので、個人のコレクションよりもアクセスが容易で、多くの愛好家や好奇心旺盛な人々を引きつけた。一七三三年に出版された匿名の風刺詩の中で、「私は常にオークションや販売に参加している」[75]と自己紹介する「趣味」のよい男が描かれている。一七六二年、ジェームズ・クリスティがオークションハウスを開業し、瞬く間にロンドン市場を支配する存在となった。しかし、長い間、偉大な画家、特にイタリアの画家の作品は、ほとんどオークションにかけられることがなかったようだ。こういった作品は、たいていの場合イギリスに到着する前に収集家に購入されていて、そのまま購入者の家に送られていたのだ。

いくつかある例外のうち、一七八六年四月八日にノエル・ジョゼフ・デザンファンとフランシス・ブルジョワによってクリスティーズで開催されたオークションがあり、クロード・ロランの『聖ウルスラ』（ロンドン、ナショナル・ギャラリー）を含む、ローマのバルベリーニ宮から来た作品の数々が出品された[76]。一七八七年には、マビューズ〔ヤン・ホッサールト〕の『東方三博士の礼拝』（ロンドン、ナショナル・ギャラリー）がオークションにかけられる前に展示され、愛好家たちは一シリングを支払い、会場に入った[77]。しかし、偉大な巨匠の署名が入った特別な作品がロンドン市場に大量に出回るようになったのは、フランス革命後のことである。

一七九三年四月から六月中旬にかけて、オルレアン・ギャラリー〔オルレアン・コレクション〕所有のフランドルとオランダの絵画の展覧会が開催された。このために借りられたロイヤル・アカデミーの会場に多くの人々が集まったのをきっかけに、ヨーロッパ絵画の名作がロンドンのオークション会場や、画商によって改装された建物で継続的に展示されるようになった。こうして一七九五年には同様にカロンヌ〔ルイ一六世の財務総監〕のコレクションが展示され、一七九八年一二月二六日から一七九九年七月三一日にはオルレアン・ギャラリーのイタリア絵画が展示された[78]。この展覧会は、イギリス人収集家の「好み」を変えた主な要因としてほどなく認識されることとなる[79]。

その後、小規模ではあったが多くの催しが続き、（入場料として）一シリングから半クラウン（二シリング半に相当する）を支払うことのできる収集家や一般人が、イタリア、フランドル、オランダ絵画の巨匠の作品に親しむことができた[80]。

こうして多くの芸術作品がイギリスに流入したが、ラ・マンシュ海峡〔英仏海峡〕の向こう側ではナポレオン美術館〔ルーヴル〕が燦然と輝いていた。アミアンの和約（一八〇二年三月から一八〇三年五月まで）により戦争が中断していた短期間の間には、イギリス人もこの美術館を訪れることができた[81]。このような状況下で、ナショナル・ギャラリーの構想が再浮上してきたのである。

・ナショナル・ギャラリー設立の機運

一七二〇年から一七四二年まで首相を務め、絵画をこよなく愛したロバート・ウォルポール卿がホートン・ホール〔イギリス・ノーフォーク州にあるカントリーハウス〕に集めたコレクションについて、一七七七年ジョン・ウィルクスは、国がこのコレクションを購入し、大英博物館で展示することを議会に提案したが、この案は頓挫した。

このウォルポール・コレクションを四万ポンド以上で購入したのは、ロシアの女帝エカチェリーナ二世である。[82] それでもロイヤル・アカデミーの会長ジョシュア・レノルズ卿とその後継者ベンジャミン・ウェストは、絵画の国立の美術館《ナショナル・ギャラリー》の設立を提唱した。

一七九九年、フランス出身の美術商で収集家、のちにダリッジ・ピクチャー・ギャラリーの創設者となったノエル・ジョゼフ・デザンファンは、「ナショナル・ギャラリー設立計画書（*A Plan for Establishing a National Gallery*)」を発表し、大英博物館に絵画のギャラリーを併設することを提案した。[83] 一八〇三年、ブキャナン〔美術商、収集家。本書19章参照〕は、三〇から四〇点の「イタリアが生み出しうる最も有名な作品を［中略］ナショナル・ギャラリーの始まりとして」国に売ることをほのめかした。最終的に彼が提案したのはルーベンスの絵画四点のみだったが、国は財政の悪化により購入できなかった。[84] 一八〇八年には、摂政皇太子（のちのジョージ四世）の友人であり、絵画の愛好家で収集家のウォルシュ・ポーターがナショナル・ギャラリーの基礎となるコレクションの構想を練った。[85] これらふたつのエピソードは、ナショナル・ギャラリー設立の構想が具体化するずっと前から、そういった考えが収集家や美術商の間に存在していたことを示しており、それが過去の巨匠の作品が多数英国に入ってきていたことと直接関係していることを示す点で、歴史の中で注目する価値がある。

・イギリス美術振興協会の設立

ナショナル・ギャラリーの設立には議会による法の採択が必要であり、国が絵画コレクションを購入するためにはまた別の法が必要だった。しかしタウンリー・コレクションとフィガリアの大理石彫刻は、ナポレオン率いるフランスとの戦争中に、そのような出費が許されない状況にあったにもかかわらず購入されていた。議会にとって、絵画は古代美術品よりもはるかに優先順位が低かったことは明らかである。ナポレオンの〔帝国主義的な〕芸術政策に対抗して、イギリスでは行政当局に欠けていた部分を民間が補った。[86] 一九世紀初頭には、いくつもの個人コレクションが一般に公開された。一八〇四年二月にはトーマス・ホープの、そして一八〇六年五月にはスタッフォード侯爵の、その数年後にはロバート・グロヴナー卿のコレクションが公開された。

一八〇五年、貴族を中心とした収集家や目利き《コネスール》が中心となって「イギリス美術振興協会（*British Institution for the Promotion of Fine Arts in the United Kingdom*)」が設立され、会費を資金源とし、会員によって運営が行われた。同振興協会が一八〇六年にロンドン中心部のギャラリーを借りて開いた展示スペースは、個人コレクションから借りてきた過去の巨匠の作品を展示する場となり、その後二〇年間、同振興協会が主な主催者となった。[87]

平和が戻り、エルギン・マーブルを購入したことで、イギリスは大英博物館という世界最高峰の古代美術の博物館を手にしていた。「ギリシャの最も美しい時代の最も多くのオリジナル作品を所蔵する」[88]大英博物館は、ピオ＝クレメンティーノ美術館やそのほかのイタリアの美術館では満足できなくなっていた当時の芸術的「好み」に完璧に対応していた。一方、絵画に関しては、ルーヴルに対抗できるものは何もなかった。芸術作品の返還によって貧弱になっていたルーヴルにですら、対抗できなかったのだ。ヨーロッパ絵画の傑作で溢れる素晴らしい個人コレクションが国内に多く存在していただけに[89]、この状況は受け入れがたいものだった。

ロンドンでは一八一七年、ダリッジ・カレッジが、建築家ジョン・ソーンによって特別に建てられた建物内で、〔フランシス・〕ブルジョワの遺贈品からなる絵画ギャラリーを一般公開した〔図61〕。入場は有料で、作品が誰によるものか、その帰属には議論の余地があり、質の高い作品と駄作が混在して展示されていたが、それでもロンドンで見に行ける最大の絵画ギャラリーであり、多くの芸術家、作家、政治家も訪れた[90]。このときはまだナショナル・ギャラリーはできていない。

・収集家、目利きらによるロビー活動とその結実

一八二〇年、フランドルとオランダ絵画の収集家として知られていた摂政皇太子がジョージ四世として即位した。一方、議会側は、下院にも上院にも絵画の愛好家や目利き《コネスール》がいるようになっていた。大英博物館が誕生し、のちに古代美術の博物館へと変貌を遂げたのと同様の状況を生み出す条件が整ったのである。よって、ナショナル・ギャラリーを設立するためのロビー活動は活発化した。収集家、目利き、そしてレノルズの友人で自身も風景画家であり、イギリス美術振興協会の運営陣のひとりであったジョージ・ボーモント卿は、一八二三年にナショナル・ギャラリー設立の決定を促すための運動を開始した。ナショナル・ギャラリーの設立を条件に、自身の絵画を国に提供することを約束したのである。イギリス美術振興協会の創立メンバーである聖堂参事会員ホルウェル・カーも同様の約束をした。下院はジョージ・ボーモント卿の申し出にただちに反応した[91]。

当時、ロンドンにあるコレクションの中では、トーマス・ローレンスやベンジャミン・ウェスト[92]を顧問に持つロシア出身の金融家兼美術商、ジュリアス・アンガースタインのコレクションが最も評価されており、ハズリットも、彼のギャラリーを最上級の言葉で褒めちぎっている。

壁は美で覆われ、非常に厳格な気品を放っている。余計

［図61］ジョセフ・マイケル・ガンディ『ダリッジ絵画ギャラリーの理想的景観』1823年頃（Dulwich Picture Gallery, London）

なものや輝くものに目が奪われることはない。私たちは、絵画自身が放つ内なる光のうちにそれらを見る。これは雑多な市場ではなく、芸術の珍奇物の展示会でもない。ノアの方舟のごとく、あらゆる流派が終わりなく延々と列をなして歩いているのでもない。これは、確かな審美眼によって集められ、栄光によって聖別され、天才の最も稀な作品で溢れる聖域中の聖域である。絵画の数は少ないが、アンガースタインのギャラリーにある作品はおそらく世界で最も選び抜かれたものだ。ここでは一切の下品さを感じないし、注意が散漫になることはない。私たちは一流の優れた数点の絵画に集中する。これらの傑作のいくつかは、午前中いっぱい訪問者の時間をとることもあるだろうが、それで他の作品によってもたらされる喜びが揺るがされることはない。多様な作品の中に、素晴らしく一貫性があるのだ。(93)

アンガースタインのコレクションはわずか三八点という小規模なものだ。内訳はイタリアのものが一二点、イギリスのものが九点、フランドル・オランダのものが八点、フランスのものが八点、スペインのものが一点であった。風景画八点、叙事詩・神話をモチーフにしたものが八点のほか、旧約・新約聖書のエピソードのものが七点、風俗画、肖像画六点、頭部の像三点などである。これがその多様性だ。全体を統一しているものは、偉大な画家たちの名前と、非常に高い作品の質である。ティツィアーノ、ラファエロ、プッサン、クロード・ロランの風景画五点、ヴァン・ダイク、ルーベンス、レンブラント、ベラスケス、ウィリアム・ホガースの有名な『当世風結婚《マリアージュ・ア・ラ・モード》』などが挙げられる。絵画の出所も一流で、いくつかはオルレアン・コレクションおよびそのほかの評判の高いフランスのコレクションからのものだった。(94)

・ナショナル・ギャラリーの開館とコレクションの拡充

一八二三年一月二二日にアンガースタインが亡くなると、彼のコレクションが外国に売却されるかもしれないという噂が駆けめぐった。国はその噂に即座に反応し、首相自らが作品の購入と、それらが展示されていた邸宅を賃借りする交渉を行い、一八二三年一一月に合意にこぎつけた。一八二四年四月二日、議会はアンガースタインのコレクションを五万七〇〇〇ポンドで購入し、ロンドンのペル・メル一〇〇番地の彼の邸宅を借り上げることを決議した［図62］。

開館を前にして、管理者《コンセルヴァトゥール》が任命された。ウィリアム・セギエである。彼は美術商で修復家、貴族界で知られた存在で、何人もの偉大な収集家の顧問でもあり、イギリス美術振興会での管理責任者《スーパーインテンデント》、そして国王の絵画の管理人になっていた。セギエは〔アンガースタイン・コレクションにおける〕自分の職務を放棄することなく、この新

[図62] フレデリック・マッケンジー『ペル・メルのナショナル・ギャラリー　J. J. アンガースタインの居宅』1824-34年（Victoria and Albert Museum, London）

しい仕事も引き受けた。その活動を監督・指導したのが、理事《トラスティ》となった六人のお偉方からなる委員会であった。監督官庁は、簡素かつ安価な目録を早急に発行するよう要請した。

一八二四年五月一〇日、ナショナル・ギャラリーが開館する。当初は入場料を徴収する予定だったが、この案はすぐに断念され、一度に入場できる人数は二〇〇人に制限された。[95]

それでも問題は残っていた。一時期、国有の絵画コレクションは大英博物館で所蔵することが検討されていた。そのため、大英博物館は自分の館こそがボーモンドの寄贈を受けるべき法的に正当な施設であると主張したのである。ナショナル・ギャラリー[96]に有利な形でこのふたつの機関の争いが終結したのは、一八二七年になってからのことだった。

一八二五年には、作品の購入を経て開設当時のコレクションは豊かになっていったが、それに加え、寄贈もあった。一八二六年にはジョージ・ボーモント卿が所有していた一六点の絵画が寄贈され、その五年後にはホルウェル・カーが所有していた三五点の絵画が遺贈された。その他多くの購入品や寄贈品についてはここでは触れないでおくことにしよう。

セギエが管理を担っていた時代に、所蔵絵画の合計数は五倍近くまで増えた。[97] しかしナショナル・ギャラリーは個人のコレクション〔の延長線〕という性格を保持し、理事《トラスティ》たちによる作品の購入や、寄贈、遺贈を経て所蔵品が増えてもその性質が変わることはなかった。有名な政治家、収集家であり、理事会のメンバーでもあったロバート・ピール卿は、ギャラリーを珍奇物でいっぱいにしてはならない、よってイタリアのプリミティフの作品は避けるべきだ、という意見だった。[98] そのため、長い間、このギャラリーはアンガースタイン・コレクションの「好み」を体現するものであり続けた。[99] 変化が起こり始めるのは一九世紀半ばになってからであり、これについては後述する。

ギャラリーは、あっという間に収蔵品で溢れかえった。一八三四年には、その三年前に建設計画が承認された新館の完成を待つ間、別の場所に移さざるを得なかった。[100] この新館はウィリアム・ウィルキンスの設計で、パル・マル一〇〇番地の建物のスペースが不十分であると主張するキャンペーンを経て、公的資金により建設された。ある石版画《リトグラフ》［図63－a］［図63－b］は狭苦しいナショナル・ギャラリーを広々としたルーヴルのグランド・ギャラリー[101]と対比している。

トラファルガー広場に建てられたこの建物は、ロバート・スマーク卿による大英博物館と同じく「ギリシャ復興様式」の一例であり、博物館を芸術の神殿とみなすものだった。しかし、当初はナショナル・ギャラリーのためだけに建てられたにもかかわらず、ナショナル・ギャラリーにはひとつの翼しか与えられなかった。ナショナル・ギャラリーは一八三八年の春にその翼に移転し、四月九日に一般公開された。もう一方の翼は王立アカデミーに割り当てられ、アカデミーは一八六九年までそこから離れることはなかった。

ナショナル・ギャラリーの一般公開は月曜日から木曜日の午前一〇時から午後五時までで、金曜日と土曜日は模写家《コピイスト》のために確保され、日曜日は休館だった。[102]このスケジュールは一九世紀末まで変わらなかった。

・さまざまな批判——作品の洗浄問題

一八三五年、仮設のギャラリーに一三万人が訪れていたが、その四年後、新館の来館者は七五万人に膨れ上がった。来館者の大半が一般市民であり、衛生面、換気、鑑賞態度が問題となった。[103]

新館に移ってもギャラリーはすぐに手狭になり、建物は狭苦しく、絵画は詰め込まれるように展示されていた。スペースに対して来館者があまりに多かったため、窓を開けなければならず、これによってロンドンの生活から出る不純物を含んだ空気を館内に取り込むこととなり、この不純物が徐々に絵画の表面を覆っていった。セギエは作品保護のため、休館日に絵画を洗浄してニスを塗りつけた。やがてすべての作品がどれも茶色がかったり、甘ったるい色を帯びたりするようになったが、一般の人々はそれを自然の色として受け止めた。そのため、セギエの後継者は理事《トラスティ》たちの指示を受け、絵画を洗浄して元の色を復元することとなった。この後継者はギャラリーの運営における他の面も含め、雪崩《なだれ》のような批判に直面することになる。[104]

新任の管理者《コンセルヴァトゥール》であるチャールズ・ロック・イーストレイクは、旅を愛し、多言語を操る人物であった。何年も暮らしたイタリアを筆頭に、主要なヨーロッパ諸国の美術館に飾られている絵画や個人コレクションを知り尽くしていた。さらにゲーテの『色彩論（*Farbenlehre*）』などを翻訳した翻訳家、美術史家でもあったほか、画家としても一定の名声を得ていた。つまるところ、ロンドンの芸術界における重要人物であり、[105]次巻で再び取り上げるが、のちにナショナル・ギャラリーの館長となって、このギャラリーを大美術館に成長させる。イーストレイクのナショナル・ギャラリーでの初期の経験からはほぼ予想されなかったことである。彼は、絵画の洗浄をめぐり集中砲火を受けたこと、それから理事《トラスティ》たちが下したその他の決定についても非難を浴び、わずか四年で辞任した。

・ラスキンによる批判

一八四六年一〇月末に『ザ・タイムズ』紙に掲載された公開状によって火をつけられたこれらの攻撃は、数カ月にわたって続いた。[106]一八四七年一月、ここにジョン・ラスキンが参戦する。『近代画家（*Modern Painters*）』二巻（一八四三年、一八四六年）の著者として知られており、その第一巻でターナーの絵画を擁

[図63-a](右)・[図63-b](左)チャールズ・ジョセフ・ハルマンデル『ルーヴルまたはフランス国立美術館。ペル・メル通り100番地またはイギリスの国立美術館(ナショナル・ギャラリー)』1832年(British Museum, London)
イギリス人が19世紀初頭にルーヴルに対して抱いた劣等感を視覚化したもので、言説には多くあるものの、画像化されることはほとんどない、博物館・美術館の分野におけるライバル関係の一例である

護・解説し［口絵8／図64］、イギリスの美術批評を一新させた人物である。ナショナル・ギャラリーに対するラスキンの非難は猛烈だった。彼はまず、その「奇妙な柱列《ポルティコ》と、憂鬱《メランコリー》で、みすぼらしい展示室」を攻撃することから始め、分厚く積もった埃《ほこり》が額縁まで覆うようになり、鑑賞の邪魔になっていると主張した。ラスキンは、洗浄が行きすぎた可能性を認め、「絵のニスや、ほとんど貴重ですらある、時間の経過によって優しくなった色調を変えることなく、積もった埃や煤《すす》を取り除く」ために、今後はよりシンプルで安全な方法を採用するように求めた。そしてすべての絵をガラスでカバーすることも提唱した。ロンドンの空気と「週に四日間自由に入場を許可された群衆」から保護するためである。ラスキンの要求はそれだけにとどまらない。

　ラスキンは、すべての絵画を目の高さで見られるような展示方法を要求した。

「絵画のギャラリーを注意深く鑑賞する人々の大部分が疲れを訴える原因は、作品の数ではなく、混乱を招く順序、目線よりも高い場所にある作品の細部を見るときの目の緊張にある。あらゆるギャラリーは、コレクションすべてを同じ高さに、一点一点展示するための十分な長さと、大きな絵画の全体を見渡すために、鑑賞者が適切な位置まで下がれるよう、十分な幅がなければならない」

　建築家や学芸員・保存官《コンセルヴァトゥール》に向けて要請されたこの基本前提が、ナショナル・ギャラリーやほかの美術館で実践されるのはずっとあとのことである。ラスキンは続いて理事《トラスティ》による美術品収集の指針となった選択方針に目を向け、「フラ・アンジェリコ、フラ・バルトロメオ、アルベルティネッリ、ギルランダイオ、ヴェロッキオ、ロレンツォ・ディ・クレディ」など多くの芸術家の作品がないこと、その上、展示壁面《シメーズ》が「色彩も描画も劣っていて、個性も歴史性も思想もない、展示に値しない絵画で埋まっている」ことを指摘する。これ以上に厳しい糾弾はないだろう。

・ヴィアルドによる批判

　一八二七年、一八五二年、一八五八年にナショナル・ギャラリーを訪れたルイ・ヴィアルドも、二度目の訪問後にラスキンの告発に近い内容の報告を発表しているが、おそらくヴィアルドはラスキンの告発を読んでいなかっただろう。ヴィアルドもまた、トラファルガー広場にある建物、その外観と内部のレイアウトを激しく非難した。凡庸で排除すべき絵画が多数存在することを指摘し、間違いが散見される小冊子《リブレ》については「人物と物、時代と国が混同されており、正にゴチャゴチャだ」と、長々と批判している。

　そしてラスキンと同様に、ナショナル・ギャラリーには「古いイタリアの絵画、つまりルネサンスの起源たる作品が一点もない。ビザンツ時代のものも、ジョットの時代のものも、マサッチョの時代のものも、一五世紀のものもない」と指摘する。ヴィアルドはその六年後、「このような非難は今日では非常にふさわしくない」[107]と注を書き加えた。

この間、絵画の洗浄法や展示方法、作品の購入に関して理事《トラスティ》は世論の大きな圧力を受け、この問題は下院でも取り上げられた。一八五〇年、イーストレイクが理事《トラスティ》に任命された。その三年後、ナショナル・ギャラリーの運営に関する調査を担う下院の委員会が任命され、一八五三年四月から七月にかけて調査が行われた。八月に発表された報告書は、ナショナル・ギャラリー[108]の歴史における新たな時代の幕開けのきっかけとなった。これについては、いずれまた紹介しよう。

3 大英博物館
——古代美術と自然史

・さらなる収蔵品の増大、展示スペースの拡張

一九二〇年代から一九五〇年代後半にかけて、ナショナル・ギャラリーが変化することはあまりなかったが、大英博物館はこの期間中、美術館へと変わっていった。建物の変貌は半世紀にわたって進み、それと並行して中身も変わっていった。エルギン・マーブルやフィガリアの大理石彫刻、それから新たな収蔵品を設置するスペースが足りず、本館を増築したことは見てきたとおりである。

ロバート・スマーク卿は初めて大英博物館について言及したときから、これらの仮設の建物の火災に対する脆弱性について警告した。一八二〇年、理事《トラスティ》たちは、モンタギューハウスと庭園で占められていた四方形の地所全体に建築する、新たな建物の設計をスマーク卿に依頼した。その三年後、内外に列柱《コロネード》を持つ長方形の建物の設計が出来上がった。建築は図書館部分から始まり、一八二九年、ここに書籍が受け入れられた。それと同時に、自然史コレクションが上階に配置された。エルギン・マーブルのギャラリーは、一八三一年にオープンした。資金不足により工事は遅々として進まなかったが、一八四〇年代に入っ

てからは加速し、一八五二年になって完成した。しかし、スマーク卿が設計したギリシャ風神殿はもはや当時主流だった「嗜好」とは合わなくなっていた。同じ年にはゴシック・リバイバル様式の新しいウェストミンスター宮殿が完成している。新しい建物の建築中にモンタギューハウスは取り壊された。つまり、約三〇年間、大英博物館の〔図書館の〕読者は、工事の騒音を耳にしていたことになる。[109]

彼らはコレクションが猛烈な勢いで増えていくのも目の当たりにした。エルギン・マーブルが設置されるやいなや、ラムセス二世の花崗《かこう》岩の胸像をはじめとするエジプトのモニュメントが大量に入ってきた。在エジプトのイギリス領事ヘンリー・ソルト[110]は、冒険家にして俳優、そして作家、エジプト考古学のパイオニアであり、ルクソールの王家の谷で初めて発掘を行ったジョヴァンニ・バティスタ・ベルツォーニの協力を得て[111]、一八一八年にラムセス二世像を本国に送ったのを皮切りに、イギリスに次々とエジプトの古代彫刻を届けた。彼らがともに働いた一八一七年から一八一九年までの二年間で、ヘンリー・ソルトは大英博物館に彫刻を二〇点は送った。しかし、これらの彫刻は諸手を挙げて歓迎されはしなかった。スペースがなく、仮設の建物に設置せざるを得なかったからだけではない。当時、理事《トラスティ》の中で最も影響力を持っていたジョセフ・バンクス卿によれば、「エジプトで見つかった彫像がタウンリー・ギャラリーの素晴らしい作品の数々に匹敵するかどうかはまだ証明されて」いなかった。言外に、決してそのような証明はされない、と言っているのだ。

大英博物館との長く骨の折れる交渉と、一八二三年に手にした金額が不十分だったことから、ソルトは別の場所に目を向ける。一八二五年、彼はふたつ目のコレクションをフランス国王に売却し、それらはルーヴルに収蔵された。一八三五年には三つ目のコレクションはロンドンのオークションで売られて散逸した。[112]

・シャンポリオンによるヒエログリフ解読がもたらした新局面

ナポレオンの遠征以来、エジプトが流行していた。既に見たように、ドゥノンはルーヴルの一室を、エジプト彫刻のためだけに使うつもりであったが、それは特殊な例だ。一般的な学者のコミュニティにとっては、ヴィンケルマン以降、古代エジプトの美術品は最古の芸術の例であり、のちにギリシャ美術が到達した完璧な美にはほど遠く、したがって〔古代エジプトの作品は〕ルネサンス期から珍奇物とされていたのだ。こうした文脈で考えると、バンクス卿の発言は――彼の「嗜好」がこれより五〇年ほど前に形づくられたものであると思えば――さほど衝撃的ではないのかも知れない。また、一八一〇年代は、ヨーロッパ諸国が各国の在エジプト領事を通じて、最高の古代エジプトコレクションをめぐってあからさまに競争していた時代ではないことを考えれば、大英博物館の理事《トラスティ》たちの消極的な態度がより理解できるだろう。大英博物館の理事会は、供給が需要を上回る市場で、自分たちしか買い手がいないのだから、勝手に価格を決められると信じていたのだ。

状況は数年で大きく変わった。一八二二年九月二七日、ジャン＝フランソワ・シャンポリオンが、碑文・文芸アカデミーで、「[略] 表音ヒエログリフに関するM・ダシエ氏への書簡」からの抜粋を発表し、この書簡は一〇月末に出版された。二年後、シャンポリオンは『古代エジプトヒエログリフの体系概説（*Précis du système hiéroglyphique des anciens Égyptiens*）』を出版した。この研究により、エジプトの古代遺物の地位は一変した。もはや原始美術のモニュメント、珍奇物ではなくなり、文献学や学問的な歴史研究の領域に入れられ、この新しい研究対象に別の分野で実証されていた技術を適応することにより、古代エジプトがたどった変遷を再構築できるようになった。極めて遠い過去に向けて新たな道が開かれたのだ。その重要性は、これまで聖書の記述だけが垣間見せていたものを、学術的研究の結果と突き合わせることを望めるということにある。言い換えれば、エジプトの古代美術品は歴史の資料となり、芸術的な質とは関係なく独立した価値を持つようになったのだ[113]［図65］。

一八二四年、その三年前からサルデーニャ国王となっていたサヴォイア公カルロ・フェリーチェは、ナポレオンのもとでキャリアをスタートさせたピエモンテ出身の駐エジプト・フランス領事ベルナルディーノ・ドロヴェッティが所有していたエジプト古代美術のコレクションを、国の年間支出総額の〇・五％に当たる四〇万リラで購入した。この交渉は一八一六年に始められた。ドロヴェッティは、まずピエモンテ共和国、そしてフランスに話を持ちかけたが不調に終わった。ソルトが大英博物館と行った交渉よりもさらに長いものだった。

このコレクションの購入により、トリノの古代博物館の一部としてエジプト博物館をオープンすることができた。一八二三年に行われたこの計画の発表では、ヨーロッパにおいて独自の性格を持った施設だということが強調され、「最も遠い時代の年表、歴史、芸術、文明を明らかにする」役割を果たすとされた。トリノにエジプト博物館ができたことは、すぐにヨーロッパ中に影響を及ぼした。この博物館について述べている人の中に、一八二四年、イタリアへの研修旅行中にこの博物館を訪れたシャンポリオンがいる[114]。

その二年後、シャンポリオンの勧めで購入した第二のソルト・コレクションによって所蔵品を増やしていたルーヴルの古代彫刻部門は、二部門に分割された。ひとつは「ギリシャ、ローマ、中世のモニュメント」を含む部門で、もうひとつは「エ

[図65]『タウンリー・ギャラリー、古代エジプトの部屋、大英博物館』1820年、水彩画(British Museum, London)

ジプトの古代美術品」のみである。この部門はシャンポリオンのために用意されたものであり、彼は所蔵されたモニュメント類の解説にすぐさま着手した。シャンポリオンの没後、彼が就いていた職は一五年間空席のままだった[115]。

一八二三年、プロイセン政府はヨハン・ハインリヒ・フォン・ミヌトーリ将軍がエジプト遠征中に収集したコレクションを二万二〇〇〇ターラーで購入し、まだ計画段階にあったベルリンの博物館のエジプト古代美術部門が開設されるまでの間、一八四二年から一八四六年にかけて、モンビジュ城で他の同種のものとともに展示した[116]。

エジプトの古代美術に対する大英博物館の理事《トラスティ》たちの態度の変化は、一八二〇年代後半以降にエジプトへの関心が復活したこと、エジプトのあらゆる遺跡をめぐる国際的な競争があったことで説明できる。これによってスマーク卿は新しい大英博物館の建物内にエジプトの古代美術品のための展示室を設け、一八三四年にコレクションが展示された。この新たな展望は、より積極的な収集政策につながった。一八三〇年代、大英博物館はパピルス、墓碑《エピタフ》の銘文、食器、小像など数千点のコレクションを購入した。そして一八四〇年代初頭、直近に取得した三点のパピルスが公開されたことで、大英博物館はエジプト学研究に参画し、すぐさま同分野における主要な機関として〔の地位を〕示したのだった[117]。

・メソポタミア古代美術の登場
――ルーヴルと競う大英博物館

大英博物館の歴史において、他のヨーロッパの博物館と同様に一八二〇年から一八三〇年までがエジプト中心の時代だったとすれば、その後の一〇年間は、各博物館の関心と国際的な競争、主に英仏のそれは、小アジア〔アナトリア半島〕とメソポタミアに移っていく。小アジアからは、チャールズ・フェローズ卿が発見した古代リキア〔現在のトルコ南西部。紀元前一五世紀から紀元前一四世紀にかけて存在〕の彫刻が大英博物館に届けられ、それらを展示するギャラリーが一八四七年一二月に一般公開された。このギャラリーの完成は、ギリシャの大理石彫刻を――タウンリーの大理石彫刻ではなくエルギン・マーブルを――唯一の美の模範として掲げて譲らない支持者と、新古典主義の美の規範に同等の熱意を持たない人々との間で激論が応酬する新たな機会を提供することになった。たとえこの新古典主義の美の規範が新しく解釈し直されたものであったとしても、当時ゴシックが享受していた盛り上がり、それから古代エジプト彫刻に対するヴィンケルマンの否定的な意見の見直しによって、それは既に弱体化していた。同じく一八四〇年代にアッシリアの彫刻が発見され、大英博物館に収蔵されたことで、この〔古典主義の美の〕模範はさらなる打撃を受ける。

一八四二年、モスル〔イラク北部、ニーナワー県の県都〕のフランス領事に就任したポール＝エミール・ボッタは、その特権的な立場を利用してメソポタミアの古代美術の研究に乗り出そうと固く決意した。ボッタはすぐに発掘調査を開始し、当初は成果を得られなかったものの、一八四三年四月五日、アッシリア王サルゴン二世の宮殿跡を発見する。ボッタは当初ニネヴェ〔古代メソポタミア北部に存在したアッシリアの都市。現在のイラク北部のモスルに位置〕の遺跡を発見したと考えたが、のちに間違いが判明する。ボッタの研究はフランス政府の支援を受けており、発掘の経過を記録し、出土品を描かせるために、国費で画家ウジェーヌ・フランダンが派遣された。ボッタの目的はルーヴルの所蔵品を充実させることではなかったが、一八四六年一二月、ルーヴルはボッタから「最も注目すべき彫刻の断片」を受け取った。その三年後、ボッタはフランダンの素描を掲載した『ニネヴェのモニュメント（*Monuments de Ninive*）』全五巻を出版する。

　大英博物館の理事会には、すぐにこれらの出来事が報告された。大英博物館のエジプト学者であるサミュエル・バーチにいたっては、ボッタの発見を特集した『マルタ・タイムズ（*Malta Times*）』紙を数部、その重要性を強調するコメントを付けて理事会に送った。

「われわれはこれらメディアの彫刻をいくつか持つべきである。なぜなら、これは美術史に新たに登場したものだからだ。この民族の遺物は聖書研究と最も密接な関係を持っており、〔これを研究すれば〕ヘブライ人や他の東方民族の習慣を解明しつつ、聖書のいくつかの節の真実の証明を目指せる」

　しかし理事《トラスティ》たちは動かなかった。アッシリアの彫刻が大英博物館に収蔵されたのは、最終的にはほかの人々の決定によるものだ。

　法律の勉強をしたオーステン・ヘンリー・レイヤードは、セイロン島で法律関係の仕事をするため、一八三九年にイギリスを離れた。道中、レイヤードはコンスタンティノープルに立ち寄り、イギリス大使ストラトフォード・カニング卿の代理人となった。カニング卿は考古学に興味があり、リキア〔トルコ南部の地域。古代の地名〕の大理石彫刻を大英博物館が入手するのを助けた人物だ。一八四〇年、レイヤードはメソポタミアを旅し、一八四二年六月にモスルでボッタに会った。当時、レイヤードは既に発掘の計画を立てていたが、一八四五年になって、カニング卿の厳重な保護の下、ようやく実行に移すことができた。すぐに素晴らしい成果があった。一八四六年の春には、ニムルド〔古代アッシリアの都市〕および他の場所で発掘された彫刻が入った一四のケースがバグダッドに留め置かれ、イギリスへの輸送を待っていた。

　一方で、大英博物館の理事《トラスティ》たちは、箱の中の遺物のリストを確認していた。彼らはあまり熱心ではないようだった。しかし、一八四七年の六月、バグダッドから来た一二ケースが博物館に届けられると、その公式な受け入れは容易なものだった。カニング卿が事前にすべてをうまく取り計らっており、レイヤードの研究資金を国庫から獲得し、これによって発見された遺物は公共財産となっていたのだ。

要するに、ルーヴルと大英博物館は、ほぼ同時期に、それぞれの市民に古代アッシリアの遺産を見せる機会を得たのである。それは、ボッタの本とレイヤードによる『ニネヴェとその遺跡（*Nineveh and its Remains*）』の二巻が出版されたのと同じ年であった[118]［**図66**］。

一八四八年から一八五一年まで、レイヤードは大英博物館のためにメソポタミアでの発掘を続け、クリミア戦争（一八五四—五五年）が勃発するまで他の者がそれを引き継いだ。しかし重要なものは手に入った。ルーヴルや大英博物館の例に倣い、アッシリアのモニュメントはヨーロッパ各地の博物館に収蔵された。

・ローリンソンによる楔形文字の解読

アッシリアのモニュメントに対する関心がさらに高まったのは、その発見により、世紀初頭に始まった楔形《くさびがた》文字の解読の歴史が終わったからである。一八四六年、当時イギリス総領事としてバグダッドにいたヘンリー・ローリンソンは、三カ国語のベヒストゥン碑文〔エラム語、古代ペルシア語、アッカド語（新バビロニア語）〕の本文と翻訳を発表した。これはエジプトのヒエログリフに対してロゼッタ・ストーンが果たしたのと同じ役割を楔形文字に対して果たすことになる。

その直後、ローリンソンはこのモニュメントに刻まれたほかのふたつの言語、エラム語とアッカド語に取り組んだ。アッカド語で書かれたアッシリアの文書を四つの独立した翻訳で比較することによって、一八五七年、楔形文字は解読できると確認された[119]。

見慣れないアッシリアの彫刻が持つ価値と、それらがロンドンで引き起こしかねない反応についてのカニングの懸念を和らげたのもまた、ローリンソンだった。却下されれば、カニングが前払いしていたレイヤードの発掘調査への資金援助がなくなってしまう。ローリンソンは抗弁の陳述書を書き、イアン・ジェンキンス〔大英博物館上級学芸員、専門は古代ギリシャ・ローマ。一九五三—二〇二〇年〕は、私たちが既に多く利用した模範的な書物にその長い抜粋を掲載した。この著作をここで再度取り上げることにしよう。何しろ私たちはこの本をこのあとも活用するだろうから。

ローリンソンはまず、ニムルドの彫刻をめぐり彼が美学面の評価で慎重であったことについて、次のように説明している。

私の批判はこれらの作品と、エルギン・マーブルやハリカルナッソスの大理石彫刻が比較されると想定されることのみに関係する。ニムルドの彫刻の輪郭《デッサン》は一般的に粗野で硬いものだと思い続けているし、仕上げはいいかげんで、

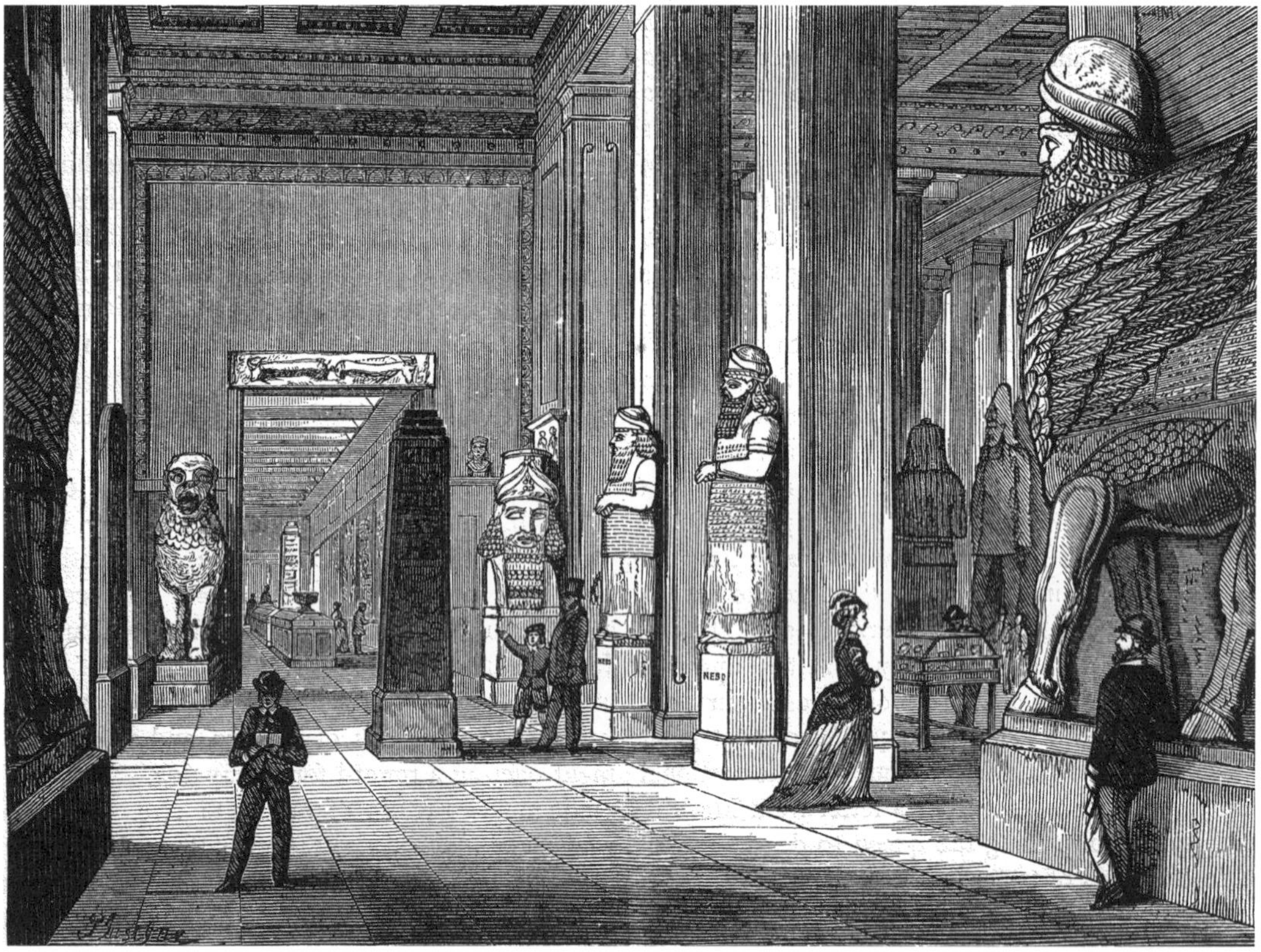

[図66]パーシー・ウィリアム・ジャスティン『ニネヴェ・ギャラリー、大英博物館』1851-83年(British Museum, London)

全体的なまとまりもなく、奇妙である。実際、現代芸術がニムルドの大理石彫刻から教訓を得ることはできないし、ごく普通の彫刻の愛好家はその優雅さを欠いた（そしてときには滑稽《グロテスク》な）形に不快感を覚えるだろうと確信している。とはいえ、私はこれらの理由のために大理石彫刻の価値がないと宣言することは拒否する。むしろ自分が逆方向に勘違いしているのではないかと恐れている。私の古代美術への偏愛が、それらの重要性を過大評価し、それに値しないほどの敬意を払って見ているのではないかと恐れているのだ。

　本件は簡単に次のように説明できる。アッシリア帝国は、人類が最初に定住を始めてから最も早く成立した帝国のひとつであり、現在、それについてわかっていることは何もない。その歴史も、神も、芸術も、風習も、文明も、言語も、軍事的な行動も、政治的関係も、私たちにはわかっていない。これらの大理石彫刻は、全体の指標を私たちに与え、私たちの知識の巨大な欠落を埋めてくれる。ニムルドの彫刻がどの程度私たちが本物の歴史を明らかにできるかを語るのは危険である。私は、彼らが紀元前八世紀に、ペリクレスの時代のギリシャ人と同じくらい高い芸術と文明レベルに達していなかったというだけで、アッシリア人に不満を述べるのはばかげていると思う。ニムルドの大理石彫刻は、私の意見では、芸術分野だけでなく、もっと重要な分野、原始世界についての一般的な知識を深めることにおいても、イギリスの誇りとなるだろう。実際、この件に閣下〔大使だったカニングか〕が熱心に介入されたにもかかわらず、これらの彫刻の輪郭《デッサン》と仕上げが単純に劣っているというだけで、これほど驚異的な遺物が放棄されるとすれば、深く失望するだろう。[120]

　ローリンソンは、この中で、一九世紀前半の博物館・美術館や美術愛好家が、大きなエジプトの彫像を受け入れる際に直面したジレンマについて示唆に富んだ説明をしている。アッシリアのケースは、同様のジレンマをさらに深刻なものにした。美の模範、つまりギリシャのモデルに準拠したものだけに興味を持つべきか？　それともギリシャのモデルから離れている、したがって美しいとはいえなくとも、未知の人類の過去に関する情報を伝えてくれる歴史的資料としての価値があるものにも目を向けるべきなのだろうか？　この二番目の可能性が認められたなら、すべての時代のすべての民族にペリクレスの時代のギリシャ人のレベルに達することを求めることは許されるだろうか？　言い換えれば、芸術作品を、その起源が何であれ、ギリシャのモデルと比較することによって評価することは許されるのか？

この問いに否定的に答えることは、普遍的に有効な美の基準たるギリシャモデルを否定することであり、現在有効とされている美の規範を壊すことである。するとこの美学的規範は、優先的に、もしくは専ら、歴史的アプローチ〔での評価〕に置き換えられなければならない。ローリンソンは、まだそのような態度からはほど遠いところにいた。

しかし、ローリンソンが行ったニムルドの大理石彫刻の擁護は、彼の「古代美術への偏愛」が、ギリシャ美術の普遍的に有効な模範性に対する彼の信仰をいかに弱まらせていったかを示している。彼は周囲と共有していた信仰を失いつつあったことで、自分が間違っているのではないかと不安になっていたのだろう。

・展示における美的原則と歴史的原則の選択

美的原則と歴史的原則の選択については、暗黙のうちに他の問いも存在する。私たちはまずフォン・メッヘル(121)〔スイスの版画家、出版者、美術商。本書13章45頁の欄外注参照〕の、次にルーヴルでの絵画の展示方法について、この問いを取り上げた。つまり誰に向けて博物館や美術館をつくるのかを決めること、展示された作品が来館者にどんな影響を与えるのか、そこに集められた作品はどんな役割を果たすべきなのかを知ることが重要だということだ。その博物館・美術館は、広く一般を対象としたものなのか、それとも学者だけを対象としたものなのか？ 博物館・美術館が広く一般を対象としたものであれば、美的規範から離れた、あるいはそれに反する作品を展示することは、来館者の嗜好に悪影響を与えはしないか？ それに、そういった作品が正しく理解されるためには、歴史的な研究によってのみ得られる解説が必要であった。しかし、人々が博物館や美術館に来るのは美しいものを見て楽しむためなのか、あるいは歴史を学ぶためなのか？ 博物館・美術館そのものは展示の場であるべきなのか、それとも研究の中心地となるべきなのか？

私たちがのちにまた直面するこれらの問いはすべて、大英博物館の理事《トラスティ》やほかの機関の保存管理者《コンセルヴァトゥール》たちの所蔵品の収集方針に深く関わるものであった。しかしこれに対する答えは必ずしも深く審議されたものではなかった。〔収集の方針は〕国際的な競争も含むさまざまな理由に基づいて決定され、エジプトやアッシリアの遺物《オブジェ》が各博物館や美術館に収蔵される一方で、さらにエキゾチックな他の品々の獲得が期待されていた。エルギン・マーブルの取得によって、大英博物館は世間から何よりもまず古代美術館として認識された。考古学者たちが発掘した美術品の到着は、人々の好奇心を刺激し、さらには熱狂させ、議論を引き起こし、新たな収蔵品を鑑賞する群衆を呼び寄せた。そして、新たな作品が増えるたびに、理事《トラスティ》たちは、新聞や書籍によって喚起された期待に応えるために、作品をどこに展示するかという厄介な問題に直面した。

しかし、大英博物館はこのときも自然史の博物館であり、一八二九年に新館に移されるまで、標本がモンタギューハウスの二階を占領していた。その担当部署は、長い間「自然史・近代珍奇物部門」という名称で呼ばれていた。この部門は一八三七年一月、下院委員会の公聴会を経て、化石を含む鉱物学部門、一八三五年に創設された植物学部門、それから動物学部門の三つに分割され、名称から「近代珍奇物[122]」が消えた。

・自然史部門の分離問題

その時が来た。確かに、三つの世界に分けられた自然史は、自然を考察し、〔自然界の〕現象の多様性の裏に隠れた秩序を明らかにする試みに依然として全体的な枠組みを提供していた[123]。しかし数十年前から、自然史の研究は当初の一体性を失い、専門的な分野の集まりへと変化していた。

この分化は、それぞれがひとつの領域だけを専門とする学会の出現につながった。植物学を専門とするリンネ学会（一七八八年）、地質学会（一八〇七年）、天文学会（一八二〇年）、動物学会（一八二六年）、地理学会（一八三〇年）[124]が挙げられる。当時のこの分野における大英博物館の後進性は各部門の名称に影響を与えたが、自然物のコレクションの構成や扱いにはさらに深刻な影響が及んでいた。

遺贈や購入によって、コレクションは充実していったが、一八二七年にバンクス卿がつくった巨大な植物図鑑（二万三四〇〇種）で補強された押し葉標本のコレクションを除けば、まだ不十分だった。いくつかの大規模な購入があったにもかかわらず、鉱物コレクションは、そして特に動物学コレクションは、一八四〇年にジョン・エドワード・グレイ〔イギリスの動物学者〕が保存管理者《コンセルヴァトゥール》として着任するまで、満足のいく水準には達していなかった。スペースがないため、資料は木箱の中で山積みにされ、たとえ分類されていたとしても――常にこれができていたとは言いがたいが――それらを研究する手段が不足していた。大英博物館には実験室も科学機器もなく、保存管理者《コンセルヴァトゥール》を助ける助手もいなかった[125]。

一八二〇年代、キャビネット[126]の時代から野外《フィールド》と実験室《ラボ》の時代への移行は完了しつつあり、科学界が専門化、専門職化する中で、大英博物館の評判が低迷していたのは驚くにはあたらない。そして改善の見込みはまったくなかった。これがきっかけで一八四七年三月、イギリス科学振興協会は首相宛に、既に言及した覚書を送ったのである。その覚書は、ひとつの屋根の下で、図書館、芸術作品、自然物が共存する難しさについて語り、当局にこの問題に取り組むよう通告したという点でよいものだった。

しかし、自然物がブルームズベリーを離れてサウス・ケンジントンに移るには長い年月がかかり、多くの困難を伴った。理事《トラスティ》たちを説得する必要があったほか、下院の委員会を説得し、土地を購入し、建築の設計競技を実施し、自然史博物館として設計された建物を建設し、大英博物館のコレクションを共有することを認める法律を定め、自然物を新しい場所に移転する必要があった。これらの作業は一八八三年の八月まで続いた(127)。もともとの構想通りの、大英博物館解体の第一幕が終わりつつあった。第二幕は、博物館と図書館の運営の分離だが、これは九〇年後、セント・パンクラスに大英図書館が設立されて空間的に分離される前の段階を指す。

4 ロンドンとその他の地域、美術館、学術系博物館

・ハンテリアン博物館の創設

一七九九年以来、ロンドンの外科医たちは、一七四八年からロンドンに住んでいたスコットランド人ジョン・ハンターのコレクションを展示する博物館を活用することができた。解剖学者、外科医、王立協会の会員であり、そのほかにも名誉ある肩書きを持つハンターは、成功した医者だった。裕福な患者を数多く抱えていたおかげで、通常の、もしくは病理標本、エタノールに漬けられた器官、骨、奇形生物の標本、動物の剝製、化石、鉱物、珍奇物などを含む、百科事典のようなコレクションを集めることができた。その数は合計で約一万四〇〇〇点に及ぶ。すべてを収容するためにハンターは自費で建てた家の中にスペースを設け、そこに絵画のギャラリーも併設した。コレクションは学術的な方針の下に配置された。体系的に整理された標本はその構造を比較することを可能にしたし、事故や病気の影響を見られる標本もあった。ハンターはまた、異国の人物画(ネイティブアメリカン、イヌイットなど)や病理学的な症例、国外に生息する動物を描いた絵画を発注した。

一七九九年、政府はハンターのコレクションを購入し、一八

〇〇年に王立外科医師会となった外科医の組織「外科医組合」に管理を任せた(128)。一八〇九年には大英博物館の解剖学コレクションが追加され、その機会に重複していた自然物は処分された(129)。公共財産である通称ハンテリアン博物館は、一八二〇年代の終わりまで王立外科医師会のメンバーだけに限定公開されていた。キュビエの弟子であった比較解剖学と古生物学の偉大な専門家、リチャード・オーウェンがまずは保存管理者補佐《コンセルヴァトゥール》として、その後保存管理者としてハンテリアン博物館に加わると、この博物館は重要な研究センターに変貌を遂げる(130)。

一八五六年、オーウェンは大英博物館の自然史部門の管理責任者《スーパーインテンデント》に就任し、パニッツィとともに自然史部門の「解放」の主な促進者となり、サウス・ケンジントンへの移転を指揮した。その後、彼は引退した(131)。

・民間主導の展開
――マダム・タッソーのギャラリーなど

大英博物館やナショナル・ギャラリーと同様に国が所有する王立外科医師会の博物館〔ハンテリアン博物館〕は、一九世紀のはじめの数十年間、ロンドンにある博物館や美術館の中でも例外的な存在であった。これらのうち、ほとんどの博物館・美術館は、一般的には民間のイニシアチブの成果であり、多くの場合は学会の、まれに協会や組合、または個人のイニシアチブによるものであった。これらの施設は法人に所属することで存続どころか永続さえも保証されていたものだが、多くの個人コレクションがある程度まとまった期間、絵画以外のものを展示して一般公開する場合も、「博物館」という名誉ある名称を名乗ることがあった。

その好例として、リバプールの宝石製作者、金細工師、商人であったウィリアム・ブロックのコレクションが挙げられる。このコレクションは、港に上陸した船員から珍奇物を購入して築かれたものだ。彼が開いた展覧会は大成功を収め、一八〇九年、ブロックはロンドンに移り住み、エジプト風の建物「エジプシャン・ホール」を建設して、そこに「自然史のロンドン博物館（London Museum of Natural History）」をオープンした。ここでは、動物の剝製がそれぞれの生息地に似せた環境で展示されていた。ブロックは自然学者として正面から捉えられていたようで、リンネ学会と地質学会に入会が許可されている。一八一九年、ブロックは自身の博物館を売却し、エジプトの遺物《オブジェ》やナポレオンの遺品などの展覧会の開催に乗り出した。これは非常に儲けの多い事業であった。その後、ブロックはメキシコを旅し、帰国後にメキシコの品々の展覧会を開催した。六年後、ブロックは再びメキシコとアメリカ合衆国に旅立ったが、その前に、所有していた主要なメキシコの古代美術品を大英博物館に、ナポレオンの遺品をマリー・タッソーに売却している。彼のその後の人生は、本書の対象外である。[132]

マダム・タッソーは、ブロックの道の逆をたどった。彼女の家庭教師であり医師、蠟人形師でもあったフィリップ・クルティウスから蠟人形コレクションを受け継いだ彼女は、一八〇二年、〔フランスから〕イギリスに渡った。そして何年もの間、コレクションを携えて各地を巡回して展覧会を開いた。一八三五年、マダム・タッソーはロンドンに移り、ベーカー・ストリート・バザーの二階に落ち着き、そこで朝の一〇時から夜の一一時まで蠟人形コレクションを公開した。そのイベントを告知するポスターに「博物館《ミュージアム》」という言葉は使われていない。それから三〇年後のポスターには「歴史のギャラリー」と記されていた。確かにマダム・タッソーはナポレオンを筆頭に、偉人たちの遺品や蠟人形の展示や、歴史に残ったエピソードや社会ニュースに関する展示を行っていた。風刺雑誌『パンチ（*Punch*）』は、タッソーがフランス革命に関連した展示に捧げたエリアを「恐怖の部屋」[133]と呼んでいる。ここでは、ブロックのケースと同様に、博物館と、見世物小屋やその他の大衆的な娯楽施設との間の、曖昧で透水性のある境界線について言及した。詳しくは別途述べるが、自然史の博物館もまた、大衆にとっては学びに行く場所ではなく、驚きやスリルを求めて訪れるアトラクションであったことを強調しておこう。

・東インド会社のインド博物館

用途も起源もまったく異なるが、インド博物館ついても同じようなことがいえる［図67］。東インド貿易商会、通称「東インド会社」は、一七世紀初頭からインドとの貿易を行っていた。一八世紀後半、「ベンガル王立アジア協会」が設立されると（一七八四年）、東インド会社の幹部たちは、インドの古代建造物や遺跡、動植物に対して関心を持つよう、社員に促すことを始めた。また、ロンドン本社に東洋の書籍や写本を集めた図書室を設けることも決定した。「オリエンタル博物館」〔の構想〕について初めて言及されたのは、一七九八年のことである。この少しあとに、施設の計画を立案したのは、ベンガル王立アジア協会の共同設立者であり、サンスクリット語に詳しく、『マハーバーラタ（*Mahabharata*）』の翻訳に携わったチャールズ・ウィルキンスだ。ウィルキンスは体調不良でイギリス帰国を余儀なくされていた。ウィルキンスの計画では、アジアの自然物のキャビネットに加え、工業製品の見本、アジアで使われていた器具や機械、そして珍奇物の展示が予定されていた。つまりこの博物館は、実用的な方針を持っていたといえる。インドとの貿易を促進できるだろうと思われる天然資源やノウハウを、優れた目録にするというものである。一八〇一年、ウィルキンスは東インド会社の図書室司書に任命された。これで、自分のアイデアを実現することに専念できるようになった。

[図67]『東インド館博物館〔のちのインド博物館〕』1858年、個人蔵

開館当初の数年は、主に東インド会社の役員が収集した珍奇物、特に楔形文字の碑文やインドの神々の像などを収蔵したようである。一八〇八年には、フランスから同盟国のマイソール王国[※1]のスルタン、ティップー・サヒブに贈られた、ヨーロッパ人を食い殺す機械仕掛けの虎が展示された。サヒブの軍隊がイギリス軍に敗北し、サヒブの死後、宮殿から持ち去られたものだ。この虎は、すぐに博物館の目玉のひとつとなり、インドでのイギリス勝利の記念品、奇妙な自然物、中国の品々《オブジェ》、ヒンドゥー教の品々、そしてあらゆる種類の珍奇物とともに展示された。ウィルキンスの没後、この博物館の館長職は、とあるサンスクリット語の教授に与えられていた会社の図書室の司書職とは切り離され、一八〇〇年からジャワで研究を行い、マレー諸島の動物、鳥、昆虫についての著作を発表した自然学者、トーマス・ホースフィールドに引き継がれる。それに伴い、この博物館の方向性は変わっていく。

インドや中国から輸入したものを展示していたのはインド博物館だけではない。これらの国の武具は一八四一年の火災でそのほとんどが焼失するまでロンドン塔に展示されていたほか、一八二三年に設立された王立アジア協会の博物館にも展示されていた。ロンドン宣教師協会の博物館にも異教徒の「偶像」、武器、衣装、工芸品が多数展示されていた。リンネ学会の博物館にはイギリス東インド会社から寄贈された自然物が展示されていた。また、ロンドンでは娯楽産業の興行主によって、インドの神々をはじめとする異国の品々《オブジェ》の展覧会が催されていた。

インド博物館は、これらの施設とは比較にならないほど豊富なコレクションを持ち、それらを引き続き展示したほか、新たな収蔵品も加えていった。ところがインド博物館は自然史博物館としての性格をどんどん強めていく。わかりやすい事実として、動物標本（哺乳類、鳥類、鱗翅類《りんしるい》）にのみ図録がつくられており、その他の品々《オブジェ》については一八五八年に出版された博物館の全体的なガイドに記載されただけだった。一八五五年のパリ万国博覧会のあと、インド博物館は、インドからもたらされた原材料や工業製品の見本を大量に受け入れた。当初、産業部門と古代彫刻を含む美術部門の二部門からなる新しい博物館をつくることが決定されたが、すべてのコレクションはまとめて管理下に置かれることになる。しかし、インド博物館はその性格を変え、一八五八年四月の『ザ・タイム』紙には「その主な目的は、インドの生産資源について説明し、インドに住む人々の生活、習慣、芸術、産業についての情報を提供することである」と記されていた。

このとき、既にインド博物館の将来は深刻な危機に瀕していた。シパーヒーの大反乱（一八五七年四月—五八年三月）のあと、イギリス政府はイギリス東インド会社が持っていた統治権を剥奪し、その後東インド会社の解散を宣言した。インドは王室の統治下に置かれ、専門の省が置かれた。これを機に、インド博物館は新しい時代を迎え、何度か移転をし、存続のためにアイデンティティを再定義する試みが行われた。一八七〇年代には、この博物館を帝国および植民地博物館とする構想が持ち上がったが、実現はしなかった。一八七九年一〇月二五日、博物館は閉館し、コレクションは散逸した。植物標本はキュー・ガーデンに、動物標本と大部分の美術品は大英博物館に、残りの美術品は〔第三巻で〕後述するサウス・ケンジントン博物館に送られた。[134]

・自然科学の重心の移動
——鉱物学から地質学へ、植物学から動物学へ

大英博物館の大きな変化を待つことなく、自然史のさまざまな分野の専門家たちは、自分たちの研究、時に教育に必要な専門の博物館をつくった。多くの分野において、コレクションは知識を深めるための不可欠な手段であり続けた。植物学者たちは標本を目視で観察することに満足せず、解体し、分析した。

一方、研究でますます重要視されつつあったのは、フィールドで直接行われる調査だった。これまで見てきたように、植物学はあらゆる点で先駆的な学問であった。これはイギリスでも他の国でも同じであった。植物学者たちは、クックをはじめとする大規模な国外遠征に参加し、ジョセフ・バンクス卿のように大量の植物標本を持ち帰った。彼らは王立キュー・ガーデンを活用し、リンネ学会[135]のコレクションを自由に利用することができた。しかし、一九世紀初頭から、植物学は生物を研究する自然科学の代表格としての地位を動物学に奪われ、無生物の研究において植物学と対をなす鉱物学もまた、地質学にその地位を奪われることになった。そしてその結果、地質学と動物学をつなぐ古生物学が、かつてないほどの重要性を持ち始めた。[136]

一九世紀前半にロンドンに設立された、自然史の一部分を専門とした博物館のうち、ふたつの博物館について言及しよう。一八一一年に設立された地質学会と、一八二八年に設立された動物学会の博物館だ。後者は一八五五年、実質的に大英博物館に売却されて姿を消したが、本来は大英博物館に欠けていた部分を補うためのものであった。しかし大英博物館の動物学コレクションは、グレイが来たことによって、動物学会のように会員の出資で運営される団体ではもはや太刀打ちできないレベルに達していた。[137]前者は遅ればせながら、動物学会と似たような道をたどった。当初は鉱物のコレクションで構成されていたが、次第に化石に比重が置かれるようになり、これらの化石によって化石が見つかった地層の相対的な年代測定が可能になった。[138]地質学会の保存管理官《コンセルヴァトゥール》が運営するこの博物館は、地質学会の会

〔※1〕一六一〇年南インドに建設されたヒンドゥー王国。一七九九年以降、イギリスの支配下に置かれる。

員や愛好家が持ち寄ったり送ってきたりする標本で常にコレクションの数を増やしていった。とはいえ、一八四〇年代以降は、地質学の要請に対して十分に応えられなくなっていく。[139]

一八三五年、ヘンリー・ド・ラ・ベッシュ〔地質学者〕の発案で設立されたイギリス地質調査所（Geological Survey of Great Britain）は、英国内の資源を目録にするための地質図を作成する役割を担っていた。第一次産業革命のこの時期、地質学は国家経済にとって最も重要な学問となりつつあり、とりわけ石炭鉱床の位置を特定することが期待されていた。[140] また一八三五年には、やはりド・ラ・ベッシュの主導で森林局が経済地質学博物館（Museum of Economic Geology）を設立し、その名称も地質学が富の生産に貢献していることを強調しようとするものだった。一八四〇年代初頭に一般公開されたこの博物館には、鉱物標本、建築資材、装飾用の石、鉱山で使用される機械の模型などが展示されていた。[141]

地質調査所は、ほどなく多数のサンプルと化石を所有することとなる。これらはフィールドリサーチ中にスタッフが収集したもので、調査し、分類し、解説し、公開する必要があった。特に化石の場合、これら一連の作業は必須であった。これによって、いわば地質調査所の日々の活動により、一八四二年、ロンドンに博物館がつくられた。その三年後にこの博物館は経済地質学博物館と合併したが、同じ人物が館長を務めていたため、この合併は容易なものだった。一八五一年五月一二日、王配《プリンス・コンソート》〔アルバート公、ヴィクトリア女王の夫〕が実用地質学博物館（Museum of Practical Geology）を厳《おごそ》かに開館した。建物の二階には鉱物と地質学のさまざまな経済的応用の例が展示された。メインギャラリーを挟むふたつのバルコニーには、古生代から第三紀まで年代順に並べられた化石が展示してあった。高名な古生物学者であり地質調査所の協力者であったジョン・フィリップスが一八四一年に提唱した地質時代に沿ったものである。このように地球上の生命の非常に長い歴史をわかりやすく解説していたのだ。しかしこの博物館の主なメッセージは、さまざまな経済的な恩恵となって表れる地質学の有用性を強調することでもあった。[142]

・サー・ジョン・ソーン美術館
——国に受け継がれた個人コレクション

ナショナル・ギャラリーの新館がオープンする一年前の一八三七年四月、ロンドンで前例のない美術館がオープンした。この美術館は既存の三つの美術館とは異なり、建築、彫刻、絵画、素描《デッサン》をひとつに集めていた。ダルウィッチ・ピクチャー・ギャラリーだけでなくイングランド銀行の本店、多くのカントリーハウスを手がけたジョン・ソーン卿、既に紹介した人気建築家がひとりでつくった美術館である。約四〇年にわたる収集の集大成**〔口絵9／図68〕**であるサー・ジョン・ソーン美術館は、ソーン卿自ら設計し改装したもので、隣接する三棟の建物を今でも使用している。ソーンは有名な石棺を含むエジプトの品々《オブジェ》、ギリシャとローマの古代美術品、いくつかの中世の遺物、レプリカ、自然物、珍奇物、それから大量の近代作品（彫刻、メダル、宝石、中国やペルーなどの陶器、絵画や素描、約二万八〇〇〇点の建築図面と二六〇点の建物の模型）を展示したこの美術館に自らも住んでいた。図書室には約八〇〇〇冊の蔵書があり、その半分以上が美術に関するものだった。この邸宅は、彼が自分自身のために建てた一種のモニュメントであり、彼自身を表す忠実な自画像のようなものだった。ソーンはリトグラフの図の入った〔美術館の〕解説書を一八三〇年に出版した。

三年後、ソーンは自らの名前で議会に誓願書を提出した。彼の死後、邸宅とコレクションのすべてを美術館として永続させることを求めたのである。そして維持に必要な資金を寄付することを約束した。ソーンの家族の代理人は、本来家族が受け継ぐべき遺産を奪うのは道徳的に非難すべきであり、議会はそのような策略を支持すべきではない、と主張した。議論の中で、ソーンのコレクションは大英博物館に収蔵されるほうがよいという意見も出た。最終的に、下院はソーン邸を、やむを得ない場合を除き、ソーンによる配置を変更しないという責任を負った理事《トラスティ》が管理する美術館とし、少なくとも週に二日は、絵画、彫刻、建築の愛好家や学生に公開することを可決した。これはソーンが亡くなってから数カ月に実行に移された[143]。

フランシス・ハスケル〔イギリスの美術史家、専門は社会美術史。一九二八―二〇〇〇年〕が示したように、サー・ジョン・ソーン美術館は、一八三〇年代に同様の経緯で設立された一連の施設の一例であった。それは社会における芸術家の新しい立場と同時に、その役割に対する新しい意識〔が生まれたこと〕を物語っている。この変化は博物館や美術館に対する芸術家の姿勢にも表れており、それらは自分の作品すべての最大限の露出〔人の目に触れられること〕を無期限に確保する主要な手段だと考えられるようになった。ソーンの仕事は、図面や模型で表されている。

一八三三年、ターナーは遺言変更書で、「自分の絵画がまとめて保管される」ことを望み、それらが展示されるべき彼のアトリエの維持のために一定の金額を確保しておいた。サー・ジョン・ソーン美術館の開館と同じ年、ベルテル・トルヴァルセン〔デンマークの彫刻家〕は、彼がまだ所有していた作品とオリジナルの石膏作品すべてをデンマークに遺贈することを決めた。ただし、これらを収蔵するための博物館がコペンハーゲンに建設されることが条件であった。遺贈は受け入れられ、彼の墓は設立されたトルヴァルセン博物館に設置された［図69］。一八三九年、ダヴィッド・ダンジェの名で知られる彫刻家、ピエール＝ジャン・ダヴィッドは、出身地にある博物館に彼の作品を展示するための専用の部屋がつくられるという栄誉に与《あずか》った。自身の栄

[**図69**]C. O.ツォイテン『トルヴァルセン美術館の中庭とトルヴァルセンの墓』1878年頃(Musée Thorvaldsen, Copenhague)

光のモニュメントをつくろうという、ほぼ三〇年にわたる彼の努力が報われたのだ。(144)

こうしてつくられた一連の博物館や美術館の中で、サー・ジョン・ソーン美術館は特殊な位置にある。この美術館は芸術家だけでなく、収集家の記憶も永続させるものであったのだ。やはり一八三〇年代につくられたヴェネツィアのコッレール博物館と同様に、(145)サー・ジョン・ソーン美術館は三世紀を経てパオロ・ジョヴィオ〔※1〕の例を再現し、一九世紀後半から二〇世紀にかけて、収集家たちが自らの名を冠した博物館や美術館を設立することが増えていくことを予見させるものだった。

・大学付属美術館

一九世紀前半にロンドンに設立された美術館の数は、自然物を展示する博物館に比べてずっと少ないことがわかる。これは、イギリス全体で見れば、さらに明らかである。イギリスでは新しい美術館はほとんどなく、その数を数えるのも簡単だった。最も古いのは、医師、産科医、解剖学者として成功したジョン・ハンターの弟、ウィリアム・ハンターが設立したもので、彼の百科全書的なコレクションには主に絵画とそのほかの美術品で構成されていた。このコレクションはハンターの没後もロンドンに残されていたが、一八〇六年にグラスゴーの大学に遺贈され、イギリス初の試みとして大学が美術館のために建設した建物の中に収容された上、一八〇七年に一般公開された。そして一八一二年にはその解説書が出版された。(146)

ケンブリッジとオックスフォードにもそれぞれ美術館が設立された。ケンブリッジの美術館は、メリオンの第七代フィッツウィリアム子爵リチャードからの遺贈をきっかけに設立された。一八一六年に死去したリチャードは、大学に絵画と版画のコレクション、それから蔵書、美術館建設の資金を遺したが、この美術館が開館したのは一八四八年のことだった。それまでの間、このコレクションは仮設の建物に展示された。また、オックスフォードには、大学に遺贈された資金のおかげで、一八四〇年代にアートギャラリーが建設された。その目的は、適切に展示されることが待たれていたアランデルの大理石彫刻と、主にレプリカや評価の低い作品(147)で構成される小規模な絵画コレクションを展示することで、このギャラリーも一八四八年に開館した。(148)これら三つの美術館はすべて大学の美術館であり、後述するように、自然物を展示する博物館とは一線を画するものだった。ところで、グラスゴーのハンテリアン博物館はある意味で一八世紀に生まれたともいえる博物館であるのに対し、他のふたつの美術館は、自然物を展示する博物館が一八二〇年代から雨後

〔※1〕一四八三～一五五二年、イタリアの医師、著述家、収集家。肖像画を収集・展示した自身の別荘を「博物館（ムゼオ）」と呼んだとされる。

の筍《たけのこ》のように増えていったのと比べれば、かなり遅れて設立された。

・さまざまな博物館

一八八七年にイギリス科学振興協会が数を数えたところ、〔自然史系の〕博物館は二一一館あり、そのうち五五館は一八一〇年から一八四九年の間に設立されたものであった。おそらく実際にはもっと多くの博物館が存在したであろうが、多くの場合で設立年が不明であった。こういった博物館は、しばしば小さな町に点在していた地質学、植物学、物理人類学、動物学の博物館である。これらの博物館のコレクションには、地元の古代美術品が含まれていることもあった。レスターの博物館にはインドのものもあり、リバプール王立協会には芸術作品があった。ウーリッジ〔ロンドン東部、テムズ川の南岸〕の博物館には武器、トロフィー、軍事模型が展示されていた。しかし、これらは例外だ[149]。アートギャラリーの時代が来るのは、一九世紀後半になってからである。

自然史の分野では、大学が特有の問題を抱えていた。新しい博物館や美術館をつくるのではなく、既に所有しているコレクションを活用し、研究や教育に役立てることが必要だったのだ。エジンバラ大学で、一八〇四年に自然史の教授に任命された地質学者ロバート・ジェイムソンが取り組んだのがこれだ。ジェイムソンは、一七二二年にロバート・シッボルド〔スコットランドの医師、古物学者〕が遺贈し、放置されたままになっていた、主に植物、それから古銭、ローマ碑文などからなるコレクションを拡充し、市と王室の資金援助を受けて博物館をつくり、それをスコットランドの国立博物館[150]にしようと目論んだ。ケンブリッジ大学は一七二八年に没したジョン・ウッドワードから遺贈された地質学のコレクションを所有していたが、一八一八年から地質学の教授を務めていたアダム・セジウィック[151]がつくった地質博物館にこのコレクションが入れられたのは、一八四二年になってからのことだった。

オックスフォード大学では経緯はもっと複雑で、〔前巻で触れたのを〕ご記憶かもしれないが、一六八三年以来アシュモレアン博物館があり、珍奇物や古美術品を扱う自然史博物館として存続している[152]。一八一三年にウィリアム・バックランドが鉱物学の教育の責任者となると（さらに五年後に地質学教授になった）、バックランドは講義で説明するために必要な標本をアシュモレアンから借りるようになった。バックランドの死後、これらの標本は、彼が所有していたすべての鉱物とともに、一八九〇年代初頭まで箱にしまわれたままになっていた[153]。動物学のコレクションもあったが、ジョン・シュートとフィリップ・バリーのダンカン兄弟によってほぼ一新された。兄は一八二三年、弟はその六年後に、アシュモレアン博物館の保存管理者《コンセルヴァトゥール》になった。これらの動物学コレクションはウィリアム・ペイリー〔聖職者、哲学者〕の自然神学を解説するように再分類され、知性により生物を生み出し、自然の法則を確立した神の存在の証拠を提供するものとされた。博物館内部では、「ペイリアン博物館」とさえ呼ばれ、展示物に添えられたキャプションには、展示物が伝えるメッセージが詳しく説明されていた[154]。フィリップ・ダンカンが一八五四年に引退したあとのアシュモレアン博物館の歴史は、私たちにさらなる考察の材料を与えてくれるだろう。

・自然史への広範な関心と地元愛好家による取り組み

一九世紀前半にイギリスでつくられた自然物を展示する博物館全体のうち、大学やそれと同様の機関が設立したものはほんの一部にすぎない。大部分は、地元の愛好家による取り組みによって創設されたものだった。実際、一九世紀を通じて、自然史はジェントリーやブルジョワジーからなる、教養のある一部の人々の余暇活動として特権的な位置を占め続けていたが、労働階級にも関心を持つ者がいた。大英博物館の自然史コレクションの移転が可能かどうか調査するために設置された下院の委員会のひとつは、報告書で次のように述べている。

話を聞いた人々は、ほぼ全員の証言によれば、博物館を訪れる最も一般的で最も多数の人々が、他のコレクションよりも自然史のコレクションを好む［中略］。資料によると、中産階級には自然史のさまざまな分野のコレクションを集める習慣を持つ人々が多く、労働者階級でも多くの人々が休日に植物学や地質学を研究したり、ロンドン近郊で昆虫採集をしたりしており、こうして得られた標本の正確な分類を行うのに大英博物館に倣っている[155]。

この報告書は一八六〇年のものだが、この中で説明されている状況はそれよりももっと昔のものだ。ナポレオン戦争が終わった直後から、関心が自然へと戻る兆しが見られるようになった。この現象は一七世紀後半から既にイギリス文化にあった。自然への関心は、神学的な関心、特に科学的なデータに基づいて人間の理性で理解が可能とされる自然神学への強い支持を反映するものであり、自然神学はキリストの啓示を受容するための、確固たる基盤を提供できる唯一のものだと考えられていた[156]。この関心はまた、より現実的な関心にも反映されていた。産業の発展に寄与すると思われるエネルギー資源、資材、知識、技術の探求、運河の掘削、車道や鉄道の建設、建築工事、さらには農作物の収穫量の増加などだ。地質学はこの二種類の関心事が交差する学問であり、よって、植物学に代わって自然研究における主要な学問分野となったのだ[157]。

こうして地質学は多くの信奉者を獲得した。一八三〇年代前半、地質学会の会員数はロンドン周辺に三一三名、地方や国外に三二八名であった[158]。そしてこの数字は、数千人と推定される自然の愛好家《ナチュラリスト》のうち、目に見えるほんの一部にすぎない。国中に散らばる岩石、鉱物、化石の愛好家や収集家の数は、それだけで地質学会の会員よりはるかに多かったし、植物や動物、とりわけ昆虫、特に一八二〇年代末にまさに熱中の対象となった甲虫類に興味を持つ人も大勢いた。

愛好家たちの世界の一部をなす紳士《ジェントルマン》たちは、自然史全般、あるいは主に地質学、もしくは植物学、動物学、昆虫学、それから顕微鏡などの技術の振興を目的とした協会に集まっていた。一八二〇年代から一八五〇年代の初めにかけて、イギリス国内では二〇あまりの協会が設立されている。一七八二年にロンドンで自然史振興学会が設立されるなど、一八世紀後半から先行する事例はあったが、この分野における団体活動はその規模において、新しいものであった[159]。その極めつけが一八三一年に自然史学会を誕生させたように、地方の同分野の界隈のイニシアチブによって、イギリス科学振興協会が設立されたことだ[160]。

学術団体の存在によって、収集家たちは考えや物を交換することが容易になる。その幹部は、会員として認められ、その数に数えられるために各自が尊重すべき基準を課した。それは、土木工事の危険に脅かされている化石発掘現場の調査や発掘品の保護に努め、土地や採石場の所有者や、彼らが雇用する労働者に金銭面も含む化石の価値を認識させ、必要なら地質学や古生物学の標本を、このとき確立しつつあった自然物の市場で購入し、博物館を開く、というものだ。一九世紀前半、新しい学術団体の大半を生み出したのは地元の学術団体であり、それ以前の初期の団体活動の残滓《ざんし》である哲学や文学の協会、それから大学、研究機関、病院などは補助的な役割を果たした。

会員の研究活動や、経済的な犠牲を伴うほど濃密で、価値ある社会生活の集大成が博物館の設立であり、学術団体は新たな責務と、会費、場合によっては寄付や遺産で賄わなければならない重い出費に直面した。博物館には場所が必要であり、多くの場合、新しい建物を建設するか、既に所有している建物の一部を改修しなければならないし、コレクションも補充しなければならなかった。特に博物館を所有する団体がカバーする地域の標本について、収集家に寄贈を呼びかけたり、購入するための資金を確保したりせねばならなかったし、博物館は日常的な管理を必要とする。所蔵品の分類、説明、展示、保存、出版、そして施設を適切に維持管理しなければならない[161]。給料を支払って常勤の専門家を雇い、これらの仕事を委託していた団体もあった。地元の学術団体がつくった博物館はこうして真の研究センターとなり、イギリスの地層、特に動植物の化石の知識の蓄積に大きく貢献していた。何しろ地質学や古生物学の資料は散在しており、その保存は資料が置かれた場所の歴史の気まぐれに左右されていたのだ。この点において、これらの博物館は〔化石など〕特に豊富な地域につくられたという点で、幸運に恵まれていた[162]のである。

ジョン・フィリップスは、地質学博物館と完全に結びついたキャリアの典型的な例である。彼のキャリアは学術団体が所有する地元の地質学博物館で始まった。ヨークシャー海岸の地層と有機遺物についての記述の端緒となった数々の著作をヨークで出版したことで彩られた彼の経歴は、地質学の概論執筆と英国諸島の地質図作成につながっていく。フィリップスはその過程で無数の化石の同定、地質時代の大きな区分の導入、そして地球の年齢の推定など、確実に科学に貢献した。そして、ヨークシャー哲学学会の博物館で働く低賃金の保存管理者《コンセルヴァトゥール》から、彼が協力した地質調査所を経て、ロンドンの実用地質学博物館の改修を手掛けたのち、オックスフォードの地質学教授職および地質学会の会長職[163]にまで登りつめた。この成功例は、伝記でよくあるように特異な状況の組み合わせによるもので、困窮した生活を送ったのちに忘却の彼方に押しやられている、地元の学術団体が所有する博物館のあらゆる保存官《コンセルヴァトゥール》たちを私たちが忘れてしまうようなことがあってはならない。しかし、この成功例は、一九世紀前半における自然科学の発展にとって、博物館と博物館を育てた収集家たちの重要性を示すには十分なものだ。実際、ここで地質学について述べたことは、「変更すべき事項を変更した上で」、類似の学問についても当てはまるといえる。

一九世紀前半、愛好家、収集家、そして地域主導で生まれた博物館や美術館は、知識の進歩に大きく貢献することができた。これは自然科学が置かれていた特殊な状況や、植物、動物、化石、鉱物の採集が資源の目録作成において依然として重要であったことが理由である。しかし、その採集方法は一〇〇年前とは異なっていた。フランスのジョルジュ・キュヴィエやアレクサンドル・ブロンニャール、イギリスのウィリアム・スミス以来、化石については、それが見つかった地層との関連をできるだけ正確に定めることが重要であった。[164]生物の場合には、それぞれの生息環境にどのように同化しているかに関心が高まり、こういったアプローチを示す語「生態学《エコロジー》」がまもなくドイツ語で登場した（一八七三年）。

採集の重要性は、主に専業で研究を仕事にしている人々よりも、愛好家たちにより大きな役割を与えた。一九世紀前半の、とりわけイギリスでは、研究で地位と収入の大部分を得ている人はまだ珍しかったのだ。というのも国立の自然史博物館も鉱業学校もなく、科学はほとんど紳士《ジェントルマン》が扱うものだったからである。すべてが変わるのは一八三〇年代半、イギリスの自然科学、特に地質学は、地質調査所の設立をきっかけに専門職化の時代を迎え、それに続いて他の教育・研究機関が設立された。この新しい時代、自然科学を専門とする各地域の学術団体はその重要性を失い、彼らのコレクションは埃をかぶるか箱の中にしまわれ、愛好家たちも科学者たちが書いたわかりやすい著作の消費者としての地位に落ちることになる。「科学者《サイエンティスト》」という言葉そのものも、一八三三年にイギリス科学振興協会の会合において、特に地質学で活躍していた学者と哲学者によってつくられた造語である。(165)

・自然史から考古学・中世へ向かうエリートの関心

一八四〇年代以降、イギリスの地方のエリートたちは、自分たちの知識欲を再び考古学に向ける。既に備わっていた地質学の知識が役に立ち、考古学が手の届く学問であったからである。それ以降、彼らの関心はウォルター・スコットの小説やロマン派の詩によって一九世紀初頭から脚光を浴びていた中世の遺跡、イギリスによって国家的な建築様式の地位にまで押し上げられたゴシック様式と、典礼や教会建築に特に影響を与えた宗教復興に向けられることになる。こうして一八四五年から一八五五年にかけて、イギリス考古学会と一五あまりの地方の考古学会が誕生した。(166) しかし、そうした学会が博物館や美術館に影響を及ぼすようになるのは、一九世紀の後半のことだった。

22 フランス

・王政復古下の博物館・美術館

ブルボン家の王政復古は、フランスの政治体制と国際関係を根底から覆した。しかし行政の継続性はわずかな影響を受けたにすぎず、フランス革命後の統領政府と第一帝政の下で整備されてきた制度、特に文化的な制度は維持されたのである。すなわち、分割され知事管轄となった県《デパルトマン》、民法典、メートル法、グランゼコール〔※1〕、大学とリセ、国立公文書館、学士院などの制度である。

特に地方の博物館や美術館については、パリから作品を送るシステムとともに存続したが（1）、一九世紀後半の時点では、まだ隆盛を見るにはいたっていない。パリ国立自然史博物館や工芸院をはじめとする首都の主要な博物館・美術館と同様に、これら地方の博物館や美術館は王政復古後でも見ることができる。王政復古後に姿を消したのは、既に見たようにナポレオン時代から将来が危ぶまれていたフランス記念物《モニュメント》博物館のみであった。この閉館があったにもかかわらず、自分で集めたコレクションを解体する任にあたったアレクサンドル・ルノワールはレジオン・ドヌールを受勲し、サン＝ドニの王立大聖堂の管理者にもなった（2）。

〔ナポレオン軍が略奪した作品の〕返還という大騒動が終わり、ナポレオン美術館〔※2〕の館長として膨大な美術品を各地で略奪したドミニク・ヴィヴァン・ドゥノンが辞任すると、事態は正常に戻った。一八一六年七月二二日、国王ルイ一八世の王令によりルーヴルの美術館は〔正式に〕存続することになるが、それよりひと月早く、ルイ＝オーギュスト・ド・フォルバン伯爵が王立美術館〔ルーヴル〕の新館長に任命されていた。フォルバンは王党派の家系の画家、ダヴィッドの弟子、ナポレオン軍事遠征時の将校で、旧体制《アンシャン・レジーム》、革命、帝政、そして武力と芸術をすべて体現した人物だったが、廷臣としての資質と旅行家としての経験を持ち、イタリアで数年を過ごし、スペイン戦争に参加し、館長就任後はレヴァント地方を訪問していた。帝政時代から彼を個人的に知っていたド

〔※1〕グランゼコールとは、一八世紀末から一九世紀にかけてエリート官僚を養成する目的でつくられた国立の高等教育機関。高等師範学校、高等理工科専門学校、国立行政学院などが含まれる。

〔※2〕フランス革命によって旧王室コレクションを中心にルーヴル宮に設けられた美術館は、ナポレオンの時代に支配地域から収奪した美術品が加わり、名称も「ナポレオン美術館」となった。本書12章参照。

ウノンにとって、これ以上の後継者はいなかっただろう。ブルボン家の敵対勢力からも高く評価された彼は、七月革命後もその地位にとどまり、亡くなるまで執務を続けた。[3]

革命時の押収に続き王室の所蔵となった品々《オブジェ》は、たとえ元の所有者から返却要求があったとしても、王室を離れることはほとんどなかった。復古王政が革命政府と帝国政府から受け継いだのは、博物館・美術館とそれらを管理していた機関にとどまらなかった。継承したのはすべてであり、そこには博物館や美術館とは一国の偉業を誇示し、ヨーロッパばかりか、世界に冠たる一流国たらんとする野望を確実なものにする効果的なショーウインドウである、という思想も含まれていた。王政復古の一五年間、また同じ政策を継続した七月王政によってさらに一八年間、博物館や美術館の数が増えただけでなく他国が見習うべき手本となるような、新しいタイプの博物館・美術館も創設された。たとえば、リュクサンブール美術館（一八一八年）〔**口絵10／図70**〕、セーヴル陶磁器美術館（一八二四年）、ヴェルサイユのフランス歴史博物館（一八三〇年）〔公開は一八三七年〕、クリュニー美術館（一八四三年）などである。

ナポレオンの百日天下とブルボン王家復活の直後、優先順位は変わっていた。〔フランス軍が強奪し〕「芸術的征服」と称された古代美術品や絵画が元の場所に戻ったため、ルーヴルには緊急に埋めなければならない空白が、古代美術品と絵画の両方で生じたのである。芸術的征服はこの章の最後で取り上げることになろうが、その前に、今や王立となったこの美術館に一九世紀前半に起こった変化を見てみよう。

1 ルーヴル――歴史的観点の導入

・王立美術館館長フォルバンによる古代美術の充実と英仏間の獲得競争

フォルバンは、その長期にわたる在任中に、とりわけ古代美術部門に大きな足跡を残した。幸運なことにルーヴルはショワズール＝グフィエ伯爵の没後すぐに同伯爵の重要なコレクションを購入することができた。ショワズール＝グフィエは、一七七六年にギリシャを旅し、六年後にその手記――ギリシャびいき《フィルヘレニズム》を最も早く打ち出した書物のひとつとして成功を収めた[4]――を出版し、八年間（一七八四〜九二年）、駐オスマン帝国フランス大使を務めた。コンスタンチノープル滞在中にギリシャ美術のコレクションを築いたが、没後、そのカタログの著者が序文で指摘したように、彼のすぐあとにその足跡をたどったイギリス人のエルギン卿とは正反対の行動をとった。すなわちショワズール＝グフィエは「莫大な費用をかけて、芸術研究のための貴重な模範となり得る彫刻を型取りさせた。もしそれらの彫刻をその場から移動してしまっていたら、作品に多大な損傷を与えたり、それをめぐる暴力沙汰につながったりしたであろうが、ショワズールはこうしたことを決して許さなかった[5]」。

エルギンの名前はどこにも出てこないが、当時の読者は彼がパルテノン神殿の彫刻を剝がし取ってイギリスに持ち帰ったことを思い浮かべずにはいられなかった。序文は「国家の名誉」への訴えと、「ショワズールと同様のコレクションが相次いでイギリスに運ばれ、それ以来、公的機関に収蔵され、今日にいたるまで最初の所有者の名前が残されている」という言及で締めくくられている[6]。エルギンと比べて極めて対照的だったのは、ショワズール＝グフィエのコレクションに含まれていたのはパルテノン神殿のメトープが一点だったことで、このメトープは既にルーヴルに所蔵されていた同じ由来のフリーズの破片一点に加えられた。

カタログの著者は、このメトープについて次のように告発している。

スッラの怒りとゴート族の蛮行から逃れ、ギリシャの皇帝たちによってキリスト教に取り込まれ、最後にはトルコ人たちによってモスクに変えられたこの壮大なモニュメント（パルテノン神殿）は、長い世紀を経て、不幸なことに得ることのなかった尊敬の念を永遠に抱かせるように思われた。一八〇二年、あるイギリス人投機家が、当時まだパルテノン神殿を飾っていた彫刻に目をつけ、その取り外しに乗り出した。手間を省くため、取り外しにはハンマーが容赦なく使われ、いささかの注意を払われることもなく上か

ら下へと投げ落とされた。メトープ、神殿のセラ（主室）を覆っていたフリーズ、ペディメントに描かれた人物像などである。この瓦礫の山は、さらに他の災難に見舞われたあと、大英博物館に売却された。

ショワズール＝グフィエが集めた浮き彫りはまったく別の方法で入手されたもので、「フォーヴェル氏が神殿の足元で収集した」ものである。(7)

・古代ギリシャの壺

エルギンの名前は依然として出てこないものの、ショワズール＝グフィエが反エルギンであったことは明らかであり、大英博物館も関心を寄せていたこのメトープを手に入れたことは愛国的な行為であり、英仏間の収集競争における勝利であった。(8)われわれは既に両国の対立関係を仏英両側で見てきたが、これ以降も数々の対立を取り上げることになるだろう。

この対立が続いていたことから、フォルバンはハミルトン・コレクションが一七七二年に大英博物館によって購入されたことを思い出し、一八一八年に五七四点にのぼるギリシャの壺を入手することを決めたのではないだろうか。当時、この壺は「エトルリアの壺」と呼ばれ、アヌシー出身の収集家で、貨幣学者、政治家であったジョゼフ＝フランソワ・トションが一八年の歳月をかけて集めたものだった。(9)ルーヴルが所蔵するギリシャの壺は、オーセールの裕福な卸売商人の息子で、一七九九年に初めてイタリアを訪れたあとコレクションを築きはじめたエドム＝フランソワ・デュランのコレクションを一八二四年に購入したことで、さらに増加した。コレクションがルーヴルに移管されたあとに作成されたふたつの目録には、エジプト古代美術を中心とする二一五〇点、ギリシャ、エトルリア、ローマを中心とする五〇二一点、そして中世のエナメル細工やルネサンスの焼き物・エナメル・ガラス作品など「近世《モデルヌ》」の品々約五〇〇点が収められている。ギリシャとエトルリアの古代美術品の中には、二二〇〇点以上の壺があった。(10)

・『ミロのヴィーナス』のルーヴル入り

壺は通好みの品であった。一八二〇年三月か四月にミロ島で発見されたヴィーナス像は、駐コンスタンティノープル・フランス大使の代理としてマーセラス子爵が入手し、ルイ一八世に献上されてルーヴルに収められた。ルーヴルは、たちまちのうちに他のヴィーナス像と同じぐらい、いやそれらより優れているとさえ認められたこのギリシャ彫刻の傑作を、来館者に見せることができた［図71］。一八二二年には、ベルリンの芸術アカデミーがこのヴィーナスのレプリカを展示した。(11)

ギリシャのそのほかの大型彫刻は、一九世紀後半にルーヴルに入ってくることとなる。いずれも『ミロのヴィーナス』に比肩するほどの名声を得なかったが、一八六三年に発見され、四年後にルーヴルのカリアティードの間に展示された『サモトラケのニケ』は例外だった。しかし、この女神像が有名になったのは、ダリュの階段の頂点に船のへさきをかたどった台座に設置された一八八四年からである。[12]

・シャンポリオンによるヒエログリフ解読の衝撃

フォルバンが行った主な改革は、それまでルーヴルに展示されていなかった時代に関するもので、ドゥノンが導入を希望した古代エジプトから始まった。早くも一八一九年四月に、フォルバンはルーヴルに展示するために、王立図書館の古代美術キャビネットからエジプトの作品を入手しようとしたが、うまくいかなかった。一カ月後、彼はベルナルディーノ・ドロヴェッティ〔イタリア出身で駐エジプト・フランス総領事を務めた収集家。21章241頁参照〕が売りに出したエジプトの古代美術品を入手するよう上司に要請したが、彼の願いはそのときも、また一八二一年にも叶わなかった。[13] 結局サルデーニャ王が購入したドロヴェッティのコレクションは、既に見たように、トリノのエジプト博物館の設立に活かされた。

フランスの政治家・小説家であるシャトーブリアンは『私の生涯で地球に起きた変化の概要』[14]の中で、「エジプト学の父」と呼ばれたシャンポリオンのヒエログリフ解読の影響の大きさに触れて「自ら語ろうとする砂漠の唇を閉ざす封印のようであり、いつになっても頑として語ろうとしないヒエログリフ」の解読は、古代エジプトとその遺跡の地位に革命的な変化をもたらした、と記した。デュラン・コレクションについては、〔既に〕ギリシャの壺に関連して言及し、そのエジプトの古代美術品が豊かであることにも触れたが、そのデュラン・コレクションをフォルバンが手に入れられたのは、シャンポリオンの解読がもたらした新たな局面のおかげであったようだ。エジプトの古代美術の存在こそが、四八万フランという法外な価格にもかかわらず購入の決断をあと押ししたのだ。

フォルバンは、「ドロヴェッティ氏が四年間フランスにオファーし続けてくれたコレクションは、今日トリノで外国人に事あるごとに引き合いに出され、称賛されている」[15]と繰り返すことも忘れなかった。

・ルーヴル・シャルル一〇世美術館 ——エジプト・オリエント古代美術部門の独立

デュランのコレクションを購入したことがきっかけとなり、ルーヴルにシャルル一〇世美術館という新しい美術館が創設されることとなる。〔元首の名を冠する〕館名はフォルバンがまたしてもドウノンの例に倣って提案したものだった。一八二六年、ルーヴルはヘンリー・ソルトのエジプト古代美術コレクションを購入し、エジプト関連の所蔵品を大幅に増加した。同年五月一五日に出された勅令により、古代彫刻部門は「ギリシャのモニュメント、ローマのモニュメント、中世のモニュメント」からなる部門と、「エジプトとオリエントの古代美術」からなる部門に分かれる。ヒエログラフを解読したシャンポリオンが学芸員となり、収蔵品の目録を作成し、分類し、展示する仕事を任された。

　翌一八二七年、彼は『シャルル一〇世美術館のエジプトモニュメントの解説書（*Notice descriptive des monuments égyptiens du musée Charles X*）』を出版し、それらモニュメントの館内における配置を示した。それは、「神々の間」、ふたつの市民の間、「葬儀の間」の四つの部屋で、それぞれ年代順に分類されていた[16]。年代順であることの重要性にはすぐあとで触れる。

　エジプト展示室の開設により、ルーヴルは大英博物館やトリノ博物館に追いついた。シャンポリオンが早すぎる死を迎えるまで、ルーヴルはエジプト学のメッカとなり、人々の大いなる関心を集めていた。ヒエログリフの解読が、聖書の年代の正当性や聖書の物語全般の信憑性に致命的な影響を与える可能性があったからである。そしてその影響たるやシャンポリオン自身をも脅かしたと思われる[17]。

　しかしフォルバンによってルーヴルが先駆者として関わる道が開かれたのは、別の分野だった。フランス記念物《モニュメント》博物館に通いつめていたフォルバンは、一八一六年一一月の時点でアレクサンドル・ルノワールの功績として認めていた「王政初期からのフランス彫刻の真の流れ」を、ルーヴルで復活させることを決意していた。彼はルノワールの博物館〔記念物博物館〕にあった世俗的彫刻を入手し、その結果、五つの部屋に一五世紀から一八世紀のフランス彫刻を展示した。一八二四年七月八日に一般公開されたこれらの展示室は、スペインの自由主義者の野望[18]を打ち砕いた悪名高い遠征に勝利した総司令官を記念して、ギャラリー・アングレームと名づけられた。

・中世コレクションの形成

　しかし、フォルバンはそれ以上のものを求め、ルーヴルに中世コレクションを迎え入れた。エジプトやギリシャなど古代美術を中心としたデュラン・コレクションとともに、中世コレクションの最初の一群が到着した。そのひとつにピエール＝アンリ・レヴォワールのコレクションがある。レヴォワールは有名な画家であると同時にフォルバンの友人でもあった。フォルバンとはフランス記念物《モニュメント》博物館訪問の仲間でもあったレヴォワールは、断固とした敬虔《けいけん》なブルボン派の正統主義者であり、中世の情景を描いたトルバドゥール様式の歴史画を専門としていた（当時の見解によれば中世は一六世紀までフランスに残存したとされていた）。一八一二年には既に知られていたレヴォワール・コ

[図71]『ミロのヴィーナス』として知られるアフロディーテ、紀元前100年頃(Musée du Louvre, Paris)

レクションはもっぱらこの中世に特化したものであった。

　このコレクションを国が六万フランで購入するが、一八一四年にのちにシャルル一〇世となるアルトワ伯爵が見に訪れていたことと、レヴォアールとフォルバンの友情がそれを容易にしたのは間違いない。これにより、中世の日常生活を絵画の中で再現するためにレヴォワールが収集した象牙、エナメル、タペストリー、武器、宝飾品、家具や日用品など、中世の装飾芸術を代表するコレクションがルーヴルに収蔵された。[19] 博物館・美術館の歴史において、これは革新性を十分強調しておかなければならない手法だった。このことには改めて触れることにしたい。

・シャルル一〇世美術館に導入された年代順の展示

　シャルル一〇世美術館は、マリー＝クロード・ショードヌレ〔フランスの美術史家。一九四八～二〇二三年〕よって再発見された。彼女のことばを引用しながらルーヴルの一部であるこの美術館を急ぎ足で訪問してみよう。

　一八二八年、レヴォワールのコレクションがルーヴルに到着したあと、シャルル一〇世美術館には「中庭側とセーヌ川側、列柱と七本のシュミネ（煙突）の間を含む」一八の部屋が割り当てられ、「シャルル一〇世美術館」と書かれた独立した入口が設けられた〔図72〕〔図73〕。中庭側では、列柱から先の四つの部屋にエジプトの古代美術品が展示され、ギリシャの古代美術品が展示された他の四つの部屋とは、空き部屋で隔てられていた。セーヌ川側には家具、陶磁器、武器、甲冑など、中世とルネサンスの作品が展示され、パピルスや素描《デッサン》も年代順に分類されていた。この年代区分はシャルル一〇世美術館全体に適用され、「ラ・ロシュフコー（美術部長）が国王への報告書で強調したように、『ひとつの民族のすべての古代遺物《モニュメント》』と『すべての民族一般の古代遺物《モニュメント》』を一堂に集めることによって、人類の完全な歴史を説明することを意図していた」。

　この点で、シャルル一〇世美術館はルーヴルの他の部分、特に、美学的原則に応じた作品分類が優先されていた絵画の展示室とは一線を画していた。フォルバンが一八の展示室の天井画のために依頼した絵画は歴史を拠り所としており、歴史は、こうしてルーヴルに登場した。[20] とはいえそれは小作品《オブジェ》や素描において主流になったにすぎない。絵画がその支配的影響を受けるようになったのは、一九世紀半ばになってからである。

・歴史的アプローチの登場
——審美的アプローチとの対立

　歴史がルーヴルに初めて導入されるにあたり、そこには抵抗があった。デジレ・ラウル＝ロシェット（王立図書館古代美術キャビネット学芸員《コンセルヴァトゥール》）は、デュランのコレクションをルーヴルが

[図72] オーギュスタン・レジス『シャルル10世美術館のエジプト葬祭室』1863年(Musée du Louvre, Paris)

[図73] ジョゼフ・オーギュスト『ルーヴルの宝石の間とシャルル10世のいくつもの部屋の連続《アンフィラード》』1835年（Musée du Louvre, Paris）

獲得することに反対した。彼によれば、コレクションの獲得によって、図書館のキャビネットとルーヴルの責任範囲が再び問題となるからだった。

ロシェットは実際次のように主張した。すなわち、美術館は彫像、胸像、浮き彫りといった「古代の人物像」に限定すべきであり、「極めて小型の『ブロンズ像』のような小品や他の同類の作品《オブジェ》、すなわち『古代の盃』『花弁』『楽器』など、さらには考古学的な価値しかないような品々《オブジェ》、そして何よりも、文字が刻印されたモニュメント、メダル、碑文、パピルス、それに芸術がほとんど関与していない古代エジプト美術は図書館のキャビネットに収蔵されるのが正当である。今挙げた遺品《オブジェ》が、本質的に異なる分類を形成していることは明らかである［中略］。すなわち、文字の書かれた古代美術品なのである」(21)。

この施設同士の争いは、よくあることだが、ふたつの美術観とふたつの美術館観の対立を背景としている。ラウル＝ロシェットは、ヴィンケルマンの厳格な正統主義を擁護し、エジプトを美術史から除外するという極端な行動に出た。歴史的価値しかないものは美術館での居場所はないとする考えを擁護したのである。フォルバンは、ルーヴルの館長として仕事をする中で、自身の感受性にそぐわない中世とエジプトに対する偏見から脱却し、同時に、当時の正統派が芸術とみなすものだけに限定された美術館という考えを否定した。そうすることで、ドゥノンがプリミティフ美術を展示したときにルーヴルに与えた方向性を発展させ、エジプトへの開放を構想したのである。フォルバンは、中世の品々をルーヴルに迎え入れ、新たに収集したコレクションを歴史主義に則って展示することで、このアプローチを深化させ、先鋭化させた。一八二〇年代末、これは先駆的な立場であった。

時空を超えて不変であるはずの美の基準、言い換えれば普遍的な美の価値によって作品を判断するアプローチと、作品を時代や環境の中に位置づけ、それに従って判断しようとする正反対のアプローチとの対立は、一九世紀の博物館・美術館史の大部分を支配している。本書では既にこの対立に触れたが、今後もまた取り上げることになるだろう。この対立がどのように解決されるかは、非ヨーロッパ文明に対する態度を決定するだけでなく、ヨーロッパの過去の連続する時代に対する態度を決定する。しかし、それとは逆に、失われた文明の遺跡を発見し、それが最初の観客に与えた衝撃は、知らず知らずのうちであろうと、彼らが美の基準や時代による美の基準のあり方をどのように捉えていたかに影響を与えた。このようにして、エジプト探検隊によって、少数の人々によってしか認められていなかった古代エジプト美術が、広く受け入れられるように変化したのである。メソポタミア美術の発見も同様の影響をもたらした。イギリス側の状況は既に見た。ルーヴルから見るとどうだろうか？

・メソポタミア美術の発見とルーヴルの「アッシリア美術館」の開設

プロスペル・メリメが友人のルドヴィク・ヴィテに宛てた一八四一年一二月五日付の書簡ほど、考古学における英仏の競合を軽妙に描いたものはないだろう。しかし、それを引用する前に、ふたりの人物、特にあまり知られていないほうの人物を紹介するのが望ましい。

七月革命以前、ヴィテはル・グローブ紙の記者であったが、一八三〇年一〇月二三日、中世の宗教建築を中心とするモニュメント保護制度の一環としてギゾーによって創設されたポストである、フランス歴史的モニュメント機構の初代監察官に就任した。一八三四年、ヴィテは元老院議員に選出された。彼の後任は、短編小説と文学的神秘主義で既に有名だった作家のメリメで、一八六〇年まで在任した。監査官を退任したにもかかわらず、ヴィテはモニュメントの保護に力を注いだ。モニュメントに関わるあらゆる委員会のメンバーであった彼は、一八三七年に設立された歴史モニュメント委員会の副委員長に任命され、保存すべきモニュメントの分類、補助金の交付、修復担当建築家の仕事の監督を担当した。この職務において、ヴィテはメリメの上司であり、メリメは彼に書簡や報告書を送っていた(22)。

一八四一年八月、ギリシャと小アジアへの旅に出たメリメは、マルタに戻る際、検疫で拘束された。そこからこの書簡を送った。

ご存知のように、メアンデル川沿いのマグネシアに、白大理石のイオニア式ディアナ・レウコフリーネ神殿があります。とても立派なものですが、ただひとつ欠点があります。地震ですべてが倒れてしまい、もはや山ほどの瓦礫《がれき》しか残されていないのです。しかし、その断片は素晴らしく、特にアマゾネスの戦いを描いたフリーズは素晴らしい。高さ四フィート、厚さ一八インチもあるので、この手紙に見本を同封しないことをお許しください。さて、このフリーズや、柱頭もいくつか、特に非常に珍しい角の柱頭や、あまたある細かな装飾を、当地から運び出させていただきたいのです。ご面倒でも、私の優秀な友人セイド・パシャに、ラクダ一頭一日につき四フラン、それにスカラノヴァ行きの船を一隻頼んでいただけないでしょうか？ 現在コンスタンティノープルにフェローズ氏という英国人がおり、リディア、カリア、その他の場所にある神殿を、どれほどの数かはわかりませんが移送するために、許可書を取得中です。彼はマイリで非常に興味深いものをいくつかと［中略］、リディアの碑文をたくさん発見し、その数は神のみ

ぞ知ると言っております（リディアでは、女神は〔英語と同様に〕「レディ」と自称するでしょうから、結果は推して知るべし〔イギリスが成果を上げるだろう〕と言わざるを得ません）。

フランスはフェローズのもくろみを邪魔するのだが、メリメは〔その英国人フェローズではなく〕別のフランス人シャルル・フェローズが「軍艦」を持っていることを指摘したあと、ヴィテに「フランスの同僚たちの愛国心を喚起し、前述のフリーズを英国人フェローズ氏が持ち去る前に奪い取ってもらうためにちょっとした手当をもらえる」よう要請した。[23] 英国人フェローズ氏はフリーズを持ち去ったようだ。しかし、フランスはすぐにメソポタミアで報復を果たすことになる。

最初のきっかけとなったのは、ドイツ出身の東洋学者でペルシャ語の専門家であったジュール・モールで、彼はフランスに居住し、一八四〇年代初頭にはアジア協会の副事務局長など、さまざまな官職に就いていた。大英博物館を訪れたモールは、一八二五年に東インド会社のバグダッド駐在員であったクラウディウス・ジェイムス・リッチの未亡人から譲り受けた、わずか二点の彫刻を含むメソポタミアの品々を目にしたが、ニネヴェ遺跡に関するリッチの遺作本を知っていたことは間違いない。そこでモールは、一八四一年にモスルに赴任していたポール＝エミール・ボッタに発掘調査を依頼した。発掘は一八四二年一二月に始まったが、ボッタは部下とともにコルサバードの遺跡を訪れ、一八四三年三月になって、アッシリアのサルゴン二世の宮殿跡を発見した。一八四四年一〇月、ボッタは必要な資金を得られなかったために中断を余儀なくされたが、[24] 彼が発掘した品々は一八四七年二月にルーヴルに到着し、五月一日に〔ルーヴル内に〕「アッシリア美術館」が開設された【図74】【図75】。アッシリア彫刻が次にルーヴルに到着するまでには、八年待たなければならなかった。[25]

・フォルバンが進めた歴史的視点の導入

これまで見てきたように、大英博物館は自然史博物館として出発したが、一七七〇年以降徐々に変化を遂げ、エルギンのもたらした大理石彫刻の収蔵により概ね「美術館」となり、それからのちに純粋な美術館となった。ルーヴルの進化は違う。当初から、ルーヴルは卓越した美術館であった。ヨーロッパ美術の模範的な作品のコレクションであり、時代も領土も超えた美の神殿であり、そこから逸脱したものはすべて除外されている。つまり、ここに歴史は存在しないのだ。逆境に立ち向かうため、フォルバンは革命や帝政の時代に形成された確固とした信念に突き動かされて、ルーヴルに新たな方向性を与えたのではなかろうか。彼は歴史的な視点を導入したのである。マリー＝クロード・ショードヌレが明確に示しているように、シャルル一〇

[図74] フェリックス・トリニー『ルーヴルのアッシリア美術館の大展示室』1862年(Bibliothèque nationale de France, Paris)

[図75] シャルル・モーラン、オーギュスタン・レジス『柱列のある北翼のアッシリア古代美術』1863年（Bibliothèque centrale des musées nationaux, Paris）

世美術館を統括し、エジプトの古代美術品と中世の古美術品の購入を主導していたのは、まさにこの歴史的観点であったのだ。しかし、この視点は美術館の片隅に存在したにすぎず、美術館の中心であるギリシャ・ローマ時代の古代美術品や絵画には何ら影響も及ぼしてはいない。これらが歴史と出会う、つまり歴史的観点で捉えられるようになるには、一八四八年の革命を待たねばならないだろう。

2 分類の問題
――陶磁器と民族誌学

・初の装飾・応用・工業美術館

一七五六年からセーヴルにあった王立陶磁器工房の隣に、陶磁器美術館が開館したのは、一八二四年のことだった。私たちが知る限り、この美術館は装飾美術、応用美術、工業美術――いずれも当時通用していた呼び方である――を専門とする最初の美術館であり、一八六〇年代以降に増えはじめたこれらの美術分野を専門とするほかの美術館の創設者にとって、ひとつの規範となった。陶磁器美術館の創設者であり初代館長であったアレクサンドル・ブロンニャールは、著名な鉱物学者、古生物学者でもあった。一八〇七年に『鉱物学の基礎知識（*Traité élémentaire de minéralogie*）』を出版し、一八〇四年以来共同研究を行っていたキュヴィエと共著で『パリ地方の鉱物地理学的試論（*Essai sur la géographie minéralogique des environs de Paris*）』（一八〇八年）を出版した。この本の一八二二年版は大きな意味を持つ書名変更があり『パリ地方の地理の概説（*Description géologique des environs de Paris*）』[26]となった。

一八〇〇年にセーヴル工房の責任者に任命されたブロンニャールは、自然史の研究者《ナチュラリスト》として当然のアプローチを陶磁器にも行った。彼は、あらゆる国のあらゆる時代のテラコッタやガラスの品々によるコレクションをつくりはじめ、それらをきちんとわかりやすく整理しようとした。ブロンニャールは美術館の充実に役立ちそうな品々《オブジェ》を求めて多くの旅をし、交換し、購入し、海軍士官や旅行者を中心とする多くの人々に寄贈を求めた。同時に、火の芸術〔やきもの、ガラスなど〕を科学的に考察した。

晩年にはこのテーマに関する自分の考えを『セラミックスと陶器の歴史、実践、理論に関する論文（*Traité des arts céramiques ou poteries, considérées dans leur histoire, leur pratique et leur théorie*）』（一八四四年）にまとめた。その翌年には、共同研究者であったドゥニ・デジレ・リオクルーとともに、『セーヴル王立陶磁器工房の陶磁器美術館の体系的記述（*Description méthodique du Musée Céramique de la Manufacture royale de Porcelaine de Sèvres*）』を出版した。その序文には、美術館のコレクション、その構成、歴史、来館者へのプレゼンテーションに関する詳細な考察が含まれている**［口絵11／図76 a・b］**。

ブロンニャールにとって、自分で集めた品々は、美術品でも歴史的モニュメントでも考古学的遺物でもなかった。「そう考えて集めたものはひとつもない。美術品だから歴史的遺物だから、〔あるいは〕考古学的遺物だからといって形式的に除外することなく、陶芸の歴史、主な生地や釉薬《ゆうやく》の発見時期、そして最終的には芸術の進歩を理解するのに役立つという点においてこそ、こうしたコレクションは私たちにとって価値があるのだ」とブロンニャールは書いている。そして彼は陶磁器美術館の構想と、類似した展示物のある美術館の構想との違いをはっきりと示している。

「私たちは、民族の歴史を最もはっきりと示してくれるかもしれないギリシャ、ローマ、メキシコの壺よりも、欠陥があってもその製造原理を明らかにしてくれるギリシャ、ローマ、エトルリア、メキシコの壺を好む」

ブロンニャールの陶磁器美術館は、展示品が次のようにはっきりと示すように、何よりまず、陶器とガラス製造のための技術に焦点を当てた美術館なのである。

> **陶磁器製品の体系的分類と、その分類に従ってあらん限りの要素を集めた美術館のシステム、ひいてはこの芸術をあらゆる関連性、つまり、レンガから磁器にいたるまでの製造過程から、地理や陶磁器が製造されたあらゆる場所から、そして最終的には、最も遡った時代から現在にいたるまでの年代的な視点から考察することが必要なのである。**

そのため、ブロンニャールは実際の工程による分類を優先し、その工程に使われた材料も考慮した。こうした全体の枠組みの中で、彼は「このコレクションに教育的意味と人を『魅了する』ような力を与えるために、コレクションを構成する品々を関連づけ、似通った性質や形状によるグループに再集合させることによって、見た目以上に心を満足させるような順序と観点で」コレクションを展示し、「私は、教育的でその場限りでない注釈を添えることによって、類似点を指摘し、作品の面白さを際立たせ、なぜそれがそこにあるのかを来館者に伝える必要があると感じた」。

・教育施設としての博物館・美術館
――ラベルの活用と地理・年代に基づいた分類

こうして博物館や美術館は、なぜ展示品が来館者の目にする順番に展示されているのか、なぜ展示品がグループごとにまとめられて来館者の視野に入るのかを学ぶ教育施設となる。それゆえ、ブロンニャールはラベルづけを重要視し、「ごくありふれた壺、パイプ、レンガ、粘土や長石の破片」に興味を持たせ、「それが何であるか、どこから来たのか、何に使われたのか」という詳しい使い道、つまりそれぞれの品物が「歴史を背負っている」ことを示し、特に寄贈者の名前を添付することにこだわった。そのため、コレクションに含まれる品々を調査し、旅行者や関係諸国の居留者にインタビューを行い、その機能や歴史をできるだけ正確に説明できるようにする必要があるのだ。

ブロンニャールの視点に立てば、フランス語で「カルテル」と呼ばれる「ラベル〔キャプション〕」は、博物館・美術館が所蔵する品々について蓄積してきた知識を、一般の人々に伝え、コミュニケーションを図るための不可欠な手段なのである。したがって、ブロンニャールは次のように断言する。

「公的な博物館・美術館をラベルなしで放置する言い訳を私は認めないし、そのような博物館・美術館は、ラベルを用いた万人に施す教育もなく、大衆の興味も十分の一さえ惹かないのだ」と。一九世紀前半、このようなプログラムを実践した博物館・美術館はほとんどなかった。この点でも、ブロンニャールの陶磁器美術館は先陣を切っていた。

セーヴルのコレクションには、陶磁器やガラス製品の他に、陶器やガラスの製造に使われた材料のサンプルや器具、機械の図面も含まれていた。それらは、関連製品の隣の引き出しに保管され、見学者が閲覧できるようになっている。コレクションには、「花瓶やさまざまな道具、人物、群像、彫刻など、セーヴルの工房が製作したあらゆる用途や装飾品の代表的展示品」も含まれている。ブロンニャールは次のように書いている。

「私はこれらの代表例をすべて集めた。当初は散乱し、状態の悪化していたものを修理し、代表的展示品専用のいくつかの大きな部屋に年代順に並べた。この年代順の配置によって、これらの代表的展示品は、単体ではほとんど持ち得ないような面白さを持つようになった。展示品は、ものづくりの歴史を示すだけでなく、『芸術に対する「嗜好」』と呼ばれるものの歴史を、互いに接近した時代ごとに、軽はずみで移り気な大衆や、それのみならず当時から研ぎ澄まされた『審美眼』の持ち主として知られていた芸術家たちが総じて美しいとみなしてきたもののすべてのバリエーションを、(27) 最も単純で、最も印象的で、最も明白な方法で、言ってみれば一目でわかるように示しているといえる」

ここで語っているのは自然史研究者《ナチュラリスト》であり、当然ながら時間が思考の枠組みとなる古生物学者であることがわかる。年代順に分類することの利点を、これほど明確に述べている文章はあまりない。年代順に分類することで、ばらばらの展示物すべてに秩序が与えられ、時代に応じた一連の変化が全体として可視化され、ひっそりと目立たない展示物が年代という連続した不可視の実体と結びつくことが可能となる。年代は表立ってはいないものの、展示品が全体の中で的確な位置を占めることになるのだ。ブロンニャールは地理と年代という技術的な基準に従って分類を行ったのである。彼は、同じ場所で製造された技術的に均質な製品群（この場合は、趣味の表れである芸術的オブジェ）を整理する際には、年代を優先した。そうすることでブロンニャールは、当時まだ結論を見ずにいた、博物館や美術館における絵画や彫刻の最適な展示方法をめぐる論争に立ち向かったのである。

ブロンニャールの陶磁器美術館には実用的な目的があった。贅沢品産業におけるフランスの優位性の維持に貢献し、セーヴル工房の芸術家たちや、より広くは陶磁器を専門とする技術者たちのインスピレーションの源となるようなコレクションを展示することだった。同時に、博物館・美術館は学術的な性格を持ち、展示品は絵画的な効果を狙ったものではなく、体系的分類に従って展示された。当時、人が生産した物をどのような基準で分類するかという問題は、考古学者へと変わりつつあった古代史学者、国外から品物を持ち帰った旅行者、人類学者たちの関心の的だった。そして論争の的となった。(28)

・ルーヴルの海洋博物館

一八二七年一二月二七日に王令によってルーヴルに創設され、一八二九年一二月二二日に開館した海洋博物館でも、同じような問題が生じたことは驚くべきことではない。この博物館の主な使命は、海洋と未知の土地、特に太平洋と南米の探検からフランスの探検隊が持ち帰ったものを展示することであった。当初「フランスの提督であった王太子殿下〔ルイ＝アントワーヌ。シャルル一〇世の長男〕の名を冠さねばならなかったこと」は示唆的である。しかし、最初から民族誌学博物館として構想されていたこともあり、問題が解決するのはずっとあとのことであった。(29)

一八二〇年代末、パリには民族誌学博物館がなかった。非ヨーロッパ民族の生産物は、主に王立図書館の古代美術のキャビネットに蓄積されていた。亡命者から没収されたコレクション、オランダ総督のキャビネットのような「学術的征服」によるもの、一七世紀末から旅行者や学術探検隊によって送られた国立自然史博物館によるもの、そしてわずかながら寄贈によるものが、革命の間、簡潔に古代美術博物館と呼ばれていた時代の古代美術キャビネットに集められていた。メダルの学芸員《コンセルヴァトゥール》であるアンドレ・バルテルミー・ド・クルセーは、民族誌学博物館の設立を望んでいたようだが、彼の死によってこの構想は頓挫し、後継者たちによって放置されたまま、忘却の彼方へと沈んでいった。(30)

・収集家ド・フェリュサック男爵による民族誌学博物館の構想

一八二六年、海軍大臣は国王シャルル一〇世にふたつの博物館の計画を提出した。ひとつは「大洋の島々に住む人々の歴史と習慣に関する古代の遺物《モニュメント》」を展示するもので、もうひとつは海軍艦艇の模型《マケット》を展示するものであった。(31)

一方、著述家、収集家、甲殻類と軟体動物の専門家であるド・フェリュサック男爵は、一八二六年と一八二七年に国王に二通の報告書を書いた。彼は、エジプト美術館の前例に言及し、「ヨーロッパ文明が彼らの原始的な様相に取って代わり、独自の習慣を持つようになった時期までの、ふたつのアメリカ大陸、アフリカ、アジアの群島、オセアニア、特に南海の島々の、かつて文明化されていなかった先住民の状態を知ることができるあらゆる種類の遺物のコレクションをルーヴルに展示することを提案した。彼は、「未開の状態にとどまっていた民族と、マレー人、メキシコ人、ペルー人など、ある程度の文明を獲得した民族との違い」を強調した。そしてこのような違いがあるにもかかわらず、遺物の研究は「同じ結果、つまり人類の一部でもあるこれらの民族の文化、習慣、道徳、宗教的思想、産業の程度を正確に知ることにつながるはずである」と述べた。

「この新しく設立する機関を現在のルーヴル王立美術館の組織と調和させる」ために、ド・フェリュサックは報告書を受け取った高官たちに以下の二点を周知させた。すなわち、「一、博物館の第一セクションは、ヨーロッパのあらゆる民族の古代または中世の遺物、特にギリシャとローマの遺物で構成されていること、二、第二セクションはエジプトとあらゆる起源のオリエントの遺物を収め、そこにはフェニキア、カルタゴ並びにアジアのあらゆる民族の遺物も収められていること」である。そして「後者の民族の遺物は、その教義や習慣がどの時代にあっても変わらず同じだったため、時間の順序によって分けることはできず、また、ペルシャから日本までの広域にわたる諸民族の遺物が共通した特徴を示していたために地理的な区分によっても分けることはできない」と強調した。さらに、近代文明以前の最も有名な諸民族の知的作業を系統的に描いたこれらふたつのセクションに、「近代文明の恩恵をまだ感じていない諸民族の最初の試み」に捧げられた三番目のセクションを加えるべきであると付け加えた(32)。

この民族誌学博物館という言葉は報告書には出てこないが、ド・フェリュサックが一八三一年に出版した小冊子のタイトルに使われており、その中にこの報告書が掲載されている。しかしこの民族誌学博物館は、美術館の一部でなければならなかった。確かに、ド・フェリュサックは「芸術」という言葉さえ使っていない。彼が「遺物《モニュメント》」と語ったのは、美的な楽しみではなく、研究のために役立てたいと考えたからにほかならない。しかし、彼が「ヨーロッパのあらゆる民族の古代または中世の遺物、特にギリシャとローマの遺物」と語ったときに示していたのは、おそらく絵画と彫刻であったはずだ。

そして、「近代文明」、したがって、衆目の一致するところ、その近代文明の至宝である芸術の観点から、彼は、この芸術の歴史の三つの段階に対応する三つのセクションに見られるように、「遺物を通した人類の歴史全体」を構想しているのである。ギリシャ、ローマ、中世の最も高度な芸術は近代文明にまで直接つながっているのである。その前に、ヨーロッパ人より先に出発したものの、途中で停止した文明が到達した段階がある。「時間の順序」に従えば、最下位、最初の段階にあるのは、文明を持たない民族と、初歩的なものしか身につけていない民族である。この考えに基づく歴史の分類法は、ヴォルテールやスコットランド啓蒙主義者たち[※1]の考え方を取り入れ、一般化したものであり、ヨーロッパ、北アフリカとアジア、その他の世界というやはり三部構成となっている地理的分布と共存している。

・地理学者ジョマールの民族誌学博物館創設に向けての主張

ド・フェリュサックの主張は何の効果ももたらさなかった。シャルル一〇世の決定により、民族誌学博物館ではなく、アングレーム公爵であり提督でもあった王太子〔ルイ＝アントワーヌ〕と結びついた海洋博物館が誕生したのである。これは明らかに学問云々の問題ではなく、政治的な配慮によるものだった。そして、政治はすぐに新しい海洋博物館の歴史に介入した。一八三〇年の七月革命により、海洋博物館の存在そのものが改めて疑問視されたのである。一八二八年、エジプト遠征の技術者であり地理学者であったエドム＝フランソワ・ジョマールは、遠征の報

〔※1〕スコットランド啓蒙主義者たちとは、一八～一九世紀初頭にスコットランドで隆盛した学問を担った知識人たちのことを指す。アダム・スミス、デビッド・ヒューム、フランシス・ハッチソンなど。

告書を出版する責任者のひとりであり、学士院会員であったが、王立図書館にジョマールのためにつくられた地理学保管庫の保存官《コンセルヴァトゥール》に任命された。それ以来、彼の目的はただひとつ、付属の民族誌学博物館を設立し、自分の権限下に置くことだった。

一八三〇年初頭に始まったこの民族誌学博物館創設の運動は敗北に終わった。七月革命の栄光の三日間の後、ジョマールは状況に恵まれたようである。王太子の博物館には、追放されたばかりのブルボン家の刻印があり、フランス人探検家クリストフ・オーギュタン・ラマール＝ピコが集めたインドの膨大なコレクションを買い取るよう、政府に提案されたのである。ジョマールの要請を受けた教育大臣は、このコレクションの購入を検討する学識経験者からなる委員会を設立した。

この取り組みは不調に終わり、ラマール＝ピコの「インドのパンテオン」はバイエルンのルートヴィヒ一世に売却され、ルートヴィヒはそれをミュンヘンの博物館に配した。自然史コレクションはベルリンに向けて送られた[33]。それ以外については、委員会はジョマールの意見に賛同し、パリの王立図書館に「民族誌保管所」を設立し「現在さまざまな公共機関に分散している」品々《オブジェ》をまとめることを提案した。これは海洋博物館に対する死刑判決であった。

しかし、この提案はなかなか実現にいたらなかった。海軍・植民地大臣が抵抗し、提唱されていた民族誌学博物館の設置というアイデアを図書館の学芸員たちが拒否したことで、実現が阻止されたのである。一八三三年、この件は決着した。海洋博物館はルーヴル宮にとどまることになった。ジョマールの負けだった。彼は根気強く、何度も挑戦したが、そのたびに挫折を繰り返した[34]。つまり、海洋博物館の始まりの物語は、ひとりの人間の野心が政変を背景に行政上の抗争を引き起こすという、ありふれた物語なのである。このような見方をすれば、この物語はさして興味を引かれるものではない。しかし、これは民族誌学博物館に関する議論の物語でもあり、それゆえ重要な物語になっているのだ［図77］［図78］。

一八三一年、ジョマールは地図コレクションの目的と利点に関するパンフレットを出版し、「民族誌学コレクションの目的と有用性についておよびコレクションの蒐集方法についての考察（*Remarques sur le but et l'utilité d'une collection ethnographique et les moyens de la former*）」を付録とした。彼は海洋博物館の存在に気づかぬふりをし、これが前述のフェリュサックの反応を引き起こした。このパンフレットの中で——彼の自己弁護的な側面は触れずにおくが——ジョマールは民族誌学コレクションの目的を定義している。その目的とは「本質的に学術的なものであり、社会の段階がそれほど進んでいない民族の作品を鑑賞する手段を提供し、彼らの芸術や家庭経済の状況、さらには道徳的、宗

［図77］ジュール・ノエル『ルーヴルの海洋博物館』ラ・ペルーズの間、1847年（Musée national de la Marine, Paris）

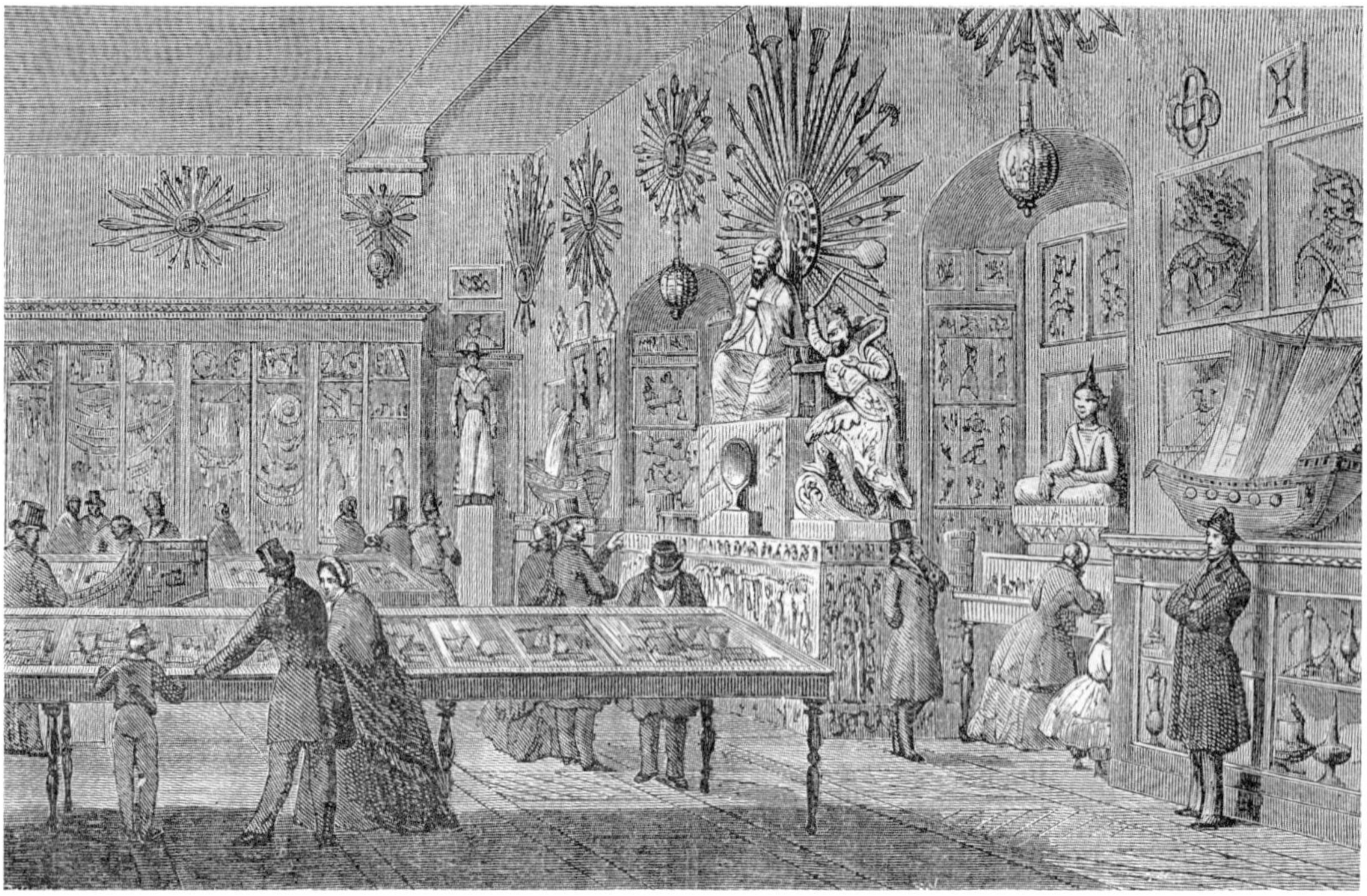

[図78]アドルフ・ジョアンヌ『海洋・民族誌学博物館』1878年
(Bibliothèque des Arts décoratifs, Paris)

教的思想の特徴にはっきりと光を当てることによって、彼らの文明程度を正確かつ積極的な方法で明らかにすることにある。そのためには、鑑賞者は作品そのものに接しなければならない」。

ジョマールの目には、ヨーロッパ人の影響を受け、自国でも希少な存在となりつつある失われゆくものの保護と、それらが証拠となる発展段階の様相の保存は、同様に重要なことと映った。さもないと「人類の道徳的、知的進歩の歴史」が成立しなくなるのだ。

地理分野の収蔵庫の学芸員《コンセルヴァトゥール》であるジョマールは、「民族誌学の対象と、別の分野のコレクションとの違い」について説明する。「たとえば、『自然史』コレクションとの違いは、民族誌学の対象は、用途が民事であれ、軍事であれ、宗教であれ、経済活動や家庭内で使用するためにつくられたものであることから、『古代遺物《モニュメント》のコレクション』の場合は、それら「オブジェ」が近世に属するもの、もしくはギリシャ人、ローマ人、古代エジプト人、ペルシャ人など、少なくとも古典古代を構成する人々以外の民族のものでなければならないからである。また『美術品のコレクション』の場合は、本質的には工芸品であるから。さらにいえば、言語や『文字によるモニュメント』とも区別する必要がある」

彼は続けて、こうしたコレクションは、「場所や素材の種類ではなく、その用途と目的に従って」分類されなければならない。言い換えれば、このような体系的な順序で並べられて初めて「一定の地理的な順序によって再分類」することができるとする。パンフレットは、このような理論的なパートのあと、民族誌の大規模な公的コレクションをフランスに形成する方法を考察して終わる。[35]

ド・フェリュサック[36]とは異なる気質を持つジョマールのこれらの考えは、海洋博物館の民族誌学コレクションの扱いに対する正面きっての批判である。当初から、これらの民族誌学コレクションは到底無視できるものではなかった。コレクションはドミニク・ヴィヴァン・ドゥノンのキャビネットの売却時に国が購入した品々と、デュモン・デュルヴィルをはじめとする航海者からの寄託品、そしてド・フェリュサックの寄贈品で構成され、主にオセアニアと南米の品々だった。一八三二年と一八三三年に約六〇〇点のメキシコの品々を購入し、一八三七年から一八四二年にかけてデュモン・デュルヴィルがオセアニア航海から持ち帰った三〇〇点以上の品々を寄贈したことで、コレクションはさらに充実したものとなった。

一八三七年九月、海洋博物館はついに一般公開された。それは成功だったようだ。しかし、それは学問的な博物館ではなく、愛国的な博物館だった。展示品は珍奇品キャビネットのように陳列され、武器は戦利品として、それ以外は陳列棚やショーケースに積み上げられていた。コレクションは地理的な順序に従って配置されていたが、海軍の功績を見せつけるには最適だった。

一八四八年二月に革命が勃発するまで、ルーヴルは何も変わることがなかった。革命はルーヴルの方向性に多大な影響を及ぼしたが、そのひとつに共和派の画家フィリップ＝オーギュスト・ジャンロンが館長に着任したことが挙げられる。在任期間は一八四八年二月から一八四九年末までと短かったが、彼の業績はフランスの博物館・美術館全般、特にルーヴルの近代化によって特徴づけられるだろう。絵画部門の変化については後述する。

ここで重要なことは、ジャンロンが海洋博物館のコレクションの一部をある民族誌学博物館に移させたことである。その民族誌学博物館もずっとジャンロンの管轄下にあったが、ルーヴルとは別の空間であり、所蔵品《オブジェ》は出自と材質によって分類されていた。一八五〇年八月一一日に開館したこの民族誌学博物館は、「アジア、アフリカ、オセアニアの人々の芸術品と産業生産物」を展示する大きな展示室一室と、中国と日本のための展示室四室を備え、二〇世紀初頭までこの場所にあった。[37]

・医師・自然史研究者《ナチュラリスト》シーボルトとの議論を経たジョルマールの理論上の展開

ジョマールは屈服する男ではなかった。一八三九年三月、王立図書館の「地図、図面、民族学コレクション部門長」に任命されたことで期待が高まった。そこで彼は、地理学・航海学博物館としても知られる民族誌学博物館の創設条例の起草を急いだ。[38]しかし、その後、動きは見られなかった。

ジョマールは理論の分野で戦い続けた。ジョマールは医師であり自然史研究者《ナチュラリスト》でもあったフィリップ・フォン・シーボルトという仲間を見つけた。シーボルトは江戸幕府に認可されたオランダ商館に在籍し、七年間長崎で暮らしていたが、この滞在を利用して地元の動植物相を研究し、日本の品々や植物標本を収集していた。オランダに戻り、ライデンに居住すると、一八三〇年に日本博物館を開館し、七年後に国に売却して、のちにそれは民族誌学博物館となった。[39]

一八四三年、シーボルトはジョマールのもとを訪れた。ふたりの学者の会話は、シーボルトが出版したパンフレットから想像できる。それは、民族誌学博物館の有用性を真っ当に正当化するものであり、ジョマールの努力を支持していると見ることができるし、民族誌学を考古学と並ぶ歴史学の一分野とみなす考え方に基づいた、極めて理論的な証明でもあった。

今日、考古学の分野には、文明人であれ未開人であれ、古代および消滅した民族が私たちに残したあらゆる種類の

遺物《モニュメント》や品々《オブジェ》が含まれている。一方、民族誌学には、私たちの地球上に住む民族の知的、道徳的、産業的状態に関するあらゆる知識が含まれるのであるから、民族誌学博物館は考古学博物館の延長として不可欠なのである。これらふたつの博物館に収蔵された品々は、互いを照らし合わせ、現存する国々と滅亡した国々の間で用いられていた宗教、服飾、風俗、芸術の歴史に大きな光を当てる。[40]

もし非ヨーロッパの社会が、ヨーロッパの社会がはるか昔に通過した発展段階にとどまっているとすれば、それは過去のものが現在まで生き続けていることを意味している。そのため、非ヨーロッパの社会はヨーロッパの影響に対して非常に脆弱であり、その社会が消滅する前に彼らが生み出したものを緊急に救済する必要がある。

また、「生理学者が嬉々として原住民と呼んでいる、太古の昔からさまざまな気候風土の中で自分たちだけを頼りに生きてきた小部族」には、格別の興味があるのである。「文明化された部族であれ、野蛮な部族であれ、それらから隔離されればされるほど、それぞれの小部族は宗教、習慣、知的文化において、他の人類集団から分離された時代の刻印を純粋に保存するのである」。誰であれ、「不当な偏見によって野蛮人の烙印を押されたこれらの民族を、平静で正常な状態で捉える特権と技術」を持つ者は、遠い古代を直接理解することができ、同時に「世界のあらゆる場所に存在する民族がつながっている真の証拠」を得ることができるだろう。[41]

シーボルトは、ジョマールが一八三一年のパンフレットで言及した、民族学者が関心を持つべき事柄に対して同意し、こう付け加えた。

既に文明が発達している非ヨーロッパ系民族の場合、比較民族学的研究の興味から、未開だった彼らの自分たちの未開の祖先が使用し、墓に持ち込んだ生活用品やその他の道具を入手しなければならないことがよくある。考古学者が石器時代《シュタインザルター》と呼ぶこの時代の産物は、たとえ考古学の範疇に属するものであっても、民族誌学キャビネットのコレクションに収められるべきである。なんとなれば、最も遠い民族同士の血統、移動、関係について、最も貴重な情報を与えてくれるからである。[42]

こうして、民族誌学そのものに時間の奥行が導入されたが、それは「既に文明が進んでいる」民族の場合だけ、したがって蛮族とは違って歴史があると考えられる民族の場合だけである。そして、民族誌学と先史学との間に、当時のフランスではまだ認識されていなかったつながりが形成され、両学問にとって決定的な重要性を持ってくるのだ。

民族誌学コレクションの分類の問題に関して、シーボルトの意見はジョマールの意見と異なっている。[43] シーボルトは、ジョマールが提唱したような「複数の民族から集めた同じ性質のものを、目的別に次々と並べる」のではなく、「同一の国民が産み出す多様な産物」をまとめる地理的基準を優先した。しかしシーボルトは、異なる民族から収集した同じ種類のものを並置する「本来的な民族学的方法」と、「個々の民族を研究する特殊な民族誌学的方法」とを区別することで、あからさまな対立を避けた。[44] どうしても納得のいかないジョマールは二年後小冊子で反論した。ここでジョマールは『民族誌学による分類計画』を発表したが、それは実質的に民族誌学博物館計画でもあった。

ジョマールはまず、「人間の生理的欲求」と「人間社会の発展」に従って分類された、「産業進歩の度合いと現状を描写するのにふさわしいあらゆる階層の代表的な品々を、「当然ながら文明化したヨーロッパを除く」すべての国から集める必要性を主張した。こうした大枠の考え方に基づき一〇に細分化された分類は、次のことを示している。

すなわち、ジョマールはふたつの階層を交差させている。そのひとつは、物質的な欲求（食料、衣料、住居、経済、防衛）から精神的な欲求（芸術と科学、音楽、習慣としきたり、宗教的礼拝）にいたるものであり、もうひとつは、最も未開の社会から、中国や日本のように「既に文明が進んでいる」社会へといたるものである。[45] 彼の分類は、類型論的でも機能的でもなく、人間とその進歩についての抽象的な考えを民族誌学的対象に投影したものである。この点で、彼は啓蒙主義の人類学に依存し続けた。

・議論が続く民族誌学の位置づけ

一九世紀前半のフランスでは、民族誌学の分野における博物館の実践は、民族誌学の理論からは明らかに逸脱しながら、展示品の分類に集中していた。その実践とは、ジャンロンが強要した海洋博物館や民族誌学博物館のことである。ジョマールが考察した理論は一度も実現しないままだった。理論と実践とのこの分離が例外的でないことは事実である。ルーヴルの絵画展示もまた美術史から切り離されており、一八四八年までそのままだった。また、国立自然史博物館と工芸院という、教育と関連物の収集あるいは教育と展示を結びつける役割を担うふたつの機関を除けば、フランスが博物館・美術館と大学を分離している点で際立っていることも事実である。

最後に、民族誌学は若い学問であり、その位置づけや科学哲学的地位は明確には定義されていない。ジョマールが考えているように、地理学と関係があるのだろうか。それともむしろ歴史学と関係があるのだろうか？ といってもこの場合は古代文明の研究と同一視される歴史学なのだが。それは、頭蓋骨や骸骨からあらゆる種類の生産物にいたるまで、人間の遺物を観察し分類する自然科学なのか、それとも、こうした人間の遺物を通じてヨーロッパ人とは異なる文明を持つ未開人や民族の信仰や行動を復元しようとする精神科学なのだろうか。文献学は、文字による文書以外に資料が存在しないという基本的な教義を歴史学に押しつけ[46]、古典的な考古学自体に強い影響を与えてきた[47]。もの自体への関心から、こうした文献学と対立する立場に置かれてきた民族誌学は、ドイツ語圏では人文科学《ガイストヴィセンシャフト》ではあり得ないだろう。とすれば民族誌学は自然科学なのだろうか。フランス人にとってもそうなのか、それとも精神科学と捉えるべきなのか。精神と自然の間に第三項を設けるべきか。

このような疑問は、延々と一九世紀末まで議論され続けた。それでも、一八三〇年以前、ゲッティンゲン大学、サンクトペテルブルク、ベルリン、ワイマール、ロンドンに学術的な民族学誌博物館が設立された。とはいえ、パリにこのような施設を設立することについて声を上げる責を負ったフランスの学者たちは、一八三一年にはこれをはっきりと取り上げていた[48]。実際のところ、ゲッティンゲンを除けば、当時彼らが挙げた博物館は、学問として実践されていた民族誌学とはかけ離れたものだった。変化は、一八五〇年までに訪れるだろう。パリでは一八七八年まで待たなければならない。

3 国家史――ヴェルサイユとクリュニー

・国家と歴史の結びつき

一七八九年六月一七日、第三身分の代表が自らを「国民議会」と名乗ることを宣言して以来、フランス革命を通じて高まった国家の高揚は、一八世紀末には「ナショナリズム」という言葉の出現につながった[49]。「あらゆる主権の原理は本質的に国民に存する」と人権宣言は表明した。国民は「国家資産」の共同所有者である。一元的であり個人と同一視される国民は、「国家遺産」となる「国家の古代遺産」によって保証される共通の過去を持つ。また国民は、国家の栄光を守り続けなければならない未来も共有している。未来に投影され、過去に根ざした国家は、歴史の中に存在する。当初、国家とその歴史の結びつきは漠然としていたが、時が経つにつれてますます明白になっていくだろう。

パンテオン〔偉人たちの墓所〕に見られるこの国家と歴史の結びつきは、フランス記念物《モニュメント》博物館にも見られ、ルーヴルでも特に、ナポレオン美術館という名称になった瞬間から、際立つようになった。ここで展示される最も有名な作品は、普遍的芸術の傑作であると同時にフランス軍の栄光を称えるモニュメントである。一八一四年のルイ一八世や百日天下後の敵将ウェリントンは逆の発想からとはいえ、芸術品がフランスの歴史であることを等しく認めていたのである。「ナポレオンの芸術的征服物」の返還に伴いアレクサンドル・ルノワールの博物館〔フランス記念物博物館〕が解体され、国民が偉人たちを祀る建物〔パンテオン〕がサント・ジュヌヴィエーヴ聖堂に戻された。[50] 王政復古の時代、国家と歴史の関係をはっきりと見てとれる場所はパリにはもはやなかったのである。

・フランス史の再定義――歴史の新たな記述方法

しかし、この時期はまさに、新しい歴史学派の代表者たちが、かつてないほどこの国家と歴史の結びつきを考察し、主題化し、研究しはじめた時期であり、この結びつきがかつてないほど一般大衆の関心を喚起しはじめた時期でもあった。フランス革命の光の下、フランス史という概念そのものが根底から再定義される時期でもあったのだ。新しい歴史学派は、フランス革命を歴史的な脈絡のないエピソードとしてではなく、フランク人によるガリア征服から、その後の農民やコミューンの領主に対する闘争、平民の貴族に対する闘争にいたるまで、フランスの過去全体の論理的帰結として捉えたのである。[51]

フランス史の内容の再定義によって、フランス史は真に国家・国民的な歴史となったと考えられるが、それは同時に、新しい記述方法と密接に関係していた。オーギュスタン・ティエリーの話を聞こう。

> **一八二一年の早い時期から、私はフランスとガリアに出自を持つ歴史家の膨大な著作を読みはじめていた。読み進むにつれて、古い歴史に登場する人物や事物が生き生きと描かれることに心躍るような喜びの感情が芽生えたが、そこには、この光景を忠実に再現するどころか、事実を歪曲し、人物を変質させ、あらゆるものに偽りの、あるいは曖昧な色を押しつける近代の作家に対する鈍い怒りの感情も入り混じっていた。**

それゆえ、彼は「一九世紀フランスに歴史改革の旗を立てることを使命としたのである。研究における改革、歴史の書き方の改革、見ることを知らない学識のない書き手、描き方を知らず、想像力のない書き手との戦い」[52]。この使命は、一八二五年の『ノルマン人によるイングランド征服史（*Histoire de la conquête d'Angleterre par les Normands*）』に反映されている。[53] 同じ精神で、バラントは『ブルゴーニュ公爵の歴史（*Histoire des Ducs de Bourgogne*）』（一八二四年）の序文で次のように記している。

> **われわれは、われわれ全員が演者であり目撃者であるこ**

の大いなるドラマを、その細部にいたるまで、その動きにいたるまで観察してみると、われわれに先立つ民族や個人の生活がどのようなものであったのか知りたくなるのだ。過去の人々が思い起こされ、われわれの目の前で生き生きと蘇らなくてはならない。そうすれば、誰もがそこから自分の好きな議論を引き出すだろうし、何か特定の意見を引き出そうとすら思わないだろう。想像力ほど公平なものはないからだ。想像力には結論を出す必要はない。〔想像力によって〕「真実の絵」が目の前に再現されるだけで十分なのだ。(54)

叙情的な空想はあまり好まず、ロマン派の歴史学の中では絵画的傾向というよりは哲学的傾向を代表していると考えられていたギゾーでさえ、カール・フリードリヒ・フォン・サヴィニーの『ローマ法史（*Histoire du droit romain*）』に関連して、歴史家の責務についての自分の考えを述べて、歴史家は「事実の生き生きとした相貌」を示すことができなくてはならないとしている。そしてこう続ける。「一人ひとりの生き生きとしたありさまを目の当たりにしているか？　人間の運命や活動を目の当たりにしているのか？　是非そうしなければならない。なぜなら、生きていた痕跡のない事物も実際に生きていたのだし、その過去は目の前で繰り広げられたのだから。もし、それがあなたにとって蘇ってこないのなら、死者が復活しないのなら、あなたは過去を知らず、歴史を知らないのだ」。彼はまた、サヴィニーを「哲学的、詩的な真実がない」と批判し、彼の叙述には「それが描こうとしている光景に色彩が染み込んでいない」(55)と批判した。

ティエリーにとっても、バラントにとっても、ギゾーにとっても、そしてのちにミシュレにとっても、歴史は、感情を込めた適切な言葉を使うことによって過去を可視化する役割を担うようになった。言い換えれば、歴史は、過去の出来事そのものを喚起するとは言えないまでも、少なくとも、美術館を訪れたときに展示物が来訪者の想像力をかきたて、過去の光景が彼らの目の前で繰り広げられているかのように感じさせる、そうした喚起力を備えた言葉を紡ぎ出さなければならない。

これらの歴史家が皆、若い頃に熱心に足を運んだルノワールの博物館の思い出から何らかの影響を受けたのは確かである。とはいえ、この傾向はさらに一般的なものだ。

・「国の過去を目の当たりにできる博物館・美術館」の創設へ

絵画において、ピエール・レヴォワールやテオドール・リシャールといった画家たちは、帝政時代には早くも中世から借用したテーマに目を向けており、あとにはアリ・シェフェールが(56)続く。一八一六年には、歴史展示室（ギャラリー）の創設計画、あるいは絵画により歴史全般の流れを示す計画が発表された。王政復古の最初のサロン〔官展〕（一八一七年）は、「フランスの歴史を記述し、フランス人の記憶と心に刻む最善の方法は、それを絵画のように描くことである」という考えを、ある批評家に示唆した。「しかし、このような国家的表現は、それが記念碑的《モニュメンタル》なものであるとき、言い換えれば、出来事が起こった場所にちなんだ表現である限り、その影響力を十分に発揮する」。そして同じ年、単なる偶然にしか思えないがフォルバンは、フォンテーヌブローのためにフランスの歴史を題材にした絵画の依頼を開始した[57]。一般大衆、とりわけウォルター・スコットの小説をむさぼり読み、年代記の刊行や新しい学派の歴史家の仕事を温かく歓迎し、ギリシャの国民感情の力が生々しく表れている独立闘争に魅了された自由主義的な大衆は、国の過去を目の当たりにできる博物館や美術館を必要としていた。

しかし、過去であればいつでもよいというわけではない。ふたつの時代が注目された。のちに触れる中世と、今も人々の記憶に色濃く残っているナポレオンの時代である。「ナポレオンの生涯は、すべての芸術にとって今世紀の叙事詩である」とドラクロワは一八二四年[58]の『日誌（*Journal*）』に記しているが、多くの人も同じ意見であった。フォルバンは内心ではその考えを共有していなかったにせよ、そのことを認識していて、ジェラール、ヴェルネ、グロ、その他の画家たちによる帝政時代の勝利の戦いを描いた絵画をアンヴァリッド〔廃兵院〕に展示する許可を求めた。そこではこれら絵画は「群衆に公開されるわけでもなく、記憶をいささかも称揚することもなく、自らの栄光に掲げられた戦利品《トロフィー》を楽しむ兵士たちに守られているはず」である。許可は得られなかったが、彼は三年後、同じ絵画をアンヴァリッドかヴェルサイユ宮殿に展示することを再び提案した。マリー＝クロード・ショードヌレ[59]は、「ルイ＝フィリップのおそらく『個人的』業績として想定された歴史博物館が構想されていた」と指摘する。しかし、この構想はルイ一八世の時代でさえ発展することはなく、シャルル一〇世と過激王党派たちが支配した時代にはなおさらだった。一八三〇年の七月革命により、革命軍の元将校であったルイ＝フィリップに王位が譲られ、新しい学派の歴史家たちが影響力のある地位へ、そのうち一部の歴史家が権力へと押し上げられたことで、直近の輝かしいエピソードを称揚する博物館の創設が可能となり、また急務となった。

・ヴェルサイユが担う新たな国家的役割

一八三三年九月一日にルイ＝フィリップが署名した報告書には、ヴェルサイユ宮殿を「自国の歴史的記憶をことごとく集めたもの」をフランスに提示し「国のあらゆる栄光のモニュメント」が「ルイ一四世の壮麗さに囲まれる」場所にしたい、という彼の願いが記されていた。[60] 一八三七年に一般公開されると、博物館として生まれ変わった宮殿は総裁政府のもとで与えられていた役割を取り戻したが、芸術にとどまらないより高いレベルのものとなった。もはやフランス絵画を展示するだけの美術館ではなく、フランスのあらゆる栄光に捧げられた歴史博物館となったからである。少数の例外を除いて、展示されていたのは軍事と君主の栄光だけであり、科学や人文科学は賞賛されず、芸術でさえも、国家の歴史上の偉人や偉大な出来事を見せる以外の使命はなかった。[61] ヴェルサイユでは、過去は遺物を通してではなく、彫像、絵画、彫刻を通して喚起された。その意味で、過去は文字通り可視化されたのである〔図79〕〔図80〕〔図81〕〔図82〕。

これらの作品は、ダンジヴィレがルーヴルのために注文した著名人の肖像画を除けば、そのほとんどが革命期とナポレオン期に制作されたもので、描かれたエピソードやモデルと同時代のものではなかった。また、フォルバンやルイ＝フィリップ自身からも、特に戦闘のギャラリーのための注文があった。ファン・デル・ミューレンの絵画を除き、中世や革命以前全般の情景を描いた作品は、記録的な絵画ではなく、むしろ歴史的な偉業を題材にした絵画であろうとした。ナポレオンの事績を描いた作品についていえば、これらの絵画は時代の証言者ではなくなった。ほとんどの画家たちは、彼らが描いた出来事を実際には目にしておらず、その出来事が起きた時代において、目撃談らしきものに接したにすぎないからだ。

それでは、この美術館の概要を説明しよう。

一階の北翼には、庭園を見下ろすように、クロヴィスから革命までの歴史をテーマとした一一の部屋、王のパビリオンには十字軍をテーマとした五つの部屋、マルブル（大理石）の中庭の周囲には、ルイ一三世からルイ＝フィリップの治世の絵画を展示した四つの部屋、フランス国王をテーマとした部屋、王宮をテーマとした四つの部屋があった。中央の建物には庭に面した元王弟妃の館には六つの元帥の部屋とふたつの有名な戦士の部屋があり、南側の王太子と王太子妃の居室には、大提督の部屋一室、大元帥の部屋一室、元帥の部屋七室、庭園を見下ろす南翼には、一七九六年から一八一〇年までの戦役に関する部屋一三室がある。

二階の公園を見下ろす北棟には、一七九二年から一八三六年までの歴史の部屋が一〇室あり、レゼルヴォワール通りにあるパビリオンには、アルジェリア征服に関する大きな展示室が、南側のマントノン夫人の旧居には一七九二年から一七九五年の戦役に関する展示室が、旧館には一七九六年から一八一四年の戦役に関するグワッシュや水彩画の展示室があった。ファン・デル・ミューレンの絵画、王家の肖像画、王の歴史[62]を描いたタペストリーの下絵は、大広

[図79] フランソワ・ジョゼフ・ハイム『1837年6月10日に戦闘のギャラリーを訪れるルイ＝フィリップ』（Châteaux de Versailles et de Trianon）

[図80]戦闘のギャラリーの全景
(Châteaux de Versailles et de Trianon)

［図81］プロスペル・ラファイエ『ルイ＝フィリップ、王族、レオポルド1世がヴェルサイユ宮殿の十字軍の大広間を訪れる』1844年7月（Châteaux de Versailles et de Trianon）

[図82] ペディメント〔正面上部に設けられた三角形の装飾部分〕「フランスのすべての栄光に捧ぐ」(Musée national du Château de Versailles)

間、控えの間、サロン牛の目に展示された。

七〇あまりの内部空間のうち、二六室はクロヴィスから博物館開館前日までのフランスの歴史に充てられていた。一三世紀にわたる旧体制《アンシャン・レジーム》を扱う部屋は一一室で、十字軍の部屋を加えて一六室となった。ジェマップとヴァルミーの戦い以降の四四年間をカバーするには一〇室が必要だった。一五室が革命とナポレオンの遠征を、一三室が元帥たちを、四室が特別な兵士、偉大な提督、元帥たちを称えている。この博物館が捧げているフランスの栄光の中でも、ナポレオンの栄光は他のものよりも輝いていた。[63] ルイ＝フィリップの計画の中心であり、ルイ＝フィリップが個人的に最も重要視していた戦闘のギャラリーでは、三三三点の絵画のうち四分の一が革命と帝政期の戦闘を描いたもので、ナポレオンが描かれた四点も含まれていた。戦闘のギャラリーは、ナポレオンの栄光に捧げられたふたつの部屋に囲まれていた。ひとつは一七九二年、特に志願兵の出発と、のちの国王が立ち会ったジュマップとヴァルミーの戦いについて、もうひとつは一八三〇年[64]についてである。しかし、ルイ＝フィリップの博物館は、当時における現代史の博物館として過去五〇年間に焦点を当てる一方で、クロヴィス以降のフランスの歴史も統合しており、戦闘のギャラリーに関しては、トルビアックの戦い（四九六年）から始まっている。このようにして、この博物館は七月王政を、フランスの過去、特に革命と帝政の正当な継承者としたのである。

・中世への情熱

ナポレオンのあまたの功績を筆頭に、この国のそう遠くない時代の輝かしい数々のエピソードを見るというひとつの期待は満たされたが、ルノワールの博物館〔フランス記念物博物館〕の消失による空白を埋める中世の博物館・美術館は待望されたままだった〔実現していなかった〕。ルノワールの博物館の喪失から立ち直れなかった人々は多く、中世に情熱を傾ける人々はさらに多かった。これまで見てきたように、画家たちは中世に主題を見出し、歴史家たちも既に触れたように中世の研究を行った。一八二〇年以降に出版された『古代フランスにおける絵画的でロマンティックな旅（*Voyages pittoresques et romantiques dans l'ancienne France*）』の読者は、ゴシックへの愛を発見した。一八二二年以降、観客はダゲール〔※1〕とブートンのジオラマにわれ先に集まり、大聖堂の内部を見ることができた。また、大通りの劇場にあるゴシック様式の廃墟のセットで上演される芝居を観劇し、コメディ・フランセーズでは『ペロンヌのルイ一一世』（一八二七年）や『エルナニ』（一八三〇年）の上演を待望していた。[65] 中世への熱狂はフランスだけのものではなかった。

イギリスではピューリタン革命の際に聖職者の財産が接収さ

れ、中世の作品に対する純粋な歴史的関心から美的価値の認識へと移行するのに一世紀以上かかったが、フランスで中世への熱狂が生み出されたのは、英国よりもずっとあとのことだった。フランスでは、すべてが五〇年足らずの間に起こったことであり、動きもイギリスより早かった。このことで、フランスで中世をめぐる議論がより熱を帯びていたことが理解されるのだ。一八二九年、ギゾーはフランス文明史についての講義の中で、次のように述べている。

> **明らかに、今日の想像力は中世を振り返りたがる。中世の伝統、風習、冒険、モニュメントは、大衆にとって無碍《むげ》にできない魅力がある。中世について研究するのに文学や芸術にあたることができ、現代の歴史、小説、詩にアプローチすることができるのだ。家具や珍品を商売にすることもできる。中世が、いたるところで利用され、再現され、われわれの考えを支配し、知的欲求や喜びに割く時間のある大衆の「嗜好」を満足させているのを目にするだろう。**
>
> **同時に、学問と進歩の誠実な友であり賢明で尊敬に値する多くの人々が、中世とそれを彷彿とさせるものに対する不快感をあからさまに倍増させた。彼らの目には、中世にインスピレーションを求めたり、単に詩的な快楽を求めたりする人々は、文学を野蛮に退行させていると映る。膨大な数の誤謬と悪の中にあって、政治的な観点から中世に何かよいものを見出そうと主張する人々は、好むと好まざるとにかかわらず、専制主義と特権主義のシステムを支持しているのである。**(66)

イデオロギー的かつ政治的な論争は、中世美術にも関係していた。中世美術を価値づけようと、美術の国民性を強調する中世美術の推進者たちは、中世美術をヨーロッパの共通善であるとされるギリシャ・ローマ美術と対比させた。そうすることで、彼らはヨーロッパのエリートたちの間で長く受け継がれてきたコスモポリタン文化の伝統を断ち切ろうとしたのである。

フランスでは、あらゆる国で行われていたこの論争に政治的対立がつけ加わった。ある者にとっては、中世の芸術は本質的に君主的であり、ある者にとっては愛国的であった。ある人にとっては高貴なものであり、ある人にとっては大衆的なものであった。より具体的に言えば、ゴシック建築、特にカテドラルに関しては、ある者は宗教的熱狂のモニュメントとみなし、またある者は町における集団生活の活力の表現とみなした。ヴォルテールの中世観は忘れられておらず、それとシャトーブリア

〔※1〕ルイ・ダゲールはフランスの画家・発明家。近代写真術の祖とされる。画家シャルル・マリ・ブートンと組んでジオラマを開発した。

ンの『キリスト教精髄（*Génie du christianisme*）』[67]を比較し、ヴィクトル・ユーゴーの『ラ・バンド・ノワール（*La Bande Noire*）』（一八二三年）から『ノートル＝ダム・ド・パリ（*Notre-Dame de Paris*）』（一八三一年）への展開を追い[68]、モンタランベールの論文『フランスの破壊主義（*Du vandalisme en France*）』（一八三三年[70]）のあとにスタンダールの『観光客の思い出（*Mémoires d'un touriste*）』（一八三六年[69]）を読むだけでよい。博物館・美術館における中世美術の問題と、中世に特化した博物館・美術館の問題は、この文脈から切り離すことはできない。

・高まる中世の博物館・美術館創設の願望

一八二〇年代に生まれ、七月王政の下で広まった、ルノワールの博物館をカトルメール・ド・カンシーの怨嗟の犠牲者であるとする伝説は、ロマン派が新古典主義美学の擁護者を告発する表現のひとつであった。この伝説は、パリに中世の博物館・美術館を持ちたいという願望を物語るものである一方、ナポレオンの下で育った世代が時の権力者に圧力をかける手段でもあった。またこの伝説は、中世の作品を国家に売却しようとした収集家たちの興味を引いた。デュランやレヴォワールはその例で、彼らのコレクションは、既に見たように、フォルバンがルーヴルのために取得したあとシャルル一〇世美術館で展示された。

しかし、これだけでは増え続ける中世の賛美者を満足させることはできなかった。彼らが好む中世の品々を鑑賞できる場所は、パリにはアレクサンドル・デュ・ソムラールのコレクションしかなかった。デュランやレヴォワールと同様にデュ・ソムラールも一八〇〇年のイタリア遠征に参加し、一八〇七年に会計検査院の参事官となったあと、帝政時代に収集を始めていた。一八二四年の時点で、『パリの芸術愛好家たちの便覧（*Manuel de l'Amateur des Arts dans Paris*）』には「フランス記念物《モニュメント》博物館が廃止されて以来、この種のコレクションはどこにもない」と書かれている。コレクションは実際のところ豊かで多彩であった。レヴォワールのものと同様、美術品だけでなく、必ずしも収集されてこなかった中世の生活を想像させる日用品も数多く含まれていた。デュ・ソムラールは「古物商」[71]と呼ばれ、ヴェネツィアのコッレールやケルンのヴァルラフも同様の嘲笑を浴びた。彼らのコレクションには奥深い趣味の変化が反映されていたが、嘲笑はこうしたことを理解する難しさの表れであった。

一八〇七年には早くも、カトルメールはルテティア〔古代におけるパリの名称〕の浴場《テルメ》跡をガロ＝ローマ博物館とすることを提案し、一八一九年にはこの計画は成功寸前までいったが結局何も実現せず、一八三一年[72]にパリ市が購入するまで、この場所は私有地のままだった。翌年、デュ・ソムラールは自身のコレクションとともに、隣接するクリュニー館に住んでいた。建築家であり考古学者でもあったアレクサンドル・ルノワールの息子、アルベール・ルノワール[73]は、その直後、「共同浴場跡とクリュニー館を統合した歴史博物館」の構想を復活させた。彼はこの計画の中で次のように述べている。

「この隣り合うふたつの建物は、いわば完全な年代記を提供するものであり、多少なりともこう考えたことでわが国〔フランス〕の歴史のモニュメントが、それらを残した偉大な時代に連なる時代の建築物の部屋に再集合することを決定づけたのである。この考え方は完全に一九世紀の精神に則ったものであり、歴史を容易に研究できる魅力をあますところなく提供するものである。われわれの年代記は、モニュメント自体によってわれわれの目の前で展開されることで大衆化するのだ[74]」。ここには、フランスの過去を人々に伝えたいという願望と、この目的には歴史的モニュメントが語りかける言葉が最も適しているという、今となっては当然の信条が示されている。

アルベール・ルノワールの計画は好意的に報道された。特にリュドヴィク・ヴィテ[75]の支持を得た。その間、デュ・ソムラールのコレクションは拡大を続け、その名声も高まっていった。収集家としてのデュ・ソムラール自身の仕事もこれに貢献した。『クリュニー館と共同浴場跡についてのひとこと（*Notice sur l'Hôtel de Cluny et le Palais des Thermes*）』（一八三四年）のあと、一八三八年には中世の芸術に関する記念碑的《モニュメンタル》著作の第一回の配本を行った[76]。名も知らぬ大衆は言うに及ばず、多くの著名人、作家、芸術家がデュ・ソムラールのコレクションを見に訪れ、彼の名声の高まりに貢献した[77]。そのため、当時にあっては国の古美術のための博物館ということでもあるのだが、中世博物館を開館するにはうってつけの環境であった。一八四二年にデュ・ソムラールが死去したことで、彼のコレクションの運命を決めることが急務となった。遺族は三〇万フランで国に売却を申し出、クリュニー館についてもこれと同額を国に要求した[78]。下院のある委員会が次の五つの質問に答申するよう指名された。

一、フランスの歴史に関する展示物を展示する中央博物館をパリに創設すべきか？
二、この博物館はクリュニー館に設立すべきか？
三、遺族から提示されたクリュニー館の買上げ価格は妥当か？
四、デュ・ソムラールのコレクションを購入すべきか？
五、三〇万フランという価格はその価値に見合っているか？

委員会は満場一致で賛同した。

・物理学者・国会議員アラゴによる「クリュニーの美術館」の開設推進

一八四三年六月一七日、有名な物理学者であり、科学アカデミー会員、経度局局長、一八三〇年からの国会議員でもあったフランソワ・アラゴが、委員会の作業に関する報告書を下院に提出した。

委員たちはすぐに、国立記念物博物館《モニュメント》の有用性に同意した。同様の施設は、ヨーロッパの主要都市に次々と誕生している。あらゆる場所で、人々は過ぎ去った時代の記憶を視覚的に呼び覚まそうとしている。どこの国でも、古代美術研究者、年代学者、学者が、先人たちの建物、絵画、武器、家具の中に、文字で書かれた歴史の大きな空白を埋める手段を見出している。古代民族の歴史を、モニュメントだけに基づいて再構築できるという主張は明らかに誇張であるが、まさに真実の誇張にすぎない［略］。

〔こうした〕モニュメントがなければエジプト、ギリシャ、グラナダ王国の過去の何を知ることができようか(79)?

新しい博物館の設立を正当化しようとするとき、どの国もヨーロッパに言及することに注目してほしい。ヨーロッパを引き合いに出すことで、われわれ、この場合フランス人は競争心をあおられ、遅れたままでいるわけにはいけない、ということを悟るのである。ただフランスの場合、ヨーロッパを意識しすぎたのかもしれない。というのも、当時、フランスの国外で国家のモニュメントの博物館がキノコが生えるように次々と生まれていたわけではなかったからだ。コペンハーゲンの博物館が設立されたのは例外であったが、アラゴは科学者としての人脈を通じてそのことを耳にしていた。文字で書かれた歴史と歴史的遺物が相互に補完し合う、という当時通用していた主張も注目されるだろう。一八四六年、ジュール・キシェラ(80)のための古文書学校で「中世の考古学と芸術」の講座が設けられた。しかし、アラゴはこうした議論にとどまることはなかった。

ナポリの博物館が示しているように、「かさの小さなもの、シンプルな家具、楽器、道具、家庭用品でさえも、偉大な建造物と同様われわれに多くのことを教えてくれる」のである。そして、それらは歴史家や芸術家、社交界の人々だけでなく、アラゴが――大衆煽動の趣もなしとはしないが――主張したように、「最も優秀な人物の一人ひとりよりも判断力、機転、知性を持っている」一般の人々にとっても興味深いものなのである。この点について、報告者はエリート主義的な施設と大衆的施設をよりよく対比させるため、ルノワールの博物館〔フランス記念物博物館〕の記憶と感情に訴えかけている。「ごく少数の例外を除けば、ルーヴルの大展示室には、暇人以外はめったに訪れない。プティ＝オーギュスタン通りにあるフランス記念物博物館《モニュメント》は、大変残念なことに王政復古期に破壊され、散逸してしまったが、ルーヴルとは対照的に、勉強熱心で思慮深い人々が毎日訪れていた。この不運なルノワールの博物館によって最初の一歩が踏み出されてから、芸術の崇拝は強い民族的感情と結びついており、訪問者たちは、フランスの歴史が描かれた書物を読むようにして日がな一日を過ごすのが常だった。

しかし、ルーヴルは単なるエリート主義の美術館ではない。国際的でもある。したがってアラゴは報告書の最後で下院の愛国主義に訴求した。

「皆さん、パリの博物館や美術館を見渡せばギリシャ、ローマ、エジプトのコレクションがありますし、オセアニアの野生美術も忘れられずに展示してあります。少しだけわれわれの祖先のことを考える時が来ました。フランスの首都パリにフランスの歴史博物館も設立しましょう[81]」

聴衆に準備をさせたところで、アラゴはデュ・ソムラールのコレクションを紹介するにいたった。彼はこの機会を利用して、さまざまな芸術や工芸の専門家たちがこのコレクションを「熱心に」訪れていることを主張し、コレクションの有用性を説いた。

「多くの人が、博物館や美術館でいくつも改善のためのアイデアを得てそれらが自分たちの財産となった、と告白しています[82]」

美術館は、絵画と彫刻を最高水準に高めることを目的として創設されたことはこれまで見てきた通りである。クリュニーの美術館はセーヴルに次ぐ、装飾芸術のための二番目の美術館であり、装飾美術の発展に寄与しているはずだ。デュ・ソムラールのコレクションに相応の革新を促すという有益な効果があったとすれば、以下に述べるような博物館や美術館に期待しないことなどできるだろうか？　すなわち、「ある種の魅力」を発揮し、フランクフルトの例に倣った寄贈と遺産のおかげで「並外れた重要性」を持ち、同時に貴重な品々のフランス国外への流出を防ぐ博物館や美術館に、期待しないことなどできるだろうか[83]。

下院議員はアラゴの主張と雄弁に説得された。貴族院もまた、バラントの報告を聞いたあと、クリュニー館とそこに収蔵されているコレクションを国が購入することに賛成した。一八四三年七月二九日、この目的のために特別な予算を割り当てる法律が可決された。その後まもなくルノワールの指揮のもとで工事が開始され、一八四四年三月一七日に新しい博物館が一般公開された。しかし、それはまったく期待に沿うものではなかった。フランス記念物《モニュメント》博物館の焼き直しでないことは結構なことだが、時代が変わり、「陰鬱な詩情」はもはや通用しなくなっていた。一七一一年にノートルダム寺院で発見された「船乗りの柱」の祭壇を運んできてはいたものの、私たちが期待していたような国家遺物博物館ではない。中世芸術、主に「人の手になる芸術技芸」の博物館であり、美術愛好家（アマチュア）は満足するだろう。しかし、「われわれの祖先はガリア人であるという、大きくなるばかりの国家幻想を熱心に支持する人たち、さらにその後、先史時代の発見者たちは、一八六七年、ほどなく国立考古学博物館となるガロ＝ローマ博物館がサン＝ジェルマン＝アン＝レーで開館するまで、ずっと物足りなさを感じていた。

4 絵画——歴史の勝利

・リュクサンブール王立美術館の誕生 ——フランスの「生きた美術」のための美術館

ドゥノンの辞任後、館長代理を務めていたルーヴル事務局長のアタナセ・ラヴァレは、〔略奪作品の〕返還によってルーヴルにできた絵画の隙間を埋めるべく、一八一五年一一月二三日にプラデル伯爵に次の提案をした。すなわちルーベンス・ギャラリーの絵画、ヴェルネの「フランスの港」の連作をリュクサンブールから引き取り、リュクサンブールには代わりに政府が所有している、あるいは発注できる、もしくはサロンで入手したりすることが可能な現存する画家の作品を提供するということだった。これは正確にいうと、パリのリュクサンブール宮のことで、当時は貴族会議所（現在の元老院）の所在地であり、美術館として栄誉ある歴史を誇っていた。一七五〇年から一七七九年の間、王室コレクションの絵画の一部がそこに展示されていたのである。

この措置によって、「貴族院のギャラリーは、殺風景になるどころか、一般市民や外国人が、現在のフランス絵画を敬慕する画家たちの作品を鑑賞できる常設的な展示場となるのです」とラヴァレ氏は続けた。

「伯爵閣下、この展覧会はこの地区に多くの人々を引きつけ、芸術家たちに自らを世に知らしめる手段を提供し、それは強力な伝達手段となるでしょう。というのも、このギャラリーに作品が展示されているということは、フランス人や外国人の目から見れば、作家の才能の証明となるからです。したがって、私が謹んであなたに申し上げる提案は、芸術家にとって好ましいものです。国の栄光[84]のためになるとさえいえるでしょう」。

ラヴァレのプロジェクトは、ルーヴルの展示壁面を埋め、芸術家たちに新しい展示スペースを提供することで、彼らの競争心、ひいては創造性を刺激し、新施設の周辺に観光客を呼び込み、国家の栄光に貢献するという、いくつかの問題を一挙に解決した。しかし、この計画はカトルメールの提案同様すぐには受け入れられなかった[85]。カトルメールは、ルーヴルで、フランスの歴史とその偉人たちに焦点を当てた同時代の作品を、過去の巨匠たちの作品の側に並べることを提案している。ダンジヴィレよって導入され七月革命ののちヴェルサイユで実現した、美術作品によってフランスの歴史を示す歴史博物館というテーマに、〔当時としての〕現代性がもたらされることになる提案だった。

とはいえ、ラヴァレの計画は忘れ去られたわけではなかった。行政上の決定がなされ、〔フォルバンが〕ルーヴルの館長に任命されると、ルーベンス、ヴェルネ、そしてル・シュウールによる「サン・ブルーノの生涯」の絵画がルーヴルに移された。少し遅れて、既に見たように自由に使えるようになったリュクサンブール宮のスペースが、一八一七年のサロンの成功と、そこで展示されたいくつかの作品の王室による購入を受けて、フランス絵画の美術館に割り当てられた[86]。一八一八年四月二四日に開館したこの美術館は、まもなく「リュクサンブール王立美術館」と呼ばれるようになり、サロンで国が購入した現存フランス人作家の絵画や彫刻がここに展示された。作家が他界すると、そのうち最良の作品がルーヴルに収められ、それ以外は王宮や公的建造物に展示されることとなった。エメリック＝ダヴィッドが当時述べていたように、この美術館は「純フランスの美術館」であり、「すべてが国家的」であり、「すべてがこの時代に息づく自分たちの流派の作品」[87]であった。言い換えれば、フランスが依然としてヨーロッパの「芸術地図」において傑出した地位を保っていることを示すことで、〔返還された〕流出した外国の傑作とバランスを取ろうとする試みであった。この試みは、リュクサンブール美術館の創設期の数十年間——それはフォルバンの時代でもあるのだが——に展示された作品の質の高さとともに、生きた美術[88]〔現存作家の作品〕のためだけの最初の美術館である、というコンセプトの独創性により成功を収めた【口絵12／図83】。

時が経つにつれ、リュクサンブール美術館の性質も変化していった。外国の絵画作品のための部屋が一八六一年にオープンしたのである。これはミュンヘンのノイエ・ピナコテークに対抗したものだったのだろうか。それまでの数十年間、一切展示内容が変わらず、一八五〇年には、「しまいには近代フランス絵画専門の美術館になってしまうのではないか[89]」とまで言われていた。物故作家の作品はそのまま展示され、一八七〇年代初頭にあっても、ドラクロワの作品がまだ展示されていたほどである。パリのカプシーヌ大通りにあるナダールの画廊で印象派の初個展が開かれた一八七四年、まったく偶然にもこの記念すべき年に、リュクサンブールは趣を改め、その後長い間、サロンで受け入れられ、展示され、褒賞を受ける官製美術《アール・オフィシエル》の殿堂となった。そのため、あらゆる前衛批評家たちから攻撃され、誹謗され、嘲笑され、その名は長い間アカデミックなポンピエ芸術と結びついた。それにもかかわらず、この美術館はまずドイツ――ここではバイエルンとプロイセンとなるが――そしてイギリスやその他の国で模倣され、当然のことながら近代美術館の前史に位置づけられることになった。

ジョゼフ・ヴェルネの連作「フランスの港」とルーベンスの「マリー・ド・メディシスのギャラリー」の移管により、一方では周囲の状況に押され、また一方では、フランス革命と帝政期の遺産である新しい国家意識に応えるためにフォルバンが進めてきた、ルーヴルの絵画コレクションの方向転換が始められた。この国家意識からすればフランス革命と帝政期は栄光の時代であり、これは超王党派を除く王党派にさえ共有されていた意識なのである。このことはシャトーブリアンに最もよく見て取れる。フォルバンが進めた購入では、事実、プリュードン、ジェラール、ジロデ、そしてとりわけダヴィッドの作品である『サビ人の誘拐』と『レオニダス』などの近年のフランス絵画をとりわけ重要視していたようだ。ダヴィッドの二作品はリュクサンブールに設置したあと、一八二六年に画家が没した直後にルーヴルに収められた。ジェリコーの死後一八二四年には、渋る上層部の許可を得て『メドゥーズ号の筏』を購入し、間もなくルーヴルに展示した。ルーヴルは、王室コレクションのイタリア絵画、フランドル絵画、オランダ絵画の傑作に名誉ある場所を与えていたことに変わりはなかったが、絵画の美術館としては、フランス絵画を以前よりも重視するようになった[90]。彫刻も同様である。つまり、ルーヴルは全世界的《ユニバーサル》な美術館でありながら、ドゥノンの時代のように芸術と武力の融合を祝うのではなく、フランス芸術家の優位性を示すことで、その国民性を強調したのである。

・ルーヴルにおける展示
――「花壇」、流派別、そして年代主義

絵画コレクションの内容は時代とともに変化したが、展示の原則は変わらなかった。ルーヴルの開館当時、展示をめぐって論争が起こり、そこでは「限りなく変化に富んだ花壇」という

アイデアが採用されたことについては、詳しく述べた。ドミニク・ヴィヴァン・ドゥノンの時代には、流派別の配置だった。しかし、他の場所、特にドイツの博物館や美術館で確立された年代主義は、ルーヴルやシャルル一〇世美術館にも入り込んでいた。先にも述べたように、この時代は歴史に魅了され、歴史的アプローチの優位性を確信していたため、鉱物、生物、あらゆる人間の生産物を時間の順序に従って分類していた。その結果、絵画に関しても、歴史から逃れるという例外的な地位を与えることは問題外だった。そのためには時間の経過に沿った展示にすること、つまり、実際の制作年と、至高の芸術が持っている時間を越えた特権性を両立させることが必要だった。それを妨げたのは、唯一、施設一般、とりわけ美術館に内在するある種の慣性だった。

・新館長ジャンロンの革新性

これまで見てきたように、一八四八年二月、ルイ＝フィリップの治世に終止符を打った革命が、既成の慣習を変えるのに必要だった。ルーヴルの新しい館長となった共和主義者のフィリップ＝オーギュスト・ジャンロンは、若い世代の学芸員《コンセルヴァトゥール》をルーヴルに招き入れた。版画家であり、版画の研究者でもあった博識あるフレデリック・ヴィヨが絵画部門[91]の学芸員《コンセルヴァトゥール》に任命され、一〇年間美術館職員であったウードール・スーリエが、ジャンロンによって銅版画[92]の副学芸員《コンセルヴァトゥール》に任命された。

ジャンロンは、当時ルーヴルの管理部門に所属し、のちに第三共和政下で美術長官となったフィリップ・ド・シュヌヴィエールに、地方の博物館や美術館に関する著作を出版するよう勧めた[93]。彼はまた、絵画と銅版画の目録作成にも着手した。絵画に関しては、一八一六年に発表された目録だけで人々はこと足れりとしていたが、そこには必要最低限の情報しか掲載されておらず、作者も誤って特定されていることがしばしばだった。一八四九年に出版された、イタリア絵画に焦点を当てたルーヴル初のカタログの名にふさわしい絵画カタログはヴィヨの業績であり、同じ年にスーリエが銅版画のカタログを編集した[94]。最後に、ジャンロンは、ルーヴルに加わったばかりの若い学芸員《コンセルヴァトゥール》たちに、コレクションの再編成、特に絵画の展示替えを行うことを認めた。

三〇年後、フィリップ・ド・シュヌヴィエールは次のように紹介した。

大きな流派のそれぞれの中での作品の年代順が確立され……サロン・カレは、フィレンツェ〔ウフィッツィ美術館〕のトリブーナ〔美術館の中心的な八角形の特別室〕に倣って、すべての流派の傑作を選定した巨大な特別室《トリビューヌ》に変貌したが、作品の驚くべき質においても何ら劣ることはなかった。セット＝シュミネ（七本

の煙突）の客間《サロン》は、その計画的な装飾のあと、ダヴィッドとその弟子たち、プリュードンとジェリコーのいつの時代も人気を誇る傑作を集めるために確保された。エジプトの巨像が動き出し、長年、年次展覧会で石膏像や大理石彫刻が積み上げられるのを見慣れた壮大なホールを見事に占領した。素描《デッサン》は初めて研究・精査の対象となり、また初めて洗浄が行われた。五〇年間封印されていた銅版画がついに公開される［略］。(95)

こうした言葉からは、「わが国立美術館では見られることもないような、そしてひょっとしたら二度と見られることがないかもしれない、本当に驚くべき学芸員《コンセルヴァトゥール》集団」に属していたというシュヌヴィエールの矜持と、いたるところで「古代の埃」を振り払ってルーヴルを革新した熱意を、今でも感じることができる。しかし、シュヌヴィエールは一八四八年の革命にもジャンロンにも共感していなかった。(96)このシェヌヴィエールの証言は、この革新がある特別な訪問者から受けた容赦ない批判と比較すると、より貴重なものとなる。その人物とは偉大な中世学者であり、古文書学校の教授、美術愛好家にして美術館の訪問者でもあったバンジャマン・ゲラールである。

・中世学者ゲラールの批判と先見的アイデア

一八五〇年以降のある日、ゲラールはルーヴルを訪れた。おぞましい！ 親しんでいた場所はもうそこにない。

「革命は芸術宮殿も襲った。一八四八年以降ルーヴルのギャラリーを訪れていない人は、今日再びそのギャラリーを一目見ると、まず驚きを隠せない。もはや自分がどこにいるのかもわからない。昔から見知っていたものも、かつての印象もそこに見出すことはできない。すべてのものが場所を変え、神々も、山も、海も、移動してしまったのである」

このようにルーヴル訪問を総括した記事にいち早く記しているし、最もレベルの高い専門誌に発表もした。

「全体のレイアウトが破壊されただけで、細部は残っており、どれも失われておらず、初めて現れるものさえある」と述べたあと、ゲラールは、ふたつの窓を除くすべての窓が消失し、ギャラリーが「長い窓で上から照らされた、きらびやかなトンネルに変わった」ため、「どちら側を向いても絵画しか見えず、目を休めるためのわずかな空きスペースもない」という変化を記録した。そのため、目がくらみ、すぐに疲れ、やむなくあとずさりするのである。(97)

ここでゲラールはふたつのことを同時に語っている。ひとつは額縁が隣り合うように絵画が掛けられていることによって観客が受ける影響、そしてもうひとつはギャラリーの空間そのものによって観客が受ける影響についてである。彼は両者を区別することがない。ゲラールは、展示についてはこのようなものと考えた様子で、もっぱらギャラリー空間を批判した。

建築の内部を訪れる来館者の感覚と、その感覚を生むミュージアム建築の形態との関連性を示すことのできるゲラールほどの著者によるものであればこその、美術館全体についてのこのような分析は極めて稀であり、十分に注意を払う価値があるのだ。

「絵画の展覧会にとって、果てしなく続くギャラリーほどありがたくないものがあるだろうか。そこではすべての作品が観客の視点からすると斜めに展示される。また観客は前に進みながら常に頭を回転させ、横歩きせざるを得なくなる」

ヴィアルドによるミュンヘンのピナコテーク〔アルテ・ピナコテーク、「旧絵画館」〕についての記述や、まさにギャラリーの優位性によって特徴づけられる宮殿モデルとの断絶――レオ・フォン・クレンツェ〔ミュンヘンのピナコテカの建築家〕が内部構成において見せた――を主張したことと比較すれば、これらの指摘は、際立ってくる。ゲラールもまた、このギャラリー化した宮殿モデルには疑問を感じていた。ルーヴル宮をチュイルリー宮殿と統合するという「不幸なアイデア」を思いついた人物にもともとの「非」があるとしながらも、「宮殿の廊下を美術館に転用しようと考えた人物は、その程度のインスピレーションしか持っていなかった」とゲラールは考えている。一八世紀には当然と思われていた選択に対する、この例外的で遅ればせの疑問は、決して非難を意味するものではない。ゲラールはありのままを受け入れている。しかし彼は、ルーヴルの建物の高さと建物が取り囲む空間との関係を批判的にとらえ、側廊の奥行きを増すために、側廊を窪ませて、飛び出た空間をへこんだ空間にすることを提案した。これはまだペイのピラミッド〔※1〕〔に相当するもの〕ではなかったが、ルーヴル宮の建築が、その中にある美術館に課した問題を解決するために、「中間的な空洞」を利用するというアイデアであった。(98)

・超越的な美の礼拝の場としての美術館像とルーヴルへの問題提起

しかしこれは、一八四八年にルーヴルの学芸員《コンセルヴァトゥール》たちによって行われたすべての仕事を手順よく取り壊すための序曲にすぎなかった。まずは絵画に課せられていた新たな秩序を、ゲラールが市民の要求と作品そのものの価値づけの名の下に拒否するところから始められた。

以前は、絵画は流派によって分類されていたが、それは私には極めて適切な分類とは思えなかった。現在、絵画は流派別に時系列で分類されているが、これは私にはよからぬ効果をもたらすように思える。学問をする人は分類が好きだし、科学に関しては誰もが分類を好むはずだ。しかし、

ここではまったく違う。分類によってそれぞれの国の絵画の歴史全体が見えるようになり、学者や芸術家の仕事にも大いに役立つという利点があるとしても、芸術を分類するのは間違っている。一般大衆は不利益を受けるだけである。美術館を図書館や地質学キャビネットのように整備してはならない。運営側が解決すべき主要な問題は、ルーヴルの美術館に通う大多数の人々に喜びと感動を与えることであり、教育は二の次にすぎない。[99]だから、科学のために何から何まで犠牲になった芸術のシステムを評価することはできないのである。

　ゲラールは、ルブランとの論争でロランがとった立場を擁護した。「誰でもアクセスできる美術館は、喜ばせ、感動させるものでなければならない」、それこそ来館者の大多数が美術館に求めているものである。この立場は一七九〇年代には既に議論の余地が生じていたが、一九世紀半ばには時代にそぐわなくなっていた。読んでいる小説や、劇場で見る芝居や、修復さなかのモニュメントや、ネオ・ゴシック様式が導入された建築によって歴史が浸透していた一般大衆の、どれだけ多くが美術館の絵画展示に歴史的アプローチが適用されるのを待ち望んでいただろうか？　ゲラールは私たちと同様、その答えを知りはしなかったが、歴史的アプローチは無視できるものと考えていた。自分が「大衆」を代表して発言しているのだと心から信じていたのである。

　ゲラールは、絵画を流派や年代順に分類する必要はないとする目利き《コネスール》の見方を採っていた。目利きがそうした分類を不要としたのは、自ら絵画を一点ごとにふさわしい場所に配置することができ、また望むことがひとつしかなかったからである。それは、美術館は喜びの場で、その喜びを損なうものはそこから排除されるべきである、ということだった。年代順に並べることが「冷淡で束縛的なもの」であるのと同様、流派に分けることは「多様性とコントラストを損なう」ものだったのだ。

　そのため、「絵画コレクションが適切に展示されるためには、ふたつの条件を満たさなければならない。ひとつ目には、陽光にさらされる作品は必要なだけ光を当てられなければならないが、必要以上であってはならないという条件。そしてもうひとつには、絵画としても主題としても、隣り合う絵画と、ひいては絵画を取り巻く環境すべてと調和が取れていなければならない、という条件である。これらふたつの条件は、受け入れられれば、現状の展示を糾弾するものとなるだろう。[100]

　最初のルールは、ゲラールが絵画の照明に続いて述べているように、議論の余地のないものである。ふたつ目は、新古典主義の美学に由来するものであり、より具体的にはミュージアムを美の殿堂、すなわち歴史を超え、時間を超え、美を搔き乱しそうな環境すべてを排除した美の殿堂とみなす理論に由来するものである。歴史を超え、時間を超え、観る喜びを妨げるかもしれないすべてのものから自由な、美の殿堂なのである。たとえ人間の作品に具現化され、知性に裏打ちされたまなざしに供されるとしても、美は超越的なものであり、美術館は、礼拝の行われる殿堂でなければならない。典礼における宗教的崇拝とは異なり、宗教の深遠なる本質に基づく宗教的祈りとも異なった、すなわち生きた超越経験を祝う神殿でなければならないのである。

しかし、一八四八年に学芸員《コンセルヴァトゥール》たちによって完成されたフォルバンの方針の結果、ルーヴルはもはや美の殿堂ではない。では、それは何なのか？

ドゥノン以来、ルーヴルで起きてきたすべてを断固として批判してきたゲラールは、全体を見渡して意見を述べる。コレクションの適切な配置によって、ルーヴルが運営上解決しなければならなかった中心的な問題がここで明確化する。

ルーヴルは美術館と考古学博物館という二重の博物館・美術館となり、ふたつのジャンルは今や互いに侵食し合い、融合する恐れがある。しかし、美は混ざり合うことを許さず、それを見に行った一般の人々は、美しいものと一緒に古いだけのものを見せられて失望する。私は、このふたつのコレクションの間に乗り越えられない障壁を設けるべき時だと思う。そうでなければ、どちらもその個性を失い、目的を見失うだろう。ルーヴルにふたつの異なる部門を設け、誰にも誤解されないように、一方の扉には「美術館」、もう一方の扉には「考古学博物館」と記すのだ。古今の名画はすべてひとつ目に入れ、古美術品や珍品はふたつ目に置く。一方には、ミロのヴィーナス、狩人のディアナ、クニドゥスのヴィーナス（胸像の他の部分は隠れるように注意を払って）、ジャン・グージョン、ブシャルドン、コワズヴォの作品を鑑賞する。そして二階にはラファエロ、ルシュウール、クロード・ロラン、ムリーリョ、ダヴィッドの作品を展示し、そしてもう一方には、エジプト、アッシリア、メキシコのモニュメントも見ることができる。もっとも、最後に挙げたものは宮殿に展示するに値しないように私には思えるが。

海洋博物館はサン・トマス・ダクアンの分館にすぎず、ルーヴルにおけるその地位は一時的なものでしかなく、ここでは触れない、とゲラールは付け加えている。[101]

［※1］イオ・ミン・ペイ。一九一七―二〇一九年。グラン・ルーヴル計画における建築家。ガラスのピラミッドを設計。

中世の作品はひとつも「称賛に値する」とみなされず、「プリミティフ」もなく、絵画の歴史はダヴィッドまでさかのぼってそこで終わっていたが、当時非常に流行していたムリーリョの名前だけは時代の精神に歩み寄ってそこにあった。これこそが、ゲラールの美学的な偏りを物語っている。とはいえ、偉大な中世研究家であったゲラールが、ルーヴルにあるふたつの博物館・美術館について当時効力を持っていた考え方を聞き入れなかったのは、こうした背景があるからだった。当時の考え方によれば、ふたつの博物館・美術館は収蔵品の性質が異なるだけということになる。ゲラールはやむなく、ルーヴルのそれらの同居を受け入れたが、それぞれが別々の建物にあることを望んだはずだ。というのも、両者は通説に反して原理そのものが正反対だからである。最初に、傑作は古典美術にだけ属していて、それによってもたらされる美のみが賞賛に値するからである（ゲラールにとって、古典美術はすなわち美なのであるから、これは冗語法かもしれない）。第二に、古代遺物と珍奇物に代表される古いものはいずれも研究価値しかない。このふたつの間にははっきりとした境界がある。ふたつ目の博物館が歴史と結びついているのに対し、ひとつ目の美術館は美の殿堂なのである。

むしろ、もしルーヴルが適切に整備されていれば、別々になっていただろう。しかし実際にはそうではない。ゲラールは作品の配置について、「もっぱら美の観点から、好みの原則に従って」という非常に明確な考えを持っている。まず彼の考えでは「最も有名な画家による最も注目すべき作品だけを公開するために、絵画の数を減らさねばならない」。この提案自体は、最終的には適用されたが、展示すべき絵画を選定するにあたってゲラールが適用したかった基準は用いられなかった。ゲラールの基準とは、芸術家の名声に相応しい価値ある作品を展示する基準であって、結果として絵画はあたかも天上から降りてきたように、超自然的な秩序が地上に現れたものであるように展示されるのだ。

こうして作品を振るい落とした上で、ゲラールはそれを利点として次のことを提案する。「作品間に少し空間を置くことで額縁によるよりもはるかにうまく互いを切り離し、鑑賞者の目と思考に休息を与えることによって、次の作品への移行を準備するものである」

これは、額縁と額縁を寄せ合わせるという、当時ほとんどすべてのヨーロッパの美術館で行われ、二〇世紀初頭に廃れた展示方法に対する批判の最初の現れのひとつである。この点でも、後世の人々は必ずしも彼の考えだとは知らずにゲラールに従うことになるだろう。しかし、作品間に距離を置く理由はほかにもある。

というのも、ゲラールが望む絵画間の関係は、純粋に美的なものだからである。実際、絵画ギャラリー全体の展示を行うためには、「すべてのキャンバスが同じ場所で、同じ時期に、同じ手によって描かれたと想像しなければならない。そして視覚と想像力にとって最大の魅力を発揮するためにだけすべての作品を配置するのである」(102)。ただし、ゲラールは、これ以上明確には提案できなかったのであろう。すなわち、地理、歴史、そして芸術家の伝記さえも、作品を外側から規定するものすべてを一挙に消し去り、作品の目に見える特質だけを記憶にとどめること、とまでは提案できなかったのである。言い換えれば、作品――というより問題となっているのは傑作だけなのだが――を天上から降りてきたものとして、絵画を鑑賞する通人であっても必要な知識をすべて備えでもしなければ理解できないままになってしまうに違いない奇跡の作品として展示せよ、とまでは提案できなかったのである。

細かな留保条件とフレームの問題については、割愛しておこう。そして、一八四八年に「特別室《トリビューヌ》」となり、その点でゲラールを喜ばせたはずのサロン・カレを訪れることで、ゲラールとともにあれこれあげつらいながらルーヴルの絵画の中を散策するのは終わりにしよう。しかし、「流派も年代も考慮しない」という事実をもってしても、ゲラールを満足させることはなかった。

「サロン・カレの展示構成にあたって、ひとつにはあらゆるジャンルの代表的な絵画をひとまとめにしようとしていたからであり、さらには、個々の作品の絶対的な強みが現れると同時に隣り合う作品から多くの利点を引き出せるようには展示していなかったからである」。さらにゲラールによれば、「このような見事な展示では、立派になるどころか、押しつぶされてしまう」作品もあり、「大作か、最も生き生きとした色彩のもの」しか展覧会に耐えられないのである。最後にとどめを刺す。「ミュージアムが所蔵する卓越した作品を冒頭で公開してしまう、いわば神殿の入口に聖域を置くことは、本当に得策なのだろうか？　一度卓越した作品を見てしまったら、それ以上前進するだろうか？　私はギャラリーの端に栄えある展示室を構想している。それが入口にあるとは！　実際のところ、それは間違いだと思う」(103)

・ゲラールの功績と美術館のその後の「見直し」

一八四八年、熱心な学芸員《コンセルヴァトゥール》たちがルーヴルの絵画展示に導入した革新のうち、ゲラールの批判を免れたものはひとつもなかった。しかし、ゲラールの批判を、青春時代の美術館を奪われた老人の不平に矮小化し、〔あるいは〕年代順の導入後にジロデの『大洪水』が移動するのを見るくらいなら辞職することを選んだルーヴルの老いた番人とゲラールを同一視するのは、間違いである(104)。

ゲラールの功績は、何よりもまず、美術館に絵画のコレクションを展示する際に生じるあらゆる問題を明らかにしたことにあるのだ。最適な展示空間や作品の選定から全体の配置、照明、作品間隔や額縁にいたるまで、問題を明確にしたのである。確かに、ゲラールは壁の色については言及していないとしても、それぞれの絵画の特質を最大限引き出すための必要な条件について述べている中にそのことは含まれている。

彼はまた、美の殿堂としての美術館の理念を極めて明快に提示したこと、言い換えれば、美的原理のみに従って組織された美術館をいささかの妥協もなく選択したこと、そしてそれに基づいて、ルーヴルの絵画の展示において、その作者にとっては自明と思われた先入観を明るみに出したことも称賛に値する。しかし、その思い込みや先入観は他の美術館におけるのと同様、ルーヴルでも数十年後には見直さなければならなかったのだ。

しかし見直しといっても、純粋な美的喜びの場としての美術館の復活というものではなかった。それどころか、教育機関としての性格に重きが置かれるようになったのだ。アメリカ合衆国の博物館や美術館を研究する際にそのことを見ていこう。また、この見直しは新古典主義的な理論にかなった美術館の復活というわけでもなかった。それとは逆に、ヨーロッパ美術史の変化——中世、「プリミティフ」、バロック、マニエリスムの統合——を取り込んだ歴史に向かって、より大きく開かれ、そして変容する生きた美術にもつながる見直しなのである。日本と中国が発見され、またそれまで異国の発掘遺物とみなされていたものが美術品に格上げされたという美術史の変化にも開かれた見直しだったのだ。これについてはあとで触れる。フォルバンの時代にルーヴルに共存していたふたつの博物館・美術館の違いは、一八四八年以降縮小し、緊張と妥協がないわけではないが、美術と考古学の間、美と歴史の間、作品の視覚的価値と資料的価値の間——後者は知的な喜びを増大させる大本《おおもと》であるのだが——の不安定ながらも一定のバランスを確立しつつ、消えていった。

23 ドイツ

・一九世紀ドイツの博物館・美術館

ドイツの一九世紀は、ヨーロッパ大陸のほかの国々と同じように一八一五年に始まる。一八一五年は、フランスの侵攻と占領による混乱が収束した年で、その混乱はラインラントでは二〇年、ほかの地域では一〇年に及んだのだった。この一九世紀の始まりは、政治体制にも当てはまる。ナポレオンによって敷かれた新たな支配体制がウィーン会議で再編成されることになったからだが、この会議における最も重要な決定は、ラインラントがプロイセン王国に割譲されたことだった。

さらにこの一九世紀の始まりは、ドイツの国民意識が高まりを見せ、文化に浸透しはじめた時期にも当てはまる。ドイツの国民意識は解放戦争を通じて形成され、各都市への愛郷心《パトリオティズム》、封建諸侯への忠誠心とも共存していたが、やがてそれらを包摂し、「諸国民の春」以降の数十年間には下位概念におとしめられてしまった。

この一九世紀の始まりは、とりわけ博物館・美術館にも当てはまる。もちろん、一八〇〇年から一八一五年の間に設立された施設も存在する。その増加ペースが急激に上昇するのは一八五〇年以降であるとはいえ、一九世紀後半に起きた出来事の基礎が築かれたのは、それより何十年も前のことなのである。

一八五〇年以前、つまり、その後の博物館急増の土台がつくられた期間にも、ヨーロッパ中で名声を博した施設は存在した。ミュンヘンのグリプトテーク〔古代彫刻美術館〕とピナコテーク〔絵画館〕、そしてベルリンの何館かの博物館である。一八八三年に刊行された目録では、ドイツには合計二二四館の博物館および美術作品（純粋美術と応用美術）を所蔵する公共コレクションがあることが記されている。そのうち一七五館には、創設日や開設日、カタログの初版発行日の記載がある。このデータはひとつの目安にすぎないが、一七五館のうち、一八〇〇年以前につくられた博物館は一七館、一八〇〇年から一八一五年には一二館、一八一六年から一八五〇年は三九館、そして一八五〇年以降は一〇七館だったことが報告されている。[1]

多くの場合、博物館の設立は、長きにわたる努力の結果であり、特に多大な努力を要したのは、一八五〇年代前半に開館した博物館だった。ここでは一八五二年に開館したふたつの博物館、すなわち、マインツのローマ・ゲルマン中央博物館（*Roma-*

nisch- Germanisches Zentralmuseum)、そしてニュルンベルクのゲルマン国立博物館をその典型として記憶にとどめておこう。

ドイツの博物館史において、一九世紀の中盤は時代を区切る便利な分水嶺となる。その理由はいくつもあるが、第一に挙げられるのは政治体制である。ドイツは一八四八年からプロイセンの主導によって統一への道を探りはじめ、三つの戦争——デンマーク戦争、オーストリア戦争、フランス戦争——を経た一八七一年、ついにドイツ帝国が成立した。古い政治的実体は解体されず、文化施設も同じ体制のもとで運営されていたが、博物館の世界では、統一による影響は少なくなかった。政治情勢が変わり、経済が成長期に入ったことで、文化的・知的な生活にも新たな時代が開かれたのである。[2] こうした変化は、一九世紀前半には知られていなかったタイプの博物館が誕生し、各地に普及したことにも表れている。たとえば、ハイマートムゼウム(郷土博物館)、応用美術博物館、科学技術博物館、歴史博物館、軍事博物館、都市博物館である。

しかし、さまざまな思想や、博物館を含む文化教育施設に関していえば、ドイツは「帝国《ライヒ》」として統一される前、ベルリンがヨーロッパの中心都市に上りつめる前から、国境を越えて輝いていた。当時のドイツはポーランドの一部を含み、ロシア帝国と隣接し、ハプスブルク帝国と複雑に絡み合い、やがて中欧《ミッテルオイローパ》と呼ばれる地域全体に存在するドイツ系の人々に影響を与えていた。地政学的な要因はすべて有利に働き、ドイツ語は極めて広い範囲で公用語となり、それよりさらに広大な領域では、文化言語として使用されるようになった。その上、ドイツの大学、科学、音楽、哲学、博物館および美術館は圧倒的に優れていた。ドイツの博物館・美術館創設者は国外からも助言を求められ、ロシア、ギリシャ、スウェーデン、オーストリア各地で仕事に携わった。ドイツの博物館・美術館が取り入れた改革は、まずヨーロッパ全土に広がり、アメリカに渡ったのち、世界を席捲した。一九世紀前半にドイツの博物館や美術館で起きたことは、国際的にも大きな影響を与え、未来への道を拓いたのである。[3]

1 都市の収集家たち、ブルジョワの美術館
——フランクフルト、ケルン、ライプツィヒ、ボワスレー・コレクション

・フランクフルトの収集家シュテーデルが遺した美術研究所（美術館）

一七九三年一月二六日、商人であり銀行家でもあったヨハン・フリードリヒ・シュテーデルは、フランクフルトで遺言書を作成した[4]。彼はその遺言書の中で、家族が築いた——そして、彼自身も大いに増やした——莫大な財産の行き先を指定していた。彼の家族はストラスブールの出身で、一六八一年にフランクフルトに移住し、その地で貴族に準ずる身分を手に入れた。フランクフルトはプロテスタントの帝国自由都市で——住民にはカトリックも多く、大きなユダヤ人コミュニティも存在していた——見本市で知られ、中でも本の市は街の呼びものだった。

四世紀以上にわたって神聖ローマ皇帝の選挙と戴冠式が行われていたフランクフルトは、裕福で、街の有力者たちは芸術への関心を公然と示していた。絵画アカデミーが創設されたのは一七六七年。会員たちは作品の見本を提出することが義務づけられており、その見本が集まると、市庁舎に公共ギャラリーがつくられることになった。一方、市立図書館には、クンストカンマー〔本書第1巻9章参照〕と古銭の陳列棚があり、肖像画のコレクションも所蔵されていた[5]。そして、同じ規模の都市ではよく見られるように、フランクフルトには古代美術品の愛好家や画廊の経営者のほか、版画、古銭、ありとあらゆる珍奇物の収集家が居住していた。ゲーテは『詩と真実（*Poésie et Vérité*）』〔一八一一年刊行の自伝〕の中で、自身の父も含め、何人かの収集家について回想している[6]。見本市では、イタリアの古美術商が古代彫刻の石膏模像を売っていたが、ゲーテはこうした模像の収集家で、ちょっとしたコレクションを持っていた[7]。古代美術品の中でも、古銭やメダルをはじめとする珍奇物の売買は、マイヤー・アムシェル・ロートシルト〔英語読みでロスチャイルド〕が巨万の富を築く出発点となった。一七九七年の文書では、彼の銀行の顧客にシュテーデルがいたことが記録されている[8]。

シュテーデルは、彼の階層の人々にはよく見られた趣味だが、一七六〇年代から美術品の収集を始めるようになった。一八世紀の末頃には、主に一七世紀と一八世紀のドイツ、フランドル、オランダの絵画約五〇〇点、素描三〇〇〇点、版画九〇〇〇点のほか、小さな彫像が集められ、フランクフルトの中央広場に面した広壮な建物を埋め尽くしていた。そのため、シュテーデルの名はドイツの美術愛好家の間で知れわたっていた。遺言書の中でも、自分が世を去ったあと、コレクションをどのように

維持管理するかという規定がとりわけ長くなったのは、無理からぬことだった。

・シュテーデルの遺言書の背景

シュテーデルは一七二八年一一月生まれ。独身で、年齢は一七九三年一月には六五歳を過ぎていた。遺言書を作成する理由としてはこのふたつだけでも十分だが、理由はそれだけではなかった。フランスでは革命が過激化しており、国境を越えてドイツにも波及する危険があったのである。一七九二年一〇月二三日、元伯爵アダム・フィリップ・ド・キュスティーヌ率いるライン軍がフランクフルトを占領したが、長くは駐留せず、一二月二日にはプロイセン軍によって撤退を余儀なくされた。それでも近隣諸国では戦闘が続き、フランスからは恐ろしいニュースがもたらされた。一七九三年一月一七日、国民公会によってルイ一六世の処刑が決議され、その四日後に執行されたのである。このこともまた、シュテーデルが遺言書をしたためた動機になったのだろうか？　「前後即因果の誤謬（*Post hoc non est propter hoc*）」――前後関係は因果関係ではなく、私たちはこの点について断定できる確かな証拠を持っていない。一七九三年初頭、未来は予測不可能で、暗雲が立ち込めていた。フランス革命とその余波が引き起こした政治的・軍事的な出来事は、シュテーデルが費やした二〇年間の努力に意味を与える重要な背景であり、長年にわたって温めてきた計画を実現させる後押しとなったのである。

事実、彼は二度にわたって遺言書を書き換えることになる。一八〇六年、ナポレオンの命令によって、ライン連盟の首座大司教侯カール・テオドール・フォン・ダルベルグのためにフランクフルト大公国が創設され、一八〇八年にはナポレオン法典が導入された。シュテーデルは遺言書を新しい法律に準拠するように修正しなければならず、一八一二年一月一八日にそれを実行した。さらに三年後の一八一五年三月一五日、彼は遺言書の最終版を作成した。これはウィーン会議の決議によって、フランクフルトが自由都市の地位を取り戻したときのことで、――やはり偶然かもしれないが――ナポレオンがエルバ島を脱出し、ゴルフ゠ジュアンに上陸した二週間後のことだった。一八一六年一二月、シュテーデルが最期を迎えたとき、彼はコレクションの行く末について思い煩うことなく、安らかにその死を迎えたことだろう。その頃、ヨーロッパは平和な時代に入るかのように見えたからである。

遺言書には初期の段階からシュテーデル美術研究所の設立に関する記載が含まれていたが、これは遺言書の核心ともいえる部分だった。

私の希望は以下に記す通り、私が設立したシュテーデル

美術研究所が、この市にとって真の誇りとなり、同市の市民《ブルガーシャフト》にとって有益なものとなることである。したがって、私は本コレクションが毎年収蔵品を増やし、絵画、素描、版画のほか、芸術の実践に役立つ書物やありとあらゆる芸術品が所蔵されること、そして凡庸で醜悪なものについては時期を見計らってより優れたものに交換し、本コレクションがより優れたものになることを希望する。さらに、芸術に携わりはじめたばかりの人、芸術を愛する人の研究と利用のため、本コレクションが決められた日時に、適切な監視の下で、一切の制限なく無料で開放されることを希望する。

同時に私は、ここで認定される、収入のない家庭の子どもが芸術や建築に一生を捧げたいと望む場合は、性別や宗教に関わりなく、必要な援助を受けられることを定めるものである［略］(9)。

この一文からわかるように、シュテーデルの希望は自身のコレクションを存続させることではなかった。この事実は極めて珍しく、注目に値する。彼が望んだ施設は、旧体制《アンシャン・レジーム》期のフランス、特にディジョンに存在していたものをモデルにしていた。それは、のちに登場する美術大学を併設した博物館や美術館の初期における中心地として機能しただけだったが、やがてドイツのマンハイムやデュッセルドルフで見られるようになり、のちのちにはアメリカでも模倣されるようになる。ニューヨークのメトロポリタン美術館は教育機関を分離する前にはこの形態をとっていた。シカゴ美術研究所（シカゴ美術館）とミネアポリス美術研究所（ミネアポリス美術館）は、いまも名称そのものにシュテーデル美術研究所を手本とした名残りをとどめている。一九世紀、シュテーデル美術研究所の名は国際的に認知されていたらしい。

いずれにしても、シュテーデルは目的を達成するため、自身のコレクション、それを所蔵している建物、そして一〇〇万フロリンの遺産をフランクフルト市に寄贈した。財団の管理は「尊敬すべき地元のブルジョワ五人」に任せ、彼らの身分を権力から自由で独立したものと規定し、監査機関も指定した。一八一七年三月一〇日、美術研究所は活動を開始した。

それから数カ月後、シュテーデルの親族が遺言書に異義を唱えて訴訟を起こし、研究所の活動は中断を余儀なくされた。訴訟は一一年間続いた末に和解に至ったが、この和解は研究所にとっては大きな経済的損失を意味していた。それでも管理者たちはふたつのコレクションと数点の絵画を取得することに成功した。一八一九年からは活動が妨げられ、いくつかの「好機」を失うことになったが、管理者たちはその前にシュテーデルの私邸でコレクションを公開し、絵画に関する二冊の解説書を刊行した。絵画教育は始まったばかりで中断し、再開は裁判が終わるまで待たなければならなかった。裁判の終結後、管理者は美術館と研究所を収容する新たな建物の購入を進めた。落成式が行われたのは、一八三三年三月五日のことだった。

・ブルジョワによって設立された初の美術館

私たちが知る限り、銀行家で商人でもある人物——つまりブルジョワによって設立された美術館は、ドイツのみならず、ヨーロッパ全土においても、シュテーデル美術研究所［図84］が初めてである。ヴェローナのアカデミア・フィラルモニカのように、イタリアの都市門閥——ブルジョワではなく貴族——が共同で設立したり、既存の博物館に作品を寄贈したりすることはあっても、貴族階級に属さない者が美術館を創設した例はほとんどない。

唯一あるとすれば、博物学者と医師で、グラスゴーのウィリアム・ハンターとフランクフルトのヨハン・クリスティアン・ゼンケンベルク博士によってつくられた博物館が挙げられよう。ゼンケンベルクは一七六三年に「治療技術の発展と病める貧者たちの救済が祖国のためになるように」財団を設立した。財団が運営する病院と医学研究所には、自然史キャビネット、図書館、解剖学劇場、化学実験室、植物園が併設されていた。ゼンケンベルク財団はフランクフルトの学問の発展に無視できない役割を果たし、創設者の名前は一八一七年に設立された自然研究協会の命名の由来となり、自然史博物館の名称にもいまなお残されている。(10)

しかし、美術研究所を併設した美術館の創設はまったく異なる社会的意味を持っていた。ゲルマン諸国に限らず、ほかの国々においても、この種の美術館を設立することは依然として王侯貴族の特権とされており、シュテーデルは自身の身分を名目上の貴族に位置づけたのだった。シュテーデル美術研究所の名は、後世の人々が記念してつけたのではなく、シュテーデル自身が遺言で命名したものである。彼にコレクションを存続させたいという希望はなかったとしても、美術愛好家として、また市の後援者として、自身の記憶を不朽のものにしたいという思いがあったことは間違いない。シュテーデルが樹立を試みたのは美術研究所だけではなく、後世に遺される記念碑《モニュメント》であり、その目的は見事に成功したのだった。彼の美術館は一九世紀の幕開けの合図となり、世紀の後半には同様の美術館がヨーロッパ各都市で、続いてアメリカでもつくられるようになった。

・フランス革命の間接的な影響——破壊と表裏一体の創造

シュテーデル財団に内在する重要性が私たちを引きつけるとしたら、それはマクロの歴史がミクロの歴史に介入した特殊な

[図84]『ヨハン・フリードリヒ・シュテーデルの胸像を含む、ドイツの最初の部屋からイタリアの部屋への再構成された様子、1833年』研究プロジェクト「タイムマシン。19世紀のシュテーデル美術館」2016年

実例――別の言い方をすれば、政治的にも軍事的にも重要なヨーロッパの出来事が、地方の文化施設の運命に作用するという特異な事例をそこに見出すことができるからである。フランス革命はシュテーデルの意志決定の原因となったわけではなく、その決意を促したというのがせいぜいのところだが、それすらも確実とはいえない。しかし彼の構想には最初から最後まで革命が寄り添っていた。ドイツの他の地域では、コレクションや博物館の歴史に対する革命の介入はさらに苛烈で、取り返しのつかない被害をもたらしたところもある。たとえば、カッセルの美術館では四八点の名品が失われ、パリに送られた。その大部分はジョゼフィーヌ・ド・ボアルネ〔ナポレオンの元妻〕の相続人によってロシア皇帝アレクサンドル一世に売却され、その金額は四〇万ルーブルに上った。(11)

しかし、革命は、間接的にではあるが、コレクションや美術館にプラスの効果ももたらした。既に私たちはフランスをはじめ、革命の影響を被らざるを得なかった国々について確認してきた。したがって、私たちがいま一度検証しなければならないのは、破壊と創造という、革命の二重の効果である。創造によって破壊を正当化するためではなく、それらが表裏一体となって維持してきた、複雑で変化に満ちた関係を明らかにするためである。(12)

・哲学者ヘーゲルがケルンで出合ったコレクション

一八二二年九月二八日、ヘーゲルはオランダへの旅の途中、ケルンに立ち寄る。その道すがら、大聖堂や教会を訪れ、風景を楽しんだ。ブラウンシュヴァイク〔ドイツ・ニーダーザクセン州の都市〕では博物館を見学し、カッセルでは、その「絵画ギャラリーにあった、最も美しい作品の多くは、パリに持ち去られたのち、ここには戻らずサンクトペテルブルクに行ってしまった。それでもなお、美しい絵画は十分残っており、オランダの巨匠たちの作品は特に見応えがある」。ケルンに到着するとその足で――長い間建設が中断されていた――大聖堂を礼拝し、歴史への思索を深める霊感を得る。

「それはものごとの別の状態、別の人間性、別の時代を生き生きと現前させている」

その後、彼はワイン卸売業者の未亡人であるヒルン夫人の家で昼食をとり、食事のあと、彼女の義理の息子ハインリッヒ・シーファーから、「おそらく、現存するものの中では最も豊かなステンドグラスのコレクション――すなわち大きなステンドグラスが約一〇〇枚、小さなものが四〇〇～五〇〇枚」を見せてもらう。それからヒルン夫人の厚意で、リュヴァースベルク・コレクションの「見事な絵画」を鑑賞し、やはり夫人からの紹介で、ヴァルラフ教授の招待を受け、絵画を見たあと、連れ立って街を散策する。その翌日、彼は再びヴァルラフ家を訪ね、自然光の下でコレクションを堪能する。(13) ヒルン夫人はなおも周到にヘーゲルをもてなし、さらに三人の収集家に引き合わせる。そのうちのふたりは、一九世紀前半の数十年間、ケルンにおいて特別な地位を占めた人物だった。

・地元の名士リュヴァースベルクのコレクション

　タバコ卸売業者のヤコブ・ヨハン・ネポムク・リュヴァースベルクは、市政にも携わる地元の名士で、多くの絵画を所有していた。イタリア、フランス、オランダ、ドイツのバロック絵画のほか、とりわけ注目に値するのは中世美術の傑作ともいうべきいくつかの作品だった。中世美術の作品は、美学的、宗教的、歴史的な観点に即して収集家が自ら選んだものである。その選択眼の確かさは、彼が一九世紀初頭に私邸に建てたゴシック様式の礼拝堂を見れば一目瞭然だった。リュヴァースベルクのコレクションは、一八〇四年にシュレーゲル兄弟の雑誌『オイローパ（*Europa*）』で絶賛されただけでなく、ゲーテやカール・フリードリヒ・シンケル〔一八世紀ドイツの新古典主義建築を代表する建築家。ベルリン旧博物館を設計〕をはじめ、ドイツの名だたる文化人が次々と訪れたが、所有者の死後、散逸してしまった。(14)

・自然史研究者ヴァルラフのコレクション

　ヘーゲルが三番目に訪ねたフェルディナント・フランツ・ヴァルラフのコレクションは、他のコレクションとはまるで異なる運命をたどることになった。ヴァルラフが収集した作品のほとんどは、将来のケルン美術館に寄贈されることになるが、これはケルンがフランクフルトのような自由帝国都市とは異なり、一般公開できるような市立のコレクションを持っていなかったためである。ゆえに、ヴァルラフの人生とそのコレクションの歴史は、じっくり時間をかけて検証する価値があるだろう。

　カトリックの力が極めて強いケルン――通称「聖なるケルン」――では、大学は、医学を除けば、依然として聖職者の支配下にあり、その必然として教授職の取得は叙階を前提としていた。そのため、早くから教職の道に進んだヴァルラフも一七七二年に司祭となった。その一二年後、学問の近代化を図る計画を提出したため、芸術学部の職を追われた彼は、植物学の教授として医学部に移ることになる。その給与は教職に付帯する司教座聖堂参事会員《カノニカット》の収入で賄われた。その後、彼の教育は自然史の分野全体に広がっていった。一七九四年一〇月六日、ケルンがフランス軍の侵攻を受けたとき、彼は医学部から選出されて大学の学長となり、その地位によって第二の司教座聖堂参事会員を得ることになった。

　ヴァルラフは若い頃から彼と同じような収集家のグループと親しくしていたが、仲間たちの収集方法には、啓蒙主義の価値観による独自の基準があった。一七八〇年頃、彼は仲間たちにならい、鉱物、書籍、版画を展示するキャビネットをつくりはじめたが、それは主として教育のためであった。時が経つにつれ、彼は優れた鑑定家《コネスール》として評判を得るようになり、大聖堂の参事会《シャピトル》に遺贈された古銭コレクションのカタログ執筆を任されるまでになった。

　この冷静で良識ある自然史研究者《ナチュラリスト》を、強迫的とはいわないまでも、熱狂的な収集家に変貌させたのは、フランス軍による占領であった。ヴァルラフは、革命軍によって破壊され、戦争の犠牲となったケルンの過去の文化財を一七九四年から収集しはじめた。一七九八年、ケルン大学がフランス軍によって閉鎖され、ただの中央学校、つまり中等教育学校に変わると、ヴァルラフはその学校で歴史を教えるようになる。彼にとっては新たな時代の始まりだが、それは生まれ故郷の過去に属するものはすべて救い出すという欲望にいっそう支配された時代だった[15]。

　一八〇二年は、彼の人生の転換点となったらしい。六月九日の政令《デクレ》はケルンに世俗化をもたらした。この政令によって、修道院、参事会、大修道院、騎士修道会の解散数は七〇件にのぼり、参事会教会《コレジアル》、大修道院付属教会、小教区教会などの破壊は、八五堂のうち四四堂に及んだ。そのうち一〇堂は倉庫に変えられ、修道院複合施設六五堂のうち三〇堂、礼拝堂三〇堂のうち一四堂が取り壊された[16]。礼拝用の備品は路上に散乱し、値段が極めて安かったため、ヴァルラフはその購入のために惜しみなく金を使った。競争相手はいなかった。同じ年、彼は中央学校でしばらく教鞭を執っていたフリードリヒ・シュレーゲルと出会い[17]、さらにケルン市の商家出身であるズルピーツとメルヒオール・ボワスレー兄弟とも知り合いになった。ボワスレー兄弟は友人のヨハン・バプティスト・ベルトラムとともに、ドイツのプリミティフ美術のコレクションをつくりはじめていた。この三人の収集家については、のちほど詳しく見ることにしよう。同年六月、シュレーゲルはルーヴルでドイツ絵画の研究をするため、パリに発った。ボワスレー兄弟は一八〇三年九月にシュレーゲルとパリで合流し、一八〇四年の春にケルンに戻ってきた。その間、ヴァルラフはずっとケルンにとどまり、収集品を増やし続けた[18]。

　ヴァルラフが長い時間をかけて集めたコレクションは膨大で、種々雑多なものの寄せ集めだった。以下のリストは彼の死亡時の財産状況を記録したものだが、この無味乾燥な列挙だけでも、その概要を窺い知ることができる。

五二一点　写本
四八八点　文書《もんじょ》
一〇五五点　インキュナブラ〔最初期の活字印刷物〕、その他の古い印刷物
一六一六点　絵画作品

三八七五点　素描《デッサン》
三八点　大理石の古い彫刻
一〇四点　地元の古代美術品
三二三点　石の彫刻
一万三四二八冊　書籍
一〇七枚　地図
九九二三点　鉱物・化石
三万八二五四点　銅版画
三一六五点　木版画
一二九七点　骨董品
五五九八点　古銭
九六点　武具・防具

ヴァルラフが自由に使える場所がどれほどあったとしても、これだけ膨大な数の品々をたったひとりで分類し、視覚的にも知的にも満足できるような展示をすることは不可能である。そのため、訪問者たちはコレクションの無秩序ぶりを嘆き、口をそろえて文句を言った。それでも訪問者はあとをたたなかったが、彼らは皆この国の知的エリートの代表者ばかりだった。一八一五年にラインラントがプロイセンに割譲されると、政府もまた、ヴァルラフ・コレクションに興味を持つようになった。フォン・シュックマン大臣に宛てた書簡の中で、このコレクションの一般公開を希望したゲーテは、ヴァルラフについて、生まれながら底なしの所有欲の持ち主であり、ものを整理しようという意志もなければ秩序を愛する気持ちもない、そのため、極めて貴重な自然物や美術品、古代美術品がいたるところに積み重なり、ぶら下がり、広がり、散乱し、想像を絶する混沌状態が生じていると述べている［**図85**］。

その様子は、長らく一八二〇年作だと考えられていた石版画《リトグラフ》が物語っている。わずかに前かがみになった庶民の男が絵の購入を勧め、その絵をヴァルラフが吟味しているという画である。ヴァルラフが腰かけている椅子の周りは山積みの品々。花瓶の横には古代の胸像が置かれ、そのすぐそばに中世の鎧が鎮座し、絵画の奥の壁には十文字槍が立てかけられている。床には兜や剣、壺、本が散らばり、印璽《いんじ》入りの文書が放り出され、分厚い巻物がヴァルラフの足台になっている。[19] この版画は後世に伝えられた。現在では一八四〇年代の作品であると判明しているため、史料的な価値はない。[20] しかし、この絵からは、ヴァルラフを取り巻いていたとされる伝説的な混沌が、彼の死後も語り継がれていたことが見て取れる。心理学的な解釈のほかには価値がないが、心理学で説明するものも何もない。なぜなら無秩序もまた、見る者の認識の中にある限り、歴史的事実であるからだ。

[図85] ニコラス・サルム『コレクションの中心にいるフェルディナント・フランツ・ヴァルラフ』1840年頃（Wallraf-Richartz Museum & Fondation Corboud, Graphische Sammlung, Cologne）
彼の死後にイメージされた「混沌」の中のヴァルラフ

・「祖国の過去の遺物を救う」ためのコレクション
――コッレール、ボワスレー兄弟との相似と相違

ここで、もうひとりの美術愛好家を登場させ、ヴァルラフと比較しなければならない。ヴァルラフと同じ時代に生まれ、似たような状況に身を置き、雑多なものを膨大に集めて、死後、そのコレクションが美術館となった人物。手の届くところにあるものはすべて買い、秩序らしきものをまったく欠いたまま、ものを増やすだけ増やしたと非難された人物。このように紹介すれば、その人物がヴェネツィアのテオドロ・コッレールだとおわかりになる方もいるだろう。(21)

ヴァルラフとコッレールは二歳違いの同世代で、教育を受けたのも、社会に出たのも、同じ旧体制《アンシャン・レジーム》の末期である。収集を始めたのはふたりともその時代だが、フランス軍の侵攻後は、活動へののめりこみ方も、コレクションの性格もまるで違うものになる。コッレールは、ヴェネツィアの貴族の家柄に生まれた。ヴァルラフは、自分がケルンの古い貴族の末裔だと信じていた。(22)ふたりを突き動かしていたのは、革命の暴力によって失われつつある、祖国の過去の遺物を救いたいという強い思いだった。

彼らのコレクションの目的は、何よりもまず、差し迫った破壊の危機から品々を救出し、保護することにあり、分類や展示の問題は二の次だった。優先すべきは、ものを安全な場所に避難させることなのだ。ふたりが批判を受けたり、おそらくは陰で嘲笑されたりしていたのは、コレクションの構成そのものが、当時のモデルからかけ離れていたからである。ヴェネツィアで主流を占めていたのは、相変わらず新古典主義であり、現在ならロマン主義とも呼ぶことができる様式だった。ロマン主義は一九世紀初頭に興り、ドイツでも勢いをつけはじめていたが、このことは、やはり世俗化への反動として誕生したボワスレー兄弟のコレクションが名声を高めていたことでも証明できる。ボワスレー・コレクションは、一五世紀のドイツとフランドルの絵画だけで構成されていたが、芸術性はもちろんのこと、愛国的・宗教的な側面も欠けてはいなかった。これらの作品の素晴らしさを称えるためには、鑑賞者が美意識の転換を行い、中世後期の絵画の美しさに心を開かなければならなかったが、興味の方向を一八〇度変えたり、ときにはひどくみすぼらしく見える過去の遺物を貴重なものだと認めたりすることまでは求められなかった。

しかし、ヴァルラフが集めたものには、それが必要だったのである。ヴァルラフのコレクションは、コッレールのコレクションやルノワールの美術館と同じように――ただし、ルノワールの場合は、ものがドラマティックに演出されていたが――宗教史や軍事史に関連する歴史的大作のみならず、日常生活に関わるものも含まれていた。このような過去への向き合い方が当

たり前のものになるには、歴史小説やロマンティックな歴史学が広く浸透し、想像力が育つまで待たなければならなかったのである。

一八一八年五月九日の日付がある遺言書の決定版において、ヴァルラフはすべてのコレクションの継承者としてケルン市を指定し、いかなる理由があっても国外に持ち出すことはできないと規定した。その見返りとして、彼はケルン市から終身年金を、プロイセン政府からは恩給を受け取った。彼の死の三年後、コレクションは教え子のひとりの管理下で市庁舎に移設され、長い間その場所に置かれていた。一八五六年、なめし皮製造で巨万の富を築いたヨハン・ハインリヒ・リヒャルツが、美術館建設の資金として財産の四分の一をケルン市に寄贈した。美術館［図86］は一八六一年七月一日に開館した。[23]

・ライプツィヒに花開いた芸術文化

ケルンよりも東方に位置するザクセンは、当時は王国であり、その地方では最も工業化された地域のひとつで、近代化が急速に進んでいた。中心地はライプツィヒで、一四〇九年から大学都市となった。見本市の街としてフランクフルトと並び称されていたが、書籍取引では一八世紀にフランクフルトを上回った。出版社や書店が数多く集まる街であり、多量の資本が集中する産業都市でもあった。

ライプツィヒはそのブルジョワ的な性格から、王国の首都であり宮廷も置かれていたドレスデンと対立していた。また一八世紀からは、イタリア美術を中心としたドレスデンの美術館に対抗し、オランダ絵画に重点を置く個人コレクションが数多く存在した。こうしたコレクションの中には一般公開され、美術館の機能を果たしているものもあった。

そのひとつの例が、ヨハン・ザカリアス・リヒターのコレクションだった。このコレクションには、自然史の分野で名高いキャビネットのほか、約四〇〇点の絵画と一〇〇〇点の素描《デッサン》が集められていた。息子のヨハン・トーマスとその後継者が引き継いだ一七六五年から一八〇九年には、一五〇〇人の見学者が訪れたが、一八一〇年に競売にかけられて散逸した。

もうひとつの例としては、ゴットフリート・ヴィンクラーのコレクションがあり、ここには六二八点の絵画が収集されていた。また、ライプツィヒには、画家で、ヴィンケルマンの友人だったアダム・フリードリヒ・エーザーが、一七六四年から校長を務める素描《デッサン》アカデミーがあった。[24] ゲーテの回想によれば、彼はかつてエーザーに素描の指導を受け、ライプツィヒにある美術愛好家たちの展示室に自由に出入りしていた。そのおかげで、若きゲーテはこの街に滞在中、豊かで活気に満ちた芸術生活を送ることができたという。[25] 四五年の時が経てば、詩が真実を少しばかり美化している可能性もある。それにもかかわらず、

[図86] ジョゼフ・フェルテン『ヴァルラフ＝リヒャルツ博物館』1871年（Kölnisches Stadtmuseum, Graphische Sammlung, Cologne）

この回想が私たちにとって重要なのは、証言としての価値よりも、一八一二年の出版時、もしくは出版後、この街にはごく最近まで芸術的で輝かしい過去があったという事実をライプツィヒのエリートたちに想起させる役割を果たしたことである。

一七六三年頃、ヨハン・トーマス・リヒターの周囲には、「博識ある人、才気煥発な人、芸術家とその庇護者によるサロン」が形成されていたが、このサークルはリヒターの死後、あるいはそれより早い時期に消滅してしまった。

・美術館創設に向けての動き
――ライプツィヒのブルジョワたち

新世代の収集家が活動を開始したのは一九世紀初頭、それから一八二八年に美術友の会を結成し、美術館をつくることを提案したが、十分な資金を集めることはできなかった。

一八三〇年にパリで起きた七月革命は各地に波及し、ザクセンでも騒乱が起きた。その中心地はライプツィヒで、同市では一八三一年五月に、四五七人の有力市民が署名した請願書を国王と摂政に提出した。請願書の中では、美術館の前身として絵画の展示室をつくることが要求されていた。その回答は翌年一二月に署名者たちに届けられたが、結果は不許可であった。それから五年の間に、ライプツィヒのブルジョワは自らの資金力を頼みにできるようになった。ライプツィヒとドレスデンを結ぶ、ドイツ初の長距離鉄道を建設するため会社が設立され、株券を発行して出資を募ったところ、一八三五年五月のたった一日で、五〇万ターラーの出資を受けたのである。この事例は美術館を開設するための方法として参考になったらしい。

実際には、一八三六年一一月に、三人の人物の主導によって美術友の会が設立されたが、この会は美術館の資金を集める株式会社という形態を取っていた。三人のうちの二人は、大商人であり、収集家であり、その父親も収集家であったカール・ランペ、そして鋳造所を経営していたグスタフ・ハルコートである。二人とも鉄道会社の創設者に名を連ねており、後者はその社長も務めていた。彼らは著名な音楽出版社ブライトコプフ＆ヘルテルの共同経営者だったヘルマン・ヘルテルという人物を仲間に引き入れた。友の会の第一回総会は一八三七年一一月九日に開催された。会員は三ターラー分の株を年間購入しなければならなかったが、この株は二年間有効で、売却益の三分の二で購入される作品の抽選会に参加する権利が与えられた。残りの三分の一は、美術館の設立準備金に充てられた。

友の会は、九年前に設立された別の協会と合併し、展示即売会を開催することから活動を始めた。展示されたのは個人コレクションが所蔵する作品で、冬の間、夜間限定で続けられた。一八四八年一一月一〇日、美術館は大学の構内に開館した。展示品には市から寄贈された作品――絵画三五点、素描四一点、彫刻九点――が含まれており、これはかつて市民図書館に保管されていたものだった。ライプツィヒの私邸で展示されている作品よりも点数ははるかに少なかったが、それでも出発点になったことは間違いない。

この施設が収蔵の限界を迎えるまでには長くかからなかった。一八五三年、ライプツィヒの大商人、アドルフ・ハインリヒ・シュレッターがパリで死去した。彼は収集家の息子で、自身も同時代の芸術家の絵画を集めており、一八三七年から美術友の会の会員として積極的に活動していた。

彼はライプツィヒに八〇点の絵画と九点の彫刻を遺贈したが、その作品は当時の美術館には収蔵しきれなかった。幸いなことに、彼の遺産には美術館を建設、もしくは購入するための資金が含まれていた。遺言書には、遺言者の死後五年以内に建物が準備できなかった場合、遺言は無効になるという条項があったが、それが履行されることはなかった。市議会顧問という立場にあったカール・ランペが、大学と中央郵便局の近くに一等地を見つけ、建築家のルートヴィヒ・ランゲをミュンヘンから呼び寄せたのである。こうして一八五八年一二月一九日、美術館の落成式が盛大に行われた。開館時の所蔵点数は、絵画作品が二〇二点、素描と水彩画が五五点、彫刻が四〇点。この点数はコレクションの作品が急速に増加しことを示している。(26)

・愛好家と芸術家からなる芸術協会《クンストフェライン》主導の美術館設立

一八世紀のドイツでは、格式ある王侯貴族は絵画や古代美術のギャラリーを所有していることが当然とされていた。しかし一九世紀前半になると、名の通ったドイツの都市が美術館を持つことが当然とされるようになる。とはいえ、これは強い経済基盤と輝かしい過去を持ち、美術愛好家、図書室の所有者、そして絵画、素描、版画の収集家が存在する大都市だけに許されたことだった。都市に美術館を設立する最も一般的な方法は、美術愛好家と芸術家からなる「芸術協会《クンストフェライン》」を結成することだった。このタイプの協会は一八世紀に初めて設立されたが――その一例がライプツィヒに見られるが、フランクフルトとケルンには見当たらないのはむしろ例外である――、そのほとんどは短命に終わった。

しかし一八二〇年代に誕生した協会は、その数を急速に増やし、今日まで存続しているものも少なくない。いくつかの都市ではこうした協会の主導で美術館を設立することもあったし、地元の政治に働きかけることもあった。たとえば、ハンブルクの「芸術協会」は、一八二二年に結成され、その一三年後に版画展示室を開いた。そして一八四三年に上院に訴え、一八五〇年三月一三日に市立美術館を開館した。これは協会員であった市民が一八四九年に寄贈した遺産によって実現されたものである。また、近隣のブレーメンでは、一八二三年に設立された「芸術協会」が美術館を建設するための資金を集めはじめ、一八四七年から一八四九年の間に目的を達成した。この施設には、絵画や版画のほか、古代彫刻の石膏レプリカのコレクションが所蔵され、図書館も併設されていた。(27)

・オランダとドイツの作品を中心とする ブルジョワの美術館——価格、宗教

ブルジョワの美術館とその由来であるブルジョワのコレクションは、王侯貴族のギャラリーとのちの美術館とは性格が異なっていた。ブルジョワの美術館で最初に集められた絵画は、ケルンを除けば、一七、一八世紀のオランダとドイツの作品が中心だった。その理由としては、北ドイツの都市はイタリアよりもオランダのほうが距離的に近く、古くから交易が盛んで結びつきが強かったことが考えられる。

このことから、ドイツでもバルト海と北海のほうを見ていた地域と、地中海を向いていた地域との間に、指向性の違いがあったことが窺える。また、作品の価格も無関係ではない。裕福ではあっても、王侯貴族並みの財力は持たない収集家にしてみれば、レンブラントのように並外れたネームバリューのある画家を除けば、イタリアよりもオランダの絵画のほうが総じて手に入れやすかったようだ。ドイツ絵画であれば値段はさらに手頃だっただろう。

さらに宗教が果たした役割もあった。ここで問題にしているのは、やはりケルンを除けば、プロテスタントの都市であり、プロテスタントはイタリア絵画を警戒しつづけていたらしい。イタリア絵画は、宗教的な主題ではあまりに教皇派的であり、聖書や叙事詩、古代の神話にモチーフを借りている場面ではあまりに官能的で、特に神話に関してはあまりに異教的だった。一七世紀と一八世紀のフランス絵画が同じような拒否反応を引き起こしたことは驚くにあたらない。そのため、イタリアとフランスの絵画は、カトリックの王侯貴族やプロイセンのフリードリヒ二世のような無宗教の君主のもとに集められた。ブルジョワのプロテスタントには敬虔《けいけん》派も多く、オランダに好意的だったが、これは一九世紀後半に、絵画にとって大切なことは、何を主題に描いたかではなく、どのように描かれたかであることを、教養ある人々が美術館に教えられるまで続いた。

・「古ドイツ美術」——ボワスレー兄弟、ベルトラムによる収集

ブルジョワの美術館は、初期のコレクションのほかに一七世紀と一八世紀の遺産を多く受け継いでいたが、それよりもさらに遠い時代、すなわち一五世紀の画家による「古ドイツ美術」の取得を始めた時期も極めて早かった。この分野においても、

フランクフルトのシュテーデル美術研究所は道を拓いたといえるかもしれない。シュテーデル・コレクションの管理者は、早くも一八一九年にボワスレー・コレクションを購入しようとしていた。しかし訴訟を起こされたために契約が進まず、裁判が終わったときには既に手遅れになっていた。再び作品の購入を始めると、管理者たちはわずかな機会も逃すことなく、北方のみならず、イタリアのプリミティフ絵画も獲得した[28]。

だが一五世紀の芸術に関心を示したのはブルジョワの美術館に限られたことではなく、あとで詳しく考察するように、ミュンヘンや、強い抵抗感を克服したベルリンでも見られたことだった。こうした関心は、まさにいままで見てきた博物館が発生した環境《ミリュー》、「教養市民層」と呼ばれる、高等教育を受けたブルジョワの階層《ミリュー》から生まれた。そして、この階層から出てきたのが、ボワスレー兄弟と友人ベルトラムだが、彼らこそ「古ドイツ美術」を普及させた最大の功労者だった。美術館をつくらずとも、一九世紀ドイツのすべての美術館、数えきれない収集家たちに影響を与えたのである。この三人については既に触れたが、彼らのコレクションとその反響については、さらに詳しく考察しなければならない。

始まりは一八〇四年、ボワスレー兄弟とベルトラム——この切っても切れない絆でつながれた三人組が、パリを離れてケルンに戻り、絵画を初めて購入した年にさかのぼる[29]。

美術品の購入はその後もケルンで続けられた。教会領の世俗化により、ケルンではそれまで信仰の場に閉じ込められていたものが、個人の手に渡るようになっていたのである。さらにブリュッセル、アントウェルペン（アントワープ）、その他の都市でも収集品は増え続け、ケルンからハイデルベルクに移された一八一〇年には、既に二〇〇点を超えていた。歴史的にも芸術的にもはじめから一貫性があり、ラインラント地方とオランダからもたらされた一五世紀の宗教画と祭壇画を中心に構成されていた。その時代の代表作と呼びうる傑作、至高の名品だけが可能な限り選び抜かれ、時代順に並べられた。三人の収集家にとって、こうした絵画は——たとえズルピーツ・ボワスレーの研究対象であったとしても——美術史的な興味の対象にとどまるものではなかったからだ。作品の中に彼らが見出していたのは美の典型であり、その点にこそ、このコレクションの独創性と重要性がある。

ボワスレー兄弟は、既に見てきたフリードリヒ・シュレーゲルとも交流があったが、シュレーゲルは一八〇八年にケルンを離れてウィーンに移っていた。ハイデルベルクを拠点にしていたボワスレー兄弟は、文化的で知的なドイツの生活の中で、幾人もの傑出した人々と知り合った。その多くは同世代で、広義においては「ロマン主義者」と形容できる新たな傾向を示していた。

兄弟が最も頻繁に行き来したのは、『ライニッシャー・メルクール』〔ドイツ全国版の保守的な週刊新聞〕の編集者・ジャーナリストだったヨハン・ヨーゼフ・ゲレス、そしてギリシャ語学者であり、一八〇四年からハイデルベルク大学で古典文献学と古代史を教えていたゲオルク・フリードリヒ・クロイツァーだった。一八一六年からは、ヘーゲルがハイデルベルクに二年間滞在し、旧交を温めた。ズルピーツ・ボワスレーとヘーゲルは八年前からの知り合いだったのである。(30)

一八一一年五月、ズルピーツ・ボワスレーがゲーテの知遇を得られたことは、この上なく名誉なことであった。ボワスレーは敬愛するゲーテと友情関係を築き、ゲーテは二度にわたってハイデルベルクを訪問した。その経験は文学として結実し、一八一六年に一冊の書物にまとめられた。その本にはコレクションについて書かれた長い一節があり、最大級の賛辞が贈られている。(31)ここに挙げた名前は、コレクションの訪問者を記した長いリストのほんの一部にすぎない。そのリストには、ドイツが誇る一流の著名文化人のほとんどが名を連ね、爵位のある人や軍人も例外ではなかった。

そのため、当時ラインラントが属していたプロイセンの政府が、世論の高まりによって国民的施設に昇格していた作品群すべてを取得するため、一八一五年に交渉を開始したことも驚くにはあたらない。しかし、ボワスレー側と政府側の意見はまったく折り合いがつかなかった。最初の対立は、コレクションが公共財産となったときの設置場所に関する問題だった。ボワスレー兄弟の希望は、フランスによって閉鎖されていたケルン大学をプロイセンが再開し、そこにコレクションを委託して教育のために活用するというものだった。一方、政府はといえば、コレクションをベルリンに移送し、建設中の美術館に所蔵するという構想を描いていた。金額についても合意を交わす必要があったが、これは最大の難関だった。所有者であるボワスレー側は、二一六点にのぼる絵画コレクションの総額を五〇万グルデンと見積もっていたが、これは一〇年前にはただ同然だったものである。価格の急上昇という異常な事態に直面したプロイセン政府は、建築家のシンケルから詳細な鑑定書を手に入れ、総額二〇万グルデンと算出すると、その後は決して譲らなかった。取引がどこで中止になったのかは誰にもわからない。なぜならこの取引は、最終的には国王によって無効にされたからだ。

ナポレオン戦争の終結後、プロイセンの財政状況が、深刻とは言わないまでも、苦しいものであったことは間違いない。しかしそんな状況にあっても、国王は一八一五年に、パリで売却されたローマのジュスティニアーニ・コレクションを五〇万フランで購入することができたし、一八二一年にはイギリスの商人エドワード・ソリーのコレクションを五〇万グルデンで手に入れることもできた。どちらのコレクションもイタリアの絵画で構成されており、質の点では大きなばらつきがあった。ソリーのコレクションには約三〇〇〇点の作品が含まれていたが、プロイセン政府が二〇万グルデンと評価したボワスレー・コレクションに比べると、絵画一枚につき平均で五分の一程度の値段だった。しかし金銭的な理由は、もちろん無視できるものではなかったにせよ、決定的なものではなかったらしい。ボワスレー・コレクションを見たことのあるヴィルヘルム・フォン・フンボルトは、「古ドイツ美術」の史料的な価値は相当なものであるとしながらも、真の美しさを体現するものではないという意見だった。交渉が行われていた時期、彼は他の国家事業に忙殺されており、ベルリンにはほとんどいなかった。(32) それでも彼の意見は、政府高官に伝わっていたに違いない。

いずれにしても、プロイセンとの交渉は失敗に終わった。ボワスレー兄弟とベルトラムはヴュルテンベルク国王から招きを受け、一八一九年の夏、コレクションとともにシュトゥットガルトに移転した。ゲオルク・フリードリヒ・クロイツァーは、一八二〇年の復活祭の休暇で彼らのもとを訪れ、ヘーゲルに次のような報告を送っている。

「ボワスレー兄弟はこの上なく快適な暮らしをしており、制服に身を包んだ使用人を含め、周りにあるものはすべて王室ならではの風格があります。絵画は宮殿のあちこちに分散して展示され、その様子は壮観としかいいようがありません」(33)

・ボワスレー・コレクションの評価

当時の記録から知ることのできる展示方法は、以下の通りである。絵画はすべて修復され、金箔を貼り直した額縁に収められ、控え目な灰色の壁に飾られていた。流派や工房など、歴史的な把握に基づいて分類されていたが、屈指の名品は特別扱いとされ、一点ずつ別々の部屋に置かれていた。寄木細工の床には緑色の毛織物が敷かれていた。(34)

見学を希望する人々がシュトゥットガルトで列をなし、一八二一年から出版が始まった石版画《リトグラフ》の連作によってコレクションはますます知られるようになった。それでもボワスレー兄弟とヴュルテンベルクとの交渉はいつまでも長引き、最終的には失敗に終わった。その最大の理由は、美学的に難ありということだったらしい。一八二六年、財務大臣によって三人の画家が委員に任命され、ボワスレー・コレクションの評価を行うことになった。評価にあたっては美術教育にとって有益かどうかが重視された。その結果は次のようなものだった。

「本コレクションは美術史の観点においては非常に興味深いものではあるが、様式の豪華さ、構成の緻密さ、デッサンの正確さ、色彩の調和という点から見ると、コレクションの中で最上の水準であっても、のちのイタリア派の作品に及ぶものではない」

委員会は、これらの絵画を教育施設で展示する場合は、必ず

「イタリア絵画の名品」とともに並べるべきであると提言した。これらの作品を美術教育のただひとつのモデルとして提示することは、神秘主義的な宗教観が、芸術における唯一にして真の目的であると誤解されるおそれがあったのである。(35)

ここからわかるのは、古典への嗜好や偉大な時代のイタリア絵画に対する偏愛が、フランス、イギリスのみならず、ドイツの影響力のある人たちにとっても主流だったこと、そしてそのような傾向が、一八三〇年どころか、さらに後年まで続いていたということである。しかし、このことはまた、プロテスタントの地域では、プリミティフ美術——ここではドイツとネーデルラントの美術——に対する情熱が欠如しており、その冷淡さと足並みをそろえるように、一部の人々がドイツの芸術に強めようとしていた、そしてボワスレー・コレクションが歴史的にも愛国主義的にも正当性を与えているように見えた宗教的性格への警戒感があったことが示されている。(36) このコレクションが、プロテスタントの国では買い手を見つけられず、結局はカトリックのバイエルンによって購入されたという事実は、単なる偶然とみなしてよいのだろうか？　この問いについては、繰り返しになるが、そういう事実があったとしか言うことができない。ひとつだけ付け加えるなら、今度の交渉は長くはかからなかったということだ。

・ケルン大聖堂建設への貢献

ボワスレー・コレクションについては、のちほどまた触れることにしよう。ここではボワスレー・コレクションが一八二七年四月にミュンヘンに移送され、三人の創設者も同地に移住したことを記しておけば十分である。コレクションはこの時点で自律的な存在ではなくなったものの、関連する書籍や、所蔵されている絵画の複製によって存在感を発揮しつづけた。

また、コレクションはズルピーツ・ボワスレーの美術史の研究にも役立った。中世絵画に関する論考には異論もあるものの、(37) ケルン大聖堂に捧げられた研究は、大聖堂の完成において決定的な役割を果たしたのである。ズルピーツ・ボワスレーは大聖堂の設計図を発見し、その図をもとに完成形を想像した。一八二一年に刊行された、その主題では初めてとなる彼の著書には、透視図を用いた大聖堂の完成予想図が二点掲載されている。一八四二年九月四日、プロイセン王フリードリヒ・ヴィルヘルム四世の臨席のもと、国家行事の意味合いの強い式典が催され、一六世紀から放棄されていた大聖堂の建設が再開された。その後、再建工事は四〇年近く続くことになる。(38) その物語の詳細は本書とは関わりがないが、一九世紀のはじめの数十年間、ドイツの文化の中でボワスレー・コレクションが占めていた正確な位置は、芸術的、宗教的、政治的な国民運動全体の中で捉え直さなければ正確に見極めることはできない。そうした国民運動の文脈において、ケルン大聖堂の完成は隠喩《メタファー》であり、国力の華々しい顕示だったのである。

2 ミュンヘン
――ロマン主義と古典主義

・ドイツにおける芸術の首都

選帝侯マクシミリアン四世ヨーゼフによって親フランス政策が進められていたバイエルンは、一八〇六年にナポレオンの承認を得て王国に昇格し、かつて神聖ローマ帝国領だった公国や都市を併合して領土を拡大した。その後は反ナポレオン側に回り、ウィーン会議では領土をさらに拡張し、その地位を確立した。[39] 一八一五年以降も南ドイツにおける最重要国であったが、オーストリアやプロイセンに匹敵する大国にはならなかった。ただし、ひとつの分野だけは違った。それは芸術の分野である。

バイエルンは、一八二〇年代に始まり一九一四年に終わる長い一九世紀を通して、プロイセンと芸術の分野で競い合い、その結果、ミュンヘンはドイツにおける芸術の首都と呼ばれるまでになった。しかしドイツ帝国の成立後、博物館・美術館の数と豊かさという点では、ベルリンが首位の座に就くことになる。

バイエルンはもともと芸術の分野で競い合えるだけの力を備えていた。古代美術のコレクションは、一六世紀のバイエルン公アルブレヒト五世の時代までさかのぼり、一九世紀初頭には、芸術作品、特に絵画の注文と購入においては中世以来の長い伝統があった。そのような歴史の中で最盛期といえるのが、一六二三年にプファルツ選帝侯位に就いたマクシミリアン一世の長い治世である。バイエルンは、一七七九年に一般公開された選帝侯の美術ギャラリー、すなわちミュンヘンのホーフガルテンを所有していた。公開から二〇年後、マクシミリアン四世ヨーゼフはバイエルン選帝侯位を継承したが、道は既に敷かれていた。コレクションの管理は、専門の官僚機構が行っていたのである。

リュネビル条約（一八〇一年一月九日）〔ナポレオンがオーストリアと結んだ講和条約〕締結後の数年間は、比較的平穏な時代だった。この条約では、ライン川左岸をフランスに割譲することになったが、その引き換えに彼は権力の基盤を固め、国境を拡張し、一八一五年に訪れる平和な時代の前に先人たちの遺産を継承することができた。こうしてバイエルン王マクシミリアン一世ヨーゼフとなった彼は、選帝侯の居城を王宮に改修し、国立歌劇場を建設し、コレクションを充実させ、ミュンヘンの都市計画事業を開始した。

・バイエルン王国の美術品収集の状況

この例外的に穏やかな時代のおかげで、彼の息子ルートヴィヒは一八〇四年にイタリアを旅行することができた。王太子はその地で古代美術に目覚め、収集家となり、平和が回復されれば閉ざされてしまう機会を積極的に利用した。バイエルン王国が芸術大国に発展する上で決定的要因となったのはルートヴィヒの人間性であり、彼の性格は芸術と古代美術に対する愛によって特徴づけられているといえるだろう。彼にとってローマは第二の祖国であり、ギリシャへの愛によって、彼はギリシャび《フィルヘレ》いき《ニズム》の擁護者となったのである。しかし「立憲的な専制君主」である彼の政策は――一八二五年に彼は父親から王位を継承し、ルートヴィヒ一世として即位した――国民の支持を得ることができなかった。その統治方法や浪費癖に対する国民の不満は、パリで七月革命が起きた一八三〇年からくすぶりはじめていた。さらにローラ・モンテスと称する愛人との関係が火種となり、一八四八年のパリの二月革命が波及して暴動が起きると、群衆は王に退位を迫り、その一カ月後に息子のマクシミリアンに王位を譲った[40]。

マクシミリアン一世ヨーゼフの趣味は極めて平凡だった。彼はオランダ絵画を好み、中でも風景画、動物画、風俗画が気に入っていたが、イタリアの画家や古代美術にはまるで関心を示さなかった。息子のルートヴィヒは華々しい芸術政策を推進して名声を得たが、父親はそのような派手な政策に向かうような気質ではなく、時代もまたそれを許さなかった。芸術に関する決定事項は、行政官や画家、建築家など、有能な人材で構成された委員会に委ねられていた[41]。しかし、選帝侯として、またバイエルン王としての責務を自覚していたマクシミリアン一世ヨーゼフは、それが意図的だったかどうかは定かではないが、自身に有利となる状況を利用して、ミュンヘンが未来の芸術の都となるための基礎を築いたのである。彼が親仏的な態度を表明したことで、バイエルンは政治による文化財の押収を制限し、破壊を免れることができた。パリに持ち去られた作品は比較的少なく、一八一五年にはその一部が返還された。未来のバイエルンにとってより重要だったのは、ツヴァイブリュッケン、カールスベルク、デュッセルドルフ、マンハイムにある旧公爵ギャラリーを救出できたこと、そしてそれらの絵画をミュンヘンですべて再編成し、ホーフガルテンギャラリー、シュライスハイム城、ニンフェンブルク城に再分配したことであった。

・最初の職業的な館長のひとり、画家マンリッヒの功績
——バイエルン選帝侯のコレクションの管理者として

絵画が到着すると同時に、それを管理・修復する芸術家たちも着任し、一八〇八年にはミュンヘンに美術アカデミーが設立されることになった(42)。こうした芸術家たちの中で、マクシミリアン一世ヨーゼフの時代に活躍し、本書に関わる分野で主導的な役割を果たした人物がいる。宮廷肖像画を専門とする画家、ヨハン・クリスティアン・フォン・マンリッヒである。マンリッヒは、フランス語で「ふたつの橋《ドゥ・ポン》」と呼ばれる町、すなわちツヴァイブリュッケンの公爵家に若い頃から仕えていた。一七七一年、パリ留学とイタリア旅行から帰国した年に第一宮廷画家、公爵ギャラリーの監察官、公爵絵画学校の校長となり、その五年後には建築部長、さらに一七八八年には美術部長に昇進した。フランス軍から攻撃を受けたとき、公爵家のコレクションを避難させ、安全な場所に保管するのも彼の役目だった。そのため、主君であるマクシミリアン・ヨーゼフがバイエルン選帝侯に即位したとき、絵画ギャラリー、キャビネット、版画コレクションの管理者に彼が任命されたのは当然のことだった。

この地位に就いたマンリッヒは、一八〇三年に始まった世俗化が、他の街でも見られたような結果をミュンヘンにももたらし、美術品の破壊を引き起こすことがないよう監視にあたった。また、選帝侯コレクションには、彼の指示で約一五〇〇点の絵画が加えられ——一五世紀と一六世紀のドイツの画家の作品が中心で、何点かの傑作も含まれていた——、一六世紀と一七世紀のイタリアの絵画も購入された。さらに彼は当時ミュンヘンに集められていたさまざまな絵画をすべて統合し、一八〇五年から一八一〇年にかけて三巻のカタログを出版した。ホーフガルテンギャラリーの再編成では、流派に従って年代順に並べることをやめ、美学的な基準に照らして分類を行った。つまり、マンリッヒは、彼も知っていたドゥノンと同じように、画家としても有用だった最初の職業的な博物館長のひとりだったが、その生涯の大半はコレクションの管理に費やされたのだった(43)。

・王太子ルートヴィヒの博物館・美術館構想

彼の後継者であるヨハン・ゲオルグ・フォン・ディリスもやはり画家であり、一七九二年から選帝侯ギャラリーの監察官を務めていた。一八〇六年には王太子ルートヴィヒに同行してフランス、スペイン、スイスを回り、その後は側近として、ルートヴィヒが自ら進める芸術政策の主要な執行者のひとりとなった。[44]

しかし、この政策の方向性は、ルートヴィヒの父王やその忠臣たちが推し進めた政策とはあらゆる点で異なっていた。その原因は気質の違いのせいではなく、ふたりの断絶はもっと根深い何かの表れであった。それは世代の違いであり、時代の変化でもあったが、その明らかな兆候は、一七九九年から事実上の首班を務めていたマクシミリアン・フォン・モンジュラ伯爵が一八一七年二月に解任されたことだった。一言でいえば、父親のほうは、モンジュラやマンリッヒと同じように、親フランス的な世界市民主義者として旧体制側に居続けた人間であった。宗教は社会的に有用なものとして啓蒙主義的な寛容さで接し、偶発的で可逆的な事件を除けば、世界は本質的に不変であるという信念を持っていた。しかし息子のルートヴィヒは、ドイツの国民意識に影響を受け、宗教を超越性に近づくものとして尊重し、それが自分の生きる場所であるかのように歴史の中で生きていた。彼は彼なりに、フランス革命とその余波が刻印された時代の申し子であった。

マクシミリアン一世ヨーゼフ統治下のバイエルン宮廷の芸術は、一八世紀前半にパリの上流社会で流行していた趣味と一致していた。ロココ様式との決別と偉大なイタリア絵画の復権は、宮廷に一過性の影響しか与えず、新古典主義の潮流は依然として異質なものだった。その結果、二世紀以上にわたって選帝侯のコレクションが収集してきた古代美術品は、もはや誰の興味も引かなくなっていた。ルートヴィヒ王太子はこのような風土の中で成長したのである。

本格的に芸術に目覚めたのは、一八〇四年から一八〇五年の冬のある日、ヴェネツィアでカノーヴァの『ヘーベー』像を見たときだった（現在、『ヘーベー』像はベルリンにある）。この彫像は彼の情熱を呼び覚まし、その熱狂はソネットとなり、芸術、彫刻、古代美術への愛を発見させるきっかけとなった［図87］。彼はすぐにローマに向かい、カノーヴァ本人の知己を得ただけではなく、トルヴァルセンや、のちに大きな影響を受けることになる、プファルツ出身の画家で詩人のフリードリヒ・ミュラーにも出会った。彼はミュラーに宛てた手紙の中で「私は古代彫刻のコレクションを創設したい[45]」と書き、その二年後には「ローマで博物館や美術館と呼ばれているものをミュンヘンにもつくらなければならない[46]」と告白している。

ルートヴィヒが構想していた博物館・美術館は最初の一〇年

[図87]アントニオ・カノーヴァ『ヘーベー』1796年、大理石(Alte Nationalgalerie, Berlin)
この像を見ると、ルードヴィヒ2世の熱狂が理解できる。カノーヴァの作品の中でも、その若々しい魅力で際立っている。像はその着想のもととなった古代彫刻のように美しい

で性格を変え、一八一六年からは古代彫刻たけでなく現代彫刻も含めたコレクションして扱われるようになった。この形態を表す名称がしばらく検討された結果、「ビブリオテーク（図書館）」に似た「グリプトテーク（彫刻館）」という名前が見つかった。その後、この名が再び用いられたのは、一八九三年から一八九五年にかけて建設されたコペンハーゲンのニイ・カールスベルグ・グリプトテークだけのようである(47)。

・ローマにおける作品収集

一八〇六年から始められた作品収集の遠征《キャンペーン》について、ここでは概要のみ記しておこう。この収集活動は三つの段階に分けることができる。第一段階は、一八〇六年から一八一〇年にかけて、ローマとヴェローナで実施された。ローマでは、最初はミュラーが指揮を取り、その後は、一八〇八年にルートヴィヒが協力を取りつけていた、ヴュルツブルクの画家で彫刻家でもあったヨハン・マルティン・フォン・ワーグナーに引き継がれた。その結果、何体かの彫刻が購入されることになったが、そのうち五体はブラスキ・コレクションが所蔵していたものだった。これらの彫刻のうち、少なくとも二体はよく知られた作品である。ひとつはロンダニーニの『メデューサ』、そしてとりわけ有名なのがバルベリーニの『牧神《ファウヌス》』であるが、この作品は『バッカス』と呼ばれることもある（余談ではあるが、ルートヴィヒが購入できなかったマッシモ宮〈ローマ国立博物館〉の『円盤投げ《ディスコボロス》』は、一九三八年にイタリア政府がヒトラーに売却し、ヒトラーがグリプトテークに展示した一〇年後、ローマに返還された(48)）。

ヴェローナでは、フォン・ディリスがベヴィラクア・コレクションの作品を約三〇点購入した(49)。

・ギリシャにおける作品収集

第二段階の行き先はギリシャだった。より正確に言えばアイギナ島で、この島ではドイツ・イギリスの調査隊が、女神アファイア（アテナ）に捧げられた神殿（当時は全ギリシャのゼウスの神殿だと誤認されていた）を発見したあと、遺跡の発掘中にペディメント〔建物上部の三角形の切妻壁部分〕の彫像を見つけていた。この思いがけない発見はすぐに報道機関で取り上げられ、ドイツ、フランス、イギリスの間で争奪戦が始まった。

一八一〇年代は、後期のローマン・コピーの魅力が、ギリシャのオリジナル彫刻によって陰りを見せはじめた時代だったのである。ギリシャ彫刻が表現していたのは、より簡素で素朴な力強い作品、一言でいえば、戦う兵士のような作品である。既に見てきたように、パルテノン神殿の大理石彫刻は一八〇七年から一八一一年までロンドンで展示されていたが、これはバイエルンのルートヴィヒが一八一五年に購入しようとして果たせなかったものだった。

しかし一八一二年には幸運に恵まれた。万全を期してギリシャに向かったヨハン・マルティン・フォン・ワーグナーが契約を取りつけ、一八一五年に大理石彫刻をローマに運ぶことができたのである。この作品はトルヴァルセンによって修復され、ミュンヘンに到着したのは一八二八年になってからだった。だが、このような成功は、その後二度と繰り返されなかった。一八一二年にルートヴィヒが購入しようとしていた〔古代ギリシャの〕フィガリアのアポロン神殿の大理石彫刻は、一八一四年にイギリスの摂政王太子に競売で売られ、その一年後に大英博物館の所蔵となった。

・古代彫刻の美術館グリプトテーク
――クレンツェ設計の「ギリシャ様式」建築

第三段階の収集は一八二〇年代まで続くが、この段階における目立った収穫は、一八一五年一二月にパリの競売で購入した、アルバーニ・コレクションの古代彫刻だけだった。

その後、収蔵品の購入は二の次となり、グリプトテークの設立資金は建物の建設費に回されるようになる。ルートヴィヒは――これは特に強調しておくに値するが――古代彫刻のコレクションの創設者《フォンダトゥール》の役割を、文字通り基金提供者《フォンダトゥール》として受け止めており、目的に必要な出費はすべて国王の個人資産から引き出すようにしていた。[50] 事業はなかなか進まなかった。設計競技の受付は、基本的な構想が王太子に提案されたあと、一八一四年二月四日に正式に開始された。設計競技の応募要項には、柱廊《ポルチコ》を採用するかどうかは建築家の自由であるが、建物の全体にも部分にも「最も純粋な古代様式」の特徴を取り入れなければならないと明記されていた。[51]

応募作品の中から王太子が選んだのは、レオ・フォン・クレンツェ〔ドイツ新古典主義の宮廷建築家〕から送られてきた三つの設計プランのうちのひとつ、「ギリシャ様式」で、選から漏れたのは「ローマ様式」と「一五世紀と一六世紀のイタリア様式」だった。[52] かくして、グリプトテークの歴史において、バイエルンのルートヴィヒの芸術政策において、ミュンヘンの都市計画において、そして何より美術館の建築の歴史において、重要な地位を占める人物が登場したのである。

一八一六年四月二三日に礎石が置かれ、一八三〇年一〇月一七日にグリプトテークが一般公開されるまでの間、クレンツェは初期の設計プランに細かい修正を加えることはあっても、本来の特徴を損なうような変更はしなかった。この建物は、ケーニヒス広場を構成する主要な要素のひとつになった。入口には八本と四本の柱が二列に並ぶ一二本の柱廊が立ち、その柱廊がペディメントを支えている。ペディメントに置かれているのは、『アテナ』像を中心にした彫刻群。正面ファサード〔建築正面部分のデザイン〕には窓がなく、壁龕《へきがん》には古代の彫刻家の像が据えられている。

カノーヴァやトルヴァルセンなど、現代の彫刻家の作品が置かれているのは側面の壁龕である［図88］［図89］。

内部の展示は、クレンツェがヨハン・マルティン・フォン・ワーグナーと討論した結果、年代順に並べることになった。そのため、エントランスホールから入った鑑賞者は、まず「エジプトの間」に入り、そこから左回りに「ゆりかごの間《インキュナブラ》（初期ギリシャ彫刻の間）」、「アイギナ島民の間」、「ギリシャ古典彫刻に捧げる続きの間（アポロンの間、バッカスの間、ニオベの間）」、「神々の間」、「トロイア人の間」、「英雄の間」という順にめぐり、最後に長大な「ローマ人の間」から「現代の間」に抜けると出口となる。エントランスホール、「神々の間」、「トロイア人の間」には、ギリシャ神話とトロイア戦争の主要なテーマを描いた、ペーター・フォン・コルネリウスのフレスコ画が装飾されている。[53]

・ヴァルハラ神殿――外観はギリシャ神殿、中身はドイツの歴史博物館

グリプトテークの開館日当日、バイエルンのルートヴィヒは現地にいなかった。その日は、翌日に控えたヴァルハラ神殿の定礎式に参列するため、レーゲンスベルクに来ていたのである。ヴァルハラ神殿の落成式が行われたのは、それから一二年後のことだった。[54]「ヴァルハラ」という名はゲルマン神話から借用したもので、ここではドイツの英雄たちを祀る神殿を意味している。ただし、ドイツの英雄というのは広義の意味で――つまりオラニエ公ウィレムやロシアのエカチェリーナ二世も含む――戦争から芸術、文学、科学にいたるすべての分野、すべての時代の偉人たちが網羅されている。レオ・フォン・クレンツェが設計したこの建物は、外観はギリシャ神殿であるが、中身はドイツの歴史博物館である。その点ではヴェルサイユ宮殿のフランス歴史博物館と比較すべきだが、不思議なことに、そのような比較が行われたことは一度もないようだ。ここでは、このふたつの博物館が同時代につくられ、前者では、国家の偉大な人々の胸像が、ドイツの歴史として表現されていること、後者では、フランスの歴史が、国家の過去の記念すべきエピソードによって描かれ、そのエピソードの中でも戦争が前面に押し出されていることだけ記しておこう。

ヴァルハラの計画に対するルートヴィヒのこだわりは、グリプトテークと同じくらい、あるいはそれ以上ともいえるものだった。彼がこの施設を構想したのは、一八〇七年、イエナの敗北〔ナポレオンがドイツ軍に対し決定的な勝利を収めた〕のあと、フランスに占領されたベルリンで、ドイツの偉人、著名人の大理石像を五〇体制作しようと決めたときだった。[56]彼はドイツの愛国主義を血肉化し、ナポレオンを嫌悪し、フランスに対して反乱を起こしたチロルの農民たちに共感を抱いていた。一八一七年にモンジュラの解任工作

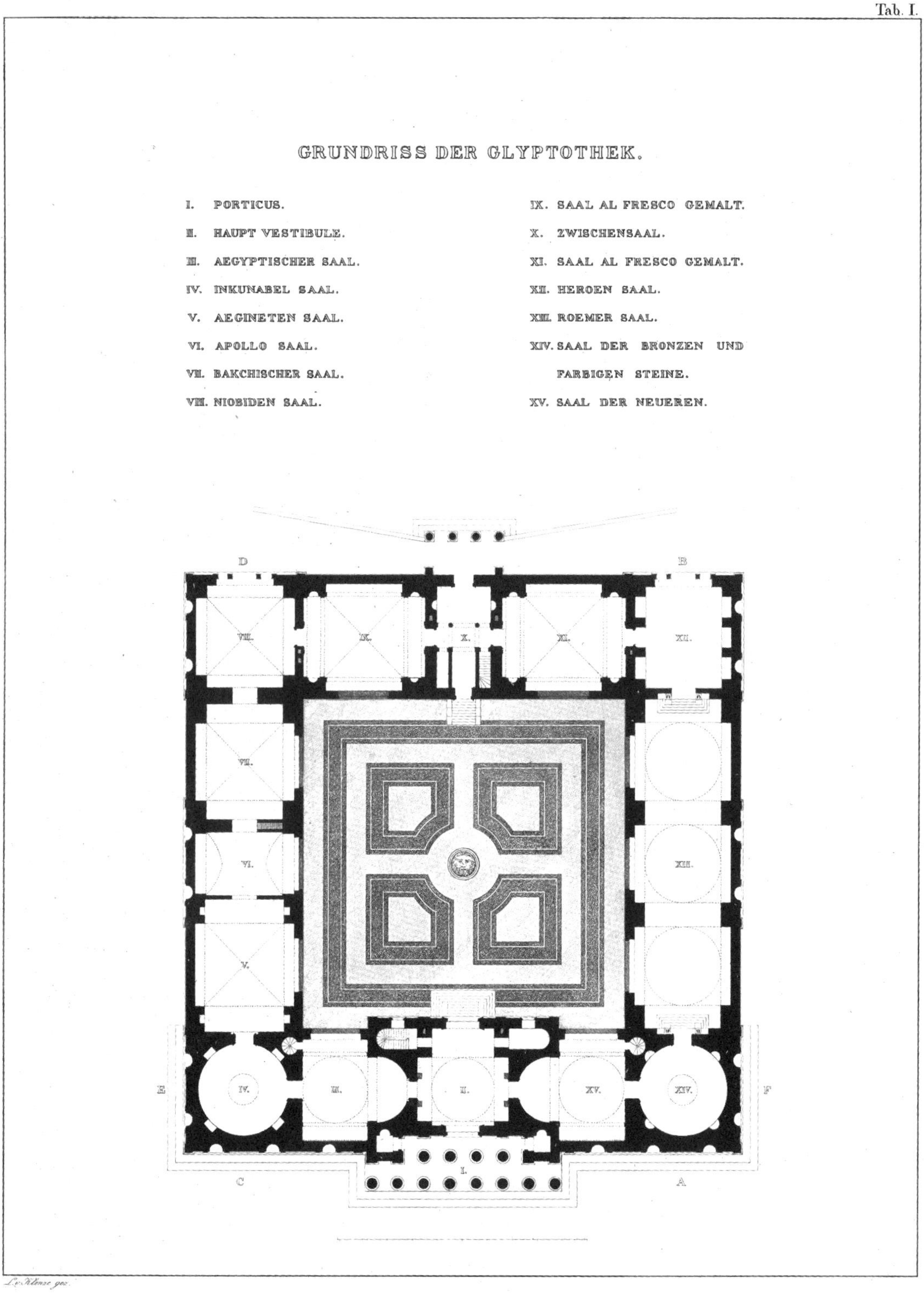

[図88]レオ・フォン・クレンツェ『グリプトテークの平面図』1830年(Münchner Stadtmuseum, Munich)

[図89] レオ・フォン・クレンツェの原画に基づくカール・フリードリヒ・ハインツマンのリトグラフ『南東から望むグリプトテーク』1840年（lithographie de Karl Friedrich Heinzmann）

に加担したのは、彼の政府が非ドイツ的な性格を持っているというのが主な理由だった。[57] このような彼の感覚は、ゲッティンゲン大学の教授であり、彼の師でもあったヨハネス・フォン・ミュラーと無縁ではない。ルートヴィヒは、祖国におけるこの歴史家の存在が、ギリシャにおけるトゥキディデス、あるいはローマにおけるタキトゥスのようなものだと考えていたのである。[58] ミュラーはルートヴィヒにヴァルハラの名前を提案した。そして、最初の数体となる胸像を注文し、未来の「ドイツ人のパンテオン」に設置するよう、フォン・ディリスとともに助言した。さらに彼は、これほどの規模の計画を成し遂げられるのは王だけなのだから、自重することも必要であると説いた。[59] 王太子はその言葉を聞いても、ヴァルハラとグリプトテークの設計競技を同時開催することをやめなかった。

・ヴァルハラ神殿とグリプトテークの類似性

このふたつの博物館・美術館の類似性は、誰の目にも明らかである。ヴァルハラの設計競技の応募要項はグリプトテークとほとんど変わらず、「全体と各部分は最も純粋な古代の流儀で設計すること」と記載されていた。クレンツェはこの設計をまずロトンダ〔ドーム状・または多角形の天井をもつ部屋や建物〕の形式で表現しようとしたが、その後、パルテノン神殿から着想を得ることになった。[60] グリプトテークの場合、このような応募規定を定めるのは当然のことであり、外観と内容を一致させたいという自明の欲望を表現したものだった。ヴァルハラの場合は、控え目に言っても奇妙だといわざるを得ない。ドイツで影響力のある一部の文化エリートが、ゴシック様式について、ゲルマン的なものとキリスト教的なものが融合した独自の様式だと認識したのは一九世紀初頭だった。それが一般的な見方として広く行き渡ったのは一八三〇年頃であるが、[61] ルートヴィヒが高く評価していたズルピーツ・ボワスレーとヨハン・マルティン・フォン・ワーグナーはそれより早く、一八一四年には同じような意見を持っていた。前者は「ギリシャ神殿とドイツ人の栄光を記念する建造物との間にどのような関係があるのか？（*Was soll ein griechischer Tempel zu einen Ehren-Haus für deutsche Männer?*）」と疑問を呈し、後者は、ドイツの栄光を称えるための建築として、ドイツの形式、すなわちゴシック様式が選ばれなかったことに驚きを隠さなかった[62]〔図90〕〔口絵13／図91〕。

その答えの一端は、未来のヴァルハラとなるものが計画された年、つまり同じ一八〇七年に、ヴィルヘルム・フォン・フンボルトが書いた言葉の中にあるかもしれない。フンボルトもまた、「貧しく、混乱したドイツのために記念碑《モニュメント》を建てよう」と考える。しかし、彼の場合は、あくまで紙の上〔彼の著作や理論〕に建てる記念碑のことだった。

「ドイツは、その言語、希求の多様性、精神の単純さ、憲法の

[図90] ヴァルハラ神殿、ドナウシュタウフ、バイエルン。現在の様子。
古代ギリシャと同一視される永遠なるドイツの神殿

連邦的な性格、そしてつい先頃苦杯をなめた経験において、ギリシャとは紛れもなく類似性を持っている」[63]

この一節に表されている考え方は公然と指摘されることはなかったが、時代の空気には漂っていた。文献学者の重鎮で、フンボルトの友人でもあったフリードリヒ・アウグスト・ヴォルフも、やはり一八〇七年に第一巻を刊行した『古代科学博物館（*Museum der Alterthums-Wissenschaft*）』の献辞の中で、同じようなことを述べている。

こうした見地に立てば、ギリシャの歴史は、ドイツの運命をわかりやすく説明し、未来を予測する手助けとなるだろう。古代ギリシャの形式は――文学であれ、造形芸術であれ――文明の発達段階どころか、人類の発達段階、さらにいえば真の精神文化の発達段階から生まれたものであり、近代ドイツの精神を最もよく表出する、一種の予定調和としてあらかじめ用意されていたのかもしれない。[64]ナポレオンのフランスはダレイオス一世のペルシャと同一視されていたが、これも目新しいことではなく、スペイン継承戦争（一七〇一―一四年）のときには、ドイツではよく知られているシャフツベリー[※1]によって同じ歴史的な類似性《アナロジー》が使われていた。とはいえ、このときはイギリスがアテネの役割を演じていたのだが。

・ルートヴィヒの二面性

ドイツをギリシャに同化させることによって、ヴァルハラ建築の意味やグリプトテークの愛国主義的な意義が少しばかり解明できたとしても、ルートヴィヒが抱えている謎めいた部分が明らかになるわけではない。彼の芸術政策の中にあるもうひとつの要素を考えると、この謎はさらに深まる。ギリシャを理想とする絵画や彫刻への彼の嗜好は、中世の影響を受けた絵画への嗜好と分かちがたく結びついていた。初めてローマに滞在したとき、彼はカノーヴァやトルヴァルセンと交流しただけではなく、のちにミュンヘンに招かれる、ペーター・フォン・コルネリウスが率いていたナザレ派の画家たちとも親しくつき合っていた。ルートヴィヒは収集家としても、同じような二面性を見せている。

一方にはギリシャ・ローマの古代美術、もう一方には「古いドイツ」の絵画。既に見てきたように、彼は一八二六年にボワスレー・コレクションを購入し、その二年後にはルートヴィヒ・フュルスト・エッティンゲン＝ヴァラーシュタイン侯爵のコレクションから「古いドイツの」の絵画を二一六点の入手し

〔※1〕シャフツベリー（第三代伯爵）、アントニー・アシュリー＝クーパー。イギリスの道徳哲学者。幼少時にジョン・ロックの教えを受けた。利己・利他の調和をめざす美的道徳説を唱えた。

ている。[65] どちらのコレクションも、購入費は王の個人資産から支払われた。目録には彼の個人のコレクション[66]として記載され、古代美術と対等な作品として扱われた。

・絵画館（ピナコテーク）創設へ

ルートヴィヒの中には古代ギリシャへの憧れと、中世を含む過去のドイツへの憧れが同じ強度で併存していたが――同時代人の多くはこのふたつの傾向を相反するもの、さらにいえば相容れないものだと考えていた――、こうした傾向は、美術館に関していえば、ギリシャの壺絵と近代の絵画――つまりプリミティフから〔一九世紀前半当時の〕現代まで――を集めた絵画館の建設工事が、グリプトテークの完成前から始まっていたことにも表れている。[67] この絵画館も、やはりギリシャ語から「ピナコテーク」〔絵画館〕[68]と名づけられた。この施設がのちに「アルテ・ピナコテーク」（旧絵画館）という名称に変わるのは、一九世紀の絵画を所蔵する新たな絵画館が建てられたあとのことだが、このことについてはのちほど述べることにしよう。

絵画館の構想は、ルートヴィヒがフォン・ディリスに宛てた一八〇七年六月二七日付の手紙の中で初めて言及されている。レオ・フォン・クレンツェが建物の設計を始めたのが一八一六年。それから数年の間、この計画が語られるのは、王太子が芸術面で最も信頼していたふたりの協力者との手紙の中だけで、王太子が明らかに不信感を抱いていたフォン・マンリッヒは排除されていた。それが公的なものになったのは、マンリッヒの死後、フォン・ディリスがギャラリーの総監督に任命された一八二二年以降のことである。しかし計画が動き出すためには、さまざまな選択肢から最適なものを選ばなければならなかった。たとえば、既存のホーフガルテンギャラリーを増築するか、あるいは新たな建物を建設するか。新築の場合、建設費は莫大となり、その金額は一〇〇万フロリンになると試算された。一八二三年七月に、国王が新たな建物を建設すると決定するまで、多くの意見が求められた。その中には建設地をどこにするかという問題もあり、少なくとも四つの候補地が検討された。この問題が解決されたとき、計画に反対するものは誰もいなくなっていた。今回の建設費は、グリプトテークとは異なり、国家が負担することになった〔図92〕。

マクシミリアン一世ヨーゼフ王の死去により、予定されていた定礎式は中止を余儀なくされた。クレンツェの提案によって、新たな日取りは一八二六年四月七日、キリスト教芸術の最高峰であるラファエロの生誕日に決められた。ちょうど生誕祭が開催されている最中で、記念に発行されたメダルにもその日づけが刻印されていた。それから建物が完成し、室内装飾も含めて絵画を展示できる状態になるまでには八年の歳月を要した。一般に公開されたのは一八三六年一〇月一六日だったが、開館後

［図92］レオポルド・ロットマン（ヨーゼフ・アントン・ヴァイスのデッサンに基づく）『南東から見たアルテ・ピナコテーク』1836年頃（Münchner Stadtmuseum, Munich）

も、版画展示室、壺絵の間、ロッジア〔外壁に囲まれた半屋外の中庭。開廊〕の工事は続いた。また、正面ファサードの装飾のため、画家の彫像を二四体制作し、設置する作業も残っていた。二四体の彫像のうち一一体は北方派、九体はイタリア派を代表する画家で、この二派のほかにベラスケス、ムリーリョ、クロード・ロラン、プッサンが加えられた。すべての設置が完了したのは一八四二年のことだった[69]。

・建物の構造――ヴィアルドの評価

レオ・フォン・クレンツェの設計プランがどのように進展したかについては、ここでは割愛する。この変遷をたどるには、そのために交わされた議論、あるいは口論まで取り上げなければならず、そこにはフォン・ディリスのほか、王太子がじきじきに登場し、建築の専門家たちの意見も省くことができないからだ。ここでは最終的に着工が決まり、現在では概観しか知ることのできない設計について詳しく見てみることにしよう。建物の形状は東西に延びるH字型で、並行に延びる二本の線に比べると中央の線が非常に長く、幅も広い。建物の内部は第二次世界大戦中の空爆によって破壊され、のちに再建されたため、クレンツェのオリジナルの設計からは変わっているところがある[70]。

これまで何度か引用しているが、ルイ・ヴィアルドがピナコテークを論評した文章を読めば、当時の鑑賞者がどのような評価をしていたかを知ることができる。彼はヨーロッパの大型の美術館をほとんど訪れているため、評価者として適任だろう。ヴィアルドはまず、建物の優れている点を強調する。

「場所は田園地帯で、町はずれにあるため、火災のみならず、さまざまな破壊からほぼ完全に守られている。埃は致命傷となるまでには時間がかかるものの、絵画にとって危険であることはまちがいない。埃は絵画をくすませ、煤けさせ、修復にいたらしめるが、それはしばしば完全な破壊を意味している」

彼は「ギャラリーにふさわしい細長い形状」と両端を塞ぐ二つの翼《よく》について記し、「これによって四つのファサードが生まれ、どこから見ても真に記念碑的《モニュメンタル》な外観になっている」と述べる。内部については、ルーヴルやウフィツィ美術館、プラド美術館とは異なり、「長い唯一の大回廊は〔中略〕形成されていない」という。

全体は一〇室の大広間に分けられている。建物の中心は大広間が占め、北側に二三室の小部屋が付随している。一室目の大広間は番号が割り振られておらず、他の部屋に先んずるエントランスホールのような役割を果たしている。このホールには、美術館の設立に最も貢献したバイエルン＝プファルツ家の大公たち、すなわちマクシミリアン一

世、ヨハン・ヴィルヘルム、カール・テオドール、マクシミリアン・ヨーゼフ、そしてルートヴィヒ一世の全身を描いた肖像画だけが収められている。残りの九室の大広間には、あらゆる流派の大作が展示されており、丸天井の開口部から明かりが射し込み、輝かしい光を惜しみなく、均等に注いでいる。二三室の小部屋には、画架判大と呼ばれる小さな絵画が大広間と同じ順序で並べられており、ごく普通の窓から陽光が注いでいるが、狭くて奥行きのない部屋を照らすには十分である。このようなピナコテークの間取りには、見渡す限り遠くまで続く大回廊はなく、無数の仕切り、無数の断絶があるため、全体を見通す効果や一望千里の眺めは損なわれているが、少なくとも、同じ大きさの空間の中で、絵画のための空間が二倍になるという大きな利点はある。展示室がひとつしかなければ、絵画を隙間なく並べ、最も小さなスペースも埋め尽くし、あらゆる壁が絵でぎゅうぎゅう詰めになってすべてを台無しにしてしまう。その反対に、正方形の部屋がたくさんあれば、額縁の周りに余白をつくることができるので、それぞれの絵画がいわば孤立した存在となり、平板でありふれた背景にはっきりと浮かび上がるようになる。大広間と小部屋に分けることに関して言えば、これが優れていることには疑問の余地がない。ときには拡大鏡が必要になるような精緻な細密画を見るときと、全体を把握するために大きく後退しなければならない巨大な構図を見るときでは、絵の見方はまったく異なる。たとえば、フランドル派の大きな作品と小さな作品、ルーベンスとジェラール・ドウを見るときには、ほぼ正反対に近い、異なる視点が必要である。上から照らされる大広間にいる人たちと、横から照らされる小部屋にいる人たちは、それぞれが正しい場所におり、正しい光を浴びている。(71)

この一節について論じる前に、ヴィアルドが、素描《デッサン》の小部屋（約九〇〇〇点）と版画の小部屋（約三万点）、そしてギリシャやエトルリアの壺絵を収めた豪華なコレクションがある一階は素通りし、ピナコテークの二階のことしか言及していないことに注目しよう。外国人は日曜日を除く毎日、午前九時から午後二時まで入館できた。(72)鑑賞者は東側のファサードから入り、壮麗な階段を上って、芸術の友であるバイエルン公ならびに国王の栄光を称えるエントランスホールに向かう。そこからドイツ派の作品を展示する大広間二室と小部屋七室を通り、さらにフランドル派の大広間三室と小部屋九室、フランス・スペイン派の大広間三室と小部屋四室、イタリア派の大広間三室と小部屋三室という順序で進む。大広間と小部屋の横に延びるロッジアは、南から射し込む熱と光から絵画を保護するだけでなく、建物の両端をつなぐ第三の通路となり、部屋の中を通り抜けずにそれぞれの部屋に出入りすることを可能にする。ペーター・フォン・コルネリウスとその協力者によって装飾されたロッジアは二五の区画に分かれ、美術史上のエピソードや高名な画家の生涯を描いたフレスコ画で覆われている。

では次に、絵画にとってふさわしい空間配置とはどのようなものか、詳しく分析、検討してみよう。

・宮殿モデルからの脱却と個々の作品を際立たせるための展示

ルイ・ヴィアルドは、ルーヴルのような美術館の空間配置に慣れた読者に対し、ピナコテークで採用された方法がいかに優れているかを理解してもらおうと努めている。最初に述べられているのは、「唯一の長い大回廊」を放棄し、何室も続く大広間を採用することの利点。言い換えれば、宮廷の威信を表し、社交の場でもある大回廊が重要な建築要素であった宮殿モデルを棄却し、絵画の展示にふさわしい部屋で、作品だけを際立たせることの利点である。ピナコテークで「一望千里の眺め」が失われているとしても、鑑賞者がいま入ってきた場所の広さに幻惑され、その場を支配している何者かの力を感じ取るようにすることは不可欠である。そうした空間にいることで、鑑賞者はそれぞれの作品を個別に把握することができるからだ。絵を一点ずつ、はっきり見ることを妨げる「ぎゅうぎゅう詰め」は、個々の作品を際立たせるために考案された掛け方に変わった。そして、絵画の周りにある余白と適切な照明によって、遠くからでも近くからでも、作品のサイズと画風に合わせて見ることができるようになった。

このような展示方法を可能にしたのは建築である。ヴィアルドがピナコテークの建物と室内の配置において称賛しているのは、宮殿や神殿の模倣としての美術館という考え方から脱却したこと、そして、美術館の機能――絵画の保存と一般公開のための最適な条件を作り出す機能――を徹底的に優先したことだった。

・美術館建築の歴史における転換点

ヴィアルドの評価には賛同者も少なくなかった。ジョン・マレーのガイドブックでは、レオ・フォン・クレンツェが「素晴らしい建物を設計しただけではなく、ヨーロッパに存在しうる、最も適切で、最も適格な絵画の集積所をつくり上げたという点で称賛に値する」[73]と評価している。ドイツ、フランス、イギリスの専門家の意見も、ピナコテークの模範的な性格を認めるという点で一致していた。

さらに重要なことは、一九世紀から現代にいたる多くの美術館の建築家が、この建物を手本としていることである。[74]このことから、ピナコテークは美術館建築の歴史における転換点になったと言っても過言ではないだろう。これ以降美術館は、宮殿や寺院など、過去を模倣してきたモデルから解放され、また、そのモニュメンタルな性格を墨守するだけのモデルから解放されたが、この施設に要求される特有の目的――つまり、作品の保存と展示――に応えるためだけの内部の改造には異を唱えている。

・「あらゆる時代の作品」の地理と歴史に基づく展示

ヴィアルドはピナコテークの建築に称賛を惜しまないが、ただ褒め称えているわけではない。ピナコテークをプラド美術館と比較し、建物の現代性、コレクションの由来、「理にかなった順序で並べられた」絵画の点数――マドリードでは二〇〇〇点以上、ミュンヘンでは約一三〇〇点――、作品の質について論じたあと、次のように結論づけている。

> **マドリードの美術館が世界最高峰とされているのは、いくつかの部分でいまなお計りしれない重要性を持っており、各国の流派の名画に加えてラファエロの主要な絵画一〇点、ティツィアーノ四〇点、テニールス七六点を所蔵しているからである。一方、ミュンヘンのピナコテークは、ルーベンスの作品を九五点も所有し、北方派の傑作においてはいっそう充実しているため、マドリードの美術館よりも、言葉の真の意味において美術館と呼ぶにふさわしい。前巻でマドリードの素晴らしい美術館の分析と評価を試みたとき、私が細心の注意を払って読者に申し上げたのは、この場所に、芸術の歴史を組み立てるために年代順に並べられた大作を探してはいけないということであり、この美術館はふたつの王族によって形成された、フィレンツェのピッティ宮殿のギャラリーのような、美術愛好家の広大なキャビネットにすぎないということだった。しかし代々のバイエルン公は、より幸運であったのか、あるいはより老練であったのか、自身たちのコレクションを組み合わせることで、あらゆる時代の作品を集めることに成功した。特にドイツ絵画とイタリア絵画については、黎明期のものから現代にいたるまで、さまざまな変化、相互に与えた影響、進歩の過程、絶頂期と衰退期をたどりながら、真の傑作に基づく芸術の歴史を研究することができる。**[75]

「美術愛好家のキャビネット」と「美術館」を比較したヴィアルドの主張は、当時は一般的なものではなかったが、両者の原理的な違いを彼が認識していたことを示している。ヴィアルドが独特の話法で比較するのは、プラド美術館には「芸術の歴史を組み立てるために年代順に並べられた大作」は存在しないことと、ピナコテークではその歴史をたどり、研究することができること、つまり、プラド美術館では、かつてコレクションを形成した王たちの個人的な趣味が作品の選択と展示の順序に反映されているのに対し、ピナコテークでは、年代学と歴史に関して、相互主観的な妥当性を持つ基準が適用されているということである。フォン・ディリスが採用した絵画の展示方法にはこうした基準が取り入れられ、一九世紀を通して、つまり、一九〇九年にフーゴ・フォン・チューディが赴任するまで変更されることはなかった。

しかし、この基準が与えた影響はそれだけではない。フォン・ディリスは、展示室を移動するにつれて作品の質が高められるという古くからの段階《グラデーション》の原則を踏襲しながらも、ここでは流派ごとに分けて順路を構成するという新たな原則が組み合わされている。(76) この新たな原則は、地理と歴史から求められるものを尊重したものであった。

なぜ地理かといえば、ピナコテークへの訪問は、北から南へ、ドイツからイタリアへと向かう旅だからである。ドイツを出発し、北オランダ、ベルギー、フランス、スペインを経由し、最後にラファエロのローマにいたる旅。また、なぜ歴史かといえば、起点は後期ゴシックの代表者、終点は一八世紀で、ドイツの場合はアントン・ラファエル・メングスやアンゲリカ・カウフマンなど、フランスの場合はヴァトーとオラース・ヴェルネであるが、他の流派では一七世紀末以降の画家は登場しない。

・展示の諸相

さらに、同じ流派内の絵画の配置や、大広間の展示が何室にもわたる場合は、美学的な配慮によって決められた。ドイツ絵画の第一大広間の中心に置かれたのは、「北のラファエロ」と呼ばれるデューラーの作品で、その周りを師匠と弟子たちの作品が囲んでいた。第二大広間では、ドイツ絵画がイタリア絵画の影響を受けて同化していく過程が示された。ボワスレー・コレクションの傑作は、最初の五室の小部屋に分けられていた。まず、「ケルンの間」、そして「古オランダの間」と続き、その中心にはロヒール・ファン・デル・ウェイデンと、当時ヤン・ファン・エイク作とされていた『聖母』が並べられた。マーレイのガイドブックは、このような「古ドイツの巨匠」のコレクションは他に類がないと強調している。(77)

オランダ連合州とフランドルに捧げられた大広間と小部屋はすみやかに通過し、ピナコテークの中心部——空間的中心であり、芸術的中心でもある——すなわち、建物のちょうど真ん中に位置する最も広い大広間で足を止めよう。この大広間は、向かいにある三室の小部屋のうちの一室とともに、ルーベンスの栄光を称える、一種の神殿になっている。ゲルマンとイタリア、ふたつの極を結びつける旅の中で、ルーベンスはごく自然に最高の場所を占めていた。ルーベンスは北と南の両方に属しているが、そのような画家はほかには存在しない。その上ルーベンスは、バイエルンを統治していたヴィッテルスバッハ家のさまざまな家系が収集した名画の象徴でもあったからだ。大広間に展示される絵画は、年代順でもテーマ順でもなく、装飾的な観点を取り入れ、全体的な効果を生み出すような展示方法で配置されていた。(78)

フランドル絵画の大広間をもう一室通り抜けると、フランス人の画家とスペイン人の画家の作品の前に出る。この画家たちは、北方とイタリアの間に位置する、自律的なふたつの流派を形成すると考えられた。特に、アロンソ・サンチェス・コエーリョ、ムリーリョ、ベラスケスに代表されるスペイン絵画とイタリア絵画を分けることは、当時のドイツの美術館と比べても革新的であったが、その革新性はドイツにおいてだけのことではない。(79) この分け方は、フランスの王、ルイ・フィリップがルーヴルにオープンしたスペイン・ギャラリーを設けるよりも二年早く行われた。スペイン・ギャラリーは一八四九年に閉鎖されたが、その一〇年後には、グランド・ギャラリーで五点のスペイン絵画が展示された。(80) 一方、ロンドンのナショナル・ギャラリーがスペインの絵画を初めて獲得したのは一八三七年で、その作品はムリーリョだった。さらに最初のベラスケスが一八四六年、同じくスルバランが一八五三年、そしてスペインのコレクションを本格的に充実させたのは一八八〇年代になってからである。(81) ピナコテークでは、フランス人の中でもふたりの画家の名、つまりプッサンとクロード・ロランの名前が、フランス絵画〔展示の〕からイタリア絵画〔展示の〕への移行をはっきりと示していた。

イタリア絵画の配置とドイツ絵画の配置は合わせ鏡のようになっていた。(82) 鑑賞者はまず、一六世紀と一七世紀の大作（ティツィアーノ、ドミニキーノ、グエルチーノ、ルカ・ジョルダーノ、カルロ・チニャーニなど）が展示されている大広間に入る。小部屋に収められているのは一五世紀と一六世紀初頭の絵画である。小部屋などの展示室も年代順に作品を並べてはいない。しかし根底にあった考えは、絵画の絶頂期は一五世紀《クワトロチェント》の後半にあり、鑑賞者が旅の終わりに、ラファエロ、レオナルド、そしてこのふたりの同時代人の作品を発見できるようにするというものだったようだ。イタリア側のラファエロは、ドイツ側のデューラーに対応している。すべての絵画の歴史は、ルーベンスによって結びつけられる、このふたつの頂点の間に含まれるからだ。さらに付け加えれば、旅の始まりにも終わりにも、鑑賞者はルートヴィヒが購入した作品の前に立つことになるが、その作品は彼の個人コレクションの一部であり、館内でもそのように紹介されている。(83) つまり、芸術を称賛することは、王の気前の良さを称揚することなのである。

ドイツ美術とイタリア美術の鏡像的な関係は、鑑賞者が出口に向かうときに通るロッジアの装飾によっていっそう明確になる。鑑賞者が通過する二五の区画の最初の天井には、宗教と美術の融合が描かれているが、天井画そのものがそうした融合の見事な昇華である。鑑賞者はそのフレスコ画を見ながら、シャルルマーニュからデューラーにいたるドイツ文化の歴史を遡る。それから、レンブラント、ルーベンス、クロード・ロランを通りすぎてイタリアの歴史に入り、ラファエロ、ミケランジェロ、ティツィアーノにいたる。この三人の画家の区画はルーベンスの大広間の向かいにあり、その先にジョット、チマブーエ、ジョヴァンニ・ピサーノが続いている。最後は詩と絵画の森の中で、イタリアとドイツの傑出した芸術家たち、そしてギリシャとローマの詩人たちに囲まれながら、バイエルンのルートヴィヒの肖像画の前に立つ。(84) 鑑賞者はロッジアを通りながら、往路に旅した空間、数世紀の時間を逆方向にたどって帰路に就くのである。

3 ベルリン――古典主義対ロマン主義

・プロイセンとバイエルンのライバル関係

ドイツは政治の局面において一八世紀から、プロイセンとオーストリアとの対立に苛《さいな》まれていたが、文化活動では、一八世紀にプロイセンとザクセン、一九世紀にはプロイセンとバイエルンとの間でライバル関係が生じていた。これは一八一五年以降、両国で支配的だった知的・政治的風土の違いが密接に関係している。ベルリンのフンボルトとヘーゲル、ミュンヘンのゲレスとシェリングは、ふたつの首都の異なる方向性を体現していた。北部はプロテスタントで、古典主義的、どちらかといえば世界市民主義的な傾向があったのに対し、南部はカトリックで、ロマン主義的、民族中心主義的な気質があった。

既に見てきたように、この違いは絵画の収集活動にも影響を及ぼした。ボワスレー・コレクションは変遷の末にミュンヘンにたどりつき、ジュスティニアーニ・コレクションとソリー・コレクションはベルリンに買い取られた。一九世紀の最初の数十年間には、プロイセンとバイエルンの君主によって博物館の建設が始められた。このふたつの博物館は数週間違いで開館したが、先に開館したのはベルリンの博物館で、当初は王室の美術コレクションを収蔵することを目的としており、絵画作品が特別な位置を占めていた。ミュンヘンには既に絵画ギャラリーがあり、それがグリプトテークとなった。

・プロイセン国王の絵画ギャラリーとクンストカンマー

一八世紀末、プロイセン国王のコレクションはふたつの機関に分割されていた。絵画ギャラリーとクンストカンマーで、クンストカンマーは三つの陳列室で構成されていた。珍奇物と希少品からなる自然史の部屋、道具と模型の部屋、そして彫刻、壺、彫刻の施された石、置物からなる古代美術と古銭の部屋である。[85] こうした管理上の区分は空間的な配分とは一致していなかった。絵画ギャラリーはもともとサンスーシ宮殿に置かれ、古典美術の名品が収められていた。クンストカンマーの一部の品々をはじめ、古代美術以外のものは、ベルリン王宮の所蔵だった。ベルリンのフランス人コミュニティの説教師で、王の図書館司書になったばかりのジャン・アンリのことは既に紹介したが、彼がクンストカンマーにあるすべての品をひとつに集約する活動を始めたことは、特に意外なことではない。[86] 彼は一七九四年に美術品と自然物のキャビネットの監督者に任命されていたのである。彼はその当時から、自分の手に委ねられていたコレクションを真の博物館に格上げしたいと願っていたのだろうか？　この問いに答えるのは難しい。いずれにしても、彼が博物館の構想を思いついたのは、それから何年もあとのことだった。その間、博物館の問題は、もうひとりの人物によって俎上に載せられていた。

・アカデミーの美術教授ヒルトによる博物館構想

一七九七年九月二五日、国王フリードリヒ・ヴィルヘルム二世の誕生日を記念する美術と機械科学アカデミーの公開講座が開かれ、宮廷顧問アロイス・ヒルトがプロイセン王家の美術コレクションに関する御前講義を行った。ヒルトはアカデミーの美術教授であり、イタリアに滞在していた数年の間にゲーテと親交を深めた考古学者であった。ベルリン大学創立時から教鞭をとっていた彼は、一八二九年までの博物館・美術館の歴史を語る上で重要な役割を果たすことになる。

一七九七年に彼が行った講義によって博物館の計画は勢いづいたが、時期尚早だったために実現は三〇年遅れ、彼が提案した計画は大幅に修正されることになった。ヒルトは、数年前からウィーンやドレスデンのみならず、もっと小さな州都にも、絵画ギャラリー、古代美術のコレクション、美術品のキャビネットがあること、さらにそうした施設を欠いているのはプロイセンの首都だけであることに注目していた。そこで彼は、国王が所有するすべての古代美術を博物館に、すべての絵画を美術館に集約し、ベルリンに建設する新たな建物に収蔵することを提案した。[87]

アカデミーはこのような話題を持ち出すにはふさわしい場所であった。一七九〇年には国王の許可が下り、学生が国王所有のすべての城に出入りし、絵画や美術品を見学できるようになっていた。こうした方向性は、ヒルトの講義によってさらに一歩前進したようである。一七九八年四月九日の省令によって、図書館とコレクションはアカデミーに所属することになった。コレクションを管理するため、アカデミーは管理委員会《キュラトリウム》を設置し、化学者、植物学者、動物学者、古銭学者など、さまざまな分野の専門家を委員に任命した。この委員会で、ヒルトの管轄は古代美術だった。しかし、この省令ではジャン・アンリが総責任者に指名されたため、さまざまな緊張と軋轢《あつれき》を生むことになった。(88)

次の講義のあと、ヒルトはフォン・ハイニッツ大臣から、ベルリンに建設する「芸術家と美術愛好家のための博物館」の具体的な構想をまとめた計画書を提出するよう指示された。一七九八年九月二二日にヒルトが提出したのは、『王立古代美術博物館と王立絵画美術館の設立について（*Über die Einrichtung eines Königlichen Museums der Antiken, und einer Königl. Gemäldegallerie*)』と題された報告書だった。彼はこれらの施設を建設、運営する際に生じる問題に一つひとつ回答を示し、計画を立案していた。この報告書はアカデミーが所蔵品の管理を任せていた評議会に向けられたものだった。ヒルトは、影や反射を作品に生じさせない良好な照明を当てること、防火対策を万全にすること、屋内・屋外を清潔にすることが必要であり、そのためには独立した建物を建設することが望ましいと主張した。美しく、活気のある地区に設置され、国内外から美術愛好家が訪れる建物。公共教育のために、そして、最も高級な楽しみのために、国王から贈られる記念碑《モニュメント》であり、街の美しい装飾となる建物である。そのあとに展開された建設地に関する議論はここでは割愛しよう。その候補地はのちに選ばれた場所のすぐ近くだったからである。

ヒルトは建物を外部と内部から詳しく説明していた。展示そのものに関しては、芸術作品は三つの視点から見ることができるとした。つまり、作品が表現している対象、誕生した時代、そしてサイズと量塊《マッス》である。このように分けることで、複数の分類が可能になる。彼は一例として、古代美術の展示の概要を提案している。上位の神々、下位の神々、英雄と闘技者、そしてギリシャ人、ローマ人、蛮族、外国人の肖像画に分けるという展示である。同じ対象を表現する作品がいくつも存在する場合は、様式によって分けることが必要とされた。

・芸術家の育成と大衆の楽しみのための施設

上階に置かれる絵画は、時代や流派に従って配置しなければならなかった。ヒルトは次のように記している。

「ギャラリーは、『審美眼』を養う学校であると考えるべきである。したがって、すべてのギャラリーは、展示品を正しい順序で並べることを第一原則にしなければならない。今日では［中略］美術史の正しい見方を持てることはめったにない［中略］。この点において、正しい順序で展示されたギャラリーは最高の教育機関なのである」(89)

ついでながら申し添えておくと、彼がこの数行の文章を書いていた時点で、絵画ギャラリーのふたつのタイプの編成――すなわち、『『審美眼』を養う学校」と見学者に提供される「美術史の正しい見方」――の両立に関する問題が既に提起されている。しかし、彼はロランとルブランの対立など知るよしもなかったし、三〇年後のベルリンで、美学的視点と歴史的視点の両立が議論の対象になることも予想できなかった。しかしヒルトにとって、このふたつが何の問題もなく合致していることは明らかだ。その意味で、彼はヴィンケルマンの正当な後継者でありつづけたのである。

ヒルトは報告書の最後の部分で、博物館の監視体制、芸術家の研究費、一般公開の規定について論じた。さらに参考資料として、従業員の給与、作品の収集方法、暖房設備のほか、彼が提案していた素描《デッサン》と版画の陳列室についても取り上げた。(90)

この報告書からわかること、そしてとりわけ興味深いことは、ヒルトの取り組みが、都市計画、建築学、展示方法、財政、経営など、あらゆる問題に及んでいたことで、これは古代美術を所蔵する博物館と絵画作品を所蔵する美術館をひとつにまとめ、芸術家の育成と大衆の楽しみの両方に役立つ施設を創設することを意味していた。しかし、フランス革命戦争に参加し、疲弊していたプロイセンの財政にとって、彼の提案は時期尚早だった。そのため、博物館の新たな建物を建設する計画は、状況が回復するまで延期されることになった。この計画は、一八〇一年に再び話題に上ったが、一八〇三年には封印された。今度の封印は、長い間解かれなかった。

・美術と自然史の分離・統合議論

ヒルトはアカデミーの同僚たちと同じように、クンストカンマーを解体し、古代美術、古銭、自然物など、科学的な基準で分類された専門的なコレクションに分割したいと考えていた。そのためには複数の博物館が創設されることは避けられず、事実そのような結果になったのである。

しかし、ジャン・アンリの考えは違っていた。すべてをひとつに集約したクンストカンマーという施設に固執していたからである。それが自分の立場と役割を守ることであったのは言うまでもない。それが彼の唯一の動機であるなら、このエピソードは黙って見すごすだけでいい。それでもこのエピソードが興味深いのは、個人と個人の衝突を超えて、博物館をめぐるふたつ考えが対立しているからだ。

一八〇四年六月、アンリはアカデミーの運営評議会に陳情書を送り、コレクションを移動したり、現状を変更したりすることは現状では適切ではなく、可能な限り作品を集約し、国王の恩寵によって一般市民が自由に利用できる博物館が設立できるまで待つべきだと訴えた。一八〇五年八月には、大臣顧問に宛てた陳情書の中で、自然史関係と芸術関係のふたつに分離された王室コレクションを集約し、「偉大な国家の首都にふさわしい、美しく、荘厳で、総合的な王立博物館」を建設するための最良の計画を提案した。さらに同年、『美術・自然史・古代美術を収蔵する王立博物館の総合カタログ（*Allgemeinen Verzeichnis des Kgl. Kunst-, Naturhistorischen und Antiken-Museums*）』という意味深長なタイトルの小冊子を出版する。この冊子は、クンストカンマーのガイドブックであると同時に、この施設をそのまま維持することを間接的に訴えた嘆願書でもあった。一日に二時間、公的に許可された一般市民（*für alle rechtliche Personen*）にクンストカンマーを公開するという提案は、おそらく、ジャン・アンリの敵対者に既成事実を突きつける策略のひとつだったと思われる。[21]

一方には、新古典主義の精神に従って自然史コレクションから分離した美術館。もう一方には、バロックの伝統に則って美術と自然史を統合した施設。ヒルトに代表されるアカデミーと、ジャン・アンリが支持する懐古的な古い学識者の間で、最終的には議論が行われた。

しかし議論が始まったところで、大きな政治介入によって中断され、平和が戻った時には勝負がついていた。一八〇六年一〇月一日、プロイセンはロシアと同盟を結び、フランスに宣戦布告した。同月一四日、プロイセン軍はイエナとアウエルシュテットで敗北。翌日、ジャン・アンリは、彼が管理していた最重要品を東部に避難させることを命じられた。その三日後、アンリ率いる輸送隊はベルリンを出発した。途中で立ち寄ったのはメーメル（現在のクライペダ）だけだったが、この街は、宮廷がケーニヒスベルク〔現ロシアのカリーニングラード〕に逃れる前に一時撤退した場所だった。国王が所蔵していた珠玉の名画も同時期にキュストリン[※1]に送られ、その地で安全に保管された。[22]

一〇月二七日、ナポレオンに続いてドゥノンがベルリンに入城した。一一月五日、クンストカンマーに所蔵されていた品々の略奪が始まった。パリに送られたのは、大理石とブロンズの胸像三四点、レンガとテラコッタ像四〇点、ブロンズ像一九〇点、エジプトの遺物一四点、石の彫刻五三八点、メダルと古銭約一万二〇〇〇点、象牙七五点、琥珀の置物三〇点、インド製と中国製の稀少品約六〇点。さらに、キュストリンから戻ってきたものを含めた絵画一二三点、古代の彫像と胸像八四点、現代の彫像数点が続いた。[23]プロイセン王室のコレクションには約二〇〇点の古代美術と二二〇〇点以上の絵画が残っていたが、それらの作品もすべて持ち去られた。[94]

・博物館・美術館に対するフンボルトの考え

プロイセン政府が、イエナの敗北（一八〇六年）からライプツィヒの勝利（一八一三年）、さらにワーテルローの勝利（一八一五年）までの間、博物館の開設よりもはるかに深刻で逼迫した事態に直面し、次の時代へ滞りなく進まなければならなかったことは想像にかたくない。しかしこのことは、一八〇八年から一八一〇年にかけて、ヴィルヘルム・フォン・フンボルトが、プロイセン内務省の宗教・教育局長として実施した教育機関改革により、暗黙のうちに提起されていた博物館と教育機関の関係をめぐる問題を回避することになった。

プロイセン大使として六年間ローマに派遣され、一七九七年一一月から一七九九年九月までパリに滞在していたフンボルトは、博物館の最新の動向を直接見聞きしており、フランスの公教育の組織化に関するさまざまな計画についても熟知していた。[95]

しかし、フランスの計画では、自然史、美術品、古代美術品のコレクションが、さまざまなレベルの教育機関で重要な要素になっていた。[96] フンボルトはこのふたつを切り離そうとする傾向が強かったが、王にベルリン大学の設立を提案したときには、新たな教育機関は科学アカデミーや芸術アカデミーのみならず、天文台、植物園、美術コレクション、自然史コレクションとも有機的なつながりを持つことが必要であると述べていた。[97]

しかし実際のところ、彼はそのようなつながりを重視してはいなかった。一八〇九年、もしくは一八一〇年に書かれた未発表の論考には、次のような記載がある。

「一般的なこととして注意を促したいのは、生命のないコレクションをみだりに重要視することは誤りであること、そして、そのようなコレクションが容易に精神を麻痺させ、知能を低下させることを忘れるべきではないということである［略］」[98]

ここで対比されているふたつの立場、つまりフンボルトの立場と彼が知っていたフランス関係者の立場が注目に値するとしたら、それはもちろん、どちらが優れているといった比較の問題によるものではない。制度上の決定が哲学的選択にどのような影響を及ぼしたかを示しているからである。相も変わらずコンディヤックの弟子、感覚主義者であるフランス人は、目に見えるものに対する理解を優先し、目に見えないものを理解しようとするときは、観察道具や測定器具、臨床研究、統計を介した正当と認められるやり方でしか認めようとしなかった。この点から見れば、コレクションは重要かつ発見的《ヒューリスティック》な役割を果た

［※1］現在はドイツ領とポーランド領に分割。ポーランド領の地名は「コストシン・ナド・オロン」。

している。しかし、フンボルト特有のドイツ観念論によれば、理解することが肝心なのは、感覚によって与えられる不活発な「エルゴン」〔働き〕ではなく、「エネルゲイア」、つまり、知性だけがアクセスできる創造的な精神力なのである。私はここで、のちにフンボルトが導入する用語を使っているが、この用語が表している概念的な対立は、一九世紀初頭のドイツ観念論者たちの間ではさまざまな形で存在していた。

以上のことから、観念論者たちが最も優位に置いていたのは、精神科学の中でも文献学だった。こうした観点から見れば、さまざまなコレクション、とりわけ美術コレクションは、芸術家や美術愛好家にとって重要なもので、大学教育にとってはそうではなかったのである。美術館は教育機関のひとつとはみなされず、一八〇八年から一八一〇年にかけて実施された改革の波にも乗ることができなかった。唯一できることといえば、平和の訪れを待つことだけだった。

・略奪された文化財の返還問題

フランスに持ち去られた文化財は、ナポレオンがヨーロッパを支配している間は表に出ないようにされていたが、忘れられたわけでもなければ、返還の希望が失われたわけでもなかった。ベネディクト・サヴォワ〔フランスの美術史家。一九七二―〕の大著が詳細を語っているように、一八〇七年から一八一三年にドイツ諸国からパリに派遣された特任官僚たちは、自分たちでは気づかぬまま、ナポレオンの失脚後の文化財返還への準備をしていたのである。サヴォワの著書によって交渉の紆余曲折を追ってみると、一八一四年の返還交渉がうまくいかなかったのは、フランスの世論でルイ一八世の評判が悪くなるのを恐れたため、外交官たちがフランス政府に圧力をかけることをためらったことが一因であるという。ワーテルローの戦いのあと、プロイセン軍はすべてを掌握し、略奪したものをすべて返還するよう要求したが、この要求はヨーゼフ・ゲレス〔ドイツの作家、哲学者、神学者、歴史家、ジャーナリスト〕が編集する『ライニッシャー・メルクール』を筆頭に、あらゆる新聞や雑誌に掲載されたドイツの世論と全面的に一致していた。[99]マスコミは返還が正義の行為であり、勝利の代償であるとみなした。そしてフランスが美術品の国有化〔の正当性〕について問いを発したことに触発され、略奪された文化財を博物館で公開するという要求に、新たな政治的意味を持たせたのである。

敵の過ちを憎むことを学びながらも、彼らが行った優れたこと、有益なことから教訓を引き出そうではないか〔中略〕。ドイツでは、野蛮な衛兵たちが、自分たちの気分によって見せたいものを決めている。パリでは、特定の日に、誰もがコレクションを見ることができ、自由に鑑賞することができる〔中略〕。時は来た。いまこそ、わが国に公共

ギャラリーを設立し、至宝の芸術を展示するときなのだ。この至宝はわれわれから奪われたものであり、フランス人の手には残らぬよう、切に希望するものである。

『ライニッシャー・メルクール』に掲載されたこの記事の最後には、一八一四年六月二五日の日付がある。同紙は一八一五年八月六日にも社説を載せ、フランスは略奪した文化財を返還すべきであると強く主張している。

ドイツにおいて、目下の最大の関心事は、侵すべからざる公共財産（*unveräusserliches Volkseigenthum*）**とみなされているものの返還である。前回のパリの和約では、こうした品々は忘れ去られ、愚かにも失われてしまった。しかし今度こそ、返還の要求から始めよう——この要求は、世論がこの一年で大きな力を持ったこと、そして強く望めば叶わぬことはないということの、せめてもの証左である。**

社説を執筆したゲレスは、世論には有無を言わさぬ力があるという幻想を抱いていた。それでもこうした世間の声が、世代交代が進むにつれて大きくなったことは確かであり、ベネディクト・サヴォワの言葉を借りるなら、「芸術と博物館に関する国際的で啓蒙的な議論から［中略］愛国的で政治的な性格を持つ議論への移行」とともに力を持つようになった。だからこそ、世論を満足させなければならなかった。

その機会が訪れたのは、パリに押収されていた略奪品の返還要求が、愛国的な抗議運動を伴って行われたときである。その一例が、一八一五年一〇月にベルリンの芸術アカデミーで開催された展覧会で、この展覧会のカタログにつけられたタイトルは、一八〇七年にルーヴルがナポレオン軍の略奪品を展示したことに対する反駁《はんばく》という見方もできるものだった。(100) ここまで来れば、次にすべきことは、博物館の計画を再び俎上に載せることだけだった。

・建築家シンケル設計の博物館

一一月になると芸術アカデミーの建物内に博物館を設置することが決定された。それから五年後、王室コレクションから博物館の所蔵品にふさわしい作品を選択するという役目がヒルトに与えられた。一八二二年には委員会が設置され、アカデミーの建物を博物館に改装できるかどうかが検討されることになった。

委員会の錚々《そうそう》たる顔ぶれには、ヒルトのほか、建築家であり、画家でもあったカール・フリードリヒ・シンケルが名を連ねていた。シンケルは、プロイセン王室の建築顧問を務め、「ノイエ・ヴァッヘ（新衛兵所）」（一八一六～一八年）や王立劇場（一八一八～二一年）など、ベルリンに新古典主義建築の建物を数多く残している。建築費は着工から竣工までの予算として、七〇万ターラーが割り当てられた。そして一八二三年一月八日、事態は次なる展開を迎えた[101]。シンケルはその日、新たなプランを国王に提出した。それは、前年の後半から年末にかけて練り上げられ、新古典主義の様式でデザインされた博物館の設計図と見積書だった。

彼が提案したのは、庭園に面して向かいに王宮があり、両側を大聖堂と兵器庫に挟まれた場所――つまり、ベルリン市で最も格式の高い場所だった。入口から堂々たる列柱の横を通ってエントランスホールに入ると、上階に通じる、左右に分かれたふたつの壮麗な階段がある。そのふたつの階段の奥に進めば天井まで吹き抜けになったロトンダが広がっている。ロトンダは建物の中心で、両側にふたつの四角い中庭が配されている。シンケルの設計案では、エントランスホールの両側にクンストカンマーを設置し、一階のギャラリーに古代彫像の石膏レプリカを飾る予定だった。このレプリカのオリジナルはロトンダの正面中央に置かれていた。絵画ギャラリーは上階に設《しつら》えられた[102]。しかし、急いで付け加えておくと、開館当時、急速に増えつづける王室の美術コレクションはこのギャラリーには収まりきれなくなっていた。そのため、クンストカンマーはもとの所在地に残されることになり、いまも同地で見ることができるのである。

列柱、ロトンダ、壮麗な階段に対してヒルトが反対したのは費用の削減が理由だったが、一八二三年二月五日、博物館委員会はシンケル案に賛成の立場を取った。この決定は同年四月二四日に国王によって承認され、唯一の条件として、建設費を当初の予算内に収めることが命じられた。ヒルトはこのとき初めてシンケルに敗北し、一八二九年には辞任することになる。

それからまもなく、シュプレー川の支流を整備し、建物を支える杭を設置する土木工事が始まった。定礎式が行われたのは、一八二五年七月九日。シンケルは博物館の建築と内装を研究するため、一八二六年五月に四カ月の予定でパリとイギリスに旅立った。一八三〇年八月三日、国王の六〇歳の誕生日に、ロトンダ、絵画ギャラリー、彫刻展示室が一般公開されることになった。［図93］［図94］［図95］［図96］［図97］［図98］［図99］［図100］。残りの部分の公開は、一八三一年六月一日だった[103]。

・美術史家ヴァーゲンの招聘と新たな展示方法

一八二一年にソリー・コレクションが購入されると、一八二二年三月に国王の命令によってヒルトとシンケルに管理が任されることになった。管理というのは、三〇〇〇点以上の絵画の目録を作成し、分類・再配分して、未来の博物館のために最良のものを選ぶという作業だった。さらに一八二三年、国王は外

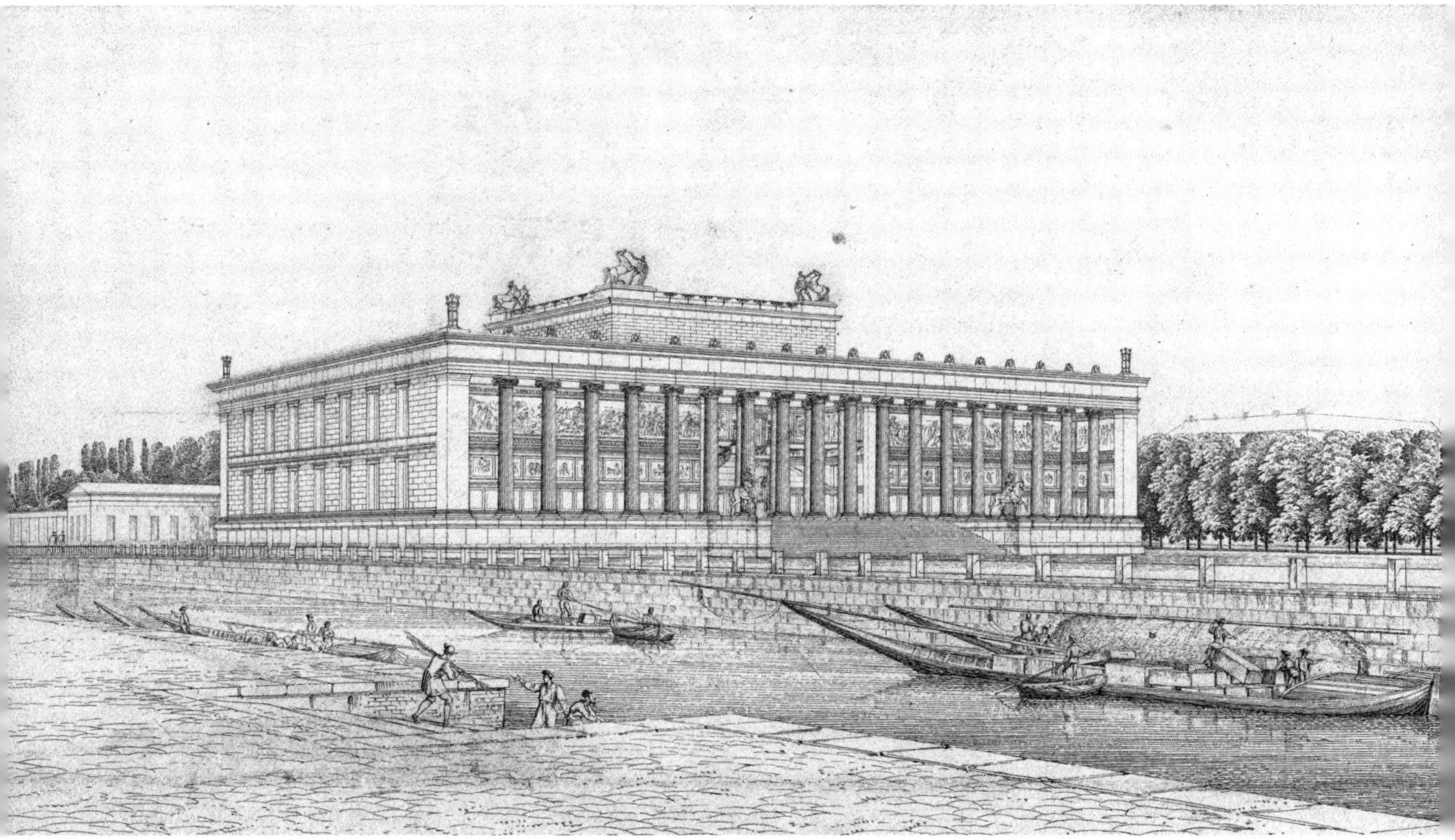

[図93] カール・フリードリヒ・シンケル『旧博物館(アルテス・ムゼウム)とルストガルテンの眺め、ベルリン』1825年以前(Kupferstichkabinett [SMPK], Berlin)

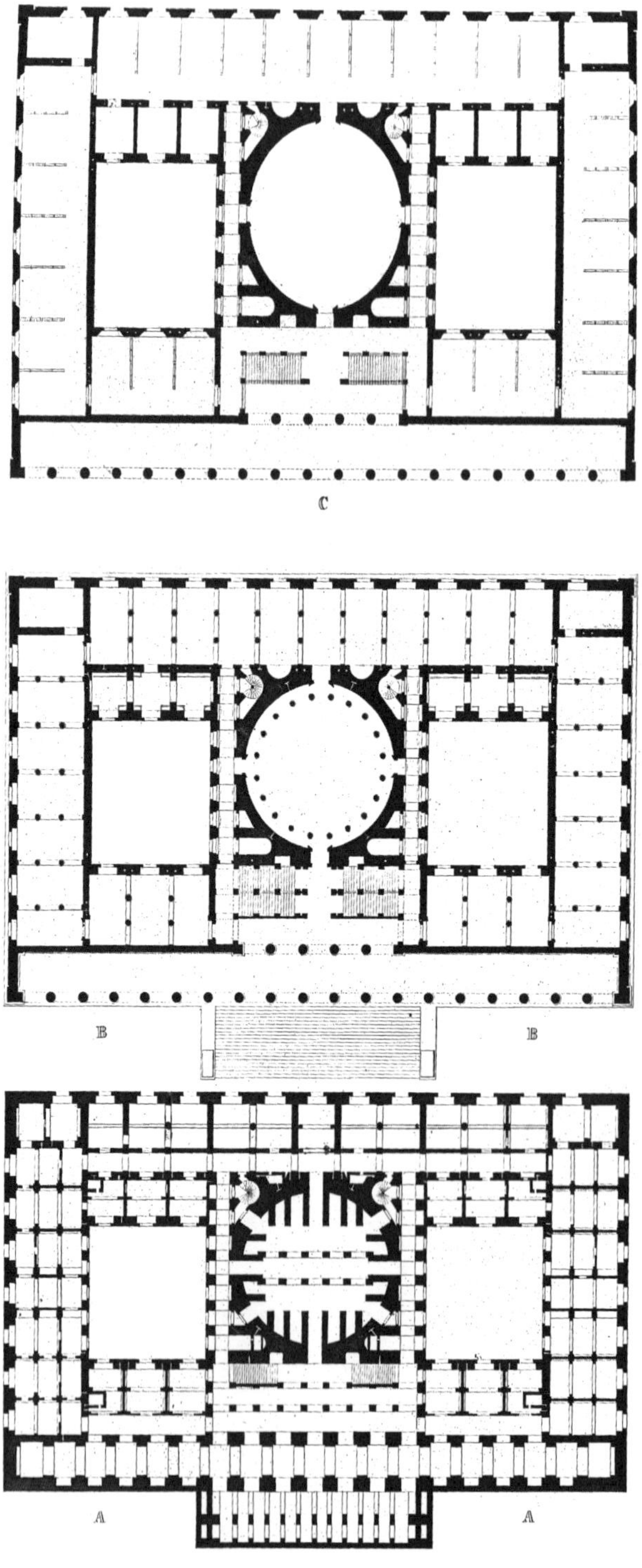

[図94]カール・フリードリヒ・シンケル『新博物館の階層図、ベルリン』1825年頃、建築計画のコレクション
（Berlin, Éditions Ernst & Korn, 1858. Smithsonian Institution, Washington DC）

[図95]フリードリヒ・アレクサンダー・ティーレ『新博物館の眺望図』1825年頃
(Stadtmuseum, Berlin)
博物館が「新しい」として紹介されているのは、建物が完成したばかりであって、これは開館の5年前である。30年後に新しい博物館が建設されると、「旧博物館(アルテス・ムゼウム)」となる

[図96] カール・フリードリヒ・シンケル『ロトンダ遠近図』1858年(National Galleries of Scotland, Edinburgh)

［図97］マックス・リュプケ『ベルリン博物館における
ゼウス群像の展示』1866年頃
（Kunstbibliothek, Staatliche Museen zu Berlin）

[図98]カール・ベンネヴィッツ・フォン・レーフェン『シンケル美術館の旧絵画ギャラリー』1880-1884年頃
(Nationalgalerie, Berlin)

[図99]ベルリンの旧博物館（アルテス・ムゼウム）、1階の彫刻の間。1910年撮影。前の画像とこの写真との間では、美術館は様変わりしている。あとの写真では、人々が絵画に近づきすぎるのを防ぐ金属の障壁や、額と額が接するような展示、展示用の壁の高さいっぱいに何段にも重なるように掛けられた絵画は見あたらず、絵画、彫刻、「カッソーニ」（チェスト）が並んで展示されている。これについては本書第3巻参照

[図100]旧美術館（アルテス・ムゼウム）の「神々と英雄の間」。ベルリン、1883年

部顧問を入れることを委員会に命じた。

白羽の矢が立ったのは、一年前にファン・エイクについての著作を出版した二九歳の美術史家だった。グスタフ・フリードリヒ・ヴァーゲンは年齢こそ若かったが、芸術作品と博物館に関する深い知識を持っていた。解放戦争中は志願兵としてプロイセン軍に参加し、パリに駐屯していたときに、ドゥノンが館長を引退する直前の、輝かしいルーヴルの美術館を見ることができた。また、高名な作家で、叔父であったルートヴィヒ・ティークのはからいで、ハイデルベルクのボワスレー・コレクションに出入りを許されていた。さらに、ストラスブールを訪問し、オランダを旅行し、ミュンヘンからウィーンにいたる各地を歴訪した。ヴァーゲンが一八二四年に委員会に参加すると、シンケルは彼を連れて三カ月のイタリア旅行に出かけた[104]。

ヴァーゲンは美術史の専門家として委員会に参加していた。総論としてはヴィンケルマンの美術史に忠実であったが、北方やイタリアのプリミティフ絵画を通史に組み込ませるという点ではヴィンケルマンの思想から外れていた。また、その美術史は、作品の徹底的な研究に基づき、精神諸学《ガイステスヴィッセンシャフテン》、すなわち人文科学の典型的な学問である文献学と同じ厳密さを取り入れ、「批評的な歴史」を目指すという点でもやはり外れていた。こうした観点から見れば、ヴァーゲンはカール・フリードリヒ・フォン・ルモールの弟子であり、後継者でもあった。ルモールは古代彫刻とイタリア絵画に関する重要な著作を出版し、社会的地位によって正式な委員にはなれなかったものの、委員会の仕事に大きな影響を与えていた[105]。

一八二八年六月、ヴァーゲンが正式な委員に任命され、未来の博物館で相応の地位が約束されると、ヒルトとシンケルの長年の対立にも解決の糸口が見えたらしく、その第一幕はシンケルの勝利で終わった。この対立は所蔵品の選定と展示方法――特に絵画作品の展示方法――という博物館の原則を問題にしていた。これまで見てきたように、ヒルトが博物館において重視していたのは、美的感覚を養い、美術史の正しい見方を教えるという教育的な役割だったが、美的感覚は、美術史ほど重要ではないと考えていた。シンケルとヴァーゲンは、ヒルトとはまったく異なる意見を持っていた。このふたりはヒルトより四半世紀もあとに生まれた若い世代の代表で、戦争の渦中に育ち、ロマン主義文学に染まり、ボワスレー・コレクションに魅了されていた。とりわけヴァーゲンの場合は、文献学を手本とする美術史に傾倒していた。

ヴァーゲンは、ヒルトの新古典主義的、教訓的な傾向と反対に、「まず楽しませ、次に教えよ（erst erfreuen, denn belehren)」という標語の信奉者だった。彼は自身の仕事において、ヒルトの視界には入っていなかったものを大切にした。このことは、ソリー・コレクションを分類しているときに既に明らかになっていた[106]。彼が好んでいたのは、シンケルと同じように、ギリシャ美術やゴシック美術、ラファエロ時代のイタリア絵画、一五世紀《クワトロチェント》の初期の絵画、一五世紀のフランドルやドイツの作品で、あらゆる作品を等しく称賛していた。すべては年代学に基づいて展示され、質の高いオリジナルだけが保存された。

一八二八年八月、シンケルとヴァーゲンは、担当大臣に博物館の職務に関する報告書を送ったが、これは実際にはヴァーゲンがひとりで書いたもので、ふたりの考え方を具体的に述べたものだった。一八二九年四月一三日、ヒルトは委員会を辞任した。五月八日、国王はヴィルヘルム・フォン・フンボルトを議長に任命した[107]。

・美学的アプローチと年代順に対するこだわりの対立
——大衆向けか専門家向けか

その六週間前にフンボルトは妻を亡くしていた。博物館委員会を束ねる議長への任命は、かつて大使や大臣などの重責を担ったフンボルトをねぎらい、喪の悲しみを乗り越えるための国王の配慮だとみなされた。しかし、この人事には別な理由もあった。芸術愛好家、収集家であり、多くの博物館を訪問していたフンボルトは、パリやローマ、ウィーン、ロンドンの博物館の事情をよく知っていたのである。一八二〇年に引退したあとは、主に東洋言語の研究に取り組んでいたが、一八二五年からは「プロイセン芸術愛好家協会（*Verein der Kunstfreunde in dem preussischen Staate*）の会長を務めていた[108]。

フンボルトはヒルトより八歳年長で、同世代に属してはいたが、友情関係を築いていたのは一八〇三年にローマで出会ったシンケルだった。また、ヴァーゲンの仕事に対するフンボルトの高い評価は、一八三〇年にヴァーゲンが美術館の館長に任命されたことにつながった。館長職はもともと芸術家、特に画家に委ねられるという慣習があったが、この決定は、美術館の権力が芸術家から美術史家の手に移るきっかけとなった[109]。しかし、絵画の展示方法をめぐる、フンボルトとシンケル・ヴァーゲンの間にあった確執は、何があっても解消されることはなかった。

この確執については、トーマス・W・ゲートゲンス〔ドイツの美術史家。一九四〇―〕によって研究されている。ゲートゲンスによれば、確執の本質は、フンボルトが奨励していた美学的アプローチと、シンケル・ヴァーゲンの年代順に対するこだわりとの対立にあり、その対立は、博物館の社会的な方向性——大衆向けにするか、専門家向けにするか——の違いにも発展したのだという[110]。知識のレベルはまったく異なり、三五年分の経験の蓄積が背景にあるという違いはあるが、ルーヴルの美術館の開館前夜に繰り広げられたロランとルブランの論争が、ベルリンで再演されたということだろうか。確かにそうかもしれない。しかし、フンボルトがどうしても譲れなかったのは、シンケルとヴァーゲンが熱狂していたボワスレー・コレクションに見られるような「古いドイツ」の芸術に対する評価にあり、フンボルトの意見は生涯変わることがなかったということは特記しておかなければならない[111]。フンボルトの「古いドイツ」の芸術に対する評価は、「一四世紀《トレチェント》」と「一五世紀《クアトロチェント》」初頭のイタリアの絵画にも広がった。この時代の作品は、フンボルトにとっては歴史的な価値しかなかった。それは芸術が歩んできた過去の一時期を記録したものにすぎず、それ以上のものではなかったのである。

・フンボルトの考察

以上のことから、作品にはふたつのカテゴリーが存在する。ひとつは過ぎ去った過去への興味を呼び起こすもの。もうひとつは鑑賞者一人ひとりに一体化を呼び覚ますとみなされるもので、これは人生において内面化された形式が作品と響き合った結果である。フンボルトによれば、「いかなるものごとの理解も、その可能性の条件として、理解する者がこれから実際に理解されるであろうものごとの類似的代理物《アナロゴン》——すなわち、主体と対象の間にある、本質的な事前の合意——を、あらかじめ持っていることが前提とされる」。

このことは、歴史家が研究する出来事に直面したときにも当てはまる。そしてどうやら、鑑賞者が芸術作品に対面するときにも同じように当てはまるようだ。芸術作品の一つひとつが美的価値を持つのは、鑑賞者の心の中に存在する類似的代理物《アナロゴン》に呼応するときだけだが、鑑賞者がそのことに必ず気づくとは限らない。しかしそのような呼応が行われたときに初めて、芸術作品は何ものにも代えられない役割を果たすようになる。「なぜなら、芸術作品の最大の利点は、現実の表現では隠れている形式の、内なる真実を明らかにすることだからである[112]」。そのため、作品の美的価値は、日常の中で漠然としているものを明らかにすることであり、届きそうにないものを意識させる能力にある。そしてそのような価値を持つ作品が十分に効果を発揮するためには、鑑賞者の注意をそらさないよう、歴史的価値しか持たないものから引き離すことが不可欠なのである。

では、フンボルト自身はどうかといえば、彼が過去の芸術に取り組んだり、判断したりするときの内的な形式は、ギリシャ彫刻、ローマの記念物、そして友人であったトルヴァルセンの作品を含めた伝統的で古典主義的な作品の心象イメージによって構成されていた[113]［図101］。フンボルトが親しくしていた多くの画家の中で、ゴシック様式に興味を示したのはシンケルだけだったが、フンボルトは、シンケルの作品に見られるゴシック的な外観に親近感を抱いていたわけではない。フンボルトはゲーテと同じように、ギリシャ美術にしか関心がなかったし、「古いドイツ」の美術に見られる宗教的な側面は、彼にとって極めて異質なものだった。だからこそ、そこには愛国的な意味と歴

[**図101**] ベルテル・トルヴァルセン『ヴィーナス、マルスとウルカヌス』1810-1811年、大理石の浮彫（Neue Pinakotekh, Munich）

史的な意味しか与えなかったのである。

・妥協点としての三つの部門
――南方派・北方派・「歴史的価値しかない作品」

シンケルとヴァーゲンが強く推奨したのは、絵画作品を年代順に等しく並べることだったが、フンボルトはそのような展示には反対で、歴史的価値しか持たない作品と、歴史的価値に加えて美的価値も備えている作品をあらかじめ分けるべきだという考えだった。彼の意に沿わなかったのは、一方にはジョットに始まる一四世紀《トレチェント》のトスカーナの画家たち、もう一方にはヤン・ファン・エイク、ロヒール・ファン・デル・ウェイデン、ハンス・メムリンク〔以上すべて初期フランドル派の画家〕がいたが、こうした画家に関していくらか妥協することによって、結果として自分の意見を押し通した。シンケルとヴァーゲンも譲歩の姿勢を見せ、美学的な親和性がある場合は、年代順の展示にはこだわらないとして折り合いをつけた。

こうして、展示室は三つの部門に分けられることになった。南方派（イタリア、スペイン、フランス）、北方派（フランドル、ドイツ）、そして歴史的価値しかない作品で構成された部門である。

絵画を展示するスペースを増やし、十分な光を取り入れるため、空間は間仕切りで三七区画のブースに区切られ、同じく三七片に小分けされた窓から光が射し込むようにした。ヴァーゲンが開館に合わせて刊行したカタログを見れば、鑑賞者はどの部門にいるかがわかるようになっていた。

すべての鑑賞者が満足したわけではなかった。イギリスのガイドブックは、ベルリンの美術館は、名画に関してはミュンヘンとドレスデンには及ばないとしながらも、「ビザンチン派に始まり、フィレンツェ派、シエナ派へといたる芸術の最盛期から、その後の衰退期までをたどりたい方」にとっては極めて興味深い美術館であると評した。

ここでは、楽しみよりも歴史に重点が置かれている。ガイドブックは「素晴らしいカタログ」を称賛し、「年代順と流派による分類を組み合わせた構成」は「非常に良い」と評価しながらも、言及しているのは南方派と北方派の二部門だけである。この二部門の中で注目すべき作品を一つひとつ列挙したあとで、ガイドブックの筆者は思い出したようにこう付け加える。

「博物館の第三部門は、美術史における最も古い（最も早い《アーリエスト》）時代の作品で占められており、『絵画の遺物』と言わざるを得ないが、歴史的な視点に立ち、芸術の進歩を浮き彫りにするものとして見れば、いたって興味深いものである」

筆者はどの作品とは特定していないが、そのことによって前の二部門とは区別していることがわかる。そこに別の原理が働いていることを、この筆者は明らかに感じ取っているのだが、はっきりと意識できなかったのか、あるいは詳しい説明を避けたのだろうか。[114] ただ単純に、そこまで書くのはガイドブックの役目ではないと考えたのかもしれない。

・ヴィアルドの評価――建物の外観、展示室

ルイ・ヴィアルドの本は、単に情報を提供するのが目的ではなく、比較と判断の指針を与えるという狙いもあった。彼はここでもまず建物自体の評価から始め、ベルリンの博物館に対する実際的で批判的な分析を行っている。

「高貴で威厳のある外観だが、その目的からすると少しばかり重厚すぎる。ベルリンの博物館には力強さよりも優雅さが似合う」

クレンツェとは異なり、シンケルはフランス人から称賛を得られなかったようだ。次にヴィアルドはロトンダと彫像についで触れてから、建物の四方に延びる展示室に注目し、「横長に開けられた窓によって、展示室はできる限り明るく照らされている」と評する。展示室を区画で分けることについては、「何枚かの薄い仕切りに額縁を掛けているため、無理に作品が詰め込まれることはなく、天井近くにまで掲げられることもない。光は側面から当てられているが、明るさは十分で、真正面から当てられるよりも見やすくなっている」と述べ、最後にこう結論づける。

「箱だけ、あくまで外側の建物だけで判断するなら、ベルリンのギャラリーはミュンヘンのものよりも全体的にはやや劣るように見えるが、ドレスデンのものに比べればはるかに優れている」[115]

・コレクション構成について――歴史に重点

外観のあとには内容の評価が続き、ベルリンの博物館には「独特の相貌、独自の性格」があるという。プロイセン王の絵画コレクションは形成されたのが遅れたため、「世界にその名を知らしめ、コレクション全体に輝きを与える」屈指の名画は不在であると批判する一方、展示品は選び抜かれたものばかりで、「名声もなく、価値もなく、美の殿堂に置くのはふさわしくない、みじめで低級な偽物」は排除されていると評価する。ベルリンのギャラリーの特色である、「尊敬に値する凡庸さ」は、元来のコレクションのほか、ジュスティニアーニとソリーのコレクションから構成されていることで、もうひとつの際立った特徴が加えられている。

最も充実しているのは、ラファエロの直前の時代、すなわち一五世紀イタリアの巨匠たちの作品である。リッピ、ボッティチェリ、コジモ・ロッセッリ、ピエロ・デッラ・フランチェスカ、ポッライオーロ、ギルランダイオは、世

界中のどの美術館にあっても不思議ではないものばかりだ。この画家たちの名は輝かしく、その存在は栄光に満ちている。しかし、彼らがいずれも過渡期の画家に属しているのに対し、絵画芸術は、ジョット、フラ・アンジェリコ、マサッチオによって拓かれた道を歩みながら、進歩の終わり、進化の完了を探しつづけてきた。その結果、彼らよりも後継者のほうがよく知られるようになってしまった。したがって、これらの巨匠たちの作品は数点あれば十分なのだが、彼らの後継者であるさらに偉大な巨匠たちの作品が極めて少なく、つつましいため、その点数が実際の数よりも多いように見えてしまう。付け足しの部分はあまりに過剰で、主要な部分の物足りなさと空疎さが際立ってしまった。まるで収穫できない種、結論のない前提のようなものである。内部のギャラリーは、それを収容する建物と似たり寄ったりで、この建物は柱廊《ポルチコ》にあまりにも場所を取りすぎてしまったのである。[116]

この一節にはベルリンのギャラリーに対する認識が明らかにされているが、ギャラリーを訪れたのはさまざまな点で例外的な人物、つまりフランス人〔ヴィアルド〕である。ここでは、評者がどの国に帰属しているかに言及しておかなければ公平さを欠くことになるだろう。ドイツでは、一九世紀初頭から、一部の画家たちのグループが、愛国的・宗教的な理由によって「古いドイツ」の芸術に目を向け、さらにイタリアのプリミティフ絵画にも注目していたのに対し、フランスでは依然として古典主義的な伝統から外れたものは認められていなかった。ドゥノンは早くからプリミティフ絵画に関心を持っていたが、ヴィアルドにはパリで中心的だった思想に染まっていた。パリの人々が「一五世紀初期《クワトロチェント》」の画家の重要性を認めたのは、ヴィアルドの死後、かなりあとになってからのことである。

しかし、彼の見方がフランス的であるとするなら、その見方は彼の知識の源となっていた美術史の哲学とは異なっている。美術史の哲学は、芸術とはどこかの時期に「進歩の終わり、進化の完了」を迎えるもの、一言でいえば、「完成」にいたるものだと仮定する。イギリス人がその哲学に疑問を持ち始めていたとしても、当時の世間一般の考えを代弁していたヴィアルドにとって、芸術の「完成」を表現するのはラファエロとその時代の芸術家だった。ラファエロ以前、芸術は絶頂期に向かって上昇するが、ラファエロ以降は衰退に向かい、次の上昇が始まるまで下降しつづける。このようなヴァザーリ的な視点に立てば、絵画ギャラリーを成り立たせるものは「過程」ではなく、「到達」を体現する作品でしかなくなる。そうなれば、相対的なものは絶対的なものに、限りある時間は永遠に、歴史は美学に向かう。ヴィアルドの目から見ると、ベルリンのギャラリーはそのような存在ではなく、あくまで歴史に重点を置いたものだった。こうした見方はイギリスのガイドブックの筆者と一致しているが、彼らは美術史に関して同じ哲学を持っているため特に意外ではないだろう。

・理解が及ばなかった「第三部門」

次にヴィアルドが目を向けるのは、絵画の分類を規定する順序の問題である。彼の意見では、「合理的で論理的な分類、つまり歴史や年代学に基づいた順序を採用し、流派や工房を正しい順序で位置づけること」は難しくないという。

「しかし、そのような順序を採用することは差し控えられた。私はこの奇妙な分類が採用された理由について、多くの人に意見を求めたが、納得のいく説明をしてくれた人はひとりもいなかった。南方派と北方派という二部門を最初に置いたことは、わかりやすく自然であり、不可欠でもある。しかし、そのあとに、なぜ第三の部門を設けたのか、まるで理解できない。第三部門にはビザンチンの作品をはじめ、ヴェネツィア、パドヴァ、ミラノを含めた古いイタリアの作品があるが、その中にはどういうわけか、ペルジーノ、ラファエロ、そしてケルンのテウト・フラマン[※1]の作品が入っているのである。これは、俗に言う「牛の前に犂《すき》を置く」、つまり本末転倒であって、始めるべきところで終わっている。なぜなら第三部門には、前の二部門のはじめに置くべきものが集められているからである」[117]。

ギャラリーを三分割した理由について、ヴィアルドに説明できる人がいなかったことは少しばかり奇妙である。とはいえ、彼が理解できなかった事実は依然として残る。彼が理解できなかったのは、おそらく、ギャラリーに展示されていたほとんどすべての作品が、彼にとっては歴史的価値しかなかったからだろう。それが事実なら、この批評家は、南方派から北方派までを網羅した、ひとつの部門だけしか認めなかったに違いない。彼は「ビザンチン」と「古いイタリア」を南方派に置き、「テウト・フラマン」を北方派に入れるかもしれないが、それらの作品と残りの作品との間には本質的な違いを見出すことはない。プリミティフ絵画を高く評価していたからではなく、これまで見てきたように、それ以外の画家に対してかなり控えめな評価を下していたからである。

それにしても、彼はなぜ第三部門が最後に置かれたことを残念に思ったのだろう。そのように考えるのなら、第三部門から見はじめればいいのだ。その理由は私にはわからない。興味深いのは、ルイ・ヴィアルドほど博物館に関して経験豊かな強者《つわもの》が、ベルリンの絵画の展示方法の原則を理解していなかったということである。

そして、彼が理解できなかったのは、歴史的価値しかない作品と、歴史価値と美的価値を併せ持つ作品との違いだけではない。さらに重要なのは、後者の展示方法がどのような規則で成り立っているのかわからなかったことである。

イタリア、スペイン、フランスの流派を含む南方派は、六つのグループに分類されている。この分類は、展示室の仕切りによってつくられた物理的な区切りとは何の関係もないことから、きちんと考え抜かれた分け方であり、流派の歴史、影響、系統をわかりやすく、明確にするためのものだと思われる。さて、六つのグループがどのように配置され、形成されたのかを推測すれば、千通りもの答えが出てくるだろう。第一グループはヴェネツィアの画家が並んでいるが、ヴェネツィア生まれの画家は第三部門に移されたために除外されており、一四五〇年から一五五〇年にかけて同地で才能を開花させた画家が入っている。しかし、そこにはスクアルチオーネ、マンテーニャ、アントネッロ・ダ・メッシナなど、ヴェネツィア出身ではない人々も含まれている。第二グループはロンバルディア人という名前がつけられているが、パルマのコレッジョやヴェネツィアのロレンツォ・ロットも入れられている。第三グループは、フィレンツェのジョット、ガッディ、フラ・アンジェリコとその後継者たちから始まっているが、アンドレア・デル・サルトや「フラーテ〔フラ・バルトロメオ〕」で終わるのではなく、ラファエロ、フランチャ、ガロファロ、セバスティアーノ・デル・ピオンボ――つまりローマ人、ボローニャ人、フェラーラ人、ヴェネツィア人にまで範囲が広げられている。第四グループはあらゆる国がごちゃ混ぜになっている。ここには巨匠たちが集められているが、集めた理由は一六世紀中盤にともに生きていたという共通点以外には何もない。第五グループには、カラヴァッジョを含むカラッチ一族の弟子たち、ローマ帝国退廃期の画家、スペイン人、フランス人、フラマン人、そしてホントホルスト、スワネフェルト、スステルマンス、サンドラルトのようなイタリアで活動した画家が含まれている。最後に第六グループは、第二グループがロンバルディア人と名づけられているように、フランス人と名づけられているが、プッサンとル・シュウールの隣には、ドイツ人のメングス、オランダ人のファン・デル・ウエルフ、ヴェネツィア人のカナレットが並んでいる。これはまったく理解不能である。おそらく、この奇妙な配置を説明し、根拠を示してもらおうと何度質問を繰り返しても、納得できる答えを得ることはできないのではなかろうか[118]。

〔※1〕ケルンやフランドル周辺地域で活動した芸術家たちのこと。

おいおい、ヴィアルドと、ついいつもの口調で声をかけたくなってしまうが、この分類を理解することはそれほど難しいことではあるまい。画家を出生地で分類することしか許されないという思い込みを捨て、才能を開花させた場所で分けることもできると認めればいいのだ。転居を繰り返した画家であれば、複数のセクションに現れることもあるだろう。そうすることで、互いの作品を知っていたと思われる芸術家たちの交友関係や対立関係を明るみに出すこともできる。なぜなら彼らは時間的にも空間的にも近くにいたからである。

・フンボルトとヴァーゲンの共同作業の独創性

ヴァーゲンによって導入された配置は、絵画を刷新したふたつの中心地を設定することから始まった。ひとつは、近隣のロンバルディアまで含めたヴェネツィア。ヴェネツィア生まれのロレンツオ・ロットはロンバルディアのベルガモで一〇年暮らしていた。そしてもうひとつは、フィレンツェ、およびフィレンツェの栄華のもとにあったすべての街。いずれの場合も時代は一六世紀初頭の数十年間までで、それ以降の画家はいない。このあとに続くグループはすべて第四グループと同じ理由で構成されている。つまり「ここには巨匠たちが集められているが、集めた理由は一六世紀中盤にともに生きていたという共通点以外には何もない」。

この配置は、細かい部分では疑わしいところがあるのは否めないが、原則としては極めて明快である。つまり時間的共存という原則を、空間的起源よりも優先したのである。ここには理解しがたいものは何もないように思われるが、ヴィアルドにとってては、ふたつの理由から把握しがたいものだった。この原則は、美術の素人ではなく、美術史家のアプローチから生まれたもので、そのアプローチは伝統的な「流派」の概念を破壊し、その結果として絵画の展示方法を一新することになった。これはフンボルトの思想にも表れているドイツの歴史主義の応用であり、ヘーゲルなどの思想にも別な形で表れているが、当時のフランス人の意識からすれば、少数の哲学者や歴史家を除けばなじみのないものだった。ベルリンの博物館に対するヴィアルドの違和感が重要であるのは、この違和感が、展示方法の中にある思想的な争点を明らかにし、フンボルトとヴァーゲンが共同でつくり上げた独創性を浮き彫りにしてくれるからである。

4 芸術、歴史、自然
――ベルリンからドレスデン、ニュルンベルク、マインツを経てミュンヘンへ

・ベルリン――クンストカンマーから博物館へ

シンケルの旧博物館とクレンツェのピナコテークは、開館してほどなく、増えつつあった新規取得品は言うに及ばず、既存のコレクションについても収蔵スペースの不足が明らかになった。どちらも、所蔵品を展示するためには増築の必要があった。

ベルリンでは、シンケルの弟子だったフリードリヒ・アウグスト・シュテューラーの指導のもと、一八四一年に着工された工事は一四年間続いた。新しい建物は、古代彫像のレプリカ、素描《デッサン》と版画のキャビネット、そしてクンストカンマーから派生したふたつの博物館――エジプト博物館と愛国的古代美術の博物館――を、クンストカンマーそれ自体というより、何度もの作品削減後のその残存品と一緒に収容することができた[119]。これらのさまざまな施設が、最終的にその拠点となる建物に落ち着く前の歴史について、次に詳しく見ていくことにしよう。

プロイセンおよびブランデンブルクのクンストカンマーは、ベルリン王宮の一階にあり、一七九〇年から一八三〇年にかけて最初の集中化を経験し、その後、それらの（構成）部門が細分化された。一七九四年にジャン・アンリが〔それらの部門の監督者に〕任命されると、各地に分散していた非常に異質な王室コレクションがクンストカンマーに集められ、彫刻が施された石や古代の彫刻、鉱山学校によって収集された鉱物コレクションが加わった。一方、魚類学の創始者のひとりであるベルリンの医師マルクス・エリエゼル・ブロッホの魚類コレクションを一八〇二年に購入したり、民族誌学のコレクションにタヒチの品々を追加したりするなど、分野を問わず収集する方針も継続された。その二年後には「愛国的古美術品」のキャビネットが、一八〇五年にはパリのオークションで手に入れた古代の壺が展示されるようになった。さらにはまた、東洋の武器、インドの青銅器、その他多くの珍奇物があったが[120]、その間に、新しい時代が姿を現しつつあった。

一七九八年四月、クンストカンマーは王室の保護から外され、科学アカデミーに託された。この日から、自然史コレクションは、対象の性質に応じて関連する専門家の間で再配分されるようになった。鉱物はひとりの化学者に、植物はひとりの植物学者に、動物界はひとりの動物学者に。そして、以後それらの運命は、クンストカンマーに残った分野から離れることになり、クンストカンマーは主として、貨幣とメダルをはじめとする古代遺物と、異国情緒豊かな珍奇物、そしてホーエンツォレルン家の人々の思い出を含む歴史的記念物《モニュメント》で構成されることになる[121]。

鉱物キャビネットは一八〇一年一月から新貨幣の部屋で一般公開された[122]。

ジャン・アンリは、自分の領域が縮小されることを受け入れず、クンストカンマーを中心に普遍的《ユニバーサル》な博物館を創設することを提唱し、一八〇五年にパリへの旅行から帰国すると、自然・芸術の王立博物館にするための再編計画を上司に提出した。一八〇七年、このアイデアはヴィルヘルム・フォン・フンボルトの弟で、広範な視野を持つ自然史研究者《ナチュラリスト》であり、南米探検（一七九九―一八〇四年）から帰国して有名になったアレクサンダー・フォン・フンボルトによって改めて取り上げられ、修正された。彼は、自然・芸術博物館を創設すべく、王室コレクションの全体を統合し、それをクンストカンマーの責任者ではなく、今度は、科学アカデミーの管理下に置くことを提案した。ホルスト・ブレーデカンプ〔ドイツの美術史家、一九四七年―〕によれば、この計画は、実際に着手される前から、その後のベルリンの美術館の風景が変わる出発点となったという[123]。そうした変化が現実となるためには、平和が訪れ、何よりもベルリン大学創立を決意した改革者たちが権力を掌握するまで待たねばならなかった。

・大学のための博物館創設――フンボルトの尽力

ウィルヘルム・フォン・フンボルトは、周知のように、人文科学の教育においてコレクションを使用することに反対していた。しかし、おそらく後輩から影響されたのか、自然科学については異なる立場をとっていた。フンボルトはベルリン大学の将来の組織を決めるために、植物学と昆虫学を専門とする自然史研究者《ナチュラリスト》、ヨハン・センチュリウス・フォン・ホフマンセッグ伯爵に助力を求めた。そして伯爵から「博物館の目的」についての詳細なメモを受け取った。その中で伯爵は、先に見たように、ヴィルヘム・フォン・フンボルトが親しんでいた国立自然史博物館を模して、大学のために博物館を創設することを提唱した[124]。その結果、大学にも同様の施設を設けることが決定された。

それは三つの部門から成り立っていた。解剖学と動物解剖学の博物館、動物学の博物館、鉱物学のキャビネット[125]である。さらに、乾燥標本あるいは植物標本のコレクションを有する植物園、「解剖学劇場」[※1]、天文台も設けられた。医学関連のものは、すべて「ラ・シャリテ」から来ていた。これはフランス語名の病院で、医学部創設のはるか前から、医師や外科医の養成所でもあった。一八〇三年になると、そこにプロイセン政府が教授のひとりから取得した解剖学標本コレクションをもとにした解剖学博物館が設置された[126]。

クンストカンマーから科学アカデミーへと移管された動物学・鉱物学のコレクションは王宮を離れ、王子の宮殿だが未使用ゆえに大学として使われていた建物に収容され、現在もそこにある。それらは主に研究および教育のためとされた。博物館の開館はナポレオン戦争のあとの一八一四年になってからだった。動物学博物館は、「学者」はいつでも利用可能で、学生は水曜日のみ、夏は一六時から一八時、冬は一四時から一六時、そして一般の人々は火曜日と金曜日の正午から一四時まで、書面での申請を提出した上で利用可能だった[127]。大学の博物館のその後の歴史は、世界のさまざまな地域に派遣された学術調査隊によるコレクションの継続的な拡充と、物的資料に対する研究努力によるものである。しかし、それは別の話である。ここでは、それら博物館がすぐにヨーロッパにおける主要学術拠点の地図に登場するようになったこと、そして、急成長する大学と急拡大するコレクションが同じ屋根の下で共存することが、最終的には不可能になったとだけ言っておこう。新しい建物がそれらを収容するために建てられた。一八八九年一二月二日に厳かに開館された「自然科学博物館」は、当時既に記憶の中の存在でしかなかったクンストカンマーから間接的に派生した六番目にして最後の博物館であった。

・難航するアンリのクンストカンマー再編計画

話を一九世紀はじめの数十年間に戻そう。自然物がなくなったあとのクンストカンマーを構成する四つのカテゴリーの中で、ジャン・アンリは、とりわけ歴史的モニュメントに関心を持っているようである。貨幣学、古代遺物、そして特に彼が一七九九年には「国家的古代遺物」と名づけたものだった。アンリはクンストカンマーをその「総合保管庫」にすることを望んでいた。そしてこの種の古代遺物の所有者に対して、自身の施設へ寄贈するよう新聞で呼びかけたが、徒労に終わった[128]。

さらに、アンリが推進していたクンストカンマーの再編成計画は、政治的・軍事的な出来事と時代の思潮によって阻まれた。一八〇六年、プロイセンはフランス軍による戦争と略奪の時代に入り、一八一四年までそこから抜け出すことはなかった。平和が回復し、フランス人によって持ち去られた品々が一度返還されて初めて、クンストカンマーの整理作業が再開できた。しかし、新たな要求に応えなければならなかった。かつて美術および古代史・自然史クンストカンマーに統一性を与えていた諸原則は、啓蒙主義の台頭以来問い直されていたのだ。

今は、自然と芸術の分離だけでなく、芸術の中でも美術〔の地位〕を格上げすることが求められていた。美術作品は、人間による、より低水準の創作物と混同されてはならないのだ。ジャン・アンリは結局のところ、過去の人であった。アンティクアリウムを任されたのは、ひとりの考古学者かつ古物学者で、

〔※1〕解剖台を地元の名士や一般客が取り囲み、公開で解剖の講義が行われた。

そこには貨幣、メダル、彫刻石、壺、モザイク、小さな芸術品が集められた。古代および現代彫刻〔当時の彫刻〕を任されたのは、ひとりの芸術家だった(129)。

・「エジプト博物館」の創設

クンストカンマーのエジプト・コレクションは、前述したようにミヌトーリ将軍とドロヴェッティのコレクション〔本書21章24頁〕の購入によってより充実したものとなり、五年前からモンビジュー城〔ベルリンに存在したが、第二次世界大戦で多大な損傷を受け、戦後解体〕に置かれていたが、一八二七年には、ジュゼッペ・パッサラクアなる人物がエジプトで収集したコレクションの取得により、さらに補強された。この時支払われた対価は、売り手の要求の四分の一だった。その代償として、彼パッサラクアは以後「エジプト博物館」と呼ばれることになる施設全体の終身館長に任命された。彼は独学者で、考古学者であるよりも商人、そして冒険家であった。ヒエログリフには興味を持っていなかった(130)。しかし、パッサラクアとの契約は尊重され、彼は死ぬまでその地位にとどまった。パッサラクアの指導の下、一八三五年には、ミヌトーリによってもたらされたパピルスの展示室が一般公開され、三年後には、ドロヴェッティ・コレクションの品々《オブジェ》のための展示室が追加された(131)。そしてまた、一八五〇年にエジプト博物館が新博物館《ノイエ・ムゼウム》へ移転した際には、パッサラクアもまた異動したのだった。

この時期には、パッサラクアは名前だけの館長であったようである。主要な仕事は、のちに共同館長そして後任者となる助手のカール・リヒャルト・レプシウスによって担われた。レプシウスは科学的学問としてのエジプト学の創設者のひとりでもあった。レプシウスは、シャンポリオンの門下生たちのもとでパリとイタリアで学び、古代エジプト人の信仰に関する極めて重要な大著を出版したのちに、アレクサンダー・フォン・フンボルトの推薦を受けてプロイセン王によって資金援助されたエジプトへの学術調査隊の隊長となった。一八四二年から一八四五年にかけて、調査隊は大量の埋蔵品を発掘・収集し、本国に持ち帰った。

かくして、博物館はエジプト考古学の分野で最大級の施設となった(132)。レプシウスは移転先の新博物館で、エジプト考古学の実質的責任者である彼に割り当てられた展示スペースの設計、コレクションの新しい場所への移動、展示、さらには部屋の装飾までを担当した(133)。そして、博物館の主要な見せ場のひとつ、ヒエログリフで覆われた柱、巨大な像、中央祭壇を持つエジプト神殿の中庭の再現を考案したのもレプシウスだった(134)〔口絵14／図102〕。

・「愛国的古代美術館」から「先史時代と古代史の博物館」へ

エジプト博物館は、空間的にも行政的にもクンストカンマーから分離されていた。これとは別の博物館がモンビジュー城にあり、ここには一八二五年からドイツとスラブの古代遺物が保管され、分類と目録化を待っていた。それは、一八二八年一一月に設立されたクンストカンマーの下部組織である「愛国的古代美術館（*Kunst-Museum der Vaterländischer Alterthümer*）」であり、その歴史を通じてこの地位を保持したが、一般公開されたのは一八三八年になってからだった。その管理運営は軍人のレオポルド・フォン・レデブールに委ねられた。彼は前年出版されて注目を引いた歴史地理学の書の著者であり、ジャン・アンリの退職後にはその後任となった。フォン・レデブールは一八七三年までクンストカンマーを管轄した。

ドイツとスラブの古代遺物の分類と目録作成は、手強い問題をはらんでいた。フォン・レデブールは最初に三つ、そのあと四つの分類基準を考えた。年代、民族誌、地理、そして類型である。最初の基準は、対象物《オブジェ》の年代測定をする信頼できる手段がなかったため、最初から除外された。遠い過去の人々や地域間の境界を描く困難さが、二つ目と三つ目の方法を使えなくした。残されたのは類型による基準だけで、それは形状や材質から見て似通ったものをグループ別にまとめるというものだった。展示ケースと棚の配置に適用されたのはこの最後の基準だった。一八四二年の記録によれば、そこには四六五五点の展示品《オブジェ》が所狭しと並べられていたが、これは当時としてはよくあることだった。展示公開は、自分の博物館での開催を望んでいたパッサラクアの抗議にもかかわらず、城のガラス張りのギャラリーで開催された。一般客は木曜日の、夏は午前一〇時から午後四時まで、冬は午後三時まで入場することができた。外国人、芸術家、学者は別の日に入場が許可されていた。ところで来館者は多かったのだろうか？　記録はないが、フォン・レデブールによる博物館の解説書の販売部数が五年間で一〇〇部未満であったこと、そしてその販売額もわかっていることを見ると、来館者が大勢いたとは思われない。

フォン・レデブールの展示品配置は考古学の専門家から厳しく批判された。彼らはフォン・レデブールは整理能力に欠けていると非難した。フォン・レデブール自身は、自らが行っている配置は一時的なものと考えていた。ところが、博物館の存在そのものが一時的なものだったことが判明した。一八四八年の革命の間、モンビジュー城とベルリン王宮は兵舎として使用されていたが、その結果として、ふたつの博物館とクンストカンマーのコレクションは、一八五〇年に、当時まだ部分的完成段階だった新博物館の建物に移転された。その過程で、フォン・レデブールの博物館は名称を変え、以降「北方の古代遺物コレクション（*Sammlung der nordischen Alterthümer*）」と呼ばれるようになる。この改名は、館名の旗印の下に集められた品々《オブジェ》の不均質性および、それらをプロイセンの愛国的伝統に還元することの困難さとを人が自覚したことを示すものだ。

　これが最初の一歩となり、その後博物館は全面的に再編成され、一八八六年には、「先史時代と古代史の博物館（*Museum für Vor-und Frühgeschichte*）」[135]の名での開館にいたるのである。

・一九世紀後半のクンストカンマー

『博物館・美術館の世界史』シリーズの第二巻である本書は、一九世紀半ばで終わっている。それ以降の出来事は、後述するように別の時代に属するものだからだ。しかしながら、ベルリンのクンストカンマーについて再度立ち戻らなくてもいいようにするためには、それが存続した最後の二五年間を、フォン・レデブールの死までを追って、簡潔に述べておく必要がある。

　自然物が取り去られたあともエジプト関連資料、そして考古学資料は、まだ新博物館《ノイエ・ムゼウム》内のひとつの独立した博物館を満たしていた。そこでは、マイナーな、あるいは装飾的とみなされた芸術に属する品々が、異国の珍奇物と並んで展示されていた。新しい施設での展示は、「異なる民族と時代における芸術的実践の明確で広範な概観[136]」を提供するという目的に沿ったものだったが、一八六〇年代後半からベルリンの博物館の近代化に取り組みはじめた専門家たちからなる新世代は、クンストカンマーの時代錯誤的性格を鋭く見抜いていた。

　かくして、フォン・レデブールの停年退職直後からその解体が始まった。一八七五年には、一八六八年に設立された美術工芸博物館が数千点の展示品を引き取った。この改変の第二の受益者は、一八七三年に開館した民族誌学博物館（*Museum für Völkerkunde*）であった。第三の受益者は、一八七七年創設のホーエンツォレルン博物館で、そこには王朝の記念品が集められ、あたかも「今は亡き」愛国的古代美術館を明確に帝国的な姿で復活させることが目的であったかのように、モンビジュー城に戻った。

・博物館の複合体

新博物館《ノイエ・ムゼウム》が歴史的に見て重要なのは、その建築や収蔵品によるものである以上に、それが最終的に世界で最も重要な博物館のひとつとなる博物館の複合体を創りあげたことだ。実際、一八四三年三月八日に、シンケルの建物のスペース不足についての博物館総長からの陳情書に対する返答として、フリードリヒ・ヴィルヘルム四世王は、「博物館の背後にあるスプレー島〔日本では「博物館島」として知られている〕全体を芸術と科学の楽園に変える」という決定を発表した。この壮大な計画が最終的に実現したのは、ペルガモン博物館が開館した、一九三〇年のことだった。ここでは、そのルーツが一九世紀の前半にまで遡ることを強調するだけで十分であろう[137]。

・ミュンヘンのノイエ・ピナコテーク（新絵画館）創設
——同時代芸術の美術館

ミュンヘンでは、一八四三年に、新しい絵画館について議論がなされ、そして三年後にノイエ・ピナコテーク（新絵画館）の竣工式が執り行われた。建築家アウグスト・フォン・フォイトの設計で、一八五三年一〇月二九日に公開された建物は、バイエルンのルートヴィヒ一世の、美術館ならびに芸術に関する政策を完成させるもので、ミュンヘンを一九世紀ヨーロッパ芸術の主要都市のひとつにする上で最大の貢献を果たした[138]［図103］。これは建築によるものではなく、第一に、博物館収蔵品の内容によるものであった。だが展示について語る前に、内部レイアウトについて一言触れておこう。

当時の記事によれば、展示壁には余裕があり、また特に快適だったのは各室にソファが配置されていたことで、「一般客にとってこれほどありがたいことはなかった」[139]。こういった一般客が開館当初に新絵画館で鑑賞できたのは、一九世紀前半に活躍した画家たちの約三〇〇点の絵画だった。そのうち約半分は、既に述べたように、同時代の美術に関心を寄せていたルートヴィヒ一世の個人コレクションからのものだった[140]。

同時代と未来の芸術に捧げられたノイエ・ピナコテークは、したがって、パリのリュクサンブール美術館やロンドンのロバート・ヴァーノン[141]〔一九世紀イギリスの美術収集家〕のギャラリーと似ていた。これらは、上で引用した記事で言及されたふたつの例である。しかし、リュクサンブール美術館とは異なり、ノイエ・ピナコテークは最終的名誉を授かるまでの通過地点ではなかった。そこに展示されること自体が確固たる名誉の証だった。そして、これらふたつの外国の美術館とは異なり、国内の絵画だけに限定されていなかった。リュクサンブール美術館がその排他性を放棄したのは、ようやく八年後のことであった。しかし、それがどれほど価値のあるものであったにせよ、ノイエ・ピナコテークの国外の絵画受容度は限られたものだった。イタリア人画家はひとりだけ、フランス人画家はわずかで、目につくのは、ジェリコー、ドラクロワ、コローまたはアングルのような大画家が欠けていること。そして数人のスイス人画家だった。最も多いのはオランダ人画家とベルギー人画家だった。ドイツ絵画は、数のみならず、質から見ても圧倒的だった。それはあたかも定礎式の際にルートヴィヒが行った演説「一度絶えてしまった偉大な絵画を、一九世紀にドイツ人が復興したのだ」を想起させるものだった[142]。ゆえに、ノイエ・ピナコテークがドイツやヨーロッパの博物館の中で先駆的な性格を持っていたのは、その国際性というよりも、リュクサンブール美術館のように同時代芸術だけを受け入れるというその基本方針によるものだった［口絵15／図104］。ベルリンのナショナル・ギャラリーが開館したのは一八七六年になってからであり、ロンドンのテート・ギャラ

[図103] フランツ・セラフ・ハンフシュテングル『ノイエ・ピナコテーク(新絵画館)』1853年頃、写真(Neue Pinakothek, Munich)

リーの開館は一八九七年になってからである。

・ドレスデン――「無惨な状態」の美術館への提言

一八三〇年から一八四〇年にかけてベルリンとミュンヘンに建設された博物館は、ドレスデンをドイツ第三位の地位に落とした。しかし、ドレスデンには国内で最も古くから一般に公開されている美術館があり、それは長い間ヨーロッパで最も有名であり、ナポレオンの略奪をも免れていた。ナポレオンによって王国に格上げされたザクセンの首都であるドレスデンは、政治的にはプロイセンに同調的な宮廷の所在地だったが、その文化的主権の伝統を誇りとしていた。ゆえに当地における芸術活動には常に活気があり、それを支えたのは、著名な画家・彫刻家たちの存在で、とりわけ、一七九八年から在住し一八一六年からは芸術アカデミーで教えていたカスパー・ダーヴィト・フリードリヒ、そしてまたロマン派の重鎮であったルートヴィヒ・ティークをはじめとする作家たちであった。演劇とオペラには定評があり、一八四二年にオーケストラの共同指揮者に任命されたのはリヒャルト・ワーグナーだった。同年に演奏された彼の『リエンツィ』は大成功を収めた。一八二八年には、美術協会《クンストフェライン》が設立され、一八三〇年代には約五〇〇人の会員と著名な歴代会長を誇るにいたった(143)。

ドレスデンの活気とその最も貴重な宝石ともいえるギャラリーの無惨な状態とのコントラストは衝撃的だった。ギャラリーは、依然として街の中心部に位置する古い厩舎の建屋内にあり、暖房がなかったために夏しか開かれていなかった。深刻な悩みの種は、スペース不足、騒音、交通による振動、ほこり、そして石炭の煙だった。状況を見極め、対策を検討すべく一八三六年に招集された委員会は、九〇〇枚の絵画のうち、多くが、著しく損傷していて、洗浄と修復の必要性を認めた(144)。

ルイ・ヴィアルドは、ギャラリーの収蔵絵画・パステルの数が合計二〇三三点ということから、ギャラリーをルーヴルやプラド美術館に比肩するものとみなしていたが、一八三〇年代にそこを訪れた際にはこう述べている。

「室内は狭くて暗い。絵画にはスペースも光も不足している。配置が悪く、観づらい。特に、多くは室内ギャラリーの展示室にびっしりと掛けられているイタリア絵画は、完全に闇の中で、七月の真昼でも必要な採光を奪われている」

イタリア絵画が、周知のように、昔も今もギャラリーの自慢のひとつであるというのにこのような有様だったのだ。ヴィアルドはまた「絵画の分類と配置を支配しているのは最大級の混乱である」とも指摘している。この例証として彼は、流派と巨匠の配置から見て、観客が自分がどこにいるのか知るためにパンフレットを参照してもわからないこと、また、「多くの絵画があまりに高いところにあって観ることができない」ことも付け加えている。そして最後に、「これらの驚くべき欠陥」もかような建物では避け得ないと述べてから、彼はザクセンの君主たちに対して、彼らの博物館に「よりふさわしい場所」を与えることを提言している。(145)

・建築家ゼンパーの設計による新美術館の設立

これはまた委員会の意見でもあった。そして国王の承認を得たのち、中心街から離れた場所に新しいギャラリーの建設地を探すことになった。この時点で委員会が白羽の矢を立てたのは、若くして実績を誇る建築家、ゴットフリート・ゼンパーだった。一八三四年に美術アカデミーの教授に任命され、当時は、彼にとって王室から委嘱された最初の大工事である宮廷劇場の建設に取りかかっている最中だった。劇場の完成には何年も要し、一八三九年以来、何度も練り直されてきた計画が最終的に認められるには、ゼンパーからの執拗な働きかけが必要であった。着工は一八四七年三月で、ようやく一八五五年に完成した［図105］。この時ゼンパーは、革命〔一八四八年の二月革命〕のバリケードに参加した代償として、一八四九年には投獄を避けるために逃亡しなければならず、ドレスデンから遠く離れていた。(146) ゼンパーには本書の第三巻で改めて触れることになるが、それまでの間、しばらく美術館を訪ねてみることにしよう。

ゼンパー設計の建物は、一方で劇場広場とエルベ川に面し、もう一方でツヴィンガー——一七〇九年から一七二二年にかけてマティウス・ダニエル・ペッペルマンによって建てられ、市の象徴となったバロック建築の傑作——にも面するという、ドレスデンで最も高級な街区のひとつに位置している。それはネオルネッサンス様式の宮殿で、中央にはアーケード型通路があり、両隣と行き来できるようになっている。ツヴィンガー側の入口は一種の凱旋門のような形をしている。その平面図はミュンヘンのクレンツェのアルテ・ピナコテーク（旧絵画館）のものから着想を得たもので、内部空間は天井採光の部屋と側窓採光の部屋に区分されている［図106］。円屋根《ドーム》を戴きアーケード型通路の上部に置かれたロトンダは特別室《トリビューヌ》として予定されていた。ゼンパーは、そこにギャラリーの最高傑作とされていたラファエロの「システィーナの聖母」を置くつもりだった。だが、そこに飾られたのは、ラファエロの下絵《カルトン》をもとにした五点の大きなタペストリーだった。(147)

川側から来た場合、左側の入口はレプリカの展示室《モールディング・ギャラリー》に、右側の入口は大きなホールに通じており、そこから——ヨーロッパで最も重要な約三〇万点を収蔵する——版画陳列室に入ることも、二階の絵画展示室に行くこともできた。一階に展示されているのは、ドレスデン周辺の風景画を中心としたベロットの作品、そしてメングスやロザルバ・カリエラのパステル画だった。システィーナ聖母が中央のロトンダに置かれなかったの

[**図105**]『ゼンパー・ギャラリー』ドレスデン、1900年頃、右側に劇場、写真。（Library of Congress Prints and Photographs Division）

[図106]ドレスデンの新王立美術館、
またはゼンパー・ギャラリー、現在の旧
絵画館の写真(1890年頃)

は、アルテ・ピナコテークのときと同様に、絵画が、建物の西翼に配置されたラファエロの名作を中心とするイタリア絵画と、東翼に置かれたドイツ、フランドル、オランダ、フランス、スペインの作品を含む北欧絵画を、ふたつの極に対比させる具合に展示されていたからである。後者の目玉は、当時独創的といわれたハンス・ホルバイン（子）の『バーゼルの市長《ブルゴマスター》ヤーコブ・マイヤーの聖母像』だった。これはオリジナルとみなされていたが、実は、一七世紀の複製画だった。[148]

一八三〇年から一八五五年にかけてベルリンとミュンヘンにギャラリーが建設されたために、ドイツで三番目の地位に落ちたドレスデンではあったが、それでも類い稀な絵画コレクションを保有しており、遠い昔に起源を持ちながら大部分は改修を施されたいくつかの博物館を旅行者たちに提供していた［口絵16／図107］［図108］。「緑の丸天井」[※1]はこの一例で、英語版ガイドブックによれば、東洋の専制君主にふさわしい富が、王宮の八つの部屋に展示されていた。それらは大まかに素材ごとに集められていた――ブロンズ、象牙、フィレンツェのモザイク、金銀の皿、彫刻された石と硬石の花瓶、木彫およびその他素材の彫刻、勲章、宝石でできた宝飾品である。また、同様に、歴史博物館という興味深い名前を有したものもあり、それは昔の武器保管室がもとになっていた。そこには家具、食器、スポーツ用具、狩猟具、パレードおよび戦闘用の武具甲冑、偉人の遺品、銃器などと並んで、「さまざまな野蛮で未開の国々」の産物からなる民族誌コレクションがあった。これらに一八四九年五月の革命時〔ドレスデン五月蜂起〕にほとんどの収集品《オブジェ》が焼失するまで非常に充実していた自然史博物館や、古代美術品コレクション、膨大な磁器・テラコッタのコレクションを加えれば、一九世紀中葉のドレスデンが博物館・美術館の観点から見てどれほどのものであったのかがわかるだろう。

当時、これらの博物館に共通していたのは、四月から一〇月まで公開され、金曜日が休館日であったことである。それ以外は、博物館や美術館の見学条件はまちまちだった。絵画館と「緑の丸天井」は、時間帯は違ったが日曜日を除く毎日、前者は個人なら無料、後者は六人以上のグループなら有料で見学できた。週二日公開のコレクションもあれば、一日のみ公開のコレクションもあったが、地元新聞の所定の欄に、各館の開館日、開館時間、その他条件が掲載された。開館月、開館日、開館時間以外でも、割高の入館券を購入すれば、博物館を訪れることは可能だった。興味深いのは、容易に入場できた絵画館と違って、歴史博物館は週に二日しか開館しておらず、それも限られた人たちだけだったことだ。芸術作品は、歴史的モニュメント

〔※1〕グリューネ・ゲヴェルベ。ドレスデンの王宮内にある宝物館の名称。本書第一巻三九〇―三九六頁参照。

[図108]『日本館に展示された古代美術コレクション、第六室』1888年（Staatliche Kunstsammlungen Dresden, Skulpturensammlung, Dresde）

よりも明らかに魅力的であると考えられていた[149]。

＊　＊　＊

・統合的・特権的アプローチとしての歴史重視

これまで挙げた事例は一八五〇年頃のものだが、芸術と歴史との関係についての姿勢は、組織に特有の惰性からくるものにすぎなかった。しかし実際のところ、ドイツ教養層の中では、人類の過去、現在、未来を理解可能とする唯一の姿勢として、歴史を重視する姿勢が浸透しつつあった。これにより過去のすべての遺物に前例のない価値が与えられた[150]。

その実例は、まさにドレスデンのグスタフ・クレムだった。一八三一年に当地にやってきたクレムは、その後、王立図書館の秘書官そして館長、陶磁器コレクションの監査官となり、それをセーヴルにならった陶磁器美術館とした。これらの活動は、クレムが自分のために、原始的あるいは文化的な諸民族の生産物のコレクションを蒐集することを妨げることはなかった。そのコレクションは、およそ八〇〇〇点で構成され、類型学的な基準で分類されていた。ほかにも彼は、本書でもしばしば引用しているように、ドイツの諸コレクションの歴史に関する書籍を出版している。それは古代ドイツについての教科書、『ゲルマン考古学便覧（*Handbuch der germanischen Altertumskunde*）』（一八三五年）である。そしてまた、人類の文化史を一〇巻にまとめた大著『人類一般文化史（*Allgemeine Cultur-Geschichte der Menschheit*）』をも刊行している（一八四三―五二年）。これら二点の著作は、クレムが収集した資料に基づいていたが、それらは彼の死後、ライプツィヒの民族学博物館と、一部は大英博物館[151]に引き取られることになった。

一方で世界文化史へ、他方では国民的古代へという二重の方向づけを持ったクレムの著述は、一九世紀冒頭数十年間にドイツに拡がりつつあった、過去に対する新しい姿勢の優れた例であった。特にわれわれにとって意味深いのは、それが、ひとつの個人コレクションと博物館に結びついていたからである。ヨーロッパにおける現象ではあったが、この新しい姿勢の出現は、ドイツ固有のケースとして記述することを要求するものだ。そこでは、一八世紀末まで、過去は、全体として途切れることなく、現在まで続いていると考えられていた。変化はあった、だがそれらは段階的なものと考えられており、影響は部分的でしかないとされた。

これは特にカトリックの地で言えた。他の地では、宗教改革が、信仰もろとも典礼および視覚芸術を混乱に落とし込み、後者を礼拝の場から放逐した。同様に、諸制度および所有権制度も覆された。しかし宗教改革は三世紀も前のことであり、三十年戦争後に回復された秩序が問い直されることもなかった。諸宗派の共存、帝国とその行政機構、帝国を構成するさまざまな政治団体、帝国法とそれを適用する裁判所、社会組織、都市計画と農村景観――これらすべては、物や習慣と同じように、ゆっくりと変化していた。そして、この変化が、エリート階層においては、前と異なってはいるが、しかし前と切り裂かれることなくそれを受け継いでいる時代を生きているという感情を持たせたのだ。

この世界を爆発的に変えたのが、フランス革命である。既に見たように、一七九〇年代になると、ラインラントはフランスに編入された。そして、ナポレオンがドイツの政治地図を塗り替え、神聖ローマ帝国を廃止した。この間、生活の枠組みは急速に変化していった。この時代に育った、あるいは生まれた世代にとって、今や過去が自分たちの生きている現在とはあまりにも異なっているので、過去が現在とは切り離されたような印象だった。過去はかつてそれを特徴づけていた、ただちに理解し得る明証ごときものを失っていた。過去は新世代にとって不思議なことに思えたのであって、意識的で、熟慮され、かつ体系的な努力をもってのみ理解し得るものだった。言い換えるならば、欠かせないのは、過去が残してくれた遺跡の調査であり、それらの遺跡を劣化あるいは単純明快な破壊活動から保護することであり、そして文献や物的資料の研究を通して、かつてあった社会、その諸組織、信仰、慣習、そして時代の節目となった出来事とその主人公、を再現することなのである。そして最後に、厳格な研究の結果に命を吹き込むことを可能ならしめる想像力の働きなのである。このことから、すべての形態での歴史を重要視することが始まった。これと似たことが、英国では一六八八年の革命とそれに続く産業革命のあとに、フランスでは遅れて一八二〇年代およびそれ以降に起こった。

こうした波は一八世紀以来、次のようにゆっくりと準備されていた。まず、モンテスキュー、ヴォルテールそしてヴィンケルマンが歴史に対して哲学的、文学的な新たな尊厳を付与したこと、そしてギボンとロバートソンが、その著作において叙述的であると同時に反省的でもある文体《エクリチュール》を、深い学識に基づいた諸事実《データ》と合体させて、それら諸事実《データ》をわかりやすく、興味あるものとしたことが挙げられる。また、スコットランドの思想家アダム・ファーガソン、ジョン・ミラー、アダム・スミスらが、野蛮時代から文明期までの人類史を扱うことを可能とした概念装置を開発したことや、ゲッティンゲン大学での歴史教育の近代化、ウォルター・スコットが始めた歴史小説の流行もその例である。ドイツでもすべてよく知られていたこれらの動きの帰結として、歴史は、文学の一分野あるいは高尚な学問分野よりもさらに重要なもの、つまり人類に関わる事象、さらには存在するすべてのものに対する統合的かつ特権的なアプローチとされるにいたったのである。[152]

・ドイツ各地における歴史関連協会の発足

ナポレオンのドイツの内政介入が、過去との断絶として体験された状況を生み、過去をゼロから見直すことを強いるよりも前から、この知的枠組みは準備されていたのである。その結果、この出来事から、ヘーゲルの『精神現象学（*Phénoménologie de l'esprit*）』（一八〇七）で始まる歴史的アプローチによる哲学の浸透、レオポルド・フォン・ランケによる史料編纂学の刷新（『ロマンスとゲルマンの民族の歴史 一四九四―一五三五（*Geschichte der romanischen und germanischen Völker 1494-1535*）』（一八二四）、そしてより具体的には、中世の歴史遺産《モニュメント》に対する関心の高まりが見られることになる。[153]

これの極めて顕著な例として、われわれはボワスレー・コレクションを既に紹介した。ここでは、もうひとつの例を挙げよう。これは言語、法律、文学の研究における歴史的アプローチの到来を別にすれば、われわれの主張にうってつけのものである。それは、一八一九年にフランクフルトで、古代ドイツ歴史学会（*Gesellschaft für die ältere deutsche Geschichtskunde*）が設立されたことである。主導者のカール・フォム・ウント・ツム・シュタイン男爵は、引退した元政府要人であり、イエナの戦い（一八〇六年）ののちにはプロイセン改革の推進者のひとりであった。この学会の目的は、当時のドイツにおける人文科学の厳格さのモデルであった文献学の要求に従って、ドイツの歴史資料を書籍として出版することであった。シュタインは、学会のモットーとして「祖国への神聖な愛が勇気を与える（*Sanctus Amor Patriae dat Animum*）」を選び、全著作のタイトルとして「ドイツ史の記念碑（*Monumenta Germaniae Historica*）」を提案した。この場合の歴史、つまり学問的な歴史は、国民感情と密接に結びついていたのである。[154]

解放戦争による愛国心の高揚により、国の過去の遺跡を保存し研究することを目的とした協会がドイツで急増した。当初、これらの協会は主に古文書や「古い時代のドイツ」美術の記念碑的モニュメント、つまり中世に関心を寄せていた。古代ドイツの発掘調査が行われるようになったのはこれ以後のことである。これらの協会はすべて、一七六五年にハンブルクから始まった「愛国者協会」なる運動の一構成単位であった。この運動は一九世紀前半には、当時のドイツ文化のいかなる分野もこれ抜きでは語れないほど重要な社会現象となった。美術協会《クンストフェライン》とそれが美術館の創設に果たした役割については、既に本書で述べた通りである。歴史博物館に対する、歴史関連協会の関与は、さらに大きかったようだ。[155]

・古代美術品の保存、研究、展示を目的とした施設の増加

ドイツにおける最初の歴史博物館は、既存の王室コレクショ

ンを再編成した結果として誕生した。たとえばベルリンでは、既に見たように、一八二八年にモンビジュー城に「特に王室と祖国に縁の深い、記念すべき時代と偉人を偲ばせる品々」からなるクンストカンマー部門が「愛国的古代美術博物館」という名称で設立された。同様に、ドレスデンでは、かつての武器庫が改装されて、一八三〇年代初頭には歴史博物館と改称されている。[156] また、一八三〇年は、周知のように、それなりの形でドイツ史の博物館となるべく定められた「ヴァルハラ神殿」の定礎式が執り行われた年でもあった。

一八三〇年代以降、特に一八四八年以降、国の古代美術品の保存、研究、展示を目的とした施設が急増した。その数ある施設の中で、ここでは、ドイツの博物館の中で際立った位置を占める、ニュルンベルクのゲルマン国立博物館（*Germanisches Nationalmuseum*）とマインツのローマ・ゲルマン中央博物館（*Römisch-Germanische Zentralmuseum*）のふたつを取り上げることにする。これらの名称自体が、いずれも形容詞「ゲルマン」（germanisch）を含むという点で、両館の血縁関係を示しており、「ドイツ的なもの（deutsch）」への偏愛が意味するところは大きい。実際のところこの形容詞は、当時、人文科学の規範であった文献学の枠組みにおいて、ロマンス語研究（Romanistik）ではなくゲルマン語研究（Germanistik）に属するという、知識分野での位置づけにつながるものであった。

しかしまた、「ゲルマン（germanisch）」という形容詞は、過去にも向けられている。それは、ゲルマン人に、とりわけ国民的英雄、崇拝の対象となりつつあり、その名が〔ゲルマンという〕彼らの名の主な起源となったヘルマンの指揮のもとで勝ち取った、ヴァルスの軍団に対する勝利に向けられた。ヘルマンは国民的英雄となり、崇拝されたが、ヘルマンの記念碑《モニュメント》の建立は、一八世紀末以来話題に上っていたものの、実現したのは一八七五年になってからだった。

また、「ゲルマン」という形容詞は、住んでいる州に関係なく、ドイツ語を話すすべての人々を指し、さらに広くは、英語、オランダ語、スカンジナヴィア語などのゲルマン語派系の言語を話すすべての人々をも指すものである。そのため、当時、「ドイツ人（deutsch）」という語には、国家統一の要求と結びつけられたときのような、直接に政治的意味合いはなかった。[157] マインツでは、「ゲルマン（germanisch）」という形容詞が「ローマン（römisch）」と結びついていることにおそらく人は気がついていることであろう。これは、マインツがラインラント全体と同様に、多くの遺跡・遺物に代表されたローマ時代の過去を有する町であることにも鑑みれば、驚くにはあたらない。そして、当地の博物館は、国立であるニュルンベルク博物館に「ゲルマン」の形容詞がついているのと異なり、中央博物館と名づけられている。この点については改めて後述しよう。

・ニュルンベルクの「古きドイツ」の博物館

これらふたつの博物館は、関係を築き、補完し合うようになるまでは、それぞれ異なる歴史をたどった。ニュルンベルクの博物館は、ナポレオンに勝利し、熱狂的愛国心の風潮の中で育ったハンス・フォン・ウント・ツー・アウフゼス男爵の熱意から生まれた。エアランゲン〔ドイツ・バイエルン州の都市〕在学中は友愛会に所属していたが、父の死後は家族の財産管理に専念することを余儀なくされた。アウフゼスはすぐに過去に魅了され、ドイツが栄光を放っていた時代の古資料や品々、過去の遺物に囲まれて暮らすようになった。

一八三二年、彼はコレクションを携えてニュルンベルクに移り、「古きドイツ」の歴史、文学、芸術を保全するための博物館および協会を設立した。彼はまた、ドイツ中世に関する知識を普及することを目的とした雑誌を創刊し、その中でドイツの歴史団体を支援する中央研究所と、ドイツ歴史博物館の計画を説いた。

しかし、アウフゼスは学者ではなかった。彼の博物館は、骨董品の山のごとき体裁を呈していたようで、評判を落とし、「好事家の事業」と評された。また中央研究所の計画も抵抗にあった。一八三四年、アウフゼスはニュルンベルクを離れ、故郷に引き揚げた[158]。

・マインツの歴史・古文書研究愛国友の会

マインツ博物館の歴史もまた、自国の古代遺産に対する関心増大の一環をなすものだ。だがここでは、中世がテーマではない。ゲルマン民族がキリスト教、ラテン語、文字《エクリチュール》の圏域に組み込まれる前の時代の話であり、一九世紀初頭において、その時代に関して知られていたことは、タキトゥスの『ゲルマニア』に書かれたこと、そして叙事詩、言語史、古代信仰の遺跡から読み取れるものに限られていた。これらはすべて、一八一二年からヤコブ&ヴィルヘルム・グリム〔言語学者・グリム童話集編者〕が世に先駆けて刊行した著作の主題となった[159]。

一六世紀、人々の関心を集めていた古代ドイツ人に関わる物的資料については、曖昧な考察しか流布していなかった。それらが何かを同定することも、ましてや年代測定はできず、本物と偽物を区別するのは至難の業だった。ギリシャ・ローマの考古学は隆盛を極め、一八二八年、プロイセン皇太子の資金援助と、貴族、文献学者、そして芸術家たちの最も権威ある後援のもと、ローマに通信制の考古学研究所（*l'Istituto di Corrispondenza Archeologica*）が創設されたことが示すように、ギリシャ・ローマ考古学は威光を放っていた[160]。しかし、ゲルマン民族の過去の痕跡を探る研究は、宝探しにも似て好事家がすることで、発掘物もその土地でしか重要性を持たなかった。

一八三〇年、カール・ヴィルヘルミの著書『一八二七年と一八二八年にジンスハイム近郊で発見された一四の古き時代のドイツの墳墓の記述〔略〕』〔※1〕が刊行された。これはドイツ古代美術への新しいアプローチの最初の兆候のひとつであった。著者はバーデン大公国ジンスハイムの一介の聖職者であったが、その著書の刊行は時宜を得たもので、大きな関心を呼び起こし、以後、他の方法では到達できない過去を知ることを可能とする歴史的な一次資料調査として理解された、墳墓研究の開始に貢献した。[161]

こうした形で調査を実施し、発掘を行い、結果を検討し、そして発掘物を保全することを目的とする協会の設立が盛んになった。一八四三年には、マインツ歴史・古文書研究愛国友の会(*Gesellschaft der Freunde vaterländischer Geschichtsforschung und Alterthumskunde in Mainz*)が、幾人かの地元名士によって設立された。彼らは、それぞれ古文書保管責任者、エンジニア、医師、建築家であったが、これら四人のほかにふたりの画家がいた。リンデンシュミット兄弟のヴィルヘルム〔画家〕とルードヴィヒ〔歴史画家、古代学者、ローマ・ゲルマン中央博物館の館長〕である。[162]

マインツで彫刻師の息子として生まれた兄弟は、ミュンヘンでペーター・フォン・コルネリウス〔ドイツの画家〕に絵画を学び、学生団体「ゲルマニア」に参加し、ゲルマン人の過去に関心を示した。兄はヴァルスに勝利したヘルマンの絵〔※2〕を描いている。弟は、一八四二年に兄とともにセルゼン〔ラインラント・プファルツ州〕で発掘調査を行ったときから、考古学に関心を移した。一八四三年、弟は協会のコレクションの学芸員《コンセルヴァトゥール》となった。一八四六年には機関紙に研究計画の素案が掲載されたが、そこでは、各地で収集されたコレクションを統合すること、それができなければ、石膏のレプリカ、総合カタログの編纂、出土地図で補うことが計画されていた。二年後、ふたりの連名になるセルゼン墓地の発掘に関する報告書が発表された。そして墓地は、ケルト人のものと考える人がいたが実際そうではなく、ゲルマン人のものであるとされた。報告書の巻頭に記された、「鉄製武具をもつ墓は民族移動時代のものである」との銘句は、年代推定の厳格な基準をよく表している文言である。[163] こうした指針がルートヴィヒ・リンデンシュミットの仕事に模範としての性格を与え、後述するように、のちのちヨーロッパ考古学界における重鎮となることにつながる。このほかにも、今後彼の偉業を知る機会はあるだろう。

・ゲルマン博物館とローマ・ゲルマン中央博物館の設立

アウフゼスが舞台に再登場したのは、一八四〇年代後半の、政治的激動と国民感情の新たな覚醒があってからのことだった。彼は、一八四六年、フランクフルトで開かれたドイツの法律家・歴史家・言語学者の第一回総会に書簡を送った。その中でアウフゼスが設立を提案したのは、さまざまな歴史協会の代表からなる委員会、そしてオリジナルではなく、さまざまな公的あるいは協会コレクションに散在しているテキストのコピーおよび要約、オブジェのデッサンを集めた「国立施設」、「ドイツ民族の共有財産」と位置づけられるべき、「歴史・古代史の大規模博物館」だった。そして最後に、各地の歴史協会を対象とした、月刊ないし週刊の定期刊行物の復活を要求している[164]。

これらの提案はすぐには実行に移されなかった。一八四八年の出来事――ウィーンやベルリンでの蜂起、普通選挙で選出されたフランクルト議会によるドイツの連邦国家化への要求――が情勢を変えたのである。一八四九年春、プロイセン国王が提案された皇帝位を拒否したため、議会の動きかけは明らかな失敗に終わった。だが、この失敗そのものによって、ドイツ統一への熱望はいや増すばかりとなり、政治と直接は無縁の分野でも、とりわけ経済や文化分野において統一を実現可能とし得る計画に、改めて現実味を与えたのだった[165]。

一八五一年、アウフゼスは再び自身のコレクションとともにニュルンベルクへやってきた。一八五二年八月一日、彼はニュルンベルクのゲルマン博物館の最初の規約を発表した。規約によると、博物館は太古の時代から一六五〇年までのドイツの歴史、文学、芸術のすべての源泉をよく整理した総合目録と定義づけられており、古文書館《アーカイブ》、図書館、そして芸術品・古代美術品から構成されるものとした。ここでは「国立博物館」という表現は使われていないが、理事会の組織にその考えがよく反映されていた。また、民間の古文書館《アーカイブ》および図書館が保有する原典・原資料を調べ上げ、記念碑的な原典・原資料は、可能ならばその図像《イメージ》を集める、という目標にもそのことは見て取れた。運営資金の一部を確保するための株式会社設立も同様である[166]。この規約が発表された日は偶然に選ばれたわけではない。

実際、続く八月一六日には、ザクセン王子ジャンヨハンを議長として、ドイツの歴史家と考古学者の総会がドレスデンで三日間にわたって開催された。一七日には、緊急を要するゲルマン博物館の設立が議論されたが、個人――ニュルンベルクのアウフゼス――の努力と犠牲によって生まれた博物館が既にあることに鑑み、ゲルマン博物館は既に存在するものとされた。アウフゼスが起草した規則は承認され、ドイツ中の歴史協会を束ねる歴史協会の設立も承認された。一八日には、総会はマインツにローマ・ゲルマン中央博物館（Römisch-Germanische Zentral-museum）を設立する決議を採択した。

この時から、これらふたつの施設はそれぞれに特定の内容を持つ、国立博物館のふたつの独立組織として認識されていた。

〔※1〕原題は「*Beschreibung der vierzehn alten deutschen Todtenhügel welche in dem Jahren 1827 und 1828 bey Sinsheim, geöffnet wurden*」。

〔※2〕西暦九年、ローマ帝国のヴァルス率いる軍をゲルマンの首長アルミニウス（ヘルマン）が破った。トイトブルグの戦いと呼ばれている。

ニュルンベルク〔の博物館〕ではキリスト教と中世が主なテーマであり、マインツ〔の博物館〕では前キリスト教とローマが主なテーマであった。後者が「中央の《セントラル》」、と呼ばれるのは、それがドイツの異教先史時代の原典・原資料全体を集めるべきものだったからである。前者は、いくつかの理由から国民的《ナショナル》であった。まずその設立そのもの、その内容、その空間的・社会的広がり、そして最後にその目的からしてそうであり、とりわけドイツ人としての誇り、そして同一コミュニティへの帰属意識の高揚を図らねばならなかったからだ(167)。

　ふたつの博物館の設立を宣言したのはよいとしても、それらを一般公開し、存続させることはまた別の、より難しい問題であった。ニュルンベルクの博物館は、一八五三年六月一五日というかなり早い時期に開館したが、四年間の発展を経て、当初の建物から移転した。しかし、その内部事情について当面は何も言うことはない。とりあえず言えることは、創立者の意図した通りに、それが国民感情の、さらにはドイツ・ナショナリズムの高まりの中心地となったことだ〔図109〕。

　一八五三年七月、議会の休会期間が明けると、ドイツ連邦議会はその機能を再開した。連邦議会は、大小を問わずすべての州政府に対し、祖国の歴史にとって重要なプロジェクトであるところの当博物館への、保護者的関心ならびに好意的支援を与えることを要請するとともに、アウフゼスへの感謝の意を表明した。この勧告の効果はあった。博物館の記録《クロニック》には、ドイツの重鎮、貴族、都市、宗教団体、協会、ギルドなどから、寄贈品や寄付金が集まったことが記されている。一九〇二年には、美術館の五〇周年を記念して、皇太子夫妻、ヴュルテンベルク国王、バーデン大公、元帥らの臨席のもと、パレードが行われた。一九三六年には、ヒトラーをはじめとするナチスの高官たちが、ナチスの党の「集会」で博物館への寄付を行い、博物館はプロパガンダ展を受け入れた。第二次世界大戦の爆撃によって、この歴史の一章は閉じられた(168)。

　マインツの博物館は、一八五三年に暫定的な定款を採択し、それまで地域内のものに限定されていたコレクションを、ドイツ中の歴史・考古学協会のコレクションに由来するものでも良しとする変更を決めた。その目的は、「古典古代とわれらがドイツ祖国の先史時代を研究するために」、ゲルマン時代とローマ時代に関わる資料のすべてを素描《デッサン》あるいは複製品の形で取りそろえることであった。一八五四年九月五日の開館時に観客を迎えたのは、わずか三三八点の展示物であった。マインツ博物館の内部事情にはここでは触れないが、この博物館もまた、国の重鎮たちから支援を受けていたことは注目に値する。予算の問題は、一八七一年に新たに成立した帝国が、ニュルンベルク博物館とともに負担するまで、解決されなかった。

　アウフゼスは両施設の連携を望み、さらには、ルートヴィ

[図109]『カルタウザーガッセ博物館の入口の碑文』1859年、写真（Germanisches Nationalmuseum, Nuremberg）
「ドイツ国民の所有するゲルマン博物館」。アウフゼスはこの碑文を博物館の入口に設置することで、文化財とそれを保存し展示する機関の象徴的な所有が、国民としての結びつきを形成する役割を明確にした

ヒ・リンデンシュミットに、リンデンシュミット自身が設立した博物館を捨ててニュルンベルクの博物館の館長職を引き継ぐよう提案したほどだったが、これはうまくいかず、両館の関係は次第に希薄になった。マインツの博物館はますます学術的な組織となり、後述するように、考古学の国際的交流に携わるようになった。だがこれは、一九世紀後半の考古学者の共通の病《やまい》で、時として高まったナショナリズムの猛威からリンデンシュミットを護ることにはならなかった。一対としての存在であったふたつの博物館は、やがて別の歴史を歩み、前者はドイツ固有主義の神殿としてとどまり、後者はローマ時代の遺跡とバルバリクム〔※1〕の遺跡を統合し、ヨーロッパの古代史博物館となった[169]。

＊　＊　＊

・一九世紀ドイツにおける自然への関心

一九世紀初頭のドイツ文化において、自然は、歴史以上ではないにしても、同じくらいに重用な位置を占めていた。しかし、それらの位置づけは異なっていた。歴史は政治や紛争と結びついていた。国家間の紛争、権力間の紛争、階級間の紛争——フランスの得意分野——などとドイツ人も無縁ではなかった。自然はより合意形成的なもので、富の生産のための材料を提供し、したがって経済と結びついていた。歴史以上に自然は、ふたつの相のもとに表れる。ひとつは、想像的で情動的な直観によって理解される、生きてはいないが少なくとも結合された全体としての自然[170]であり、他方は、感覚と知性によって理解し得る、多くは互いに孤立していて不活性な要素からなる自然である。前者は、フリードリヒ・シェリングやローレンツ・オーケンの自然哲学によって考え出され、ゲーテなどの詩人やある種の芸術家の作品、とりわけカスパー・ダーヴィト・フリードリヒ［図104参照］やオットー・ルンゲの風景画で表現されていた。後者は、科学の対象であった。両者は対立しているが、アレクサンダー・フォン・フンボルトが『コスモス（*Cosmos*）』の序文で鮮やかに示しているように、それでも補完的な関係にあった。

私が証明したかったのは、個別の研究の価値を損なうことなしに、この考えを敷衍《ふえん》し得ること、〔そして〕自然の力とその機構《オルガニズム》が、同一の跳躍力によって結びつけられ、動かされていることだけである。「自然は不活性な塊ではなく、その崇高な偉大さに浸ることのできる者にとっては、宇宙の創造力であり、絶えず働き続ける原始的で永遠的な力である。存在するすべてのものは、その懐において消滅と再生を繰り返す」と、シェリングは芸術に関する詩的演説の中で述べている。

一八四三年から一八四四年にわたって書かれ、一八四五年に出版された『コスモス』は、自然哲学者でもあった学者の作品であり、一時代の終焉を告げる歌であった。(171) 一九世紀後半には、芸術家や詩人の自然と、学者の自然との間に断絶が生じ、さらにまた、ダーウィンの進化論と決定論をめぐる論争がそれを紛糾させた。

自然への関心は、教養あるブルジョワジーが自然物を収集しはじめるようになったことで、より身近なものとなった。私たちは、一八世紀後半のドイツでこの現象がどれほど大きかったかを見てきた。コレクションは、思想の動きと博物館を結びつけるひとつのつながりである。コレクションばかりではない。自然愛好家《ナチュラリスト》、自然に旺盛な好奇心を抱く人々、自然史の実践者、こうした人々が集まる諸協会の重要性は、芸術分野の協会がその分野で持つ重要性に劣るものではなく、別のつながりを形成するものであった。いくつもの例を挙げるまでもなく、ここでは、自然哲学の主要推進者のひとりであるローレンツ・オーケンの提案により、一八二二年にライプツィヒで設立された「ドイツ自然科学者・医師協会（*Verein deutscher Naturforscher und Ärzte*）」を挙げれば十分であろう。最後のつながりは、かくなる主義の信奉者たちの中でも、コレクションと博物館を管理する責務を負った者たちで、それゆえに、一方で自然の思弁的かつ詩的な理解と、他方で自然物の収集と管理の実践を隔てる距離が、想像するほど大きくないことを示したのであった。

ドイツで、自然史またはその一部門を対象とする博物館が増えはじめたのは、このように自然哲学の考えが浸透した状況下においてだった。受け入れの準備は整っていた。一八世紀中頃から、君主や王族が率先して公開した自然史のキャビネット――そう名づけられてはいないが、実際には博物館――は、既に見てきたように、ドレスデン、ブラウンシュヴァイク、マンハイム、カッセルに存在し、のちにはウィーンが加わった。そして、これが最後の例ではなかった。啓蒙派の辺境伯夫人であったバーデンのカロリーネ・ルイーゼ〔美術収集家、植物研究家〕は、カールスルーエで鉱物を中心とした自然史キャビネットを体系的に整備し、彼女の没後、それは一般公開された。(172) 隣接するヴュルテンベルク州シュトゥットガルトでも、フリードリヒ・ヴィルヘルム・カール公爵が、一七九一年から複数のキャビネットを整備し、彼の死の一年後に公開された。(173)

・大学の博物館

大学の博物館もまた、一八世紀の遺産である。最初に設立されたのは、ゲッティンゲン大学の王立学術博物館で、一七七三

〔※1〕ローマ帝国外側に位置する、いわゆる「バーバリアン（野蛮人）」が居住していた地域を指す歴史的用語。

年に、自然の三つの「界」を集めたコレクションを自然史担当教授から購入して設立された。初代館長は、著名な解剖学者であったヨハン・フリードリヒ・ブルーメンバッハである。[174] 歴史はキール大学でも繰り返され、リンネのデンマーク人門下生ヨハン・クリスチャン・ファブリシウスが、一七七五年に経済学、政治経済学、財政学の教授と自然史の教授に任命された。著名な昆虫学者にして大旅行家であり、ロンドンのバンクス、ソランダー、ウィリアム・ハンター、パリのキュヴィエなどと関係を持ち、自然史研究者《ナチュラリスト》の国際ネットワークの主要メンバーでもあったファブリシウスは、自分の仕事のためのキャビネットを持っていた。彼の任命は、自然史博物館と植物園を設立する約束を伴っていたが、それは守られなかった。しかし、ファブリシウスの死後、大学は彼のキャビネットを購入し、それが動物学博物館の最初の核となった。[175]

一九世紀ドイツにおける革新として取り上げねばならないのは、大学博物館の設立であるが、それはベルリンにおいては元々は王族が保有していた自然史コレクションが、まずは科学アカデミーを経てできたものだった。これは、ベルリン同様にミュンヘンでも見られた経緯である。一七五九年に設立されたバイエルン科学アカデミーは、実際に、ヴィッテルスバッハ家の自然物のキャビネットを引き継いでいた。そして、一八〇七年にクンストカンマーが閉鎖されたのち、これらは一八〇九年に開館した博物館の出発点となった。

一八二七年にランツフート大学がミュンヘンに移転したとき、そのコレクションはアカデミーのものと統合され、王の任命でシェリングが自然史コレクションの総監督に任命された。[176] 直観のみが把握できる自然の統一性を説いたこの哲学者は、こうして、人為的操作と観察の対象となった自然に出会ったのだ。これはシェリングに限ってのケースではなく、カールスルーエの博物館コレクションを管理、分類することになったのは、彼の弟子のひとりだった。[177]

・自然史博物館設立に向けての土壌
——イニシアチブは名士たちの協会から学術協会へ

一八世紀中頃から、ブルジョワ階級の多くの人々において自然史への熱狂的な関心が高まりはじめ、それは、主に個人所有の自然史を対象としたキャビネットが、ドイツの多くの都市に存在することに表れている。一九世紀における革新性は、美術館と同様に、自然史博物館がこれ以後博物館設立を目的に設立されたか、あるいはその歴史のある時点で、自分たちの博物館を持つことを決定した協会のイニシアチブによって開設されたという点にあった。

かくしてフランクフルトでは、以前にも触れたが、成功した医師ヨハン・クリスティアン・ゼンケンベルクが残した基金とコレクションが、自然史博物館発足のためのよい足がかりとなった。市の名士たちによって一八一七年に結成され、この恩人・篤志家たちの名誉を称えてゼンケンベルク自然研究協会と名づけられた協会は、四年後に「公共自然史キャビネット」を開館させ、匿名の博物館となった。[178] ヴィースバーデン〔ドイツヘッセン州の首都〕では、一八二九年に市民協会が王族の援助を受け、王室の宮殿に自然史博物館を設立した。[179] ハンブルクでは、一八三七年に設立された専門家の組織である自然科学協会が、六年後に自然史博物館を開いた。[180] 種々の自然史愛好家《ナチュラリスト》協会と自然史を対象とする博物館設立の動きは、一九世紀半ばで終わることはなく、むしろ強まった。しかし、すべてのケースにおいて、同様の連鎖反応が見られた。それは、著名人たちの協会から学術協会へ、愛好家としての自然研究から専門的なアプローチへ、趣味――いかにそれが高尚であろうと――から専門性へ、そして、公開されたキャビネットから専門分野別に構成され、専用の建物を持った博物館へと続く流れだった。

24 デンマークの革新——考古学、歴史学、民族誌学

・識者によるオランダの博物館訪問記

「ライクスミュージアム」と呼ばれる、オランダ王立博物館は、ヨーロッパの他の博物館よりも歴史が古く、「トロッペン・ハウス」という古い家屋の中に設立されたのが始まりだ。現在もまだ同じ場所にあるが、言うまでもなく、この場所には重大な欠陥がある。一般的な私的住居と同様の建物に、あとになって芸術作品のコレクションを展示しているわけで、それに適応するよう新たな措置がとられたわけでもない。スペースも、空気も、日照も、当然ながら不足している状況だ。公共博物館を設立した最初の国のひとつであったオランダが、施設を適切な建物に収容することに関しては、なぜ最も後れをとってしまったのか。アムステルダムという美しく豊かな都市には二〇万人以上の住民がいる。この大都市が、マドリードやミュンヘン、ベルリンやサンクトペテルブルク、ドレスデンのように、そろそろ本物のギャラリーの建設に着手することが強く望まれる。

上記のようなルイ・ヴィアルドの評価は、マウリッツハイス美術館に対しても、やはり厳しいものであった。

それはギャラリーではなく住宅だ。本来は、無言で不動のまま額に入れられた状態の絵画を展示するためではなく、別の主人を迎えるために用意された居住空間なのである。したがって、この場所の使用状況は必然的に不適切であり、日当たりも悪い。しかし、いかなる欠陥があるにしても、アムステルダムの王立博物館の状況よりはましである。[1]

テオフィル・トレ〔フランスのジャーナリスト、美術評論家。オランダの画家ヨハネス・フェルメールの作品を再発見したことで知られている〕も同じように記している。「残念ながら、オランダの主要な博物館の所蔵品目録は、あまりに取るに足らないものであり、出鱈目であるとさえ言える」と指摘した。そして、アムステルダムの「ライクスミュージアム」については、次のように付け加えている。

「博物館の建物はその目的にふさわしいものではない〔中略〕ほかに広い場所がないため、『トリッペンハイゼン』という普

通の家でやりくりすることになった［中略］。日照を確保するための内部改装もなされていない。やはり側面に窓が配置された部屋であり、上から光が入るサロンではない」

そしてさらに、「場所、絵画の分類法、詳細な目録、すべて新たなものが必要だ。オランダ人芸術家の名誉のために、まずはそれをやるべきである」(2)と述べている。

「ライクスミュージアム」は、一八八五年にその機能にふさわしい建物に移されており、ヴィアルドとトレの願いどおり、ほかにも特筆すべき変化が生じている。この博物館については、そういうわけで、その時期を取り上げる際に改めて論じることにする。

次巻ではまた、ベルギーについて再び考察するとともに、スウェーデンはストックホルムの事例を概観し、博物館分野におけるスカンジナヴィア最大の革新といえる野外博物館について考えてみたい。その前に、本章では一九世紀前半にさかのぼり、デンマークの例を見てゆくことにしよう。

・国難を経て展開されたデンマークの文化的革新

総人口一〇〇万、うち首都人口一二万人の小国デンマークは、この頃、困難な時代を迎えていた(3)。コペンハーゲンは、一八〇七年にイギリスの砲撃によって破壊され、再建の途中にあったが、一八一三年に国は破産し、経済は危機的な状況に陥っていた。しかし、この期間はまた、土地改革が進められた時代であり、驚くべき文化的飛躍が起きた時代でもあった。一八一四年には義務教育が導入された。また、物理学者でシェリングの流れをくむ自然哲学者であるハンス・クリスチャン・エルステッドの主導によって一八二九年に技術大学が開校するなど、文化機関がいくつも設立された。一八四〇年代には、成人教育制度が整備された。これは、国民生活の近代化に敬虔《けいけん》主義を用いたルター派の牧師ニコライ・フレデリク・セヴェリン・グルントヴィの案を実践したものである。

また、この時代にデンマーク絵画は黄金期を迎えているが［口絵17／図110］、それが国際的に認められるようになるのは、しばらくあとのことだ。それでも、デンマークの芸術そのものは、彫刻家のベルテル・トルヴァルセンによって、一九世紀初頭からヨーロッパで広く知られるようになっていた。文学においても同様に、ハンス・クリスチャン・アンデルセンがいた。もう少し若い世代のセーレン・キルケゴールの名は、一九世紀末になると国境を越えて広く知られるようになる。

一八四九年、デンマークは平和的に絶対主義を廃止し、立憲君主制となった。卓越した人材がおり、ヨーロッパと世界に開かれ、新聞や雑誌はほかよりも自由であった。これらすべてが好条件となって、コペンハーゲンは文化の革新の場となったのである。博物館・美術館はその革新のひとつの例である。

・クンストカンマーからの展開

かつての王立クンストカンマーは、一八世紀末から既に解体分配されはじめていた。貨幣やメダルは撤去され、鉱物は大学のコレクションに移された。しかし、実際にクンストカンマーが専門分野のコレクションへと振り分けられるようになるのは、一八二一年以降である。[4] 動物標本は、一八〇五年に創設された王立自然史博物館に受容された。この博物館の元になっているのは、自然史協会が一七八九年に設立したキャビネットである。自然史協会では、裕福な愛好家たちが出資し合い、貝殻や鉱物のコレクション全体を購入するなどして、所蔵品を集めていた。一八二〇年代を通して、またそれ以降も、博物館への積極的な収集政策が続けられた。[5] クンストカンマーからは絵画も姿を消し、残されたのは、民族誌学的な遺物、北欧およびその他の古代遺物、珍奇物など、あらゆる種類の貴重品のみとなった。これらはすべて、「コンゲリゲ・クンストムゼウム（*Kongelige Kunstmuseum*）」（王立美術博物館）の名のもと、一九二五年に一般公開された。[6]

・デンマークの諸博物館・美術館の開設

王室の絵画コレクションについては、クリスチャンスボー宮殿にこれを収めるためのギャラリーが建設され、一八二七年に収蔵された。一八四九年、ギャラリーは絶対主義体制の崩壊に伴って国有となり、国立美術館[7]の名称になる。かつての王立兵器庫は、一八三八年に武器や軍服を展示する軍事博物館[8]となった。この種の博物館としては、パリ、マドリードの砲兵博物館に次いで、三番目であったようだ。先に言及した王立美術博物館もまた、一八四〇年代に分割される。やはりその分野では最初のもののひとつとなった民族誌学博物館、古代遺物キャビネット、彫刻美術博物館の三つである。彫刻美術博物館は、これもこの分野では先駆的なものであったが、一八六七年に解体、散逸している。[9] 一八四八年九月一八日には、先に名前を挙げたトルヴァルセンの念願であった美術館が落成した。彼の作品とコレクションを収蔵するために建設されたトルヴァルセン美術館には、彫刻家の墓も収容されている［図111］［図112］［図113］。

これらの施設はすべて、コペンハーゲンの文化生活にとっては重要なものであったが、国外に対する影響力はなかった。しかし「北欧古代博物館」（*Museum for Nordiske Oldsager* もしくは *Oldnordisk Museum*）については別で、一八四〇年代にはヨーロッパに広く知られるようになっていた。この博物館は、一八五四年から一八五五年の間に現在の所在地であるプリンセス宮殿に移され、一八九二年から国立博物館と呼ばれるようになっている。

その歴史は一八〇七年にさかのぼる。この年に、古代遺物の保存を担う王立委員会が設置されており、その任務のひとつが、

Musée Thorwaldsen à Copenhague.

[図111]『トルヴァルセン美術館、コペンハーゲン』ジュール・トルーセ(編)『新図解世界百科事典(*Nouveau dictionnaire encyclopédique universel illustré*)』1885-91年

[図112]『トルヴァルセン美術館、コペンハーゲン』、1920年頃、写真

[図113]『プリンセンス宮殿、コペンハーゲン』
1854年からはコペンハーゲン国立博物館となる。1888年頃
(Sammlung Archiv für Kunst und Geschichte, Berlin)

展示のための博物館を設立することだった。この案にはふたつの由来がある。まずひとつに、スカンジナヴィア考古学の伝統によって築かれた基盤があり――ほぼ同時期の一八〇五年、ルンド大学の歴史博物館が長い準備期間を経て開館しており、これが手本になると考えられた――、そしてもうひとつに、デンマークの学者たちに広く知られていたアレクサンドル・ルノワールの例があった(10)。委員会に託されたデンマークの古代遺宝、そこに寄贈品や発掘品が加わり、より豊かになったコレクションは、コペンハーゲン大学の図書館に隣接するトリニティ教会の屋根裏部分に避難所のような保管場所を得た。委員会の事務局および博物館の責任者は、一八一六年、この場所に置かれたままであったコレクションをクリスチャン・ユルゲンセン・トムセンに委ねた。これが、この博物館の歴史のまさに転換点となったのである(11)。

・考古学者トムセンの革新的分類法
――三時代区分法

コペンハーゲンの最も裕福な家のひとつに生まれたトムセンは、学位を持っていなかったが、非常に早い段階から貨幣学と芸術に関心を示した。そして、収集家としてコレクションを築き、画家たちと交流を深め、古代美術の世界ではよく知られるようになっていた。委員会のメンバーよりも若く、意欲的な気性に富む彼は、まず委員会の財政を整え、目録さえまともになかった古代遺物のコレクションを整理することから始めた。一八一九年には、週に一度、二時間だけ博物館を公開することにして、自ら来館者を案内した(12)。この慣習はその後も継続して行われ、記録に残されている(13)［図114］。

限られたスペースを有効に使うために、トムセンは、石、ブロンズ、鉄というように、展示品を素材別に分類する方法を考案した。彼はすぐに、この方法が単なる分類以上のものであることに気づく。石器は時代的に青銅器に先行し、また、その青銅器は鉄器に先行するという結論に達したのである。トムセンは、展示品の分類を通して、それらの時代区分を明らかにしたのだ(14)。これは、目に見える特徴（この場合、物の素材）を超えた区分であり、目に見える部分を調べるだけではたどり着けない、物の起源に立ち返る区分である。こうした起源は、それぞれの遺物がどのような状態で発掘現場にあったのかに関連し、その特徴から導き出される。それはつまり、もはや個々の遺物ではなく、これらが構成する集合体に重要性があることを示唆している。トムセンは、当時の古生物学者や地質学者と同様の方法で研究を進め、やがてこの三時代区分法によって考古学の歴史に名を残すことになる(15)。

とはいえ、トムセンがひとりでこのような方向性を確立したわけではない。彼の研究は、スカンジナヴィアやドイツの考古

[図114] マグヌス・ペーターセン『デンマーク人考古学者クリスチャン・トムセンと博物館の来訪者』1846年

学者との緊密な交流と切り離せないものであった。[16] しかし彼は、博物館の展示にこの時代区分を用いた。石器時代、鉄器時代、青銅器時代というように、時代ごとに展示品を整理することは発見的で興味深く、博物館自体が先駆的で模範的な施設として認識されることにつながる。

彼はまた、クリスチャンスボー宮殿への施設移転（一八三二—三三年）を好機と捉え、博物館の名声を高めるとともに、より重要なこととして、施設の占有面積を拡大した。また、一八三六年に出版された『北方古代の案内（*Ledetraad til nordisk oldkyndighed*）』という書籍において新たな時代区分法を発表したのも、やはりトムセンであった。この書籍は翌年にはドイツ語に、さらに一八四八年には英語に翻訳されている。[17]

もはや彼の博物館の評判は高まるばかりであった。一八三〇年代におけるトムセンへの賛辞[18]については、カリン・ルンドベック＝キュロ〔デンマークの考古学を専門とするフランスの研究者〕が証言を集め、まとめている。ここでは彼の没後の評価を表すふたつの証言を追記しておこう。ひとつは当時の権威であったガイドのジョン・マレーによるもの、もうひとつはフランスの歴史家アンリ・マルタンによるものである。マルタンによれば、「北方古代博物館は、その良好な構成、展示物の豊富さ、種類の多さ、優れた保存状態、配置と分類において、ヨーロッパのすべての博物館の模範」であった。[19]

・デンマーク絵画の発展にも寄与

トムセンが手がけたのはこの博物館だけではなかった。一八三〇年代はじめには、ローゼンボーの王宮に美術博物館を設立するための委員会において、長を務めていた。一八三九年、前任者の死去に伴い美術館長に就任し、同時に絵画館の共同館長も務めることとなった。トムセンは、当時隆盛を誇っていたデンマーク絵画の発展に多大な影響を与えたのである。

一方、美術館はといえば、北欧古代博物館の補完に充てられそうな品々は引き取られ、残りの一部は一八四九年に開館した民族誌博物館を補うことに充てられた。[20] 古代遺宝のギャラリーを設置したのもまたトムセンだった。年月が経つにつれ、彼はデンマークの博物館の歴史における中心人物になった。彼がドイツ、フランス、イタリア、イギリス、オランダへと旅する中で交わした書簡や個人的な交友によって結んだ関係には、ジョマール、フォン・レデブール、リンデンシュミット、フィリップ・フォン・シーボルトなど、既に本書で言及した歴史上の主要人物が何人も含まれている。[21]

こうして交流関係を強調してみると、あらためて一九世紀の博物館のヨーロッパ的特徴に関心が向けられる。この時代の博物館は、デンマークのような小さな国であっても、言葉の壁を越えて、他の国々が追随するような模範例をいくつも提供することができた。この点において博物館と比肩しうるのは、科学だけなのである。

・ローゼンボー城における歴代デンマーク王コレクションの歴史展示

イェンス・ヤコブ・アスムッセン・ヴォルソーは、トムセンの弟子で、一八三八年から助手を務め、トムセンの死後に後任として仕事を引き継いだ。彼は、一八四三年に「スカンジナヴィア先史時代に関する最も壮大な教本、『デンマークの古代（*Danemarks oldtid*）』」[22]を発表し、やはりヨーロッパ考古学の重要人物となった。

しかし、本書にとって重要なのは博物館・美術館事業における彼の仕事だ。彼は、より科学的であり、同時により国家的でもある、ふたつの新しい方向性を北欧古代博物館に刻み込んだ。これは、時代の精神にも、彼個人の意見にも、二重に適合するものであった。ヴォルソーは、古代の歴史と近代の歴史とを包含する国立博物館の重要性を確信していた。それゆえ、ローゼンボー城内に、北欧古代博物館の延長として、ルネサンス期まで止まっていた博物館の対象を延長した。また、一八七八年にフレデリクスボー城に国立歴史博物館の組織委員会が開設された際には、その責任者に就任した。[23]

ローゼンボー城に集められたデンマーク王の所有物は、時系列に従って分類され、一八三八年に一般公開された。[24]しかし二〇年後には既にこの方法だけでは不十分になっていた。一八五八年の王令によって、これらは「歴代デンマーク王の年代別コレクション」と名づけられ、「可能な限り王の権威を中心に」近代デンマークの歴史を説明するよう再構成された。展示品は三つの時代に分けられ、当時の公式案内書によると、クリスチャン四世の治世前後（ルネサンス期　一四四八―一六四八年）、絶対王政の始まりからフランス革命まで（ロココ様式）、フランス革命から「現代まで」という見出しが付けられている。各時代の中で展示は治世ごとに整理されており、案内書に紹介されている最後の年は、フレデリク六世が死去した一八三九年である。[25]

全体として傑出した構成になっており、注目すべき点がいくつもある。まず、歴史が現代という時代まで続いているという点である。これは非常に珍しいことだった。次に、転換点に選ばれているのが、デンマークにおける絶対主義の終焉ではなく、外国の出来事であるフランス革命であり、国家の歴史がヨーロッパの歴史に組み込まれているという点だ。最後に、政治史と美術史の一致を図ろうとした点である。この企図は空間の使い方に表れており、当時はまだ名称が付けられていなかったが「時代部屋《ピリオドルーム》」と呼べるものが連なっている。それぞれの部屋に展示された肖像画――学者や芸術家の肖像も含まれた――や品々《オブジェ》には、各王の治世特有の芸術様式があり、それらを通じてデンマークの王の系譜が示されている。これに加え、騎士の間と三つの部屋があった。これらはそれぞれ、王権を象徴する装具品、ヴェネツィアングラスのコレクション、磁器のために用意された部屋であった。(26)

・実業家ヤコブソンが再建した歴史博物館としてのフレデリクスボー城

ローゼンボー城とは異なり、フレデリクスボー城は、コペンハーゲンから離れた場所に位置し、王室の居城であり続けていた。壮大な肖像画ギャラリーを持つこの城は、デンマーク人の想像《イマジネール》において、ちょうどドイツ人にとってヴァルトブルグ城やケルン大聖堂がそうであったように、重要な地位を占めていた。(27) 一八五九年に城を襲った火災は国難的な災害として受け止められた。この反応に対しては、フレデリクスボー城という記念碑的《モニュメンタル》建造物を再建し、そこに博物館を設置する以外に手立てはなかった。しかしながら、王にその主導権が委ねられていたわけではなく、ローゼンボー城の複製をつくることが目的だったわけでもなかった。

工事の資金を提供したのは、カール・ヤコブセンという実業家で収集家の人物であった。彼の資金の源はカールスベルグのビール醸造所であり、彼はのちにニイ・カールスベルグ・グリプトテーク美術館を創設することにもなる。ヤコブセンにとって、フレデリクスボー城はデンマークとデンマーク人の歴史博物館でなければならず、フランスのヴェルサイユ宮の美術館や、ニュルンベルクのゲルマン国立博物館のような、国立歴史博物館でなければならなかった。

デンマークの歴史の重要な場面を描いた絵画や、著名な人物たちの肖像画がそのために手配されたが、これらは歴史上の戦闘シーン同様、しばしば想像によってつくり出されたものであった。絵画にしても物品にしても、キリスト教が国教化されてからのデンマークの歴史を、その国民がどのように生きてきたのかを示すような品々《オブジェ》を集める必要があったのだ。つまりそこには王政ではなく国家を中心に据える意図があった。

それは、ヤコブセン自身の言葉によれば、「人々の歴史意識を目覚めさせ、形成する、そして彼らが文化の形成過程全般における自分たちの役割を知り、その結果、現在および未来の世代には文化的遺産によって課された義務があるのだと理解できるようにする［略］ためであり、「この理解は、自己の評価と道徳的な力を強化することにつながる。これは、われわれのような小さな国にとって絶対に必要なものだ」という。(28) そこには、一八六四年のプロイセンとの戦争に敗北し、シュレースヴィヒ、ホルシュタイン、ラウエンブルクの公国を失い領土の三分の一を手放すことになった、デンマークの惨憺たる状況に対する反響がある。戦争の敗北と領土の喪失によってナショナリズムの波が引き起こされたのであり、フレデリクスボー博物館はその結果のひとつであった。

博物館は一八七八年に開館した。それぞれの時代の家具や品々を備え、歴史的絵画や肖像画で飾られた一連の「時代部屋（ピリオド・ルーム）」では、中世以降のデンマークの歴史が称揚的に示されていた。展示の最後の部分には、一八六四年の戦争で亡くなった将校たちの巨大な肖像画や、彼らの戦功を記録した絵画など、軍に所属する画家たちの作品が飾られ、ハイライトとなっていた[29]。

一九世紀後半、デンマークの歴史博物館は、他に先駆けて、ロマン主義的な博物館から実証主義的な博物館へと移行する道を進むことになる。他の国の博物館も、それぞれ時期は異なるが、やがてこれに追随する。この移行とはすなわち、想像力を喚起する展示から知性に訴える展示へ、過去を再現するような展示から知識の対象となる客観的な展示への転換である。これにより、展示される遺物と文書の真正性と真実性、さらに復元が要求され、体系的な分類が強調され、時系列順に沿った展示が崇敬されるようになった。しかし、ローゼンボー城とフレデリクスボー城の例が示すように、博物館で歴史を展示しなければならないという拘束があり、国民的あるいは完全に国家主義的なイデオロギーの形をとってアイデンティティが要請されるという圧力があり、ロマン主義モデルの重要要素は維持された。とりわけ、細部は正確であったとしても芸術家のイマジネーションに直結した過去を示す遺物や歴史画である。

・デンマークの博物館の展開

デンマークの博物館は、考古学と歴史の関係を問いに付す。ロマン主義的博物館はこのふたつを切り離していなかったが、この時期になると、さまざまな異なるアプローチに依拠する者も登場していた。考古学的コレクションとは、ほとんどの場合、一般人にとってはあまり意味を成さない物質的な遺物の集まりだが、適切に展示されれば意味を持つようになる。発見物が減少し、体系的に組織された発掘が増えたことで、遺物はその文脈に置かれ、その結果、語る力を持つようになる。しかし、当時もその後も長い間、トムセンの三時代区分法、すなわち石器時代を旧石器時代と新石器時代に分ける枠組みに従って、それに合わせて相対的な年代順に整理することしかできなかった。歴史学的コレクションとは、一見して理解しやすい表現や遺物を含み、書かれた文書によって絶対的な年代の中にこれらを位置づけることが可能である。考古学においては出来事や事件が乏しいため、そこで許容される語りは人間味のないものだ。神話や空想の人物を現実とみなしている場合は例外だが、それはもはや禁じられている。歴史においては出来事がぶつかり合っている。そして、そこでは個人が前景化される。とりわけその人物たちが絵に描かれたり、語られたり、記念碑《モニュメント》で称えられたり、調査されたりして、原資料が残っている場合には。歴史学的コレクションと考古学的コレクションとは、分ける必要がある。これらが北欧古代博物館においては統合され続けているのは、トムセンの業績への敬意が一因にあり、また、博物館全体に見られる不活性さも一因になっている。それでも、北欧古代博物館はヴォルソーの指揮下でより考古学的になってゆき、他方、歴史はローゼンボー城とフレデリクスボー城に集中することになった。

ギリシャ人や特にローマ人に集約される古典考古学と、フランスにおけるガリアや、スペインにおけるイベリア、ドイツの一部におけるゲルマンといった民族考古学との関係については、デンマーク人にとっては解決する必要がある問題ではなかった。しかし彼らは、国家の歴史に取り組むにあたってふたつの方法が提起する問題に直面した。ひとつは王権を中心に歴史を組織する方法であり、もうひとつはデンマークの民を中心に据えて歴史を語る方法である。本章で見たように、それぞれに博物館が与えられており、後者に関しては複数の博物館があった。というのも、一八四九年には、国立歴史博物館の隣に民族誌博物館が設立され、地方の博物館もいくつかこれに続いたのだ。武器と制服が展示された軍事博物館を旧王立兵器庫の内部に開設したことについても、デンマーク人はまた先進的であった。歴史博物館に関わるほぼすべての事柄において、彼らは先駆者となって役割を果たしたといえる。

あとがき　新しい体制へ
——新しい内容、新しい空間

一八五一年五月一日にロンドンのハイドパークで「万国博覧会」が始まったが、その名称はいささか仰々しく、誇張的なものであった。ヨーロッパの国々でさえ、すべてが代表されていたわけではなかった。当時の政治勢力図に従い、中央ヨーロッパはドイツとオーストリアに限定され、東ヨーロッパはロシア、ギリシャ、オスマン帝国に限られていた。また、ヨーロッパ以外に関しても多くの国が欠けていた。目立つ不在だけを挙げてみても、南米であればアルゼンチン、コロンビア、ベネズエラ、アジアではシャム〔タイ国の旧称〕と日本〔※1〕、アフリカではエチオピアもモロッコも、いずれも含まれていなかった。それでもなお、これは歴史上初の万国博覧会であった。いくつかの国に関しては象徴的な意味合いでの参加ではあったものの、すべての大陸が出そろっていた。一六四日間にわたる開催期間中に、六〇〇万人の来場者が水晶宮《クリスタルパレス》を訪れ、その鉄とガラスでできた前例のない建築と、約一万点の展示物を鑑賞した。そして人々は、産業はもはや全世界を席巻しつつあり、地球規模の市場をつくり出そうとしているのだと確信しながら、会場をあとにした（1）。

実際は、一九世紀半ばの世界は産業化にはほど遠かった。ヨーロッパでさえもそれは依然として進んでおらず、人口の大部分は農民であった。地球規模の市場などというものは、現実というよりも夢、言い方を改めれば、事実というよりも未来の展望であった。大西洋横断ケーブルが敷設され、アメリカとヨーロッパの間に電気通信が確立したのは、一八六七年のことでしかなかったのだから。スエズ運河が開通するのはその二年後の一八六九年である。産業化の完遂とは言えなくとも、少なくとも以下に挙げるような、ロンドンの万国博覧会で大々的に示された産業化の傾向が顕著になるまでには、一九世紀後半を通して、さらに二〇世紀に入ってもまだかなりの年月を要する。重要な科学的発見とその実用化、産業発明、経営革新が増えてゆく。ヨーロッパ列強は植民地を拡大してゆく。ヨーロッパから海外、特にアメリカへの移民が増加してゆく。急成長するヨーロッパ産業による原材料や製品の消費が進む——たとえば綿、茶、コーヒー、カカオ、やがてゴムと石油、さらにアルゼンチンの肉やアメリカの小麦など——。こうした産業化の進行と同程度の時間をかけて、まさに博覧会が予告した通り、物品の存在は日常生活においてますます重要になってゆく。物品は、ショーウィンドウや陳列ケースに並べられ、ポスターに描かれ、

〔※1〕日本が初めて万国博覧会に出展したのは一八六七年のパリ万博だった（徳川幕府と佐賀・薩摩両藩）。

人々の目に触れるようになる。百貨店の登場も、もう間もなくだ。

これらすべてからわかるのは、歴史上初の万国博覧会は一九世紀を二分する分岐点にあったということだ。諸民族の春〔一八四八年の革命〕は、もはや遠い過去のように思われる。反動派が勝利し、ウィーン会議は葬り去られ、やがて一八六〇年代から一八七〇年代にかけてイタリアとドイツが統一されるための道が開かれた。ロマン主義はリアリズムに、詩は散文に、宗教は科学に、革命は生産に置き換えられてゆく。しかし、この博覧会は何よりもまず、技術と鉄鋼の輝かしい栄光を称えるモニュメントであった。当時、鉄は主要な建築素材になりつつあった。なるほど、水晶宮は、鉄とガラスの組み合わせである。ガラスの可能性のすべてが明らかになるのは、さらに一五〇年後のことだが、鉄は、鉄道という名の新たな道——ほぼすべての言語においてその名称に「鉄」の語が入っていた——そのレールに使用されていた。蒸気船や、あらゆる種類の機械類にも使われており、やがて橋や建造物の建設にも使用されるようになる。ときに鉄を通して産業革命の諸相が見えてくる——鉄鉱石と石炭の採掘、高炉やその他の用途への熱と蒸気の応用、化学と電気の到来——。それは、労働者階級という新たな社会階層の出現に示されるような、社会の変革を伴うものだった。ロンドン万国博覧会は、それまで一世紀以上にわたって産業が発展を遂げてきたその末に開催されたものであった。こうした産業が既に風景の一部になっていたような国や地域においては、その影響は一目瞭然だった。

この博覧会は、それまでの功績を称え、その後の展望を垣間見せる。それはつまり、グローバル化の新時代に突入したことを示していた。陸上では、鉄道がまもなくユーラシア大陸と北米大陸に敷かれ、大西洋から太平洋へと横断することを可能にする。海上では、蒸気船がより大型かつ高速になり、大規模な物資輸送にますます適したものになってゆく。まずはスエズ運河が、続いてパナマ運河が開通し、その航路も短縮される。電信もまた大陸や海を越え、横断する。そして未知のスピードで最新のニュースを伝えることができるようになる。この博覧会はまた、少なくとも大量の人の流れを促したということだけを見ても、群衆の時代の始まりを示していた。それはやがて大衆の時代へと変化する。大都市において、人々は普通選挙権を求めて闘ったり、あるいは既に獲得した選挙権を行使したりして、自らの新たな重要性を表明するのである。

産業、世界、大衆——これらはすべて博物館・美術館において影響力を持つものとなる。同様に、科学には、さらに技術にはより一層、新たな威厳が付与される。そして、学者や技術者は新たな造物神となり、芸術家たちと同格か、またはそれ以上とみなされるようになる。ヨーロッパおよび海外における博物館や美術館の拡大は加速する。施設の建築や、照明、暖房、家具は変化し、その内容はとりわけ迅速に変わってゆくだろう。博物館・美術館は新しい観客を迎えることを求められ、教育的、文化的、政治的にさえも重要性を持つようになる。あらゆる方面から期待を寄せられ、これまでにないほど耳目を集めるようになる。新聞や雑誌でも大いに話題となり、イギリスをはじめとする国の議会では等閑にできない案件となる。

同時に、博物館・美術館の革新の中心は、それまでのフランスから、イギリス、スカンジナヴィア、ドイツへと移り、やがてアメリカへと向かってゆく。そして、既に現れていた以下のような傾向が顕著になってゆく。博物館や美術館の数は、地方や国々への普及、さらにはそれまで博物館も美術館も存在しなかった文化圏への伝搬とともに、増加してゆく。それぞれの内容の特性に従っていくつもの異なる形態が出現し、類型は多様化する。博物館・美術館の収蔵品については、それが人間の作品や遺物、科学の理論であろうと、自然物であろうと、コレクションに含めるものの選別や分類、展示の方法には、歴史的原則が適用されるようになる。観客の増加と民主化が進み、「勤労階級」もその一部となる。職員は、先人が直面したことのない要請に応じなければならなくなり、専門職化される。

ロンドン万国博覧会から第一次世界大戦までの約六〇年間は、旧博物館制度から新制度への移行が始まる新時代の幕開けである。芸術というものの内容も範囲も、根本的に変化する。芸術はもはや、博物館や美術館に展示するに値する、人間の中の「人間性」を唯一表現するものではなくなり、その特権を、歴史や、文化、科学、技術、産業、農業、商業、労働、日常、内面など、つまりは人間的活動のすべての領域と共有するようになる。

では自然はどうか。世界のあちらこちらから、絶え間なく大量の物品《オブジェ》が流入する。地質学、生物学、物理学は、事実的にも概念的にも進歩してゆく。そしてとりわけダーウィンの進化論が、論争を引き起こしながらも、生命観と人間観を揺るがし刷新する。それまではエリートに限られていた博物館や美術館は、ますます大衆に開かれるようになる。そして、イデオロギーの対立の中で自らの立場をとることになる。博物館・美術館は様式と技術の革新によって変化し、新たな機能を獲得する。そして、その外観の建築も、内部の設備もまた、改変される。西欧では第一次世界大戦の惨禍の中で、こうした変化の傾向は一時休止するが、アメリカでは続いてゆき、さらに活発化さえしていく。ヨーロッパにようやく変化の波が戻るのは、第二次世界大戦後の再建が終わりを迎える頃である。世界の他の地域については、さらに遅れることになる。

新しい博物館制度が成熟し、定着するのは、二〇世紀の最後の数十年である。それ以前は、革新と過去の遺産とが、時に困難を伴いながらも共存しており、そのバランスは、国によっても時代によっても異なっていた。この点において博物館・美術館は、三世紀をかけて社会を根底から揺り動かしていった歴史のうねり——それはまずヨーロッパと北米に始まり、世界の他の地域へと広がった——そのうねりにただ参入していたにすぎないのである。

監訳者あとがき

水嶋英治

本書第二巻は一七八九年から一八五〇年までのヨーロッパ諸国――フランス、スペイン、イギリス、ドイツ、デンマーク――の博物館・美術館がテーマである。

博物館や美術館は社会の一部であり、積極的な社会的貢献を果たすべきという認識が広がる中で、価値観の共有や倫理的基盤の必要性が強調されている。以前は、博物館・美術館の機能（たとえば、「展示」対「保存」）と社会的責任（保存修復の社会的コストすなわち税金の使い方）が対立することが多かったが、現在ではこれらが一体として捉えられるようになっている。博物館や美術館は、文化財の収集、保存、調査研究、展示、文化的観光といった機能を通じて、社会的・人道的目的を果たそうとしていることは、こんにちではほぼ常識的になっている。

しかし、そうした常識は――いつの頃から、どのように――形成されてきたのであろうか？

博物館学の教科書には、博物館・美術館の歴史があたかも歴史の必然として描かれてしまいがちであるが、本シリーズ全三巻を通読すれば認識を新たにするように、紆余曲折、コレクターの情熱、為政者の権力誇示、他国から他国への影響など、さまざまな要因が絡んでいる。

改めて「博物館・美術館とは何か」という哲学的問いを投げかけた時、それは社会の文脈なしには定義できないことを本書は教えてくれる。仮に、新たな定義を試みるならば、本書第二巻のヨーロッパ諸国の地政学的関係や社会的不平等性、権力と富の非対称性が示すように、博物館や美術館の定義にも歴史的文脈や社会的文脈を反映させる必要があるだろう。また、こんにち多発する大規模自然災害や持続不可能な人間と自然の関係も、博物館や美術館の存在に影響を及ぼすため無視できない。

さらに、これらの施設が所蔵・展示する歴史資源に関する説明責任と経営の透明性について――たとえば、第二一章のエルギン・マーブルは日本で紹介されている文化財返還問題よりも詳述されている点――は学ぶことが多い。

ところで、博物館・美術館の定義をめぐる議論や新たなトレンドは、数十年前から始まっていた。最近では、国際博物館会議（ＩＣＯＭ）の特別委員会である「博物館の定義・展望・可能性委員会」（ＭＤＰＰ）が、博物館や美術館に影響を与える社会的動向を体系的に調査し、その歴史的背景や認識論的ルーツを分析している。また、博物館コミュニティと対話し、博物館・美術館と社会の関係におけるパラダイムの転換についても議論している点は学術的視点から見ても極めて重要な議論であろう。しかし、こうしたパラダイムシフトが起こったのか否かは、本書のような巨視的視点で記述されていなければ、シフトの過程も見通すことはできない。

社会と同様に、博物館・美術館でも文化への平等なアクセスや文化的参加への期待が高まっているが、博物館や美術館とそのコミュニティとの関係は、パートナーシップ（パブリックとプライベートの関係、日本ではパブリック・プライベート・パートナーシップ、言うなれば指定管理者制度）との責任共有、協力と共創を通じて、再定義される必要があるように思う。言うまでもなく、本シリーズは、どの博物館・美術館史よりも深く、詳しく、新鮮な内容であり，新しい文体である。徹底性、専門性、独自性は他書には見ることはできない。第一巻の「訳者あとがき」にも記したように、本シリーズは著者の三〇年以上に及ぶ研究内容であり、誰にも真似のできない新しい博物館史・美術館史である。本シリーズを基礎にして、わが国の新たな博物館史研究に弾みがつくことを期待したい。

歴史家としての記述と哲学者としての分析

気づかれた読者もいるかと思うが、本書には歴史的事実を語る部分と著者自身の観察眼・鑑識眼で博物館現象を分析した論評部分とがある。歴史家としての記述と、哲学者としての考察が交差するのは、これまで日本に紹介されてきた「博物館史」とは一線を画すものである。それだけに、博物館史の教科書としては最高峰に位置づけられる著作である。本書がロシア語、中国語をはじめ、多くの言語に翻訳されていることから見ても、それを物語っている。

博物館・美術館の歴史は、一般読者はもちろんのこと、博物館関係者や専門家、外国の博物館・美術館愛好家にとっても、文化的な関心テーマのひとつであろう。と同時に、学術的な視点から見た場合——自己反省も含めて厳しく言えば——、その正確な史実は比較的曖昧で、さまざまな学問分野の間で議論されることがあるにもかかわらず、一九八〇年代以降その考察がほぼ更新され続けている知的分野である。その中には、博物館の展示物の歴史——美術史から考古学、民族誌、科学技術史にいたるまで——、展覧会や博物館学の歴史、そして観光や娯楽の歴史、さらには文化・教育・科学政策の歴史が含まれている。「文化史だ、社会史だ、経済史だ、と言ったって、それが歴史になるのは、政治の出来事と結びつくからであって、政治をぬきにした文化も、社会も、経済もありえない」。

こう述べたのは、著名な東洋史学者の岡田英弘であったが、岡田は「歴史の主流は、政治史だ」と言い切る（『歴史とはなにか』二〇〇一年、文春新書、一三八頁）。こうした観点から本書を再度眺め直してみると、博物館の歴史は確かに政治と切っても切り離せないことがわかる。

監訳者は第一巻の「あとがき」に同じ視点で「政治の道具化

する博物館」と述べた。長い間、博物館の歴史は、コレクションの構築と発展の記録とほぼ同義であった。その後、モノの命名法への関心を維持しつつ、施設の歴史、建築史、デザイン史や空間演出史を考慮に入れるようになってきた。近年では、より広く博物館現象を捉え、社会化、遺産化、博物館化（たとえばZ・Z・ストランスキー）、あるいは記憶研究、より広くは集団的記憶（たとえばM・アルヴァックス）の形成や地域、国家、大陸への帰属意識の形成について考察するようになっている。デジタル化の進展も博物館研究に影響を及ぼしていると思われるが、こうしたグローバル化しつつある博物館現象を解き明かす研究や、博物館史研究の再構築もこれからの課題であろう。

博物館・美術館の深層構造

さて、本書の内容を数行でまとめるような無謀なことはできないが、ルーヴル美術館は王侯貴族たちの所有していた芸術作品を市民に開放したことによって、その歴史的な存在意義を決定的なものにした。わが国の「市民に開かれた博物館」概念とニュアンスの違いはあるものの、閉鎖的な社会にひとつの風穴を開けたことは歴史的にも評価できるだろう。しかし、カトルメール・ド・カンシーがルーヴル美術館に反対する建白書をナポレオンに送っているように、美術品は美術館ではなく、それがもともとあった場所に置くべきだという考え方も昔から存在していたことは事実である。

こんにち、考古学では現地保存（in situ）の考えかたが普及してきたが、遺物は遺跡の中で初めて安らぎの場を得ているのである。一方、博物館・美術館という何の脈絡もない展示空間の中では、どうであろうか。

カトルメール・ド・カンシーが言うように、もとにあった場所から作品が切り離され（脱文脈化）、展示されるということ自体にどれほどの意味があるのであろうか？　あるいは、博物館や美術館のために描く作家の意図は、後世に名を残すという意味で、初めから市民世界から遊離されているのではないだろうか？

美術作品と呼ばれる展示資料は、おそらく深層構造において次の三つの「比喩」構造を採る。第一は、類似性の原理によって資料が配置される「隠喩」構造（metaphor）である。一番ありふれた、どこにでもある美術館である。一つひとつのモノに対して意識することが前提となっており、その間の類似性が「美」を提供する側と鑑賞する側の関心の対象となっている。身近な例を挙げれば、たとえば、フェノロサは仏像を芸術作品として隠喩的に見たが、それは古代ギリシャの彫刻との間に類似性を見ている。

第二は「換喩」（metonymy）である。これは個々の事象を因果関係によって説明しようとする立場をいう。因果関係の連鎖を探すこの立場は、企画側の展示ストーリーやシナリオを意識している場合が多い。言うなれば、空間的な意識が強く、近接性の原理をその中心に置く。日本の例で言えば、岡倉天心が「日本はアジアの博物館である」と述べたのは、この類の比喩であろう。

そして第三は、「提喩」(synedoche)である。部分(断片)を全体の一部として見る立場、または逆の立場である。数あるコレクションの中から、ひとつのモノに代表させるレトリックである。それを指摘したのは、管見によれば、チェコスロバキアの博物館学者Z・Z・ストランスキーだけであった。彼の言う「資料選択理論」に通じる考え方であろう。

現在の「博物館・美術館」というシステムは、以上の三つのうちのいずれかである。極めて言語的である上記の概念は、今後さらに深く研究していくべきテーマであろう。

言語的である、とあえてここで言ったのは、これまでの博物館学や美術館学は実学的であり、多くの論考は博物館技術(Museography)の観点から記述されてきたからである。しかし、こんにちのような博物館の変革期においては、これまで欠如していた博物館・美術館の理念的・倫理的・哲学的考察も視野に入れて議論(言語表現)しなければ、この難局は乗り切れそうもない。博物館学理論、博物館哲学の登場が待たれる所以である。こうした新しい研究テーマの追究も、本書がバイブルとして役立つことは間違いないように思う。監訳者にとっては、哲学的論考の部分から学ぶことは非常に大きかった。

何はともあれ、第二巻をお手元に届けることができた。訳業に勤しみ、校正作業を進めてくださった編集部の吉田知子課長をはじめ、関係者の皆さんに御礼申し上げなければならない。けれども、まだ、道半ばである。次のクライマックス、第三巻が待っている。気休めせず、気を引き締めて、再出発したい。

図109 *Inscription à l'entrée du musée de la Kartäusergasse*, 1859, alliage de plomb, Germanisches Nationalmuseum, Nuremberg, inv. A 3502. Photo ©Germanisches Nationalmuseum.

図110 Christen Købke, *Une vue de Dosseringen*, 1838, huile sur toile, 53×71,5 cm, Statens Museum for Kunst, Copenhague. Photo © Fine Art Images / Bridgeman Images.

図111 *Musée Thorvaldsen, Copenhague, in* Jules Trousset (dir.), *Nouveau dictionnaire encyclopédique universel illustré*, Paris, La Librairie Illustrée, 1885-1891. Photo ©Old Book Illustrations.

図112 *Musée Thorvaldsen, Copenhague*, vers 1920, photographie tirée d'un album souvenir de Copenhague, collection particulière. Photo ©Look and Learn / Bridgeman Images.

図113 *Prinsens Palais, Copenhague*, depuis 1854 siège du musée national de Copenhague, vers 1888, gravure sur bois, Sammlung Archiv für Kunst und Geschichte, Berlin. Photo ©akg-images.

図114 Magnus Petersen, *Christian Thomsen, archéologue danois, avec les visiteurs du musée*, 1846. Photo ©akg / Science Photo Library.

Münchner Stadtmuseum, Munich. Photo ©Münchner Stadtmuseum Sammlung Graphik/Gemälde.

図89 Leo von Klenze (d'après), *Vue de la Glyptothèque depuis le sud-est*, 1840, lithographie de Karl Friedrich Heinzmann. Photo ©akg-images / Interfoto / Pulfer.

図90 *Le mémorial Walhalla*, Donaustauf, Bavière, vue actuelle. Photo ©Uwe Lange /akgimages / euroluftbild.

図91 *Walhalla* : l'intérieur. Photo © Ingo Steinbach / Wikimedia Commons.

図92 Leopold Rottman d'après un dessin de Joseph Anton Weiss, *Alte Pinakothek, Munich, vue du sud-est*, vers 1836, Münchner Stadtmuseum, Munich. Photo ©Münchner Stadtmuseum Sammlung Graphik/Gemälde.

図93 Karl Friedrich Schinkel, *Vue de l'Altes Museum et du Lustgarden, Berlin*, avant 1825, plume, encre noire, graphite sur vélin, Kupferstichkabinett (SM 21b.47), Berlin. Photo ©BPK, Berlin, Dist. RMN-Grand Palais / Jörg P. Anders.

図94 Karl Friedrich Schinkel, *Plan des étages du Neue Museum, Berlin*, collection de projets architecturaux, Berlin, Éditions Ernst & Korn, 1858, Smithsonian Institution, Washington. Photo ©Smithsonian Institution, Washington / akg-images.

図95 Friedrich Alexander Thiele, *Vue en perspective du Neue Museum, Berlin*, vers 1825, gravure, 39,5×63 cm, Stadtmuseum, Berlin. Photo ©Stiftung Stadtmuseum Berlin / reproduktion: Hans-Joachim Bartsch, Berlin / inv. GDR64 / 110.

図96 Karl Friedrich Schinkel, *Vue en perspective de la Rotonde*, 1858, dans K. F. Schinkel, *Sammlung architektonischer Entwürfe, Das Neue Museum*, pl. 44, lithographie, 48,4×33 cm, National Galleries of Scotland, Édimbourg. Photo ©National Galleries of Scotland, Dist. RMN-Grand Palais / Scottish National Gallery Photographic Department.

図97 Max Lübke, *Exposition en cours du groupe de Zeus au Museum de Berlin*, vers 1866, dessin à la plume, 33,5×46 cm, Kunstbibliothek, Staatliche Museen zu Berlin (SMPK). Photo ©RMN-Grand Palais / Dietmar Katz.

図98 Karl Bennewitz von Löfen, *L'Ancienne Galerie de peintures du Schinkelschen Museum*, vers 1880-1884, huile sur toile, 100×150 cm, Nationalgalerie, Staatliche Museen zu Berlin. Photo ©BPK, Berlin, Dist. RMN- Grand Palais/ Andres Kilger.

図99 *Altes Museum, Berlin, salle des sculptures au rez-de-chaussée*, photographie de 1910. Photo ©akg-images.

図100 *La Salle des dieux et des héros dans l'Altes Museum*, Berlin, 1883, gravure sur bois d'après une photographie. Photo ©akg-images.

図101 Bertel .orvaldsen *Vénus, Mars et Vulcain*, 1810-1811, bas-relief en marbre, Neue Pinakotekh, Munich. Photo © Peter Horree / Alamy.

図102 Eduard Gaertner, *La Cour du temple Égyptien, Neues Museum, Berlin*, 1850, aquarelle, 27,4×37,2 cm, The Morgan Library & Museum, Department of Drawings and Prints, New York. Photo ©Thaw Collection, The Morgan Library & Museum, 2017.88.

図103 Franz Seraph Hanfstaengl, *Neue Pinakothek*, Munich, vers 1853, 21×28,5 cm, collection particulière. Photo ©Deutsche Fotografische Akademie, Berlin.

図104 Caspar David Friedrich, *Le Moine au bord de la mer*, de 1808-1810, huile sur toile, 110×171 cm, achat de Frédéric-Guillaume III de Prusse. Alte Nationalgalerie, Berlin. Photo © Electa / Leemage.

図105 *Sempergalerie*, Dresde, vers 1900, photochrome, Library of Congress, Prints and Photographs Division, Photochrom Prints Collection. Photo ©Library of Congress.

図106 *Le Neue Königliche Museum de Dresde*, actuelle Gemäldegalerie Alte Meister, photographie, vers 1890. Photo ©BPK, Berlin, Dist. RMN- Grand Palais / image BPK.

図107 Otto Ewel, *Das Juwelenzimmer, Grünes Gewölbe*, Dresde, 1940, aquarelle, Institut für Denkmalpflege, Dresde. Photo ©Otto Ewel / droits réservés / akg-images.

図108 *Collection d'antiquités au Palais Japonais, salle six*, 1888, Staatliche Kunstsammlungen Dresden, Skulpturensammlung. Photo ©SLUB / Deutsche Fotothek / Hermann Krone.

図70 Auguste Roux, *Louis-Philippe et Marie-Amélie et des personnages de la Cour visitant le musée du Luxembourg*, 1838, huile sur toile, 130×98 cm, Sénat, palais du Luxembourg, Paris. Photo ©RMN-Grand Palais (Château de Versailles)/ Hervé Lewandowski.

図71 Aphrodite dite *Vénus de Milo*, vers 100 av._J.-C., marbre, sculpture trouvée sur l'île grecque de Mélos, hauteur 2,02 m, musée du Louvre, Paris. Photo ©RMN-Grand Palais (musée du Louvre)/ Hervé Lewandowski.

図72 Augustin Régis, *La Salle funéraire égyptienne du musée Charles-X*, 1863, gravure, musée du Louvre, Paris. Photo ©Musée du Louvre, Dist. RMN-Grand Palais / Christian Decamps.

図73 Joseph Auguste, *Salle des bijoux au Louvre et en lade des salles Charles-X*, 1835, huile sur toile, 100×80 cm, musée du Louvre, Paris. Photo ©Photo Josse / Bridgeman Images.

図74 Félix Thorigny, *La Grande Salle du musée assyrien au Louvre*, 1862, gravure sur bois extraite de l'ouvrage *Recueil. Topographie de Paris. Ier_arrondissement. 1er quartier. Le Louvre*, Bibliothèque nationale de France, Paris. Photo ©BNF.

図75 Charles Maurand, Augustin Régis, *Les Antiquités assyriennes dans la moitié nord de l'aile de la Colonnade*, 1863, estampe, Bibliothèque centrale des musées nationaux, Paris. Photo ©RMN-Grand Palais / image RMN- GP.

図76 Alexandre Brongniart et Désiré Riocreux, *Description méthodique du musée céramique de la manufacture royale de porcelaines de Sèvres*, Paris, 1845, t. II, pl. III et XIX. Bibliothèque de l'Institut national d'histoire de l'art, collection J. Doucet, Fol Res 800. Photo © INHA.

図77 Jules Noël, *Musée naval au Louvre*, salle La Pérouse, vue première, dans *Le Magasin pittoresque*, t. 15, 1847, gravure, Musée national de la Marine, Paris. Photo ©Musée national de la Marine / S. Dondain.

図78 Adolphe Joanne, *Musée de Marine et d'Ethnographie*, dans *Paris illustré*, 1878, p. 614, Bibliothèque des Arts décoratifs, Paris. Photo ©Musée national de la Marine / P. Dantec.

図79 François Joseph Heim, *Louis-Philippe visitant la galerie des Batailles le 10 juin 1837*, huile sur toile, 34×46,5 cm, châteaux de Versailles et de Trianon. Photo ©Château de Versailles, Dist. RMN- Grand Palais/ Christophe Fouin.

図80 Galerie des Batailles, vue générale, châteaux de Versailles et de Trianon. Photo ©Château de Versailles, Dist. RMN-Grand Palais / Thomas Garnier.

図81 Prosper Lafaye, *Louis-Philippe, la famille royale et le roi Léopold Ier visitent la grande salle des Croisades du château de Versailles*, juillet 1844, huile sur toile, 61×86,5 cm, châteaux de Versailles et de Trianon. Photo ©Château de Versailles, Dist. RMNGrand Palais / Christophe Fouin.

図82 Fronton « *A toutes les gloires de la France* », musée national du Château de Versailles. Photo ©Photo12 / Alamy / Susan Peterson.

図83 Eugène Delacroix, *Dante et Virgile aux enfers*, ou *La Barque de Dante*, 1822, huile sur toile, 189×246 cm, musée du Louvre, Paris. Photo © RMN-Grand Palais (musée du Louvre)/ Franck Raux.

図84 *Vue reconstituée de la première salle allemande à la salle italienne, avec le buste de Johann Friedrich Städel, en 1833*, reconstruction 3D par Yannic Jäckel, Jochen Sander, sur la base des travaux préparatoires de Maité Schenten et Almut Pollmer-Schmidt, projet de recherche « Time Machine. Le musée Städel au XIXe siècle » (2016), https://zeitreise.staedelmuseum.de/en/

図85 Nikolas Salm, *Ferdinand Franz Wallraf au milieu de sa collection*, vers 1840, crayon, encre, 63,65 × 49,15 cm, Wallraf-Richartz Museum & Fondation Corboud, Graphische Sammlung, Cologne. Photo ©Wallraf-Richartz-Museum & Fondation Corboud / Rheinisches Bildarchiv, rba _c019110.

図86 Joseph Felten, *Le Musée Wallraf-Richartz*, 1871, aquarelle, 24,6×37,3 cm, Kölnisches Stadtmuseum, Graphische Sammlung, Cologne. Photo ©Rheinisches Bildarchiv, rba_d028002.

図87 Antonio Canova, *Hébé*, 1796, marbre, 160×65×85 cm, Nationalgalerie, Staatlitche Museen zu Berlin. Photo © BPK, Berlin, Dist. RMN-Grand Palais / Klaus Göken.

図88 Leo von Klenze, *Plan de la Glyptothèque*, 1830, dans *Klenzes Sammlung architektonischer Entwürfe*, tabl. 1,

図51　C. D. Laing, *Le British Museum dans Montague House, la façade côté Russel Street*, 1849, gravure sur bois, 16,5 ×15,3 cm, .The Wellcome Library, Londres. Photo ©Wellcome Collection. CC_BY_4.0.

図52　Robert Smirke, *British Museum, façade principale*, vers 1853, collotype, 12×20,1 cm, The Wellcome Library, Londres. Photo ©_Wellcome Collection. CC_BY_4.0.

図53　W. Chambers, *Collection de Charles Townley dans sa salle à manger à Westminster*, vers 1794, aquarelle, dessin à la plume, encre, 39×54 cm, British Museum, Londres. Photo ©The British Museum, Londres, Dist. RMN-Grand Palais / The Trustees of the British Museum.

図54　George Scharf, *La Galerie Townley au British Museum*, 1827, aquarelle, 30,6×22 cm, British Museum, Londres. Photo ©The British Museum, Londres, Dist. RMNGrand Palais / The Trustees of the British Museum.

図55　Benjamin Sly, *The British Museum: the Egyptian Room, with visitors*, 1844, gravure de Radclyffe, 14,2×19 cm, The Wellcome Library, Londres. Photo ©Wellcome Collection. CC_BY_4.0.

図56　*The British Museum. The Zoological Gallery, crowded with holiday visitors*, 1845, gravure sur bois, 12,2×15,4 cm, The Wellcome Library, Londres. Photo ©Wellcome Collection. CC_BY_4.0.

図57　*The British Museum. The Egyptian Room with visitors*, 1847, gravure sur bois, 12,2×15,4 cm, The Wellcome Library, Londres. Photo ©Wellcome Collection. CC_BY_4.0.

図58　Archibald Archer, *The Temporary Elgin Room*, 1819, huile sur toile, 94×132 cm, British Museum, Londres. Photo ©The British Museum, Londres, Dist. RMNGrand Palais / The Trustees of the British Museum.

図59　La clé du tableau d'Archer, *in* Ian Jenkins, *Archaeologists & Aesthetes in the Sculpture Galleries of the British Museum 1800-1939*, British Museum Press, 1992, fig. 9, p. 37.

図60　Thomas Abel Prior, *View of the Old Elgin Room at the British Museum*, entre 1833 et 1857, aquarelle, dessin à la plume, encre brune, graphite et lavis brun, 38,8×48,1 cm, British Museum, Londres. Photo ©The British Museum, Londres, Dist. RMN- Grand Palais / The Trustees of the British Museum.

図61　Joseph Michael Gandy, *Ideal View of Dulwich Picture Gallery*, vers 1823, aquarelle, 24×71 cm, Dulwich Picture Gallery, Londres. Photo ©Dulwich Picture Gallery, Londres / Bridgeman Images.

図62　Frederic Mackenzie, *La National Gallery à Pall Mall. Maison de J. J. Angerstein*, entre 1824 et 1834, aquarelle, 69 ×85,5 cm, Victoria and Albert Museum, Londres. Photo ©Victoria and Albert Museum, Londres, Dist. RMN-Grand Palais / image Victoria and Albert Museum.

図63　Charles Joseph Hullmandel, *The Louvre, or the National Gallery of France. No 100 Pall Mall, or the National Gallery of England*, 1832, lithographie, 29,8×18,5 cm, British Museum, Londres. Photo ©The British Museum, Londres, Dist. RMNGrand Palais / The Trustees of the British Museum.

図64　Joseph Mallord William Turner, *Le Dernier Voyage du Téméraire*, 1839, huile sur toile, 90,7×121,6 cm, National Gallery, Londres. Photo ©The National Gallery, Londres, Dist. RMN-Grand Palais / National Gallery Photographic Department.

図65　*Galerie Townley, salle de l'Égypte ancienne, British Museum*, 1820, aquarelle, 36,1×44,3 cm, British Museum, Londres. Photo ©The British Museum, Londres, Dist. RMN-Grand Palais / The Trustees of the British Museum.

図66　Percy William Justyne, *The Nineveh Gallery, British Museum*, entre 1851 et 1883, gravure sur bois, 108×143 cm, British Museum, Londres. Photo ©The British Museum, Londres, Dist. RMN- Grand Palais / The Trustees of the British Museum.

図67　*The East India House Museum*, dans *Illustrated London News*, gravure, 1858, collection particulière. Photo ©Look and Learn / Illustrated Papers Collection / Bridgeman Images.

図68　Charles James Richardson, *The Picture Room*, vers 1830, aquarelle, Sir John Soane's Museum, Londres. Photo ©Courtesy of the Trustees of Sir John Soane's Museum, Londres / Bridgeman Images.

図69　C. O. Zeuthen, *La Cour du musée orvaldsen avec la tombe de orvaldsen*, vers 1878, lithographie colorée à la main, 22,1×25,5 cm, inv. E2256, musée Thorvaldsen, Copenhague. Photo ©Musée Thorvaldsen.

38,5 × 47 cm, musée du Louvre, Paris. Photo © RMN- Grand Palais (musée du Louvre)/ Franck Raux.

図34 Jean-Lubin Vauzelle, *Vue de la salle d'introduction au Musée des Monuments Français*, 1815, aquarelle, dessin à la plume, encre brune, 34,4 × 44,2 cm, musée du Louvre, Département des arts graphiques, Paris. Photo © RMN-Grand Palais (musée du Louvre)/ Michel Urtado.

図35 Entourage de Léon Matthieu Cochereau, *Vue de la salle du XVIIe siècle du musée des Monuments Français*, huile sur toile, 69 × 55 cm, musée des Beaux-Arts, Reims. Photo © RMN- Grand Palais / Michèle Bellot.

図36 Jean-Lubin Vauzelle, *Salle du XIIIe siècle*, date inconnue, aquarelle, 52,5 × 37,5 cm, musée du Louvre, Département des arts graphiques, Paris. Photo © RMN-Grand Palais (musée du Louvre)/ Tony Querrec.

図37 Anonyme, *Alexandre Lenoir avec Napoléon et Joséphine dans la salle du XIIIe siècle, XIX*e siècle, dessin à la plume, encre brune, lavis brun, pierre noire, rehauts de blanc, 21 × 30 cm, musée du Louvre, Département des arts graphiques, Paris. Photo © RMN-Grand Palais (musée du Louvre)/ Michèle Bellot.

図38 Jean-Lubin Vauzelle, *Vue du musée des Monuments Français : salle du XVe siècle*, date inconnue, aquarelle, dessin à la plume, encre brune, 34,1 × 42,7 cm, musée du Louvre, Département des arts graphiques, Paris. Photo © RMN-Grand Palais (musée du Louvre)/ Michel Urtado.

図39 Jean-Lubin Vauzelle, *Vue du jardin du Musée des Monuments Français*, date inconnue, aquarelle, dessin à la plume, encre brune, 52,5 × 37,5 cm, musée du Louvre, Département des arts graphiques, Paris. Photo © RMN- Grand Palais (musée du Louvre)/ Michel Urtado.

図40 Christoffer Wilhelm Eckersberg, *Le Sarcophage de Molière dans le jardin de l'Élysée*, XIXe siècle, crayon, plume, encre noire, pinceau et lavis gris, 20,5 × 26,6 cm, Statens Museum for Kunst, Copenhague. Photo © SMK.

図41 Alexandre Lenoir, *Vue du jardin du Musée des Monuments Français*, date inconnue, dessin à la plume, encre grise, mine de plomb, 52,5 × 37,5 cm, musée du Louvre, Département des arts graphiques, Paris. Photo © RMN-Grand Palais (musée du Louvre)/ image RMN- GP.

図42 Charles Marie Bouton, *La Salle des sculptures du XIVe siècle au musée des Monuments Français*, vers 1810, huile sur toile, 71×86 cm, musée Carnavalet – Histoire de Paris, Paris. Photo ©Paris Musées / musée Carnavalet – Histoire de Paris.

図43 Jean-Baptiste Réville, *Tombeau du roi Dagobert Ier*, date inconnue, estampe d'après le dessin de Jean- Lubin Vauzelle, 58,4×46,8 cm, musée Carnavalet – Histoire de Paris, Paris. Photo ©Paris Musées / musée Carnavalet – Histoire de Paris.

図44 Jean-Lubin Vauzelle, *Jardin du cloître des Petits-Augustins. Tombeau d'Héloïse et d'Abélard*, 1815, dessin à la plume et encre brune, aquarelle, 34×26,7 cm, Bibliothèque nationale de France, Département estampes et photographie, Paris. Photo ©BnF, Dist. RMN- Grand Palais / image BnF.

図45 Jean-Auguste-Dominique Ingres, *Roger délivrant Angélique*, 1819, huile sur toile, 147×190 cm, musée du Louvre, Paris. Photo © RMN-Grand Palais (musée du Louvre)/ Franck Raux.

図46 Francisco de Goya y Lucientes, *El 3 de mayo (Le 3 mai 1808)*, 1814, huile sur toile, 268×347 cm, musée national du Prado, Madrid. Photo © Museo Nacional del Prado, Dist-RMN-GP / image du Prado.

図47 Fernando Brambila (d'après), *Vue du Musée Royal de peintures de Madrid*, vers 1833, lithographie de Léon-Auguste Asselineau, estampe enluminée, 29,5× 46,5 cm, musée du Prado, Madrid. Photo ©Museo Nacional del Prado, Dist. RMN-GP / image du Prado.

図48 Fernando Brambila, *Vista de la entrada del Real Museo por el Lado de San Jerónimo*, vers 1833, Ministerio de Hacienda-Colección, Madrid. Photo ©akg-images / Album / Oronoz.

図49 Fernando Brambila, *Vista de la rotonda del Real Museo*, 1833, lithographie de Pic de Leopold, estampe enluminée, 39,7×54,6 cm, Museo de Historia, Madrid. Photo ©Museo de Historia de Madrid.

図50 James Simon, *The North Prospect of Mountague House*, vers 1715, estampe, 47,8×59,4 cm, London Metropolitan Archives, Londres. Photo ©Bridgeman Images.

à la plume et encre grise, 17×26 cm, musée du Louvre, Département des arts graphiques, Paris. Photo ©RMN-Grand Palais (musée du Louvre)/ Thierry Le Mage.

図17　La salle des Caryatides au Louvre, XIXe siècle, épreuve sur papier albuminé, 18,5×25,4 cm, École nationale supérieure des beaux-arts, Paris. Photo ©Beaux-Arts de Paris, Dist. RMN-Grand Palais/ image Beaux-Arts de Paris.

図18　Hubert Robert, *La Salle du Laocoon au Louvre*, vers 1800, huile sur toile, 64,5×80,5 cm, Grand Palais, Pavlovsk (Russie). Photo ©akg-images.

図19　Constant Bourgeois du Castelet, *Galerie d'Apollon au Louvre avec l'exposition des dessins*, vers 1802-1815, encre noire, lavis brun et plume, 33,6×44 cm, musée du Louvre, Département des arts graphiques, Paris. Photo ©RMN- Grand Palais (musée du Louvre)/ Michèle Bellot.

図20　*Vénus de Médicis*, I er siècle av. J.-C., marbre de Paros, hauteur 153 cm, galerie des Offices, Florence. Photo © Scala, Florence – avec l'aimable autorisation du Ministerio Beni e Att. Culturali e del Turismo.

図21　Frédéric Scalberge, *Jardin du Roy pour la culture des plantes médicinales à Paris*, 1636, peinture sur vélin commandée par Guy de La Brosse pour l'ouvrage *Description du Jardin royal des plantes médicinales : estably par le Roy Louis le juste, à Paris*, Muséum national d'histoire naturelle, Bibliothèque centrale, Paris. Photo © MNHN, Dist. RMN-Grand Palais / image du MNHN, Bibliothèque centrale.

図22　*Cabinet d'Histoire naturelle. A Paris, chez Jean, rue Saint-Jean-de-Beauvais, no 10*, vers 1805, estampe, 15×20,5 cm, Muséum national d'histoire naturelle, Bibliothèque centrale. Photo ©MNHN, Dist. RMN-Grand Palais / image du MNHN, Bibliothèque centrale.

図23　*Plan du Muséum national d'Histoire naturelle dans son origine*, reproduction d'un plan d'Abraham Bosse, 1641, estampe, 27,5 × 21 cm, Muséum national d'histoire naturelle, Bibliothèque centrale. Photo © MNHN, Dist. RMN-Grand Palais / image du MNHN, Bibliothèque centrale.

図24　*Projet d'agrandissement du Jardin des Plantes, in* Gabriel .ouin, *Plan raisonné de toutes les espèces des jardins*, 1820, estampe, Bibliothèque nationale de France, Réserve des livres rares, Paris. Photo © BnF.

図25　Jean-Baptiste Hilaire, *Le Cèdre du Jardin du Roy*, 1794, dessin à la plume et encre de Chine, aquarelle et rehauts de blanc, 17,3 × 25 cm, Bibliothèque nationale de France, Département estampes et photographie, Paris. Photo © BnF.

図26　*La Grande Galerie du Muséum d'Histoire naturelle de Paris, in* J. B. Pujoulx, *Promenades au Jardin des Plantes*, Paris, 1803, t. II, estampe, Bibliothèque nationale de France, Département sciences et techniques, Paris. Photo © BnF.

図27　Augustus Charles Pugin, *Musée du Jardin des Plantes*, XIXe siècle, dessin à la plume et lavis à l'encre brune, 7,8 × 14 cm, Bibliothèque nationale de France, Département estampes et photographie, Paris. Photo © BnF.

図28　*Vue du Conservatoire royal des Arts et Métiers*, in *Catalogue général des collections du Conservatoire Royal des Arts et Métiers*, Paris, 1818, Bibliothèque de l'Institut national d'histoire de l'art / coll. J. Doucet, Paris. Photo © BnF.

図29　Desmarest, *Conservatoire royal des arts et métiers à Paris, Vue partielle de la Grande Galerie du premier étage*, dans *Le Magasin pittoresque*, 1843, estampe. Photo ©_Adoc photos.

図30　*Machines motrices en mouvement installées dans l'église Saint-Martin-des-Champs par le général Morins (1856-1885)*, estampe, musée des Arts et Métiers-Cnam, Paris. Photo ©CNAM.

図31　Émile Bourdelin (dessin), Eugène Mouard (gravure), *Le Conservatoire des Arts et Métiers avec ses nouvelles installations*, dans *Le Monde illustré*, 9 mai 1863, estampe, Bibliothèque nationale de France, Département philosophie, histoire, sciences de l'homme, Paris. Photo © BnF.

図32　Anonyme, *Alexandre Lenoir défendant les monuments de l'abbaye de Saint-Denis*, XVIIIe siècle, dessin à la plume, encre noire, lavis brun, 23,8 × 34,9 cm, musée du Louvre, collection Rothschild, Paris. Photo ©_RMN- Grand Palais (musée du Louvre)/ Thierry Le Mage.

図33　Hubert Robert, *Vue d'une salle du musée des Monuments français*, avant les aménagements de 1801, huile sur toile,

図版出典

図1 Jacques- Louis David, Autoportrait, 1794, huile sur toile, 81 × 64cm, musée du Louvre, Paris. Photo © RMN-Grand Palais (musée du Louvre)/ Adrien Didierjean.

図2 Abraham Girardet, *Entrée triomphale des monuments des sciences et des arts en France*, vers 1793-1803, gravure de Pierre- Gabriel Berthault, 32,8 × 49,4 cm, musée Carnavalet – Histoire de Paris, Paris. Photo ©Paris Musées/ musée Carnavalet–Histoire de Paris.

図3 Antoine Béranger, *Entrée à Paris des oeuvres destinées au Musée Napoléon (Louvre)*, vase étrusque à rouleaux, vers 1810-1813, porcelaine dure et bronze doré, hauteur 127,2 cm, Cité de la céramique, Sèvres. Photo ©RMN- Grand Palais (Sèvres, Cité de la céramique)/ Martine Beck- Coppola.

図4 Hubert Robert, *Projet d'aménagement de la Grande Galerie*, vers 1798, huile sur toile, 33×42 cm, musée du Louvre, Paris. Photo ©RMN- Grand Palais (musée du Louvre)/ Stéphane Maréchalle.

図5 Hubert Robert, *La Salle des Saisons au Louvre*, vers 1802-1803, huile sur toile, 37×46 cm, musée du Louvre, Paris. Photo © RMN- Grand Palais (musée du Louvre)/ Jean- Gilles Berizzi.

図6 Constant Bourgeois du Castelet, *Vue de la Grande Galerie au Louvre*, fin xviiie-début xixe siècle, dessin à la plume, encre brune, lavis brun et pierre noire, 33,7×44,4 cm, musée du Louvre, Département des arts graphiques, Paris. Photo ©RMN- Grand Palais (musée du Louvre)/ Michèle Bellot.

図7 Charles Percier, *Musée des Sculptures au Louvre*, 1809, aquarelle extraite de l'album *Édifices et monuments de Paris*, par Charles Percier et Pierre François Léonard Fontaine, 45×35,7 cm, musée de l'Ermitage, Saint- Pétersbourg (Russie). Photo ©akg-images/ Album.

図8 Antonio Canova, *Napoléon en Mars désarmé et pacicateur*, 1802-1806, marbre blanc, 345 cm, Apsley House, Londres. Photo ©Collection Dagli Orti/ Victoria and Albert Museum, Londres/ V&A Images / Aurimages.

図9 Benjamin Zix, *Visite aux ambeaux faite par l'Empereur et l'Impératrice. Salle du Laocoon du Louvre*, début xixe siècle, dessin à la plume, encre brune, encre grise et lavis brun, 26×29 cm, musée du Louvre, Département des arts graphiques, Paris. Photo ©RMN- Grand Palais (musée du Louvre)/ Gérard Blot.

図10 Charles Percier, *Vue de la salle dite de Melpomène au Louvre*, vers 1817, dessin à la plume, crayon noir, encre noire et lavis gris, 31,3×34,2 cm, musée du Louvre, Département des arts graphiques, Paris. Photo ©RMN-Grand Palais (musée du Louvre)/ Gérard Blot.

図11 Pierre-François-Léonard Fontaine, *L'ancienne salle de l'Apollon du Belvédère au Louvre*, XIXe siècle, craie noire et aquarelle, 31,5×31,9 cm, collection particulière. Photo ©Christie's Images/ Bridgeman Images.

図12 Benjamin Zix, *Vivant Denon travaillant dans la salle de Diane au Louvre*, avant 1811, dessin à la plume, encre brune et lavis brun, 49,6×40,9 cm, musée du Louvre, Paris. Photo ©RMN-Grand Palais (musée du Louvre)/ Thierry Le Mage.

図13 Benjamin Zix, *Cortège nuptial de Napoléon Ier et de Marie- ouise d'Autriche à travers la Grande Galerie du Louvre, le 2 avril 1810*, 1810-1811, graphite, dessin à la plume, encre noire, aquarelle, 23×84 cm, musée du Louvre, Département des arts graphiques, Paris. Photo ©RMN- Grand Palais (musée du Louvre)/ Michel Urtado.

図14 Louis Charles Auguste Couder, *Napoléon Ier visitant l'escalier du Musée du Louvre sous la conduite des architectes Percier et Fontaine*, 1833, huile sur toile, 177×135 cm, musée du Louvre, Paris. Photo ©Musée du Louvre, Dist. RMN- Grand Palais/Martine Beck-Coppola.

図15 Benjamin Zix, *Enlèvement des sculptures du musée de Cassel, avec au centre Dominique-Vivant Denon*, 1806, plume, encre noire et lavis brun, 18,5×29,5 cm, musée du Louvre, Département des arts graphiques, Paris. Photo ©avec l'aimable autorisation de la maison de vente Primardeco.

図16 Benjamin Zix, *Visite de personnages étrangers dans le Museum National*, XVIIIe-début XIXe siècle, aquarelle, dessin

—, *Les Musées de France. Paris, guide et mémento de l'artiste et du voyageur, faisant suite aux musées d'Italie, d'Espagne, d'Allemagne, d'Angleterre, de Belgique, de Hollande et de Russie*, 2e éd. Revue et augmentée, Paris, 1860.

Vickers, Michael, « Value and simplicity: eighteenth- century taste and the study of Greek vases », *Past and Present*, 116, 1987, p. 98-137.

—, « Hamilton, geology, stone vases and taste », *J.H.Coll.*, 9/2, 1997, p. 263-273. Vierneisel, Klaus, et Gottlieb Lenz (dir.), *Glyptothek München 1830-1980*, catalogue d'exposition, Munich, 1980.

Vierneisel, Klaus, « Klyptothek - Glyptotheck - Kryptothek. Ihre Orthographie », *in* Kl. Vierneisel et G. Lenz (dir.), *Glyptothek München*, p. 256-257.

Vivian, Frances, *Il console Smith mercante e collezionista*, Vicenza, 1971.

WZ

Waterfield, Giles (dir.), *Palaces of Art. Art Galleries in Britain 1790-1990*, catalogue d'exposition, Londres, 1991.

—, « Galeria obrazów w Dulwich » (Galerie de tableaux de Dulwich), in *Kolekcja dla króla. Obrazy dawnych mistrzów ze zbiorów Dulwich Picture Gallery w Londynie* (Une collection pour le roi. Les tableaux des maîtres anciens de la collection de Dulwich Picture Gallery à Londres), catalogue d'exposition, Varsovie, 1992.

Weis, Eberhard, « Das neue Bayern - Max I. Joseph, Montgelas und die Entstehung und Ausgestaltung der Königreichs 1799 bis 1825 », *in* H. Glaser, *Krone und Verfassung*, t. III/1, p. 49-71.

Winkler, Gerhardt, *Museum der bildenden Künste Leipzig*, Leipzig, 1979.

Wolff, Torben, « The History of the Zoological Museum, University of Copenhagen ». En ligne.

Wünsche, Raimund, « Ludwigs Skulpturenerwerbungen für die Glyptothek », *in* Kl. Vierneisel et G. Lenz (dir.), *Glyptothek München*, p. 23-83.

—, « Kronprinz Ludwig als Antikensammler », *in* H. Glaser, *Krone und Verfassung*, t. III/1, p. 439-447.

Ziemke, Hans- Joachim, *Das Städelsche Kunstinstitut – die Geschichte einer Stiftung*, Francfort- surle-Main, 1980.

Zintzen, Christiane, *Von Pompeji nach Troja. Archäologie, Literatur und Öffentlichkeit im 19.*
Jahrhundert, Vienne, 1998.

Smit, Pieter (éd.), *Hendrik Engel's Alphabetical List of Dutch Zoological Cabinets and Menageries*, 2e éd. révisée, Amsterdam, 1986.

Smith, Edward, *The Life of Sir Joseph Banks* (1911), New York, 1975.

Snodin, Michael (dir.), *Karl Friedrich Schinkel: A Universal Man*, New Haven et Londres, 1991.

—, *Horace Walpole's Strawberry Hill*, New Haven et Londres, 2009.

[Soane, John], *A New Description of Sir John Soane's Museum*, Londres, 1988.

Springer, Rudolf, *Kunsthandbuch für Deutschland, Österreich und die Schweiz. Eine Zusammenstellung der Sammlungen, Lehranstalten und Vereine für Kunst und Kunstgewerbe*, Berlin, 1883.

Stafleu, Frans A., *Linnaeus and the Linneans. The spreading of their ideas in systematic botany, 1735-1789*, Utrecht, 1971.

St. Clair, William, *Lord Elgin, l'homme qui s'empara des marbres de Parthénon*, Paris, 1988.

Stearn, William T., *The Natural History Museum at South Kensington. A History of the British Museum (Natural History)1753-1980*, Londres, 1981.

Stendhal, *Mémoires d'un touriste*, *in* Id., *Voyages en France*, édition Victor Del Litto, Paris, 1992.

Stevenson, R. B. K., « The Museum: its beginnings and its development. Part I: "To 1858": the Society's own Museum », *in* A. S. Bell (éd.), *The Scottish Antiquarian Tradition. Essays to mark the bicentenary of the Society of Antiquaries of Scotland and its Museum, 1780-1980*, Édimbourg, 1981, p. 31-85.

Sweet, Paul R., *Wilhelm von Humboldt. A Biography*, Columbus (Ohio), 1980, 2 vol.

Swinney, Geoffrey N., « A natural history collection in transition. Wyville Thomson and the relationship between the University of Edinburgh and the Edinburgh Museum of Science and Art », *J.H.Coll.*, 11, 1, 1999, p. 51-70.

Synopsis of the Contents of the British Museum, Londres, 1809.

T

Tedesco, Pamela, « Giuseppe Passalacqua (Trieste 1797-Berlino 1865). Una nota biografica », *Analecta Papyrologica*, no 21-22, 2009-2010, p. 237-267. En ligne.

Theuerkauff, Christian, « Zur Geschichte der Brandenburgisch- Preussische Kunstkammer bis gegen 1800 », *in* J. Hildebrand, Chr. Theuerkauff (dir.), *Die Brandenburgisch-Preussische Kunstkammer*, p. 13-33.

Thierry, Augustin, *Dix ans d'études historiques. Préface* (1834), in *OEuvres complètes*, Paris, 1866, t. III.

—, *Histoire de la conquête d'Angleterre par les Normands*, in *OEuvres complètes*, Paris, 1866, t. I.

V

Veit, Ludwig, « Chronik des Germanischen Nationalmuseums », *in* B. Deneke et R. Kahsnitz (dir.), *Das Germanische Nationalmuseum*, p. 11-124.

Vergnolle, Éliane, « Les voyages pittoresques », *in* L. Grodecki (dir.), *Le « Gothique » retrouvé*, p. 105-109.

Viardot, Louis, *Études sur l'histoire des institutions, de la littérature, du théâtre et des beaux- arts en Espagne*, Paris, 1835. En ligne sur Gallica.

—, *Les Musées d'Italie, guide et mémento de l'artiste et du voyageur*, précédé d'une *Dissertation sur les origines traditionnelles de la peinture moderne*, 3e éd. revue et augmentée, Paris, 1859.

—, *Les Musées d'Espagne, guide et mémento de l'artiste et du voyageur suivis de notices biographiques sur les principaux peintres de l'Espagne*, 3e éd. revue et augmentée, Paris, 1860.

—, *Les Musées d'Allemagne, guide et mémento de l'artiste et du voyageur*, 3e éd. revue et augmentée, Paris, 1860.

—, *Les Musées d'Angleterre, de Belgique, de Hollande et de Russie, guide et mémento de l'artiste et du voyageur*, 3e éd. revue et augmentée, Paris, 1860.

Glaser, *Krone und Verfassung*, t. III/1, p. 356-365.

Rosenberg, Pierre (dir.), *De David à Delacroix. La peinture française de 1774 à 1830*, catalogue de l'exposition, Paris, 1974.

Rosenblum, Robert, « La peinture sous le Consulat et l'Empire (1800-1814) », *in* P. Rosenberg (dir.), *De David à Delacroix*, p. 163-177. Notices de Révoil, Richard et Ary Scheffer, p. 577, 579-580, 599-600.

Roth, Ralph, « "Der Toten Nachruhm". Aspekte des Mäzenatentums in Frankfurt am Main (1750-1914) », *in* Jürgen Kocka et Manfred Frey (dir.), *Bürgerkultur und Mäzenatentum im 19. Jahrhundert*, Zwickau, 1998, p. 99-127.

Rudwick, Martin J. S., *The Meaning of Fossils. Episodes in the History of Palaeontology*, Chicago et Londres, 2e éd., 1985.

—, *The Great Devonian Controversy. The Shaping of Scientific Knowledge among Gentlemanly Specialists*, Chicago et Londres, 1985.

—, *Georges Cuvier, Fossil Bones, and Geological Catastrophes*, Chicago et Londres, 1997.

S

Sánchez Cantón, Francisco Javier, *Museo del Prado. Catálogo de las pinturas*, Madrid, 1972.

Sarlin, Simon, « Une histoire du philhellénisme sous l'angle des transferts culturels », *Acta fabula. Revue des parutions*, 13/1, janvier 2012. En ligne.

Sarmant, .ierry, *Le Cabinet des médailles de la Bibliothèque nationale 1661-1848*, Paris, 1994.

Saule, Béatrix (dir.), Yves Gaulupeau, Krzysztof Pomian, Édouard Pommier, *L'Histoire au musée*, Arles, 2004.

Savoy, Bénédicte, « "Et comment tout cela sera-t-il conservé à Paris ?" Les réactions allemandes aux saisies d'oeuvres d'art et de science opérées par la France autour de 1800 », *Revue germanique internationale*, 13/2000, p. 107-130.

—, *Patrimoine annexé. Les biens culturels saisis par la France en Allemagne autour de 1800*, Paris, 2003, 2 vol.

—, « Neue Impulse aus Berlin? Ägyptische Museen in Europa vor und nach der Eröffnung des Neuen Museums in Berlin », *in* E. Bergvelt *et al.* (dir.), *Museale Spezialisierung*, p. 51-68, ici 59 sq.

Schade, Günter, « Die historische Entwicklung der Berliner Museumsinsel », *in* Peter Betthausen *et al.* (dir.), *Die Museumsinsel in Berlin*, Berlin, 1987, p. 6-47.

Scherer, Valentin, *Deutsche Museen. Entstehung und kulturgeschichtliche Bedeutung unserer öffentlichen Kunstsammlungen*, Iéna, 1913.

Schnapp, Alain, « La pratique de la collection et ses conséquences sur l'histoire de l'antiquité. Le chevalier d'Hancarville », *in* A.-F. Laurens et K. Pomian (dir.), *L'Anticomanie*, p. 209-218.

—, *La Conquête du passé. Aux origines de l'archéologie*, Paris, 1993.

Schneider, René, *Quatremère de Quincy et son intervention dans les arts (1788-1830)*, Paris, 1910.

Schroeder-Gudehus, Brigitte, et Anne Rasmussen, *Les Fastes du Progrès. Le guide des Expositions universelles 1851-1992*, Paris, 1992.

Seccombe, Thomas, « Tussaud Marie », *Dictionary of National Bibliography*, t. LVII, p. 378-379.

Segelken, Barbara, « Die Kunstkammer im Neuen Museum: zwischen historischer Betrachtung und Enzyklopädie », *in* E. Bergvelt *et al.* (dir.), *Museale Spezialisierung*, p. 165-176, ici 174.

Sesmat, Pierre, « Le Musée historique de Versailles_: la gloire, l'histoire et les arts », *in* Ch. Georgel (dir.), *La Jeunesse des musées*, p. 113-119.

Sheehan, James J., *German History, 1770-1866*, Oxford, 1989.

—, *Museums in the German Art World, from the end of the old regime to the rise of modernism*, Oxford et New York, 2000.

Sherman, Daniel J., *Worthy Monuments. Art Museums and the Politics of Culture in Nineteenth-Century France*, Cambridge (Mass.) et Londres, 1989.

Piggott, Stuart, *Ruins in a Landscape. Essays in Antiquarianism*, Édimbourg, 1976.

Pinkerton, John, *Recollections of Paris in the Years 1802-3-4-5*, Londres, 1806, 2 vol. En ligne.

Plagemann, Volker, *Das deutsche Kunstmuseum, 1790-1870: Lage, Baukörper, Raumorganisation, Bildprogramm*, Munich, 1967.

Plessen, Marie- Louise von (dir.), *Die Nation und ihre Museen*, Francfort-sur-le-Main, 1997.

Podro, Michael, *The Critical Historians of Art*, New Haven et Londres, 1991.

Pomian, Krzysztof, *L'Ordre du temps*, Paris, 1984.

—, « L'heure des Annales », *in* Pierre Nora (dir.), *Les Lieux de mémoire*, t. II_: *La Nation*, vol. 1, 1986, p. 377-429.

—, « Francs et Gaulois », *in* Pierre Nora (dir.), *Les Lieux de mémoire*, t. III, *Les France*, vol. 1, *Con_its et partages*, Paris, 1992, p. 41-105.

—, « Museums, Paintings and History », *Nordisk Museologi*, 1993, 2, p. 61-72.

—, « Venise dans l'Europe artistique du xviiie siècle », *in* Puppi, Lionello (dir.), *Giambattista Tiepolo nel terzo centenario della nascita*, Padoue, 1998, p. 393-401. Repris *in* Id., *Des saintes reliques à l'art moderne. Venise- Chicago, XIIIe-XXe siècle*, Paris, 2003, p. 193-212.

—, « Du monopole des écrits au répertoire illimité des sources. Un siècle de mutations de l'histoire », *Zeitschrift des Schweizerischen Bundesarchivs. Studien und Quellen*, 27, 2001, p. 15-34.

—, « Lenoir, Wallraf, Correr », *in* Andreas Blühm, Anja Ebert (éd.), *Welt – Bild – Museum. Topographien der Kreativität*, Cologne, Weimar, Vienne, 2011, p. 229-242.

—, « La restitution des biens culturels », in *Encyclopaedia Universalis, Universalia 2012*, Paris, 2012, p. 133-139.

Portús, Javier, *Museo del Prado Memoria Escrita 1819-1994*, Madrid, 1994.

—, *La sala reservada del Museo del Prado y el coleccionismo de la pintura de desnudo en la Corte española 1554-1838*, Madrid, 1998.

Potterton, Homan, *The National Gallery, London*, Londres, 1977.

Potts, Alexander D., « Die Skulpturenaufstellung in die Glyptothek », *in* K. Vierneisel et G. Lenz, *Glyptothek München*, p. 258-283.

Pougetoux, Alain, « Le retour de Napoléon, histoire ou actualité ? », *in* B._Saule (dir.), *L'Histoire au musée*, p. 189-197.

Pressouyre, Léon, « Les spectacles parisiens et la redécouverte du Moyen Âge », *in* L. Grodecki (dir.), *Le « Gothique » retrouvé*, p. 128-129.

Price, David, « John Woodward and a surviving British geological collection from the early eighteenth century », *J.H.Coll.*, 1, 1, 1989, p. 79-95.

Quatremère de Quincy, Antoine Chrysostome, *Lettres sur l'enlèvement des ouvrages de l'art à Athènes et à Rome écrites les unes au célèbre Canova les autres au général Miranda* (1836), réimprimées *in* Id., *Considérations morales sur la destination des ouvrages de l'art*, Paris, 1989.

Quillien, Jean, *G._de Humboldt et la Grèce. Modèle et histoire*, Lille, 1983.

R

Rasmussen, Holger, *Dansk museums historie*, Hjørring, 1979.

Reitlinger, Gerald, *The Economics of Taste*, Londres, 1961-1970, 3 vol.

Reynolds, Joshua, *Discourses on Art*, édition de Robert R. Wark, New Haven et Londres, 1997.

Ridley, Ronald T., « Drovetti, Bernardino », *Dizionario biogra_co degli italiani*, 41, 1992.

Robertson, David, *Sir Charles Eastlake and the Victorian Art World*, Princeton, 1978.

Robson-Scott, W. D., *The Literary Background of the Gothic Revival in Germany. A chapter in the history of taste*, Oxford, 1965.

Roland, Berthold, « Johann Christian von Mannlich und die Kunstsammlungen des Hauses Wittelsbach », *in* H.

Meinecke, Friedrich, *Die Entstehung des Historismus* (1936), Munich, 1965.

Mercey, Frédéric, « La galerie du Maréchal Soult », *La Revue des Deux Mondes*, 14, 1852, p. 807-816. En ligne.

[Mérimée, Prosper], *Lettres de Mérimée à Ludovic Vitet*, édition de Maurice Parturier, Paris, 1998.

Merryman, John Henry, « Thinking about the Elgin Marbles » (1985), précédé par une « Note on Elgin Marbles», *in* Id., *Thinking about the Elgin Marbles : Critical Essays on Cultural Property, Art and Law*, La Haye, Londres, Boston, 2000, p. 21-23 et 24-63.

Meyer, Corina, *Die Geburt des bürgerlichen Kunstmuseums. Johann Friedrich Städel und sein Kunstinstitut in Frankfurt am Main*, Berlin, 2013 [=*Berliner Schriften zur Museumsgeschichte*, t. 32].

Michaelis, Adolf, *Ancient Marbles in Great Britain*, Cambridge, 1882.

Michelet, Jules, *Journal*, t. I, *1828-1848*, édition de Paul Viallaneix, Paris, 1959.

Miller, Edward, *That Noble Cabinet. A History of the British Museum*, Athens (Ohio), 1974.

« Minutoli, Johann Heinrich », *Allgemeine Deutsche Biographie*, t. XXI, p. 771-772.

Mittlmeier, Werner, *Die Neue Pinakothek in München 1843-1854. Planung, Baugeschichte und Fresken*, Munich, 1977.

Moleón Gavilanes, Pedro, *Proyectos y obras para el Museo del Prado. Fuentes documentales para su historia*, Madrid, 1996.

Moschini Marconi, Sandra, « Introduzione. Formazione e vicende delle Gallerie dell'Accademia », *Gallerie dell'Accademia di Venezia. Opere d'arte dei secoli XIV e XV*, Rome, 1955.

Murray, David, *Museums. Their History and their Use*, Glasgow, 1904, 2 vol. [Murray, John], *A Handbook for Travellers in Southern Germany [...]*, Londres, 1843.

[—], *A Handbook for Travellers on the Continent: Being a Guide to Holland, Belgium, Prussia [...]*, Londres, 1856.

[—], *A Handbook for Travellers in Denmark, Norway, and Sweden*, 3e éd. révisée, Londres, 1871.

N

Nerlich, France, *La Peinture française en Allemagne 1815-1870*, Paris, 2010.

Nipperdey, Thomas, « Nationalidee und Nationaldenkmal in Deutschland im 19. Jahrhundert », *in* Id., *Gesellschaft, Kultur, Theorie. Gesammelte Aufsätze zur neueren Geschichte*, Göttingen, 1976, p. 133-173.

—, « Verein als soziale Struktur in Deutschland im späten 18. und frühen 19. Jahrhundert. Eine Fallstudie zur Modernisierung », *in* Id., *Gesellschaft, Kultur, Theorie*, p. 174-205.

—, « La cathédrale de Cologne, monument à la nation », *in* Id., *Réflexions sur l'histoire allemande*, Paris, 1992, p. 222-245.

Nora, Pierre, *Les Lieux de mémoire*, Paris, 1984-1992, 7 vol.

—, « Nation », *in* Fr. Furet et M._Ozouf (dir.), *Dictionnaire critique de la Révolution française*, p. 801-811.

Nurse, Bernard, The Society of Antiquaries of London, voir : archives.history.ac.uk\makinghistory Bernard Nurse, The Society of Antiquaries of London.

O-P-Q

Ottomeyer, Hans, « Künstler in München », *in* H. Glaser, *Krone und Verfassung*, t. III/2, p. 565.

Ozouf, Mona, « Le Panthéon », *in* Pierre Nora (dir.), *Les Lieux de mémoire*, t._I, *La République*, Paris, 1984, p. 139-166.

Paulsen, Jørgen, « Le musée royal de l'Arsenal, Copenhague », *Museum International*, 14/2, 1961, p. 79-85.

Pears, Iain, *The Discovery of Painting. The Growth of Interest in the Arts in England 1680-1768*, New Haven et Londres, 1988.

Picot, Nicole, « Viardot, Louis », *Dictionnaire critique des historiens de l'art*. En ligne.

Pietrangeli, Carlo, *I musei vaticani. Cinque secoli di storia*, Rome, 1985.

—, *Scritti scelti*, Rome, 1995.

90-181.

Lepsius, Karl Richard, *Koenigliche Museen. Abtheilung der Aegyptischen Alterthümer. Verzeichnis der wichtigsten Originaldenkmäler und der Gypse*, 3e éd., Berlin, 1875.

Le Rouzic, Rose- Marie, « Le voyage dans le Levant de Louis- Auguste de Forbin, peintre, directeur du Musée royal du Louvre (1816-1841) en mission pour les antiques (1817-1818) », *Journal des Savants*, janvier- juin 2015, p. 139-182.

Lindenschmit, Ludwig, [le Jeune], « Beiträge zur Geschichte des Römisch- Germanischen Centralmuseums in Mainz », in *Festschrift zur Feier des fünfzigjährigen Bestehens des Römisch-Germanischen Centralmuseums zu Mainz*, Mayence, 1902, p. 1-72.

Lissarague, François, « Entre livre et musée, la collection Pancoucke », *in* A.-F._Laurens et K._Pomian (dir.), *L'Anticomanie*, p. 219-240.

Lloyd, Christopher, *The Queen's Pictures. Royal Collectors through the Centuries*, Londres, 1991.

Loyer, François, « Le néogothique, histoire et archéologie », *in* Édouard Pommier (dir.), *Histoire de l'histoire de l'art*, Paris, 1997, t. II, p. 49-87.

Lundbeck-Culot, Karin, *Recherche sur la fondation de l'archéologie danoise. Une réflexion sur les in_uences réciproques entre le Danemark et la France*, thèse, Université Paris I-Panthéon-Sorbonne, sous la direction d'Alain Schnapp, Paris, 2003.

Luzón Nogué, José María, « El Museo del Prado », *in* [Collectif], *Los grandes museos históricos*, Madrid, 1995.

M

MacGregor, Arthur, « The Ashmolean as a museum of natural history, 1683-1860 », *J.H.Coll.*,13, 2, 2001, p. 125-144.

McGregor, Neil, « Le problème de la création d'un musée national au xviiie siècle en Angleterre », *in* E. Pommier (dir.), *Les Musées en Europe à la veille de l'ouverture du Louvre*, Paris, 1995, p. 415-437.

McMackin Garland, Martha, *Cambridge before Darwin. The Ideal of Liberal Education, 1800-1860*, Cambridge, 1980.

Madrazo, Mariano de, *Historia del Museo del Prado 1818-1868*, Madrid, 1945.

Mai, Ekkehard, « "Wallrafs Chaos" (Goethe). Städels Stiftung », *in* Ekkehard Mai et Peter Paret (dir.), *Sammler, Stifter und Museen. Kunstförderung in Deutschland im 19. und 20. Jahrhundert*, Cologne, Weimar, Vienne, 1993, p. 63-80.

Maillon, Jean, *Victor Hugo et l'art architectural*, Paris, 1962.

Mallgrave, Harry Francis, *Gottfried Semper. Architect of the Nineteenth Century*, New Haven et Londres, 1996.

Mañueco Santurtun, María del Carmen, « Colecciones reales en el Museo Arqueológico Nacional », in *De Gabinete a Museo. Tres siglos de historia*, catalogue de l'exposition au MAN, Madrid, 1993.

Marcellus, Vicomte de, « Souvenirs d'Orient », *in* H. Duchêne (éd.), *Le Voyage en Grèce*, p. 496-509.

Marot, Pierre, « Les origines d'un Musée d'"Antiquités Nationales". De la protection du "Palais des Thermes" à l'institution du "Musée de Cluny" », *Mémoires de la Société nationale des antiquaires de France*, 9e série, t. IV, 1968, p. 259-327.

Marquet de Vasselot, Jean Joseph, *Répertoire des catalogues du Musée du Louvre (1793-1926)*, Paris, 1927.

Martin, Annabelle, « Albert Lenoir », *Dictionnaire critique des historiens d'art*. En ligne.

Martin, Gregory, « The Making of the National Gallery in London », *The Connoisseur*, avrildécembre 1974, I, vol. 185, no 746, p. 280-287 ; II, vol. 186, no 747, p. 26-31 ; III, no 748, p. 124-128 ; IV, no_749, p. 200-207 ; V, no 750, p. 272-279 ; VI, vol. 187, no 751, p. 48-53 ; VII, no 752, p. 108-113 ; VIII, no 753, p. 202-205 ; IX, no 754, p. 278-283.

Martin, Henri, *Études d'archéologie celtique. Notes des voyages dans les pays celtiques et scandinaves*, Paris, 1872.

Martínez del Romero, Antonio, *Catálogo de la Real Armería [...]*, Madrid, 1849. En ligne.

Maufroy, Sandrine, *Le Philhellénisme franco- allemand (1815-1848)*, Paris, 2011.

Mehnert, Karl-Heinz, « Sammler und Mäzene », *in* H._Guratzsch (éd.), *Museum der bildenden Künste Leipzig*, p. 21-31.

J

Jacquemin, Sylviane, *Rao Polynésies*, catalogue d'exposition, Marseille- Paris, 1992.

—, « La collecte des objets des mers du Sud », *in* Ch. Georgel (dir), *La Jeunesse des musées*, p. 278-286.

James, T[homas] G[arnett] H[enry], *The British Museum and Ancient Egypt*, Londres, 1981.

Jenkins, Ian, *Archaeologists and Aesthetes in the Sculpture Galleries of the British Museum 1800-1939*, Londres, 1992.

Jensen, Jørgen, « Die Gründung des Dänischen Nationalmuseums », *in* M.-L. von Plessen (dir.), *Die Nation und ihre Museen*, p. 126-133.

Jones, Glyn W., et Kirsten Gade, *Denmark, a Modern History*, Londres, 1986.

Joubert,_Fabienne, « Alexandre Du Sommerard et les origines du Musée de Cluny », *in* L. Grodecki (dir.), *Le « Gothique » retrouvé*, p. 99-104.

Kane, Kathryn, « Walsh Porter : Prinny's Artistic Advisor » (2012), *The Regency Redingote*. En ligne.

Kemper, Thomas, *Schloss Monbijou. Von der königlichen Residenz zum Hohenzollern-Museum*, Berlin, 2005.

Kersting, Markus, « "Stete Intensivierung". Sammlungsideen im Städelsche Kunstinstitut », in *ReVision. Die Moderne im Städel 1906-1937*, Francfort-sur-le-Main, 1991, p. 11-30.

Klemm, Gustav, *Zur Geschichte der Sammlungen für Wissenschaft und Kunst in Deutschland*, Zerbst, 1838.

Knell, Simon J., *The Culture of English Geology 1815-1851. A science revealed through its collecting*, Aldershot, 2000.

Köstering, Suzanne, « Eine "Musteranstalt naturkundlicher Belehrung" – Museumsreform im Berliner Naturkundemuseum 1810 bis 1910 », *in* F._Damaschun *et al.*, *Art Ordnung Klasse*, p. 37-48.

Krämer, Werner, « Das Römisch- Germanische Zentralmuseum und die deutsche Vorgeschichtsforschung um die Jahrhundertwende », *Jahrbuch des Römisch- Germanischen Zentralmuseums Mainz*, vol. 25, 1978, p. 49-73.

Krauss, Rolf, « Die Berliner Kunstkammer und die Nationalantiquitäten zur Zeit von Jean Henry », *Das Berliner Museum für Vor-und Frühgeschichte zum 175-jährigen Bestehen*, « Acta Praehistorica et Archaeologica », 36/37, 2004-2005, p. 1-30.

Kretschmann, Carsten, *Räume öffnen sich. Naturhistorische Museen im Deutschland des 19. Jahrhunderts*, Berlin, 2006.

L

Lacambre, Geneviève (dir.), *Le Musée du Luxembourg en 1874. Peintures*, Paris, 1974.

—, « Les achats de l'État aux artistes vivants : le musée du Luxembourg », *in* Ch. Georgel (dir.), *La Jeunesse des musées*, p. 269-277.

—, « Le musée du Luxembourg sous la Seconde République », *in* Ch. Georgel, *1848. La République et l'art vivant*, p. 148-163.

Lallemand, Pauline de, *Montalembert et ses amis dans le romantisme*, Paris, 1927.

Laudan, Rachel, *From Mineralogy to Geology. The Foundations of a Science, 1650-1830*, Chicago et Londres, 1987.

Laurens, Annie-France, et Krzysztof Pomian (dir.), *L'Anticomanie. La collection d'antiquités aux 18e et 19e siècles*, Paris, 1992.

Leniaud, Jean- Michel, *Saint-Denis de 1760 à nos jours*, Paris, 1996.

Lenoir, Albert, *Projet d'un musée historique formé par la réunion du palais des _ermes et de l'Hôtel de Cluny, exposé dans les salles du Louvre sous le numéro 1546*, Paris, 1833.

—, *Le Musée des Thermes et l'Hôtel de Cluny. Documents sur la création du Musée d'Antiquités Nationales suivant le projet exposé au Louvre en 1833 sous le numéro 1546*, Paris, 1882.

Lenz, Gottlieb, « Baugeschichte der Glyptothek 1806-1830 », *in* K. Vierneisel et G. Lenz (dir.), *Glyptothek München*, p.

Leipzig, s. l., 1994, p. 7-19.

H

Hamy, Ernest-Théodore, *Les Origines du Musée d'Ethnographie* (1889), Paris, 1988.

Hardtwig, Barbara, « König Max I. Joseph als Kunstsammler und Mäzen », *in* H._Glaser (dir.), *Krone und Verfassung*, t. III/1, p. 423-438.

Harrison, Michael, « Art and Philanthropy: T. C. Horsfall and the Manchester Art Museum », *in* Alan J. Kidd et K. W. Roberts, *City, Class and Culture. Studies of social policy and cultural production in Victorian Manchester*, Manchester, 1985, p. 120-147.

Haskell, Francis, et Nicholas Penny, *Pour l'amour de l'antique. La statuaire gréco-romaine et le goût européen*, Paris, 1988.

Haskell, Francis, « Le baron d'Hancarville. Un aventurier et historien de l'art dans l'Europe du xviiie siècle », *in* Id., *De l'art et du goût jadis et naguère*, Paris, 1989, p. 80-105.

—, « Le peintre et le musée », *in* Id., *De l'art et du goût jadis et naguère*, Paris, 1989, p. 462-477.

—, *Le Musée éphémère. Les Maîtres anciens et l'essor des expositions*, Paris, 2002.

Hazlitt, William, « On the Elgin Marbles » (1822), in *The Collected Works*, édition d'A. R. Waller et Arnold Glover (éd.), Londres, 1903, t. IX, p. 326 sq., et appendice II, p. 490 sq.

—, « Sketches of the principal picture-galleries in England » (1824, publication dans la presse en 1822-1823), *in* Id., *The Collected Works*, édition d'A. R. Waller et Arnold Glover, t. IX, Londres, 1903.

Hegel, Georg Wilhelm Friedrich, *Correspondance*, édition Johannes Hoffmeister, trad. fr. Jean Carrère, Paris, 1963, 3 vol.

Heilmann, Christoph H., « Die Sammlung zeitgenössischer Malerei König Ludwigs I. in der Neuen Pinakothek», *in* W._Mittlmeier, *Die Neue Pinakothek*, p. 121-138.

Hentzen, Alfred, « Geschichte der Hamburger Kunsthalle », *in* Id. (dir.), *Hamburger Kunsthalle. Meisterwerke der Gemäldegalerie*, Cologne, 1969, p. 7-27.

Heres, Gerald, « Die Anfänge der Berliner Antiken- Sammlung. Zur Geschichte des Antikenkabinetts 1640-1830 », *Forschungen und Berichte*, 18, 1977, p. 93-130.

Heringman, Noah, *Sciences of Antiquity. Romantic Antiquarianism, Natural History and Knowledge Work*, Oxford, 2013.

Herrmann, Frank, Introduction à *The English as Collectors. A Documentary Chrestomathy*, Londres, 1972.

Herzog, Erich, *Die Gemäldegalerie der staatlichen Kunstsammlungen in Kassel*, Hanau, 1969.

Hildebrand, Josephine, et Christian Theuerkauff (dir.), *Die Brandenburgisch- Preussische Kunstkammer. Eine Auswahl aus den alten Beständen*, Berlin, 1981.

Holmes, Charles, et C. H. Collins Baker, *The Making of the National Gallery 1824-1924*, Londres, 1924.

Humbert, Jean-Marcel, Michel Pantazzi, Christiane Ziegler (dir.), *Egyptomania. L'Égypte dans l'art occidental 1730-1930*, catalogue d'exposition, Paris, 1994.

Humboldt, Alexandre de [Alexander von Humboldt], *Cosmos. Essai d'une description physique du monde*, t. I, trad. fr. H. Faye, Paris, 1855. En ligne.

Humboldt, Wilhelm von [Guillaume de Humboldt], *Journal parisien (1797-1799)*, trad. fr. Élisabeth Beyer, Arles, 2001.

trad. fr. André Laks, *in* Luc Ferry (éd.), *Philosophies de l'université. L'idéalisme allemand et la question de l'université*, Paris, 1979.

—, « La tâche de l'historien », *in* Id., *Considérations sur l'histoire mondiale [...]*, trad. fr. Annette Disselkamp et André Laks, Villeneuve- d'Ascq, 1985.

Huse, Norbert (dir.), *Denkmalpflege. Deutsche Texte aus drei Jahrhunderten*, Munich, 1996.

Franzoni, Lanfranco, *Per una storia del collezionismo. Verona: La galleria Bevilacqua*, Milan, 1970.

Freedberg, David, *The Power of Images. Studies in the History and Theory of Response*, Chicago et Londres, 1989.

[Füssli, Johann Heinrich] *Johann Heinrich Füssli 1741-1825*, catalogue d'exposition, Paris, 1975.

G

Gaehtgens, Thomas W., « Le musée historique de Versailles », *in* P. Nora (dir.), *Les Lieux de mémoire*, t. II, *La Nation*, vol. 3, « La gloire », Paris, 1986, p. 143-168.

—, *L'Art sans frontières. Les relations artistiques entre Paris et Berlin*, Paris, 1999.

—, « Wilhelm von Humboldt et les musées français vers 1800. Expérience esthétique ou ordonnancement chronologique ? », *in* [Collectif], *Mélanges en hommage à Pierre Rosenberg. Peintures et dessins en France et en Italie XVIIe-XVIIIe siècle*, Paris, 2001, p. 210-217.

Galard, Jean (éd.), *Promenades au Louvre en compagnie d'écrivains, d'artistes et de critiques d'art*, Paris, 2010.

Gauchet, Marcel, « Les *Lettres sur l'Histoire de France* d'Augustin .ierry », *in* Pierre Nora (dir.), *Les Lieux de mémoire*, t. II, *La Nation*, vol. 1, « Historiographie », Paris, 1986, p. 248-316.

— (dir.), *Philosophie des sciences historiques*, Villeneuve- d'Ascq, 1988.

Géal, Pierre, *La Naissance des musées d'art en Espagne (XVIIIe-XIXe siècle)*, Madrid, 2005.

Geismeier, Irene, « Gustav Friedrich Waagen: 45 Jahre Museumsarbeit », *Forschungen und Berichte*, 20/21, 1980, p. 397-419.

Georgel, Chantal (dir), *La Jeunesse des musées. Les musées de France au XIXe siècle*, catalogue d'exposition, Paris, 1994.

— (dir.), *1848. La République et l'art vivant*, Paris, 1998.

Gillispie, Charles C., « Brongniart, Alexandre », *Complete Dictionary of Scientific Biography*, t. II, p. 493-497.

Girouard, Marc, *Alfred Waterhouse and the Natural History Museum*, New Haven et Londres, 1981.

Glaser, Hubert (dir.), *Krone und Verfassung. König Max I. Joseph und der neue Staat. Beiträge zur bayerischen Geschichte und Kunst 1799-1825*, Munich, 1980 [=*Wittelsbach und Bayern*, catalogue d'exposition, t.III/1 et III/2], 2 vol.

Goethe, Johann Wolfgang von, *Poésie et Vérité, souvenirs de ma vie*, trad. fr. Pierre du Colombier, Paris, 1999.

—, *Über Kunst und Altertum in den Rhein-und-Main Gegenden*, Stuttgart, 1816, dont le passage sur Heidelberg est repris in *Goethes Werke*, Hamburger Ausgabe, t. XII, p. 142 sq., avec le commentaire, p. 613 sq.

Gombrich, Ernst Hans, *The Preference for the Primitives. Episodes in the History of Western Taste and Art*, Londres, 2002.

Gooch, George Peabody, *History and Historians in the Nineteenth Century* (1913), Londres, New York, Toronto, 1952.

Graham, Ian, « Three Early Collectors in Mesoamerica », *in* Elizabeth Hill Boone (éd.), *Collecting the Pre- Columbian Past*, Washington D.C., 1993, p. 49-80.

Gran-Aymerich, Ève, *Naissance de l'archéologie moderne 1798-1945*, Paris, 1998.

Greenfield, Jeanette, *The Return of Cultural Treasures*, 2e éd., Cambridge, 1996.

Grodecki, Louis (dir.), *Le « Gothique » retrouvé avant Viollet-le-Duc*, catalogue d'exposition, Paris, 1979.

Gropplero di Troppenburg, Eliana, « Die Innenaustattung der Glyptothek durch Leo von Klenze », *in* K. Vierneisel et G. Lenz, *Glyptothek München*, p. 190-213.

Guérard, Benjamin, « Du Musée du Louvre », *Bibliothèque de l'École des Chartes*, 3e série, t. 4, 1852-1853, p. 70-77.

Guizot, François, *Histoire de la civilisation en France depuis la chute de l'Empire romain*, 2e éd., Paris, 1840, 4 vol. En ligne sur Gallica.

Gundestrup, Bente, « From the Royal *Kunstkammer* to the Modern Museums of Copenhagen », *in* Oliver Impey et Arthur MacGregor (dir.), *The Origins of Museums: the cabinet of curiosities in sixteenth- and seventeenth- century Europe*, Oxford, 1985, p. 128-135.

Guratzsch, Herwig, « Das Museum der bildenden Künste 1837 bis 1994 », *in* Id. (éd.), *Museum der bildenden Künste*

Darley, Gilian, *John Soane. An Accidental Romantic*, New Haven et Londres, 1999.

Delacroix, Eugène, *Journal 1822-1863*, édition André Joubin, Paris, 1980.

Denecke, Bernward, et Rainer Kahsnitz (dir.), *Das Germanische Nationalmuseum Nürnberg, 1852-1977. Beiträge zu seiner Geschichte*, Munich-Berlin, 1978.

Descriptive and Historical Catalogue of the Pictures in the National Gallery. Foreign Schools, Londres, 1906.

De Seta, Cesare, « L'Italia nello specchio del *Grand Tour* », *in* [Ruggiero Romano et Corrado Vivanti], *Storia d'Italie. Annali 5. Il paesaggio*, Turin, 1982, p. 127-263.

—, *L'Italia nello specchio del Grand Tour*, Milan, 2014.

Desmond, Ray, *The India Museum 1801-1879*, Londres, 1982.

Dias, Nélia, *Le Musée d'Ethnographie du Trocadéro (1878-1908). Anthropologie et Muséologie en France*, Paris, 1991.

Dictionnaire critique des historiens de l'art actifs en France de la Révolution à la Première Guerre mondiale, Philippe Sénéchal et Claire Barbillon (dir.), sur le site de l'Institut national d'histoire de l'art (Inha), 2002.

Dobson, Jessie, « John Hunter », *Complete Dictionary of Scientific Biography*, t.VI, p. 566-568.

Douglas, David C., *English Scholars*, Londres, 1943.

Dreier, Franz Adrian, « Die Kunstkammer im 19. Jahrhundert », *in* J. Hildebrand, Chr. Theuerkauff (dir.), *Die Brandenburgisch-Preussische Kunstkammer*, p. 35-44.

Dubois, Léon- Jean-Joseph, *Catalogue d'antiquités égyptiennes, grecques, romaines et celtiques ; copies d'antiquités ; modèles d'édifices anciens ; sculptures modernes ; tableaux ; dessins ; cartes ; plans ; colonnes ; tables et meubles précieux formant la collection de feu M. le Comte de Choiseul- Gouffier*, Paris, 1818.

Duchêne, Hervé (éd.), *Le Voyage en Grèce. Anthologie du Moyen Âge à l'époque contemporaine*, Paris, 2003.

Du Sommerard, Alexandre, *Les Arts du Moyen Âge, En ce qui concerne principalement le Palais Romain de Paris, l'Hôtel de Cluny issu de ses ruines et les objets de la collection classée dans cet hôtel*, Paris, 1838-1846, 5 vol.

E

Ebert, Hans, « Daten zur Vorgeschichte und Geschichte des Alten Museums », *Staatliche Museen zu Berlin Forschungen und Berichte*, 20/21, 1980, p. 9-25.

—, « Zur Vor-und Frühgeschichte des Berliner Kupferstichkabinetts zwischen 1640 und 1840 », *Staatliche Museen zu Berlin Forschungen und Berichte*, 20/21, 1980, p. 343-383.

Eckert, Carsten, « Blüten, Kerfe und Brasiliens Schätze - Graf von Hoffmannsegg als Museumsgründer », *in* F. Damaschun *et al.*, *Art Ordnung Klasse*, p. 112-115.

Eigenwill, Reinhardt, « Klemm, Gustav Friedrich », in *Sächsische Biografie*. En ligne.

Enciclopedia universal ilustrada europeo-americana, Barcelone, s. d., t. VI, article « Artillería », p. 517-518.

Eskildsen, Kasper Risbjerg, « The language of objects: Christian Jürgensen Thomsen's Science of the Past », *Isis*, 2012, 103/1, p. 24-53.

Espagne, Michel, *Le Creuset allemand. Histoire interculturelle de la Saxe, XVIIIe- XIXe siècle*, Paris, 2000.

Evans, Joan, *A History of the Society of Antiquaries*, Londres, 1956.

Ferguson, Niall, *The House of Rothschild. Money Prophets 1798-1848*, Londres, 2000.

Fermigier, André, « Mérimée et l'Inspection des monuments historiques », *in* Pierre Nora(dir.), *Les Lieux de mémoire*, t. II. *La Nation*, vol. 2, « Le patrimoine », Paris, 1986, vol. 2, p. 593-611.

Förster, Otto H., *Kölner Kunstsammler vom Mittelalter bis zum Ende der bürgerlichen Zeitalters*, Berlin, 1931.

—, *Das Wallraf-Richartz-Museum in Köln*, Cologne, 1966.

Foster, Kurt W., « L'ordine dorico come diapason dell'architettura moderna », *in* Salvatore Settis(dir.), *I Greci. Storia Cultura Arte Società*, t. I, *Noi e i Greci*, Turin, 1996, p. 665-706.

Chateaubriand, François-René de, *Génie du christianisme* (1802), *in* Id., *Essai sur les révolutions. Génie du christianisme*, édition de Maurice Regard, Paris, 1978.

—, *Mémoires d'outre-tombe (1837)*, Paris, 1849-1850 ; édition de Jean-Paul Clément, Avant- propos de Jean d'Ormesson, Paris, 1997, 2 vol.

Chaudonneret, Marie-Claude, « Permanence et innovation. Le Musée du Louvre dans les années 1820 », *Hommage à Michel Laclotte*, Milan-Paris, 1994, p. 532-537.

—, *L'État et les Artistes. De la Restauration à la monarchie de Juillet (1815-1833)*, Paris, 1999.

—, « Peinture et Histoire dans les années 1820-1830 », *in* B. Saule (dir.), *L'Histoire au musée*, p. 127-137.

Chennevières, Philippe de, *Travaux de M. de Chennevières [...] sur la nécessité de relier les Musées des départements au Musée central du Louvre*, 1848, Bibliothèque numérique de l'Inha, en ligne.

—, « Les Musées de Province », 1865, introduction d'Arnaud Bertinet, Publications de l'Institut national de l'histoire de l'art. En ligne.

—, *Souvenirs d'un Directeur des Beaux-Arts*, Paris, 1883-1889.

Chevalier, Nicole, *La Recherche archéologique française au Moyen-Orient, 1842-1947*, Paris, 2002.

Choiseul-Gouffier, Marie-Gabriel de, « Voyage pittoresque en Grèce, Discours préliminaire », *in* H. Duchêne (éd.), *Le Voyage en Grèce*, p. 327-339, et la notice, p. 1080-1081.

Cimmino, Franco, « Giovanni Battista Belzoni: un pionniere degli scavi in Egitto », in Alberto Siliotti (dir.), *Viaggiatori veneti alla scoperta dell'Egitto*, Venise, 1985, p. 73-94.

Constans, Claire, « Les galeries de Versailles hier et… demain ? », *in* B. Saule (dir.), *L'Histoire au musée*, p. 139-144.

Cook, Brian, « The Townley Marbles in Westminster and Bloomsbury », *The British Museum Yearbook*, 2, 1977, p. 34-73.

Correr, Teodoro, *Testamento 1 gennaio 1830*, Venise, 1879.

Crane, Susan A., *Collecting and Historical Consciousness in Early Nineteenth-Century Germany*, Ithaca et Londres, 2000.

Crook, Joseph Mordaunt, *The British Museum: a case study in architectural politics*, Harmondsworth (Middlesex), 1972.

Crookham, Alan, *National Gallery. An Illustrated History*, Londres, 2009.

Curto, Silvio, *Storia del Museo Egizio di Torino*, 2e éd., Turin, 1976.

Cust, Lionel, *History of the Society of Dilettanti*, Sidney Colvin (éd.), Londres et New York, 1898.

Czymmek, Götz, « Ferdinand Franz Wallraf im Bild », *Wallraf-Richartz-Jahrbuch*, vol. 69, 2008, p. 271-302.

D

D. A., « Le musée du palais des .ermes et de l'hôtel de Cluny », *Revue Archéologique*, I, 1844, p. 18-38.

Damaschun, Ferdinand, Gottfried Böhme, Hannelore Landsberg, « Naturkundliche Museen der Berliner Universität – Museum für Naturkunde: 190 Jahre Sammeln und Forschen », *in* Horst Bredekamp, Jochen Brüning, Cornelia Weber (dir.), *Theater der Natur und Kunst. Essays Wunderkammern des Wissens*, Berlin, 2000, p. 86-106.

Damaschun, Ferdinand, d'après Günter Hoppe, « Vom Königlichen Mineralienkabinett zum Mineralogischen Museum – Die Berliner Bergakademie 1770-1810 », *in* Ferdinand Damaschun, Sabine Hackenthal, Hannelore Landsberg, Reinhold Leinfelder, *Art Ordnung Klasse 200 Jahre Museum für Naturkunde*, Berlin, 2010, p. 104-105.

Damaschun, Ferdinand, et Hannelore Landsberg, « …"so bleiben dem materiell Gesammelten und geographisch Geordneten fast allein ein langdauernder Werth" – 200 Jahre Museum für Naturkunde Berlin », *in* F. Damaschun *et al.*, *Art Ordnung Klasse*, p. 13-22.

Daniels, Barry, « Daguerre – Theatermaler, Dioramist, Photograph », *in* Marie-Louise von Plessen (dir.), *Sehnsucht. Das Panorama als Massenunterhaltung des 19. Jahrhunderts*, catalogue d'exposition, Bonn, Francfort-sur-le-Main et Bâle, 1993, p. 36-41.

Museale Spezialisierung, p. 91-104.

Bickendorf, Gabriele, « Des mauristes à l'école de Berlin : vers une conception scientifique de l'histoire de l'art », *in* E. Pommier (dir.), *Histoire de l'histoire de l'art*, t. II, *XVIIIe et XIXe siècle*, Paris, 1997, p. 143-175.

Bligaard, Mette, « Die Gründung des Museums für Dänische Nationalgeschichte in Schloss Frederiksborg », *in* M.-L. von Plessen (dir.), *Die Nation und ihre Museen*, p. 117-125.

Böhner, Kurt, « Das Römisch-Germanische Zentralmuseum. Eine vaterländische und gelehrte Gründung des 19. Jahrhunderts », *Jahrbuch des Römisch-Germanischen Zentralmuseums Mainz*, 25, 1978 (paru en 1982), p. 1-73.

Bolaños, María, *Historia de los museos en España. Memoria, cultura, sociedad*, Gijón, 1997.

Böttger, Peter, *Die Alte Pinakothek in München. Architektur, Ausstattung und museales Programm*, Munich, 1972.

Bravo, Benedetto, *Philologie, histoire, philosophie de l'histoire. Étude sur J. G. Droysen historien de l'Antiquité*(Varsovie, 1968), reprint, Hildesheim, Zürich, New York, 1988.

Bredekamp, Horst, « Der lange Atem der Kunstkammer. Das Neue Museum als Avantgarde der Vorvergangenheit », *in* E. Bergvelt *et al.*, *Museale Spezialisierung*, p. 25-36.

Bresc-Bautier, Geneviève, « Les musées du Louvre au XIXe siècle : les collections archéologiques et ethnologiques dans le conservatoire de l'art classique », *in* Emilia Vaillant et Germain Viatte(dir.), *Le Musée et les cultures du monde*, Paris, 1999, p. 53-70.

Brigstocke, Hugh, *William Buchanan and the 19th century art trade: 100 letters to his agents in London and Italy*, New Haven, 1982.

Brockwell, Maurice W., *Catalogue of the Roscoe Collection, and other paintings, drawings and engra- vings*, Liverpool, 1928.

Brongniart, Alexandre, et Denis Désiré Riocreux, *Description méthodique du Musée Céramique de la Manufacture royale de Porcelaine de Sèvres*, Paris, 1845. En ligne sur Gallica.

Brown, Jonathan, *Kings & Connoisseurs. Collecting Art in Seventeenth Century Europe*, Princeton, 1995.

Buchanan, William, *Memoirs of Painting, with a chronological history of the importation of pictures by the great masters into England since the French revolution*, Londres, 1824, 2 vol.

Bürger, William (Théophile Thoré), *Musées de Hollande. Amsterdam et La Haye*, Paris, 1858. En ligne sur Gallica.

Burian, Peter, « *Das Germanische Nationalmuseum und die deutsche Nation », in Bernward Deneke et Rainer Kahsnitz (dir.)*, *Das Germanische Nationalmuseum Nürnberg 1852-1977. Beiträge zu seiner Geschichte*, Munich, Berlin, 1978, p. 127-262.

Burke, Edmond, *A Philosophical Enquiry into the Origin of our Ideas of Sublime and Beautiful*, Londres, 1757.

Burn, Lucilia (éd.), « Sir William Hamilton, Collector and Connoisseur », *J.H.Coll.*, 9/2, 1997.

Buttlar, Adrian von, *Leo von Klenze. Leben – Werk – Vision*, Munich, 1999.

C

Calov, Gudrun, *Museen und Sammler des 19. Jahrhunderts in Deutschland*, Berlin, 1969 [= *Museumskunde*, 38].

Canat, René, *La Renaissance de la Grèce antique (1820-1850)*, Paris, 1911.

Cantarutti, Stéphanie, « Soulié, Eudore », *Dictionnaire critique des historiens de l'art*. En ligne sur le CNUM.

[Carr, sir John], *Les Anglais en France après la paix d'Amiens : impressions de voyage de sir John Carr*, étude, traduction et notes par Albert Babeau, Paris, 1898.

Carré, Jacques, *Lord Burlington (1694-1753), le connaisseur, le mécène, l'architecte*, Clermont- Ferrand, 1993.

Casati, C. Charles, *Notice sur le château de Rosenborg au Danemark concluant à la création d'un musée historique de France*, Paris, 1879.

Chaigneau, Marcel, « Christophe-Augustin Lamare-Picquot, pharmacien, naturaliste, explorateur », *Revue d'histoire de la pharmacie*, 70, 1982, p. 5-26.

Champollion, Jean-François, *Notice descriptive des monuments égyptiens du Musée Charles X*, Paris, 1827.

第V部　ヨーロッパ各国の博物館・美術館　一八一五～五〇年

A

The Age of Neoclassicism, catalogue d'exposition, Royal Academy et Victoria and Albert Museum, Londres, 1972.

Alcouffe, Daniel, « Les collections Durand et Révoil au Musée du Louvre », *in* L. Grodecki (dir.), *Le « Gothique » retrouvé*, p. 92-94.

Alte Pinakothek München. Erläuterungen zu den ausgestellten Gemälden, Munich, 1983.

Amiet, Pierre, « La découverte de l'Antiquité Mésopotamienne », in *Sumer, Assur, Babylone. Chefsd'œuvre du musée de Bagdad*, catalogue d'exposition, Pierre Amiet (dir.), Paris, 1981.

Andersen, Carl, *The Chronological Collection of the Kings of Denmark*, Copenhague, 1878. En ligne.

André-Leicknam, Béatrice, et Christiane Ziegler (dir.), *La Naissance de l'écriture. Cunéiformes et hiéroglyphes*, catalogue d'exposition, Paris, 1982.

Anes, Gonzalo, *Las colecciones reales y la fundación del Museo del Prado*, Madrid, 1996.

Angelicoussis, Elizabeth, *The Holkham Collection of Classical Sculptures*, Mayence, 2001.

Antin, Cécile d', « Villot, Frédéric », *Dictionnaire critique des historiens de l'art.* En ligne.

Arago, François, *Œuvres. Notices scientifiques*, Paris-Leipzig, 1856, t. III.

Armstrong, Walter, « Vernon, Robert », *Dictionary of National Bibliography*, t. 58, p. 281. En ligne.

Asma, Stephen T., *Stuffed Animals and Pickled Heads. The Culture and Evolution of Natural History Museums*, Oxford, 2001.

Auerbach, Jeffrey A., *The Great Exhibition of 1851. The Nation on Display*, New Haven et Londres, 1999.

Ayçoberry, Pierre, *Cologne, entre Napoléon et Bismarck, la croissance d'une ville rhénane*, Paris, 1981.

B

Baczko, Bronislaw (éd.), *Une éducation pour la démocratie. Textes et projets de l'époque révolutionnaire*, Paris, 1982.

Baehler, Frédérique, « L'administration du Musée du Louvre et la politique d'acquisition sous la Restauration (1816-1830) », thèse de l'École des chartes, 1992.

Banks, R. E. R., compte rendu : « J. K. Bowden, *John Lightfoot : his work and travel [...] », Watsonia*, 18, 1991, p. 437-438. http://archive.bsbi.org.uk/Wats18p437.pdf.

Baticle, Jeannine, et Cristina Marinas, *La Galerie espagnole de Louis-Philippe au Louvre, 1838- 1848*, Paris, 1981.

Baticle, Jeannine, Stéphane Guégan, Geneviève Lacambre *et al.* (dir.), *Manet Velázquez. La manière espagnole au XIXe siècle*, catalogue d'exposition, Paris, 2002.

Bauer, Hermann, « Kunstanschauung und Kunstpflege in Bayern von Karl Theodor bis Ludwig I. », in Hubert Glaser (dir.), *Krone und Verfassung*, III/1, p. 345-355.

Bauer, Richard, « König Ludwig von Bayern – Eine Lebensskizze », in K. Vierneisel et G. Lenz (dir.), *Glyptothek München*, p. 18-22.

Bercé, Françoise, *Des Monuments historiques au Patrimoine, du XVIIIe siècle à nos jours*, Paris, 2000.

Bergvelt, Ellinoor, Debora J. Meijers, Lieske Tibbe, Elsa von Wezel (dir.), *Museale Spezialisierung und Nationalisierung ab 1830. Das Neue Museum in Berlin im internationalen Kontext*, Berlin, 2011.

Beroqui, Pedro, *El Museo del Prado (Notas para su historia), t. I, El Museo Real (1819-1833)*, Madrid, 1933.

Bertram, Marion, « Vom "Museum Vaterländischer Alterthümer" im Schloss Monbijou zur "Sammlung der Nordischen Alterthümer" im Neuen Museum. Die Ära Ledebur 1829 bis 1873 », in *Das Berliner Museum für Vor- und Frühgeschichte zum 175 jährigen Bestanden*, « Acta Praehistorica et Archaeologica », 36/37, 2004-2005 p. 31-79.

—, « Die Konzeption der Sammlung Vaterländischer Alterthümer im Neuen Museum », *in* E. Bergvelt et al. (dir.),

d'exposition, Musées de la Ville de Strasbourg, Mulhouse, 1991.

Schneider, René, *Quatremère de Quincy et son intervention dans les arts (1788-1830)*, Paris, 1910.

Seroux d'Agincourt, Jean Baptiste Louis Georges, *Histoire de l'Art par les Monumens, depuis sa décadence au IVe siècle jusqu'à son renouvellement au XVIe*, Paris, 1823, 6 vol.

Sherman, Daniel J., *Worthy Monuments. Art Museums and the Politics of Culture in Nineteenth- Century France*, Cambridge (Mass.) et Londres, 1989.

Silvestre de Sacy, Jacques, *Le Comte d'Angiviller, dernier directeur général des Bâtiments du Roi*, Paris, 1953.

Sorbini, Lorenzo, *La collezione Baja di pesci e piante fossili di Bolca con descrizione de nuovi generi e nuove specie*, Vérone, 1983.

Spary, Emma C., *Le Jardin d'utopie. L'histoire naturelle en France de l'Ancien Régime à la Révolution*, Paris, 2005.

Statues, bustes, bas-reliefs, bronzes et autres antiquités, peintures, dessins et objets curieux, conquis par la Grande Armée, dans les années 1806 et 1807 ; dont l'exposition a eu lieu le 14 octobre 1807, premier anniversaire de la bataille d'Iéna, Paris, 1807.

St. Clair, William, *Lord Elgin. L'homme qui s'empara des marbres du Parthénon*, trad. fr. J. Et M. Carlier, Paris, 1988.

T

Tresse, René, « La jeunesse et l'initiation du mécanicien Claude-Pierre Molard de 1759 à 1791 », *Revue d'histoire des sciences*, 1971, 24/1, p. 13-24.

Tuetay, Alexandre, et Jules Guiffrey (éd.), *La Commission du Muséum et la création du Musée du Louvre (1792-1793)* [= *Archives de l'Art Français*, nlle période, t. III], Paris, 1909.

Turguenev, A. I. [Alexandr Ivanovitch], *Chronika russkovo Dnevniki (1825-1826...)*, M. I. Gillelson, éd., série « Monuments littéraires », Moscou-Leningrad, 1964 [Тургенев, А. И. [Alexandr Ivanovitch], *Хроника русского. Дневники (1825-1826...)*, Издание подготовил М. И. Гиллельсон, Серия "Литературные памятники"], Moscou-Leningrad, 1964.

V

Vattel, Emmerich de, *Le Droit des gens ou principes de la loi naturelle, Appliqués à la conduite & aux affaires des Nations & des Souverains*, Londres, 1758, 2 vol.

[Vaucanson, Jacques], *Jacques Vaucanson*, catalogue d'exposition, musée national des Techniques, Paris, 1983. En ligne sur le CNUM (Conservatoire numérique des arts et métiers).

[Vicq d'Azyr, Félix], *Instruction sur la manière d'inventorier et de conserver, dans toute l'étendue de la République, tous les objets qui peuvent servir aux arts, aux sciences, et à l'enseignement, proposée par la Commission temporaire des arts, et adoptée par le Comité d'instruction publique de la Convention nationale*, A Paris, de l'Imprimerie nationale, l'An second de la République, [1793-1794]. En ligne sur Gallica.

Voss, Jürgen, *Das Mittelalter im historischen Denken Frankreichs. Untersuchungen zur Geschichte des Mittelalterbegriffs und der Mittelalterbewegung von der zweiten Hälfte des 16. bis zur Mitte des 19. Jahrhunderts*, Munich, 1972.

Wisner, David A., « Jean Naigeon at the Dépôt de Nesle: a collector and culture-broker in the First French Republic », *J.H.Coll.*, 8/2, 1996, p. 155-165.

Z

Zamboni, Silla, « L'Accademia Clementina », *in* [Collectif], *I luoghi del conoscere. I laboratori storici e i musei dell'Università di Bologna*, Bologne, 1988, p. 123-135.

2 vol.

—, « L'exposition des "écoles primitives" au Louvre. "La partie historique qui manquait au Musée" », in *Dominique-Vivant Denon. L'œil de Napoléon*, p. 226-243.

—, « "The Destruction of the Museum has become a Historical Monument". The restitution of art works from the viewpoint of the staff of the Louvre (1814-1815) », *in* E. Bergvelt *et al.* (dir.), *Napoleon's Legacy*, p. 137-156.

Preti-Hamard, Monica, et Philippe Sénéchal (dir.), *Collections et marché de l'art en France, 1789- 1848*, Rennes, 2005.

Propeck, Lina, « La Chalcographie impériale : des estampes aux dessins », in *Dominique-Vivant Denon. L'œil de Napoléon*, p. 205-214.

Pujoulx, Jean-Baptiste, *Promenades au Jardin des Plantes, à la Ménagerie et dans les galeries du Muséum d'Histoire naturelle, Contenant des notions claires, et à la portée des Gens du monde, sur les végétaux, les animaux et les minéraux les plus curieux et les plus utiles de cet Etablissement*, Paris, an XII (1803 et 1804), 2 vol. En ligne sur Gallica.

Q-R

Quatremère de Quincy, Antoine Chrysostome, *Lettres à Miranda sur le déplacement des monuments de l'art de l'Italie*, édition d'Édouard Pommier, Paris, 1989.

—, *Considérations morales sur la destination des ouvrages de l'art ou de l'infiuence de leur emploi sur le génie et le goût de ceux qui les produisent ou qui les jugent et sur le sentiment de ceux qui en jouissent et en reçoivent les impressions*(1815), Paris, 1989, et en ligne sur Gallica.

Rabreau, Daniel, « Quatremère de Quincy », Encyclopædia Universalis. En ligne.

Recht, Roland, « L'Élysée d'Alexandre Lenoir : nature, art et histoire », *Revue germanique internationale*, 7, 1997, p. 47-57.

Reist, Inge, « The Fate of the Palais Royal Collection: 1791-1800 », in R. Panzanelli et M. Preti-Hamard (dir.), *La Circulation des œuvres d'art*, p. 27-44.

Richet, Denis, « Campagne d'Italie », in Fr. Furet et M. Ozouf, (dir.), *Dictionnaire critique de la Révolution française*, p. 19-32.

Roland de La Platière, Jean-Marie, *Lettres écrites de Suisse, d'Italie, de Sicile et de Malthe, par M***, Avocat au Parlement, A Mlle***, à Paris. En 1776, 1777 et 1778*, Amsterdam, 1780, 6 vol.

Rudwick, Martin J. S., *Georges Cuvier, Fossil Bones, and Geological Catastrophes*, Chicago et Londres, 1997.

S

Sarmant, Thierry, *Le Cabinet des médailles de la Bibliothèque nationale 1661-1848*, Paris, 1994.

Saunier, Charles, *Les Conquêtes artistiques de la Révolution et de l'Empire. Reprises et abandons des alliés en 1815. Leurs conséquences sur les musées d'Europe*, Paris, 1902.

Savoy, Bénédicte, *Patrimoine annexé. Les biens culturels saisis par la France en Allemagne autour de 1800*, Paris, 2003, 2 vol.

—, « "Et comment tout cela sera-t-il conservé à Paris ?" Les réactions allemandes aux saisies d'œuvres d'art et de science opérées par la France autour de 1800 », *Revue germanique internationale*, 13/2000.

—, « Une ample moisson de superbes choses. Les missions en Allemagne et en Autriche 1806- 1809 », in *Dominique-Vivant Denon. L'œil de Napoléon*, p. 172-181.

Scheller, Robert W., « The Age of Confusion », *in* E. Bergvelt *et al.* (dir.), *Napoleon's Legacy*, p. 41-53.

Schlegel, Friedrich, *Description de tableaux*, édition établie et présentée par Bénédicte Savoy, Paris, 2001.

Schnapper, Antoine, et Arlette Serullaz, *Jacques-Louis David 1748-1825*, catalogue d'exposition, Paris, 1989.

Schneider, Malou, et Marie-Jeanne Meyer (dir.), *Jean-Frédéric Oberlin : le divin ordre du monde, 1740-1826*, catalogue

Panzanelli, Roberta, et Monica Preti-Hamard (dir.), *La Circulation des œuvres d'art / The Circulation of Works of Art in the Revolutionary Era 1789-1848*, Rennes, 2007.

Penguilly L'Haridon, Octave, *Catalogue des Collections composant le Musée d'Artillerie*, Paris, 1862.

Pieters, Florence F. J. M., « Natural history spoils in the Low Countries in 1794/95: the looting of the fossil Mosasaurus from Maastricht and the removal of the Cabinet and Menagerie of Stadholder William V », *in* E. Bergvelt *et al.* (dir.), *Napoleon's Legacy*, p. 55-72.

Pietrangeli, Carlo, *I musei vaticani. Cinque secoli di storia,* Rome, 1985.

—, *Scritti scelti*, Rome, 1995.

Pinkerton, John, *Recollections of Paris in the Years 1802-3-4-5*, Londres, 1806, 2 vol. En ligne. Place, Dominique de, « Le bureau de consultation pour les arts, Paris 1791-1796 », *History and Technology*, 1988, 5, fasc. 2-4, p. 139-178.

—, « L'hôtel de Mortagne et les dépôts de l'an II», *in* Michel Le Moël et Raymond Saint-Paul (dir.), *1794-1994. Le Conservatoire national des Arts et Métiers au cœur de Paris,* Paris, 1994, p. 47-50.

Pomeroy, Jordana, « Conversing with History: The Orleans Collection Arrives in Britain », *in* Inge Reist (dir.), *British Models of Art Collecting and the American Response. Refiections Across the Pond*, Farnham, 2014, p. 47 sq.

Pomian, Krzysztof, « Kolekcjonerstwo i filozofia. Narodziny nowożytnego muzeum » [Collections et philosophie. Naissance du musée moderne], *Archiwum Historii Filozofii i Myśli Społecznej*, t. XXI, 1975, p. 29-85, repris in Id., *Drogi kultury europejskiej* [Les voies de la culture européenne], Varsovie, 1996, p. 109-172.

—, *Collectionneurs, amateurs et curieux, Paris-Venise, XVIe-XVIIIe siècle*, Paris, 1987. (『コレクション――趣味と好奇心の歴史人類学』吉田城・吉田典子訳、平凡社、1992)

—, « Francs et Gaulois », *in* Pierre Nora (dir.), *Les Lieux de mémoire*, t. III, *Les France*, vol. 1, *Confiits et partages*, Paris, 1992, p. 41-105.

—, « Museums, Paintings and History », *Nordisk Museologi*, 1993, 2, p. 61-72.

—, « Lenoir, Wallraf, Correr », *in* Andreas Blühm, Anja Ebert (dir.), *Welt – Bild – Museum. Topographien der Kreativität*, Cologne, Weimar, Vienne, 2011, p. 229-242.

Pommier, Édouard, *Le Problème du musée à la veille de la Révolution*, Montargis, 1989.

—, « La création des musées de province. Les ratures de l'arrêté de l'an IX », *La Revue du Louvre et des Musées de France*, no 5-6, décembre 1989, p. 328-335.

—, « Quatremère de Quincy et la destination des ouvrages de l'art », *in* René Demoris (dir.), *Les Fins de la peinture*, Paris, 1990, p. 31-51.

—, *L'Art de la liberté. Doctrines et débats de la Révolution française*, Paris, 1991.

—, *Più antichi della luna. Studi su J. J. Winckelmann e A. Ch. Quatremère de Quincy*, Michela Scolaro (éd.), Bologne, 2000.

—, « Collections nationales et musées, 1790-1801 », *in* R. Fohr (dir.), *Le Rôle de l'État*, p. 29 sq.

Pougetoux, Alain, « De la République des Arts au peuple artiste », in *Dominique-Vivant Denon. L'œil de Napoléon*, p. 340-351.

Poulle-Drieux, Yvonne, « Honoré Fragonard et le cabinet d'anatomie de l'École d'Alfort pendant la Révolution », *Revue d'histoire des sciences*, 15, 1962, p. 141-162.

Poulot, Dominique, « Alexandre Lenoir et le musée des Monuments français », *in* Pierre Nora (dir.), *Les Lieux de mémoire*, t. II, *La Nation*, vol. 2, Paris, 1986, p. 497-531.

—, *Surveiller et s'instruire : la Révolution française et l'intelligence de l'héritage historique*, Oxford, 1996 [= *Studies on Voltaire and the Eighteenth Century*, 344].

—, *Musée, nation, patrimoine, 1789-1815*, Paris, 1997.

Powell, Véronique Gerard, « Les collections des officiers de l'armée impériale pendant la guerre d'Espagne. Un butin très varié », *in* M. Preti-Hamard et Ph. Sénéchal (dir.), *Collections et marché de l'art*, p. 305-317.

Preti-Hamard, Monica, *Ferdinando Marescalchi (1754-1816). Un collezionista italiano nella Parigi napoleonica*, Bologne, 2005,

Tombeaux des Hommes et des Femmes célèbres, pour servir à l'histoire de France et à celle de l'Art, Paris, an IX-1800, 3 vol.

—, *Description historique et chronologique des monumens de sculpture réunis au Musée des Monumens français [...],* Paris, janvier 1806. En ligne sur Gallica.

—, *Musée royal des monumens français ou Mémorial de l'histoire de France et de ses monumens,* Paris, 1816.

Letouzey, Yvonne, *Le Jardin des Plantes à la croisée des chemins avec André Thouin 1747-1824,* Paris, 1989.

Levi, Donata, « "Like the leaves of the Sybil": The Orléans Collection and the debate on a National Gallery in Great Britain », *in* R. Panzanelli et M. Preti-Hamard (dir.), *La Circulation des œuvres d'art,* p. 67-82.

Loir, Christophe, *La Sécularisation des œuvres d'art dans le Brabant (1773-1842). La création du musée de Bruxelles,* Bruxelles, 1998.

Loyrette, Henri, « Seroux d'Agincourt et les origines de l'histoire de l'art médiéval », *Revue de l'Art,* 48, 1980, p. 40-56.

Lucas, Jean André Henri, *Tableau méthodique des espèces minérales,* Ire Partie, Paris, 1806. En ligne.

M

MacClellan, Andrew, *Inventing the Louvre. Art, Politics, and the Origins of the Modern Museum in Eighteenth-Century Paris,* Cambridge (Mass.) et New York, 1994.

—, « For and against the universal museum in the age of Napoleon », *in* E. Bergvelt *et al.* (dir.), *Napoleon's Legacy,* p. 91-100.

Maerker, Anna, « Uses and Publics of the Anatomical Model Collections of *La Specola,* Florence, and the *Josephinum,* Vienna, around 1800 », *in* M. Beretta (dir.), *From Private to Public,* p. 81-96.

Marquet de Vasselot, Jean Joseph, *Répertoire des catalogues du musée du Louvre (1793-1926),* Paris, 1927.

Meijers, Debora J., « The Dutch method of developing a national art museum: how crucial were the French confiscations of 1795? », *in* E. Bergvelt *et al.* (dir.), *Napoleon's Legacy,* p. 17-28.

Mercier, Alain, *1794 L'Abbé Grégoire et la création du Conservatoire national des Arts et Métiers,* Paris, 1989.

—, *Un conservatoire pour les Arts et Métiers,* Paris, 1994.

Michelet, Jules, *Histoire de la Révolution française,* Gérard Walter (éd.), Paris, 1952, 2 vol.

Monge, Gaspard, *Dall Italia (1796-1797),* trad. italienne de Sandro Cardinali et Luigi Pepe, Palerme, 1993.

Montembault, Marie, et John Schloder, *L'Album Canini du Louvre et la collection d'antiques de Richelieu,* Paris, 1988.

Moschini Marconi, Sandra, « Introduzione. Formazione e vicende delle Gallerie dell'Accademia », *Gallerie dell'Accademia di Venezia. Opere d'arte dei secoli XIV e XV,* Rome, 1955.

N

Natale, Mauro, *Le Goût et les collections d'art italien à Genève,* Genève, 1980.

Nocca, Marco, *Dalla vigna al Louvre: la Pallade di Velletri,* Rome, 1997.

Norman, Geraldine, *The Hermitage: the Biography of a Great Museum,* Londres, 1998.

Notice abrégée des collections dont se compose le Musée de l'artillerie, Paris, 1827. En ligne sur Gallica..

Notice des dessins originaux, pastels, gouaches, émaux et miniatures, du Musée Central des Arts. Exposés pour la première fois dans la Galerie d'Apollon. Le 28 Thermidor de l'an V de la République Française. Première Partie, Paris, an V [1797].

Notice des statues, bustes, bas-reliefs et autres objets composant la Galerie des Antiques du Musée Central des Arts, ouverte pour la première fois le dix-huit brumaire an 9, Paris, [1800].

P

H

Hahn, Roger, « Du Jardin du roi au Muséum : les carrières de Fourcroy et de Lacépède », *in* Cl. Blanckaert *et al.* (dir.), *Le Muséum*, p. 31-41.

Hamy, Ernest-Théodore, « Les derniers jours du Jardin du Roi et la fondation du Muséum d'Histoire naturelle », in *Centenaire de la fondation du Muséum d'Histoire naturelle 10 juin 1793- 10 juin 1893. Volume commémoratif publié par les professeurs du Muséum*, Paris, 1893, p. 3-163. En ligne sur Gallica.

Harten, Elke, *Museen und Museumsprojekte der Französischen Revolution. Entstehungsgeschichte einer Institution*, Münster, 1989.

Haskell, Francis, « Les musées et leurs ennemis », *Actes de la recherche en sciences sociales*, XLIX, septembre 1983, p. 103-106.

—, *L'Historien et les Images*, Paris, 1995.

Hecht, Jacqueline, « Un exemple de multidisciplinarité : Alexandre Vandermonde (1735-1796) », *Population*, 1971, 26/4, p. 641-676.

Henry, Jean, *Journal d'un voyage à Paris en 1814*, édition présentée, annotée et établie par Bénédicte Savoy avec la collaboration de Nicolas Labasque, Paris, 2001.

Humboldt, Wilhelm von [Guillaume de], *Journal parisien (1797-1799)*, trad. Élisabeth Beyer, Arles, 2001.

Hurley, Cecilia, et Pascal Griener, « Wilhelm von Humboldt au jardin du Musée des Monuments français (1799). Une expérimentation allemande de l'histoire », *in* Jackie Pigeaud, Paul Barbe (dir.), *Histoires de jardins. Lieux et imaginaire*, Paris, 2001, p. 251-267.

I-J-K

Ideologie e patrimonio storico-culturale nell'età rivoluzionaria e napoleonica. A proposito del trattato di Tolentino, Actes du colloque de Tolentino, 18-21 septembre 1997, Rome, 2000. En ligne.

Jacob, François, *La Logique du vivant*, Paris, 1970.

Kagan, Julia, et Oleg Neverov, « Le destin du Cabinet de pierres gravées du Duc d'Orléans », *in* des mêmes, *Splendeurs des collections de Catherine II de Russie. Le Cabinet de pierres gravées du Duc d'Orléans*, Paris, 2000.

Kersaint, Georges, *Antoine François de Fourcroy (1755-1809): sa vie et son œuvre*, Paris, 1966.

L

Lapauze, Henri, *Rapport présenté au nom de la Commission [chargée d'étudier toutes les questions relatives à l'organisation des musées de province et à la conservation de leurs richesses artistiques]*, Paris, 1908.

Laudan, Rachel, *From Mineralogy to Geology. The Foundations of a Science*, 1650-1830, Chicago et Londres, 1987.

Laurent, Goulven, *Paléontologie et évolution en France, 1800-1860. De Cuvier-Lamarck à Darwin*, Paris, 1987.

Le Brun, Jean-Baptiste-Pierre, *Réflexions sur le Muséum national. Le 14 janvier 1793*, édition et postface Édouard Pommier, Paris, 1992.

Lelièvre, Pierre, *Vivant Denon, homme des Lumières, « ministre des arts » de Napoléon*, Paris, 1993.

Leniaud, Jean-Michel, *Saint-Denis de 1760 à nos jours*, Paris, 1996.

Lenoir, Alexandre, *Description historique et chronologique des monumens de sculpture réunis au Musée des Monumens Français*, 7e éd., Paris, au Musée, an V (= 1797).

—, *Musée des Monumens français ou description historique et chronologique des statues en marbre et en bronze, Bas-reliefs et*

Communication, Direction des musées de France, 2003.

Frankl, Paul, *The Gothic: Literary Sources and Interpretations through Eight Centuries*, Princeton, 1960.

Franzoni, Lanfranco, *Per la storia del collezionismo. Verona: la galleria Bevilacqua*, Milan, 1970.

Fredericksen, Burton B., « Survey of the French Art Market between 1789 and 1820 », in M. Preti-Hamard et Ph. Sénéchal (dir.), *Collections et marché de l'art*, p. 19-34.

Furet, François, et Mona Ozouf (dir.), *Dictionnaire critique de la Révolution française*, Paris, 1988.

G

Gaehtgens, Thomas W., « Le musée Napoléon et son influence sur l'histoire de l'art », in Édouard Pommier (dir.), *Histoire de l'histoire de l'art*, t. II, XVIIIe et *XIXe siècles*, Paris, 1997, p. 89-112.

Galard, Jean (éd.), *Promenades au Louvre en compagnie d'écrivains, d'artistes et de critiques d'art*, Paris, 2010.

Gallo, Daniela, « Les antiques au Louvre. Une accumulation de chefs-d'œuvre », in *Dominique-Vivant Denon. L'œil de Napoléon*, p. 182-194.

—, « The Galerie des Antiques of the Musée Napoléon; a new reception of ancient sculpture », *in* E. Bergvelt *et al.* (dir.), *Napoleon's Legacy*, p. 111-123.

Géal, Pierre, *La Naissance des musées d'art en Espagne (XVIIIe-XIXe siècle)*, Madrid, 2005.

Gelly-Saldias, Clara, « La création du musée de Nancy », in *De l'an II au sacre de Napoléon. Le premier musée de Nancy, catalogue d'exposition, Musée des Beaux-Arts de Nancy*, 23 novembre 2001-4 mars 2002, par Véronique Alemany-Dessaint, Michel Caffier, Blandine Chavanne, Clara Gelly-Saldias, Nicolas Le Clerre, François Pupil et Gérard Voreaux, Paris, 2001, p. 57-64.

Georgel, Chantal, « Le musée et les musées, un projet pour le XIXe siècle », *in* Chantal Georgel (dir.), *La Jeunesse des musées. Les musées en France au XIXe siècle*, Musée d'Orsay, 7 février-8 mai 1994, Paris, 1994, p. 15-35.

—, « Les envois de l'État au XIXe siècle », *in* R. Fohr (dir.), *Le Rôle de l'État dans la constitution des collections des musées de France et d'Europe*, p. 75 sq.

Germann, Georg, *Gothic Revival in Europe and Britain: sources, infiuences and ideas*, Londres, 1972. Ghali, Ibrahim Amin, *Vivant Denon ou la conquête du bonheur*, Le Caire, 1986.

Gilet, Annie, et Éric Moinet (dir.), « Introduction », in *Italies. Peintures des musées de la région Centre*, catalogue de l'exposition, musée des Beaux-Arts d'Orléans, Paris, 1996, p. 12-22.

Gillispie, Charles Coulston, *Science and Polity in France at the End of the Old Regime*, Princeton, 1980 (rééd. 2004).

—, « De l'histoire naturelle à la biologie : relations entre les programmes de recherche de Cuvier, Lamarck et Geoffroy Saint-Hilaire », *in* Cl. Blanckaert *et al.* (dir.), *Le Muséum*, p. 229-239.

—, *Science and Polity in France : the Revolutionary and Napoleonic Years*, Princeton et Oxford, 2004. [Girault de Saint-Fargeau, Eusèbe], *Guide pittoresque du voyageur en France [...] Paris et ses environs. Département de la Seine*, Paris, 1837. En ligne sur Gallica.

« Gothick » 1720-1840, catalogue d'exposition, Brighton, Royal Pavillion, Art Gallery & Museums, 1975.

Gould, Cecil, *Trophy of Conquest. The Musée Napoléon and the Creation of the Louvre*, Londres, 1965.

[Grégoire, Henri], *Rapport sur l'établissement d'un Conservatoire des Arts et Métiers, par Grégoire. Séance du 8 vendémiaire, l'an 3 de la République une et indivisible. Imprimé par ordre de la Convention nationale*, [Paris, 1794]. En ligne sur Gallica.

—, *Œuvres de l'abbé Grégoire, t. II, Grégoire député à la Convention nationale*, Nendeln (Lichtenstein) et Paris, 1977.

Grodecki, Louis (dir.), *Le « Gothique » retrouvé avant Viollet-le-Duc*, catalogue d'exposition, Paris, 1979.

Guénot, Hervé, « Musées et lycées parisiens (1780-1830) », *Dix-huitième Siècle*, 18, 1986, p. 249-267.

—, *Discours sur les révolutions de la surface du globe et sur les changements qu'elles ont produits dans le règne animal*, Paris, 1985.

D

Daubenton, [Louis Jean-Marie], *Tableau méthodique des minéraux suivant leurs différentes natures, Et avec des caractères distinctifs apparens, ou faciles à reconnoître*, Paris, an IV de la République. En ligne sur Gallica, 5e éd., la première datant de 1784 d'après le catalogue de la BnF.

Daudin, Henri, *Cuvier et Lamarck. Les classes zoologiques et l'idée de série animale, 1790-1830*, Paris, 1926-1927, 2 vol. (réimpr. Montreux-Paris, 1983).

Décret de la Convention nationale, du 10 juin 1793, l'an second de la République Françoise, Relatif à l'organisation du Jardin national des Plantes & du Cabinet d'Histoire naturelle, sous le nom du Muséum d'Histoire naturelle, Paris, Imprimerie nationale exécutive du Louvre, 1793. En ligne sur Gallica.

Denon, Dominique Vivant, *Voyage dans la Basse et la Haute Égypte, pendant les campagnes du général Bonaparte*, préfacé et annoté par Hélène Guichard et Adrien Goetz, Martine Reid (dir.), Paris, 1998.

Descriptive Catalogue [A] of the antique statues, paintings, and other productions of the fine arts, that existed in the Louvre, at the time the allies took possession of Paris in July 1815. — To which are added some useful hints to those who intend to visit the memorable field of Waterloo, Édimbourg, 1816.

Dominique-Vivant Denon. L'œil de Napoléon, catalogue de l'exposition, musée du Louvre, Marie-Anne Dupuy-Vachey et Pierre Rosenberg (dir.), Paris, 1999.

Douglas, David C., *English Scholars*, Londres, 1943.

Dupuy, Marie-Anne, Isabelle Le Masne de Chermont, Elaine Williamson (éd.), *Vivant Denon, directeur des musées sous le Consulat et l'Empire : correspondance, 1802-1815*, Paris, 1999, 2 vol.

Duvergier, Jean Baptiste (éd.), *Collection complète des lois, décrets, ordonnances [...] de 1788 à 1830 [...]*, t. IV, 2e éd., Paris, 1834. En ligne.

E

Émile-Mâle, Gilberte, « Jean-Baptiste-Pierre Lebrun (1748-1813). Son rôle dans l'histoire de la restauration des tableaux du Louvre », *Mémoires de la Fédération des sociétés historiques et archéo-logiques de Paris et de l'Île-de-France*, t. VIII, 1956, p. 371-417.

Emiliani, Andrea, *Leggi, bandi e provvedimenti per la tutela dei beni artistici e culturali negli antichi stati italiani 1571-1860*, Bologne, 1978.

—, « La Pinacoteca Nazionale », *in* [Collectif], *I luoghi del conoscere. I laboratori storici e i musei dell'Università di Bologna*, Milan, 1988, p. 136-143.

[Engel, Hendrik], *Hendrik Engel's Alphabetical List of Dutch Zoological Cabinets and Menageries, Pieter Smit et al.* (éd.), 2e éd. élargie, Amsterdam, 1986.

Erlande-Brandenburg, Alain, « Alexandre Lenoir et le musée des Monuments français », *in* L. Grodecki (dir.), *Le « Gothique » retrouvé avant Viollet-le-Duc*, p. 75-78.

F

Fichman, Martin, « Le Roy, Jean-Baptiste », *Complete Dictionary of Scientific Biography*, 2008. En ligne.

Fohr, Robert (dir.), *Le Rôle de l'État dans la constitution des collections des musées de France et d'Europe. Colloque du Bicentenaire de l'Arrêté Consulaire dit Arrêté Chaptal (14 fructidor an IX-1er septembre 1801)*, Paris, ministère de la Culture et de la

—, « L'achat des antiques Borghèse », *in* F. Boyer, *Le Monde des arts en Italie et en France de la Révolution et de l'Empire*, Turin, 1969, p. 197-202.

Bresc-Bautier, Geneviève, « Dominique-Vivant Denon, premier directeur du Louvre », in *Dominique-Vivant Denon. L'œil de Napoléon*, p. 130-145.

Brigstocke, Hugh, *William Buchanan and the 19th Century Art Trade : 100 Letters to his Agents in London and Italy*, publication privée, s. l., The Paul Mellon Centre for Studies of British Art, 1982.

Buchanan, William, *Memoirs of Painting, with the chronological history of the importation of pictures by the great masters into England since the French Revolution*, Londres, 1824, 2 vol.

[Bugge, Thomas], *Science in France in the Revolutionary Era. Described by Thomas Bugge Danish Astronomer Royal and Member of the International Commission on the Metric System* (1798- 1799), édition Maurice P. Crosland, Cambridge (Mass.) et Londres, 1969.

Burkhardt Jr., Richard W., « La Ménagerie et la vie du Muséum », *in* Cl. Blanckaert *et al.* (dir.), *Le Muséum*, p. 481-508.

Buyssens, Danielle, *La Question de l'art à Genève. Du cosmopolitisme des Lumières au romantisme des nationalités*, Genève, 2008.

C

Calov, Gudrun, *Museen und Sammler des 19. Jahrhunderts in Deutschland*, Berlin, 1969 [= *Museumskunde*, t. 38].

Camus, Fabienne, *Jean-Baptiste-Pierre Le Brun : peintre et marchand de tableaux (16 février 1748-7 août 1813)*, thèse sous la direction d'Antoine Schnapper, université Paris- Sorbonne, Lille, 2008.

Cantarel-Besson, Yveline (éd.), *La Naissance du musée du Louvre. La politique muséologique sous la Révolution d'après les archives des musées nationaux*, Paris, 1981, 2 vol.

— (éd.), *Musée du Louvre (janvier 1797-juin 1798). Procès-verbaux du Conseil d'administration du « Musée central des Arts »*, Paris, 1992.

[Carr, John], *Les Anglais en France après la paix d'Amiens : impressions de voyage de sir John Carr*, études, trad. et notes par Albert Babeau, Paris, 1898.

Catalogue des objets contenus dans la galerie du Muséum Français, Décrété par la convention nationale, le 27 juillet 1793, l'an second de la République Française, Paris, s. d. [1793].

Catalogue des tableaux, miniatures, pastels, dessins encadrés, etc., du Musée de l'État à Amsterdam, Amsterdam, 1911.

Catalogue général des collections du Conservatoire royal des arts et métiers, Paris, 1818, par [Christian, Gérard-Joseph]. En ligne, sur le site du CNUM, Conservatoire numérique des arts et métiers.

Catalogue raisonné des tableaux de la Galerie de feu M. le Maréchal-Général Soult, duc de Dalmatie [...], Paris, 1852. En ligne.

Catalogues des collections de la Faculté de Médecine par MM. Thillaye, docteurs en médecine de cette faculté et conservateurs de ses collections. (Premier catalogue.)Matière médicale, Paris, 1829. En ligne.

Chapuisat, Édouard, « Napoléon et le Musée de Genève », *Nos Anciens et leurs œuvres. Recueil genevois d'art*, 14e année, 2e série, t. IV, 1914, p. 3-72.

Chatelain, Jean, *Dominique Vivant Denon et le Louvre de Napoléon* (1973), Paris, 1999.

Courajod, Louis, *Alexandre Lenoir, son journal et le Musée des Monuments Français*, Paris, 1878-1886, 2 vol. En ligne sur Gallica.

Cuvier, Georges, « Notice sur l'établissement de la collection d'anatomie comparée du Muséum », *Annales du Muséum national d'Histoire naturelle*, t. II, Paris, An XI-1803, p. 409-414. En ligne.

—, *Chimie et sciences de la nature [= Rapports à l'Empereur sur les progrès des sciences, des lettres et des arts depuis 1789*, t. II, 1808], présentation et notes d'Yves Laissus (dir.), Paris, 1989.

参考文献

第IV部　フランスの時代　一七八九〜一八一五年

A

Anes, Gonzalo, *Las colecciones reales y la fundación del Museo del Prado*, Madrid, 1996.

Asma, Stephen T., *Stuffed Animals and Pickled Heads. The Culture and Evolution of Natural History Museums*, New York, 2001.

B

Baczko, Bronislaw, « Vandalisme », *in* Fr. Furet et M. Ozouf(dir.), *Dictionnaire critique de la Révolution française*, p. 473-481.

Baratay, Éric, et Élisabeth Hardouin-Fugier, *Zoos. Histoire des jardins zoologiques en Occident* (XVIe-XXe siècle), Paris, 1998.

Beauchamp, A[rthur] de, *Recueil des lois et règlements sur l'enseignement supérieur comprenant les décisions de la jurisprudence et les avis des conseils de l'instruction publique et du Conseil d'État*, Paris, 1880-1915, 7 vol.

[Berckheim, Karl Christian von], *Lettres de Paris ou Correspondance de M*** dans les années 1806 et 1807*, Heidelberg, 1809. En ligne sur Gallica (sous « Berkheim »).

Beretta, Marco, « Collected, Analysed, Displayed: Lavoisier and Minerals », *in* M. Beretta(dir.), *From Private to Public. Natural Collections and Museums*, Sagamore Beach (Mass.), 2005, p. 113-140.

Bergeron, Louis, « Biens nationaux », *in* Fr. Furet et M. Ozouf (dir.), *Dictionnaire critique de la Révolution française*, p. 903-912.

Bergvelt, Ellinoor, Debora J. Meijers, Lieske Tibbe et Elsa Van Wezel (dir.), *Napoleon's Legacy: The Rise of National Museums in Europe 1794-1830*, Berlin, 2009.

Bertini, Giuseppe, «Art works from the Duchy of Parma and Piacenza transported to Paris during the Napoleonic time and their restitution », in E. Bergvelt et al.(dir.), *Napoleon's Legacy: The Rise of National Museums in Europe 1794-1830*, Berlin, 2009, p. 73-87.

[Besançon] 1694-1994. *Trois siècles de patrimoine public. Bibliothèques et musées de Besançon*, catalogue de l'exposition, Besançon, 1995.

Billet, Joseph, *La Direction générale du Musée central des arts. 19 novembre 1802*, catalogue de l'exposition, château de Malmaison, Paris, 1952.

Bindman, David, « The Orléans Collection and its impact on British Art », in R. Panzanelli et M. Preti-Hamard (dir.), *La Circulation des œuvres d'art*, p. 57-66.

Blanckaert, Claude, Claudine Cohen, Pietro Corsi et Jean-Louis Fischer(dir.), *Le Muséum au premier siècle de son histoire*, Paris, 1997.

Blumer, Marie-Louise, « La Commission pour la recherche des objets des sciences et arts en Italie (1796-1797) », extrait de *La Révolution française*, t. 87, 1934, p. 62-88, 124-150, 222-259. En ligne sur Gallica.

Boyer, Ferdinand, « Une conquête de la diplomatie du Premier Consul : la Vénus de Médicis », *in* F. Boyer, *Le Monde des arts en Italie et en France de la Révolution et de l'Empire*, Turin, 1969, p. 183-192.

20. K. R. Eskildsen, « The language of objects », p.41.
21. J. Jensen, « Die Gründung des Dänischen Nationalmuseums », p.131-132. K. Lundbeck-Culot, *Recherche sur la fondation de l'archéologie danoise*, p.333-334. K. R. Eskildsen, « The language of objects », p.41.
22. A. Schnapp, *La Conquête du passé*, p.301.
23. H. Rasmussen, *Dansk museums historie*, p.200-201 (英語による要約).
24. Pour cette date, voir le site du Rosenborg Slot.
25. Carl Andersen, *The Chronological Collection of the Kings of Denmark*, Copenhague, 1878, table des matières et introduction En ligne.
26. Charles Casati, *Notice sur le château de Rosenborg au Danemark concluant à la création d'un musée historique de France*, Paris, 1879, p. 5 sq. Je dois la connaissance de ce livre à Mogens Bencard — merci. *A Handbook for Travellers in Denmark*, p. 54 sq.
27. Mette Bligaard, « Die Gründung des Museums für Dänische Nationalgeschichte in Schloss Frederiksborg », *in* M.-L. von Plessen (dir.), *Die Nation und ihre Museen*, p. 117-125. Dans ce qui suit, je ne fais que résumer cet article.
28. *Ibid.*, p. 119.
29. *Ibid.*, p. 123-124.

あとがき　新しい体制へ ——新しい内容、新しい空間

1. Brigitte Schroeder-Gudehus et Anne Rasmussen, *Les Fastes du Progrès. Le guide des Expositions universelles 1851-1992*, Paris, 1992, p.58-61. Jeffrey A. Auerbach, *The Great Exhibition of 1851. The Nation on Display*, New Haven et Londres, 1999.

175. Voir www.zoologisches-museum.uni-kiel.de/index.php/museum/geschichte.
176. Voir le site du Staatliche Naturwissenschaftliche Sammlungen Bayerns, section Geschichte.
177. C. Kretschmann, *Räume öffnen sich*, p. 26.
178. *Ibid.*, p. 39 sq.
179. Voir le site du Museum Wiesbaden Naturhistoriche Landessammlung.
180. Voir le site du Naturhistorisches Museum Hamburg.

24 デンマークの革新――考古学、歴史学、民族誌学

1. Louis Viardot, *Les Musées d'Angleterre, de Belgique, de Hollande et de Russie : guide et mémento de l'artiste et du voyageur,* 3e éd. revue et augmentée, Paris, 1860, p. 267 et 253.
2. W. Bürger (Théophile Thoré), *Musées de Hollande. Amsterdam et La Haye*, Paris, 1858, p. XV et 1-2, 4 ; カタログについてはThoré fait une mise à jour, p. 3, en note. Pour les critiques ponctuelles de l'accro- chage, p. 53, 63, 176. En ligne, disponible sur Gallica.
3. Pour ce qui suit, W. Glyn Jones et Kirsten Gade, *Denmark A Modern History,* Londres, 1986, p. 42 sq.
4. これらすべてについては次を参照。Bente Gundestrup, « From the Royal *Kunstkammer* to the Modern Museums of Copenhagen », *in* Oliver Impey et Arthur MacGregor (dir.), *The Origins of Museums: the cabinet of curiosities in sixteenth- and seventeenth-century Europe*, Oxford, 1985, p.128-135,ici p.132 sq.
5. Torben Wolff, « The History of the Zoological Museum, University of Copenhagen » En ligne.
6. B. Gundestrup, « From the Royal *Kunstkammer* », p. 133.
7. « The History of the SMK », National Gallery of Denmark. En ligne.
8. Holger Rasmussen, *Dansk museums historie*, Hjørring, 1979, p. 200-202. *A Handbook for Travellers in Denmark, Norway and Sweden*, 3e éd. révisée parue à Londres, chez John Murray, en 1871, p. 56. Jørgen Paulsen, « Le musée royal de l'Arsenal, Copenhague », *Museum International*, 14/2, 1961, p. 79-85.
9. B. Gundestrup, « From the Royal *Kunstkammer* », p. 133.
10. Karin Lundbeck-Culot, *Recherche sur la fondation de l'archéologie danoise. Une réflexion sur les influences réciproques entre le Danemark et la France*. Université Paris I-Panthéon-Sorbonne, sous la direction d'Alain Schnapp, Paris, 2003, p. 229 sq., 250-251 (Lenoir), 272 (Lund).
11. Kasper Risbjerg Eskildsen, « The language of objects: Christian Jürgensen Thomsen's Science of the Past », Isis, 2012, 103/1, p. 24-53.
12. K. Lundbeck-Culot, *Recherche sur la fondation de l'archéologie danoise*, p. 275 sq. Jørgen Jensen, « Die Gründung des Dänischen Nationalmuseums », *in* Marie-Louise von Plessen (dir.), *Die Nation und ihre Museen*, Francfort-sur-le-Main et New York, 1992, p. 126-133, ici sourtout p.129-130.
13. 「[彼の] 外国人にすべてを説明する熱意と親切さは、多くのイギリス人旅行者によって記憶されるだろう」*A Handbook for Travellers in Denmark*, p.52.
14. Sur ce point, notre *L'Ordre du temps*, Paris, 1984, p.101 sq.
15. A. Schnapp, *La Conquête du passé*, p.299-300.
16. K. Lundbeck-Culot, *Recherche sur la fondation de l'archéologie danoise*, p.280 sq.
17. *Ibid.*, p. 297 sq. K. R. Eskildsen, « The language of objects », p.39 sq.
18. Ajoutons ceux de K. R. Eskildsen, *ibid.*, p.35 et 43.
19. K. Lundbeck-Culot, *Recherche sur la fondation de l'archéologie danoise*, p. 299 et 306. マレーの案内書については次を参照。*A Handbook for Travellers in Denmark*, p. 52 (「トムセン博物館について、ヨーロッパで最も大きく、最も完全なものである」). Henri Martin, *Études d'archéologie celtique. Notes des voyages dans les pays celtiques et scandinaves*, Paris, 1872, p. 392.

154. G. P. Gooch, *History and Historians in the Nineteenth Century* (1913), Londres, New York, Toronto, 1952, p. 14 sq., sur l'histoire en Allemagne au début du XIXe siècle, p. 60 sq. Sur les *MGH*, Kurt Böhner, « Das Römisch-Germanische Zentralmuseum. Eine vaterländische und gelehrte Gründung des 19. Jahrhunderts », *Jahrbuch des Römisch-Germanischen Zentralmuseums Mainz*, 25, 1978（paru en 1982), p.1-73, ici p.17-18.
155. Th. Nipperdey, « Verein als soziale Struktur in Deutschland im späten 18. und frühen 19. Jahrhundert. Eine Fallstudie zur Modernisierung », *in* Id., *Gesellschaft, Kultur, Theorie*, p. 174-205. 歴史的な学会に関しては次を参照。S. Crane, *Collecting and Historical Consciousness*, p. 81 sq.
156. F. A. Dreier, « Die Kunstkammer im 19. Jahrhundert », p. 40. Gustav Klemm, *Zur Geschichte der Sammlungen für Wissenschaft und Kunst in Deutschland*, p. 288-289.
157. ここでは大まかに要約した。Peter Burian, « Das Germanische Nationalmuseum und die deutsche Nation », *in* Bernward Deneke et Rainer Kahsnitz (dir.), *Das Germanische Nationalmuseum Nürnberg 1852-1977*, Munich, Berlin, 1978, p. 127-262, ici 132 sq. Aussi K. Böhner, « Das Römisch-Germanische Zentralmuseum », p. 3 sq. ; et Th. Nipperdey, « Nationalidee und Nationaldenkmal in Deutschland im 19. Jahrhundert », in Id., *Gesellschaft, Kultur, Theorie*, p. 133-173, ici 159 sq.
158. Ludwig Veit, « Chronik des Germanischen Nationalmuseums », *in* B. Deneke et R. Kahsnitz (dir.), *Das Germanische Nationalmuseum*, p. 13-14.
159. G. P. Gooch, *History and Historians*, p. 49 sq.
160. Alain Schnapp, *La Conquête du passé. Aux origines de l'archéologie*, Paris, 1993, p. 304 sq. ドイツにおける古典的な考古学については次を参照。Christiane Zintzen, *Von Pompeji nach Troja. Archäologie, Literatur und Öffentlichkeit im 19. Jahrhundert*, Vienne, 1998.
161. K. Böhnerによるところが大きい。« Das Römisch-Germanische Zentralmuseum », p. 19-20.
162. 協会の構成に関しては次を参照。Ludwig Lindenschmit [le jeune], « Beiträge zur Geschichte des Römisch-Germanischen Centralmuseums in Mainz », in *Festschrift zur Feier des fünfzigjährigen Bestehens des Römisch-Germanischen Centralmuseums zu Mainz*, Mayence, 1902, p.1-72, ici p.19.
163. *Ibid*., p. 4 sq. K. Böhner, « Das Römisch-Germanische Zentralmuseum », p. 25 sq.
164. L. Veit, « Chronik des Germanischen Nationalmuseums », p. 14-16. P.Burian, « Das Germanische Nationalmuseum », p. 127, n. 1.
165. J. J. Sheehan, *German History 1770-1866*, p. 656 sq., 672 sq.
166. « Satzungen des germanischen Museums zu Nürnberg vom 1. August 1852 », *in* B. Deneke et R. Kahsnitz (dir.), *Das Germanische Nationalmuseum*, p. 951-952, et L. Veit, « Chronik », p. 15.
167. L. Veit, « Chronik », p. 15-16, et P. Burian, « Das Germanische Nationalmuseum », p. 128 sq.
168. L. Veit, « Chronik », *passim*, notamment p. 19, 54, 58-59, 77 sq., 89-91. P. Burian, « Das Germanische Nationalmuseum », surtout p. 230 sq (sur la période nazie).
169. L. Lindenschmit [le jeune], « Beiträge », p. 14, 29, 34-35, 39 sq. K. Böhner, « Das Römisch- Germanische Zentralmuseum », p. 31, 36 sq., 45 sq., et Werner Krämer, « Das Römisch-Germanische Zentralmuseum und die deutsche Vorgeschichtsforschung um die Jahrhundertwende », *Jahrbuch des Römisch-Germanischen Zentralmuseums Mainz*, vol. 25, 1978, p. 49-73.
170.「連結性（connexité)」という用語はアレクサンダー・フォン・フンボルトの著作に登場する。*Cosmos. Essai d'une description physique du monde*, t. I, trad. fr. H. Faye, Paris, 1855, p. 2, 8, 57 En ligne.
171. *Ibid*., p. II (date), 11-12（科学と詩の関係について), 36（宇宙の観察と経験主義), 45-46（引用).
172. Carsten Kretschmann, *Räume öffnen sich. Naturhistorische Museen im Deutschland des 19. Jahrhunderts*, Berlin, 2006, p. 18 sq.
173. 次のウェブサイトを参照。Staatliches Museum für Naturkunde Stuttgart.
174. Rolf Siemon, « Damals, im Universitätsmuseum »（ウェブサイト), Université de Göttingen.

131. Thomas Kemper, *Schloss Monbijou. Von der königlichen Residenz zum Hohenzollern-Museum*, Berlin, 2005, p. 84.
132. « Karl Richard Lepsius », *New World Encyclopedia*, en ligne.
133. B. Savoy, « Neue Impulse aus Berlin ? Ägyptische Museen in Europa vor und nach der Eröffnung des Neuen Museums in Berlin », *in* E. Bergvelt *et al.* (dir.), *Museale Spezialisierung*, p. 51-68, ici p.59.
134. J.-M. Humbert *et al.* (dir.), *Egyptomania*, p. 342, et illustration p. 343.
135. 前述では以下の論文を要約した。Marion Bertram, « Vom "Museum Vaterländischer Alterthümer" im Schloss Monbijou zur "Sammlung der Nordischen Alterthümer" im Neuen Museum. Die Ära Ledebur 1829 bis 1873 », in *Das Berliner Museum für Vor- und Frühgeschichte zum 175 jährigen Bestanden*, « Acta Praehistorica et Archaeologica », 36/37, 2004-2005, p. 31-79, ici 31-47. Et Id., « Die Konzeption der Sammlung Vaterländischer Alterthümer im Neuen Museum », in E. Bergvelt et al. (dir.), Museale Spezialisierung, p. 91-104.
136. Barbara Segelken, « Die Kunstkammer im Neuen Museum: zwischen historischer Betrachtung und Enzyklopädie », *in* E. Bergvelt *et al.* (dir.), *Museale Spezialisierung*, p. 165-176, ici 174.
137. Th. W. Gaehtgens, « L'île des musées à Berlin », p. 50 (citation).
138. Werner Mittlmeier, *Die Neue Pinakothek in München 1843-1854. Planung, Baugeschichte und Fresken*, Munich, 1977, surtout p. 216 sq.
139. *Allgemeine Zeitung*, le 29 octobre 1853, dans l'article consacré à l'ouverture de la Neue Pinakothek reproduit *ibid.*, p. 236-237, ici p.236.
140. 彼の時代の芸術家たちのコレクターであるルイについては次を参照。Christoph H. Heilmann, « Die Sammlung zeitgenössischer Malerei König Ludwigs I. in der Neuen Pinakothek », *in* W. Mittlmeier, *Die Neue Pinakothek*, p. 121-138.
141. Galerie privée, formée à partir de 1820 d'œuvres d'artistes britanniques dont 157 furent offertes à la National Gallery en 1847. Walter Armstrong, « Vernon, Robert », *Dictionary of National Bibliography*, t. 58, p. 281. En ligne.
142. Discours du 12 octobre 1846, in W. Mittlmeier, *Die Neue Pinakothek*, p. 220.
143. M. Espagne, Le Creuset allemand, p. 139-157, surtout 150-152. Harry Francis Mallgrave, *Gottfried Semper. Architect of the Nineteenth Century*, New Haven et Londres, 1996, p. 70-71.
144. H. F Mallgrave, *Gottfried Semper*, p. 107.
145. L. Viardot, *Les Musées d'Allemagne*, p. 252-253.
146. H. F. Mallgrave, *Gottfried Semper*, p. 110 sq., 169 sq.
147. *Ibid.*, p. 111 sq. クレンツェに対する依存は、V. シェーラーの『*Deutsche Museen*（ドイツの博物館）』の183ページで指摘されている。
148. [John Murray], *A Handbook for Travellers on the Continent being a Guide to Holland [⋯], Northern Germany [⋯]*, Londres, 1856, p. 447 sq., 452.
149. Pour toutes ces informations, *ibid.*, p. 443-444.
150. この「歴史の勝利」の全体像については次を参照。J. J. Sheehan, *German History*, p. 542 sq.
151. H. L. Mallgrave, *Gottfried Semper*, p. 161 et 398, n. 224. Susan A. Crane, *Collecting and Historical Consciousness in Early Nineteenth-Century Germany*, Ithaca et Londres, 2000, p. 134 sq. Reinhardt Eigenwill, « Klemm, Gustav Friedrich », in *Sächsische Biografie*. En ligne.
152. ふたつの古典：Friedrich Meinecke, *Die Entstehung des Historismus* (1936), Munich, 1965. Benedetto Bravo, *Philologie, histoire, philosophie de l'histoire. Étude sur J. G. Droysen historien de l'Antiquité* (Varsovie, 1968), reprint Hildesheim, Zurich, New York, 1988.
153. Norbert Huse (dir.), *Denkmalpfiege. Deutsche Texte aus drei Jahrhunderten*, Munich, 1996, surtout p. 32 sq., 62 sq.

[Collectif], *Mélanges en hommage à Pierre Rosenberg. Peintures et dessins en France et en Italie XVIIe-XVIIIe siècle*, Paris, 2001, p. 210-217.

111. G. Calov, *Museen und Sammler*, p. 80 sq., 130-131. Sur Waagen aussi, Th. W. Gaehtgens, « L'Altes Museum de Berlin », p. 19.

112. Wilhelm von Humboldt, « La tâche de l'historien », in Id., *Considérations sur l'histoire mondiale [⋯]*, trad. par Annette Disselkamp et André Laks, Villeneuve-d'Ascq, 1985, p. 78 et 73.

113. P. R. Sweet, *Wilhelm von Humboldt*, t. I, p. 267 sq.

114. [John Murray], *A Handbook for Travellers on the Continent: Being a Guide to Holland, Belgium, Prussia [⋯]*, Londres, 1856, p. 340 et 342.

115. Louis Viardot, *Les Musées d'Allemagne. Guide et mémento de l'artiste et du voyageur*, Paris, 1855, p. 303-304.

116. *Ibid.*, p. 306-307.

117. *Ibid.*, p. 307-308.

118. *Ibid.*, p. 308-309.

119. Günter Schade, « Die historische Entwicklung der Berliner Museumsinsel », *in* Peter Betthausen *et al.* (dir.), *Die Museumsinsel in Berlin*, Berlin, 1987, p. 6-47, ici 16-17. Thomas W. Gaehtgens, « L'île des musées à Berlin », *in* Id., *L'Art sans frontières*, p. 45-97.

120. F. A. Dreier, « Die Kunstkammer im 19. Jahrhundert », *in* J. Hildebrand, Chr. Theuerkauff (dir.), *Die Brandenburgisch-Preussische Kunstkammer*, p. 35-44, ici p.35-36.

121. *Ibid.*, p. 37. Et Rolf Krauss, « Die Berliner Kunstkammer und die Nationalantiquitäten zur Zeit von Jean Henry », *Das Berliner Museum für Vor- und Frühgeschichte zum 175-jährigen Bestanden*, « Acta Praehistorica et Archaeologica », 36/37, 2004-2005, p.1-30, ici p.3.

122. Ferdinand Damaschun d'après Günter Hoppe, « Vom Königlichen Mineralienkabinett zum Mineralogischen Museum - Die Berliner Bergakademie 1770-1810 », *in* Ferdinand Damaschun, Sabine Hackenthal, Hannelore Landsberg, Reinhold Leinfelder, *Art Ordnung Klasse 200 Jahre Museum für Naturkunde*, Berlin, 2010, p. 104-105.

123. F. A. Dreier, « Die Kunstkammer im 19. Jahrhundert », p. 38. R. Krauss, « Die Berliner Kunstkammer », p. 4. Horst Bredekamp, « Der lange Atem der Kunstkammer. Das Neue Museum als Avantgarde der Vorvergagenheit », *in* Ellinoor Bergvelt, Debora J. Meijers, Lieske Tibbe, Elsa von Wezel (dir.), *Museale Spezialisierung und Nationalisierung ab 1830. Das Neue Museum in Berlin im internationalen Kontext*, Berlin, 2011, p. 25-36, ici p.27-28.

124. Ferdinand Damaschun, Hannelore Landsberg, « ⋯ "so bleiben dem materiell Gesammelten und geographisch Geordneten fast allein ein langdauernder Werth" - 200 Jahre Museum für Naturkunde Berlin », *in* F. Damaschun *et al.*, *Art Ordnung Klasse*, p. 13-22 ici p.13. Carsten Eckert, « Blüten, Kerfe und Brasiliens Schätze - Graf von Hoffmannsegg als Museumsgründer », *ibid.*, p. 112-115.

125. Ferdinand Damaschun, Gottfried Böhme, Hannelore Landsberg, « Naturkundliche Museen der Berliner Universität - Museum für Naturkunde: 190 Jahre Sammeln und Forschen », *in* Horst Bredekamp, Jochen Brüning, Cornelia Weber(dir.), *Theater der Natur und Kunst. Essays Wunderkammern des Wissens*, Berlin, 2000, p.86-106, ici p.90.

126. Voir, en ligne, Wissenschaftliche Sammlungen, Humboldt-Universität zu Berlinを参照.

127. Suzanne Köstering, «Eine "Musteranstalt naturkundlicher Belehrung"-Museumsreform im Berliner Naturkundemuseum 1810 bis 1910 », *in* F. Damaschun *et al.*, *Art Ordnung Klasse*, p. 37-48, ici p.38.

128. R. Krauss, « Die Berliner Kunstkammer », p. 3-4.

129. F. A. Dreier, « Die Kunstkammer im 19. Jahrhundert », p. 40.

130. Pamela Tedesco, « Giuseppe Passalacqua (Trieste 1797-Berlino 1865). Una nota biografica », *Analecta Papyrologica*, no 21-22, 2009-2010, p. 237-267. En ligne. Sur les années de Berlin, p. 250 sq.

87. Hans Ebert, « Daten zur Vorgeschichte und Geschichte des Alten Museums », *Staatliche Museen zu Berlin Forschungen und Berichte*, 20/21, 1980, p. 9-25, ici 9. V. Plagemann, *Das deutsche Kunstmuseum*, p. 38.
88. Chr. Theuerkauff, « Zur Geschichte », *in* J. Hildebrand et Chr. Theuerkauff (dir.), *Die Brandenburgisch-Preussische Kunstkammer*, p.31; et Franz Adrian Dreier, « Die Kunstkammer im 19. Jahrhundert », *ibid*., p. 35-44, ici p.37.
89. V. Plagemann, *Das deutsche Kunstmuseum*, p. 39-40.
90. *Ibid*., p. 40. H. Ebert, « Zur Vor- und Frühgeschichte des Berliner Kupferstichkabinetts zwischen 1640 und 1840 », *Forschungen und Berichte*, 20/21, 1980, p. 343-383, ici p. 350以降.
91. H. Ebert, « Daten », p. 10. Chr. Theuerkauff, « Zur Geschichte », p. 31. F. A. Dreier, « Die Kunstkammer », p. 38. Gerald Heres, « Die Anfänge der Berliner Antiken-Sammlung. Zur Geschichte des Antikenkabinetts 1640-1830 », *Forschungen und Berichte*, 18, 1977, p. 93-130, ici p.112-113.
92. F. A. Dreier, « Die Kunstkammer », p. 36.
93. B. Savoy, *Patrimoine annexé. Les biens culturels saisis par la France en Allemagne autour de 1800*, t. I, p. 123 sq., et t. II, p. 341 sq.
94. H. Ebert, « Daten », p. 11.
95. パリ滞在については次を参照。P. R. Sweet, *Wilhelm von Humboldt*, t. I, p. 201 sq. W. von Humboldt, *Journal parisien* (1797-1799), surtout no 211, p. 104, 15 mai 1798, visite chez Sieyès : 「公教育について話し合われた。タレーラン、コンドルセ、シエイエスの計画（ラカナルの名で提供されたもの）が最も注目に値する[…]」
96. Bronislaw Baczko (éd.), *Une éducation pour la démocratie. Textes et projets de l'époque révolutionnaire*, Paris, 1982, p. 227 (Condorcet), p.310 (Daunou), p.495 (Lakanal).
97. P. R. Sweet, *Wilhelm von Humboldt*, t. II, p. 57.
98. Wilhelm von Humboldt, « Sur l'organisation interne et externe des établissements scientifiques supérieurs à Berlin », trad. par André Laks, in Luc Ferry (éd.), *Philosophies de l'université. L'idéalisme alle- mand et la question de l'université*, Paris, 1979, p. 324.
99. これらについては次を参照。B. Savoy, *Patrimoine annexé*, t. I, p. 149 sq.
100. *Ibid*., p. 241 sq., surtout 247-248, 252, 255 (citations).
101. H. Ebert, « Daten », p. 11 sq.
102. K. Fr. Schinkel, *Sammlung architektonischer Entwürfe*, planches 38 et 40, 6e partie publiée en 1825. Reproduit *in* Michael Snodin (dir.), *Karl Friedrich Schinkel: A Universal Man*, New Haven et Londres, 1991, p. 127.
103. H. Ebert, « Daten », p. 13, 15-16. M. Snodin (dir.), *Karl Friedrich Schinkel*, p. 131-132.
104. Irene Geismeier, « Gustav Friedrich Waagen: 45 Jahre Museumsarbeit », *Forschungen und Berichte*, 20/21, 1980, p. 397-419, ici 399 sq., p.407.
105. Gabriele Bickendorf, « Des mauristes à l'école de Berlin : vers une conception scientifique de l'histoire de l'art », *in* E. Pommier (dir.), *Histoire de l'histoire de l'art*, t. II, *XVIIIe et XIXe siècle*, Paris, 1997, p. 143-175, ici surtout p.144sq. フォン・ルモールについては以下を参照。Michael Podro, *The Critical Historians of Art*, New Haven et Londres, 1991, p. 27 sq. S'agissant du statut exemplaire de la philologie, B. Bravo, *Philologie, histoire, philosophie de l'histoire*, notamment p. 28 sq.
106. I. Geismeier, « Gustav Friedrich Waagen », p. 400 et 402.
107. *Ibid*., p. 402-404.
108. P. R. Sweet, *Wilhelm von Humboldt*, t. II, p. 450 sq. G. Calov, *Museen und Sammler*, p. 130.
109. I. Geismeier, « Gustav Friedrich Waagen », p. 405-406.
110. Thomas W. Gaehtgens, « L'Altes Museum de Berlin selon la conception de Wilhelm von Humboldt » (1994), *in* Id., *L'Art sans frontières. Les relations artistiques entre Paris et Berlin*, Paris, 1999, p. 15-43. Et Id., « Wilhelm von Humboldt et les musées français vers 1800. Expérience esthétique ou ordonnancement chronologique ? », *in*

59. *Ibid.*, p. 141.
60. *Ibid.*, p. 143 sq.
61. W. D. Robson-Scott, *The Literary Background of the Gothic Revival in Germany*, surtout p. 229 sq.
62. A. von Buttlar, *Leo von Klenze*, p. 143.
63. Les deux citations d'après Jean Quillien, G. *de Humboldt et la Grèce. Modèle et histoire*, Lille, 1983, p. 65.
64. Benedetto Bravo, *Philologie, histoire, philosophie de l'histoire. Étude sur J. G. Droysen historien de l'antiquité* (Varsovie, 1968), reprint, Hildesheim, Zürich, New York, 1988, p. 73 et 75.
65. このコレクションに関してはG. Calov, *Museen und Sammler*, p. 92 sq.
66. *Alte Pinakothek München*, p. 26 et 590.
67. « *In diesem Gebäude werden aufbewahrt: eine Sammlung griechischer Gemälde auf Tongefäßen, Kupferstiche, Handzeichnungen und die reiche Sammlungen der neueren Malerei, vor der ersten bis auf unsere Zeit [⋯].* »（この建物には、ギリシャの壺絵、エッチング、素描、そして初期から現代までの豊かな近代の絵画のコレクションが保存されている）ペーター・ベットガーによって引用され最初の石に取り付けられた銅板碑文に関しては次を参照。Peter Böttger, *Die Alte Pinakothek in München. Architektur, Ausstattung und Museales Programm*, Munich, 1972, p. 20.
68. この名称はある種の驚きを引き起こすはずである。ヴィアルドは「本のコレクションを指すために図書館という名称を使うのと同じように、絵画のコレクションを指すためにこの名称を使うのは奇妙ではない」と説明する必要があると感じ、ギリシャの例と「長い間ピナコテカと呼ばれているボローニャの博物館」の例でそれを正当化した。Louis Viardot, *Les Musées d'Allemagne. Guide et mémento de l'artiste et du voyageur*, Paris, 1855, p. 6. [John Murray], *A Handbook for Travellers in Southern Germany [⋯]*, Londres, 1843, p. 41, explique : « *The Pinacothek or Picture Gallery* », et donne l'étymologie en grec.
69. ここではP. Böttger『*Die Alte Pinakothek in München*』の12-21ページの概要を大まかにまとめている。また、A. von Buttlar『*Leo von Klenze*』の247ページ以降も参照。
70. *Ibid.*, p. 265.
71. L. Viardot, *Les Musées d'Allemagne*, p. 6-8.
72. [J. Murray], *A Handbook for Travellers in Southern Germany*, p. 42 et 52.
73. *Ibid.*, p. 41-42.
74. A. von Buttlar, *Leo von Klenze*, p. 247, 265, 360 sq.
75. L. Viardot, *Les Musées d'Allemagne*, p. 8-9.
76. P. Böttger, *Die Alte Pinakothek*, p. 142 et 150.
77. *Ibid.*, p. 144-145 ; [J. Murray], *A Handbook of Travellers in Southern Germany*, p. 44.
78. P. Böttger, *Die Alte Pinakothek*, p. 145-146.
79. *Ibid.*, p. 146.
80. Deborah L. Roldán, « Chronologie », in *Manet Velázquez. La manière espagnole au XIXe siècle*, p. 306, 311, 314.
81. « Lists of Pictures of the Foreign Schools, purchased for, presented or bequeathed to the National Gallery; arranged according to the order of their acquisition », in *Descriptive and Historical Catalogue of the Pictures in the National Gallery. Foreign Schools*, Londres, 1906, p. 679 sq.
82. P. Böttger, *Die Alte Pinakothek*, p. 147-148.
83. 1838年のカタログではそれらは王の私有財産として紹介されている。(*Ibid.*,p.148). [J. Murray], *A Handbook of Travellers in Southern Germany*, p. 44およびp.51ではその点も強調している。
84. P. Böttger, *Die Alte Pinakothek*, p. 205-206.
85. Christian Theuerkauff, « Zur Geschichte der Brandenburgisch-Preussische Kunstkammer bis gegen 1800 », *in* Josephine Hildebrand et Christian Theuerkauff (dir.), *Die Brandenburgisch-Preussische Kunstkammer. Eine Auswahl aus den alten Beständen*, Berlin, 1981, p.13-33, ici p.21sq. et le plan p. 21.
86. Chr. Theuerkauff, « Zur Geschichte », p. 31.

», *in* E. Pommier (dir.), *Histoire de l'histoire de l'art*, Paris, 1997, t. II, p. 49-87, ici p.63sq, 図版はp.15,-p.16, p.84. 1842年の式典と大聖堂の意味については以下を参照。Thomas Nipperdey, « La cathédrale de Cologne, monument à la nation », *in* Id., *Réflexions sur l'histoire allemande*, Paris, 1992, p. 222-245.

39. J. J. Sheehan, *German History*, p. 393 sq.
40. Richard Bauer, « König Ludwig von Bayern – Eine Lebensskizze », *in* Klaus Vierneisel et Gottlieb Lenz (dir.), *Glyptothek München 1830-1980*, catalogue d'exposition, Munich, 1980, p. 18-22, et, sur la politique artistique de Louis, Hermann Bauer, « Kunstanschauung und Kunstpflege in Bayern von Karl Theodor bis Ludwig I. », *in* Hubert Glaser (dir.), *Krone und Verfassung. König Max I. Joseph und der neue Staat. Beiträge zur bayerischen Geschichte und Kunst 1799-1825*, Munich, 1980 [= *Wittelsbach und Bayern*, catalogue d'exposition, t. III/1 et III/2], ici III/1, p. 345-355. Les articles et notices de ce catalogue seront désormais situés par l'indication du volume et des pages.
41. Barbara Hardtwig, « König Max I. Joseph als Kunstsammler und Mäzen », III/1, p. 423-438, surtout 426 et 428, et les inventaires p. 430 sq.
42. Hans Ottomeyer « Künstler in München », III/2, p. 565.
43. Berthold Roland, « Johann Christian von Mannlich und die Kunstsammlungen des Hauses Wittelsbach », III/1, p. 356-365. 世俗化によって入手された絵画の数については次を参照。*Alte Pinakothek München. Erläuterungen zu den ausgestellten Gemälden*, Munich, 1983, p. 26.
44. ディリスに関してはK. Vierneisel et G. Lenz (dir.), *Glyptothek München*, p. 412.
45. « *Ich will des Stifter werden einer Sammlung antiker Produkte der Bildhauerkunst.* » Pour tout ceci, comme pour tout ce qui suit sur la formation de la collection de la Glyptothèque, Raimund Wünsche, « Ludwigs Skulpturenerwerbungen für die Glyptothek », *in* K. Vierneisel et G. Lenz (dir.), *Glyptothek München*, p. 23-83. La citation de la lettre de Louis du 2 avril 1806, p. 25 et 420.
46. « *Wir müssen auch in München haben, was zu Rom museo heisst* », lettre du 8 avril 1808, citée par K. Vierneisel, « Klyptothek – Glyptotheck – Kryptothek. Ihre Orthographie », K. Vierneisel et G. Lenz (dir.), *Glyptothek München*, p. 256-257, ici p.256.
47. G. Lenz, « Baugeschichte der Glyptothek 1806-1830 », *Ibid.*, p. 90-181, ici p.96-97.
48. Fr. Haskell et N. Penny, *Pour l'amour de l'antique*, no 102, p. 219 sq.
49. Lanfranco Franzoni, *Per una storia del collezionismo. Verona: La galleria Bevilacqua*, Milan, 1970, p. 34-36, 45 sq.
50. Raimund Wünsche, « Kronprinz Ludwig als Antikensammler », III/1, p.439-447, ici p.439.
51. G. Lenz, « Baugeschichte der Glyptothek 1806-1830 », p. 98.
52. *Ibid.*, p. 136 sq., et Adrian von Buttlar, *Leo von Klenze. Leben – Werk – Vision*, Munich, 1999, p. 110 sq., excellent livre aux remarquables illustrations.
53. K. Vierneisel et G. Lenz(dir.), *Glyptothek München 1830-1980*, no 149, p. 502. Eliana Gropplero di Troppenburg, « Die Innenaustattung der Glyptothek durch Leo von Klenze », *ibid.*, p. 190-213, et Alexander D. Potts, « Die Skulpturenaufstellung in die Glyptothek », Ibid., p. 258-283, surtout P.262 sq.
54. G. Lenz, « Baugeschichte der Glyptothek 1806-1830 », p. 162.
55. Thomas Nipperdey, « Nationalidee und Nationaldenkmal in Deutschland im 19. Jahrhundert », *in* Id., *Gesellschaft, Kultur, Theorie. Gesammelte Aufsätze zur neueren Geschichte*, Göttingen, 1976, p. 133-173, surtout 149-150.
56. A. von Buttlar, *Leo von Klenze*, p. 141.
57. Eberhard Weis, « Das neue Bayern – Max I. Joseph, Montgelas und die Entstehung und Ausgestaltung der Königreichs 1799 bis 1825 », III/I, p. 49-71, ici surtout p.55, p.60, H. Bauer, « Kunstanschauung und Kunstpflege », III/I, p. 352-353.
58. A. von Buttlar, *Leo von Klenze*, p. 464, n. 6.

17. 1804年に書かれ、その後すぐに出版された旅行記の中で、フリードリヒ・シュレーゲルはヴァルラフに対する恩義を認めている。W. D. Robson-Scott, *The Literary Background of the Gothic Revival in Germany. A chapter in the history of taste*, Oxford, 1965, p. 132.
18. G. Calov, *Museen und Sammler*, p. 57. O. H. Förster, *Kölner Kunstsammler*, p. 84-85. W. D. Robson Scott, *The Literary Background of the Gothic Revival in Germany*, p. 129 sq.
19. G. Calov, Museen und Sammler, p. 59 (la lettre de Goethe et la lithographie), 60, n. 173 (l'état de la collection). Sont cites aussi (p.59-60) les extrais de Jakob Grimmet de Schinkel.
20. Götz Czymmek, « Ferdinand Franz Wallraf im Bild », *Wallraf-Richartz-Jahrbuch*, vol. 69, 2008, p. 271-302 ; ici p.281, ill. 14.
21. Notre « Lenoir, Wallraf, Correr », *in* Andreas Blühm, Anja Ebert (éd.), *Welt – Bild – Museum. Topographien der Kreativität*, Cologne, Weimar, Vienne, 2011, p. 229-242.
22. O. H. Förster, *Kölner Kunstsammler*, p. 79.
23. G. Calov, *Museen und Sammler*, p. 60-61. P. Ayçoberry, *Cologne*, p. 316. O. H. Förster, *Das Wallraf-Richartz-Museum in Köln*, Cologne, 1966, p. 5. Volker Plagemann, *Das deutsche Kunstmuseum 1790-1870*, p. 169 sq., 401.
24. ライプツィヒに関しては次の文献を参照。Michel Espagne, *Le Creuset allemand. Histoire interculturelle de la Saxe XVIIIe-XIXe siècle*, Paris, 2000, p.32 sq. (collectionneurs), 45sq. (la foire), 53sq. (le marché du livre), 159sq. (l'industrialisation). G. Calov, *Museen und Sammler*, p. 39 sq.
25. J. W. Goethe, *Poésie et Vérité*, livre VIII ; trad. fr., p. 200 sq., surtout 204.
26. Pour tout ceci, Gerhardt Winkler, *Museum der bildenden Künste Leipzig*, Leipzig, 1979, p. 8-15. Herwig Guratzsch, « Das Museum der bildenden Künste 1837 bis 1994 », *in* Id. (éd.), *Museum der bilden- den Künste Leipzig*, s. l., 1994, p. 7-19, ici 9-13, et Karl-Heinz Mehnert, « Sammler und Mäzene », *ibid.*, p. 21-31, où l'on trouvera, entre autres, les notices sur A. H. Schletter et sur C. Lampe. France Nerlich, L*a Peinture française en Allemagne 1815-1870*, Paris, 2010, p. 325 sq.
27. G. Calov, *Museen und Sammler*, p. 151 sq. et, pour Hambourg, Alfred Hentzen, « Geschichte der Hamburger Kunsthalle », *in* Id. (dir.), *Hamburger Kunsthalle. Meisterwerke der Gemäldegalerie*, Cologne, 1969, p. 7-27, ici 7.
28. H.-J. Ziemke, *Das Städelsche Kunstinstitut*, p. 6. M. Kersting, « Stete Intensivierung », p. 13.
29. 特に断りのない限りボワスレー・コレクションの全アイテムが対象である。G. Calov, *Museen und Sammler*, p. 74 sq.
30. Paulus à Hegel, 10 novembre 1808, *in* G. W. F. Hegel, *Correspondance*, no 138, trad. citée, t. I, 1785-1812, p. 233.
31. これは、1816年にシュトゥットガルトで出版された『Über Kunst und Altertum in den Rhein- und- Main-Gegenden(ライン・マイン地方の芸術と古代)』のことで、ハイデルベルクに関する部分は『Goethes Werke(ゲーテ全集)』ハンブルク版、第12巻のp.142以降に再録され、p.613以降にコメントが付されている。
32. Thomas W. Gaehtgens, *L'Art sans frontières. Les relations artistiques entre Paris et Berlin*, Paris, 1999, p. 26 ; sur les activités de Humboldt entre 1816 et 1819, Paul R. Sweet, *Wilhelm von Humboldt. A Biography*, Columbus (Ohio), 1980, t. II, p. 249 sq.
33. Lettre de 30 mai 1820 ; G. W. F. Hegel, *Correspondance*, no 368, trad. citée, t. II, *1813-1822*, p. 203.
34. G. Calov, *Museen und Sammler*, p. 81-82.
35. *Ibid.*, p. 83, n. 239.
36. ゲーテは、ズルピーツ・ボワスレーに対する同情にもかかわらず、それを十分に認識していたのである。1814年に彼に宛てた手紙と、3年後に彼が引き起こし、自身の雑誌に掲載したドイツ美術の「プリミティフ」への熱狂に対する批判的な記事がそれを示している。E. H. Gombrich, *The Preference for the Primitives. Episodes in the History of Western Taste and Art*, Londres, 2002, p. 129 sq.
37. G. Calov, *Museen und Sammler*, p. 82 et note 227.
38. ズルピーツ・ボワスレーの役割については次を参照。François Loyer, « Le néogothique, histoire et archéologie

23　ドイツ

1．Rudolf Springer, *Kunsthandbuch für Deutschland, Österreich und die Schweiz. Eine Zusammenstellung der Sammlungen, Lehranstalten und Vereine für Kunst und Kunstgewerbe*, Berlin, 1883.

2．James J. Sheehan, *German History 1770-1866*, Oxford, 1989, p. 730 sq., 793 sq.

3．美術館の歴史の概要に関しては次を参照。Volker Plagemann, *Das deutsche Kunstmuseum, 1790-1870: Lage, Baukörper, Raumorganisation, Bildprogramm*, Munich, 1967. James J. Sheehan, *Museums in the German Art World, from the end of the old regime to the rise of modernism*, Oxford et New York, 2000.

4．シュテーデルの人物と遺言、そして研究所の初期について特に明記されていない限り次を参照。Hans-Joachim Ziemke, *Das Städelsche Kunstinstitut – die Geschichte einer Stiftung*, Francfort-sur-le-Main, 1980, p.5 sq. Le livre de Corina Meyer, *Die Geburt des bürgerlichen Kunstmuseums. Johann Friedrich Städel und sein Kunstinstitut in Frankfurt am Main*, Berlin, 2013 [= *Berliner Schriften zur Museumsgeschichte*, t. 32]. Corina Meyerの著作を使用するには遅すぎた。シュテーデルの遺言の分析はp.133-136にある。

5．G. Calov, *Museen und Sammler*, p. 32.

6．*Ibid.*, p. 29 sq. Johann Wolfgang von Goethe, *Poésie et Vérité, souvenirs de ma vie*, livres II et XIII, trad. Pierre du Colombier, Paris, 1999, p. 53 sq. et 361.

7．*Ibid.*, livre XIII (trad. p. 361).

8．Niall Ferguson, *The House of Rothschild. Money Prophets 1798-1848*, Londres, 2000, p. 43 sq., p.46.

9．私はこの抜粋を次のふたつの引用から再構成した。ひとつはMarkus Kersting, « "Stete Intensivierung". Sammlungsideen im Städelsche Kunstinstitut », in *ReVision. Die Moderne im Städel 1906-1937*, Francfort-sur-le-Main, 1991, p. 11-30, ici p.12, もうひとつはEkkehard Mai, « "Wallrafs Chaos" (Goethe). Städels Stiftung », *in* E. Mai et Peter Paret (dir.), *Sammler, Stifter und Museen. Kunstförderung in Deutschland im 19. und 20. Jahrhundert*, Cologne, Weimar, Vienne, 1993, p. 63-80, ici p.68-69. 今では遺言のテキストを見つけることができる。https://www.netz-trend.de/id/10457/Testament-von-1816-des-Johann-Friedrich-Stadel-dem-Stifter-des-Frankfurter-Stadel-Museum

10．G. Calov, *Museen und Sammler*, p. 32. Ralph Roth, « "Der Toten Nachruhm". Aspekte des Mäzenatentums in Frankfurt am Main (1750-1914) », in Jürgen Kocka et Manfred Frey (dir.), *Bürgerkultur und Mäzenatentum im 19. Jahrhundert, Zwickau*, 1998, p. 99-127, ici p.100-102.

11．Erich Herzog, *Die Gemäldegalerie der staatlichen Kunstsammlungen in Kassel*, Hanau, 1969, p. 42 sq. Pour le catalogue de tableaux saisis à Kassel, B. Savoy, *Patrimoine annexé. Les biens culturels saisis par la France en Allemagne autour de 1800*, t. II, p. 399 sq.

12．ヴァレンティン・シェーラーがドイツの美術館に対してすでに採用したアプローチである。*Entstehung und kulturgeschichtliche Bedeutung unserer öffentlichen Kunstsammlungen*, Iéna, 1913, dans son chapitre « Verluste und Zuwachs der Sammlungen im Zeitalter Napoleons I. », p. 102 sq.

13．Hegel, lettres à sa femme des 19 et 28 septembre 1822, in G. W. F. Hegel, *Correspondance*, nos 433 et 436, traduction Jean Carrère, édition Johannes Hoffmeister, Paris, 1963, t. II, 1813-1822, p. 300, 305-306 et 349, n. 4 et 5.

14．Otto H. Förster, *Kölner Kunstsammler vom Mittelalter bis zum Ende der bürgerlichen Zeitalters*, Berlin, 1931, p. 90 sq. et 144, n. 188-189. Sur Heinrich Schiefer et Mme Hirn, *ibid.*, p. 98-99 et 145, n. 200. G. Calov, *Museen und Sammler*, p. 84 sq.

15．これまでに述べた内容全体に対しては次の文献を参照。O. H. Förster, *Kölner Kunstsammler*, p. 79 sq., 82. G. Calov, *Museen und Sammler*, p.56 sq.

16．Pierre Ayçoberry, *Cologne, entre Napoléon et Bismarck, la croissance d'une ville rhénane*, Paris, 1981, p. 78 et 90.

Nationales suivant le projet exposé au Louvre en 1833 sous le numéro 1546, Paris, 1882, p. 34.

76. Alexandre Du Sommerard, *Les Arts du Moyen Âge, En ce qui concerne principalement le Palais Romain de Paris, l'Hôtel de Cluny issu de ses ruines et les objets de la collection classée dans cet hôtel*, Paris, 1838-1846, 5 vol.
77. A. D., « Le musée du palais des Thermes et de l'hôtel de Cluny », *Revue Archéologique*, I, 1844, p. 18-38, ici p.20. Michelet, alors qu'il écrit le troisième tome de son *Histoire de France consacré* au XIVe siècle, y vint le 15 octobre et le 15 novembre 1835. Jules Michelet, *Journal*, t. I, *1828-1848*, édition de Paul Viallaneix, Paris, 1959, p. 217.
78. Mérimée à Vitet, septembre 1842, *Lettres de Mérimée à Ludovic Vitet*, p. 53.
79. François Arago, *Œuvres. Notices scientifiques*, Paris-Leipzig, 1856, t. III, p. 519-520.
80. E. Gran-Aymerich, *Naissance de l'archéologie moderne*, p. 116.
81. Fr. Arago, *Œuvres. Notices scientifiques*, p. 520 sq.
82. *Ibid.*, p. 527 sq., 530.
83. Ibid., p. 535-536.
84. Cité d'après Geneviève Lacambre, « Les achats de l'État aux artistes vivants : le musée du Luxembourg », *in* Ch. Georgel (dir.), *La Jeunesse des musée*s, p.269-277, ici p.269-270. Aussi G. Lacambre (dir.), *Le Musée du Luxembourg en 1874. Peintures*, Paris, 1974.
85. M.-Cl. Chaudonneret, *L'État et les Artistes*, p. 14.
86. *Ibid.*, p.31
87. Cité d'après *Ibid.*, p.35.
88. *Ibid.*, p.30 sq.
89. Cité d'après Geneviève Lacambre, « Le musée du Luxembourg sous la Seconde République », *in* Chantal Georgel (dir.), *1848. La République et l'art vivant*, Paris, 1998, p.148-163, ici p.152.
90. M.-Cl. Chaudonneret, *L'État et les Artistes*, p. 36 sq.
91. Cécile d'Antin, « Villot, Frédéric », *Dictionnaire critique des historiens de l'art*. En ligne.
92. Stéphanie Cantarutti, « Soulié, Eudore », *Dictionnaire critique des historiens de l'art*. En ligne.
93. Philippe de Chennevières, « Les Musées de Province », 1865, introduction d'Arnaud Bertinet, Publications de l'Institut national d'histoire de l'art. En ligne., et *Travaux de M. de Chennevières […] sur la nécessité de relier les Musées des départements au Musée central du Louvre*, 1848, Bibliothèque numérique de l'Inha. En ligne.
94. C. d'Antin, « Villot, Frédéric » ; St. Cantarutti, « Soulié, Eudore », l'un et l'autre : Dictionnaire cri- tique des historiens de l'art. En ligne.
95. Ph. de Chennevières, *Souvenirs d'un Directeur des Beaux-Arts*, Paris, 1883-1889. Chacune de cinq parties a sa propre pagination.ici 3e partie, p. 66.
96. *Ibid.*, 2e partie, p. 86, et 3e partie, p. 66. Aussi Ch. Georgel, *1848 La République et l'art vivant*, p.14 sq.
97. Benjamin Guérard, « Du Musée du Louvre », *Bibliothèque de l'École des Chartes*, 3e série, t. 4, 1852- 1853, p.70-77, ici 70. Notre « Museums, Paintings and History », *Nordisk Museologi*, 1993, 2, p. 61-72.
98. *Ibid.*, p. 70-71.
99. B. Guérard, « Du Musée du Louvre », p. 71.
100. *Ibid.*, p. 71-72.
101. *Ibid.*, p. 73.
102. *Ibid.*, p. 74.
103. *Ibid.*, p. 76.
104. Ph. de Chennevières, *Souvenirs*, 2e partie, p. 86.

mémoire, t. II, *La Nation*, vol. 1, p. 248-316, surtout 266 sq., 285 sq., et notre « Francs et Gaulois », *ibid.*, t. III, *Les France*, vol. 1, *Confiits et partages*, Paris, 1992, p. 41-105, ici surtout p. 72 sq.

52. Augustin Thierry, *Dix ans d'études historiques. Préface* (1834), in *Œuvres complètes*, Paris, 1866, t. III, p. 305.ここでの強調は著者（ポミアン）による。
53. *Histoire de la conquête d'Angleterre par les Normands, Ibid.*, t. I, p. 7.
54. On trouvera la préface de Barante *in* Marcel Gauchet (dir.), *Philosophie des sciences historiques,* Villeneuve-d'Ascq, 1988, p.69-99, ici p.81. 強調は著者（ポミアン）による。
55. François Guizot, *Histoire de la civilisation en France depuis la chute de l'Empire romain*, 2e éd., Paris, 1840, t. I, p.315-316, p.348. En ligne sur Gallica. Le texte date de 1829. 強調は著者（ポミアン）による。
56. Robert Rosenblum, « La peinture sous le Consulat et l'Empire(1800-1814)», *in* Pierre Rosenberg(dir.), *De David à Delacroix*, Paris, 2017, t. 1, p. 163-177, ici p.171 sq., et les notices de Révoil, Richard et Ary Scheffer, p.577, 579-580, 599-600. M.-Cl. Chaudonneret, « Peinture et Histoire dans les années 1820-1830 », *in* Béatrix Saule (dir.), *L'Histoire au musée*, Arles, 2004, p. 127-137.
57. M.-Cl. Chaudonneret, *L'État et les Artistes*, p. 193 sq., citation p. 194.
58. Eugène Delacroix, *Journal 1822-1863*, édition André Joubin, Paris, 1980, p. 79.
59. M.-Cl. Chaudonneret, *L'État et les Artistes*, p. 38.
60. Cité d'après Thomas W. Gaehtgens, « Le Musée historique de Versailles », *in* P. Nora (dir.), *Les Lieux de mémoire,* t. II, *La Nation*, vol. 3, p. 143-168, ici p.149.
61. Pierre Sesmat, « Le Musée historique de Versailles : la gloire, l'histoire et les arts », *in* Ch. Georgel (dir.), *La Jeunesse des musées*, p. 113-119.
62. Claire Constans, « Les galeries de Versailles hier et… demain ? », *in* B. Saule(dir.), *L'Histoire au musée*, p. 139-144, ici 139-140.
63. Alain Pougetoux, « Le retour de Napoléon, histoire ou actualité ? », *Ibid.*, p.189-197.
64. Th. W. Gaehtgens, « Le Musée historique de Versailles », p. 150 sq.
65. Éliane Vergnolle, « Les voyages pittoresques », et Léon Pressouyre, « Les spectacles parisiens et la redécouverte du Moyen Âge », *in* L. Grodecki (dir.), *Le « Gothique » retrouvé*, p. 105 sq., 128 sq. Barry Daniels, « Daguerre – Theatermaler, Dioramist, Photograph », *in* Marie-Louise von Plessen(dir.), *Sehnsucht. Das Panorama als Massenunterhaltung des 19. Jahrhunderts*, catalogue d'exposition, Bonn, Francfort-sur-le- Main et Bâle, 1993, p. 36-41.
66. Fr. Guizot, *Histoire de la civilisation en France*, t. III, p. 226-227.
67. François-René de Chateaubriand, *Génie du christianisme* (1802), IIIe partie, livre I, chap. VIII, *in* Id., *Essai sur les révolutions. Génie du christianisme*, édition de Maurice Regard, Paris, 1978, p. 800 sq.
68. Jean Maillon, *Victor Hugo et l'art architectural*, Paris, 1962, p. 427 sq., 444.
69. Stendhal, *Mémoires d'un touriste, in* Id., *Voyages en France*, édition de Victor Del Litto, Paris, 1992, p. 149-150.
70. Pauline de Lallemand, *Montalembert et ses amis dans le romantisme*, Paris, 1927, p. 334.
71. Fabienne Joubert, « Alexandre Du Sommerard et les origines du Musée de Cluny », *in* L. Grodecki (dir.), *Le « Gothique » retrouvé*, p. 99, et no 223, p. 100. Pierre Marot, « Les origines d'un Musée d'"Antiqui- tés Nationales". De la protection du "Palais des Thermes" à l'institution du "Musée de Cluny" », *Mémoires de la Société nationale des antiquaires de France*, 9e série, t. IV, 1968, p. 259-327, ici p.280 sq.
72. R. Schneider, *Quatremère de Quincy et son intervention dans les arts*, p. 85-90.
73. Annabelle Martin, « Lenoir, Albert », *Dictionnaire critique des historiens de l'art*, En ligne.
74. Albert Lenoir, *Projet d'un musée historique formé par la réunion du palais des Thermes et de l'Hôtel de Cluny, exposé dans les salles du Louvre sous le numéro 1546*, Paris, 1833, p. 4.
75. Albert Lenoir, *Le Musée des Thermes et l'Hôtel de Cluny. Documents sur la création du Musée d'Antiquités*

d'Afrique et d'Océanie, Marseille-Paris, 1992, p. 20 sq., et « La collecte des objets des mers du Sud », *in* Chantal Georgel (dir), *La Jeunesse des musées. Les musées de France au XIXe siècle*, catalogue d'exposition au musée d'Orsay, Paris, 1994, p. 278-286, ici 281 sq. Ernest-Théodore Hamy, *Les Origines du Musée d'Ethnographie* (1889), Paris, 1988, p. 41.

30. *Ibid.*, p. 23 sq. Thierry Sarment, *Le Cabinet des Médailles de la Bibliothèque nationale 1661-1848*, Paris, 1994, p. 144-145, 148-149, 221-222, 226 sq.

31. Geneviève Bresc-Bautier, « Les musées du Louvre au XIXe siècle : les collections archéologiques et ethnologiques dans le conservatoire de l'art classique », in Emilia Vaillant et Germain Viatte (dir.), *Le Musée et les cultures du monde*, Paris, 1999, p.53-70, ici p.56.

32. Baron de Férussac, « Sur le projet d'un Musée ethnographique » (1831), *in* E.-T. Hamy, *Les Origines du Musée d'Ethnographie*, no XXV, p. 145-162 ; citation, p. 154-155, 159-160.

33. Marcel Chaigneau, « Christophe-Augustin Lamare-Picquot, pharmacien, naturaliste, explorateur »,*Revue d'histoire de la pharmacie*, 70, 1982, p. 5-26, ici p.9.

34. E.-T. Hamy, *Les Origines du Musée d'Ethnographie*, p. 38 sq., 45, 47, et les documents nos XXVI- LIX, p. 163 sq.

35. *Ibid.*, no XXIV, p. 125 sq. ; citation des pages p.129, 130, 133-134.

36. N. Dias, *Le Musée d'Ethnographie du Trocadéro*, p. 114 sq., surtout p.126, ここではネル・ディアスが1831年のジョマールの考察の繊細さと洞察力を強調している。

37. 特にG. ブレス＝ボーティエによるところが大きい。« Les musées du Louvre au XIXe siècle », p. 58 sq. S. Jacquemin, *Rao Polynésies*, p. 22 sq., 31.

38. E.-T. Hamy, *Les Origines du Musée d'Ethnographie*, nos LXIII, p. 221, et LXVI, p. 227.

39. あるいはライデン民族誌学博物館か。次を参照。Pieter Smit (éd.), *Hendrik Engel's Alphabetical List of Dutch Zoological Cabinets and Menageries*, 2e éd. révisée, Amsterdam, 1986, p. 254.

40. Ph.-Fr. de Siebold, « Lettre sur l'utilité des musées ethnographiques et sur l'importance de leur création dans les États européens qui possèdent des colonies ou qui entretiennent des relations commerciales avec les autres parties du monde » (1843), *in* E.-T. Hamy, *Les Origines du Musée d'Ethnographie*, no LXVII, p. 229-248, ici p.236.

41. *Ibid.*, p. 232 - 233.

42. *Ibid.*, p. 239.

43. この主題については次を参照。N. Dias, *Le Musée d'Ethnographie du Trocadéro*, p. 115 sq, surtout p.130 sq.

44. Ph.-Fr. de Siebold, « Lettre », *in* E.-T. Hamy, *Les Origines du Musée d'Ethnographie*, p.241-242.

45. E.-F. Jomard, « Lettre à M. Ph.-Fr. de Siebold sur les collections ethnographiques », *Ibid.*, no LXVIII, p.249-265, ici p.255, p.257 sq, p.265.

46. Nos articles « L'heure des Annales », *in* P. Nora (dir.), *Les Lieux de mémoire*, t. II : *La Nation*, vol. 1,p.377-429, et «Du monopole des écrits au répertoire illimité des sources. Un siècle de mutations de l'histoire», *Zeitschrift des Schweizerischen Bundesarchivs. Studien und Quellen*, 27, 2001, p. 15-34.

47. 古典的な考古学における文献研究の影響については次を参照。Alain Schnapp, *La Conquête du passé. Aux origines de l'archéologie*, Paris, 1993, p. 304 sq. E. Gran-Aymerich, *Naissance de l'archéologie moderne*, p. 63 sq.

48. « Rapport de la Commission nommée [⋯] pour examiner la convenance de la formation d'un Musée ethnographique à Paris » du 1er novembre 1831, in E.-T. Hamy, Les Origines du Musée d'Ethnographie, no XXXVII, p.174-180, ici p.175.

49. Pierre Nora, « Nation », *in* Fr. Furet et M. Ozouf (dir.), *Dictionnaire critique de la Révolution française*, p.801-811.

50. Mona Ozouf, « Le Panthéon », *in* Pierre Nora (dir.), *Les Lieux de mémoire, t. I, La République*, Paris, 1984, p. 139-166 ; sur les vicissitudes de l'édifice au XIXe siècle, p.159.

51. Marcel Gauchet, « *Les Lettres sur l'Histoire de France* d'Augustin Thierry », *in* Pierre Nora(dir.), *Les Lieux de*

et la notice, p. 1080-1081.

5. L.-J.-J. Dubois, *Catalogue d'antiquités égyptiennes, grecques, romaines et celtiques ; copies d'antiquités ; modèles d'édifices anciens ; sculptures modernes ; tableaux ; dessins ; cartes ; plans ; colonnes ; tables et meubles précieux formant la collection de feu M. le Comte de Choiseul- Gouffier*, Paris, 1818, Avertissement, p. II. Sur Léon-Jean-Joseph Dubois, François Lissarague, « Entre livre et musée, la collection Pancoucke », *in* A.-F. Laurens et K. Pomian (dir.), *L'Anticomanie*, p.219-240, ici p.227-228.

6. L.-J.-J. Dubois, *Catalogue*, p. XVI.

7. *Ibid.*, no 105, p. 35-37, et p. 36 en note(citation). C'est l'auteur qui souligne. Louis-François-Sébastien Fauvel était un collaborateur de Choiseul-Gouffier et, à partir de 1803, vice-consul de France à Athènes.

8. W. St. Clair, *Lord Elgin*, p. 272-273.

9. M.-Cl. Chaudonneret, *L'État et les Artistes*, p. 45.

10. Daniel Alcouffe, « Les collections Durand et Révoil au Musée du Louvre », *in* L. Grodecki (dir.), *Le « Gothique » retrouvé*, p. 92. M.-Cl. Chaudonneret, *L'État et les Artistes*, p. 47-48.

11. Vicomte de Marcellus, « Souvenirs d'Orient », in H. Duchêne (éd.), *Le Voyage en Grèce*, p. 496-509, surtout 501 sq.

12. Francis Haskell et Nicholas Penny, *Pour l'amour de l'antique. La statuaire gréco-romaine et le goût européen*, Paris, 1988, no 178, p. 363 sq., et no 180, p. 368. Jean Galard (éd.), *Promenades au Louvre en compagnie d'écrivains, d'artistes et de critiques d'art*, Paris, 2010, p. 822 sq., 828 sq.

13. M.-Cl. Chaudonneret, *L'État et les Artistes*, p. 47.

14. François-René de Chateaubriand, *Mémoires d'outre-tombe (1837)*, livre XLIII, chap. 18, Paris, 1849-1850, éd. citée : Paris, 1997, t. 2, p. 2987.

15. M.-Cl. Chaudonneret, « Permanence et innovation », p. 534, et *L'État et les Artistes*, p. 48.

16. *Ibid.*, p. 48-49. J. J. Marquet de Vasselot, Répertoire, p. 12 et le no 85.

17. Ève Gran-Aymerich, *Naissance de l'archéologie moderne 1798-1945*, Paris, 1998, p. 81.

18. M.-Cl. Chaudonneret, *L'État et les Artistes*, p. 42-43.

19. D. Alcouffe, « Les collections Durand et Révoil [...] », p. 92-94. Pierre Rosenberg(dir.), *De David à Delacroix. La peinture française de 1774 à 1830*, Paris, 1974, p. 577.

20. Pour tout ceci, M.-Cl. Chaudonneret, *L'État et les Artistes,* p. 49-50 et 189 sq.

21. *Ibid.*, p. 48.

22. André Fermigier, « Mérimée et l'Inspection des monuments historiques », *in* Pierre Nora (dir.), *Les Lieux de mémoire*, t. II. *La Nation*, Paris, 1986, vol. 2, « Le patrimoine », p. 593-611. Françoise Bercé, *Des Monuments historiques au Patrimoine, du XVIIIe siècle à nos jours*, Paris, 2000, p. 24 sq.

23. *Lettres de Mérimée à Ludovic Vitet*, édité par Maurice Parturier, Paris, 1998, p. 45-46.

24. これらの点についてはすべて次の文献による。Nicole Chevalier, *La Recherche archéologique française au Moyen-Orient, 1842-1947*, Paris, 2002, p. 21-22, 49-50. I. Jenkins, *Archaeologists and Aesthetes*, p. 153-154.

25. E. Gran-Aymerich, *Naissance de l'archéologie moderne*, p. 86. N. Chevalier, *La Recherche archéologique française au Moyen-Orient*, p. 57.

26. Charles C. Gillispie, « Brongniart, Alexandre », *Complete Dictionary of Scientific Biography*, t. II, p. 493-497.

27. Alexandre Brongniart et Denis Désiré Riocreux, Description méthodique du Musée Céramique de la Manufacture royale de Porcelaine de Sèvres, Paris, 1845. En ligne sur Gallica, Préface, p. I-XVI ;すべての引用は上記に基づく。

28. Nélia Dias, *Le Musée d'Ethnographie du Trocadéro (1878-1908). Anthropologie et Muséologie en France,* Paris, 1991, p. 119 sq.

29. この博物館については次を参照。Sylviane Jacquemin, *Rao Polynésies*, catalogue d'exposition au musée des Arts

», *J.H.Coll.*, 1, 1, 1989, p. 79-95, ici p.85.

152. Arthur MacGregor, « The Ashmolean as a museum of natural history, 1683-1860 », *J.H.Coll.*, 13, 2, 2001, p.125-144.

153. S. J. Knell, *The Culture of English Geology*, p. 92 et 292. バックランド・コレクションの歴史はかなり複雑である。A. MacGregor, « The Ashmolean », p. 144, n. 59.

154. A. MacGregor, « The Ashmolean », p. 138 sq.

155. Cité in W. T. Stearn, *The Natural History Museum*, p.42.

156. Martha McMackin Garland, *Cambridge before Darwin. The Ideal of Liberal Education, 1800-1860,* Cambridge, 1980, p. 90 sq.

157. *Ibid.*, p. 95, et S. J. Knell, *The Culture of English Geology,* p.38-39.

158. M. J. S. Rudwick, *The Great Devonian Controversy*, p.23.

159. S. J. Knell, *The Culture of English Geology*, p. 35（manie des coléoptères）, 52-53, n. 10 et 12（dates de création des sociétés d'histoire naturelle）.

160. M. J. S. Rudwick, *The Great Devonian Controversy*, p.30 sq.

161. ひとつの例としてle musée de la Society of Antiquaries of Scotland qui date de 1781. R. B. K. Stevenson, « The Museum: its beginnings and its development. Part I: "To 1858: the Society's own Museum" », *in* A. S. Bell (éd.), *The Scottish Antiquarian Tradition. Essays to mark the bicentenary of the Society of Antiquaries of Scotland and its Museum, 1780-1980,* Édimbourg, 1981, p. 31-85.

162. Sur les sociétés savantes locales et leurs musées, le livre essentiel de S. J. Knell, *The Culture of English Geology,* qui étudie le cas du Yorkshire, surtout p. 49 sq., 115 sq.

163. M. J. S. Rudwick, *The Great Devonian Controversy,* p. 85 sq., p.457-458 ほか随所に記述あり。S. J. Knell, *The Culture of English Geology*, surtout p. 92 sq。

164. M. J. S. Rudwick, *The Meaning of Fossils*, p. 127 sq.

165. M. J. S. Rudwick, *The Great Devonian Controversy*, p. 17-18, 32, 123 sq., 440 sq., 457-458. S. J. Knell, *The Culture of English Geology,* p. 284 sq.

166. Stuart Piggott, « The Origins of the English County Archaeological Societies », *in* Id., *Ruins in the Landscape*, p. 171-195.

22　フランス

1．Daniel J. Sherman, *Worthy Monuments. Art Museums and the Politics of Culture in Nineteenth-Century France*, Cambridge (Mass.) et Londres, 1989.

2．Jean-Michel Leniaud, *Saint-Denis de 1760 à nos jours*, Paris, 1996, p. 97.

3．拙著第1巻と第２巻は2010年から2015年の間に書かれたため、私は壮大な『ルーヴルの歴史（*Histoire du Louvre*』を参照することができなかった。Geneviève Bresc-Bautier, Guillaume Fonkenell, Yannick Litz, Françoise Mardrus (dir.), Paris, Louvre Éditions et Fayard, Paris, 2016, 3 vol. Frédérique Baehler, « L'administration du Musée du Louvre et la politique d'acquisition sous la Restauration (1816-1830) », 1992. 国立公文書館の論文 Marie-Claude Chaudonneret, « Permanence et innovation. Le Musée du Louvre dans les années 1820 », *Hommage à Michel Laclotte*, Milan-Paris, 1994, p. 532-537, et, de la même, *L'État et les Artistes. De la Restauration à la monarchie de Juillet (1815-1833),* Paris, 1999, p. 15 sq. Rose-Marie Le Rouzic, « Le voyage dans le Levant de Louis-Auguste de Forbin, peintre, directeur du Musée royal du Louvre (1816-1841) en mission pour les antiques (1817-1818) », *Journal des Savants*, janvier-juin 2015, p. 139-182, ici 140 sq.

4．Marie-Gabriel de Choiseul-Gouffier, « Voyage pittoresque en Grèce, Discours préliminaire », *in* Hervé Duchêne (éd.), *Le Voyage en Grèce. Anthologie du Moyen Âge à l'époque contemporaine*, Paris, 2003, p. 327-339, ici 329-331,

History Museum, New Haven et Londres, 1981.

128. Jessie Dobson, « John Hunter », *Dictionary of Scientific Biography*, t. VI, p. 566-568.

129. E. Miller, *That Noble Cabinet*, p. 114-115.

130. Stephen T. Asma, *Stuffed Animals and Pickled Heads. The Culture and Evolution of Natural History Museums*, Oxford, 2001, p. 55 sq., 168-169.

131. *Ibid.*, p. 234-235, 239 sq. W. T. Stearne, *The Natural History Museum*, p. 27 sq.

132. Ian Graham, « Three Early Collectors in Mesoamerica », *in* Elizabeth Hill Boone (éd.), *Collecting the Pre-Columbian Past*, Washington D. C., 1993, p. 49-80, ici 55-67. 本書はエンリケ・フロレスカーノのおかげによるものである。感謝！

133. Thomas Seccombe, « Tussaud Marie », Dictionary of National Bibliography, t. LVII, p. 378-379. Pour l'affiche de 1835, « Marie Tussaud »(Wikipedia). Pour celle de 1884 et l'opinion de *Punch*, voir le site madametussauds.co.uk, section « our history ».

134. 次の参考文献による。Ray Desmond, *The India Museum 1801-1879*, Londres, 1982.

135. Frans A. Stafleu, *Linnæus and the Linnaeans*, p. 218 sq., 231 sq.

136. Rachel Laudan, *From Mineralogy to Geology. The Foundations of a Science 1650-1830*, Chicago et Londres, 1987. M. J. S. Rudwick, *The Meaning of Fossils*, surtout p. 101 sq.

137. E. Miller, *That Noble Cabinet*, p. 232. W. T. Stearne, *The Natural History Museum*, p. 25.

138. M. J. S. Rudwick, *The Meaning of Fossils*, p. 124 sq.

139. 地質学会の博物館についてはS. J. Knell, *The Culture of English Geology*, p.10, 100-101, 295-296.

140. M. J. S. Rudwick, *The Great Devonian Controversy*, p. 123 sq. ; sur une institution analogue en France, p. 90-91.

141. S. J. Knell, *The Culture of English Geology*, p. 297. M. J. S. Rudwick, *The Great Devonian Controversy*, p. 125.

142. S. J. Knell, *The Culture of English Geology*, p. 297 sq. M. J. S. Rudwick, *The Meaning of Fossils*, p. 200 et p. 213, fig. 4.11.

143. *A New Description of Sir John Soane's Museum*, Londres, 1988-8, surtout les annexes, p. 56 sq. G. Darley, *John Soane*, p. 209 sq., 269 sq., 300 sq.

144. Francis Haskell, « Le peintre et le musée », *in* Id., *De l'art et du goût jadis et naguère*, Paris, 1989, p. 462-477, ici 470 sq.

145. Teodoro Correr, *Testamento 1 gennaio 1830*, Venise, 1879.

146. G. Waterfield (dir.), *Palaces of Art*, p. 147-148.

147. W. Hazlitt, *Sketches of the Principal Picture-Galleries*, p. 70.

148. G. Waterfield (dir.), *Palaces of Art*, p. 149 sq. (Fitzwilliam Museum), 153 sq. (Oxford). 1823年に設立された王立マンチェスター研究所は、植物学と古代美術のコレクションを所蔵していたが(*Ibid.*, p. 84-85)、マンチェスターの美術館が設立されたのはようやく1880年代になってからのことだった。Michael Harrison, « Art and Philanthropy: T. C. Horsfall and the Manchester Art Museum », *in* Alan J. Kidd et K. W. Roberts, *City, Class and Culture. Studies of social policy and cultural production in Victorian Manchester*, Manchester, 1985, p. 120-147.

149. イギリス科学振興協会によって作成されたリストはDavid Murrayによって再出版された。*Museums. Their History and their Use*, Glasgow, 1904, t. I, p. 291-312. Les tableaux de Liverpool qui venaient de la collection de William Roscoe n'étaient accessibles qu'aux membres de l'Institution. G. Waterfield (dir.), *Palaces of Art*, p. 52. Maurice W. Brockwell, *Catalogue of the Roscoe Collection […]*, Liverpool, 1928.

150. Stuart Piggott, « The Ancestors of Jonathan Oldbuck », *in* Id., *Ruins in a Landscape*, p. 133-159, ici 137, et Geoffrey N. Swinney, « A natural history collection in transition. Wyville Thomson and the relationship between the University of Edinburgh and the Edinburgh Museum of Science and Art », *J.H.Coll.*, 11, 1, 1999, p. 51-70, ici 51.

151. David Price, « John Woodward and a surviving British geological collection from the early eighteenth century

101. Alan Crookham, *National Gallery. An Illustrated History*, Londres, 2009, 図版p. 14.

102. Ch. Holmes et C. H. Collins Baker, *The Making of the National Gallery*, p. 10. Gr. Martin, « The Making of the National Gallery in London », VI, p. 52. G. Waterfield (dir.), *Palaces of Art*, p. 100 sq., notamment ill. C1. J. Mordaunt Crook, *The British Museum*, p. 88 sq.

103. Gr. Martin, « The Making of the National Gallery in London », VII, p. 113. Ch. Holmes et C. H. Collins Baker, *The Making of the National Gallery*, p. 11-12.

104. *Ibid*., p. 12, 16 sq.

105. David Robertson, *Sir Charles Eastlake and the Victorian Art World*, Princeton, 1978, p. 10 sq., 54 sq., 70.

106. *Ibid*., p.95 sq.(« *the battle over picture cleaning* »). Ch. Holmes et C. H. Collins Baker, *The Making of the National Gallery*, p.16 sq. La lettre de Ruskin, p. 16-20.

107. Louis Viardot, *Les Musées d'Angleterre, de Belgique, de Hollande et de Russie*, Paris, Hachette, 1860, p. 1 sq., 以下を引用, p. 4, p.10.

108. Ch. Holmes et C. H. Collins Baker, *The Making of the National Gallery*, p. 24 sq.

109. J. Mordaunt Crook, *The British Museum*, p. 105 sq., 118, 128 sq., 146.

110. T. G. H. James, *The British Museum and Ancient Egypt*, p.10 sq.

111. Franco Cimmino, « Giovanni Battista Belzoni: un pionniere degli scavi in Egitto », *in* Alberto Siliotti (dir.), *Viaggiatori veneti alla scoperta dell'Egitto*, Venise, 1985, p. 73-94.

112. T. G. H. James, *The British Museum and Ancient Egypt*, p. 10 sq.

113. B. André-Leicknam et Chr. Ziegler (dir.), *Naissance de l'écriture. Cunéiformes et hiéroglyphes*, p. 370 sq. J.-M. Humbert *et al.* (dir.), *Egyptomania*, p. 312.

114. Silvio Curto, *Storia del Museo Egizio di Torino*, 2e éd., Turin, 1976. Ronald T. Ridley, « Drovetti, Bernardino », *Dizionario biografico degli italiani*, 41, 1992.

115. J. J. Marquet de Vasselot, *Répertoire*, p. 12. Jean-François Champollion, *Notice descriptive des monuments égyptiens du Musée Charles X*, Paris, 1827.

116. « Minutoli: Johann Heinrich », *Allgemeine Deutsche Biographie*, t. XXI, p. 771, et Karl Richard Lepsius, *Koenigliche Museen. Abtheilung der Aegyptischen Alterthümer. Verzeichnis der wichtigsten Originaldenkmäler und der Gypse*, 3e éd., Berlin, 1875, p. 1-2.

117. I. Jenkins, *Archaeologists and Aesthetes*, p. 110 sq. T. G. H. James, *The British Museum and Ancient Egypt*, p.15 sq.

118. Pierre Amiet, « La découverte de l'Antiquité Mésopotamienne », in *Sumer, Assur, Babylone. Chefs- d'œuvre du musée de Bagdad*, catalogue d'exposition, Id. (dir.), Paris, 1981, non paginé, et I. Jenkins, *Archaeologists and Aesthetes*, p. 153 sq., la citation de Birch, p. 154.

119. B. André-Leicknam et Chr. Ziegler (dir.), *Naissance de l'écriture*, p. 360 sq.

120. I. Jenkins, *Archaeologists and Aesthetes*, p. 156.

121. 次を参照。『博物館・美術館の世界史』第１巻、p. 312-319.

122. E. Miller, *That Noble Cabinet*, p. 230. W. T. Stearn, *The Natural History Museum*, p. 24.

123. Martin J. S. Rudwick, *The Meaning of Fossils. Episodes in the History of Palaeontology*, Chicago et Londres, 2e éd., 1985, p. 208.

124. これらの日付に関してはM. J. S. Rudwick, *The Great Devonian Controversy. The Shaping of Scientific Knowledge among Gentlemanly Specialists*, Chicago et Londres, 1985, p. 21.

125. E. Miller, *That Noble Cabinet*, p. 224 sq., surtout 230-231, et W. T. Stearne, *The Natural History Museum*, p. 21sq.

126. 科学者による大英博物館への批判については次を参照。Simon J. Knell, *The Culture of English Geology 1815-1851. A science revealed through its collecting*, Aldershot, 2000, p. 295-297.

127. W. T. Stearne, *The Natural History Museum*, p. 41 sq. Marc Girouard, *Alfred Waterhouse and the Natural*

80. 同一の料金に対して、1804年8月19日および1805年2月19日、*ibid.*, p. 336 et 378.
81. アルバート・バボーによる研究、注釈付きの翻訳書『*Les Anglais en France après la paix d'Amiens¬: impressions de voyage de sir John Carr*（アミアンの和約後のフランスにおけるイギリス人：ジョン・カー卿の旅行記）』、Paris, 1898.
82. G. Reitlinger, *The Economics of Taste*, t. I, p. 21. N. McGregor, « Le problème de la création d'un musée national au XVIIIe siècle en Angleterre », p. 425.
83. G. Waterfield, « Galeria obrazów », p. 24.
84. W. Buchanan à D. Stewart, 9 février 1803, et H. Brigstocke, « William Buchanan his friends and rivals. The importation of old master paintings into Britain during the first half of the 19th century », *in* Id., (ed.), *William Buchanan and the 19th Century Art Trade*, p. 70 et 10. William Buchanan, *Memoirs of Painting, with a chronological history of the importation of pictures by the great masters into England since the French revolution*, Londres, 1824, t. I, p. 125-126.
85. *Ibid.*, t. II, p. 116 sq. H. Brigstocke, « Biographical notes on collectors », et Id. (éd.), *William Buchanan and the 19th Century Art Trade*, p. 473. Kathryn Kane, « Walsh Porter : Prinny's Artistic Advisor » (2012), *The Regency Redingote*. En ligne.
86. Gregory Martin, « The Making of the National Gallery in London », *The Connoisseur*, avril-décembre 1974, I, vol. 185, no 746, p. 280-287 ; II, vol. 186, no 747, p. 26-31 ; III, no 748, p. 124-128 ; IV, no 749, p. 200-207 ; V, no 750, p. 272-279 ; VI, vol. 187, no 751, p. 48-53 ; VII, no 752, p. 108-113 ; VIII, no 753, p. 202-205 ; IX, no 754, p. 278-283. この重要な著作については、巻、必要に応じてページを記載した。
87. ここではすべて次に拠っている。Fr. Haskell, *Le Musée éphémère*, p. 71 sq.
88. Quatremère de Quincy, *Lettres [···] à Canova*, p. 186.
89. W. Hazlitt, *Sketches of the Principal Picture-Galleries*, avec les descriptions de la collection Angerstein, de la galerie de Dulwich, de celle du marquis de Stafford, du château de Windsor, de Hampton Court, de la collection de lord Grosvenor, de Wilton House, de Stourhead, de Burleigh House, de tableaux à Oxford et à Blenheim où sont énumérés les tableaux qui ont retenu l'attention de l'auteur.
90. G. Waterfield, « Galeria obrazów », p. 41 sq. Gilian Darley, *John Soane. An Accidental Romantic*, New Haven et Londres, 1999, p. 181 sq.
91. Charles Holmes et C. H. Collins Baker, *The Making of the National Gallery 1824-1924*, Londres, 1924, p. 2. H. Brigstocke, « Biographical notes », p. 461 et 464.
92. *Ibid.*, p. 460.
93. W. Hazlitt, *Sketches of the Principal Picture-Galleries*, p. 7.
94. *Ibid.*, p. 15 sq. (liste de tableaux Angerstein) et les lettres de William Buchanan à James Irvine, 19 novembre 1802, 20 mars 1804, à D. Stewart, 25 avril 1804, à Irvine, 26 mars 1805 ; H. Brigstocke (éd.), *William Buchanan*, p. 51-52, 205-206, 276, 387-388.
95. Ch. Holmes et C. H. Collins Baker, *The Making of the National Gallery*, p. 2-5. Gr. Martin, « The Making of the National Gallery in London », II, p. 29-30.
96. Gr. Martin, « The Making of the National Gallery in London », I, p. 285-287; III, IV, p. 201.
97. Ch. Holmes et C. H. Collins Baker, *The Making of the National Gallery*, p. 7-8. Gr. Martin, « The Making of the National Gallery in London », VII, p. 112.
98. Ch. Holmes et C. H. Collins Baker, *The Making of the National Gallery*, p. 8.
99. *Descriptive and Historical Catalogue of the Pictures in the National Gallery with Biographical Notices of the Painters. Foreign Schools*, Londres, 1906, p. V sq., et les listes des achats, dons et legs p. 679 sq. Homan Potterton, *The National Gallery London*, Londres, 1977, p. 9-10.
100. Gr. Martin, « The Making of the National Gallery in London », IV, p. 206, V.

Pictures. Royal Collectors through the Centuries, Londres, 1991, surtout p. 28 sq.

61. Jonathan Brown, *Kings and Connoisseurs. Collecting Art in Seventeenth Century Europe*, Princeton, 1995, p.93.
62. Frances Vivian, *Il console Smith mercante e collezionista*, Vicenza, 1971, p. 60 sq., 69 sq. et les inventaires p. 171 sq.
63. Neil McGregor, « Le problème de la création d'un musée national au XVIIIe siècle en Angleterre », *in* Édouard Pommier (dir.), *Les Musées en Europe à la veille de l'ouverture du Louvre*, Paris, 1995, p. 415-437, ici p.423-424.
64. Sur lui, Hugh Brigstocke, *William Buchanan and the 19th Century Art Trade: 100 letters to his agents in London and Italy*, Londres, 1982, p. 460-461 (« Biographical notes on collectors »).
65. Chr. Lloyd, The Queen's Pictures, p. 40. Aussi Giles Waterfield (dir.), *Palaces of Art. Art Galleries in Britain 1790-1990*, catalogue d'exposition, Londres, 1991, p. 68 sq. (ハンプトン・コートおよびウィンザー), p.136-137 (バッキンガム宮殿). ハズリットは1820年代初頭にウィンザーとハンプトン・コートを訪れ、特にハンプトン・コートの訪問条件について非常に批判的な記録を残した。*Sketches of the Principal Picture-Galleries*, p. 36 sq., 42 sq.
66. Iain Pears, *The Discovery of Painting. The Growth of Interest in the Arts in England 1680-1768*, New Haven et Londres, 1988, p. 41 sq., 53 sq. et les tableaux 1, 2 et 3, p. 207 sq., イギリスに輸入された作品の合計数を計算するためにこれらの資料を用いた。
67. *Ibid.*, p. 77 sq., 101-102, 106.
68. Notre « Venise dans l'Europe artistique du XVIIIe siècle », *in* Lionello Puppi (dir.), *Giambattista Tiepolo nel terzo centenario della nascita*, Padoue, 1998, p.393-401, ici p.398. Repris dans Krzysztof Pomian, *Des saintes reliques à l'art moderne. Venise-Chicago, XIIIe-XXe siècle*, Paris, 2003, p. 193-212, ici 205. *Johann Heinrich Füssli 1741-1825*, catalogue d'exposition, Paris, 1975, biographie, pages non numérotées.
69. I. Pears, *The Discovery of Painting*, p. 107 sq., surtout 119 sq.
70. Sir Joshua Reynolds, *Discourses on Art*, éd.p. 15から引用。(1769年1月2日の王立アカデミー開会の辞).
71. I. Pears, *The Discovery of Painting*, p. 127.
72. *Ibid.*, p. 166 sq., 174 sq.
73. W. Hazlitt, *Sketches of the Principal Picture-Galleries*, p. 56. これはハズリットが強調していることである。ウィルトン・ハウスはすでに言及されている。フォントヒル修道院については次を参照。fonthill.co.uk/fonthill-history. ロングフォード・キャッスルとそのコレクションに関しては次を参照。nationalgallery.org.uk/about-longford-castle.
74. イギリスにおける絵画の趣味の形成におけるオークションハウスの役割に関しては次を参照。N. McGregor, « Le problème de la création d'un musée national au XVIIIe siècle en Angleterre », p. 425 sq. Et G. Waterfield (dir.), *Palaces of Art*, p. 159 sq.
75. « Auctions and Sales I constantly attend », cité par Frank Herrmann, « Introduction » à T*he English as Collectors. A Documentary Chrestomathy*, Londres, 1972, p. 29.
76. Giles Waterfield, « Galeria obrazów w Dulwich »(Galerie de tableaux de Dulwich), in *Kolekcja dla króla. Obrazy dawnych mistrzów ze zbiorów Dulwich Picture Gallery w Londynie* (Une collection pour le roi. Les tableaux des maîtres anciens de la collection de la Dulwich Picture Gallery à Londres), catalogue d'exposition, Varsovie, 1992, p. 20.
77. Gerald Reitlinger, *The Economics of Taste*, Londres, 1961-1970, 3 vol., ici t. I : *The Rise and Fall of Picture Prices 1760-1960*, p. 25.
78. Francis Haskell, *Le Musée éphémère. Les Maîtres anciens et l'essor des expositions*, Paris, 2002, p. 42 sq.
79. 「オルレアン・コレクションがイギリスに来て以来、この国にはよりよい趣味が導入され、裕福なコレクターたちの壁から二流の絵画がすべて消え去った。彼らはよりよい絵画でそれらを置き換えることができた。真に優れた絵画の価値は飛躍的に上がり、一方で劣った絵画はまったく価値を持たなくなった」。William Buchanan à David Stewart, 1804年4月5日, *in* H. Brigstocke (éd.), *William Buchanan and the 19th Century Art Trade*, p. 226.

Département des manuscrits], 1799-1824. 5. Sir Henry Ellis (1777-1869), Assistant Librarian [bibliothécaire adjoint], 1805 ; Secretary [directeur administratif], 1814 ; Principal Librarian [bibliothécaire en chef], 1827-1856. 6. John George Children (1777-1852), FRS [membre de la Royal Society], Assistant Librarian [bibliothécaire adjoint] 1816. 7. Benjamin West (1738-1820), first elected President of the Royal Academy [premier président élu de la Royal Academy], 1792. 8. Joseph Planta (1744-1827), Under Librarian (Keeper of Manuscripts) [sous-bibliothécaire, conservateur des manuscrits], 1776 ; Principal-Librarian [bibliothécaire en chef] 1799-1827. 9. Taylor Combe (1774-1826), Assistant Librarian [bibliothécaire adjoint], 1803 ; Under Librarian (First Keeper of the Department of Antiquities) [sous-bibliothécaire, premier conservateur du Département des Antiquités], 1805-1826. 10. The Rev. Henry Harvey Baber (1775-1869), Assistant [commis], 1810 ; Under Librarian (Keeper of Manuscripts) [sous-bibliothécaire, conservateur des manuscrits], 1812-1837. 11. John Thomas Smith (1766-1833), Extra Assistant Librarian (Prints) [bibliothécaire adjoint suppléant, Imprimés], 1816-1833. 12. John Edward Gray (1800-1875), Assistant, Department of Natural History [commis, Département d'histoire naturelle], 1824 ; Keeper [conservateur], 1840-1874. 13. Archibald Archer, the Artist [peintre du tableau]. 14. Charles Dietrich Eberhard Konig (1774-1851), Assistant Librarian, Department of Natural History [bibliothécaire adjoint, Département d'histoire naturelle], 1807-1813 ; Under Librarian, Natural History (Minerals) [sous-bibliothécaire, Histoire naturelle (Minéraux)], 1813-1851. 15. John Conrath, Attendant from 1816 [gardien depuis 1816].

47. W. St. Clair, *Lord Elgin*, p. 255 sq., 260 (Payne Knight), 262-263 (Haydon). E. Millar, *That Noble Cabinet*, p.106-107. I. Jenkins, *Archaeologists and Aesthetes*, p.75 sq.
48. Jeanette Greenfield, *The Return of Cultural Treasures*, 2e éd., Cambridge, 1996, p.42 sq., 特にp.60-61(下院での不協和音), p.72 sq. (ギリシャ政府の要求とイギリスの回答). 法的分析のためにJohn Henry Merrymanの注目すべき記事は« Thinking about the Elgin Marbles » (1985), エルギン・マーブルに関する注記 « Note on Elgin Marbles »に先立って記述がある。*In* Id., *Thinking about the Elgin Marbles: Critical Essays on Cultural Property, Art and Law*, La Haye, Londres, Boston, 2000, p.21-23 et 24-63.
49. Notre « La restitution des biens culturels », in *Encyclopaedia Universalis, Universalia 2012*, Paris, 2012, p. 133-139.
50. René Canat, *La Renaissance de la Grèce antique (1820-1850)*, Paris, 1911. Sandrine Maufroy, *Le Philhellénisme franco-allemand (1815-1848)*, Paris, 2011, et Simon Sarlin, « Une histoire du philhellénisme sous l'angle des transferts culturels », *Acta fabula. Revue des parutions*, 13/1, janvier 2012. En ligne.
51. W. St. Clair, *Lord Elgin*, p. 157 (citation), 170-171.
52. Quatremère de Quincy, *Lettres sur l'enlèvement des ouvrages de l'art à Athènes*, p. 140-141. Aussi *Considérations morales*, p. 66-67. Et voir ci-dessus, page 155 et 195.
53. William Hazlitt, *Sketches of the Principal Picture-Galleries in England* (1824), in Id., *The Complete Works*, édition de P. P. Howe, Londres, 1930-1934, 21 vol., t. IX, p. 28.
54. A. Michaelis, *Ancient Marbles*, p. 151. W. St. Clair, *Lord Elgin*, p. 264.
55. Raimund Wünsche, « Ludwigs Skulpturenerwerbungen für die Glyptothek », *in* Klaus Vierneisel et Gottfried Lenz (dir.), *Glyptothek München 1830-1980*, catalogue d'exposition, Munich, 1980, p. 23-83, ici p.49 sq.
56. Kurt W. Foster, « L'ordine dorico come diapason dell'architettura moderna », *in* Salvatore Settis (dir.), *I Greci. Storia Cultura Arte Società, t. I, Noi e i Greci*, Turin, 1996, p. 665-706.
57. E. Miller, *That Noble Cabinet*, p. 108.
58. Joseph Mordaunt Crook, *The British Museum: a case study in architectural politics*, Harmondsworth, 1972, surtout p.73sq, p.118, p.136.
59. Mentionnons en vrac le grand-duché de Toscane, la France, les Pays-Bas, l'Espagne, la Saxe, la Bavière, la Prusse, le Danemark, la Suède, la Russie, l'Autriche.
60. 特に断りがない限り以下のすべては王室コレクションに関するものである。Christopher Lloyd, *The Queen's*

28. E. Miller, *That Noble Cabinet*, p. 79. M. Vickers, « Value and Simplicity: Eighteenth-Century Taste and the Study of Greek Vases », p. 125, n. 97. A. Michaelis, *Ancient Marbles*, p. 110-111.
29. E. Miller, *That Noble Cabinet*, p. 224 sq., 236 sq., et W. T. Stearn, *The Natural History Museum*, p. 25-26.
30. ロゼッタ・ストーンについてはBéatrice André-Leicknam et Christiane Ziegler(dir.), *La Naissance de l'écriture. Cunéiformes et hiéroglyphes*, catalogue d'exposition, Paris, 1982, p. 372 sq.（石碑の写真と民衆文字のテキストに基づく碑文の翻訳あり）
31. Jean-Marcel Humbert, Michael Pantazzi, Christiane Ziegler (dir.), *Egyptomania. L'Égypte dans l'art occidental 1730-1930*, catalogue d'exposition, Paris, 1994, p. 25 (citation), 168 sq., 200 sq., 250 sq., 310 sq.
32. T. G. H. James, *The British Museum and Ancient Egypt*, Londres, 1981, p. 6 sq. La pétition est citée p. 8.
33. A. Michaelis, *Ancient Marbles*, p. 96-99, et surtout Brian Cook, « The Townley Marbles in Westminster and Bloomsbury », *The British Museum Yearbook*, 2, 1977, p. 34-73. Pour le tableau de Zoffany aussi, *The Age of Neoclassicism*, no 285, p. 182-183.
34. B. Cook, « The Townley Marbles in Westminster and Bloomsbury », p. 52 sq. E. Miller, *That Noble Cabinet*, p. 97-100. タウンリー・ギャラリーとその再配置については次を参照。Ian Jenkins, *Archaeologists and Aesthetes in the Sculpture Galleries of the British Museum 1800-1939*, Londres, 1992, p. 102 sq.
35. *Synopsis of the Contents of the British Museum*, Londres, 1809, p. XXX sq. En ligne.
36. B. Cook, « The Townley Marbles in Westminster and Bloomsbury », p. 73.
37. Voir le site du British Museum, « The Portland Vase ».
38. E. Miller, *That Noble Cabinet*, p. 101-102, 107. A. Michaelis, *Ancient Marbles*, p. 145.
39. Voir William St. Clair, *Lord Elgin, l'homme qui s'empara des marbres de Parthénon*, Paris, 1988, surtout p.93 sq. (le firman), 154-155, 223 (dates), et A. Michaelis, *Ancien Marbles*, p. 132 sq. Pour août 1802, E. Miller, *That Noble Cabinet*, p. 104.
40. W. St. Clair, *Lord Elgin*, p. 155-156 (citation), 170 sq., 190.
41. 上記の内容に関しては次を参照。W. St. Clair, *Lord Elgin*, p. 170 sq., notamment p. 174 (citation de Haydon).
42. Le texte de 1816 in W. Hazlitt, *The Collected Works*, éd. A. R. Waller et Arnold Glover, t. IX, Londres, 1903, appendice II, p. 490 sq., et l'essai de 1822 « On the Elgin Marbles », p. 326 sq. ハズリットは1814年にすでにレノルズの考えを批判していた。Sir Joshua Reynolds, *Discourses on Art*, éd. Robert R. Wark, New Haven et Londres, 1997, appendice II, p. 320 sq.
43. タウンリーの位置づけに関してはE. Miller, *That Noble Cabinet*, p.104。タウンリー・コレクションとパルテノンの大理石の比較についてはB. Cook, « The Townley Marbles », p. 34-35. 次も参照。I. Jenkins, *Archaeologists and Aesthetes*, p. 24 sq.
44. W. St. Clair, Lord Elgin, p. 227 (Visconti), 232-233 (Canova, Louis de Bavière). A. Michaelis, *Ancient Marbles*, p.143 sq.
45. バイロンについては W. St. Clair, *Lord Elgin*, p. 191 sqを参照。彼はここで引用されている『アテネとローマでの美術作品の略奪に関する書簡』の著者カトルメールについて言及していない。この書簡は一部は有名なカノーヴァに、他はミランダ将軍に宛てて書かれたものである（1836年再版）。*In* Id,. *Considérations morales sur la destination des ouvrages de l'art,* Paris, 1989, p.95, p.103, p.110.
46. Quatremère de Quincy, *Lettres sur l'enlèvement des ouvrages de l'art à Athènes*, p. 90-91, 186.
46 bis　アーチボルド・アーチャーによる絵画『エルギン卿コレクションの仮展示室』の説明は以下のように記されている。各番号は、Ian Jenkins, *Archaeologists and Aesthetes in the Sculpture Galleries of the British Museum 1800-1939*, Londres, 1992で取り上げたスケッチの番号に対応している。
1. Benjamin Robert Haydon (1786-1846). 2. Sir Charles Long, puis Lord Farnborough (1761-1838), Paymaster-General [caissier général]. 3. The Rev. James Bean, Assistant Librarian [bibliothécaire adjoint], 1812-1826. 4. The Rev. Thomas Maurice (1754-1824), Assistant Librarian, Department of Manuscripts [bibliothécaire adjoint,

4. F. Stafleu, *Linnaeus and the Linneans*, p. 231-232. Et le site des Royal Botanic Gardens, Kew.
5. Voir, en ligne, *Biography Margaret Cavendish-Bentinck, Duchess of Portland* (University of Nottingham, Manuscripts and Special Collection).
6. R. E. R. Banks, « Compte rendu de J. K. Bowden, *John Lightfoot : his work and travel [⋯], Watsonia* », 18, 1991, p. 437-438. Voir archive.bsbi.org.uk/Wats18p437.pdf, en ligne.
7. 『博物館・美術館の世界史』第I巻を参照。p. 414-420, p429-430, p.437-442.
8. David C. Douglas, *English Scholars*, Londres, 1943, surtout p. 316 sq.
9. Joan Evans, *A History of the Society of Antiquaries*, Londres, 1956. Et Sarah McCarthy, Bernard Nurse et David Gaimster, *Making History: Antiquaries in Britain, 1707–2007*, Londres, 2007. En ligne.
10. D. C. Douglas, *English Scholars*, p. 362-363. Stuart Piggott, « Ruins in a Landscape. Aspects of Seventeenth and Eighteenth Century Antiquarianism », *in* Id., *Ruins in a Landscape. Essays in Antiquarianism*, Édimbourg, 1976, p. 101-132.
11. William Whitehead, « The World », 12, 1753, cité par Duncan Simpson, « Introduction », *"Gothick" 1720-1840*, catalogue d'exposition, Brighton, 1975, p. 16.
12. Michael Snodin (dir.), *Horace Walpole's Strawberry Hill*, New Haven et Londres, 2009.
13. Edmund Burke, *A Philosophical Enquiry into the Origin of our Ideas of Sublime and Beautiful*, Londres, 1757.
14. Adolf Michaelis, *Ancient Marbles in Great Britain*, Cambridge, 1882, p. 47.
15. Elizabeth Angelicoussis, *The Holkham Collection of Classical Sculptures*, Mayence, 2001, p. 21 sq.
16. Cesare De Seta, « L'Italia nello specchio del *Grand Tour* », *in* [Ruggero Romano et Corrado Vivanti], *Storia d'Italie. Annali 5. Il paesaggio, Turin*, 1982, p. 127-263, ici 160 sq. ; et Cesare De Seta, *L'Italia nello specchio del Grand Tour*, Milan, 2014, p. 131 sq. A. Michaelis, *Ancient Marbles*, p.57-58.
17. Jacques Carré, *Lord Burlington (1694-1753), le connaisseur, le mécène, l'architecte*, Clermont- Ferrand, 1993, p. 25 et *passim*. Sur le Grand Tour de Burlington, p. 48 sq., sur Chiswick, p. 311 sq.
18. *The Age of Neoclassicism*, catalogue d'exposition, Londres, 1972, no 941, p. 465.
19. Lionel Cust, *History of the Society of Dilettanti*, publié par Sidney Colvin, Londres et New York, 1898, p.4 sq., 36, 82 sq., 111 sq. A. Michaelis, *Ancient Marbles*, p. 62 sq., 122-123.
20. Edward Gibbon, *The History of the Decline and Fall of the Roman Empire*, 1776-1788, 6 vol. La meilleure traduction française par Pauline et François Guizot, *Histoire du déclin et de la chute de l'Empire romain*, 1812, a été rééditée avec une présentation de Michel Baridon, Paris, 1983, 2 vol.
21. A. Michaelis, *Ancient Marbles*, p. 70, n. 177 (lettre du prince Bartolommeo Corsini à Giovanni Bottari du 9 octobre 1783) et Quatremère de Quincy, cité *supra*, p. 155.
22. A. Michaelis, *Ancient Marbles*, p. 92. L. Cust, *History of the Society of Dilettanti*, p. 58-59.
23. E. Miller, *That Noble Cabinet*, p. 74, 76, 79.
24. A. Michaelis, *Ancient Marbles*, p. 109 sq. E. Miller, *That Noble Cabinet*, p. 77-78. Lucilia Burn (éd.), *Sir William Hamilton, Collector and Connoisseur, J.H.Coll.*, 9/2, 1997, en particulier l'article de Michael Vickers, « Hamilton, geology, stone vases and taste », p. 263-273.
25. この絵に描いたような重要人物についてはFrancis Haskell, « Le baron d'Hancarville. Un aventurier et historien de l'art dans l'Europe du XVIIIe siècle », *in* Id., *De l'art et du goût jadis et naguère*, Paris, 1989, p.80-105, et Alain Schnapp, « La pratique de la collection et ses conséquences sur l'histoire de l'Antiquité. Le chevalier d'Hancarville », *in* Annie-France Laurens et K. Pomian (dir.), *L'Anticomanie. La collection d'antiquités aux 18e et 19e siècles*, Paris, 1992, p. 209-218.
26. M. Vickers, « Value and Simplicity: Eighteenth-Century Taste and the Study of Greek Vases », *Past and Present*, 116, 1987, p. 98-137.
27. *Ibid.*, p. 106. Fr. Haskell, « Le baron d'Hancarville » p. 84-86. A. Michaelis, *Ancient Marbles*, p.110-111.

35. J. Portús, *Museo del Prado Memoria escrita*, p. 141-142, nos 244, 246, 252, 255, 257, 260, 263, p. 266（« Normas de visita », 1843）. P. Géal, *La Naissance des musées d'art en Espagne*, p. 317 sq.
36. *Ibid*.,p. 352 sq.
37. On le voit sur les photos d'époque dans P. Moleón Gavilanes, P*royectos y obras para el Museo del Prado. Fuentes documentales,* p. 66, 70, 71.
38. J. Portús, *La sala reservada del Museo del Prado y el coleccionismo de la pintura de desnudo en la Corte española 1554-1838*, Madrid, 1998, p. 234.
39. *Ibid*.,p. 229 sq., et le catalogue des œuvres qui se trouvaient dans cette salle, p. 285 sq.
40. P. Géal, *La Naissance des musées d'art en Espagne*, p. 370 sq., et annexe 3, p.493 sq。1854年から1868年の間にイサベル王妃の名を冠した展示室にあった絵画のリスト。
41. David Freedberg, *The Power of Images. Studies in the History and Theory of Response*, Chicago et Londres, 1989, surtout p.345 sq.
42. J. Portús, *La sala reservada del Museo del Prado*, p. 27 sq. et 173 sq.
43. *Ibid.,* p. 153 sq.
44. William Hazlitt, « Sketches of the principal picture-galleries in England »（1824, publication dans la presse en 1822-1823）, *in* Id., *The Collected Works*, édition d'A. R. Waller et Arnold Glover, t. IX, Londres, 1903, p.14-15, 73 sq. et 22.
45. J. Portús, *Museo del Prado Memoria escrita*, p. 23, 229, no 1333.
46. Jeannine Baticle et Cristina Marinas, *La Galerie espagnole de Louis-Philippe au Louvre*, 1838-1848, Paris, 1981.
47. Frédéric Mercey, « La galerie du Maréchal Soult », *La Revue des Deux Mondes,* 14, 1852, p.807- 816. En ligne.
48. スペイン絵画の輝きとプラド美術館の役割に関しては「2002年のオルセー美術館での展覧会の優れたカタログ」を参照。*Manet Velázquez. La manière espagnole au XIXe siècle*, Jeannine Baticle et al.（dir.）, Paris, 2002.
49. J. Portús, *Museo del Prado Memoria escrita,* p. 236, nos 1400-1404.
50. L. Viardot, *Études d'histoire des institutions*, p. 432（citation）, 436-438.
51. L. Viardot, *Les Musées d'Espagne*, p. 17.
52. L. Viardot, *Études d'histoire des institutions*, p. 388.
53. L. Viardot, *Les Musées d'Espagne*, p. 19-20.
54. *Ibid.*, p. 84.
55. *Ibid*., p. 21.
56. *Ibid*., p. 94.
57. *Ibid*., p. 109 sq., p. 110 et 108（citations）, 111（absence du Greco）. Sur le Greco et Goya au Prado, P. Géal, *La Naissance des musées d'art en Espagne*, p. 376 sq.

21　イギリス

1. Noah Heringmanの本が出版されたときにはすでに次のページは書かれていた。*Sciences of Antiquity. Romantic Antiquarianism, Natural History and Knowledge Work*, Oxford, 2013. ここで扱われているテーマを別の視点から取り上げ、特にバンクスとハミルトンについて言及している。
2. Edward Smith, *The Life of Sir Joseph Banks* (1911) 再版, New York, 1975, p. 9-10, 16-17, 63 sq., 66, 93 sq. Frans A. Stafleu, *Linnaeus and the Linneans. The spreading of their ideas in systematic botany, 1735-1789*, Utrecht, 1971, p. 218 sq.
3. Edward Miller, *That Noble Cabinet. A History of the British Museum*, Athens (Ohio), 1974, p. 85-86. William T. Stearn, *The Natural History Museum at South Kensington. A History of the British Museum (Natural History) 1753-1980*, Londres, 1981, p. 18 sq.

挙げていないが、注1では彼の先祖であるFederico Madrazoの未発表の回想録を引用していることを指摘している(p.149)。

14. P. Géal, *La Naissance des musées d'art en Espagne*, p. 150.
15. *Ibid*.,p. 191 et 217 sq.
16. P. Moleón Gavilanes, *Proyectos y obras para el Museo del Prado. Fuentes documentales*, p. 188 sq.
17. F. J. Sánchez Cantón, *Museo del Prado. Catálogo de las pinturas*, p. XXIV, et, pour 1889, José María Luzón Nogué, « El Museo del Prado », *in* [Collectif], *Los grandes museos históricos*, Madrid, 1995, p. 10-30, ici p.23, n.32. *Disposiciones legales referentes al Museo Nacional de Pintura y Escultura (Museo del Prado)*, Madrid, 1913, 引用元J. Portús, *Museo del Prado Memoria Escrita*, p. 52.
18. 1839年3月23日、ホセ・マドラソが息子に宛てた憤慨した手紙の中で、画家は同日の『*El Eco de Comercio*』の記事に反応している。その記事は、高官たちによって書かれたもので美術品コレクションを国家に移転することを支持する内容だった。M. de Madrazo, *Historia del Museo del Prado*, p. 175-176.
19. G. Anes, *Las colecciones reales y la fundación del Museo del Prado*, p. 107-108 (le texte du projet) et sur la loi de 1865, p. 112 sq.
20. P. Géal, *La Naissance des musées d'art en Espagne*, p. 136 sq.
21. *Ibid*., p. 150 sq., 171 sq. (citation p. 172).
22. *Ibid*., p. 190 sq.(sur « Museo Nacional », p. 191-192, où, dans la note 104, « Museo Central »), 206-207, 257 sq. M. Bolaños, *Historia de los museos en España*, p. 192-193.
23. ヴィアルドに関する以下の情報に関してはNicole Picot, « Viardot, Louis », *Dictionnaire critique des historiens de l'art*. En ligne.
24. Louis Viardot, *Études sur l'histoire des institutions, de la littérature, du théâtre et des beaux-arts en Espagne*, Paris, 1835, p. 384 sq. En ligne sur Gallica.
25. Louis Viardot, *Les Musées d'Italie. Guide et mémento de l'artiste et du voyageur*, précédé d'une *Dissertation sur les origines traditionnelles de la peinture moderne*, 3e éd. revue et augmentée, Paris, 1859. *Les Musées d'Espagne. Guide et mémento de l'artiste et du voyageur suivis de notices biographiques sur les principaux peintres de l'Espagne*, 3e éd. revue et augmentée, Paris, 1860. *Les Musées d'Allemagne. Guide et mémento de l'artiste et du voyageur*, 3e éd. revue et augmentée, Paris, 1860. *Les Musées d'Angleterre, de Belgique, de Hollande et de Russie. Guide et mémento de l'artiste et du voyageur*, 3e éd. revue et augmentée, Paris, 1860. *Les Musées de France. Paris. Guide et mémento de l'artiste et du voyageur, faisant suite aux musées d'Italie, d'Espagne, d'Allemagne, d'Angleterre, de Belgique, de Hollande et de Russie*, 2e éd. revue et augmentée, Paris, 1860.
26. L. Viardot, *Les Musées d'Espagne*, 2e éd. très augmentée, Paris, 1852, p. 14-16.
27. Antonio Martínez del Romero, *Catálogo de la Real Armería [...]*, Madrid, 1849. Les jours et les heures de visite de « ce Musée » sont indiqués p. XVIII En ligne.
28. María del Carmen Mañueco Santurtun, « Colecciones reales en el Museo Arqueológico Nacional », in *De Gabinete a Museo. Tres siglos de historia*, catalogue de l'exposition au MAN, Madrid, 1993, p. 189 sq., 201.
29. Voir le site Museo nacional de ciencias naturales, presentación, historia.
30. L. Viardot, *Les Musées d'Espagne*, p. 155 sq., 160 (引用).
31. P. Géal, *La Naissance des musées d'art en Espagne*, p. 203-204, 239. これらの創作が直面した抵抗に関しては次を参照。M. Bolaños, *Historia de los museos en España*, p. 199-201.
32. この情報は次の文献から来ている。F. J. Sánchez Cantón, *Museo del Prado. Catálogo de las pinturas*, p.XVII, XIX sq.
33. J. Portús, *Museo del Prado Memoria escrita*, p. 237 sq., nos1412-1413, 1419.
34. P. Géal, *La Naissance des musées d'art en Espagne*, p. 348-349 et pour les détails P. Moleón Gavilanes, *Proyectos y obras para el Museo del Prado. Fuentes documentales*, p. 61 sq., 85 sq.

de Quincy et la destination des ouvrages de l'art », *in* René Demoris (dir.), *Les Fins de la peinture*, Paris, 1990, p. 31-51.

38. *Considérations morales*, p. 13.
39. *Ibid.*, p. 36.
40. Ibid., p. 38-40.
41. Ibid., p. 40-41.
42. Ibid., p. 52-53.
43. Ibid., p. 56, 59, 63.
44. Ibid., p. 67.
45. *Lettres sur l'enlèvement des ouvrages de l'art antique*, p. 141-142.
46. *Considérations morales*, p. 64.
47. *Ibid.*,p. 47.

第V部　ヨーロッパ各国の博物館・美術館　一八一五～五〇年

1. Sandra Moschini Marconi, «Introduzione. Formazione e vicende delle Gallerie dell'Accademia», *Gallerie dell'Accademia di Venezia. Opere d'arte dei secoli XIV e XV*, Rome, 1955, p. XV.

20　スペイン――プラド美術館、王立から国立の美術館へ

1. この期間の概要を理解するには次の文献を参照。María Bolaños, *Historia de los museos en España. Memoria, cultura, sociedad*, Gijón, 1997, p. 147 sq.
2. Pierre Géal, *La Naissance des musées d'art en Espagne (XVIIIe-XIXe siècle)*, Madrid, 2005, p. 37-38.
3. *Ibid.*,p. 123 sq. Gonzalo Anes, *Las colecciones reales y la fundación del Museo del Prado*, Madrid, 1996, p. 78 sq., 85. La citation vien de Pedro Beroqui, *El Museo del Prado (Notas para su historia)*, t. I, *El Museo Real (1819-1833)*, Madrid, 1933, p. 78.
4. *Enciclopedia Universal Ilustrada Europeo-Americana*, Barcelone, s. d., t. VI, article « Artillería », p. 517-518.
5. « Descripción del edificio del R[ea]l Museo por su autor D. Juan de Villanueva » (1796), *in* Pedro Moleón Gavilanes, *Proyectos y obras para el Museo del Prado. Fuentes documentales para su historia*, Madrid, 1996, p. 131 ; sur Juan de Villanueva, ibid.,p. 117-118.
6. P. Géal, *La Naissance des musées d'art en Espagne*, p. 144 sq. P. Beroqui, *El Museo Real,* p. 97 sq.
7. P. Géal, *La Naissance des musées d'art en Espagne*, p. 201-202 et 268-269. M. Bolaños, *Historia de los museos en España*, p. 177.
8. Javier Portús, *Museo del Prado Memoria Escrita 1819-1994*, Madrid, 1994, p. 21. プラド美術館の最初の10年間は、マドリードの新聞はわずか6つの記事しか割り当てていなかった。*Ibid.*,p. 141, nos 240-242 et 244-246.
9. Géal, *La Naissance des musées d'art en Espagne*, p. 146 et n. 11.
10. P. Beroqui, *El museo del Prado*, p. 101 sq. G. Anes, *Las colecciones reales y la fundación del Museo del Prado*, p. 87 sq.
11. プラド絵画カタログ一覧についてはFrancisco Javier Sánchez Cantón, *Museo del Prado. Catálogo de las pinturas*, Madrid, 1972, p. XVII.
12. P. Géal, *La Naissance des musées d'art en Espagne,* p. 147 sq.
13. L'écriteau dans Mariano de Madrazo, *Historia del Museo del Prado 1818-1868*, Madrid, 1945, p. 105 ; citation dans P.Géal, *La Naissance des musées d'art en Espagne*, p. 148, qui remarque (p. 149). Madrazoはいかなる出典も

7. オルレアン公とカロンヌのコレクションについては次を参照。William Buchanan, *Memoirs of Painting, with the chronological history of the importation of pictures by the great masters into England since the French Revolution*, Londres, 1824, 2 vol., ici t. I, p. 18 sq., 159 sq., 217 sq.
8. *Ibid.*, t. I, p. 172 et pour Venise 324 sq.
9. いくつかの例を挙げておく。*ibid.*,t. II, p. 95 sq., et Hugh Brigstocke, *William Buchanan and the 19th Century Art Trade: 100 Letters to his Agents in London and Italy*, New Haven (Conn.), 1982.
10. A. Emiliani, *Leggi, bandi e provvedimenti*, p. 56 (Toscane), 108 sq. (États pontificaux), 171 sq. (Lombardie et Vénétie).
11. Lettre du 28 août 1810, citée par P. Géal, *La Naissance des musées d'art en Espagne*, p. 102, n. 4.
12. M. Preti-Hamard, *Ferdinando Marescalchi*, t. I, p. 150.
13. W. Buchanan, *Memoirs*, t. II, p. 211.
14. この件については*Collectionneurs, amateurs et curieux*, p. 396 sq.(『コレクション――趣味と好奇心の歴史人類学』吉田城・吉田典子訳、平凡社、1992年)
15. René Schneider, *Quatremère de Quincy et son intervention dans les arts (1788-1830)*, Paris, 1910, p. 186.
16. Francis Haskell, « Les musées et leurs ennemis », *Actes de la recherche en sciences sociales*, XLIX, septembre 1983, p. 103-106.
17. Quatremère de Quincy, *Lettres à Miranda*, Introduction d'E. Pommier, p. 38, 45, 65.
18. *Lettres à Miranda*, p. 101.
19. *Ibid.*,p. 110.
20. *Ibid.*,p. 99.
21. *Ibid.*,p. 121-122.
22. Quatremère de Quincy, *Considérations morales sur la destination des ouvrages de l'art ou de l'infiuence de leur emploi sur le génie et le goût de ceux qui les produisent ou qui les jugent et sur le sentiment de ceux qui en jouissent et en reçoivent les impressions*, Paris, Fayard, 1989, p. 37 sq., 45-46.
23. *Lettres à Miranda*, p. 88 sq., 98, 109, 123, 129, 138-139.
24. 『ミランダへの手紙』では、イタリアやローマが何度も「博物館 (muséum)」と称されている。p. 93 (citation), 100, 101, 102, 105, 108, 112, 115, 117.
25. *Ibid.*, p. 95 et 104.
26. *Ibid.*, p. 102.
27. *Ibid.*, p. 115.
28. *Ibid.*,p. 125-126.
29. *Considérations morales*, p. 83 sq.
30. *Lettres à Miranda*, p. 94.
31. La formule est d'E. Pommier, *Lettres à Miranda*, Introduction, p. 30.
32. *Lettres à Miranda*, p. 120.
33. *Ibid.*,Introduction d'E. Pommier, p. 38.
34. Quatremère de Quincy, *Rapport fait au Conseil général* [de la Seine] *le 15 thermidor an VIII* [3 août 1800], *sur l'Instruction publique, la restitution des tombeaux, mausolées, etc.*, Paris, an VIII, p. 32, 引用元R. Schneider, *Quatremère de Quincy et son intervention dans les arts*, p. 182.
35. Quatremère de Quincy, *Lettres sur l'enlèvement des ouvrages de l'art antique à Athènes et à Rome écrites les unes au célèbre Canova, les autres au général Miranda*, réimpr. de l'édition de 1836, *in* Id., *Considérations morales*, p. 91 et 93 (avant-propos de Quatremère).
36. *Lettres à Miranda*, p. 136.
37. *Considérations morales*, p. 7 (Avertissement). On lira, à propos de ce livre, Édouard Pommier, « Quatremère

raduna quelli de' migliori busti, bassorilievi, animali, idoli, mobili ed ornamenti di ogni genere importanti per la esecuzione, o per l'erudizione. » Article XIV : « *La Pinacoteca è principalmente destinata a comodo di chi se esercita a dipingere.* » Sandra Moschini Marconi, « Introduzione. Formazione e vicende delle Gallerie dell'Accademia », *Gallerie dell'Accademia di Venezia. Opere d'arte dei secoli XIV e XV*, Rome, 1955, p.VII-XXIV, ici VII.

28. Luisa Arrigoni, « Introduzione », *Pinacoteca di Brera*, Milan, 2000, p. 11-12. En ligne. ヴェネツィアに関してはS. Moschini Marconi, *Gallerie*, p. IX et XII.
29. A. Emiliani, *Leggi, bandi e provvedimenti per la tutela dei beni artistici e culturali negli antichi stati italiani 1571-1860*, Bologne, 1978, p. 178-179（le directeur général de l'Instruction publique au préfet du département d'Olona, le 14 juillet 1813）.
30. A. Emiliani, « La Pinacoteca Nazionale », in *I luoghi del conoscere*, p. 136-143.
31. ここで取り上げたすべては S. Moschini Marconi, *Gallerie*, p. XI sq.
32. Giuseppe Bertini, « Art works from the Duchy of Parma and Piacenza transported to Paris during the Napoleonic time and their restitution », *in* E. Bergvelt et al.（dir.）, *Napoleon's Legacy*, p. 73-87.
33. D. V. Denon, lettre à Joseph Bonaparte, datée de Burgos, le 18 janvier 1809, citée *in* J. Chatelain, *Dominique Vivant Denon*, p. 173.
34. Lettre citée dans Pierre Géal, *La Naissance des musées d'art en Espagne (XVIIIe-XIXe siècle)*, Madrid, 2005, p.104-105.
35. Gonzalo Anes, *Las colecciones reales y la fundación del Museo del Prado*, Madrid, 1996, n. 74, p. 77.
36. *Ibid*.,p. 76-77.
37. 政令（デクレ）の本文と解説については次を参照。P. Géal, *La Naissance des musées d'art en Espagne*, p.104（art. 2）, 106（art. 1）, 264 sq.

19　革命と帝国の遺産――美術品の再分配と博物館・美術館の新たな位置づけ

1. Geraldine Norman, *The Hermitage: the Biography of a Great Museum*, Londres, 1998.
2. *Catalogue raisonné des tableaux de la Galerie de feu M. le Maréchal-Général Soult, duc de Dalmatie [...]*, Paris, 1852, En ligne. Véronique Gerard Powell, « Les collections des officiers de l'armée impériale pendant la guerre d'Espagne. Un butin très varié », *in* Monica Preti-Hamard et Philippe Sénéchal（dir.）, *Collections et marché de l'art en France 1789-1848,* Rennes, 2005, p. 305-317.
3. Monica Preti-Hamard, *Ferdinando Marescalchi*（1754-1816）. *Un collezionista italiano nella Parigi napoleonica*, Bologne, 2005, 2 vol.,ici　t. I, p. 139 sq. Burton B. Fredericksen, « Survey of the French Art Market between 1789 and 1820 », *in* M. Preti-Hamard et Ph. Sénéchal（dir.）, *Collections et marché de l'art en France*, p. 19-34.
4. Julia Kagan et Oleg Neverov, « Le destin du Cabinet de pierres gravées du Duc d'Orléans ». *in* Id., *Splendeurs des collections de Catherine II de Russie. Le Cabinet de pierres gravées du Duc d'Orléans*, Paris, 2000, p.14-35, ici surtout p.25-26.
5. Inge Reist, « The Fate of the Palais Royal Collection: 1791-1800 », *in* Roberta Panzanelli et Monica Preti-Hamard（dir.）, *La Circulation des œuvres d'art / The Circulation of Works of Art in the Revolutionary Era 1789-1848*, Rennes, 2007, p. 27-44. Jordana Pomeroy, « Conversing with History: The Orleans Collection Arrives in Britain », *in* Inge Reist（dir.）, *British Models of Art Collecting and the American Response. Reflections Across the Pond*, Farnham, 2014, p. 47 sq.
6. David Bindman, « The Orléans Collection and its impact on British Art », et Donata Levi, « "Like the leaves of the Sybil": The Orléans Collection and the debate on a National Gallery in Great Britain », in R. Panzanelli et M. Preti-Hamard（dir.）, *La Circulation des œuvres d'art*, p. 57-66 et 67-82.

d'exposition, Paris, 1996, p. 12-22, ici p.16 sq.

9. Il s'agit d'Angers (30 frimaire, an III), Auch (26 frimaire, an II), Auxerre (an VIII), Besançon (1799), Bordeaux (1798), Dijon (1799), Douai (1792), Grenoble (1798), Le Mans (an II), Lille (1795), Lyon (an VIII), Marseille (1795), Nancy (1793), Niort (5 nivôse an III), Orléans (novembre 1797), Sens (1791), Toulouse (1795), Tours (mai 1794). Pour les dates, sauf indication contraire, voir Henri Lapauze, *Rapport présenté au nom de la Commission [chargée d'étudier toutes les questions relatives à l'organisation des musées de province et à la conservation de leurs richesses artistiques]*, Paris, 1908. Sur Besançon : *1694-1994. Trois siècles de patrimoine public. Bibliothèques et musées de Besançon*, catalogue de l'exposition, Besançon, 1995, p. 70.

10. D. Poulot, *Musée, nation, patrimoine*, p. 254 sq.

11. Édouard Pommier, « La création des musées de province. Les ratures de l'arrêté de l'an IX », *La Revue du Louvre et des Musées de France*, no 5-6, décembre 1989, p. 328-335. 私たちはこの基本的な記事から共和暦9年フリュクティドール14日付法令に関するすべてを引用している。アンジェとル・マンについてはp.335, n. 43.

12. Danielle Buyssens, *La Question de l'art à Genève. Du cosmopolitisme des Lumières au romantisme des nationalités*, Genève, 2008, p. 305-306 ; 博物館計画についてはp.249 sq.

13. Lettre du 20 vendémiaire an VII (11 octobre 1798) publiée par Édouard Chapuisat, « Napoléon et le Musée de Genève», *Nos Anciens et leurs œuvres. Recueil genevois d'art*, 14e année, 2e série, t. IV, 1914, p. 3-72, ici p.14-15.

14. 上記のすべてに関しては次を参照。E. Pommier, « La création des musées de province », p.332 et p.335, n.32-33 et n.43., D. Poulot, *Musée, nation, patrimoine*, p. 247 sq.

15. Daniel J. Sherman, *Worthy Monuments. Art Museums and the Politics of Culture in Nineteenth- Century France*, Cambridge(Mass.)et Londres, 1989, surtout p. 16 sq. Robert Fohr(dir.), *Le Rôle de l'État dans la constitution des collections des musées de France et d'Europe. Colloque du Bicentenaire de l'Arrêté Consulaire dit Arrêté Chaptal (14 fructidor an IX-1er septembre 1801)*, Paris, 2003, et Gand, 2003, articles d'E. Pommier, « Collections nationales et musées, 1790-1801 », p. 29 sq., et de Ch. Georgel, « Les envois de l'État au XIXe siècle », p. 75 sq.

16. Christophe Loir, *La Sécularisation des œuvres d'art dans le Brabant (1773-1842). La création du musée de Bruxelles*, Bruxelles, 1998, p. 76 sq.

17. http://www.festung-mainz.de/geschichte/mayence.html

18. Ch. Loir, *La Sécularisation*, p. 15 sq., 57 sq., 75 sq. et *passim*.

19. Mauro Natale, *Le Goût et les collections d'art italien à Genève du XVIIIe au XXe siècle*, Genève, 1980, p.29 sq., p.74 sq.

20. Lettre du ministre de l'Intérieur à l'Administration du Musée central des Arts, 30 ventôse an VII (20 mars 1799), publiée par E. Chapuisat, « Napoléon et Genève », p. 16.

21. *Ibid.*, p. 17-18, 20-21, 24, 26 sq., 31, 37 sq.

22. M. Natale, *Le Goût et les collections*, p. 80. D. Buyssens, *La Question de l'art*, p. 315 sq., 336-337.

23. Gudrun Calov, *Museen und Sammler des 19. Jahrhunderts in Deutschland*, Berlin, 1969 [= *Museumskunde*, t. 38], p. 64-65.

24. Robert W. Scheller, « The Age of Confusion », et surtout Debora J. Meijers, « The Dutch method of developing a national art museum: how crucial were the French confiscations of 1795? », *in* E. Bergvelt *et al.* (dir.), *Napoleon's Legacy*, p. 17-28, ici p.19, p. 41-53, p.43-45.

25. *Catalogue des tableaux, miniatures, pastels, dessins encadrés, etc., du Musée de l'État à Amsterdam*, Amsterdam, 1911, p. XI-XII, XXII.

26. Silla Zamboni, « L'Accademia Clementina », *in* [Collectif], *I luoghi del conoscere. I laboratori storici e i musei dell'Università di Bologna*, Bologne, 1988, p. 123-135.

27. Article X/4 : « *Oltre le Scuole indicate nell'art. IV l'Accademie ha una Scuola del Nudo, una Sala per le Statue, una Pinacoteca, ed una Libreria.* » Article XIII : « *La sala delle Statue oltre i gessi delle principali statue antiche*

38. D Louis-Pierre Deseine, *Lettre sur la sculpture destinée à orner les temples consacrés au culte catholique, et particulièrement sur les tombeaux*, Paris, floréal an X (avril 1801). D. Poulot, *Musée, nation, patrimoine*, p. 274-276.
39. 「戦士、政治家、騎士、文人、聖人、高位聖職者、修道士、修道女たちの混沌とした集まりは、最初は驚きと好奇心を引き起こすが、考え深い観察者はすぐに次の問いを投げかけたくなる。現在の世代には、先祖が親族や友人の記憶を永続させるために建てたこれらのモニュメントを破壊する権利があるのだろうか？　これらは多くの芸術家に維持と支援を提供し、天才と競争心の火花を育んできたのではないだろうか？　存命の芸術家たちは、自分たちの師の貴重な作品が無秩序な群衆の気まぐれにさらされるのを見て、何を思うのだろうか？　自分たちの作品の未来の運命を心配し、一日のうちに何世代もの労働が破壊されることを恐れない理由があるのだろうか？　彼らがパリのまだ開いているこれらの教会のいずれかに入り、装飾が剝ぎ取られ、裸の壁が穴で傷つけられ、そのモニュメントが立っていた床が汚れや砂利で覆われているのを見たとき、どんな感情になるのだろうか？」。M. P. Crosland (éd.), *Science in France*, p. 86-187.
40. Quatremère de Quincy, « Réflexions critiques sur les mausolées », *Archives Littéraires*, 1806, commenté par R. Schneider, *Quatremère de Quincy et son intervention dans les arts* (1788-1830), Paris, 1910, p. 186.
41. D. V. Denon, *Correspondance*, no 83, p. 64, nos 132-133, p. 78, nos 187-190, p. 96-97, no 224-4, p. 120. Tous ces documents datent de 1803.
42. *Ibid.*, no 384, 8 floréal an XII (28 avril 1804), p. 173, et no 648, 4 germinal an XIII (25 mars 1805), p. 253.
43. *Ibid.*, no 395, 8 prairial an XII (28 mai 1804), p. 177 et 222-12, 8 fructidor an XI (26 août 1803), p. 110-111.
44. *Ibid.*, no 805, 22 mai 1810, p. 636.
45. *Ibid.*, no 1727, 18 février 1810, p. 611.
46. Jean-Michel Leniaud, *Saint-Denis de 1760 à nos jours*, Paris, 1996, p. 47 sq.
47. D. V. Denon, *Correspondance*, no 2095, 17 mai 1811, p. 725, et no 2169, 22 juillet 1811, p. 748.
48. *Ibid.*,no 2200, 14 août 1811, p. 758, et no 2519, 21 juillet 1812, p. 878.
49. J.-M. Leniaud, *Saint Denis*, p. 94 sq., où il s'oppose à juste titre à la légende qui accuse Quatremère d'avoir détruit l'œuvre de Lenoir.

18　フランスの博物館・美術館政策――フランスとヨーロッパ

1. アルベール・バボーは、1802年から1814年の間にフランスを訪れたイギリス人旅行者によって出版された21冊の本のリストを提供している。*Les Anglais en France après la paix d'Amiens : impressions de voyage de sir John Carr*, études, trad. et notes par Albert Babeau, Paris, 1898, annexe II, p. 282 sq.
2. Le tome premier du *Musée des Monumens français* fut traduit en anglais. L. Courajod, *Alexandre Lenoir*, t. II, p. 11 et note. Autre exemple : Gotthelf Fischer, *Das Nationalmuseum der Naturgeschichte zu Paris*, Francfort-sur-le-Main, 1802, cité d'après M. P. Crosland, *Science in France*, p. 217.
3. D. Poulot, *Musée, nation, patrimoine*, p. 228 sq.
4. J. B. Duvergier (éd.), *Collection complète des lois, décrets, ordonnances [...] de 1788 à 1830 [...]*, t. IV, 2e éd., Paris, 1834, p. 472. En ligne.
5. テキストは以下の文献を参照。Y. Cantarel-Besson (éd.), *La Naissance du musée du Louvre*, t. II, p. 226-229, ici p.227.
6. Clara Gelly-Saldias, « La création du musée de Nancy », in *De l'an II au sacre de Napoléon. Le premier musée de Nancy*, catalogue d'exposition, par Véronique Alemany-Dessaint, Michel Caffier, Blandine Chavanne, Clara Gelly-Saldias, Nicolas Le Clerre, François Pupil et Gérard Voreaux, Paris, 2001, p.57-64, ici p.58-59.
7. Chantal Georgel, « Le musée et les musées, un projet pour le XIXe siècle », *in* Ead.(dir.), *La Jeunesse des musées. Les musées en France au XIXe siècle*, Paris, 1994, p.15-35, ici p.23.
8. Annie Gilet, Éric Moinet (dir.), « Introduction », in *Italies. Peintures des musées de la région Centre*, catalogue

でいる。

14. A. Lenoir, *Musée des Monumens français*, t. I, p. 8 et 16.
15. *Ibid.*,t. I, p. 180-181.
16. *Ibid.*,t. III, p. 8.
17. Maurice P. Crosland (éd.), *Science in France in the Revolutionary Era. Described by Thomas Bugge Danish Astronomer Royal and Member of the International Commission on the Metric System (1798-1799),* Cambridge (Mass.) et Londres, 1969, p. 183 sq.
18. 1799年3月、博物館にはこの出所の作品（オブジェ）がふたつしかなかった。キューピッドとプシュケの像と、ローマ人女性を表す胸像である。バッカスとメレアグロスはすでにルーヴルにあった。Marie Montembault, John Schloder, *L'Album Canini du Louvre et la collection d'antiques de Richelieu,* Paris, 1988, p. 95.
19. A. Lenoir, *Description historique et chronologique des monumens de sculpture réunis au Musée des Monumens Français,* 7e éd., Paris, au Musée, an V (= 1797), p.41 sq. そこには1711年に発見されたパリの船員の祭壇についてのみ言及されている。
20. A. Lenoir, *Musée des Monumens français,* t. I, p. 7-8.
21. J. Pinkerton, *Recollections of Paris,* t. I, p. 198-199, 201-202, 203 sq.
22. A. Lenoir, *Musée des Monumens français,* t. I, p. 45.
23. M. P. Crosland (éd.), *Science in France,* p. 185-186.
24. A. Lenoir, « Description des vitraux par ordre des siècles, divisés en autant de salles », *in* Id., *Description historique et chronologique,* 8e éd., p. 46 sq. (pagination à la suite de celle de la « Table des monumens »).
25. J. Pinkerton, *Recollections of Paris,* t. I, p. 196-197.
26. Fr. Schlegel, *Description de tableaux,* édition établie et présentée par Bénédicte Savoy, Paris, 2001, p. 182 sq.
27. J. Pinkerton, *Recollections of Paris,* t. I, p. 200-201「エロイーズとアベラールを記念する美しい礼拝堂は彼らの遺骨を収めていることもあり少なからず興味深いものである。しかしギリシャ語の碑文は場違いであり、像は現代の作り物である。[…] アベラールの墓さえも疑わしいものであり、彼が埋葬されたシャロンから持ち込まれたものである。もし彼らの骨が適切な象徴を持つ優雅な壺に収められていたならば、より真実味があり、これらの不確実性の塊よりも深い共感を呼び起こしたであろう」。
28. A. Lenoir, *Musée des Monumens français,* t. I, p. 18-20.
29. Roland Recht, « L'Élysée d'Alexandre Lenoir : nature, art et histoire », *Revue germanique internationale,* 7, 1997, p.47-57.
30. Cecilia Hurley et Pascal Griener, « Wilhelm von Humboldt au jardin du Musée des Monuments français (1799). Une expérimentation allemande de l'histoire », *in* Jackie Pigeaud, Paul Barbe (dir.), *Histoires de jardins. Lieux et imaginaire,* Paris, 2001, p. 251-267.
31. A. Lenoir, *Musée des Monumens français,* t. I, p. 6-7.
32. *Notice succincte […],* et Notice *historique des monumens des arts réunis au Dépôt national, rue des Petits-Augustins […],* Paris, an IV (1795) ; L. Courajod, *Alexandre Lenoir,* t. II, p. 208 et 234.
33. A. Lenoir, *Musée royal des monumens français,* 1816, p. 5.
34. Notre « Francs et Gaulois », *in* Pierre Nora (dir.), *Les Lieux de mémoire,* t. III, *Les France,* vol. 1, *Confiits et partages,* Paris, 1992, p. 41-105, ici 56 sq.
35. Pour Pinkerton, le musée de Lenoir est un « Museum of national monuments ». J. Pinkerton, *Recollections of Paris,* t. I, p. 192 sq.
36. [Karl Christian von Berckheim], *Lettres de Paris ou Correspondance de M*** dans les années 1806 et 1807,* Heidelberg, 1809, p. 262-263, 270-271. En ligne sur Gallica (sous « Berkheim »).
37. Jules Michelet, *Histoire de la Révolution française,* édition de Gérard Walter, Paris, 1952, 2 vol., ici t. II, p. 539, et la note p. 538-539.

Josephinum, Vienna, around 1800 », *in* Marco Beretta (dir.), *From Private to Public. Natural Collections and Museums*, Sagamore Beach (Mass.), p. 81-96.

30. Edme Régnier [Reignier], en ligne.
31. O. Penguilly L'Haridon, *Catalogue des Collections composant le Musée d'Artillerie*, Paris, 1862, p. 6 sq.
32. Y. Cantarel-Besson (éd.), *Le Musée du Louvre*, p. 260 et 271.
33. D. V. Denon, *Correspondance*, no 496 (16 brumaire an XIII = 7 nov. 1804), p. 206, no 1125 (13 mai 1807), p. 424, et 3398 (18 février 1815), p. 1146. On trouve aussi deux lettres à Reignier, nos 951et 1881, p. 369 et 657.
34. [E. Girault de Saint-Fargeau], *Guide pittoresque*, p. 130.
35. Pour tout cela, *Notice abrégée des collections dont se compose le Musée de l'artillerie*, Paris, 1827. En ligne sur Gallica.

17 フランス記念物《モニュメント》博物館——歴史、芸術、国家

1. 私たちは長年表明されてきたルノワールの博物館に関する考えを再び取り上げた。Notre «Kolekcjonerstwo i filozofia. Narodziny nowożytnego muzeum » [Collections et philosophie. Naissance du musée moderne], *Archiwum Historii Filozofii i Myśli Społecznej*, t. XXI, 1975, p. 29-85, repris *in* Id., *Drogi kultury europejskiej* [Les voies de la culture européenne], Varsovie, 1996, p. 109-172 (sur Lenoir, p. 149-158), et « Lenoir, Wallraf, Correr », in Andreas Blühm, Anja Ebert (dir.), *Welt – Bild – Museum. Topographien der Kreativität*, Cologne, Weimar, Vienne, 2011, p. 229-242.
2. E. Pommier, *L'Art de la liberté*, p. 42-43.
3. ルノワールの博物館の全体像を把握するには次を参照。Alain Erlande-Brandenburg, « Alexandre Lenoir et le musée des Monuments français », *in* L. Grodecki(dir.), *Le « Gothique »* p. 75以降にも再掲されている。Dominique Poulot, « Alexandre Lenoir et le musée des Monuments français », *in* Pierre Nora(dir.), *Les Lieux de mémoire*, t. II, *La Nation*, vol. 2, p. 497-531. ルノワールの伝記と彼の作品に対する評価については次を参照。Emmanuel Schwartz, « Lenoir, Alexandre » (2010). En ligne.
4. Dominique Poulot, *Musée, nation, patrimoine, 1789-1815*, Paris, 1997, p. 289.
5. 彫刻と建築資料の簡潔な説明、プティ=オーギュスタン通りにある国の仮設保管所に集められたもの[…]、再版 Louis Courajod, *Alexandre Lenoir, son journal et le Musée des Monuments Français*, Paris, 1878-1886, 2 vol. En ligne sur Gallica. Ici, t. II, p. 234 sq. Pour les dates, *ibid*,. p. 208-209.
6. E. Pommier, *L'Art de la liberté*, p. 370 sq. D. Poulot, *Musée, nation, patrimoine*, p. 208-209.
7. D. Poulot, *Musée, nation, patrimoine*, p. 288-289.
8. Cité d'après L. Courajod, *Alexandre Lenoir*, t. II, p. 209.
9. Alexandre Lenoir, *Description historique et chronologique des monumens de sculpture réunis au Musée des Monumens français […]*, Paris, janvier 1806, avertissement. En ligne sur Gallica.
10. Alexandre Lenoir, *Musée royal des monumens français ou Mémorial de l'histoire de France et de ses monumens*, Paris, 1816, avertissement, et p.7-8.
11. Y. Cantarel-Besson (éd.), *Le Musée du Louvre*, p. 78.
12. フィリップ・ド・シャンパーニュとガスパール・ド・クライエルの絵画、ミケランジェロの影像、古代遺物などに関しては次を参照。Y. Cantarel-Besson (éd.), *La Naissance du Musée du Louvre*, t. I, p. 22, 34, 100, 141. D. V. Denon, Correspondance, nos 211, p. 104 (ギリシャ語の碑文), et 596, p. 570 (紅色花崗岩の柱).
13. A. Lenoir, *Musée des Monumens français ou description historique et chronologique des statues en marbre et en bronze, Bas-reliefs et Tombeaux des Hommes et des Femmes célèbres, pour servir à l'histoire de France et à celle de l'Art*, Paris, an IX-1800, 3 vol., ici t. I, p. 74-75。そこでは、ルノワールが古代の模範的な価値を強調し、ヴィエンとダヴィッドを称賛し，「すでに私たちの布地や家具のデザインがギリシャの装飾に基づいている」ことを喜ん

3. Alain Mercier, *1794. L'Abbé Grégoire et la création du Conservatoire national des Arts et Métiers*, Paris, 1989, p.18-19. Du même *Un conservatoire pour les Arts et Métiers*, Paris, 1994, p. 28.
4. Voir, en ligne, le site du musée de l'abbé Grégoire, à Emberménil. Et Malou Schneider et Marie-Jeanne Meyer (dir.), *Jean-Frédéric Oberlin : le divin ordre du monde, 1740-1826*, catalogue d'exposition, Mulhouse, 1991.
5. H. Grégoire, *Rapport sur l'établissement d'un Conservatoire des Arts et Métiers*, citations des p. 4 et 5 (284 et 285), 5-6 (285-286), 6 (286), 11-13 (291-293), 14 (294), 17-18 (297-298). Sur le « bureau de consultation des arts », Dominique de Place, « Le bureau de consultation pour les arts, Paris 1791-1796 », *History and Technology*, 1988, 5, fasc. 2-4, p. 139-178.
6. Projet du décret, H. Grégoire, *Rapport*., p. 19-20 (299-300). Le texte *in* A. Mercier, 1794. *L'Abbé Grégoire*, p. 15.
7. *Jacques Vaucanson*, catalogue d'exposition, Paris, 1983, p. 23. Ch. C. Gillispie, *Science and Polity in France at the End of the Old Regime*, p. 418.
8. A. Mercier, *Un conservatoire*, p. 22. Dominique de Place, « L'hôtel de Mortagne et les dépôts de l'an II », in Michel Le Moël et Raymond Saint-Paul (dir.), *1794-1994. Le Conservatoire national des Arts et Métiers au cœur de Paris*, Paris, 1994, p. 47-50.
9. Jacqueline Hecht, « Un exemple de multidisciplinarité : Alexandre Vandermonde(1735-1796)», *Population*, 1971, 26/4, p. 641-676.
10. Martin Fichman, « Le Roy, Jean-Baptiste » En ligne.
11. René Tresse, « La jeunesse et l'initiation du mécanicien Claude-Pierre Molard de 1759 à 1791 », *Revue d'histoire des sciences*, 1971, 24/1, p. 13-24.
12. *Jacques Vaucanson*, p. 24-25. A. Mercier, *Un conservatoire*, p. 32-33.
13. A. Mercier, *Un conservatoire*, p. 98.
14. *Ibid*., p.38 sq., 45 sq.
15. [Gérard-Joseph Christian], *Catalogue général des collections du Conservatoire royal des arts et métiers*, Paris, 1818, CNUM (Conservatoire numérique des arts et métiers) のウェブサイトで閲覧可能。以下はそこからのもの。
16. A. Mercier, *Un conservatoire*, p. 51.
17. Yvonne Poulle-Drieux, « Honoré Fragonard et le cabinet d'anatomie de l'École d'Alfort pendant la Révolution », *Revue d'histoire des sciences*, 15, 1962, p. 141-162, ici document 1, p. 150-151.
18. ジョン・ハンターの解剖学コレクションは、彼の死後にイギリス政府によって購入され王立外科医学院に託されたが、一般公開されたのはずっとあとのことである。St. T. Asma, *Stuffed Animals & Pickled Heads*, p. 56-58.
19. Ch. C. Gillispie, *Science and Polity in France: the Revolutionary and Napoleonic Years*, p. 544 sq.
20. A. de Beauchamp, *Recueil*, p. 30.
21. Vicq d'Azyr, *Instruction*, p. 7-8. Y. Poulle-Drieux, « Honoré Fragonard », p. 147 sq., et les documents 6-8, p. 159 sq.
22. *Règlement pour l'École de Médecine de Paris 14 messidor an IV* (2 juillet 1796), titre I, chap. III, art. 27; A. de Beauchamp, *Recueil*, t. I, p. 47.
23. *Règlement pour l'École de Médecine de Paris*, art. 3 ; A. de Beauchamp, *Recueil*, t. I, p. 43.
24. ここでは第三版を使用した。1815年、パリ、En ligne.
25. *Catalogues des collections de la Faculté de Médecine par MM. Thillaye, docteurs en médecine de cette faculté et conservateurs de ses collections. (Premier catalogue.) Matière médicale*, Paris, 1829. En ligne.
26. *Règlement pour l'École de Médecine de Paris*, art. 28 ; A. de Beauchamp, *Recueil*, t. I, p. 47.
27. [Eusèbe Girault de Saint-Fargeau], *Guide pittoresque du voyageur en France [⋯] Paris et ses environs. Département de la Seine*, Paris, 1837, p. 120. En ligne sur Gallica.
28. 次を参照。musée Orfila, Institut d'anatomie de Paris, en ligne.
29. Anna Maerker, « Uses and Publics of the Anatomical Model Collections of La Specola, Florence, and *the*

32. Monge à Catherine Huart, 7 frimaire an V (27 novembre 1796). G. Monge, *Dall'Italia (1796-1798)*, p.98.
33. Lorenzo Sorbini, *La collezione Baja di pesci e piante fossili di Bolca con descrizione de nuovi generi e nuove specie*, Vérone, 1983, p.11 sq.
34. H. Daudin, *Cuvier et Lamarck*, t. I, p. 31-32. G. Cuvier, *Chimie et sciences de la nature [= Rapports à l'Empereur sur les progrès des sciences, des lettres et des arts depuis 1789*, t. II, 1808], présentation et notes d'Yves Laissus (dir.), Paris, 1989, p.211 sq.
35. Jean Henry, *Journal d'un voyage à Paris en 1814*, éd. présentée, annotée et établie par Bénédicte Savoy avec la collaboration de Nicolas Labasque, Paris, 2001, p.57 (le 9 juin) et 73 (le 9 juillet). Jean-André Lucas, minéralogiste. アンリが見つけられなかったふたつのものはベルリンでドゥノンによって押収されていた。
36. Wilhelm von Humboldt, *Journal parisien* (1797-1799), trad. Élisabeth Beyer, Arles, 2001, p.31-32. Babiroussa : «mammifère ongulé, sanglier de Malaisie aux défenses recourbées », *Ibid.*, p.314, n. 21.
37. Cl. Blanckaert, « Introduction » à « Collecter, observer, classer », in *Le Muséum*, p.150.
38. A. de Beauchamp, *Recueil*, p.16.
39. G. Cuvier, *Chimie et sciences de la nature*, p. 142 sq. Rachel Laudan, *From Mineralogy to Geology. The Foundations of a Science, 1650-1830*, Chicago et Londres, 1987, p. 70 sq., surtout 76 sq. Marco Beretta, « Collected, Analyzed, Displayed: Lavoisier and Minerals », *in* Id.(dir.), *From Private to Public. Natural Collections and Museums*, Sagamore Beach (Mass.), 2005, p. 113-140.
40. [L.-M.] Daubenton, *Tableau méthodique des minéraux suivant leurs différentes natures, Et avec des caractères distinctifs apparens, ou faciles à reconnoître*, Paris, an IV de la République. En ligne sur Gallica, 5e éd., la première datant de 1784 d'après le catalogue de la BnF.
41. J. A. H. Lucas, *Tableau méthodique des espèces minérales*, Ire Partie, Paris, 1806, p. III et V En ligne.
42. J.-B. Lamarck, *Discours d'ouverture d'un cours de Zoologie, prononcé en prairial an XI, etc. sur la question, qu'est-ce que l'espèce parmi les corps vivants ?* [1803], cité d'après H. Daudin, *Cuvier et Lamarck*, t. II, p. 158.
43. この点については前掲書を参照。t. I, p. 51 sq. Aussi François Jacob, *La Logique du vivant*, Paris, 1970.
44. H. Daudin, *Cuvier et Lamarck*, t. I, p. 76.
45. J.-B. Pujoulx, *Promenades*, t. II, p. 77-78.
46. G. Cuvier, *Tableau élémentaire de l'Histoire naturelle des Animaux*, 1797, p. 387, 引用元H. Daudin, *Cuvier et Lamarck*, t. I., p. 85, n. 1.
47. G. Cuvier, *Discours sur les révolutions de la surface du globe et sur les changements qu'elles ont produits dans le règne animals*, Paris, 1985. 1825年に書籍として出版されたこのテキストは、『四足動物の化石骨に関する研究』の序論を形成していた (Paris, 1812, 4 vol)。古生物学の全体像を把握するためには次を参照。Goulven Laurent, *Paléontologie et évolution en France, 1800-1860. De Cuvier-Lamarck à Darwin*, Paris, 1987, p. 13 sq., et 254-255. Martin J. S. Rudwick, *Georges Cuvier, Fossil Bones, and Geological Catastrophes*, Chicago et Londres, 1997.
48. G. Cuvier, « Notice sur l'établissement de la collection d'anatomie comparée du Muséum », *Annales du Muséum national d'Histoire naturelle*, t. II, Paris, An XI-1803, p. 409-414, ici p.412. En ligne. J.-B. Pujoulx souligne l'accroissement du nombre de préparations de 600 environ au temps de Buffon à 2 871 dont 1 239 osseuses et 1 632 molles, « distribuées d'après les organes dont elles sont destinées à faire connaître la structure », in *Promenades*, t. II, p. 377. Stephen T. Asma, *Stuffed Animals and Pickled Heads. The Culture and Evolution of Natural History Museums*, New York, 2001, p. 135 sq.

16 有用な学問——工芸院、解剖学キャビネット、砲兵博物館

1. E. Pommier, *L'Art de la liberté*, surtout p. 225 sq.
2. *Rapport sur la bibliographie par Grégoire […], in Œuvres de l'abbé Grégoire*, t. II, p. 14 (212).

», in *Centenaire de la fondation du Muséum d'Histoire naturelle 10 juin 1793-10 juin 1893. Volume commémoratif publié par les professeurs du Muséum*, Paris, 1893, p. 3-163, ici 3 sq., 12. En ligne sur Gallica.

10. *Ibid.*, p. 18 sq.
11. Ch. C. Gillispie, *Science and Polity in France : the Revolutionary and Napoleonic Years*, p. 102.
12. *Réflexions sur les avantages qui résulteroient de la réunion de la Société royale d'Agriculture, de l'École vétérinaire et de trois chaires du Collège royal au Jardin du Roi, par P.-M.-A.Broussonnet*, Paris, [1790] *in* E.-Th. Hamy, « Les derniers jours », pièce justificative 9, p.86-93, ici 87 et 88.
13. *Ibid.*, p. 89.
14. E.-Th. Hamy, « Les derniers jours », pièce justificative 11, p. 100.
15. Emma C. Spary, *Le Jardin d'utopie. L'histoire naturelle en France de l'Ancien Régime à la Révolution*, Paris, 2005, p. 228.
16. E.-Th. Hamy, « Les derniers jours », pièce justificative 12, p. 100-101.
17. Yvonne Letouzey, *Le Jardin des Plantes à la croisée des chemins avec André Thouin 1747-1824*, Paris, 1989, p. 264, 271, 281.
18. E.-Th. Hamy, « Les derniers jours », p. 65-66. Y. Letouzey, Le Jardin des Plantes, p. 283-284. Ch. C. Gillispie, *Science and Polity in France : the Revolutionary and Napoleonic Years*, p. 175-177.
19. E.-Th. Hamy, « Les derniers jours », pièces justificatives 21, p. 133-135 (rapport de Lakanal) et 22, p. 135-138 (décret du 10 juin 1793).
20. Ch. C. Gillispie, « De l'histoire naturelle à la biologie : relations entre les programmes de recherche de Cuvier, Lamarck et Geoffroy St. Hilaire », *in* Cl. Blanckaert *et al.* (dir.), *Le Muséum*, p. 229-239, ici 231 et 233.
21. « Projet de règlement présenté par les professeurs », *in* E.-Th. Hamy, « Les derniers jours », pièce justificative 27, p. 146-160.
22. A. de Beauchamp, *Recueil des lois*, p. 15-25, ici, p.19-20.
23. Jean-Baptiste Pujoulx, *Promenades au Jardin des Plantes, à la Ménagerie et dans les galeries du Muséum d'Histoire naturelle, Contenant des notions claires, et à la portée des Gens du monde, sur les végétaux, les animaux et les minéraux les plus curieux et les plus utiles de cet Etablissement*, Paris, an XII (1803 et 1804), 2 vol. En ligne sur Gallica. Ici, t. I, p. 176, note, et 204. Aussi t. II, p. 320-321 (sur l'exposition des animaux).
24. Hervé Guénot, « Musées et lycées parisiens (1780-1830) », *Dix-huitième Siècle*, 18, 1986, p. 249-267.
25. Henri Daudin, *Cuvier et Lamarck. Les classes zoologiques et l'idée de série animale, 1790-1830*, Paris, 1926-1927, 2 vol. (再版Montreux-Paris, 1983), ici, t. I, p. 22 sq.
26. Éric Baratay, Élisabeth Hardouin-Fugier, *Zoos. Histoire des jardins zoologiques en Occident (XVIe-XXe siècle)*, Paris, 1998, p. 100 sq.
27. Richard W. Burkhardt Jr., « La Ménagerie et la vie du Muséum », *in* Cl. Blanckaert *et al.* (dir.), *Le Muséum*, p.481-508.
28. Y. Letouzey, *Le Jardin des Plantes*, p. 441 sq. Bénédicte Savoy, *Patrimoine annexé, les biens culturels saisis par la France en Allemagne autour de 1800*, Paris, 2003, 2 vol., t. I, p. 19 sq. Florence F. J. M. Pieters, « Natural history spoils in the Low Countries in 1794/95: the looting of the fossil Mosasaurus from Maastricht and the removal of the Cabinet and Menagerie of Stadholder William V », *in* E. Bergvelt *et al*(dir.), *Napoleon's Legacy*, p. 55-72.
29. Pieter Smit *et al.* (éd.), *Hendrik Engel's Alphabetical List of Dutch Zoological Cabinets and Menageries*, 2e éd. élargie, Amsterdam, 1986, s.v. « Loo », « Oranje », « Vosmaer », p. 163, 201-202, 293-294.
30. H. Daudin, *Cuvier et Lamarck*, t. I, p. 30-31, et notes. Bernard-Germain-Étienne de la Ville-sur-Illon, comte de Lacépède, était auteur d'une *Histoire naturelle des Quadrupèdes ovipares et des Serpents*, 1788-1789.
31. Y. Letouzey, *Le Jardin des Plantes*, p. 498 sq.

Macula, 1988, p. 227 sq.

47. 「フランス軍の栄光は損なわれていない。彼らの価値あるモニュメントは存続し、芸術の傑作は勝利の権利よりも安定した権利によって今やわれわれのものとなっている」1814年6月4日、ルイ18世。次から引用Ch. Saunier, *Les Conquêtes artistiques de la Révolution et de l'Empire*, p. 85.

48. ウェリントンからカースルリーへの書簡、1815年9月23日、C. Gould著『Trophy of Conquest』、p. 134-135、ここではp.135。当時発表されたこの書簡は次のような反応を引き起こした：ヒッポリット ***,『パリ美術館の傑作の持ち去りに関するフランス人の観察』、ウェリントン公爵からカースルリー卿への1815年9月21日付の書簡に対する返答として、1815年10月18日に『*Journal des Débats*』に掲載された。パリ1815年。Ch. Saunier『*Les Conquêtes artistiques de la Révolution et de l'Empire*』p. 164に引用されている。

49. D. V. Denon, *Correspondance*, t. II, p. 1170-1209. M. Preti-Hamard, « "The Destruction of the Museum has become a Historical Monument". The restitution of art works from the viewpoint of the staff of the Louvre (1814-1815) », *in* E. Bergvelt *et al.* (dir.), *Napoleon's Legacy*, p. 137-156.

50. D. V. Denon, *Correspondance*, 29 septembre et 2 octobre 1815 ; nos 3546, 3554, 3558, t. II, p. 1202, 1207-1208.

51. *Ibid.*, 29 septembre 1815, no 3546, t. II. p. 1202.

52. *Ibid.*, 15 septembre 1815, no 3518, t. II, p. 1191.

53. *Ibid.*, vers le 30 septembre 1815, après le no 3547, t. II, p. 1203.

54. 1815年7月に連合軍がパリを占領した当時、ルーヴルにあった古美術品の彫像、絵画、その他の美術品の説明的カタログ。これにワーテルローの思い出の地を訪れようとする人々に役立つヒントが幾つか加えられている。Édimbourg, 1816 ; J. J. Marquet de Vasselot, *Répertoire*, no 22.

15　国立自然史博物館――自然史キャビネットから生命・地球科学の実験室へ

1. *Décret de la Convention nationale, du 10 juin 1793, l'an second de la République Françoise, Relatif à l'organisation du Jardin national des Plantes & du Cabinet d'Histoire naturelle, sous le nom du Muséum d'Histoire naturelle*, Paris, Imprimerie nationale exécutive du Louvre, 1793, titre I, article II.En ligne sur Gallica.

2. *Rapport sur l'établissement d'un Conservatoire des Arts et Métiers, par Grégoire. Séance du 8vendémiaire, l'an3 de la République une et indivisible. Imprimé par ordre de la Convention nationale*, [Paris, 1794], p. 3(283). En ligne sur Gallica. この報告書は、同時代の他の報告書とともに、*Œuvres de l'abbé Grégoire, t. II, Grégoire député à la Convention nationale*, Nendeln(Lichtenstein)and Paris, 1977にも収録されている。原版のページに続いてこの版のページを示す。

3. *Décret portant établissement de trois écoles de santé, article I. A[rthur] de Beauchamp, Recueil des lois et règlements sur l'enseignement supérieur comprenant les décisions de la jurisprudence et les avis des conseils de l'instruction publique et du Conseil d'État*, Paris, 1880-1915, 7 vol., ici t. I, 1789-1847, p. 29. En ligne sur Gallica.

4. このテーマに関する最良の研究であり、私たちが多くを学んだのはチャールズ・クールストン・ギリスピーによるものである。*Science and Polity in France : the Revolutionary and Napoleonic Years*, Princeton et Oxford, 2004.

5. Georges Kersaint, *Antoine François de Fourcroy (1755-1809) : sa vie et son œuvre*, Paris, 1966, notamment p. 88 sq. (Muséum), 109 sq. (Écoles de médecine). Roger Hahn, « Du Jardin du roi au Muséum : les carrières de Fourcroy et de Lacépède », *in* Claude Blanckaert, Claudine Cohen, Pietro Corsi et Jean-Louis Fischer (dir.), *Le Muséum au premier siècle de son histoire*, Paris, 1997, p. 31-41.

6. Ch. C. Gillispie, *Science and Polity in France: the Revolutionary and Napoleonic Years*, p. 182 sq.

7. *Décret portant suppression de toutes les Académies et Sociétés littéraires patentées ou dotées par la Nation*, 8 août 1793. A. de Beauchamp, *Recueil*, t. I, p. 14.

8. L'*Instruction sur la manière d'inventorier*… est disponible en ligne sur Gallica.

9. Ernest-Théodore Hamy, « Les derniers jours du Jardin du Roi et la fondation du Muséum d'Histoire naturelle

19. 特に断りがない限りこの点についてはDaniela Galloによるところが大きい。« Les antiques au Louvre. Une accumulation de chefs-d'œuvre », *in Dominique-Vivant Denon. L'œil de Napoléon*, p. 182-194.
20. Marco Nocca, *Dalla vigna al Louvre: la Pallade di Velletri*, Rome, 1997.
21. Lanfranco Franzoni, *Per la storia del collezionismo. Verona: la galleria Bevilacqua*, Milan, 1970, p. 111 sq.
22. F. Boyer, « L'achat des antiques Borghèse », in *Le Monde des arts*, p. 197-202.
23. Bénédicte Savoy, « Une ample moisson de superbes choses. Les missions en Allemagne et en Autriche 1806-1809 », in *Dominique-Vivant Denon. L'œil de Napoléon*, p. 172-181, et *Patrimoine annexé*, t. I, p. 115 sq.
24. B. Savoy, « Une ample moisson de superbes choses », in *Dominique-Vivant Denon. L'œil de Napoléon*, p. 172-181, et Monica Preti-Hamard, « L'exposition des "écoles primitives" au Louvre. "La partie historique qui manquait au Musée"», *Ibid.*, p. 226-243.
25. D. V. Denon, *Correspondance*, 6 janvier 1812, AN 93, p. 1392.
26. *Ibid.*, 9 mars 1812, 2356, p. 824.
27. ミュンヘンのB.サヴォイについては次を参照。« Une ample moisson de superbes choses», in *Dominique-Vivant Denon. L'œil de Napoléon*, p.178-179. Les citations viennent de *Correspondance*, AN 93, p. 1392-1398.
28. Y. Cantarel-Besson (éd.), *Musée du Louvre*, p. 19.
29. D. V. Denon, *Correspondance*, fin décembre 1809-début janvier 1810, AN 87, p. 1361-1362.
30. J. Chatelain, *Dominique Vivant Denon*, p. 190 sq.
31. D. Gallo, « The Galerie des Antiques of the Musée Napoléon; a new reception of ancient sculpture », *in* E. Bergvelt *et al.* (dir.), *Napoleon's Legacy*, p. 111-123.
32. J. Pinkerton, *Recollections of Paris*, t. I, p.74.「すべての影像があらゆる側面から見られるように設計されていることを考えると、その位置の適切性について疑問が呈されるかもしれない。ラオコーンやアポロンでさえ正面からしか見えない。部屋が今の2倍の広さで影像が壁から離れて配置されていれば、少なくとも好奇心旺盛な人々が芸術家の技量のすべてを鑑賞できるようになり、その意図がよりよく果たされるだろう。現在、完全に見える唯一の影像は、奥まった場所あるいはむしろ小さな部屋の中央にある『カピトルのヴィーナス』(原文のまま)である」。
33. J. J. Marquet de Vasselot, *Répertoire*, nos 1 et 21. D. Gallo, « Les antiques au Louvre », p. 192-193. *Dominique-Vivant Denon. L'œil de Napoléon*, nos 150-157, p. 153 sq.
34. Y. Cantarel-Besson (éd.), *La Naissance du musée du Louvre*, t. I, p. XXXI, et, pour 1811, J. Chatelain, *Dominique Vivant Denon*, p. 209-210.
35. 異なる評価については次を参照。C. Gould, *Trophy of Conquest*, p. 104 sq., surtout p.108-109.
36. *Dominique-Vivant Denon. L'œil de Napoléon*, no 185, p. 168-169.
37. Notre « Museums, Paintings and History », *Nordisk Museologi*, 1993, 2, p. 61-72.
38. Y. Cantarel-Besson (éd.), *La Naissance du Musée du Louvre*, t. II, p. 216 (rapport de David) et 87.
39. 中央美術館の原画、パステル画、グアッシュ画、エナメル画、細密画の展示目録。アポロン・ギャラリーで初めて展示される。*Le 28 Thermidor de l'an V de la République Française. Première Partie, Paris*, an V (1797).
40. Lina Propeckのあらゆる点については « La Chalcographie impériale : des estampes aux dessins », in *Dominique-Vivant Denon. L'œil de Napoléon*, p. 205-214, surtout p.208以降.
41. Emmerich de Vattel, *Le Droit des gens ou principes de la loi naturelle, Appliqués à la conduite & aux affaires des Nations & des Souverains*, Londres, 1758, 2 vol., livre III, t. II, chap. IX, p. 139.
42. Quatremère de Quincy, *Lettres à Miranda*, p. 109.
43. Lettre du Directoire à Bonaparte, 12 prairial an IV (31 mai 1796) et lettre du ministre de la Justice au même du II ventôse an V (1er mars 1797), citées d'après E. Pommier, *L'Art de la liberté*, p. 402-403.
44. D. V. Denon, *Correspondance*, 28 octobre et 3 décembre 1806, AN 59 et AN 61, t. II, p. 1318 et 1320.
45. D. V. Denon, *Correspondance*, Denon à Talleyrand, 15 septembre 1815, no 3518, t. II, p. 1191.
46. William St. Clair, *Lord Elgin. L'homme qui s'empara des marbres du Parthénon*, trad. fr. J. Et M. Carlier, Paris,

25messidor an IX [Paris, 1801],ドミニク＝ヴィヴァン・ドゥノンによる引用。*L'œil de Napoléon*, catalogue d'exposition, musée du Louvre, 20 octobre 1999-17 janvier 2000, Paris, 1999, p. 163, no 172.

14　ナポレオン美術館——戦争に生まれ、戦争に死んだ「モニュメントの中のモニュメント」

1．ドゥノンに関する文献は現在豊富に存在している。Ibrahim Amin Ghali, *Vivant Denon ou la conquête du bonheur,* Le Caire, Institut français d'archéologie orientale, 1986. Pierre Lelièvre, *Vivant Denon, homme des Lumières, « ministre des arts » de Napoléon*, Paris, 1993. ここでは特に次を使用した。Jean Chatelain, *Dominique Vivant Denon et le Louvre de Napoléon* (1973), Paris, 1999, et le catalogue d'exposition *Dominique-Vivant Denon. L'œil de Napoléon*

2．Dominique Vivant Denon, *Voyage dans la Basse et la Haute Égypte, pendant les campagnes du général Bonaparte*, préfacé et annoté par Hélène Guichard et Adrien Goetz, Martine Reid (dir.), Paris, 1998.

3．Joseph Billet, *La Direction générale du Musée central des arts. 19 novembre 1802*, catalogue d'exposition, Château de Malmaison, Paris, 1952, p. 1, no 1.

4．Geneviève Bresc-Bautier, « Dominique-Vivant Denon, premier directeur du Louvre », in *Dominique-Vivant Denon. L'œil de Napoléon*, p.130-145, ici p.130-132.

5．Thomas W. Gaehtgens, « Le musée Napoléon et son influence sur l'histoire de l'art », *in* E. Pommier (dir.), *Histoire de l'histoire de l'art, t. II, XVIIIe et XIXe siècles*, Paris, 1997, p. 89-112.

6．A. McClellan, « For and against the universal museum in the age of Napoleon », *in* Ellinoor Bergvelt, Debora J. Meijers, Lieske Tibbe, Elsa Van Wezel (dir.), *Napoleon's Legacy: The Rise of National Museums in Europe 1794-1830,* Berlin, 2009, p. 91-100.

7．Ferdinand Boyer, « Une conquête de la diplomatie du Premier Consul : la Vénus de Médicis », *in* Id., *Le Monde des arts en Italie et en France de la Révolution et de l'Empire*, Turin, 1969, p. 183-192.

8．Lettre du 25 messidor an XI (14 juillet 1803). Marie-Anne Dupuy, Isabelle Le Masne de Chermont, Elaine Williamson (éd.), *Vivant Denon, directeur des musées sous le Consulat et l'Empire. Correspondance* (1802-1815), Paris, 1999, 2 vol., 14 juillet 1803, AN 10, p. 1248. ここで引用している。書簡、日付、文書番号およびページ番号を追記。

9．前掲書の注29, 22 juillet 1803, no 206, p. 101（ドゥノンはまだ古い便箋を使用していた), 27 juillet 1803, AN 11, p. 1249, および前掲書の注33.

10. *Dominique-Vivant Denon. L'œil de Napoléon*, no 337, p. 319, p.160-161, p.158.

11. カノーヴァの胸像と彫像については前掲書no 133, p.146, no 358, p. 361. 展示室については1809年5月10日付書簡, 1611, p.575.

12. Alain Pougetoux, « De la République des Arts au peuple artiste », in *Dominique-Vivant Denon. L'œil de Napoléon*, p.340-351, surtout p.345 sq., et « Denon et Napoléon », p.348.

13. *Dominique-Vivant Denon. L'œil de Napoléon*, no 337, p. 148.

14. 彫像、胸像、浮彫、青銅器およびその他の古代美術品、絵画、素描、珍奇物、1806年および1807年にナポレオン軍によって征服されたもの；その展示は1807年10月14日、イエナの戦いの1周年記念日にパリでおこなわれた。J. J. Marquet de Vasselot, *Répertoire*, no 128.

15. 当時の評価についてはCecil Gould, *Trophy of Conquest. The Musée Napoléon and the Creation of the Louvre*, Londres, 1965, p. 80 sq.

16. D. V. Denon, *Correspondance*, 6 avril 1808, 386, p. 501, et 14 août 1808, no 4922, p. 534（引用).

17. *Journal* de Fontaine, 12 mars 1808, p. 203, G. Bresc-Bautierによる引用 « Dominique-Vivant Denon, premier directeur du Louvre », p. 142, 注121.

18. G. Bresc-Bautier,*Ibid.*, , p. 143-144に従う。またJ. Chatelain, *Dominique Vivant Denon*, p. 199 sq.

Ideologie e patrimonio storico- culturale nell'età rivoluzionaria e napoleonica. A proposito del trattato di Tolentino, Actes du colloque de Tolentino, 18-21 septembre 1997, Rome, 2000, en ligne.ガスパール・モンジュの手紙を通じて、委員会の活動を追うことができる。これらの手紙はサンドロ・カルディナリとルイジ・ペペによってイタリア語に翻訳出版されている。Gaspard Monge, *Dall Italia (1796-1797),* Palerme, 1993.

21. たとえばモンジュが妻に宛てた手紙の中で、共和暦4年テルミドール12-13日（1796年7月29-30日）にそれが表れている。*Ibid.*, p. 66-68.
22. Quatremère de Quincy, *Lettres à Miranda sur le déplacement des monuments de l'art de l'Italie*, E. Pommier (éd.), Paris, 1989, Introduction, p.12, et *L'Art de la liberté*, p. 403-432, et, pour les réactions de Monge, ses lettres à sa femme du 16 thermidor an IV (2 août 1796), 24 fructidor an IV (9 septembre 1796) et 19 vendémiaire an V (10 octobre 1796), *Dall Italia*, p. 70, 80, 84.
23. Quatremère de Quincy, ミランダへの手紙における請願書の本文は p. 141-142.
24. E. Pommier, *L'Art de la liberté* における重要なコメント付きの法令の本文p. 397-398.
25. Y. Cantarel-Besson (éd.), *La Naissance du musée du Louvre*, t. II, p. 139, et Musée du Louvre, p. 122.
26. Y. Cantarel-Besson (éd.), *Musée du Louvre*, p. 188.
27. *Ibid.*, p. 189 sq., 202.
28. *Ibid.*, p. 225-226, et J. J. Marquet de Vasselot, Répertoire, no 107.
29. E. Pommier, *L'Art de la liberté*, p. 452.
30. Y. Cantarel-Besson (éd.), *La Naissance du musée du Louvre*, t. II, p. 242.
31. 「中央美術館にその可能性を最大限に引き出すために必要な施設と作業の概要」19 novembre 1796, *Ibid.*, p. 251.
32. Lettre du ministre de l'Intérieur à l'Administration du Musée Central, 22 pluviôse an V (10 février 1797), Y. Cantarel-Besson (éd.), *Musée du Louvre*, p. 353, et lettre du même aux conservateurs du Musée de Versailles, 26 ventôse an V (16 mars 1797), p. 354.
33. Lettre du 10 février 1797, *Ibid.*, p. 353.
34. これは、1797年4月30日（共和暦5年フロレアル11日）の会議の議事録でルーヴル宮の美術館とヴェルサイユ宮殿の美術館の間で「フランス絵画」を分配するために任命された審査員が使用した表現。*Ibid.*, p. 71.
35. Lettre du ministre de l'Intérieur à l'Administration du Musée central des Arts, 29 floréal an V (18 mai 1797), *Ibid.*, p. 358.
36. Lettre du 10 février 1797, *Ibid.*, p. 352.
37. J.-B.-P. Lebrun, *Réflexions sur le Muséum national*, p. 8-9, et le commentaire d'E. Pommier, p. 82 sq. フォン・メッヘルに関しては『博物館・美術館の世界史』第１巻の478-482頁を参照。
38. Lettre de Roland, 25 décembre de l'an Ier de la République (1792), *Ibid.*, p. 31.
39. Lettre de la Commission du Muséum à Garat, le 24 février 1793, *Ibid.*, p. 41.
40. Lettre de Garat du 21 avril 1793 et la réponse de la Commission du 17 juin 1793 ; citées *ibid.*, p. 93. Pour Lebrun et Picault, *ibid.*, p. 92.
41. Y. Cantarel-Besson (éd.), *La Naissance du musée du Louvre*, t. II, p. 217 (David), 226-229 (Rapport du 7 prairial an II = 26 mai 1794).
42. Ch. Saunierを再び取り上げた。*Les Conquêtes artistiques*, p.19-24, 以下を引用 p.21-22.
43. *Notice des tableaux des trois écoles, Choisis dans la Collection du Muséum des Arts, rassemblés au Sallon d'exposition pendant les travaux de la Gallerie, au mois de Prairial an 4 [⋯]*, Paris, an IV (1796)、以下を引用Y. Cantarel-Besson (éd.), *La Naissance du musée du Louvre*, t. I, Introduction, p. XXX.
44. Ibid., t. I, p. XXXI, et Y. Cantarel-Besson (éd.), *Musée du Louvre*, Rapport présenté au Directoire exécutif par le ministre de l'Intérieur, le 9 nivôse an VI (29 décembre 1797), p. 202.
45. *Notice des tableaux des écoles française et flamande, exposés dans la grande Galerie, dont l'ouverture a eu lieu le 18germinal an VII ; et des tableaux des écoles de Lombardie et de Bologne, dont l'exposition a eu lieu le*

29. 以下の報告書を参照。Le 27 nivôse an II ; Y. Cantarel-Besson (éd.), *La Naissance du musée du Louvre*, t. II, p. 216.
30. *Ibid.*, t. I, p. XXV sq., 82-83（引用)。次も参照すること。A. McClellan, *Inventing the Louvre*, p. 109 sq.

13　ルーヴルとヴェルサイユ――「解放された」傑作の美術館と「国の栄光のモニュメント」

1．*Catalogue des objets contenus dans la galerie du Muséum Français, Décrété par la convention nationale, le 27 juillet 1793, l'an second de la République Française*, Paris, s. d. [1793]. J. J. Marquet de Vasselot, *Répertoire des catalogues du musée du Louvre* (1793-1926), Paris, 1927, no 105.
2．「国立美術館（Muséum national)」という表現は、1796年4月22日に工芸院によって最後に使用された。5月2日には「中央美術館（Musée central)」という名称が使われたが、この名前が公式になるのは1797年1月20日からである。Y.Cantarel- Besson(éd.), *La Naissance du musée du Louvre*, t.II, p. 56 et 62, et, de la même, *Musée du Louvre*, p. 13. 美術館が発行した通知では、「中央芸術美術館（musée central des Arts)」という名前は1799年に初めて登場した。J. J. Marquet de Vasselot、『*Répertoire*』第109号による。
3．これらすべての点について私はE.ポミエに同意する。*L'Art de la liberté*, p. 209 sq以下を引用。Grégoireについてはp.227.
4．前掲書p. 229からの引用。E.ポミエのコメントに続き、特にバルビエ演説「ほぼ宗教的な論調」についての彼の意見。
5．Y. Cantarel-Besson (éd.), *La Naissance du musée du Louvre*, t. I, p. 189.
6．« Rapport présenté au Directoire exécutif par le Ministre de l'intérieur », 9 nivôse an VI (29 décembre 1797). Y. Cantarel-Besson (éd.), *Musée du Louvre*, p. 199.
7．これらの機会に発表された公示のタイトルは雄弁である。J. J. Marquet de Vasselot, *Répertoire*, nos 107, 108, 113, 120, 122, 126.
8．ドイツのコレクションに関しては 次を参照。Bénédicte Savoy, « "Et comment tout cela sera-t-il conservé à Paris ?" Les réactions allemandes aux saisies d'œuvres d'art et de science opérées par la France autour de 1800 », Revue germanique internationale, 13/2000, p. 107-130, et Patrimoine annexé. Les biens culturels saisis par la France en Allemagne autour de 1800, Paris, 2003, 2 vol., ici t. I, p. 11 sq.
9．John Pinkerton, *Recollections of Paris in the Years 1802-3-4-5*, Londres, 1806, t. I, p. 70. En ligne.
10. Thierry Sarmant, *Le Cabinet des médailles de la Bibliothèque nationale 1661-1848*, Paris, 1994, p. 219 sq.
11. Y. Cantarel-Besson (éd.), *La Naissance du musée du Louvre*, t. I, p. 190 sq., p.194（引用).
12. *Ibid.*, t. I, p. 199.
13. *Ibid.*, p. 201.
14. 中央美術館の古代美術ギャラリーを構成する彫像、胸像、浮き彫りおよびその他の資料の公示、初めて開館したのは共和暦9年ブリュメール18日パリ[1800年]。J. J. Marquet de Vasselot, *Répertoire*, no 1.
15. ピオ＝クレメンティーノから持ち去られた古代美術品のリストについては次を参照。Carlo Pietrangeli, *I musei vaticani. Cinque secoli di storia*, Rome, 1985, p. 110-111.
16. Carlo Pietrangeli, « Sculture capitoline a Parigi » (1967), *Scritti scelti*, Rome, 1995.
17. 総合的な見解のためには次を参照。Denis Richet, « Campagne d'Italie », in Fr. Furet et M. Ozouf, (dir.), *Dictionnaire critique de la Révolution française*, p. 19-32.
18. E. Pommier, *L'Art de la liberté*, p. 398 sq.
19. Lettre du 18 floréal an IV (7 mai 1796), citée d'après Marie-Louise Blumer, « La Commission pour la recherche des objets des sciences et arts en Italie (1796-1797) », *La Révolution française*, t. 87, 1934, p. 62-88, 124-150, 222-259, ici p.69.
20. これらについては次を参照。M.-L. Blumer, « La Commission », *Ibid.*, E. Pommier, *L'Art de la liberté*, p. 401 sq.

10. Jean- Marie Roland de La Platière, *Lettres écrites de Suisse, d'Italie, de Sicile et de Malthe, par M***, Avocat au Parlement, A Mlle***, à Paris. En 1776, 1777 et 1778*, Amsterdam, 1780, 6 vol. ; t. VI, p. 29-30.
11. Jean- Marie Roland de La Platière, lettre à David du 17 octobre 1792, *in* J.-B.-P. Le Brun, *Ré exions sur le Muséum national*, p. 26.
12. 開館日については次を参照。A. Tuetay et J. Guiffrey (éd.), *La Commission du Muséum et la création du Musée du Louvre (1792-1793)* [= *Archives de l'Art Français*, nlle période, t. III], Paris, 1909, no 143, p. 264 sq. 再開館日については、以下に掲載されたポスターを参照。Charles Saunier, *Les Conquêtes artistiques de la Révolution et de l'Empire. Reprises et abandons des alliés en 1815. Leurs conséquences sur les musées d'Europe*, Paris, 1902, p. 16. 著者が美術館の開館を1793年11月8日としたのは誤りである。
13. Gilberte Émile- Mâle, « Jean- Baptiste- Pierre Lebrun (1748-1813). Son rôle dans l'histoire de la restauration des tableaux du Louvre », *Mémoires de la Fédération des sociétés historiques et archéologiques de Paris et de l'Île-de-France*, t. VIII, 1956, p. 371-417. Fabienne Camus, *Jean- Baptiste- Pierre Le Brun : peintre et marchand de tableaux (16 février 1748-7 août 1813)*, thèse sous la direction d'Antoine Schnapper, université Paris- Sorbonne, Lille, 2008.
14. J.-B.-P. Le Brun, *Ré exions sur le Muséum national*, p. 12-13.
15. Notre *Collectionneurs, amateurs et curieux*, p. 181 sq.(『コレクション――趣味と好奇心の歴史人類学』吉田城・吉田典子訳 平凡社、1992)
16. *Lettre de Roland aux rédacteurs du* Journal, *le 16 janvier 1793*, *in* J.-B.-P. Le Brun, *Ré exions sur le Muséum national*, p. 33 (on y trouve « le mari de l'émigrée Lebrun »), et la Postface d'E. Pommier, p. 91.
17. Antoine Schnapper et Arlette Serullaz, *Jacques-Louis David 1748-1825*, catalogue d'exposition, Paris, 1989, p. 215-216, et la chronologie p. 581. 私はA. Schnapperの意見とは異なり、Davidが自身の考えを述べた大臣への報告書の草案が1792年秋に作成され、その内容がRolandに知られていた可能性があると考えている。これによってRolandが10月17日にDavidに宛てた手紙の内容が理解できるのである。
18. 最初の報告書がフリメール27日 (1793年12月17日) に作成され、次の報告書がニヴォーズ27日に作成されたふたつの報告書とその法令については次を参照。Yveline Cantarel-Besson (éd.), *La Naissance du musée du Louvre. La politique muséologique sous la Révolution d'après les archives des musées nationaux*, Paris, 1981, 2 vol., ici t. II, p. 212 sq.
19. *Ibid.*, Introduction, t. I, p. XVI sq.
20. Yveline Cantarel-Besson (éd.), *Musée du Louvre (janvier 1797-juin 1798). Procès-verbaux du Conseil d'administration du « Musée central des Arts »*, Paris, 1992, Introduction, p. 13 sq. 省令の文書についてはp. 23以下。
21. Y. Cantarel-Besson (éd.), *La Naissance du musée du Louvre*, t. I, p. 48.
22. *Ibid.*, t. I, p. 118, 120, 123, 126, 168 ; t. II, p. 37, 47.
23. Y. Cantarel-Besson (éd.), *Musée du Louvre*, p. 139-140.
24. Jean Galard, « Le musée et ses publics : propos des visiteurs », *in* Id., *Promenades au Louvre en compagnie d'écrivains, d'artistes et de critiques d'art*, Paris, 2010, p.79-123, ici 83 sq., citation p.85-88.
25. A. I. [Alexandr Ivanovitch] *Turguenev, Chronika russkovo Dnevniki* (1825-1826 sq.), M. I. Gillelson, éd., série «Monuments littéraires », Moscou-Leningrad, 1964, p. 351.
26. 工芸院は設立から数カ月後にそれを要求した。共和暦2年プレリアル7日 (1794年5月26日) の報告書。次を参照。Y. Cantarel-Besson (éd.), *La Naissance du musée du Louvre*, t. II, p. 229. これらの作業はナポレオンの時代にしか行われなかった。
27. この日付については前掲書を参照。Introduction, t. I, p. XX sq., XXX-XXXI, 同じく以下を参照。*Musée du Louvre*, p.17-18. Marie-Anne Dupuy, Isabelle Le Masne de Chermont, Elaine Williamson (éd.), *Vivant Denon, directeur des musées sous le Consulat et l'Empire : correspondance, 1802-1815*, Paris, 1999, t. I, p. 12.
28. E. Pommier, L'Art de la liberté, p. 81.

原　注

第Ⅳ部　フランスの時代 一七八九〜一八一五年

1．概要については次を参照。Elke Harten, *Museen und Museumsprojekte der Französischen Revolution. Entstehungsgeschichte einer Institution*, Münster, 1989. Édouard Pommier, *L'Art de la liberté. Doctrines et débats de la Révolution française*, Paris, 1991. Dominique Poulot, *Surveiller et s'instruire: la Révolution française et l'intelligence de l'héritage historique*, Oxford, 1996 [=*Studies on Voltaire and the Eighteenth Century*, 344], et *Musée, nation, patrimoine 1789-1815*, Paris, 1997.

2．E. Pommier, L'Art de la liberté, p. 45-48から引用。

3．David C. Douglas, *English Scholars*, Londres, 1943. Jürgen Voss, *Das Mittelalter im historischen Denken Frankreichs [⋯]*, Munich, 1972.

4．Louis Grodecki (dir.), *Le « Gothique » retrouvé avant Viollet-le-Duc*, catalogue d'exposition, Paris, 1979. また次も参照。Collectionneurs, amateurs et curieux, Paris-Venise, XVIe-XVIIIe siècle, Paris, 1987, p. 282 sq(『コレクション——趣味と好奇心の歴史人類学』吉田城・吉田典子訳　平凡社、1992)

5．*Histoire de l'Art par les Monumens, depuis sa décadence au IVe siècle jusqu'à son renouvellement au XVIe*, Paris, 1823, 6 vol. Henri Loyrette, « Seroux d'Agincourt et les origines de l'histoire de l'art médiéval », *Revue de l'Art*, 48, 1980, p. 40-56. Francis Haskell, *L'Historien et les Images*, Paris, 1995, p. 262 sq.

6．Paul Frankl, *The Gothic: Literary Sources and Interpretations through Eight Centuries*, Princeton, 1960. Georg Germann, *Gothic Revival in Europe and Britain: sources, in uences and ideas*, Londres, 1972.

7．David A. Wisner, « Jean Naigeon at the Dépôt de Nesle: a collector and culture- broker in the First French Republic », *J.H.Coll.*, 8/2, 1996, p. 155-165.

8．E. Pommier, *L'Art de la liberté*, p. 94.

12　革命型博物館・美術館のモデル、「フランス美術館」の誕生

1．Jacques Silvestre de Sacy, *Le Comte d'Angiviller, dernier directeur général des Bâtiments du Roi*, Paris, 1953. ダンジヴィレのルーヴルについては以下を参照。Andrew MacClellan, *Inventing the Louvre. Art, Politics, and the Origins of the Modern Museum in Eighteenth-Century Paris*, Cambridge (Mass.) et New York, 1994, p. 49 sq.

2．Édouard Pommier, *Le Problème du musée à la veille de la Révolution*, Montargis, 1989, p. 25-26.

3．Édouard Pommier, *Più antichi della luna. Studi su J. J. Winckelmann e A. Ch. Quatremère de Quincy*, Michela Scolaro (éd.), Bologne, 2000, p. 211 sq. Daniel Rabreau, « Quatremère de Quincy », *Encyclopædia Universalis*. En ligne.

4．E. Pommier, *L'Art de la liberté*, p. 81sq.

5．*Ibid.*, p. 83.

6．Louis Bergeron, « Biens nationaux », et Bronislaw Baczko, « Vandalisme », *in* François Furet, Mona Ozouf(dir.), *Dictionnaire critique de la Révolution française*, Paris, 1988, p. 473-481 et 903-912.

7．E. Pommier, *L'Art de la liberté*, p. 95.

8．この点については前掲書p.100以降を参照。

9．Texte dans Jean- Baptiste- Pierre Le Brun, *Réexions sur le Muséum national. Le 14 janvier 1793*, éd. et postface Édouard Pommier, Paris, 1992, p. 23.

ベルリン
クンストカンマー 90, 363, 365, 366, 370, 389-394, 406, 414
ヘント 145
砲兵博物館 79, 113, 114
北欧古物博物館 139
ポツダム 63
ボローニャ 34, 37, 50, 148, 149, 387
絵画館（ピナコテカ） 149

【ま行】

マインツ 144-147, 319, 406-410
歴史・古文書研究愛国友の会 408
ローマ・ゲルマン中央博物館 319, 406, 409
マウリッツハイス美術館 417
マドリード
王室武器庫（アルメリア） 180
王立図書館 180
貨幣とメダルの博物館 181
自然史博物館 180
ミュンヘン
アルテ・ピナコテーク（旧絵画館） 313, 319, 354-361, 398, 401
グリプトテーク 319, 346-354
クンストカンマー 414
ノイエ・ピナコテーク（新絵画館） 309, 395
ミラノ 37, 148, 149, 386
絵画館（ピナコテカ） 149
メソポタミア 243-245, 277
メトロポリタン美術館 139, 323
モデナ 37
モンス 145

【ら行・わ行】

ライクス国立絵画・メダル博物館／ランド国立絵画・メダル博物館／ライクスムゼーウム 148, 417, 418
ライデン 290
日本博物館 290
ライプツィヒ 332, 334, 335, 367, 403, 413
素描アカデミー 332
ライプツィヒの美術館 334, 335
リエージュ 145
リバプール 260
リバプール王立協会 260
リュクサンブール宮 21, 44, 310
リュクサンブール美術館 266, 395
ル・マン 143
ルーアン 145
ルーヴル美術館
アッシリア美術館 243-245, 277
アポロン・ギャラリー 29, 36
王立美術館 74
海洋博物館 283, 286, 289
グランド・ギャラリー 21, 22, 28, 29, 34, 41, 46, 50, 56, 68, 234
国立古代美術博物館 35, 36
国立美術館 25, 33-35, 37, 42
サロン・カレ 28, 41
シャルル10世美術館 269, 270, 272, 278, 305, 311
スペイン・ギャラリー 188, 361
中央美術館 33, 36, 42, 44, 53, 54
ナポレオン美術館 41, 55, 56, 63-78, 228, 265
フランス美術館 33, 115
レスター 260
レンヌ 145
ロゼッタ・ストーン 204, 245
ローマ
カピトリーノ美術館 36, 54
ロンバルディア 34, 50, 51
ワイマール 293

（パリ）　40, 79-99, 115, 159, 265, 284
王立植物園　21, 80, 81, 83, 84, 89, 91
自然史キャビネット　21, 81, 83, 84, 89, 91
シュヴェリン　63
シュテーデル美術研究所　323, 324, 337
ジュネーヴ　143, 145-147
商業型博物館　157
スイス　53, 344, 395
ストックホルム　53
ストラスブール　145
セーヴル陶磁器美術館　266, 280-283

【た行】

大英博物館　203, 204, 218, 222, 230, 234, 239-250
アッシリアの遺物　243-245
エジプト　240-243, 247
自然史コレクション　261
タウンリー・ギャラリー　207, 240
図書館　250
モンタギューハウス　198, 203, 239, 240, 249
チュイルリー宮殿　313
ディレッタンティ　197, 198, 202, 204, 214, 215, 218, 222
デュピュイトラン博物館　112
伝統型博物館　157
デンマーク　139, 417-429
クリスチャンスボー宮殿　419, 425
クンストカンマー　419
コンゲリゲ・クンストムゼウム（王立美術博物館／国立博物館）　419
ニイ・カールスベルグ・グリプトテーク　346, 427
プリンセンス宮殿　419
フレデリクスボー城　426, 427, 428
北欧古代博物館　419, 425, 426
歴史博物館　427
ローゼンボーの美術博物館　425, 426, 428
デンマーク国立博物館　139
トゥール　143
トゥールーズ　142
トリニテ美術館／トリニダード美術館　179, 181
トリノ　34, 241, 269
エジプト博物館　241, 269
トルヴァルセン博物館　257

【な行】

ナショナル・ギャラリー　139, 155, 228-230, 234, 235, 238, 239
ナポリ　42, 53, 160, 186, 198, 202, 306
ナポレオン美術館→ルーブル美術館を参照
ナミュール　145
ナンシー博物館　142
ナント　145
日本　290
ニュルンベルク　320
ゲルマン（国立）博物館　320, 406

【は行】

ハーグ　148
バタヴィア共和国　146
パリ衛生学校　79
バルセロナ　178, 182
パルテノン神殿　217, 218, 221, 222, 267, 346
パルマ　34, 37, 40, 149, 387
バレンシア　178, 182
ハンテリアン博物館　111, 112, 250, 251, 259
王立外科医師会の博物館　251
ハンブルク　335
ピアツェンツァ　37
ピオ＝クレメンティーノ美術館　36, 40, 42, 54, 63, 230
東インド会社　252, 254
フィガリア　212, 218, 229, 239, 347
フィレンツェ　34
ラ・スペコラ　113
ブソッド・ド・メゾン＝ルージュ、フランソワ・マリー
プティ＝オーギュスタン修道院　20, 115, 117, 125, 134, 136, 139, 163, 307
ブラウンシュヴァイク　326
プラド美術館　139, 151, 176-192
王立美術館　177
国立美術館　177, 179
国立絵画彫刻美術館　177
フランクフルト　307, 321-324, 327, 332, 335, 337, 405, 408, 415
クンストカンマー　321
フランス
アルフォール獣医学校　81, 111
衛生学校　79
医学部博物館　112
王立美術学校　137
学士院　79
経度局　79
公共工事学校　79
工芸院（フランス国立工芸院）　79, 81, 83, 101, 104, 105, 107, 115
師範学校　79
パリ衛生学校　112
ブランズウィック　34
フランス記念物（モニュメント）博物館　53, 115-139, 163, 173, 265, 270, 306
フランドル
プリミティフ絵画　63, 67, 123, 181, 190, 234, 275, 316, 318, 328, 337, 340, 354, 379, 385, 386
ブリュッセル　145, 146, 337
ブルッヘ　145
ブレーメン　336
プロイセン　90
プワヴィ　139
ペルガモン博物館　394
ベルギー　34, 37, 146, 153, 180, 360, 395, 418
ペルージャ　50

博物館・美術館の関連地名・施設名索引

【あ行】

アカデミー
　アカデミア・フィラルモニカ（ヴェローナ） 324
　医学アカデミー（フランス） 135
　ヴェネツィア美術アカデミー 148
　科学アカデミー（フランス） 79, 104, 112
　クレメンティーナ・アカデミー（ボローニャ） 148
　芸術アカデミー（ベルリン） 268
　外科学アカデミー（フランス） 79, 111-113
　サン＝カルロス・アカデミー 178
　サン＝フェルナンド王立美術アカデミー 175, 178
　農業協会（フランス。のちの農業アカデミー） 81
　バイエルン科学アカデミー 414
　ミラノ美術アカデミー 148
　ロイヤル・アカデミー・オブ・アーツ 224, 226, 228, 229
アシュモレアン博物館 260, 261
アッシリア 243-245, 247, 277
アテネ 212, 216, 217
アンヴァリッド（廃兵院） 114, 296
アンジェ 143
アントウェルペン 146, 188, 337
イギリス
　王立アジア協会 254
　経済地質学博物館 256
　実用地質学博物館 256, 263
　地質学会／の博物館 249, 251, 255, 261
　地質調査所 256, 263
　地理学会 249
　天文学会 249
　動物学会／の博物館 249, 255
　リンネ学会 249, 251, 254, 255
イギリス科学振興協会 249, 260, 262, 264
イギリス考古学会 264
イギリス美術振興協会 229, 230, 232
インド博物館 252, 254, 255
ヴァルハラ神殿 348, 351, 406
ウィーン 45, 113, 337, 363, 379, 381, 409, 413
　ベルヴェデーレ宮殿 45, 146
　ヨーゼフィヌム 113
ヴェネツィア
　絵画館（ピナコテカ） 149
　コッレール博物館 259, 305
ヴェルサイユ宮殿 24, 42-44, 50, 53, 67, 68, 71, 89, 142-144, 296, 297, 309, 348
　フランス歴史博物館 266
ヴェローナ 90, 324, 346
ウーリッジ 260
エトルリア 36, 202, 268, 281, 357
エリゼ宮 123
エルギン・マーブル 212-218, 220-223, 230, 239, 240, 243, 245, 248
エルミタージュ美術館 139, 154
オーシュ 143
オックスフォード 259, 260, 263
オランダ美術館 148
オリエンタル博物館 252
オルレアン・ギャラリー 155, 228
恩恵者型博物館 157

【か行】

解剖学キャビネット 79, 81, 83, 111, 112, 115
革命型博物館・美術館 26, 157, 162, 163, 178
カッセル 34, 63, 154, 326, 413
ガロ＝ローマ博物館 305, 308
キュー・ガーデン 194, 255
グダニスク（ダンツィヒ） 63
グラスゴー 259, 324
グラナダ 180, 182
クリュニー館 305, 307
クリュニー美術館 266, 308
ゲッティンゲン大学 293, 351, 404
ケルン 304, 326-328, 331, 332, 335-338, 341, 360, 386
　ケルン大学 328
　ケルン大聖堂 340, 341, 427
　ケルン美術館 327
ケンブリッジ 259, 260
国立中世美術館 139
国立図書館（王立図書館、パリ王立図書館） 22, 30, 35, 40, 269, 272, 284, 286, 290, 292
　古代美術キャビネット 35, 269, 272, 284
　メダルのキャビネット 30, 35
ゴシック 67, 133, 195
コペンハーゲン 306, 418

【さ行】

サウス・ケンジントン博物館 255
サー・ジョン・ソーン美術館 256-259
ザルツダルム 63
サンクトペテルブルク 53, 293
サンスーシ 63, 地名
サント＝ジュヌヴィエーヴ教会 137, 294
サン＝ドニ大聖堂／教会 118, 136, 137, 265
サン＝トマ＝ダカン修道院 113
サン＝マルタン＝デ＝シャン小修道院 101, 107
ジェノヴァ 37, 155
シカゴ美術研究所（シカゴ美術館） 323
自然史のロンドン博物館（W・ブロック） 251
自然史博物館（国立自然史博物館）

ルーカス、ジャン＝アンドレ　91
ルートヴィヒ（バイエルンの）　215, 222, 286, 342, 344, 347, 348
ルノワール、アルベール　305
ルノワール、アレクサンドル　115, 117-119, 123, 125, 130-139, 265, 294, 303-305, 307, 423
ルブラン、エリザベート・ヴィジェ　26
ルブラン、ジャン・バティスト・ピエール　26, 27, 44-46, 156
ルブール、アンリ　23, 142
ルーベンス、ピーテル・パウル　32, 33, 34, 35, 50, 71, 229, 309
ルモール、カール・フリードリヒ・フォン　379
ルンドベック＝キュロ、カリン　425
レイヤード、オーステン・ヘンリー　244, 245
レヴェット、ニコラス　197
レヴォワール、ピエール＝アンリ　270, 272, 295, 304
レデブール、レオポルド・フォン　393, 394
レーニ、グイド　50, 71
レニエ、エドム　113
レノックス、チャールズ（第３代リッチモンド公）　198
レノルズ、ジョシュア　214, 226, 229, 230
レプシウス、カール・リヒャルト　392
レーモン、ジャン＝アルマン　56
レン、クリストファー　224
レンブラント、ファン・レイン　71
ロートシルト、マイヤー・アムシェル　321-326
ロドレール、ピエール＝ルイ　40
ロベスピエール、マクシミリアン　27, 28, 42
ロマーノ、ジュリオ　36
ロラン、クロード・ジュレ　71, 228
ロラン・ド・ラ・プラティエール、ジャン＝マリー　21, 24-27, 44, 45
ローリンソン、ヘンリー　245, 247, 248
ローレンス、トーマス　230
ワウウェルマン、フィリップス　71
ワーグナー、ヨハン・マルティン・フォン　346-348
ワーグナー、リヒャルト　397

21
ペレグリーニ、ジョヴァンニ・アントニオ 225
ペーレスク、ニコラ＝クロード・ファブリ・ド 119
ホガース、ウィリアム
ボジャール、ギヨーム・ジャック・ジョゼフ 145
ホースフィールド、トーマス 254
ボッタ、ポール＝エミール 243, 244, 245, 277
ボナ、レオン 188
ボナパルト、ジョゼフ 149-151, 156
ボナパルト、ナポレオン 37, 40, 41, 50, 53-56, 63, 68, 73, 74, 76, 118, 141, 144, 150, 151, 153, 154, 158, 163, 217, 229, 251, 252, 265, 297, 302, 322
ボナパルト、ポーリーヌ 63
ボナパルト、ルイ 146
ホープ、トーマス 229
ホフマンセッグ、ヨハン・ケンツリウス・フォン 390
ポミエ、エドゥアール 22, 27, 37, 101, 159
ボーモント、ジョージ 230, 234
ホルウェル、カー・ウィリアム 230, 234
ボルゲーゼ、カミッロ 63
ポルトゥス、ハビエル 185, 188
ホルバイン、ハンス（子） 73
ボワスレー、ズルピーツ 139, 328, 331, 337-340
ボワスレー、メルヒオール 328, 331, 337-340

【ま行】

マクシミリアン1世、ヨーゼフ、342, 343
マクシミリアン4世、ヨーゼフ、341
マザラン、ジュール 119
マビューズ、ヤン・ホッサールト 228
マリー＝ルイーズ（オーストリア皇女） 55, 149
マルタン、アンリ 425
マレー、ジョン 358, 425
マンサール、フランソワ 123
マンテーニャ、アンドレア 223
マンリッヒ、ヨハン・クリスティアン・フォン 343
ミケランジェロ 36, 50
ミシュレ、ピエール 133, 134, 295
ミニャール、ピエール 119
ミヌトーリ、ヨハン・ハインリヒ・フォン 243, 392
ミュラー、フリードリヒ 344
ムリーリョ、バルトロメ・エステバン 190
メーストル、ジョゼフ・ド 130
メッヘル、クリスティアン・フォン 45, 248
メムリンク、ハンス 63, 383
メリメ、プロスペル 188, 276
メルクーリ、メリナ 220
ボワスレー、メルヒオール 139
モラール、クロード＝ピエール 104
モリエール、ジャン＝バティスト・ポクラン 119
モール、ジュール 277
モレル・ダルルー、ルイ＝マリー＝ジョゼフ 54, 72
モンジュ、ガスパール 104
モンジュラ、マクシミリアン・フォン 344
モンタランベール、シャルル・ド 304
モンフォーコン、ベルナール・ド 20

【や行・ら行・わ行】

ヤコブセン、カール 427
ユーグ、ピエール・フランソワ（ダンカルヴィル男爵） 202
ユーゴー、ヴィクトル 304
ライトフット、ジョン 194
ラヴァレ、アタナセ 54, 308, 309
ラヴォアジエ、アントワーヌ 95
ラカナル、ジョゼフ 80, 84
ラシーヌ、ジャン 119
ラスキン、ジョン 235, 238
ラセペード、ベルナール＝ジェルマン＝エティエンヌ 90
ラファエロ、サンツィオ 22, 35, 35, 50, 71, 75, 77, 160, 223, 224, 385, 386
ラ・フォンテーヌ、ジャン・ド 119
ラマール＝ピコ、クリストフ・オーギュスタン 286
ラマルク、ジャン＝バティスト・ド・モネ 84, 94, 95
ラ・ロシュフコー、フランソワ・ド 272
ランゲ、ルートヴィヒ 334
ランケ、レオポルド・フォン 173
ランペ、カール 334
リシャール、テオドール 295
リシュリュー、アルマン・ジャン・デュ・プレッシ・ド 119
リッチ、クラウディウス・ジェイムス 277
リッチ、セバスティアーノ 225
リッチ、マルコ 225
リヒター、ヨハン・ザカリアス 332
リヒター、ヨハン・トーマス 332, 334
リヒャルツ、ヨハン・ハインリヒ 332
リュヴァースベルク、ヤコブ・ヨハン・ネポムク 327
リンデンシュミット、ルートヴィヒ 408, 412, 425
ル・シュウール、ウスタッシュ 71, 123, 162, 309
ル・ブラン、シャルル 71, 162
ル・ロワ、ジャン＝バティスト 104
ルイ＝フィリップ 188, 297, 302, 311
ルイ12世 119
ルイ14世 119
ルイ15世 53, 119
ルイ16世 21
ルイ18世 137, 164, 265
ルヴォワ、フランソワ・ミシェル・ル・テリエ・ド 119

セン 423, 425, 426, 428, 429
ドラクロワ、ウジェーヌ 296, 310, 395
ド・ラ・ベッシュ、ヘンリー 256
トルヴァルセン、ベルテル 257, 347, 353, 418
トレ、テオフィル 417, 418
ドロヴェッティ、ベルナルディーノ 241, 269, 392
ドワイアン、ガブリエル＝フランソワ 115
トワン、アンドレ 83, 84, 89, 90

【な行】

ヌフシャトー、フランソワ・ド 143
ネッケル、ジャック 155

【は行】

バーク、エドモンド 130, 162, 195
バイロン、ジョージ・ゴードン 215-217
ハスケル、フランシス 159, 202, 257
ハズリット、ウィリアム 187, 214, 221, 222, 226, 230
バーチ、サミュエル 244
バックランド、ウィリアム 260
パッサラクア、ジュゼッペ 392, 393
パニッツィ、アントニオ 203, 251
ハミルトン、ウィリアム・リチャード 74, 77, 78, 198, 202, 203, 212, 215
パラディオ、アンドレア 196
バラント、プロスペ・ド 294, 295, 307
バリー、フィリップ 260
バーリントン、リチャード・ボイル 196
ハルコート、グスタフ 334
バルビエ、ジャン＝リュック 34
バレール、ベルトラン 22
バンクス、ジョセフ 193, 194, 240, 255
ハンター、ウィリアム 259, 324
ハンター、ジョン 250, 259
ハント、フィリップ 212-214
ピコー、ジャン＝ミシェル 45
ビジャヌエバ、フアン・デ 176
ピュジュル、ジャン＝バティスト 85
ビュフォン、ジョルジュ・ルイ・マリー・ルクレール・ド 81
ヒルト、アロイス 363-365, 370, 380
ピール、ロバート 234
ピンカートン、ジョン 35, 119, 123
ファン・オスターデ、アドリアーン 71
ファン・デル・ミューレン、アダム・フランソワ 297
フィッツウィリアム、リチャード（メリオンの） 259
フィリップス、ジョン 256, 263
フィリップ平等公（エガリテ）；オルレアン公ルイ・フィリップ 104, 155
フェリーチェ、カルロ 241
フェリュサック、ド 284, 285, 289
フェルナンド７世 175, 177, 180
フェローズ、チャールズ 243, 276, 277
フォイト、アウグスト・フォン 395
フォーヴェル、ルイ＝フランソワ＝セバスチャン 268
フォスマール、アーノウト 89
フォルバン、ルイ＝オーギュスト・ド 265, 267-270, 272, 275, 277, 296, 297, 304, 309, 310, 315, 318
フォンテーヌ、ピエール＝フランソワ＝レオナール 41, 56
ブキャナン、ウィリアム 155, 156, 229
ブッゲ、トーマス 118, 134
プッサン、ニコラ 46, 71, 119
ブートン、シャルル・マリー 302
フュースリ、ヨハン 214, 225
フラゴナール、オノレ 107, 108, 111
フラックスマン、ジョン 214, 220
フランソワ１世 118, 119
フランダン、ウジェーヌ 244
フリードリヒ２世 63, 72
フリードリヒ、カスパー・ダーヴィット 397
ブリュージュ、ジャン・ド 50
プリュードン、ピエール＝ポール 310, 312
フルクロワ、アントワーヌ・フランソワ 80, 84
ブルジョワ、フランシス 228
ブルソネ、オーギュスト 81, 107
ブルドン、セバスチャン 71
ブレーデカンプ、ホルスト 390
フレデリク６世 426
ブロック、ウィリアム 251
ブロッホ、マルクス・エリエゼル 389
ブロンニャール、アレクサンドル 263, 280-283
フンボルト、ヴィルヘルム・フォン 91, 92, 367, 380, 381, 390, 412, 413
ペアーズ、イアン 224
ベアリング、トーマス 224
ペイ、イオ・ミン 314
ヘイドン、ベンジャミン・ロバート 214
ペイリー、ウィリアム 260
ペイン・ナイト、リチャード 197, 214, 215, 218, 222
ヘーゲル、ゲオルク＝ウィルヘルム＝フリードリヒ 326, 327, 388
ペッペルマン、マティウス・ダニエル 398
ベネゼック、ピエール 43, 44
ベラスケス、ディエゴ 186, 188, 190, 192
ベルクエイム、カール・クリスティアン・フォン 132
ペルシエ、シャルル 41, 56
ベルツォーニ、ジョヴァンニ・バティスタ 240
ベルッチ、アントニオ 225
ヘルテル、ヘルマン 334
ベルトラム、ヨハン・バプティスト 337, 339
ベルニーニ、ジャン・ロレンツォ

シャルル10世（アルトワ伯爵） 272, 284, 285, 296
シャンポリオン、ジャン＝フランソワ 204, 241, 243, 269, 270
ジャンロン、フィリップ＝オーギュスト 290, 311
シュート、ジョン 260
シュウール、ウスターシュ 162
ジュシュー、アントワーヌ＝ローラン 91
シュックマン、フリードリヒ・フォン 329
シュテーデル、ヨハン・フリードリヒ 321-326
シュナイダー、ルネ 159
シュヌヴィエール、フィリップ・ド 311, 312
シュリー、マクシミリアン・ド・ベテューン 119
シュレーゲル、フリードリヒ 123, 139, 139, 328, 329
シュレッター、アドルフ・ハインリヒ 334
ジョヴィオ、パオロ 259
ジョージ3世 194, 203, 224
ジョージ4世 224, 230
ジョゼフィーヌ（ド・ボーアルネ） 154, 326
ジョット、ディ・ボンドーネ 50, 67
ショードヌレ、マリー＝クロード 272, 277, 296
ジョフロワ・サン＝ティレール、エティエンヌ 84, 89, 90
ジョマール、エドム＝フランソワ 286, 289-292, 425
ジョルジョーネ 63
ショワズール＝グフィエ伯爵 267
ジョーンズ、イニゴ 196
ジラルドン、フランソワ 135
ジロデ・ド・ルーシー＝トリオゾン、アンヌ＝ルイ 310, 317
シンケル、カール・フリードリヒ 327, 369, 370, 379, 380, 383
スコット、ウォルター 264, 296, 404
スタッフォード侯爵 229
スタンダール、アンリ・ベール 304
スチュアート、ジェームズ 197
スマーク、ロバート 222, 234, 239, 240, 243
スミス、ウィリアム 263
スミス、ジョセフ 224
スーリエ、ウードール 311
スール元帥 154
スローン、ハンス 193, 198
セギエ、ウィリアム 234, 235
セジウィック、アダム 260
セルー・ダジャンクール、ジャン・バティスト・ルイ 20, 63
ゼンケンベルク、ヨハン・クリスティアン 324, 414
セント・クレア、ウィリアム 214
ゼンパー、ゴットフリート 398
ゾファニー、ヨハン 205
ソランダー、ダニエル 194
ソルト、ヘンリー 240, 270
ソーン、ジョン 230, 256-259

【た行】

ダヴィッド、ジャック＝ルイ 27, 28, 30, 32, 41, 44, 71, 310
タウンリー、チャールズ 197, 204, 205, 214
ダゲール、ルイ 302
タッソー、マリー（マダム） 251, 252
ターナー、ジョゼフ・マロード・ウィリアム 235, 257
ダルベルグ、カール・テオドール・フォン 322
タレーラン＝ペリゴール、シャルル・モーリス・ド 19
ダンカルヴィル男爵 → ユーグ、ピエール・フランソワを参照
ダンカン、フィリップ 261
ダンジヴィレ、シャルル・クロード・フラオー・ド・ラ・ビヤルデリー 21, 22, 53, 56, 146, 176, 297, 309
ダンジェ、ダヴィッド（ダヴィッド、ピエール＝ジャン） 257
チマブーエ、チェンニ・ディ・ペーポ 50
チャールズ1世 195, 223
チャールズ2世 223
チャルトリスカ、イザベル 139
チューディ、フーゴ・フォン 360
ツッカレリ、フランチェスコ 225
ティアイユ、オーギュスタン 112
ティアイユ、ジャン・バティスト・ジャック 112
ティエリー、オーギュスタン 133, 294, 295
ティツィアーノ、ヴェチェリオ 50, 71, 186, 187
テイラー、イシドール 188
ディリス、ヨハン・フォン 360
デザンファン、ノエル・ジョゼフ 228, 229
テニールス、ダフィット 71
デポルト、フェリックス 143, 144
デュヴァル、アモリー 143
デュ・ソムラール、アレクサンドル 304, 305, 307
デュピュイトラン、ギヨーム 112
デュフゥルニー、レオン 54
デュミエール（ユミエール）、ルイ・ド・クレヴァン 113
デューラー、アルブレヒト 123
デュラン、エドム＝フランソワ 268, 269, 275, 304
デュルヴィル、デュモン 289
テュレンヌ、アンリ・ド・ラ・トゥール・ドーヴェルニュ 119
ドウ、ヘラルト 71
ドゥセーヌ、ルイ＝ピエール 134, 135
ドゥノン、ドミニク・ヴィヴィアン 28, 30, 41, 53-56, 63, 67, 68, 71-74, 76-78, 90, 134-137, 139, 150, 151, 158, 163, 169, 204, 240, 265, 269, 275, 289, 308, 310, 311, 315, 343, 366, 379, 385
トション、ジョゼフ＝フランソワ 268
ドーシー、ルグラン 130, 134
ドバントン、ルイ 81, 84
トムセン、クリスチャン・ユルゲン

ク・セヴェリン　418
グレイ、ジョン・エドワード　249, 255
グレコ、エル　188, 190
グレゴワール、アンリ　33, 80, 101-105
クレム、グスタフ　403
クレンツェ、レオ・フォン　313, 347, 356, 358
グロ、アントワーヌ＝ジャン　296
クロイツァー、ゲオルク・フリードリヒ　338, 339
グロヴナー、ロバート　229
ゲーテ、ヨハン＝ウォルフガング＝フォン　321, 329, 332, 338
ゲートゲンス、トーマス・W　380
ゲラール、バンジャマン　312-319
ゲレス、ヨーゼフ　368
コーク、トーマス　196
コッレール、テオドロ　259, 304, 331
ゴヤ、フランシスコ・デ　150, 175, 187, 188
コルネイユ、ピエール　119
コルネリウス、ペーター・フォン　348, 408
コルベール、ジャン＝バティスト　36, 119
コレクション
　アウフゼス　407, 408
　アルバーニ　347
　アンガースタイン　186, 232, 234
　ヴァルラフ　327, 328, 329, 331, 332
　ウィンクラー、ゴットフリート　332
　ウィレム５世（オランダ総督）　89, 284
　ウォルポール、ロバート　195, 228
　ウッドワード、ジョン　260
　エッティンゲン＝ヴァラーシュタイン、ルートヴィヒ・フュルスト　353
　エルギン　214, 215, 216, 217, 218, 220, 221, 222
　オルレアン　155, 228, 232
　カロリーネ・ルイーゼ（バーデン辺境伯妃）　413
　カロンヌ　155, 228
　クルチウス　252
　グロヴナー　229
　ゲーテ　321-326
　ゴットフリート・ウィンクラー　332
　コッレール　304, 331
　シーファー　326
　シッボルド　260
　シュテーデル　322, 323, 324, 326
　シュレッター　335
　ショワズール＝グフィエ伯爵　267
　スール元帥　188
　スタッフォード　229
　スミス、ジョセフ　224
　セジウィック　260
　センケンベルク　324
　ソーン　256, 257
　ソリー　338, 362, 370, 378, 384
　ソルト　241, 270
　タウンリー　204, 205, 207, 214, 229
　デザンファン　229
　デュ・ソムラール　304, 305
　デュラン、エドム＝フランソワ　268, 269,304
　トション　268
　ドロヴェッティ　241, 269, 392
　パッサラクワ、ジュゼッペ　392
　バーリントン　196
　ハミルトン　198, 202, 203, 268
　バンクス　249
　バルベリーニ　212, 228, 346
　ハンター、ウィリアム　259, 324
　ハンター、ジョン　111-113, 250
　ファブリシウス　414
　フィッツウィリアム（メリオンの）　259
　ブラスキ　346
　ブルジョワ　228, 230
　ブロック　251
　ベアリング　224
　ペイン・ナイト　222
　ベヴィラクア　346
　ペンブローク　196
　ポーター、ウォルシュ　229
　ホープ　229
　ボーモント　230, 234
　ボワスレー　39, 321, 331, 336-340, 353, 360, 362, 379, 381, 405
　ポートランド　194, 212
　ポリニャック　63
　ホルウェル・カー　230, 234
　ボルゲーゼ　63
　ミヌトーリ　243, 392
　ラマール＝ピコ　286
　ランペ　334
　リヒター、ヨハン・ザカリアス　332
　リュヴァースベルク　327
　リンネ学会　255
　ルートヴィヒ（バイエルンの）　346-348, 351, 395
　レヴォワール、ピエール＝アンリ　270, 272, 304
　ロンダニーニ　346
コレッジョ　63

【さ行】

サヴィニー、カール・フリードリヒ・フォン　295
サヴォワ、ベネディクト　368, 369
サルゴン２世　244, 277
ジェアル、ピエール　151, 175, 176
ジェイムソン、ロバート　260
ジェラール、フランソワ　296, 310
ジェレ、クロード　→　ロラン、クロードを参照　71
ジェンキンス、イアン　245
シッボルド、ロバート　260
シーファー、ハインリッヒ　326
シーボルト、フィリップ・フォン　290-292, 425
シャトーブリアン、フランソワ＝ルネ・ド　269, 303, 310
シャプタル、ジャン＝アントワーヌ　105, 144, 145

人名索引

【あ行】

アウフゼス男爵、ハンス・フォン・ウント・ツー　407, 409, 410
アユイ、ルネ＝ジュスト　94
アラゴ、フランソワ　133, 306-308
アランデル、トーマス・ハワード　195, 196, 204, 259
アルバーニ、フランチェスコ　71
アレクサンドル1世　154, 326
アンガースタイン、ジュリアス　186, 230, 232
アンジヴィレ、シャルル・クロード（ダンジヴィレ伯爵）　21, 22
アンデルセン、ハンス・クリスチャン　418
アンリ、ジャン　90, 363-366
アンリ3世　119
イザベル2世　177, 178, 186
イーストレイク、チャールズ・ロック　235, 239
ヴァーゲン、グスタフ・フリードリヒ　379, 380, 383, 388
ヴァザーリ、ジョルジョ　36, 45, 46, 130
ヴァルラフ、フェルディナント・フランツ　326-332
ヴァロン、カジミール　142
ヴァン・ダイク、アントニー　33, 34
ヴァンデルモンド、アレクサンドル＝テオフィル　104, 105
ヴィアルド、ルイ　179-181, 188, 190-192, 238, 239, 356-359, 397, 417, 418
ヴィアン、ジョゼフ＝マリー　119
ヴィスコンティ、エンニオ・キリノ　54, 56, 215
ヴィック・ダジール、フェリックス　80, 101
ヴィテ、ルドヴィク　276, 277, 305
ヴィヨ、フレデリック　311
ウィリアム3世　223
ウィルキンス、ウィリアム　234
ウィルキンス、チャールズ　252, 254
ウィルクス、ジョン　224, 226, 228
ヴィルヘルミ、カール　407
ウィレム4世　89
ウィレム5世　89, 146
ウィンクラー、ゴットフリート　332
ヴィンケルマン、ヨハン・ヨアヒム　36, 130, 154, 202, 243, 379
ウェイデン、ロヒール・ファン・デル　383
ウェスト、ベンジャミン　214, 229, 230
ウェリントン、アーサー・ウエルズリー　76
ヴェルネ、ジョゼフ　71, 296, 308-310
ヴォカンソン、ジャック・ド　104
ウォルシュ、ポーター　229
ヴォルソー、イェンス・ヤコブ・アスムッセン　426
ヴォルテール、フランソワ＝マリー・アルエ　123, 285, 303, 404
ヴォルフ、フリードリヒ・アウグスト　353
ウォルポール、ホレス　195
ウォルポール、ロバート　228, 229
ウッドワード、ジョン　260
エイク、ヤン・ファン　379, 383
エカチェリーナ2世　155, 229
エーザー、アダム・フリードリヒ　332
エルギン卿（第7代、トーマス・ブルース）　74, 163, 212-218, 220
エルスティッド、ハンス・クリスチャン　418
オーウェン、リチャード　251
オベリン、ジャン＝フレデリック　101
オルフィラ、マチュー・ジョセフ　112

【か行】

ガッツォーラ、ジョヴァンニ・バッティスタ　90
カトルメール、ド・カンシー（アントワーヌ・クリソストーム）　22, 30, 40, 41, 72, 73, 134, 158-164, 173, 198, 215, 220-222, 304, 309
カナレット、ジョヴァンニ・アントニオ・カナル　225
カニング、ストラトフォード　244
カノーヴァ、アントニオ　22, 55, 76, 163, 168, 215, 216, 220, 344
ガラ、ドミニク・ジョゼフ　25, 45, 46
カラッチ、アンニーバレ　36, 71
ガラール、ジャン　29
ガルシア、ポーリーヌ　179
カルロス3世　186
カルロス4世　149
カロンヌ、シャルル・アレクサンドル・ド　155, 228
カンボン、ピエール＝ジョゼフ　23
キシェラ、ジュール　306
ギゾー、フランソワ　276, 295, 303
キノー、フィリップ　119
ギボン、エドワード　197
キャベンディッシュ＝ベンティンク、マーガレット　194
キュヴィエ、ジョルジュ　84, 90, 95, 97, 263, 280
キュスティーヌ、アダム・フィリップ・ド　322
クライエル、ガスパール・ド　30, 33
グラン・コンデ（コンデ公ルイ2世）　119
クリスティ、ジェームズ　227
グリム、ヤコブ＆ヴィルヘルム　407
クルセー、アンドレ・バルテルミー・ド　284
クルティウス、フィリップ　252
グルントヴィ、ニコライ・フレデリ

第1巻

古代〜18世紀　誕生と進化の時代

序――世界的概観
第Ⅰ部　個人コレクション　三つの誕生物語
1　宝物の時代――墳墓、寺院、宮殿
2　中国とローマ――個人コレクションの二重の起源
3　キリスト教徒の宝物――金と恵み
4　個人コレクションの復活
第Ⅱ部　イタリアの博物館　一五世紀から一八世紀まで
5　古代遺物への反応
6　衰退と古代美術品への回帰
7　古代美術の勝利
第Ⅲ部　アルプス越えの旅　一六世紀から一八世紀まで
8　絵画と古代の美術品
9　好奇心の部屋　クンストカンマー
10　自然史――陳列室から博物館へ
11　美術館へ向けて

第3巻
19～21世紀　戦争と平和の時代

第Ⅵ部　西ヨーロッパ　第一回万国博覧会から第一次世界大戦まで
25　芸術と産業
26　歴史博物館
27　先史学・人類学・民族誌学
28　自然・科学・技術
29　時空を超えた芸術

第Ⅶ部　東へ、南へ
30　中央ヨーロッパ――博物館・美術館と国家
31　帝国・民族・近代　ロシアにおける博物館――一七一九～一九一四年
32　南方へ　レヴァント、ポナン

第Ⅷ部　アメリカという国
33　アメリカ独立戦争から南北戦争まで
34　スミソニアンの叙事詩（一八二六～二〇二〇年）
35　芸術と自然史――ボストンからシカゴへ
36　博物館での生活――コレクション・寄贈者・公衆
37　戦間期――近代美術・科学・歴史・巨匠たち

第Ⅸ部　戦争、全体主義、民主主義
38　ひとつの戦争からもうひとつの戦争へ
39　第二次世界大戦

第Ⅹ部　長い現在　一九四五年から今日まで
40　博物館ブーム

■全体統括　陶山伊知郎
■コーディネート・編集協力　丸山有美
■アドヴァイザー　高野優
■フランス語校閲協力　田久保麻理・丸山有美
■専門用語監修　東海林洋
■翻訳担当
IV章冒頭・12章・13章・・・前原克彦
14章・・・・・・・・・・・・・・・・笠井かおり
15〜18章・・・・・・・・・・・・丸山有美
19章・・・・・・・・・・・・・・・・陶山伊知郎・田中孝樹
V章冒頭・20章・・・千葉洋
21章・・・・・・・・・・・手束紀子
22章・・・・・・・・・・・田中孝樹
23章・・・・・・・・・・・田久保麻理（1〜3節）／千葉洋（4節）
24章・あとがき・・・新行内美和

【翻訳者・用語監修者略歴】（五十音順）

■笠井 かおり（かさい・かおり）
パリ第七大学博士課程修了。翻訳者。加賀乙彦氏講演会（2001年秋、於・パリ日本館）の企画・運営、『ANDAM』（フランス文化庁、国立モード芸術開発委員会刊、2002年）の日本語訳、また仏語の雑誌「シテ（Cités）」の日本特集号に「相撲の国際化について」を寄稿（パリ・フランス大学出版局、2006年）、『宣告』（加賀乙彦著）の仏語版翻訳（パリ、Editions Materiologiques、2016年）、座談会「加賀乙彦氏を囲んで」企画ならびに質問者（於・日仏学院、2019年）ほか。

■東海林 洋（しょうじ・よう）
早稲田大学大学院修士課程修了。ポーラ美術館学芸員。専門は西洋近現代美術史。主な担当展覧会として「ピカソ 青の時代を超えて」（2022-2023年）、「モダン・タイムス・イン・パリ1925――機械時代のアートとデザイン」（2023-2024年）など。共著に『ダリ作品集』（松田健児監修・著、東京美術、2024年）ほか。

■新行内 美和（しんぎょううち・みわ）
パリ・ディドロ大学（パリ第七大学、現パリ・シテ大学）修士課程修了。大学講師（フランス語・文学）、翻訳者。在日フランス文化ネットワークの機関で実務翻訳に長く携わる。訳書に『ちいさなフェミニスト宣言――女の子らしさ、男の子らしさのその先へ』（デルフィーヌ・ボーヴォワ文、クレール・カンテ絵、現代書館、2020年）ほか。

■陶山 伊知郎（すやま・いちろう）
一橋大学経済学部卒業。ライター、エディター。読売新聞事業局で古代ギリシャから現代まで美術史全般の展覧会を担当。主な担当展覧会として「ニューヨーク・スクール」（東京都現代美術館ほか、1997年）、「マティス展」（国立西洋美術館、2004年）など。定年退職後、フリーランス。著書に『近代日本美術展史』（国書刊行会、2023年）。日本エッセイスト・クラブ会員。令和6年度文化審議会専門委員。

■田久保 麻理（たくぼ・まり）
慶應義塾大学文学部仏文科卒業。翻訳者。主な訳書に『おわりの雪』（2004年）、『しずかに流れるみどりの川』（2005年）、『四人の兵士』（2008年、以上ユベール・マンガレリ著）、『父さんの銃』（ヒネル・サレーム著、2007年）、『ぼくが逝った日』（ミシェル・ロスタン著、2012年、以上いずれも白水社）、『星の王子さまの美しい物語』（アントワーヌ・ド・サン＝テグジュペリ著、飛鳥新社、2015年）など。

■田中 孝樹（たなか・たかき）
東京外国語大学大学院修士課程修了。専門はフランス語。株式会社アールアンテル代表取締役。『ロダン事典』（フランス国立ロダン美術館監修、淡交社、2005年）編集、ロダン展企画（1985-2007年、国内美術館大型巡回展7展企画）、赤坂グリーンクロス、芦屋ベイコート倶楽部、日本生命東館・淀屋橋ビル、丸ビル等パブリックアートの企画・制作・設置業務。

■千葉 洋（ちば・ひろし）
明治大学文学部仏文科、パリ政治学院国際関係学科卒業。在日フランス大使館極東担当財務部事務官、フランス系銀行グループ日本法人役員、日系企業仏法人役員などを経て、翻訳者。主な訳書に『理性狂――解釈妄想病と復権妄想病』（ポール・セリュー、ジョゼフ・カプグラ著、濱田秀伯監訳、弘文堂、2018年）、「アゴタ・クリストフ『リーヌ、あるいは時（とき）』他に寄せて」（『ハヤカワミステリマガジン2012年1月号』、マリー＝テレーズ・ラティヨン著、早川書房、2011年）ほか。

■手束 紀子（てづか・のりこ）
パリ第一大学パンテオン＝ソルボンヌ大学造形芸術修士課程修了。字幕翻訳家、翻訳者。字幕翻訳に『幻滅』（グザヴィエ・ジャノリ監督）、『シナリオ』（ジャン＝リュック・ゴダール監督）、テレビドラマ『アストリッドとラファエル 文書係の事件録』など多数。訳書に『窒息の街』（マリオン・メッシーナ著、早川書房、2024年）ほか。

■前原 克彦（まえはら・かつひこ）
筑波大学比較文化学類卒業。専門は文学・フランス語。暁星中学・高等学校フランス語教諭。CDライナーノート執筆・翻訳・歌詞対訳（『フレンチ・アコーディオン――オリジナル・パリ・ミュゼット1〜3』等、リスペクトレコード）、「フランスの音楽と映画から」（日本アコーディオン協会報・機関誌に2009年より連載中）、『ディスク・コレクション フレンチ・ポップ』（シンコー・ミュージック・エンタテイメント）部分執筆。

■丸山 有美（まるやま・あみ）
学習院大学文学部フランス文学科卒業。雑誌『ふらんす』（白水社）元編集長。『72 saisons à la Villa Kujoyama ヴィラ九条山七十二候』（Gallimard、2022年）日仏語編集協力。訳書に『色の物語』シリーズ（ヘイリー・エドワーズ＝デュジャルダン著、翔泳社、2023-2025年）ほか。各種翻訳と編集、インタビュー、イラスト制作、ラジオDJ、展覧会や日仏文化・翻訳関連イベントの企画制作と司会など幅広く携わる。

■著者 **クシシトフ・ポミアン**（KRZYSZTOF POMIAN）

1934年、ワルシャワ生まれ。歴史学者。フランス国立科学研究センター（CNRS）に勤務。CNRSで勤務するかたわら、社会科学高等研究院（EHESS）、エコール・デュ・ルーヴル（École du Louvre）、ジュネーブ大学、ルーヴル美術館など、国内外で教鞭をとる。現在、CNRSの名誉研究ディレクター、ニコラウス・コペルニクス大学名誉教授、ブリュッセルのヨーロッパ博物館サイエンティフィック・ディレクター。博物館とコレクションの世界史に関して100を超える論文を発表している。

〈主な著作〉

・POLOGNE : DÉFI À L'IMPOSSIBLE ? Paris, Éditions Ouvrières, 1982.
・L'ORDRE DU TEMPS, Paris, Gallimard, 1984.
・COLLECTIONNEURS, AMATEURS ET CURIEUX. PARIS-VENISE, XVIe-XVIIIe SIÈCLE, Paris, Gallimard, 1987.
（『コレクション——趣味と好奇心の歴史人類学』（吉田城・吉田典子訳、平凡社、1992年）
・L'EUROPE ET SES NATIONS, Paris, Gallimard, 1990.
（『ヨーロッパとは何か——分断と統合の1500年 増補』（松村剛訳、平凡社、2002年）
・LA QUERELLE DU DÉTERMINISME : PHILOSOPHIE DE LA SCIENCE AUJOURD'HUI (dir.), Paris, Gallimard, 1990.
・HISTOIRE ARTISTIQUE DE L'EUROPE, XVIIIe SIÈCLE, avec Thomas W. Gaehtgens et al., Paris, Éditions du Seuil, 1998.
・SUR L'HISTOIRE, Paris, Gallimard, 1999.
・DES SAINTES RELIQUES À L'ART MODERNE. VENISE-CHICAGO, XIIIe-XXe SIÈCLE, Paris, Gallimard, 2003.
・IBN KHALDOUN AU PRISME DE L'OCCIDENT, Paris, Gallimard, 2006.
・LA RÉVOLUTION EUROPÉENNE 1945-2007, avec Élie Barnavi, Paris, Perrin, 2008.

■監訳者 **水嶋英治**（みずしま・えいじ）

1956年、横浜生まれ。現在、長崎歴史文化博物館館長、博士(世界遺産学)。前職は筑波大学図書館情報メディア系教授。専門は博物館学、文化遺産学。主な訳書に『博物館学への招待』(リュック・ブノワ著、白水社・文庫クセジュ、2002年)、『世界遺産』(ドミニック・オドルリ、ラファエル・スシエ、リュック・ヴィラール、白水社・文庫クセジュ、2005年)、『博物館学・美術館学・文化遺産学 基礎概念事典』(フランソワ・メレス、アンドレ・デバレ、東京堂出版、2022年)、編著書に『博物館学 I〜IV巻』(学文社、2012〜2013年)、『Museums, ethics and cultural heritage』(Routledge 2016)、『History of Museology : Key authors of museological theory』(ICOM/ICOFOM, 2019)、『Dictionnaire de Muséologie』(ICOM/ALMAND COLIN, 2022)、『展示の美学』(東京堂出版、2023年)ほか。

■解説 **鹿島茂**（かしま・しげる）

1949年、横浜生まれ。東京大学大学院人文科学研究科博士課程修了。2008年より明治大学国際日本学部教授。2020年、退任。専門は19世紀フランスの社会生活と文学。主な著書に『馬車が買いたい！』(白水社、1991年、サントリー学芸賞受賞)、『子供より古書が大事と思いたい』(青土社、1996年、講談社エッセイ賞受賞)、『愛書狂』(角川春樹事務所、1998年、ゲスナー賞受賞)、『職業別パリ風俗』(白水社、1999年、読売文学賞受賞)、『成功する読書日記』(文藝春秋、2002年、毎日書評賞受賞)、『聖人366日事典』(東京堂出版、2016年)、『太陽王ルイ14世 ヴェルサイユの発明者』(KADOKAWA、2017年)、『パリの本屋さん』(中央公論新社、2024年)ほか多数。膨大な古書コレクションを有し、東京都港区に書斎スタジオ「NOEMA images STUDIO」を開設。書評アーカイブWEBサイト「All REVIEWS」を主宰。

LE MUSÉE, UNE HISTOIRE MONDIALE
II. L'ancrage européen, 1789-1850

by KRZYSZTOF POMIAN

First published by Editions Gallimard, Paris

本作品は、アンスティチュ・フランセの翻訳出版助成金を受給しています。
Cet ouvrage a bénéficié du soutien des Programmes d'aide
à la publication de l'Institut français.

博物館・美術館の世界史 II
18〜19世紀　ヨーロッパの時代

2024年12月20日　初版印刷
2025年1月10日　初版発行

著　者　クシシトフ・ポミアン
監訳者　水嶋英治
訳　者　笠井かおり、新行内美和、陶山伊知郎、田久保麻理、田中孝樹、千葉洋、手束紀子、前原克彦、丸山有美
発行者　金田 功
発行所　株式会社 東京堂出版
〒101-0051　東京都千代田区神田神保町1-17
電話　03-3233-3741
https://www.tokyodoshuppan.com/

装　丁　鳴田小夜子（KOGUMA OFFICE）
DTP　株式会社オノ・エーワン
印刷・製本　中央精版印刷株式会社

ISBN978-4-490-21088-0 C3022